ハレ参審人文書

校 訂

◆

佐 藤 団

Die Hallischen Schöffenbücher
aus der zweiten Hälfte des 15. Jahrhunderts
und der ersten Hälfte des 16. Jahrhunderts

bearbeitet
von
Dan Sato

Gedruckt mit freundlicher Unterstützung vom
Rektoratsprojekt für die Nachwuchswissenschaftler
an der Universität Kyoto

Die Hallischen Schöffenbücher
aus der zweiten Hälfte des 15. Jahrhunderts
und der ersten Hälfte des 16. Jahrhunderts.
Bearbeitet von Dan Sato

© Dan Sato & Kyoto University Press 2018

Kyoto University Press
Yoshida-Konoe-cho 69, Sakyo-ku, Kyoto 606-8315, Japan
Tel.: +81-75-761-6182
Fax.: +81-75-761-6190
e-Mail: sales@kyoto-up.or.jp
URL: http://www.kyoto-up.or.jp
Satz: Dan Sato, Kyoto
Druck u. Bindung: Asia Printing Office Corporation, Japan
ISBN 978-4-8140-0162-0
Printed in Japan

若い知性が拓く未来

　今西錦司が『生物の世界』を著して、すべての生物に社会があると宣言したのは、39歳のことでした。以来、ヒト以外の生物に社会などあるはずがないという欧米の古い世界観に見られた批判を乗り越えて、今西の生物観は、動物の行動や生態、特に霊長類の研究において、日本が世界をリードする礎になりました。

　若手研究者のポスト問題等、様々な課題を抱えつつも、大学院重点化によって多くの優秀な人材を学界に迎えたことで、学術研究は新しい活況を呈しています。これまで資料として注目されなかった非言語の事柄を扱うことで斬新な歴史的視点を拓く研究、あるいは語学的才能を駆使し多言語の資料を比較することで既存の社会観を覆そうとするものなど、これまでの研究には見られなかった溌剌とした視点や方法が、若い人々によってもたらされています。

　京都大学では、常にフロンティアに挑戦してきた百有余年の歴史の上に立ち、こうした若手研究者の優れた業績を世に出すための支援制度を設けています。プリミエ・コレクションの各巻は、いずれもこの制度のもとに刊行されるモノグラフです。「プリミエ」とは、初演を意味するフランス語「première」に由来した「初めて主役を演じる」を意味する英語ですが、本コレクションのタイトルには、初々しい若い知性のデビュー作という意味が込められています。

　地球規模の大きさ、あるいは生命史・人類史の長さを考慮して解決すべき問題に私たちが直面する今日、若き日の今西錦司が、それまでの自然科学と人文科学の強固な垣根を越えたように、本コレクションでデビューした研究が、我が国のみならず、国際的な学界において新しい学問の形を拓くことを願ってやみません。

第 26 代　京都大学総長　山極壽一

Herrn Prof. Herrn Prof.
Nobuo Hayashi   &   Heiner Lück

meinen

japanischen & deutschen

Lehrmeistern

in

Dankbarkeit.

まえがき

　本書は、ドイツ連邦共和国ハレ市に伝わる「ハレ参審人文書」（Hallischen Schöppenbücher）の校訂である。これは Gustav Hertel が遺した二部からなる校訂のいわば続編（第三部）として位置づけられる。

　ドイツ学術交流会（DAAD）の助成により、私は 2008 年から 2010 年までドイツ連邦共和国ハレ（ザーレ）にて留学することができた。ザクセン＝マクデブルク法研究の主導的な研究者である Heiner Lück 先生の許で研究をさせていただいた。先生は私にザクセンシュピーゲルが生まれそして息づいていた地を示してくださった。先生の市内案内のおかげで、まったくの異文化からやってきた私は中世のハレを知ることができた。先生は私が思う存分研究できるようにすべてを整えてくださった。このすべてについて心より感謝申し上げたい。

　研究室のスタッフは皆いつも親切で援助を惜しまない人ばかりだった。とくに当時の講座で助手をしていた Falk Hess 氏には、同僚としてまた友として、本当に親切にしていただいた。また彼のご家族にもこの場を借りてお礼を申し上げたい。

　もちろん、このすばらしい史料がもつ学術的重要性ゆえにこの史料の校訂作業に取り組んだのだが、ハレでの良き想い出がこの作業をやりぬく上で励みになった。

　Albrecht Cordes 先生にも感謝を申し上げたい。先生の説得力ある鑑定書がなかったらハレでの助成延長は叶わなかっただろう。

　ハレに到着してほどなく、私はここに紹介している参審人文書と出会った。しばしば引用される Hertel の校訂によってすでにこの史料のことはよく知っていたが、この興味深い史料のその最後の部分が、抜粋校訂の形でしか紹介されていないことを常々残念に思っていた。未校訂の部分の内容を知りたくなったので、私は帰国した後もよくハレを訪問した。そのさい、貴重史料の利用を認めてくださったザクセン＝アンハルト州立図書館・大学図書館（ULB Halle）の特殊コレクション部長 Marita von Cieminski 博士にこの場を借りて御礼申し上げたい。また、同部署の Markus Lucke 氏は、遠方から来る私のためにいつも便を図ってくださった。篤く感謝申し上げたい。

　京都大学のスーパー・ジョン万プロジェクトの助成をいただき、2014 年から 2016 年までの 2ヵ年、ドイツ連邦共和国ゲッティンゲンでの在外研究を行うことができた。そのさい、受入教官となってくださった Eva Schumann 先生のおかげで、静かな環境で研究に集中することができた。感謝申し上げたい。また研究室仲間となった Herger Csabáné 先生からはいつも学問的な刺激を得ることができた。

　学問の道を志して以来、常に私を教え導いてくださる恩師、林信夫先生に心より感謝申し上げたい。先生の厳しくも暖かいご指導がなければ、研究の道に残ることはできなかっただろう。

同僚の Gabriele Koziol 先生にも感謝申し上げたい。ご専門からはほど遠い分野にも拘わらず、卓越した語学力でもって、私のつたないドイツ語を辛抱づよく校閲して下さった。もちろん、万全を期したつもりではあるが、誤りはすべて私の責任である。

本書の刊行にあたり、伊藤 孝夫先生（日本法制史）にお力添えいただいた。心より御礼申し上げたい。また、私の博士論文副査をしてくださった寺田 浩明先生（東洋法史）と服部 高宏先生（ドイツ法）からいただいたご教示にも感謝申し上げたい。さらに、二年間の在外研究をお許しいただいた京都大学法学研究科の先生方にもこの場を借りて御礼を申し上げたい。

学術出版をとりまく昨今の厳しい状況にも拘わらず、このような特殊な内容の出版を引き受けてくださった京都大学学術出版会と編集長の鈴木哲也氏、担当の高垣重和氏に御礼申し上げたい。本書の組版を含め本当に自由に作業させていただいた。また出版費用については、平成 29 年度京都大学 総長裁量経費として採択された法学研究科若手研究者出版助成事業による補助を受けた。感謝申し上げたい。

本書の完成に至るまで、上記のもののほかに、マクデブルク市とオットー・フォン・ゲーリケ大学（Otto-von-Guericke-Universität）の「アイケ・フォン・レプゴウ奨励金」（Eike-von-Repgow-Stipendium）、科学研究費（若手 B [16K16973]、[25780002]）、スタートアップ [23830033]）など、関連する様々な助成をいただくことができ、研究を円滑に進めることができた。この場を借りて御礼申し上げたい。

いつも良い助言と励ましをくれる妻 裕子にも感謝を述べたい。

日本そしてドイツの師からのご指導がなければこの校訂を完成させることはできなかっただろう。本書を両先生に捧げる。

京都、2018 年如月
佐藤 団

Vorwort

Der vorliegende Band ist die Edition der Hallischen Schöppenbücher, die in Halle an der Saale aufbewahrt sind. Diese Arbeit soll sich als dritter Teil an Gustav Hertels zweiteilige Edition anschließen.

Dank der freundlichen Förderung des Deutschen Akademischen Austauschdienstes (DAAD) hielt ich mich von 2008 bis 2010 in Halle an der Saale auf. Herrn Prof. Dr. Heiner Lück, einem der wichtigsten Promotoren der sächsisch-magdeburgischen Rechtsforschung, bin ich zu besonderes großem Dank dafür verpflichtet, dass er mich unter seiner Betreuung annahm. Er zeigte mir die Landschaften, in denen der Sachsenspiegel entstand und sich verbreitete. Durch seine Stadtführung konnte ich als Japaner das mittelalterliche Halle kennenlernen. Er organisierte alles, was für meine Forschung wichtig und richtig war.

Die Lehrstuhlmitglieder waren stets freundlich und hilfsbereit. Vor allem Herrn Falk Hess, dem damaligen Mitarbeiter des Lehrstuhls, bin ich sehr dankbar. Auch seiner lieben Familie möchte ich an dieser Stelle für ihre Freundlichkeit Dank sagen.

Die große wissenschaftliche Bedeutung dieser einzigartigen Quelle war der Hauptgrund für mich, mich mit ihr zu beschäftigen. Aber die gute Erinnerung an meine Hallenser Zeit motivierte mich, diese Arbeit durchzuführen.

Auch Herrn Prof. Dr. Albrecht Cordes danke ich sehr für sein aussagekräftiges Gutachten, ohne das eine Verlängerung meines Förderungszeitraums in Halle unmöglich gewesen wäre.

Bald nach meiner Ankunft in Halle begegnete ich den hier präsentierten Schöppenbücher. Mit der oft zitierten Hertels Edition ist mir wohlvertraut. Aber ich fand es immer sehr bedauerlich, diese einzigartige Geschichtsquelle in ihrem letzten Teil überwiegend nur auszugsweise in gedruckter Form vorzufinden. Da ich den Inhalt des noch nicht gedruckten Quellenteils gut kennenlernen wollte, besuchte ich auch nach meiner Rückkehr in die Heimat oft diese Stadt an der Saale. Die Abteilungsleiterin der Sondersammlung an der Universitäts- und Landesbibliothek Sachsen-Anhalt (ULB Halle), Frau Dr. Marita von Cieminski, genehmigte mir freundlicherweise den Zugang zu den kostbaren Handschriften. Herrn Markus Lucke, Mitarbeiter der Abteilung, bin ich ebenfalls zu großem Dank verpflichtet für seine unbürokratische Hilfe.

Während meines Aufenthalts in Göttingen (2014–2016), der durch die großzügige Förderung durch das *Super-John-Mang-Project* der Universität Kyoto ermöglicht wurde, durfte ich mich als Gast beim Lehrstuhl Prof. Dr. Eva Schumann in einer ruhigen Atmosphäre ganz meiner Arbeit widmen. Dafür danke ich ihr sehr. In zahlreichen ebenso lehrreichen wie angenehmen Gesprächen mit Frau Prof. Dr. Herger Csabáné bekam ich immer neue Impulse für meiner Forschung.

Herrn Prof. Nobuo HAYASHI, meinem Doktorvater, bin ich in besonders tiefempfundenem

Dank verbunden. Er öffnete mir die Tür zur Wissenschaft. Ohne seine liebevolle Betreuung hätte ich diese wissenschaftliche Laufbahn so nicht einschlagen können. Er ermunterte mich immer wieder und gab mir immer wieder Ratschläge, die angesichts seiner vom römischen Recht geprägten Gelehrsamkeit von unschätzbaren Wert für mich waren. Für all dies möchte ich ihm von Herzen danken.

Ebenfalls danken möchte ich meiner lieben Kollegin, Frau Prof. Dr. Gabriele Koziol. Sie half mir mit ihren hervorragenden Sprachkenntnissen, trotz des für einen Nicht-Rechtshistoriker fremden Inhalts, beim Korrekturlesen der deutschen Fassung. Selbstverständlich liegt die Verantwortung für möglichen verbleibenden Fehler allein bei mir.

Herrn Prof. Dr. Takao Ito danke ich herzlich für seine tatkräftige Unterstützung bei der Veröffentlichung dieser Edition. Herrn Prof. Hiroaki Terada und Herrn Prof. Takahiro Hattori, den beiden Mitprüfer meines Rigorosums, möchte ich auch hier Dank sagen für ihre freundlichen Ratschläge. Die Fakultätskollegen erteilten mir freundlicherweise die Genehmigung für eine zweijährige Auslandsforschung, wofür ich ihnen sehr dankbar bin.

The Kyoto University Press übernahm trotz der schwierigen Umstände hinsichtlich wissenschaftlicher Publikationen die Veröffentlichung dieses Buches. Außerdem räumte der Verlag mir beim Setzen dieser Publikation großen Freiraum ein. Dafür möchte ich herzlich Dank sagen. Die Druckkosten wurden vom Rektoratsprojekt für die Nachwuchswissenschaftler an der Universität Kyoto getragen.

Während des gesamten Tätigkeitszeitraumes wurde meine diesbezügliche Forschungstätigkeit, zusätzlich zu den oben genannten Förderungen, durch weitere großzügige Forschungsmittel finanziell unterstützt, namentlich *Eike-von-Repgow-Stipendium* (Landeshauptstadt Magdeburg / Otto-von-Guericke-Universität) sowie KAKENHI (*Grant-in-Aid for Young Scientists (B)* und *Grant-in-Aid for Research Activity Start-up*). Dafür möchte ich an dieser Stelle Dank sagen.

Nicht zuletzt möchte ich meiner Frau Yuko von Herzen danken für ihre liebevolle Unterstützung und Aufmunterung.

Ohne meine beiden Betreuer auf japanischer und deutscher Seite wäre diese Arbeit nicht entstanden. Dafür danke ich ihnen aus tiefstem Herzen. Meinen beiden großen Lehrmeistern widme ich dieses Buch.

Kyoto, im Februar 2018
Dan Sato

xi

目次

まえがき	vii
目次	xi
解題	1
附録	81
I. 校訂対照表	82
II. 市参事会員名簿	84
III. 略号表	98

ハレ参審人文書

第 5 巻 後半 · 1

史料	3
索引	142
人名索引	142
地誌索引	168
事項索引	170

第 6 巻 · 181

史料	183
索引	257
人名索引	257
地誌索引	271
事項索引	272

第 7 巻 · 279

史料	281
索引	356
人名索引	356
地誌索引	370
事項索引	372

xii

Inhaltsübersicht

Vorrede	ix
Inhaltverzeichnis	xii
Einleitung	41
Beilage	81
I. Konkordanz	82
II. *Senatus Hallensis*	84
III. Abkürzungen	98

Die Hallischen Schöffenbücher

Fünftes Buch. Zweite Hälfte.	1
Text	3
Register	142
Namensregister	142
Topographisches Register	168
Sach- und Wortregister	170
Sechstes Buch.	181
Text	183
Register	257
Namensregister	257
Topographisches Register	271
Sach- und Wortregister	272
Siebtes Buch.	279
Text	281
Register	356
Namensregister	356
Topographisches Register	370
Sach- und Wortregister	372

xiii

解題 目次

1. 総説

1.1. はじめに 3

1.2. Hertel の校訂以前 7

1.3. Hertel の校訂版 8

1.4. 『参審人文書』の概要 13

2. 各巻の概観

2.1. 第 5 巻（1442 年、1450〜55 年） 15

    2.1.1. 概要 15

    2.1.2. 他の裁判管轄権との関係 19

    2.1.3. 法律用語上の特徴 20

    2.1.4. 書面性の問題 21

    2.1.5. 法曹および非学識法曹の実務家 21

2.2. 第 6 巻（1456〜60 年） 24

    2.2.1. 概要———Hertel の校訂との関係も含めて——— . . . 24

2.3. 第 7 巻（1484 年、1501〜03 年） 28

    2.3.1. 概要 28

    2.3.2. 開廷日 31

    2.3.3. 書体・文体・正書法上の変化 32

    2.3.4. 法廷に現れる人々 33

    2.3.5. ラテン語 34

    2.3.6. 書面性の浸透 36

    2.3.7. シュルトハイス法廷 36

    2.3.8. 訴訟代理人として登場する者たち 37

3. 校訂の方針

3.1. 本文 38

3.2. 索引 40

Inhalt der Einleitung

1. Allgemeines

1.1. Quellenlage 41

1.2. Bis zur Edition Hertels 45

1.3. Die Edition Hertels 46

1.4. Allgemeine Eigenschaften der Schöffebücher 52

2. Zu den einzelnen Büchern

2.1. Buch Fünf (1442, 1450–55) 54

    2.1.1. Allgemeines 54

    2.1.2. Die Gerichtsbarkeit anderer Institutionen 58

    2.1.3. Rechtstermini 59

    2.1.4. Schriftlichkeit 60

    2.1.5. Gelehrte und nichtgelehrte Rechtspraktiker 60

2.2. Buch Sechs (1456–60) 63

    2.2.1. Allgemeines — zugleich Vergleich mit der Editions Hertels 63

2.3. Buch Sieben (1484, 1501–03) 67

    2.3.1. Allgemeines 67

    2.3.2. Gerichtstermin 69

    2.3.3. Sprachlicher Wandel 71

    2.3.4. Vor Gericht auftretende Personen 71

    2.3.5. Lateinisch 73

    2.3.6. Verbreitung der Schriftlichkeit 74

    2.3.7. Schultheißenhof 75

    2.3.8. Häufige Gerichtsbesucher 76

3. Editionsgrundsätze

3.1. Text 78

3.2. Register 79

解題

Einleitung

ハレ参審人文書解題

1. 総説

1.1. はじめに

　ここに校訂した『ハレ参審人文書』（Hallische Schöffenbücher）は、ザクセン＝アンハルト州の州立＝大学図書館（ハレ）に所蔵されているハレの参審人裁判所の裁判記録である[1]。その巻号は以下の通りである。

　　　第 1 巻　　1266〜1325 年（124 葉）
　　　第 2 巻　　1308 年、1309 年または 1312 年〜1369 年頃（34 葉）
　　　第 3 巻　　1355 年頃〜1385 年頃（152 葉）
　　　第 4 巻　　1383 年〜1424 年（160 葉）
　　　第 5 巻　　1425 年〜1455 年（212 葉、但し fol. 138v 以降は抜粋的校訂）
　　　第 6 巻　　1456 年〜1460 年（42 葉、抜粋的校訂）
　　　第 7 巻　　1484 年〜1504 年、追録 1542 年（48 葉、未公刊）

　この『参審人文書』は 1266 年から作成され始めた。それは、都市におけるすべての譲渡（*gabe*）を記録するためであった[2]。その後、『参審人文書』は記録され続けハレ参審人団のもとで保管されていた。ハレの参審人団は 1863 年に廃止されたが、1864 年に第 3 巻を除く 6 巻が参審人館からハレの大学図書館へと移管された。ブランデンブルク参審人団に関する詳細な研究を残した Adolf Stöltzel によれば、1863 年の廃止[3]のさいに、ハレ参審人館にあった蔵書の多くがナウムブルクに移されたのだが、ハレ大学には「1266 年から 1519 年までの、6 巻の古い都市文書」が渡った、とされる[4]。これは『参審人文

---

[1] Universitäts- und Landesbibliothek Sachsen-Anhalt (Halle/Saale), Signatur: Yd 2° 31 (1)–(7).

[2] Vorrede des ersten Schöppenbuches. JOHANN CHRISTOPH VON DREYHAUPT, Pagus Neletici et Nudzici, Ausführliche diplomatisch-historische Beschreibung des [...]Saal-Kreyses, Erster Theil, Halle 1749; Zweiter Theil, Halle 1755, hier I, S. 478; GUSTAV HERTEL (bearb.), Die Hallischen Schöffenbücher. Erster Theil (1266 bis 1400) (= Geschichtsqullen der Provinz Sachsen und angrenzender Gebiete, Bd. 4), Halle 1882, S. 3; vgl. auch FERDINAND VON MARTITZ, Das eheliche Güterrecht des Sachsenspiegels und der Verwandten Rechtsquellen, Leipzig 1867, S. 11, Anm. 20.

[3] ハレ参審人団の終期については、GERHARD BUCHDA, Zur Geschichte des hallischen Schöppenstuhls, in: Savigny Zeitschrift für Rechtsgeschichte Germ. Abt. (以下、„ZRG GA“と略記) LXVII 67 (1959), S. 416–440.

[4] ADOLF STÖLZEL, Die Entwicklung der gelehrten Rechtsprechung, Bd. I. Der Brandenburger Schöppenstuhl, Berlin 1901, S. 248. なお、残りの 159 冊に関しては、Landeshauptarchiv Sachsen-Anhalt (Wernigerode) に所蔵されていたとされる。Vgl. ANDREA SEIDEL, Ablösung und Verdrängung des Niederdeutschen durch das Hochdeutsche. Eine sprachhistorische Studie am Beispiel der Hallischen Schöffenbücher, in: WERNER FREITAG / ANDREAS RANFT (Hg.), Geschichte der Stadt Halle, Bd. I, Halle 2006, S. 179–192, S. 191 (Anm. 15). それらは現在ではザクセン＝アンハルト州中央文書館（Landeshauptarchiv Sachsen-Anhalt, LHASA Magdeburg）において 1528 年の記録から残されている（Sig.: Db 14, A Ia Nr. 1–160）。その記載のスタイルは、最初の 7

書』のことであると考えられるが、ハレ大学に現存する物は実際には 1504 年までである
（追録（Nachtrag）として 1542 年を含む）。なお、ここでハレ大学に来たのは第 3 巻以外
の 6 巻である。第 3 巻は Zeisberg によって競売で購入され、それが 1858 年に Graf/Fürst
zu Stolberg/Wernigerode の図書館に渡り、そこからハレ大学が 1931 年に購入したとされ
る[5]。このような経緯で、現在はザクセン＝アンハルト州立・大学図書館（ハレ）に第 1 巻
（1266〜1325）から第 7 巻（1484〜1504、1542）の計 7 巻が所蔵されている。

　『ハレ参審人文書』は第一義的には法史料である。これはハレ市のベルク裁判所におけ
る裁判の記録台帳である。それゆえに法制史的な観点からして極めて重要な史料であると
いえる。とりわけ、ハレ市が中世法の世界において占めていた際立った地位を考えるなら
ば、その都市での法実務の記録は非常に重要であると言えよう[6]。

　同時に、これは言語学的な資料としても重要なものである。というのも、この『参審人
文書』は 1266 年から、断続的にではあるが、1504 年までのハレ市内における言語（書き
言葉）の変遷を記録にとどめたものだからである。それゆえに、言語史学的な観点から多
くの研究がこの『参審人文書』を巡って蓄積されてきた[7]。とくに中世低地ドイツ語の一
大コーパスとして『参審人文書』は Karl Schiller と August Lübben による大辞典において
も用例を提供してきた[8]。

　『参審人文書』には裁判制度と密接な関係を有する法律用語のみならず、市民の日常生
活と結びつく語彙も多く含まれている。そればかりではなく、膨大な人名が登場するゆえ
に固有名詞学（Onomatologie）の重要なサンプルともなっている。しかし、とりわけ法術

　　巻とは異なる。例えば、Sig.: Db 14, A Ia Nr. 1 (1528–1532) では、当事者の名前と金額の記載が中心で、と
　　きおり長文の記載がある。記載は裁判期日ごとに整理されている。巻末 fol. 372–381 にはアルファベット
　　順の索引（名前、年、該当 fol. 番号）がついている。

[5] BRIGITTE PFEIL, Katalog der deutschen und niederländischen Handschriften des Mittelalters in der Universitäts-
　　und Landesbibliothek Sachsen-Anhalt in Halle (Saale) Bd. I (= HEINER SCHNELLING (Hg.), Schriften zum
　　Bibliotheks- und Bücherwesen in Sachsen-Anhalt 89/1), Halle 2007, S. 34.

[6] こうした関心は HEINER LÜCK (Hg.), Halle im Licht und Schatten Magdeburgs. Eine Rechtsmetropole im
　　Mittelalter (= Forschungen zur hallischen Stadtgeschichte 19), Halle 2012.

[7] 特に参審人文書に焦点を当てたものとして、FRITZ JÜLICHER, Die mittelniederdeutsche Schriftsprache im
　　südlichen elbostfälischen Gebiet, [Diss., Maschinenschrift] Hamburg 1295, besonders S. 5–15; GUSTAV KORLÉN,
　　Die mittelniederdeutschen Texte des 13. Jahrhunderts. Beiträge zur Quellenkunde und Grammatik des Frühmit-
　　telniederdeutschen (= ERIK ROOTH (Hg.), Lunder Germanistische Forschung 19), Lund 1945, S. 14–23; AGATHE
　　LASCH, Aus alten niederdeutschen Stadtbüchern. Ein mittelniederdeutsches Lesebuch, zweite, um eine Bib-
　　liographie erweiterte Auflage Neumünster 1987, S. 53–62, 130–134; KARL BISCHOFF, Sprache und Geschichte
　　an der mittleren Elbe und der unteren Saale (= Mitteldeutsche Forschungen 52), Köln / Graz 1967, beson-
　　ders S. 227–247; HANS-JOACHIM SOLMS / JÖRN WEINERT, Die Hallischen Schöffenbücher, in: ANDREA SEIDEL /
　　HANS-JOACHIM SOLMS (Hg.), Dô tagte ez. Deutsche Literatur des Mittelalters in Sachsen-Anhalt, Dößel 2003,
　　S. 137–147; ANDREA SEIDEL, Ablösung und Verdrängung des Niederdeutschen durch das Hochdeutsche. Eine
　　sprachhistorische Studie am Beispiel der Hallischen Schöffenbücher, in: WERNER FREITAG / ANDREAS RANFT
　　(Hg.), Geschichte der Stadt Halle, Bd. I, Halle 2006, S. 179–192. 詳細な文献については、PFEIL [Fn. 5], S. 34
　　を参照されたい。

[8] KARL SCHILLER / AUGUST LÜBBEN, Mittelniederdeutsches Wörterbuch, 6 Bde., Bremen 1875–1881. 但し、用い
　　られているのは、1365〜1380 年の部分の写本である。SCHILLER/LÜBBEN, Bd. I, p. 1.

解題 5

語に関する言語史的情報を提供する点で法史学者にとってハレ『参審人文書』の史料的価
値はきわめて高いといえる[9]。

　ハレの都市史の研究にとってもこれは重要な史料となってきた。『参審人文書』はハレ
市内の不動産権利関係の動向について多くを語っており、さらにハレ市内の街路、建築
物、施設の名前を多く載せている。また、ハレ市民の家族関係についても家系学的にみて
非常に貴重な史料となっているのである。『参審人文書』にはハレの市民・門閥が多く登
場する。この点において『参審人文書』はハレ市新市民台帳（*Senatus Hallensis*）[10]と同じほ
どの重要性を持つ。

　『参審人文書』は、しかし、法実務において生み出されたものであり、それゆえに第一
義的には法史料なのである。そして、法制史研究においても特に重要な史料としてしばし
ば引用されてきた。これは中世都市ハレが有する特異な地位とも関係する。

　ハレはマクデブルク大司教領に属しており、同司教区の中心地マクデブルクとの間に非
常に密接な関係を有していた[11]。ともにマクデブルク大司教の下にあり、マクデブルクの
ブルクグラーフの裁判権の下にあった両市は、エルベ・ザーレ流域における重要な都市で
あった。そして、マクデブルク法を得ていたハレは、マクデブルク法圏の中においても非
常に重要な地位を占めていた。中世中・東欧に広く伝播したマクデブルク都市法とザクセ
ンシュピーゲルの法（Sächsisch-Magdeburgisches Recht）においてハレが占めていた地位
を端的に言い表していたのは『ザクセン・ヴァイヒビルト法』10 条 1 項であるが、そこに
はこうある。「それゆえに、ポーランドとボヘミアの者すべて、またマルク・ラウジッツと
そこに含まれるすべての都市からの者はみな、その法をハレにおいて得るべきである」[12]。

　このような背景からマクデブルクとハレの法には共通性があり、都市制度についても多
くの共通点を有していた。こうした共通性は、例えば Rudolf Schranil による研究によって

---

[9]　とりわけ、低地ドイツ語から高地ドイツ語への変化の過程においても法術語などの専門性の高い語が用い
られ続けるという点については、Ruth Schmidt-Wiegand, Textsorte und Rechtsquellentyp in ihrer Bedeutung
für die Rechtssprachgeographie, in: Ruth Schmidt-Wiegand (Hg.) / Gabriele von Olberg (Red.), Text- und
Sachbezug in der Rechtssprachgeographie (= Münstersche Mittelater-Schriften Bd. 52), München 1988, S. 21–37,
besonders S. 37.

[10]　1400 年から記載が始まっている、ハレ市文書館所蔵の都市参事会員名簿。各年の新市民についても記
録されている。Stadtarchiv Halle, Sig.: B 2 „*Senatus Hallensis*“. なお、この史料は、1401～1472 年の記録
について、そこに記載された市参事会員名簿の部分のみが Julius Otto Opel (bearb.), Denkwürdigkeiten
des Hallischen Rathsmeisters Spittendorff (= Geschichtsquellen der Provinz Sachsen und angrenzender Gebiete
Bd. 11), Halle 1880, S. 504–518, Beilage VII, において紹介されている。vgl. auch Einleitung S. XLIII ff.

[11]　この点に関しては、ハレの法制史に関して指導的地位を占めている Heiner Lück によって編集された
Heiner Lück (Hg.), Halle im Licht und Schatten Magdeburgs. Eine Rechtsmetropole im Mittelalter (= For-
schungen zur hallischen Stadtgeschichte Bd. 19), Halle 2012 所収の諸論文を参照されたい。

[12]　A. von Daniels / Fr. von Gruben (Hg.), Das Sächsische Weichbildrecht. Jus municipale saxonicum (= Rechts-
denkmäler des deutschen Mittelalters. Bd. 1), Berlin 1858, S. 79. Art. X § 1: … *unde darumme sollen alle dy von
Polen unde die von Behemen, unde uʒ der marcke zu Lusiz und von den steten allen, die dorinne begriffen sien, ir
recht zu Halle holen.*

6　　　　　　　　　　　　　　　ハレ参審人文書

も際立たせられている[13]。とりわけ、ハレはマクデブルク法が東方へと伝播していく過程において重要役割を果たしている[14]。そのハレにおいて成立した『参審人文書』もまた、法制史研究において非常に重要な史料として目されてきた。特にそれは、実際の法運用の史料として研究の対象となって来た[15]。例えば、Otto Loening によるマクデブルク法圏における遺言に関する研究は[16]、ハレの『参審人文書』を主要な資料として用いている[17]。

　この研究だけでなく、ハレの『参審人文書』は中世都市法における相続法、わけても遺言や死因処分といった制度の研究において重要な史料として用いられてきた。例えば、Ulrike Seife による論考では、ザクセンシュピーゲルの効力が確認される地域においてローマ・カノン法的な相続法の影響がどの程度あったのかということについて考察するにあたり、ハレ『参審人文書』が史料として用いられている[18]。2006 年にライプツィヒ大学に提出された教授資格申請論文をもとに 2011 年に刊行された Adrian Schmidt-Recla による浩瀚な書物においても、『参審人文書』は重要な史料のひとつとして用いられている[19]。

---

[13] RUDOLF SCHRANIL, Stadtverfassung nach Magdeburger Recht. Magdeburg und Halle (= Untersuchungen zur Deutschen Staats- und Rechtsgeschichte, 125. Heft), Breslau 1915.

[14] ERNST THEODOR GAUPP, Das alte magdeburgische und hallische Recht, Ein Beitrag zur Deutschen Rechtsgeschichte, Breslau 1826 (ND Aalen 1966); ERICH SANDOW, Das Halle-Neumarkter Recht (= Deutschrechtliche Forschungen 4. Heft), Stuttgart 1932; BERND KANNOWSKI, *ius civile inscripsimus a nostris senioribus observatum*". Der hallische Schöffenbrief für Neumarkt von 1235, in: LÜCK [Fn. 11], S. 151–183; WIELAND CARLS, Zur Verbreitung des Halle-Neumarkter Rechts in Schlesien, in: LÜCK [Fn. 11], S. 184–205; STEPHAN DUSIL, Das hallische Stadtrecht und seine Verbreitung im Mittelalter. Forschungsstand, Fragen, Perspektiven, in: LÜCK [Fn. 11], S. 37–60; HENNING STEINFÜHRER, *sub Hallensi et Magdeburgensi iure*". Der Leipziger Stadtbrief — eine Quelle früher Rezeption hallischen Rechts?, in: LÜCK [Fn. 11], S. 61–71; BREND KANNOWSKI / STEPHAN DUSIL, Der Hallensische Schöffenbrief für Neumarkt von 1235 und der Sachsenspiegel, in: ZRG GA 120 (2003), S. 61–90. 伝播に関する研究としては、出発点となっているのは GERTRUD SCHBART-FIKENTSCHER, Die Verbreitung der deutschen Stadtrechte in Osteuropa (= Forschungen zum deutschen Recht. Bd. IV, Heft 3), Weimar 1942; INGE BILY / WIELAND CARLS / KATALIN GÖNCZI, Sächsisch-magdeburgisches Recht in Polen. Untersuchungen zur Geschichte des Rechts und seiner Sprache (=IVS SAXONICO-MAIDEBVRGENSE IN ORIENTE. Bd. 2), Berlin 2011. 近時のポーランドの一般的な法制史教科書においてもシローダ・シロンスカ（Środa Śląska）を出発点としてドイツ系の法がポーランドに入っていった過程について言及している。例えば、WACŁAW URUSZCZAK, Historia państwa i prawa polskiego. Tom I. (969–1795), 3. Wyd., Warszawa 2015, s. 86.

[15] 例えば Fronung に関する HANS PLANITZ, Die Fronung, in: ZRG GA 78 (1961), S. 39–63 においてもハレの『参審人文書』が用いられている。

[16] OTTO LOENING, Das Testament im Gebiet des Magdeburger Stadtrechtes (= Untersuchungen zurdeutschen Staats- und Rechtsgeschichte, 82. Heft), Breslau 1906.

[17] LOENING [Fn. 16], S. 16, Anm. 5.

[18] ULRIKE SEIF, Römisch-kanonisches Erbrecht in mittelalterlichen deutschen Rechtsaufzeichnungen, in: ZRG GA 122 (2005), S. 87–112, besonders S. 94 ff.

[19] ADRIAN SCHMIDT-RECLA, Kalte oder warme Hand? Verfügungen von Todes wegen in mittelalterlichen Referenzrechtsquellen (= Forschungen zur deutschen Rechtsgeschichte 29), Köln / Weimar / Wien 2011, besonders S. 517–533. [Rezension] PETER OESTMANN, in: ZRG GA 130 (2013), S. 655–660. もっとも、Schmidt-Recla はその考察を 1400 年までの記録に限定している。

解題　　　　　　　　　　　　　　　　　　　　　　7

Ulrike Müßig は、同じくハレ『参審人文書』を用い[20]、また他の関連する史料への検討を追加して[21]、Schmidt-Recla の成果に対する批判的再検討を行っている[22]。

1.2.　Hertel の校訂以前

　さて、上に挙げたように、ハレの『参審人文書』はこれまで言語史、都市史、法制史の資料として多くの研究に用いられてきたのであるが、その基盤となっているのはほとんどの場合において Gustav Hertel による校訂[23]であった。これは 19 世紀に行われたプロイセンの一大事業である史料編纂作業の成果[24]の一部であった。

　Gustav Hertel による校訂について扱う前に、それ以前に存在した『参審人文書』の抜粋校訂について見てみたい。最も初期のものは Johann Christoph von Dreyhaupt（1699～1768）による。彼はハレを中心とする地域について今日なお第一級の史料として用いられる著作[25]において『参審人文書』に言及している。それによれば、ハレの参審人館（当時はまだ廃止されていない）には 7 巻の羊皮紙本が所蔵されていたとされる[26]。そして、Dreyhaupt は当該『文書』から長さ・内容の異なる合計 103 の記載を転載している。その内訳は次のとおりである。（附録 I 参照）

---

[20] ULRIKE MÜSSIG, Verfügungen von Todes wegen in den Hallischen Schöffenbüchern, in: LÜCK [Fn. 11], S. 130–150.

[21] ULRIKE MÜSSIG, Verfügung von Todes wegen in mittelalterlichen Rechts- und Schöffenbüchern, in: IGNACIO CZEGUHN (Hg.), Recht im Wandel — Wandel des Rechts. Festschrift für Jürgen Weitzel zum 70. Geburtstag, Köln / Wien / Weimar 2014, S. 167–203.

[22] 方法論的な批判と並び、とりわけ Müßig は SCHMIDT-RECLA [Fn. 19] が 1400 年を *terminus ad quem* としていることを批判するが（MÜSSIG [Fn. 21]）, S. 187, Fn. 82）、SCHMIDT-RECRA [Fn. 19]（S. 72 ff.）は、説得力を持つかは別として、一応の説明をしている。但し、彼がマクデブルク参審人団をも説明に含めるのであれば、なおさらのこと 1400 年以降の動向も視野に含めるべきだったように感じられる。この点については、佐藤 団, マクデブルク法研究再考───プロソポグラフィ的検討による参審人団研究試論㈠～㈣・完, 『法学論叢』171 巻 1～4 号（2012 年）所収；同じく拙稿、一五四九年のマクデブルク参審人団廃止───新史料による再検討㈠～㈤・完, 『法学論叢』179 巻 3、5、6 号（2016 年）、180 号 1、2 号（2016 年）所収、を参照されたい。

[23] GUSTAV HERTEL (bearb.), Die Hallischen Schöffenbücher. Erster Theil (1266 bis 1400) (= Geschichtsqullen der Provinz Sachsen und angrenzender Gebiete, Bd. 4), Halle 1882; DERS. (bearb.), Die Hallischen Schöfffenbücher. Zweiter Theil (1401 bis 1460) (= Geschichtsquellen der Provinz Sachsen und angrenzender Gebiete, Bd. 4), Halle 1887.

[24] HISTORISCHEN KOMMISSION FÜR DIE PROVINZ SACHSEN UND DAS HERZOGTUM ANHALT (Hg.), Geschichtsquellen der Provinz Sachsen und angrenzender Gebiete (insgesamt 49 Bde.), Halle 1870–1923.

[25] DREYHAUPT [Fn. 2], II, S. 478 ff., No. 497.

[26] DREYHAUPT [Fn. 2], II, S. 478: *Schöppen-Büchern, so in VII codicibus membranacies auf dem Schöppen-Hause zu Halle verwahrlich aufbehalten werden.*

8 ハレ参審人文書

1266 年に始まる第 1 巻	Dreyhaupt では	No. 1～31
1308 年から始まる第 2 巻		No. 32～35
1366 年から始まる第 3 巻		No. 36～49
1388 年[27]から始まる第 4 巻		No. 50～82
1425 年から始まる第 5 巻		No. 83～102
1494 年から始まる裁判台帳		No. 103

　この最後の No. 103 は、年号が 1494 年から始まるとされる「裁判台帳（Gerichtsbuch）」に載っている事項として 1499 年の様子[28]を伝えるものとなっているが、現存する第 6 巻は 1456 年から 1460 年を含むのみで、第 7 巻に至っては、1484 年から 1504 年までを網羅するとされているが、実際には 1484 年の記載と 1501 年から 1504 年の記載、さらに 1542 年の記載を含むにすぎない。つまり、ここで No. 103 とされている部分については、Dreyhaupt の証言を信ずるならば、今となっては失われてしまった部分であると考えられる。なお、Dreyhaupt は参審人文書の第 6 巻については全く言及しておらず、第 7 巻に関しても言及していない。しかし、彼はのべ 7 巻の羊皮紙のコーデックスがある、と紹介している。彼がこれによって第 6 巻と第 7 巻を指していたのかは不明である。場合によっては今日とは異なる仕方で参審人文書が綴じられていたことも考えられる[29]。

1.3. Hertel の校訂版

　さて、既に述べたように、今日研究において参照されるハレ『参審人文書』の校訂は、ハレを含むザクセン地域の文書の校訂で知られる Gustav Hertel（1847～1903）によって行われた。彼はハレ同様マクデブルク大司教領に属していた中世都市マクデブルクの文書を校訂している[30]他、マクデブルク法圏に属する諸都市・村の裁判記録の校訂も行っている[31]。

　彼の行った校訂作業は今日に至るまで、一般史家、都市史家、さらには法制史家にとっ

---

[27] 恐らく 1383 年の誤植。

[28] 1499 年 7 月 12 日（金）（*Freytags an sante Margarethen Abend*）。

[29] 『参審人文書』写本の綴じに関しては、後述（2.2.1. および 2.3.1.）を参照。

[30] GUSTAV HERTEL (bearb.), Urkundenbuch der Stadt Magdeburg, 3 Bde., Halle 1892 (ND Aalen 1975); GUSTAV HERTEL (bearb.), Die ältesten Lehnbücher der Magdeburgischen Erzbischöfe (= HISTORISCHE COMMISSION DER PROVINZ SACHSEN (Hg.), Geschichtsquellen der Provinz Sachsen und angrenzender Gebiete 16. Bd.), Halle 1883; GUSTAV HERTEL (bearb.), Urkundenbuch des Klosters Unser Lieben Frauen zu Magdeburg (= HISTORISCHE COMMISSION DER PROVINZ SACHSEN (Hg.), Geschichtsquellen der Provinz Sachsen und angrenzender Gebiete, Bd. 10), Halle 1878; MAX DITTMAR / GUSTAV HERTEL (bearb.), Die Chroniken der niedersächsischen Städte Magdeburg Bd. 2., unveränderte Aufl., (= HISTORISCHE KOMMISSION BEI DER BAYERISCHEN AKADEMIE DER WISSENSCHAFTEN (Hg.), Die Chroniken der deutschen Städte vom 14. bis ins 16. Jahrhundert, Bd. 27), Leipzig 1899 (ND Göttingen 1962).

[31] GUSTAV HERTEL, Das Wetebuch der Schöffen von Calbe a. S., in: Geschichts-Blätter für Stadt und Land Magdeburg, 20. Jg. (1885), S. 43–62, 125–148, 217–264, 349–380 sowie 21. Jg. (1886), S. 72–102.

解題 9

て欠くことのできない重要な資料となっている。法制史の面から言えば、とりわけザクセン法圏における法の日常を採録した記録、それも一定の連続性を持っている記録として、その史料的価値は計り知れない。さらに、この都市が有している法的重要性も本史料の価値を一層際立たせている。Schmidt-Recla はこの校訂を評して、「過去また現在において法制史的な史料に基づく法制史的な研究においてたびたび用いられる、ザクセンの都市法の現実を集めた唯一の集成である」、と述べている[32]。

　Hertel はその校訂の第 1 部に解説を付しており、そこには興味深い情報が多く載せられている。例えば、彼は『参審人文書』の中で示される日時が前後錯綜していることから[33]、この『参審人文書』が裁判の場でリアルタイムに記録されたものではなく、後からまとめて記録されたものであるということ（その意味においてオリジナルではないということ）、それどころか抜粋であること[34]、中世低地ドイツ語で書かれていること[35]、ラテン語が極めて稀なケースでしか用いられていないこと[36]、などを指摘している。（ラテン語使用の問題については後述（2.3.5.）を参照）。

　さて、彼の校訂作業は研究に大いに資するものとなったのであるが、但し、この校訂が多くの欠陥を抱えていることもたびたび指摘されている[37]。それにも拘わらずこの校訂は他に代わるものが無いので頻繁に用いられる[38]。Hertel の校訂が歴史学、言語史学そして

---

[32] SCHMIDT-RECLA [Fn. 19], S. 518.

[33] HERTEL, Theil I, Einleitung, S. XX ff., besonders S. XXIII.

[34] HERTEL, Theil I, Einleitung, S. XXVI ff., besonders S. XXIX. こうした主張の傍証として、彼は参審人文書のなかで、過去の記載を証拠として引き合いに出し、主張を認められる者がおり、それなのに、それに対応するはずの記録が見つからないケースが存在することを指摘している。例えば、III 589 や III 622。HERTEL, Theil I, Einleitung, S. XXIX. (Fn. 1.).

[35] HERTEL, Theil I, Einleitung, S. XIV.

[36] HERTEL, Theil I, Einleitung, S. XV. その一方で、Hertel はマクデブルク近郊の、マクデブルクから法をうけた都市の裁判文書との比較から、（失われてしまった）マクデブルクの参審人文書ももともとはラテン語で書かれていたはずであると推測している。というのも、彼はアーケン（Aken）とハレ以外の都市で見つかっている参審人文書がみなラテン語で書かれていることから、マクデブルクから法をえた都市は、法にまつわる慣行も一緒に引き継いでいるだろうということから逆に推測して、そのような結論に達する。また傍証として、マクデブルクの参審人書記がラテン語に長けていたことを引き合いに出す。そして、それがドイツ語になったのは、マクデブルクが最初にそうした変更を行ったのであって、それをマクデブルクに劣後するハレが受け継いだと Hertel は考えている。裁判議事自体はドイツ語で行われたと思われるが、記録はまずラテン語でなされて、それを後で（整理して）写す者がラテン語を解せずにラテン語をそのまま『参審人文書』に残していたというわけではない。ラテン語が残っている部分は、それをラテン語で残しておいても別に問題な無い（些細なこと）と考えていたからだろう、と Hertel は考えている。HERTEL, Theil I, Einleitung, S. XXX.

[37] LASCH [Fn. 7], S. 130; SEIDEL [Fn. 4], S. 191 (Anm. 15); JÜLICHER [Fn. 7]. しかし、同様の例としては、Wasserschleben による史料集 HERMANN WASSERSCHLEBEN (bearb.), Sammlung deutscher Rechtsquellen. Bd. 1, Gießen 1860 (ND Aalen 1969); Bd. 2, Leipzig 1891 (ND Aalen 1969) が挙げられる。この点については、THEODOR GOERLITZ, Die Gubener Handschrift des Glogauer Rechtsbuches, insbesondere ihr lehenrechtlicher Tiel, in: ZRG GA 64 (1944), S. 319–326, hier S. 320.

[38] 一例として、内容上は問題とならないケースであっても、特定の語をサンプルとしつつ子音推移などを研究する場合には、Hertel がたびたび行っている d と t の取り違えには注意を要する。もちろん史料原本を手に研究する場合にはこうした問題は回避できるが、サンプル箇所を集めるために、しばしば Hertel の校

とりわけ法制史学にもたらした益については争いようがない。しかし、それを用いる際には Hertel がどのような方針でこの校訂を作成したのかを銘記しておく必要がある。

　彼は当初、この『参審人文書』をすべて校訂するつもりであった。その予定で彼は第一部（1400 年まで）を刊行したのである。しかし、1400 年という切れ目は決して『参審人文書』の区切りとは一致していない。これは第 4 巻の途中なのである。この時代設定はむしろ出版計画と関係していた。そして、15 世紀については別の部を用意する予定であった。こうした計画があったゆえに彼は校訂に語彙集（Glossar）をつけなかった。それは全体の作業が終了した後に計画されていたのであった[39]。しかし、最終的にこの計画は変更される。彼の校訂作業の第 2 部は、第 1 部で途中まで校訂した第 4 巻の続き（1401 年）から開始され、第 5 巻および第 6 巻を含むものであった。なお、Hertel は第 7 巻については一切触れていない。しかも、この第 2 部において校訂の方針は大きく転換することになる。

　第 2 部は『参審人文書』第 4 巻の途中（1401 年）から第 5 巻の途中（1442 年）までを全文校訂した後、第 5 巻の 1442 年の記載のあとの空白（fol. 138v）以降は抜粋校訂することにした。また、第 6 巻においてはこの方針がさらに強く打ち出されている。

　彼が計画を変更したのは第 5 巻の作業からであるが、この巻は『参審人文書』全体のなかで最も分量の多い部分（212 蝶）である。彼がなぜ 1442 年の後の空白の後から計画を変更したのかについては説得力をもった理由は提示されていない。方針転換は紙幅の関係から断念された、と第 2 部の解説に書かれている[40]。そして、同史料に対する彼の態度もこの方針転換に影響を与えていた。つまり、彼にとって「大部分の記載は郷土史（Lokalgeschichte）にとっても法制史（Rechtsgeschichte）にとっても特に重要なものではない」[41]ので、なおさらのことそうしたのである、と Hertel は述べている。

　それで、1442 年より後については、「ハレの郷土史（Ortsgeschichte）にとって意味を持つ、あるいは何らかの重要なケース（Rechtsfall）を含むもののみを選ぶ」という方針を採ることにした[42]。この同じやり方は第 6 巻についても適用された。しかし、彼がもしハレの郷土史にとって重要性を考慮していたとしたら、1442 年のあとの空白から次の記載への過渡についてもう少し言及しても良かったのではないか（この理由については後述する）。

　Hertel は『参審人文書』の価値を、法史料としてよりもむしろハレの郷土史を豊かにするものという点に見出している。その中にみられる家屋名や人名などは彼にとって法記録よりも意義があったのである[43]。そして、法制史的な重要性については、彼はそれほどの関心を示していない。それは彼が次のように述べていることからも分かる。

　　訂が手引きとして用いられることは否定できない。第 7 巻があまり検討対象とされないのは、中世低地ドイツ語的な要素が薄いということもさることながら、未校訂であることも背景にあると思われる。

[39] HERTEL, Theil I, Einleitung, S. XXXII.
[40] HERTEL, Theil II, Einleitung, S. VII.
[41] HERTEL, Theil II, Einleitung, S. VII.
[42] HERTEL, Theil II, Einleitung, S. VII.
[43] HERTEL, Theil II, Einleitung, S. VIII.

解題　　　　　　　　　　　　　　　　　　　　11

　「ハレの地域史にとってのこれらの意義によって、参審人文書はますます価値を
有し、このことが刊行の正当性を高めるのである。それが法制史にとってどれほど
の重要性を有するのか、という点については法律家が決するべきであろう。しか
し、それが法的手続きの発展の知見にとって本質的な寄与をしない場合には、そう
した中世の史料校訂を法律家に熱望することは望み得ないであろう」[44]。

　こうした考え方は彼の索引作成の方針にも現れている。彼は事項索引を極めて簡潔に作
成した。その理由というのが、『参審人文書』が何度も同じような内容の記載を繰り返し
ているということであった。しかも、そうした記載は多くが法律的な内容を繰り返してお
り、非専門家には聞き慣れないものでも、法律家にとっては若干の例さえあればそれで充
分とのことである。それゆえに、彼はそうした事項まで索引に採録することは非常に無駄
な仕事になる、と考えた。彼は、「約 200 回ほど出てくる *medeban*、ことによるとそれより
も 2 倍か 3 倍多く出てくる *vormuntschap* を、その用法が明らかに違うということを明示す
ることなくして何回も出すことは意味がない」[45]、としている。

　このように、Hertel は、『参審人文書』が有する法史料的な側面については必ずしも正
当な評価を与えていなかったように感じられる。反対に、法制史の分野においては多くの
研究がこの史料のもつ価値を正当に評価し、しばしば研究において根拠として用いてきた
のである。もっとも、この Hertel の方針について考慮されることはほとんど無かった。

　その後 Hertel による校訂は法制史、言語史、都市史など様々な分野で用いられてきた。
すでに指摘されている通り、Hertel の校訂には誤りや欠落が少なからず見られる[46]。こう
いった問題も決して看過することはできないが、しかし、そうした類の問題は、Hertel の
校訂を頼りに史料の現物を比較することで解消できるだろう[47]。しかし、それよりも重大
なのは、この『参審人文書』が抜粋校訂のままで用い続けられていること、さらに未刊行
の部分があるということであろう[48]。とりわけ、後者の問題、すなわち抜粋校訂という手

---

[44] HERTEL, Thiel II, Einleitung, S. VIII.

[45] HERTEL, Theil I, Einleitung, S. XXXV: „*Wenn das geschehen wäre, würde das Register unverhältnismässig ange-schwollen sein, ohne doch irgend welchen Gewinn zu bringen und die Mühe, welche dies gekostet hätte, nur einigermaassen zu lohnen*". しかし、こうした頻出する術語の用法、用例も重要であることは法制史的にも、また言語史的にも否定することはできないということは、多くの研究において示されている。

[46] そうした例としては、相並ぶ記載を誤って接続してしまうといったことがある。例えば、HERTEL, Theil II, V [2192] の記載は間違いである。*Hans Schraplow* から始まるこの記載において、Hertel は *vor gehegit ding* のあとで、2 行下の途中 *von gehegit ding* 以下の部分を転写している。この結果、次の記載（*Mertin Widenrade ...*）の原告と名前が入れ替わってしまい、実際には存在しない事案が登場することになった。Hertel が参審人文書の記載の前後の関連性に意識していれば、このようなミスを防げたかもしれない。或いは、写本の記載上の最後の数行を欠落させるケースもある。HERTEL, Theil II, V [1749] では、最後の部分（*dy sache vszcustehne, biß vff das recht zcu gebene vnd zcu nemen.*）がすっかり欠落してしまっているために、ここで登場する *vormund* が持つ法的特徴伝わらなくなっている。HERTEL, Theil II, V [2220]（Nr. 101）は死因贈与のケースであるが、後半部分がすっかり欠落している。HERTEL, Theil II, V [2363] も実際には存在しない。ここでは、前後に並ぶ記載が順番を違えて且つ組み合わされている（V Nr. 909, 910）。

[47] しかし、実際に史料原本が検証されることはあまりない。

[48] 後者の問題については、ハレ大学所蔵の 7 巻の羊皮紙本のほかにもさらに多くの『参審人文書』が学問的

法は大きな欠陥を含んでいると言わざるを得ない。ハレ『参審人文書』は必ずしも相互無関係な記載から構成されているわけではなく、幾つかの記載がそれぞれ関連性を有しているからである。例えば、Hertel は *vormund* に重要性を見出さず、それゆえにそのすべてを採録したわけではなかった。ところで参審人文書では、ある事件につき *vormund* が選任され、その *vormund* が法廷にきて法律行為を行うというケースが多く記載されている。その結果として訴えがなされ、それに対して判決が出され、差押（*fronen*）なり、公示（*aufbieten*）なりが行われる。しかし、こうした一連の流れ（*klagen, urteilen, fronen, aufbieten, weisen, vorsetzen, vorkaufen* 等々）がある法律史料であるにも拘わらず、Hertel の校訂ではそれが分断され、断片しか伝えられていない。

　さらに、本史料には相続や一期分（Leibzucht）設定が多く記載されている。これもまた繰り返され、婚姻が死によって解消され、新たな婚姻関係が生じる場合には、以前の一期分の設定が更改され整理されることも、史料の中から一連の流れとして浮かび上がってくる。しかし、Hertel の校訂ではそうした法史学的に重要な記載も不完全な形でしか紹介されないのである。

　ハレ『参審人文書』はすでに述べたように、ハレ市におけるベルク裁判所の記録であり、それは継続的であることに意味がある。しかも、それは裁判の実務において供されていた。ここには法律行為の連続した記録があり、それがこの『文書』の実務上の、また史料上の意義を与えているのである。この点については後述する。

　『参審人文書』はハレの大学図書館に所蔵されている最初の 7 巻の他に、その後に続く部分が大量に残されている。しかし、第 7 巻の次の時代に属する史料の段階でその記載の性質は変わっており、やはり最初の 7 巻をひとつのまとまりとして考えるのが妥当であろう。加えて、第 7 巻には 15 世紀の記録も 1 年分含まれている（後述）。さらに、16 世紀の最初の数年分の記録もある程度のまとまりをもって残されている。またこれは Hertel が抱いていた関心と調和するが、15 世紀末から 16 世紀初頭にかけてのハレ市の歴史を伝える貴重な史料ともなる[49]。

　さて、以上のような問題点を踏まえ、本校訂では、さしあたりハレ大学所蔵『参審人文書』全 7 巻の校訂を完結させる意図をもって、作業を行うことにする。すでに以前から多くの問題が指摘されているものの、Hertel による業績は既存の多くの学術作業の礎石と

　な検討を加えられることも無く放置されているという現状もあるが、ここではハレ大学所蔵の『参審人文書』をひとつのまとまりとして捉え論を進める。というのも、この 7 巻は、自身も参審人かつシュルトハイスであった Dreyhaupt も認めていたように、参審人団が存在していた当時からひとつのまとまりとして把握されていたと思われるからである。

[49]　なお、同時代の記録としては Spittendorff [Fn. 10] の記録がある（1474～1480 年）。例えば、Michael Ruprecht, Stiftungen im mittelalterlichen Halle. Zweck, Ausstattung und Organisation (= Forschungen zur hallischen Stadtgeschichte 15), Halle 2011 はハレにおける法生活、とりわけ財団制度（Stiftungswesen）を未刊行史料をもとに叙述した優れた史料研究であるが、そこでも、例えば *Nicolaus Schildberg* を含む当時のハレの有力者たちがどのように法廷に登場していたのかという記録はただ Hertel の校訂によってのみ伝えられ、Hertel が校訂に含めなかった部分は用いられていない。

解題 13

なっており、これからも Hertel の校訂は適宜修正を加えられつつも用いられ続けること
になると考えられる。これは特に彼による記載の番号付けに当てはまる。それゆえに、本
校訂は彼の校訂に接続する形で、つまり、彼が中断した箇所から開始して、第 7 巻までの
校訂を行うことにする。しかし、そのさい、彼が校訂方針を変更した箇所（1442 年の後の
空白）ではなく、その少し前、1442 年の復活祭後の記載（fol. 136r）から作業を開始する
ことにする。また、Hertel による解説は彼が校訂を行った第 1〜6 巻までに当てはまるも
のであり、とくに前半部に関する検討が詳細である。それゆえに以下では、とくに修正が
必要な場合を除き、彼が検討した部分についてはこれ以上検討を加えることはしない。

1.4. 『参審人文書』の概要

　各巻についての書誌学的な情報および内容に関する詳細は個別に扱うことにして、ここ
ではまず当該史料の全体的な性格について述べる。

　ハレ『参審人文書』はすでに述べたように、ハレの裁判所における記録である。ハレに
は裁判に関係する機関が複数存在した[50]。本史料は、史料上「ハレのローランド像の前の
ベルクにある裁判所」（*gericht auf dem berge vor dem Rolande zu Halle*）と呼ばれている裁判
所に関わるものである（以下「ベルク裁判所」）。ここで登場する *berg* というのはハレ市内
を区分する概念である。ハレは製塩都市として有名であったが、[51]この製塩に関わる地域
とそれ以外の場所との地理的な状況から前者をタール（Thal）、後者をベルク（Berg）と呼
んでいた。そして、ベルク裁判所はベルクと呼ばれる領域に住んでいた者、またタールで
働いていたとしても、ベルクに居住していた者をその管轄下においていた[52]。

　裁判台帳というその性格上、そこに記載されるのは原則として裁判所の関与した活動
（係争・非係争）についてである。記載は、当事者がここに出廷したという記述から始ま

---

[50] HEINER LÜCK, Das Gericht des Burggrafen von Magdeburg zu Halle an der Saale. Eine Skizze nach vorwiegend
sächsischen Quellen, in: JÜRGEN GOYDKE (et al.), Vertrauen in den Rechtsstaat: Beiträge zur deutschen Einheit im
Recht: Festschrift für Walter Remmers, Köln / Berlin 1995, S. 687–701; HEINER LÜCK, Berg und Tal — Gericht
und Recht in Halle während des Mittelalters und der Frühen Neuzeit, in: S. 239–257; GERLINDE SCHLENKER, Das
Magdeburger Burggrafenamt und Schultheißentum zu Halle/Saale, in: MATTHIAS PUHLE (Hg.), Hanse–Städte–
Bünde. Die sächsischen Städte zwischen Elbe und Weser um 1500, Magdeburg 1996, S. 129–137; DREYHAUPT
[Fn. 2], I, S. 322 f.

[51] WERNER FREITAG / HEINER LÜCK (Hg.), Halle und das Salz. Eine Salzstadt im Mittelalter und Früher Neuzeit
(= Forschungen zur hallischen Stadtgeschichte 2), Halle 2002.

[52] このタールと呼ばれる地区に関しても参審人（タール参審人）がおり、ザルツグラーフを長とする裁判
（タール裁判所）が存在した。この裁判所の仕組みについては、DREYHAUPT [Fn. 2], II, S. 530 ff.; SCHRANIL
[Fn. 13], S. 269 ff.; HEINER LÜCK, Das „Thal" als Bereich besonderer Gerichtsbarkeit und Rechtsaufzeichnung
im Spätmittelalter, in: FREITAG / LÜCK [Fn. 53], S. 37–50. この裁判所の記録については、断続的であるもの
の、1510 年以降の記録が LHASA (Magdeburg) に残されている（Sig.: Db 14, A Ib Nr. 1–14 (1510–1780)）。
1499 年の文書によれば、シュルトハイスはタールにある財物については裁かないし、タールに住む者に
ついても召喚しないことになっていたが、ベルク裁判所において扱われる債務、取引、契約などについて
は例外とされた（DREYHAUPT [Fn. 2], I, S. 673, No. 153）。ベルク裁判所とタール裁判所で行われる法律行
為が相互に関連性を持ちえたことは、例えば VII Nr. 501 などに現れている。

る。記載内容は大抵数行で終わり、当事者の名前、その出廷目的（訴訟事件あるいは非訟事件）、参審人の判断、判決の効果について簡潔に記載されている[53]。

1266 年にハレでは『参審人文書』という記録をつけることが定められた。そして、市内での不動産の譲渡（*gabe*）は、裁判集会において参審人の面前でおこなわれることによって初めて法的な効力を得、それが『参審人文書』に記録されることになった[54]。この裁判集会（*ding*）を主宰していたのはシュルトハイスであった。なお、シュルトハイスはこの裁判集会の他にも裁判的な制度を有していた。すなわち、彼は自らの居宅においても裁判を行っており（いわゆるシュルトハイス法廷）[55]、こちらの裁判に関しても台帳が作成されていた。しかし、『参審人文書』に残される記録はあくまでもローランド像の前での裁判集会（*geheget ding*）[56]に関するものである。しかし、後代になると、シュルトハイスが単独で行う裁判活動（シュルトハイス法廷）についての記録もこの『参審人文書』に登場するようになる。このシュルトハイス法廷では、民事および軽微な刑事事件に関して、参審人を参与させることなく、シュルトハイスが単独で裁判を行っていた。

『参審人文書』第 7 巻、特に 1501 年以降の記録では、重要な点として、当事者が参審人のいる裁判集会ではなく、シュルトハイス法廷（Schultheißenhof）と呼ばれる制度を利用して法律行為を行い、それが「あたかも開催中の裁判集会で行われたのと同様の効果を有する」ということを『参審人文書』の台帳に記載してもらうようになる[57]。この例は後代になるほど多くなる。ここには、旧来の、*geheget ding*（開催中の裁判集会）において公開の裁判で確定されるという法律行為の原則、実際に裁判所で法律行為を行うようにとの要請が「擬制」によって変容していく過程を見ることができる。こうした「擬制」は、他にも、当事者が自ら裁判所に赴くのではなく、代わりに書面を裁判所に持ち込むケースなどでも見られる。

『参審人文書』への記載は、裁判所での手続きのさいにその場で即座に行われたわけでは決してない。この点については Hertel が詳細な解説をしているが[58]、ここでは、補足的に『参審人文書』から看取できる点を幾つか挙げる。

『参審人文書』に掲載されている案件は、一応時間的に古い順に（恐らく裁判集会の期日ごとに）並べられている。これは第 7 巻になると明瞭になる（後述 2.3.2. 参照）。そして、それぞれの記載は一見関連性が無いように見えても、相互に関連性を有している。例

---

[53] 写本の大きさ、書体などの情報については、詳しくは PFEIL [Fn. 5], S. 33–43 を参照されたい。

[54] SCHRANIL [Fn. 13], S. 283.

[55] DREYHAUPT [Fn. 2], II, S. 465 f.; SCHRANIL [Fn. 13], S. 272 f.

[56] これはシュルトハイスを裁判人とし、参審人の参加のもとで行われた。参審人は 3 名で足りるものとされた。SCHRANIL [Fn. 13], S. 282 f.

[57] なお、シュルトハイスの単独の裁判（Schultheißenhof）において認められた案件は直接には開催中の裁判集会（*geheget ding*）の記録たる『参審人文書』には記載されていないように思われる。それが裁判集会とかかわりをもった時点で初めて『参審人文書』において言及されることになったのだろう。

[58] HERTEL, Theil I, Einleitung, S. XXVI ff., besonders S. XXIX.

えば *medeban*（民事で科されるバン）や *fronung*（差押）が行われる事例では、ほぼ必ずそれより前の時点でその原因となる事案が記載されている。さらに、*fronung*（差押）の判決が出されると、その後 3 回の公示催告（*aufgebot*）が行われることになる。そして、4 回目の裁判集会において（例えば立ち退きなどの）判決がさらに出される。案件が記載されるのは常に節目となる時点である。しかし、裁判集会では、それなりの備忘録的な記録がそのつど採られていて、それが後に『参審人文書』に正式な記録として整理して採録され、証明手段としても活用されるのである。

　Hertel があまり重要視しなかったのが、『参審人文書』に見られる定型句の繰り返しである。それは例えば、*vor gehegetem ding kommen*（開催中の裁判集会に出廷する）であったりする。さらに、あまりに定型的な形が多いために、書記による誤記もみられる。しかし、こうした定型的な文言も時代と共に変化する。例えば *medeban* と呼ばれる制裁に関する記述では、第 1 巻では jdn. in den medeban tun だったのが、第 5 巻（fol. 61r）になると jdn. in den meteban nemen が登場し始める、最終的には後者の形に収束する[59]。死因処分（Verfügung von Todes wegen）もハレ『参審人文書』によく見られる記載事例である[60]。ここでも大量の定型文がみられる。その他にも多くの定型句があるが、そうした例は各巻末の事項索引を参照されたい。

2.　各巻の概観

　以下では、各巻についてより詳しい概観を提供する。その際、第 5 巻後半と第 6 巻は連続した時代（1442 年、1450〜1460 年）を扱うものであるため、巻固有の問題については、別々に扱うが、内容面については第 5 巻と第 6 巻をまとめて扱うことにする。

2.1.　第 5 巻（1442 年、1450〜55 年）

2.1.1.　概要

　Hertel は、現存する参審人文書の中でも大部に属するこの第 5 巻の校訂の途中で、全文校訂から抜粋校訂へとその方針を転換した。その分かれ目は 1442 年復活最後の記載の後に続く空白の後からであるが、彼がこのような方針転換を、まさにこの場所で行ったことの理由は、紙面の関係であった。そして、これは彼の作業にとってなんとも残念な方針転換であった。よりによってこの年代での変更はハレ参審人文書の歴史的な重要性に鑑みても非常に拙速であった。というのも、1422 年以降の記録が参審人裁判所にとっての重要な転換期とも重なるものだったからである。

---

[59] なお、子音推移（*d* から *t*）もこの間に生じている。すなわち、*medeban* から *meteban*、最終的に第 7 巻では *metheban*、*mitteban*、*mitban* と変化する。

[60] 上掲の諸論文（前掲註 16, 18, 19, 21）を参照されたい。

16　　　　　　　　　　　　　　　ハレ参審人文書

　この方針転換のために、Hertel の校訂は 1450 年から 1555 年までにかけて、『参審人文書』の記載全体の 15 % ほどしか伝えていないことになる[61]。これら省略された記載の中には、例えば法制史家が非常に大きな関心を寄せる死因処分のような興味深い法律行為のいくつかのヴァリエーションが示されるが、これらは検討の対象から外れることになる[62]。

　本校訂では、当初、Hertel が校訂方針を変更した箇所、すなわち fol. 138v 以降について校訂を行うことを考えた。しかし、1442 年の記載から 1450 年への過渡をより強調するため、また Hertel が恐らくミスにより採録を忘れたり異なる記載を連結してしまったりしている箇所[63]も採録するために、1442 年の裁判シーズンの最初（復活祭後）から、つまり fol. 136r から校訂作業を始めることにした。そのため、本校訂の最初の方には、Hertel の校訂と重複する記載も多くあるが、これらは角括弧（[ ]）で囲ったボールド体の数字で示してある（例、[**1234**]）。また以下の解説においても、本校訂による部分には Nr. を、Hertel の校訂にも採録されているものには角括弧入りの数字を用いている。

　文献の外面的な点については、以上のような校訂の方針から、fol. 136r 以下について述べることにする。第 5 巻は全体で 212 葉からなる。そして、1425 年から 1455 年までのおよそ 30 年間が把握されているとされるが、実際には、数年分が抜けている。とりわけ、本校訂が含んでいるのは、以下のとおりである。

fol. 136r〜138v	1442 年からの記載部分
fol. 138v〜151v	1550 年復活祭以降
fol. 151v〜175r	1551 年復活祭以降、1553 年復活祭直前まで
fol. 175v〜189v	1553 年復活祭以降
fol. 189v〜203v	1554 年復活祭以降
fol. 203r〜212v	1555 年復活祭以降

Brigitte Pfeil[64]は、1443 年から 1449 年までが欠けているとしているが、具体的にいつからいつまでが欠落しているのかは不明である。1443 年が欠けているのかは疑問である。というのも、年号は必ずしもすべての記載のまとまりの前に付けられていたわけではないからである。例えば、1551 年復活祭以降と 1553 年の復活祭直前までの記録は 2 年分であるが、そのどこで切れているのかは明らかではないのと同じである。加えて、そもそも、この時期に関しては記録が欠けている（fehlen）わけではなく、裁判そのものが行われてい

---

[61] 第 5 巻の fol. 138v 以降には 1151 件の記載があるが、Hertel の校訂はこの部分に関して 181 件の記載しか載せていない。そのうちの幾つかは誤りを含むものでもある。

[62] この点では、Schmidt-Recla [Fn. 19] がその検討対象について設けた制限（1400 年まで）には一定の利点があるように思われる。この謙抑的な時代設定のおかげで、彼は必ずしもすべての記載が校訂されているわけではない 16 世紀の部分の記録を実証的（empirisch）に検討するという厄介な問題を回避できている。vgl. Müssig [Fn. 21], S. 187, Fn. 82.

[63] 例えば、Hertel, Theil II, V [2192]: *Hans Schraplow* [...].

[64] Pfeil [Fn. 5], S. 41.

なかったからである。

　この時期に、ベルク裁判所はシュルトハイスの人選問題との関わりで数年間にわたって開催されていなかった。その期間は、Dreyhaupt によれば、4 年ほどであったとされる[65]。その後、紆余曲折を経て、シュルトハイス職には *Heinrich Rademecher* が就任した[66]。彼の就任式を伝える史料からは当時の参審人団の構成も分かる[67]。すなわち、

Martin Hoetantz		
Hanß Leicher		
Caspar Gelbitz	}	5 名、現職参審人
Bertram Quetz		
Benedix Bolcken		
Koppe von Ammendorff	}	2 名、市外在住、不在の参審人
Augustin Heddersleben		
† *Ratmar vom Stein* 騎士		
† *Hans Schaffstedt*	}	4 名、すでに亡くなっている参審人
† *Hans Schreiber*		
† *Caspar von Ruden*		
Claus Schaffstedt		
Sander Brachstedt	}	4 名、新規に選挙された参審人
Johann von Stendel		
Hanß Kontze		

　4 月 27 日（月）に開催された、*Rademecher* にとってシュルトハイスとしての最初の裁判集会は主にシュルトハイスと参審人の任命などに充てられ、実際の判決活動は第 2 回目の裁判集会である 5 月 11 日（月）（*montags in der creutzwochen*）に開始された[68]。以降の裁判集会は 14 日おきに開催されていったと思われる。

　さて、以上は史料から看取できる経過であるが、これを踏まえて Hertel の校訂を見ると、法制史的また都市史的にみて重要な局面が看過されていることが分かる。『参審人文書』第 5 巻の fol. 136r から始まる 1442 年（復活祭後）以降の記録は 3 葉（6 頁）弱の分量である。そして、その途中の年号に関しては一切の説明はないが、fol. 138v の 9 行目で終わる記録は、間に 3 行の空白を挟んで再開される。欄外には 1442 年（fol. 136r）同様に

---

[65] DREYHAUPT [Fn 2], II, S. 471, Nr. 493: [...] *da die von Halle Ertzbischoff Friederichen huldeten, da was zu Halle vor dem Rolande auf dem Berge kein Gericht gewest zuuorn binnen 4 Jahren, vnd ein wenig mehr, vnd nach derselbigen Zeit ward auch daselbst kein Gerich binnen vier Jahren, daraus viel Vnraths entstunde.*; GUSTAV FRIEDRICH HERZBERG, Geschichte der Stadt Halle an der Saale im Mittelalter, Halle 1889, S. 372.

[66] DREYHAUPT [Fn. 2], II, S. 471, Nr. 493: *Darnach im 1450 Jahre nach Christi Geburt, Montags nach Jubilate, oder nach S. Marien tage ward Heinrich Rademacher der Schulthes zu Halle in die Banck gewiesen durch Heinrich Stroharth, den Heuptmann zu Halle mit solchen Worthen,* [...].

[67] これらの名前は DREYHAUPT [Fn. 2], II, S. 452 ff. の参審人リストでは欠けている。

[68] DREYHAUPT [Fn. 2], II, S. 470 ff. No. 493, hier S. 473.

年号が記載されている[69]。興味深いことに、この 3 行の空白部分には後代のものと思われる別の筆記素材による、*Hinricus Rademecher Schultheise* という書き込みがある。そして、*Hans Leiche* に関わる記載から記録が再開されるのである。この空白期間は裁判集会が開催されていなかったことに起因する。これは上述の歴史的経過からすれば重要な局面であるが、ハレ市の法制史において実に重要なこの局面を顧慮することなく Hertel は校訂作業を行った。すなわち、彼はこの部分に言及することなく、その次の *Jurge Swarcze* から採録しているのである。彼がこの重大な局面に触れることなく、全文校訂から抜粋校訂に方向を転換したことは、それも「紙幅の関係」からそうした方針転換を行ったことは、この史料の価値を大きく損なうことになった。

　さて、彼が行った抜粋校訂は、本史料が持つ特徴、つまり法律行為の連続性を示す証拠を無駄にする結果になった。例えば、Nr. 61 と Nr. 62 は相関関係のある記載であるが、このうち Hertel は Nr. 61（[2203]）のみを校訂している。しかし、これでは実際に行われた法律行為の半分しか伝えていないことになる。さらに、[2204] の記載は事態の前半部しか伝えていない（Nr. 64）。全体を把握するには後続の箇所（Nr. 65）も参照する必要がある。また、*Glorius Grymme* とその妻が *Heinrich Silbersack* に自分たちの醸造所を譲渡したとき（Nr. 99 [2219]）、*Heinrich Silbersack* がその醸造所を妻に一期分として設定しているという記録（Nr. 100）は省略されている。これも一つの対象物を巡る一連の法的関係を精確には伝えていない。そのうえ、[2220] は後半部分（*ouch hat er ...* 以下）がそっくりそのまま欠落している（Nr. 101）。

　こうした、連続性についてさらに例を挙げるならば、V [2235] の記載（Nr. 154）は、直前のふたつの記載（Nr. 152, 153）を前提として話が動いているために、この部分だけを切り取ってしまっては全体が把握できない。

　ハレの『参審人文書』は法律史料であるのみならず、ハレ市の郷土史にとっても重要な素材であり、その点については Hertel も指摘している。それゆえに彼は校訂対象となる記載の選定に際してもその点を判断指標として掲げている。それは例えば、[2242]（Nr. 175）にも表れている。ここでは *Gurge Ziering* が公開式書状を裁判集会に持参し、その書面の中で *Mertin Wilhelm* の寡婦 *Ilse* に家屋を譲渡するところから始まる。恐らくここで Hertel が関心を持ったのは市内を走る大小のウルリヒ通り（Ulrichstraße）についての地誌的な情報だったのだろう。なお、この記載には続きがあり、この同じ不動産が *Ilse* から *Hans Zeyer* へ（Nr. 176）、*Hans Zeyer* から *Ulrich Zoberitz* へ（Nr. 177）、*Ulrich Zoberitz* から *Lodewich Schultz* へ（Nr. 178）と譲渡され、さらに *Lodewich Schultz* からその妻 *Sophie* への一期分の設定に用いられる（Nr. 179）という情報が伝えられている。このようにハレの参審人文書は、まさにハレ市の土地台帳またその不動産取引史の史料としての役割をも果たしているのである。

---

[69] *Anno etc. l^mo feria secunda post Jubilate*（1450 年 4 月 28 日）。

解題　　　　　　　　　　　　　19

2.1.2.　他の裁判管轄権との関係

　第 5 巻にはフェーメ裁判所 (*freistuhl*)[70] が登場する記載が 4 件がある。もっとも、これは
ふたつの事件に分けられる[71]。ここで問題となっている *freistuhl* はドルトムントにある[72]。

　Nr. 617（1451 年）では、フェーメ裁判所の書状がベルク裁判所に提出される。この案
件はさらに続き、1455 年まで続く（Nr. 1158）。1451 年にこの案件がベルク裁判所に持ち
込まれた段階で、すでに当該案件はフェーメ裁判所で処理されていた。しかも、当事者は
みなハレ市民である。これと同じ当事者が登場する案件はそれ以前の記録を見ても無いた
め、本件はこの 1451 年に初めて当法廷に持ち込まれたと思われる。

　もうひとつの案では、聖界裁判所をも含む、幾つもの裁判所が関係している。Nr. 167
[2239]（1450 年）では、ハレ市民とカルベ市民がマクデブルクのオフィツィアールの書状
を法廷に持ち込んでいる。ハレ、カルベ（Calbe）、そしてマクデブルクはマクデブルク大
司教区にあり、ともにマクデブルクのブルクグラーフの裁判を有する都市でもある。さ
て、その書状の中に登場するのはハレ市民とカルベ市民の問題である。それはハレのベル
ク裁判所ではなく、マクデブルクのオフィツィアール（司教区裁判官）のもとで処理され
た。さらに、両当事者の間では、1453 年になっても紛争が継続しており、その間にライプ
ツィヒの学識法曹（*doctores*）による判決やハレ市参事会の仲裁、さらにフェーメも利用さ
れる。

　市外の裁判組織が用いられたのは、当事者が異なる裁判管区に属しているということも
考えられるが、別の理由も考えられる。すなわち、ハレではシュルトハイス不在のために
1450 年までの数年間、ベルク裁判所が開廷していない。さらにシュルトハイス不在という
ことはシュルトハイス法廷もまた開かれないのである。そのために他の裁判制度が利用さ
れたのではないか。そして、ベルク裁判所が活動を再開した後に紛争がベルク裁判所で継
続されたのではないか。第 6 巻ではそうした市外の裁判制度の利用について言及されてい
ないことも、これと関係していると思われる。

　聖界裁判所との関係で興味深いのは、Nr. 334 [2280] の案件である。ここではハレ近郊
のノイヴェルク修道院（Kloster Neuwerk）のオフィツィアールの書状が登場する[73]。その
書状の中では、世俗裁判権に属する裁判人が裁くことのできない *ungehorsam* と *testament*
のために、ある人物が破門（*ban*）の状態にあることが書かれている。破門が解かれた後、
その母（寡婦）のために、この人物も参与して一期分が設定された（Nr. 540, 541, 1089,

---

[70] Vgl. Theodor Lindner, Die Veme, Paderborn 1896. なおハレを含むザクセン地域との関係については、
Heiner Lück, Die Kursächsische Gerichtsverfassung 1423–1550 (= Forschungen zur Deutschen Rechtsgeschichte
17), Köln / Weimar / Wien 1997, S. 42 ff.

[71] Nr. 617 [2324], 1157; Nr. 167 [2239], 676 [2339], 703, 735.

[72] Lindner [Fn. 72], S. 71 ff.

[73] 他にもハレ市民が同オフィツィアール裁判を利用した例としては、VI Nr. 397 [36] がある。ここではオ
フィツィアールの *Friedrich Calrowitz* が登場する。

1090）。このように、件数としては多くはないとはいえ、ハレ市民による様々な裁判制度の利用をハレ『参審人文書』から知ることができる。

なお、シュルトハイス法廷の利用も見られるが、これは後述の第 7 巻ほどの頻度ではない。これについては、後述する（2.3.7. 参照）。

2.1.3. 法律用語上の特徴

第 5 巻のうち、特に本校訂において扱われている時代の法術語の特徴を幾つか見ていくことにする。裁判集会を示すのには *ding* が用いられているが、*gericht* も散見される。とくに聖界裁判所（*geistlich gerichte*）といった用法で用いられている。しかし、裁判管区（Gerichtsbezirk）を示す用法もみられる。特殊な用法であるが、権利という趣旨（この点では *gerechtigkeit* に近い）で用いられることもある（Nr. 20）。*gerechtigkeit* はもっぱら権利の意味で用いられる。

不動産に対する *fronung* においてたびたび登場する対象として *were* が登場する。もっぱら *were* の形で用いられるが、ごくまれに *gewere* の形も登場する。そのほか *werschaft* や *rechte were* などもみられる。しかし、担保を提供するという行為を指して用いられることもある（Nr. 542）。

後見制度（Vormundschaft）にかかわる表現も多く登場する。*vormund* は今日の意味における未成年者や女性・孤児・寡婦などに対する後見人としての役割で登場することもあるが、それ以上に訴訟に関して用いられる用法が目立つ。これについては後述する（2.1.5. および 2.3.8. を参照）。

法廷において書面が多く登場していたことを示すのが、*nach lute*（*gen.*）という定型である。その対象となるのは、印章付書状（*vorsigilten briues*）であったり、公正証書（*instrumentum*）であったり、フェーメ裁判所の書状であったり、判決文（*spraches*）であったりした。こうした書面が証拠としても活躍したのと同じように、いやそれ以上に登場するのが人的証人であった。また事情に通じる者たち（*wissentliche lute*）も法廷に登場する。

ラテン語の法律用語についてはどうであろうか。Hertel は 6 巻までを校訂した段階でラテン語が僅かしか登場しないと指摘している。しかし、第 5 巻においては外来語が多く登場する。例えば、*doctor* があるが、これは学識法曹の裁判関係者が登場することと関連している。また、本文中ではないが、欄外には *nota* という書き込みがしばしば見られる。また、一箇所では宣誓の手（Schwurhand）が描かれている（V fol. 211v）。

財産処分の形式として非常によく登場する死因処分（Verfügung von Todes wegen）はこれまでもハレ『参審人文書』を主要素材とする様々な学術書・論文において取り上げられてきた。そのため、詳細はそちらに譲る。本校訂では、これらを索引において取り上げてある。条件付き死因処分、子の相続分（Kinderteil）に関する附帯条項付きのものなども多くみられる。その際の条件として登場するのが *bescheide* であるが、これは動詞の形（*bescheiden*）でも名詞の形（*bescheid*）でも用いられている。死因処分が設定された後、そ

解題　　　　　　　　　　　　　　　　21

れが他の権利との関係でどのような扱いを受けるのか、という点についても連続した記録
としての参審人文書には多くの興味深い情報が載せられている。

2.1.4.　書面性の問題

　裁判集会での手続きは基本的には当事者によって口頭で行われていたが、第 6 巻では、
本人は出廷せず書面を法廷に送付するという方式をとる者も登場する（例、VI Nr. 367）。
もっとも、こうした方式はすでに第 5 巻においても登場している（V Nr. 582 [2317], 721）。
第 5 巻の 1442 年復活祭以降には 51 件、第 6 巻では、合計して 17 件の *brief* が登場する。
そしてその文言（Wortlaut）が重視されていることは、ハレ市の裁判担当者のみならず、
当事者たちの識字率についても多くを語っている。こうした書面は証拠手段としても用い
られているのであるが、これと並行して、なおも自らを含む 3 人あるいは 7 人による証明
なども用いられている。

　こうした書面のひとつとして、裁判記録もまた活用されていた。*Peter Wachau* の財産の
帰趨に関する一連の記載はこのことをはっきりと示している（VI Nr. 202）。債務ゆえに彼
の財産は差押（*fronung*）の判決をうける。債権者はこれを 3 回の公示催告（*aufgebot*）に付
し（VI Nr. 287）、かかる権利を岳父に譲る（VI Nr. 288）。後者は裁判所で立ち退き判決を
得るのだが（VI Nr. 527）、そこには「彼女（＝債務者の妻）は『参審人文書』に書かれて
いる 60 アルト・ショック・グロッシェンを夫の死後に保持するように」という条件が書
かれている。この条件は、債務者が以前に妻に対して設定した死因贈与（V Nr. 1009）と
関連する。すべての法律行為は『参審人文書』に記録され、必要とあらば引き合いに出さ
れる。こうした書面性に関する例は他にもみられる（例、VI Nr. 57, VII Nr. 299）。

2.1.5.　法曹および非学識法曹の実務家

　第 5 巻には、ベルク裁判所を利用する学識法曹の姿が描かれている。その学識法曹と
は、*Volkmarus Koyan* である。彼はハレ市参事会員を輩出していた *Koyan* 家出身である[74]。
彼は 1415 年にエアフルトで勉学を開始し、途中ライプツィヒへ移るなどしたが、1426 年
にはエアフルトにおいて法学バカラリウス（*bacc. iur.*）を取得、そして、1433 年に教会法
リケンティアートゥス（*lic. iur. can.*）を取得し、エアフルトで新設された Collegium Porta
Celi の長（Dekan）となる。その後、1438 年に教会法博士となり、同年 *rector* に選出され
る。そして、大学内で紛争を抱えエアフルトを去る。そして、1443 年には両法博士として
ツェルプスト（Zerbst）の聖バルトロメウス聖堂参事会教会（Kollegiatstift）の長（Dekan）

---

[74] DREYHAUPT [Fn. 2], II, Beylage sub B, S. 78 f., LXXVII. Vgl. auch HERTEL [Fn. 30], Lehnbücher, S. 121, 175,
217.

となっている⁷⁵⁾。1451 年の段階でも、なおも彼はその役職に留まっていたようである⁷⁶⁾。すでに、*Volkmar Koyan* は早くから『参審人文書』第 5 巻に登場する。しかし、Hertel は彼にはそこまで注目していなかったと思われる。

　最初に彼が登場するのは V [1456] の案件であるが、このとき彼は父母のための後見人に指定されている（1436/37 年）。この段階ですでに彼には敬称（*er*）がつけられているが、それ相応の学位なり名望なりを早くも有していたのだろう。その後も母の後見人として登場し（V [1507]）、漸く 1437/38 年に当事者として法廷に登場する（V [1640], [1656], [1685]）。次に彼がハレのベルク裁判所に登場するのは 1543 年である（V Nr. 669 [2338]）。このとき彼は *doctor* の称号を得ている。ここでは遺言（*testamentum*）が扱われるが⁷⁷⁾、これは恐らく彼の法学識と関係する。しかも彼は遺言執行人（*testamentarien*）なのである。しかし、ここで彼は法学の知見によってというよりも古式に福音書にかけて宣誓する。さらにここでは自らを含む 3 人による宣誓（*selbdritte*）なども登場する。彼が学識法曹であっても、ハレ市の裁判所ではそのルールに従うのである。しかし、彼が有する身分が裁判上有利に働いていることは充分に推測される。

　第 5 巻に遺言執行人（*testamentarii*）が登場するのは、1451 年以降となるが、そのすべて（V Nr. 669, 679, 742, 811）がこの *Volkmar Koyan* の登場事例なのである。ここからも、彼の学識法曹としての知見が、こうした新しい法制度がハレのベルク裁判所に入って来る導入口となっていたことも考えられる。第 6 巻にも遺言執行人は登場する。その後も、彼は遺言執行人としてハレの法廷において活動する（V Nr. 679）。しかし、彼に法学識があったことは、彼の法廷での振る舞いにも影響を与えていた。すなわち、彼は法廷に印章付書状を送り、授権を行っている。ここでは「あたかも彼がそこにいるかのように」（*alß ab her selbir kegenwertig were*）という表現が使われていることから、本人が出廷せず全権代理人に法律行為を行わせるという方法が当時の裁判担当者（少なくともハレのベルク裁判所のそれ）にとって通常の方法ではなかったと窺われる。

　1453 年に彼は裁判集会に出廷することなく、書状を送り、*Nicolaus Brandenberg* を全権代理に任じて公示催告を行わせている（Nr. 721）。ここでも「*alß ab her kegenwertig were*」が登場する。この二人の関係はさらに第 6 巻（1456 年）においても継続する。ここでも *Volkmar Koyan* は、自らは法廷に出廷することなく、書状を送り、*Nicolaus Brandenberg* に全権を委任する。彼が最後に登場するのは同じく 1456 年である（VI Nr. 35）。ここでは

---

75) 彼の経歴の詳細については、ERICH KLEINEIDAM, *Universitas Studii Erffordensis*. Teil I (Spätmittelalter 1392–1460) (= Erfurter theologische Studien Bd. 14), Leipzig 1985, S. 336; RAINER C. SCHWINGES / KLAUS WRIEDT, Das Bakkalarenregister der Artistenfakultät der Universität Erfurt 1392–1521 (= Veröffentlichungen der Historischen Kommission für Thüringen Bd. 3), Jena 1995, S. 25 Nr. 4. *Volckmarus Koyan de Hallis*.

76) FRITZ BÜNGER / GOTTFRIED WENTZ (bearb.), Das Bistum Brandenburg. Zweiter Teil (= Germania Sacra. Abt. I, Bd. 3/2), Berlin 1941, S. 42 f.

77) この術語そのものは第 5 巻において 3 例あるが、そのうちの初出は 1426/27 ([98]) である。次に登場するのは、1451 年以降である。索引の *testamentum* の項を参照。

解題 23

Nicolaus Brandenberg は後見人（*vormund*）として登場する。その後の『参審人文書』は 1460 年まで揃いで保存されているが、*Koyan* の名はまったく出てこない。恐らく世を去ったと思われる。

さて、*Volkmar Koyan* が後見人に指定した *Nicolaus Brandenberg* は 1450 年代以降の『参審人文書』に最もよく登場する人物のひとりである。第 5 巻の後半（1450 年以降）登場し（34 回、うち 28 件で *vormund*）、その後も第 6 巻を通じて合計 22 回登場する。彼は 1459 年に亡くなるまでこうした役割に従事していた。

彼はもっぱら他の者のための後見人（*vormund*）[78] として登場する。但し、これは現代法的な意味での後見人ではなく、むしろ訴訟代理人 *anwalt* と同義語で用いられる[79]。この後見人は法廷で選ばれ（*gekorn*）、それはもっぱら訴訟のためであった（*zu fordern, zu fulfordern*）。また、特に明示されることがなくても、彼が法廷に訴訟代理人的な地位で登場したことが窺われる（VI Nr. 13, 57 ff.）。彼がいかなる出自を有しているのかは不明である[80]。彼に何かしらの特別な学識があったこと、あるいは強い地位があったことを示すような称号（*er* など）は見られない。彼は場合によると半ば職業的にこうした活動に従事していた可能性もある。しかし、彼の依頼者として登場するのは、都市での後見人を必要とするような非市民（*gast*）、夫を後見人として立てることのできない寡婦、孤児といった、後ろ盾を必要とする人物ばかりではない。

彼はある女性の後見人として公示催告を行っている途中、3 回目の公示催告を行う前に亡くなってしまった。そのために、当該公示催告を続けることが法的に問題とされ、裁判集会では、夫が婚姻関係上の後見人（ehelicher Vormund）として公示催告を続けることが認められた（VI Nr. 531, 582, 583）。このように、女性が法廷に立つために、本来であれば夫が後見人となれるところを敢えて別に後見人を立てていることも、彼の市内での役割を物語っている。さらに注目に値するのは、彼の依頼者のなかには有力者（*her Jacob Goltsmed*）、都市参事会員（*Steffan Spulsborn*[81]、*Hans Nopel*[82]）やザルツグラーフ（*Alexius*

---

[78] Vgl. dazu FRIEDRICH EBEL, *Unseren fruntlichen grus zuvor*. Deutsches Recht des Mittelalters im mittel- und osteuropäischen Raum. Kleine Schriften, herausgegeben von ANDREAS FIJAL / HANS-JÖRG LEUCHTE / HANS-JOCHEN SCHIEWER, Köln / Weimar / Wien 2004, S. 466.

[79] 例えば、*Veit Bolze* は「全権をもって後見として」（*in voller macht vnde vormuntschafft*）法廷に登場する（VII Nr. 225）。さらに第 5 巻、第 6 巻および第 7 巻の索引を参照されたい。

[80] ハレ市参事会員のリストにも彼の名は見られない。新市民のリストには 1406 年（fol. 7v: *Andres Brandenburg*）および 1448 年（fol. 49r: *Jacoff Brandenborg*）などの記載はある。これらとの親族関係はあるのかもしれない。また、ライプツィヒ大学学籍簿では 1423 年夏学期に出身地の記載はないが、ザクセン出身学生のなかに *Nicolaus Brandenburge* がいる。GEORG ERLER (Hg.), Die Matrikel der Universität Leipzig. Bd. I: Die Immatrikulationen von 1409–1559, Leipzig 1895; Bd. II: Die Promotionen von 1409–1559, Leipzig 1897; Bd. III: Register, Leipzig 1902 (= OTTO POSSE / HUBERT ERMISCH (Hg.), Codex Diplomaticus Saxoniae Regiae. Zweiter Haupttheil. Bd. XVI–XVIII) (以下、Matr.Leipzig と略記), hier Bd. I, S. 77: S 1423 S34.

[81] OPEL [Fn. 10], S. 513. 1453 14), 1455 9).

[82] OPEL [Fn. 10], S. 514. 1457 7).

24 ハレ参審人文書

Herford[83]）、学識法曹（*Volkmarus Koyan*）などがいたということである。また、彼は他所の
市民のために後見人に任じられた者のための後見人にさえなっているのである（V Nr. 845
[2358], 902, 903, 968, 1025）。こうした事実は法廷での *vormund* としての彼の評判と関係
していたと思われる。

　彼以外にも幾人かの *vormund* がいるが、大抵は縁故者のために一時的にこの役割を引き
受けた者が多い。しかし、とくにそうしたつながりもなく、*vormund* としてのみ登場する
者もいる（*Hans Kleynsmede*）。しかし、この者はその役割を充分に果たせなかったと見ら
れ、依頼人によって訴えられている（V Nr. 732）。

2.2.　第 6 巻（1456〜60 年）

　第 6 巻も同様に、Hertel による抜粋校訂が存在するが、これについても、第 5 巻の場合
と同様に、重複する記載については角括弧 [ ] によって番号を示してある。

2.2.1.　概要———Hertel の校訂との関係も含めて———

　Hertel は第 5 巻から変更した校訂方針を、第 6 巻の校訂においてはさらに徹底してい
る。すなわち、彼は第 6 巻として前文（Vorrede）と 45 件の記載を校訂したのみであった。
しかし、実際には、これは第 6 巻のごく一部（約 7 ％）でしかない。というのも、この第
6 巻は 626 件の記載を含むからである。

　こうした抜粋校訂によってこの記録の持つ連続性は失われる。例えば、[12]（本校訂で
は Nr. 50）は、地名 Berlin（ハレ市壁内の南端）が重要と判断されたと思われるが、実際
には Nr. 36 を承けての話であり、さらに Nr. 299 や Nr. 417 という続きもある。しかも、こ
の記録は当時からすでに『参審人文書』を当事者が証拠として用いていたことを示す箇所
でもある（Nr. 299）。

　Hertel の校訂の [21]（本校訂では Nr. 157）と [22]（本校訂では Nr. 158）は比較的長い
記載であり、恐らくその長さゆえに採用されたと思われる。しかし、この記載はさらに
Nr. 159、Nr. 160 と続いており、これによって、別々に相続された家屋にかかる権利が幾
つかの手続きを通してひとりの人物のもとに集められ、最終的に一期分として元々の相続
人のうちのひとりに与えられるという一連の手続きが示されている。史料上は全体像が
示されているにも拘わらず、しかし、校訂ではその一部しか提供されていないのである。
Nr. 186 [25] も同様である。恐らくここでは街路名（Große Ulrichstraße）が登場すること
が Hertel にとって重要だったと思われる。しかし、これはさらに、Nr. 187〜190 の記載と
ひとつのまとまりを成しているのである。つまり、ここでは再婚に際して、遺子の後見人
の同意により、寡婦（再婚済み）に土地家屋が譲渡され、それが第三者にさらに譲渡され、
それが再婚相手（現在の夫）に譲渡され、現在の夫は再婚相手たる婦人（元寡婦）に一期

---

　83) JOHANNES FREYDANK, Die Hallesche Pfännerschaft im Mittelalter, Halle 1927, S. 247.

分の設定を行い、且つ継子（遺子）が成人するまでの扶養を約束する、という手続きが記録されており、これによって一連の行為が完結するのである。

こうした相互に関連性を有する記録は、中世都市において権利保護がどのようなプロセスを経て確保されていたのか、その動態図を示す貴重な史料なのである[84]。しかし、Hertel の選択基準に該当しなかった記載は、法制史的に意味を有していても、残念ながら省かれてしまう[85]。

さて、第 6 巻で扱われるのは 1456 年から 1460 年までの記録である。なお、第 5 巻後半部（1550～1455 年）と時間的に接続しており、関連しあう記載がある。前文（Vorrede）(fol. 1r) には「1456 年」の記載があり、fol. 2r から始まる記載は 1456 年 8 月 30 日から記録が始まっていることが記されている。その後の記録は次のようになっている。

fol. 1r	前文 (1456 年)
fol. 1v	空白
fol. 2r～11v	1456 年（8 月 30 日）以降
fol. 11v～28r	1457 年復活祭後（4 月 3 日）
fol. 28v～42v	1458 年復活祭後から 1460 年復活祭前まで
fol. 42v	1460 年復活最後（4 月 19 日）

但し、fol. 28v から fol. 42v の間には、「1459 年の復活祭後」という区切りが欠けているが、これは恐らく fol. 40r の後に存在していたと思われる。これは折丁（Lagen）の事情とも関係する。なお、第 6 巻の折丁を図式化すると以下のようになる。

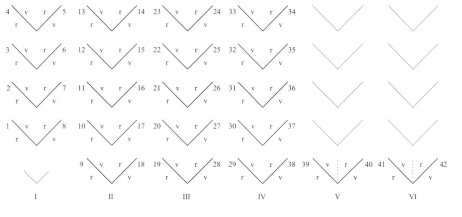

図 1　折丁の構造：第 6 巻

基本的にここでは quinio（5 枚の羊皮紙をまとめて真ん中で折る、10 葉、20 頁）が基本

---

[84] そうした「連続し、関連性を持つ」訴訟は例えば VI Nr. 37, 126, 183, 272 や Nr. 229, 359 [33], 360 等々に見られる。
[85] 例えば、VI Nr. 378, 442; 443, 477, 518（testamentarii の事例）。

単位になっている。最初の折丁は補強も兼ねているために、quaternio（4 枚の羊皮紙をまとめて真ん中で折る、8 葉、16 頁）と同じ構成になる。そして、その後に quinio が 3 つ続く。しかし、4 番目の折丁は binio（一枚の羊皮紙を真ん中で折る、2 葉、4 頁）、5 番目の折丁も同じく binio となっている。この点に注意しなければならない。4 番目の折丁の最後（fol. 38v）と 5 番目の折丁の最初（fol. 39r）は内容的にうまくつながる（Nr. 548 *Bastian Gruneheide*）。しかし、5 番目の折丁の中で、fol. 39v と fol. 40r は内容的につながらない。Nr. 568 の *Peter Farchheym* から始まる記載は、本来であれば、*Vincentius Heinrich* の妻の一期分（Leibzucht）を害さないという趣旨の結論となる筈だからである[86]。そして、その続きになる記載（Nr. 569 [43]）からは、これが 1459 年 5 月にあった出来事であることが窺われる。よって、この記載以降は恐らく 1459 年 5 月以降に属する話であることが予想される。しかし、ここに至るまで、裁判シーズンの開始の目印（「復活祭後（nach Ostern）」等）がない。他の折丁にはそれがある。このことと、他の部分が基本的に quinio の構成の折丁であることを考えると、fol. 39v の後に続く部分は、fol. 40r までの間に、最大で 8 葉（16 頁）欠けているのではないかと考えられる。

　次に、この 5 番目の折丁と 6 番目の折丁の関係に目を移すと、5 番目の折丁の最後（fol. 40v）と 6 番目の折丁の最初（fol. 41r）の間では内容上問題なくつながる[87]。しかし、fol. 41v の最後の記載[88]は途中で終わり、fol. 42r はまったく新しい記載で始まっているのである。つまり、ここには幾つかの葉が欠けている。基本的に第 6 巻では折丁が quinio であることからして、ここでは、fol. 41v と fol. 42r の間に、8 葉（16 頁）の欠落があるのではないかと考えられる。そして、fol. 42v の途中で 1560 年復活祭後の日付が入っているが、これは 4 つ目の記載（Nr. 626）の途中で断絶している[89]。恐らく、この後にもさらに幾つかの折丁があったと考えられる。

　第 6 巻においても、何回かの書記の交替があったと思われる。例えば 1458 年からは筆跡が急に変わる。この書記の特徴としては美しい筆跡、「*gekommen*」の省略の仕方（o の上ではなく、m の上に記号（Nasalstrich：n あるいは m の省略を示す上線）が入る）、死因処分の定型文が *welch eher abgeht* から *welch ehe verstirbt* に代わる、などの変化がある。またローマ数字の使用例もみられる。またラテン語の使用例も多くみられる。

　第 6 巻は前文（Vorrede）付きで始まるが、この中では、1456 年、教皇カリストゥス 3 世（Calixtus III. 在位 1455〜1458）の時代、皇帝フリードリヒ 3 世（Friedrich III. 在位 1452〜1493）、マクデブルク大司教フリードリヒ（Friedrich III. von Beichlingen, 在位 1445〜1464）ザクセン公フリードリヒ 2 世（Friedrich II. von Sachsen 在位 1428〜1464）、そしてシュル

---

[86] Vgl. V Nr. 565: *Glorius Kober vnde Hinrick Mettener.*

[87] Nr. 596: *Glorius Winckel.*

[88] Nr. 607: *Helena, Vincentius Heinrichs nachgelassenne wetewe…*

[89] 恐らく Nr. 626 は最後に、*habe adder wur ane das sie, welch or ehr vorstirbit, zo sal das andere die gutere behalden, zcu thune vnde zcu lassene.* といったような定型文が来るはずである。Vgl. z. B. Nr. 619.

解題　　　　　　　　　　　　　　27

トハイスたるハインリヒ・ラーデメッヒャー（Heinrich Rademecher）の時代にこの書物が始められたとする。そして、参審人として次の名前が伝えられている。すなわち、

1)　*Merten Hoetancz*　　5)　*Bertram Qweicz*　　9)　*Jacoff Koncze*

2)　*Hans Leyche*　　　　6)　*Claus Schopstede*　10)　*Hans Zcolner*

3)　*Caspar Gelwitcz*　　7)　*Sander Brachstede*　11)　*Bartholomeus Zcoch*

4)　*Benedictus Polke*　　8)　*Hans von Stendel*

　ここでは 11 名の参審人が載せられているが、これはマクデブルク市におけるのと同じ構成である。第 5 巻の 1450 年時点との比較において、市外在住の 2 名（*Koppe von Ammendorff*、*Augustin Heddersleben*）が抜け、新たに *Hans Zolner* と *Bartholomeus Zoch* が加わったことが分かる。

　この前文（Vorrede）に続いて、本文は短い導入文から始まる。ここでは 1456 年 8 月 30 日（*am montage Ffelias et Adaucti*）にシュルトハイスが最初の裁判集会を開催したことになっている。しかし、ここでは前文（Vorrede）にも拘わらず、*Maschwitz* がシュルトハイスとして登場する。これは、*Hermann Maschwitz* である。*Heinrich Rademacher* は同年 6 月初頭に亡くなっている。死の少し前、その息子 *Claus* と *Peter* は遺されたシュルトハイス職のレーンについての期待権（Anwaltschaft）を *Hermann Maschwitz* に譲渡する。1456 年 7 月 2 日（*am fritage vnser lieben frauwen tag visitacionis*）に大司教フリードリヒは *Hermann Maschwitz* へのシュルトハイス職授封を承認している[90]。現存する第 6 巻の記録は、この *Hermann Maschwitz* がシュルトハイス職にあった時代のものである。

　さて、この後もハレにおけるシュルトハイス職を巡っては問題が残る。*Hermann Maschwitz* は 1473 年に亡くなっている。その後、この職を巡ってハレ市参事会とマクデブルク大司教ヨハンネス（Johannes）との間で紛争が生じる[91]。*Hermann Maschwitz* 没後、彼の同名の息子（*Hermann Maschwitz*）が消息不明だったために、大司教は同職を回収し、別の者に与えようとした。ハレ市参事会はこれに異議を唱える。後から消息不明だった息子が姿を現す。市参事会は息子に対して、すでに父が同職を存命中に *Hans Popelitz* に譲渡していた、と告知する。しかし、息子はその譲渡額に不満を持ち、ハレ近郊ギービッシェンシュタイン（Giebichenstein）へ赴き、そこで、大司教に同職の期待権を売却する。これを大司教はギービッシェンシュタインのフォークトである *Kersten von Rehungen* に授与した。その後、大司教と市参事会の間で調停委員会が組織され、以後、大司教はハレ市参事会が推した者をシュルトハイス職に就けることで合意する（これは 1683 年ま

---

90)　Dreyhaupt [Fn. 2], II, S. 470, No. 492; Siegmar Baron von Schultze-Galléra, Das mittelalterliche Halle. Zweiter Band: Von der Entwicklung des städtischen Rates bis zum Untergang der städtischen Freiheit, Halle 1929, S. 369 ff.

91)　Dreyhaupt [Fn. 2], II, S. 463 f.; Herzberg [Fn. 65], S. 440 f.; Schultze-Galléra [Fn. 90], S. 370.

28　　　　　　　　　　　　　　ハレ参審人文書

で続く)[92]。そして *Hans Popelitz* が新しいシュルトハイスとなる。1474 年 7 月 30 日（*am sonnabende nach sanct Jacoff tagk*）のことであった[93]。

2.3.　第 7 巻（1484 年、1501〜03 年）

2.3.1.　概要

　第 7 巻は Hertel の先行業績においては一切言及されていない。彼が第 7 巻の存在自体を知らなかった可能性もある。Dreyhaupt は「参審人館に羊皮紙のコーデックスが 7 巻」あるということを述べているので[94]、その存在は知られていたのかもしれないが、但し、Dreyhaupt が見た 7 巻本の第 7 巻と現存する第 7 巻が同一のものであるのか（同一の内容を含んでいるのか）は不明である。旧来の様々な文献では、第 7 巻について「1484 年から1504 年」を含むとされてきたが、精確には 1484 年、1501 年から 1504 年、そして 1542 年の断片を含む。この期間は都市君主たるマクデブルク大司教エルンストの時代にあたる。1479 年にハレではマクデブルク大司教による居館（Residnez）の建設が開始され、1503 年にそれが完成した[95]。1478 年にはハレ市は大司教に屈服している。そうした時代背景にこの第 7 巻は位置しているのである。第 7 巻において網羅されている時期は以下の通りである。

fol. 1r	「1484 No. 7」の記載
fol. 1v	空白
fol. 2r〜8v	1484 年 1 月から 1484 年 10 月（中断）
fol. 9r〜10r	1501
fol. 10r〜22r	1502
fol. 22r〜35r	1503
fol. 35r〜47v	1504
fol. 48r〜48v	1542（追録）

　第 6 巻と同様、第 7 巻でも *quinio* が基本となっている。最初の折丁は *quaternio* と同じ構成になっている。一番最初の折丁は fol. 1r から fol. 8v を含む。この一番最後の fol. 8vと二番目の折丁の最初にくる fol. 9r を比較するならば、この両者が異なる時期に属することがはっきり分かる。すなわち、fol. 8v の最後の記載（Nr. 123: *Johanna, Peter Schoybes* …）は途絶しており[96]、次の fol. 9r はまったく新しい記載（Nr. 124: *Nickel Sule vnde Sander*

---

[92] DREYHAUPT [Fn. 2], II, S. 464.

[93] DREYHAUPT [Fn. 2], II, S. 474 f., No. 495.

[94] 上掲註 25 参照。

[95] 1502 年 5 月 24 日（*3ª feria post Trinitatis*）の裁判集会の記録には、市民 *Nicolaus Schildberg* が法廷に持ち込んだ文書が記録されている。それによれば、1502 年 4 月の記録として、ハレの新しい城で生じた旨記してある（*vff dem newhen schloſſe ztw Halle*）。

[96] 本来であれば、この次の葉（fol. 9r）は *alle dy gerechtikeit* … とつながる筈である。

解題   29

Snewber）でもって始まる。さらに、fol. 8v までの筆跡と fol. 9r からの筆跡も異なるし、正書法（綴り方）も異なる。そしてその同じ葉において、1501 年 11 月の記載（Nr. 129: *Clemen Michael vnde Leuius Schuler* …）の記載へと続いていくのである。その後、*quinio* の折丁が 3 つ（fol. 9r～18v; fol. 19r～28v; fol. 29r～38v）続いた後、fol. 39r～47v は *quinio* ではあるが 1 葉欠けた形で綴じられており、fol. 47v の後に独立して fol. 48r/v が糊付けられている。fol. 48r/v は書体もまったく異なる。この最後の fol. 48r/v のみは独立しており、最初の行は裁判日時の情報から始まる。記載されているのは 1542 年のものである[97]。この折丁の配置を図式化すると、図 2 のようになる。

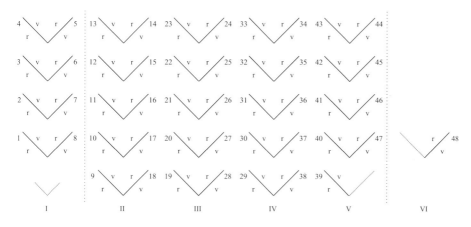

図 2　折丁の構造：第 7 巻

つまり、第 7 巻として纏められている手稿史料は、1484 年の約一年弱の記録を収めた折丁と 1501 年の途中から 1504 年の 12 月の記録までを収めた折丁から成り立っており、そこに後から fol. 48r/v という 1 葉が加えられたということになる。『参審人文書』の 1504 年以降の分がどこに行ったのかは不明である。しかし、恐らくは、Dreyhaupt が見た段階ですでに散逸してしまったと考えられる。

　最初の折丁（fol. 1r～8v）は枠線と罫線が引いてある。そして、各記載の当事者の姓名のうち名（Vorname）の頭文字（イニシャル）が記されているが、これは閲覧の際に便利であったと思われる。なお、こうした頭文字は常に各葉の左欄外に記される。また、記載が冠詞などから始まる場合には、最初の文字が用いられる[98]。また、原告の名が用いられることが多いが、被告の名が用いられたり、法律行為の対象物の所有者（例えば差押対象たる家屋の持ち主の名）などが用いられたりもする[99]。

　第 2 番目の折丁以降（fol. 9r ff.）はスタイルに大きな変更がある。まず、各葉の天の余

---
[97] このあたりの説明において PFEIL [Fn. 5] には誤記あり。
[98] 例えば、VII Nr. 157: D (*Der Hans Harstellerynne* …)。
[99] 例えば、VII Nr. 150: V M (*Valtin Muller ist gekomen* [...], *an Mertin Hewken hawße* [...] *weysen* [...])。

白が無くなる。また左右の枠線は引かれるが罫線はない。書体も大きく変化する。また、各裁判集会期日が大きめの書体で見出しとして書かれる。各記載の当事者の名の頭文字は小口の側の欄外余白に記載される。そして、fol. 11r から再び各葉の左欄外に書かれるようになる。しかし、再度、fol. 13r からは小口の側の欄外余白に書かれる。fol. 15r の下部からは *tertia feria post exaudii*（1502 年 5 月 10 日）以降の記載であるが、突然文字が小さくなる。その後も、書き手が何度も変わる。特に fol. 26v の中段やや上から始まる記載（*Judicium tertia feria post misericordia domini anno etc. xvᵉ tertio*）は 1503 年 5 月 2 日にあたるが、ここから書体は大きく変わる。全体として小型の文字が並ぶ。fol. 32r からは再びイニシャルがそれぞれの葉の左欄外に書かれるようになる。これも fol. 34r からは小口に戻る。そして fol. 43v 下段の *Judicium tertia feria post Mauritij anno xvᵉ iiij*（1504 年 9 月 25 日）の記載（Nr. 490: *Anna, die nachgelassene witwe Hans Pawel …*）からイニシャルが書かれなくなる。文字の大きさや筆跡に統一性が無いため、1 葉あたりの記載件数も 3 件から 8 件といったように、必ずしも均一ではない。

　記載のほとんどは三人称で記述されており、これは 6 巻までの傾向と同じである。例外的に一人称の記載もあるが、シュルトハイスによるもの（Nr. 373: *Peter Osmünde*[100]）、それから書記（Schreiber）によるもの（Nr. 184、後述 2.3.6.）が挙げられる程度である[101]。なお、一人称複数の形としては「我々シュルトハイスと参審人」というものがある（Nr. 456: *vor vns schultheis vnd scheppen des gerichts auff dem Berge etc. zu Halle*）。

　1542 年の断片の部分は、1542 年 3 月 21 日[102]、6 月 20 日[103]および 9 月 26 日[104]の 3 回分の裁判期日に関する記録、5 件の記載（Nr. 546〜550）を含んでいる。ハレ『参審人文書』の続きにあたる部分は[105]、第 2 番目の巻[106]（1538〜44 年）がこれに該当する部分であるが、当該史料に載せられている最後の裁判期日は 1541 年 7 月 15 日[107]である。第 3 番目の巻[108]は 1544 年 6 月 27 日（金）[109]の記録から始まり、1548 年の記録まで含んでいる。つまり、本来この 1542 年の補遺（Nachtrag）の部分が属するはずの記録本体が消えているということになる。

---

[100] DREYHAUPT [Fn. 2], II, S. 465 によれば 1502 年からシュルトハイス職にある。

[101] Vgl. auch Nr. 447.

[102] *Judicium feria tercia post Letare, anno etc.* 1542.

[103] *Judicium feria tercia post Vitj anno etc.* 1542.

[104] *Judicium feria tercia post Mauritij* 1542.

[105] 上掲註 4 参照。

[106] LHASA, MD, Rep. Db Halle, A la Nr. 2 （索引なし）は *Judicium feria secunda post Nicolaj anno etc. xxxviij* (fol. 1r) で始まる。

[107] fol. 251r: *Judicium feria sexta post Margarethe, anno etc.* 1541.

[108] LHASA, MD, Rep. Db Halle, A la Nr. 3.（fol. 328 ff. 以降は索引あり）

[109] fol. 1r: *Judicium feria sexta post Johannis Baptiste* 1544.

解題 31

2.3.2. 開廷日

第 7 巻を残りの 6 巻から際立たせているのは、そこに収められている記載が裁判期日ごとに細かく分けられているという点である。第 6 巻までにおいては、記載は（復活祭を起点とする）1 年ごとに分けられており、場合によってはまったく時間的区切りを入れていないものもあった。しかし、第 7 巻では 1484 年の部分も含めて、裁判期日が細かく分割されている。

1）1484 年に属する部分は、記載が開廷日によって区切られている。最初の記載（Nr. 1）は 1484 年 1 月 26 日（月）であるが、これは「聖パウロの転向の日の後の月曜日、クリスマスの後の第 2 回目の裁判集会（*vff montagk nach sant Pauelstagk syner bekerunge ist das ander dingk gehalden nach winachtin*）である。恐らくその 2 週間前にあたる 1 月 12 日（月）に最初の裁判集会が開催されたと思われる。マクデブルク法を取り入れているハレ市の法制においても『ザクセン・ヴァイヒビルト法』に規定されているシュルトハイスの裁判期日、すなわち 1 回目が十二夜のあと、2 回目が復活祭の後の火曜日、3 回目が聖霊降臨祭の後、それ以外には上記の各裁判期日の 2 週間おき、に裁判を開催することになっていた。この期日が祝祭日・禁制日にあたる場合には、その日は避けられた[110]。

32 件の記載がある 1 月 26 日の裁判集会の次には、「第 2 回目の裁判集会」（*Judicium secundum*）という見出しで始まる Nr. 33 から Nr. 60 の記載がある。日付は 8 月 9 日（*secunda feria vigilia Laurencij*）である。しかし、これは 1 月 26 日（月）の裁判集会を 1 回目として数えているわけではない。これは、むしろ案件が処理され、一応のめどがつき、記載するに至った案件のある裁判集会の番号ではないかと考えられる。というのも、例えば、Nr. 38 に登場する *Balczer Schabendij* は当該案件について、すでに 3 回の裁判集会期日にわたって公示催告（*aufgebot*）をしており、この日（8 月 9 日）が 4 回目の出廷であった。2 週間に 1 回開催ということから、逆算すると 6 月 28 日（月）に最初の訴えを行っているのである[111]。1484 年 8 月 9 日以降は、2 週間おきに裁判集会が開催されており、折丁が変わる 1484 年 10 月 5 日分の裁判集会までは記録が残されている。

2）1501 年末から 1504 年末までは記録が連続して残っている。そして、裁判は例外はあるものの、2 週間おきに行われている。1501 年に開催されたことが記録されているのは、11 月 22 日（月）だが、その前に属する記録（Nr. 124～128）は恐らく、その 2 週間前（11 月 8 日（月））に属するものであろう。1501 年の Nr. 136 では債務についての訴えが為されているが、その後、この案件は 1502 年 1 月 10 日（月）の裁判集会において（Nr. 138）、担保の提供を拒んだために被告に対して *medeban* が科されるという判断が下されている。そして、通常こうした手続きには 3 回の裁判集会期日が必要とされているために、記録は

---

[110] DANIELS / GRUBEN [Fn. 12], Sächsisches Weichbild, Art. XLVI: *Von dem schultheise.*

[111] なお、第 7 巻では、1500 年以降、*dry ding*（3 回の裁判集会）や *czum vierten ding*（4 回目の裁判集会で）といった定型句は用いられなくなる。

ハレ参審人文書

されていないが 1501 年 12 月にも裁判集会が開催されていたはずである（6 日、20 日の 2
回、但し 27 日は十二夜にあたるため開廷せず、直近は 1502 年 1 月 10 日になる）。1502
年には 17 回、1503 年には 20 回、1504 年には 18 回[112]の記録が残っている。ほぼ通年で
2 週おき（*vierzehnnacht*）に開催されている故に 2 週間以上いっさい裁判の記録が残って
いないケースでは、裁判が開廷されなかったか、あるいは審議中だが結論が出ていないた
めに裁判記録には「最終結果」として残っていないというものも考えられる[113]。例えば
1503 年 9 月 5 日（火）に記録されている案件（VII Nr. 318）では、3 回公示催告を行った
（*aufgeboten hat*）ことが書かれている。つまり、この記録が残されているところの裁判集会
は 4 回目であり、それに先立つ 8 月 22 日、8 月 8 日、さらには 7 月 25 日にも裁判集会は
開催されていたのだろう。

　Nr. 263 の案件は 1503 年 3 月 7 日に扱われている。ここで裁判所は原告は訴訟上の全権
代理人を立て、この人物が裁判所に来て裁判が行われた。債務者（*Fabian Wilhelm*）の提
供した担保物たる不動産（*gewehr*）が差押（*fronung*）になった。この案件が次に登場する
のは、Nr. 294 である（1503 年 5 月 30 日）。ここでは、全権代理人が再び裁判集会に来て
いるが、彼は債務者の家屋（担保物）の差押（*fronung*）を 3 回の裁判集会に渡って公示し
たから、4 回目の今回の裁判集会において判決を得た。これにより、彼はその家屋を自分
の金銭のために処分して換金する（*vorsetzen*）こともできるし、さもなくば、それを売却
して満足を得ることもできる。但し、負債額と担保物売却によって得られた金銭との差額
分は債務者に渡さなければならない。

2.3.3.　書体・文体・正書法上の変化

　第 7 巻に含まれる記録のうち、最初の折丁は 1484 年に属するものである。それ以前の
巻号の説明において述べたこととの重複を避けるため、以下では、特に 16 世紀に入って
から、即ち 1501 年（fol. 9r）以降の記載に見られる正書法上の特徴について述べていく。

　まず、前綴り *ir-* が *er-* に変化している（*irstehen* → *erstehen* 等々）さらに、1484 年には一
回も使用されなかった *vormund* が再び登場する。おそらく 1484 年段階ではこの術語の代
わりを務めていたのは *fulmechtig* を使った表現であったと考えられる。妻に関しては *wibe*
が用いられるようになったが、*hußfrowe* の併用もみられる。

　なお、第 7 巻の 1502 年 5 月（VII Nr. 177: *Caspar Moller*）から 1502 年 10 月（VII Nr. 226

---

[112] 1504 年 12 月 10 日の次の裁判集会期日は 12 月 24 日であるが、これは聖日にあたるために裁判は行われな
　い。その後も十二夜の間は法廷が開かれない。つまり、12 月 10 日が実質上 1504 年の最終開廷日である。

[113] 裁判期日と関連して、Sächsisches Weichbildrecht, Art. XLVI (XLVII): *Von dem schultheise* および Art. XLVII:
　De schulteto et ejus judiciis. なお、この論点については Siegfried Rietschel と Karl von Amira の間で激しい
　議論が交わされた。Siegfried Rietschel, Die Dingzeiten des Schultheißen zu Magdeburg, in: ZRG GA 29
　(1908), S. 337–339; Karl von Amira, Die Dingzeiten des Sschultheißen zu Magdeburg, in: ZRG GA 30 (1909),
　S. 310–313; Siegfried Rietschel, Nochmals die Dingzeiten des Magdeburger Schultheißen, in: ZRG GA 30
　(1909), S. 313–315; さらに Otto Loening, Die Gerichtstermine im Magdeburger Stadtrecht, in: ZRG GA 30
　(1909), S. 37–48, besonders S. 46 ff.

Mertyn Brun) まで、*kommen* の過去分詞形に関して、常に前綴り *ge-*を抜かした形が用いられているが、これは文法の変化というよりもこの時期に活動した書記の癖に負っている。

正書法とは異なる次元の話であるが、定型文の言い回しにも変化が生じる。第 6 巻までとは異なり、第 7 巻では死因贈与の際の定型文に *keynerleye vßgeslossin* (Keinerei ausgeschlossen) が入るようになる。fol. 26v から筆跡が大きく変化する。それまでが非常に雑な筆跡であったのに対して、ここから始まる 1503 年 5 月 2 日以降の記録は非常に明瞭な筆跡である。また省略が少なくなる。しかし文法上は目立った変化は生じていない。

2.3.4.　法廷に現れる人々

裁判所の利用者は基本的に市民である。しかし、当事者が個人ではなく、ハレ市であるケースも見受けられる。市民でない者は、ハレ市民を訴訟代理人とすることで訴訟を遂行することができる。例えば、マクデブルク市参事会員 *Hans Robin* が登場するケースでは、ハレ市民 *Hans Knust* に全権が与えられている（VII Nr. 232, 248）。

ライプツィヒ市民がハレ市民を相手取って訴訟を起こすに際し、シュルトハイスや参審人の臨席の許、ハレ市民 *Lam* が代理人に指定される。彼は 1498 年に新規に市民として登録されている者と同一人物であると考えられる[114]。興味深いことに、彼は『参審人文書』第 7 巻に 18 回登場するが、そのすべてにおいて全権代理人（Bevollmächtigter, Vormund）として登場する。その最初のケースはリケンティアートゥスにしてザルツグラーフであった *Ulrich Vogt* に関係するものであるが（VII Nr. 139）、これが、*Bartolomeus Lam* という比較的新しく市民権を取得した人物に法廷代理人的役割が回って来る出発点となったのかもしれない。

教会関係者が市民に不動産を譲渡するためにベルク裁判所を利用するケースがあるが、その場合には *procurator* が登場する（VII Nr. 120）。マクデブルクの聖堂参事会（聖セバスティアン）が法廷に登場するとき、その代理を行っているのはハレ市民（バカラリウス学位保有者）である。その際、公正証書も用いられる。そして、そうした文書による法律行為は「開催中の裁判集会で行われたかのような効力を持つこと」が確認される（VII Nr. 209）。

ライプツィヒの参審人裁判所の参審人および裁判人がハレ市民を代理人に指定している。この代理人は上述のライプツィヒ市民と一ハレ市民との間の契約（*contract*）―――これはシュルトハイス法廷において交わされ、同法廷の記録に残されている―――をハレの裁判所において承認させた。（VII Nr. 494, 495）。

Nr. 430, 431 は代理人以外がみな市外民ということで興味深い例である。ライプツィヒ市民がハレ市民たるバカラリウスに全権を委ねる。そして、この全権代理人は、当該ライプツィヒ市民が（恐らくオーダー河畔の）フランクフルト市民との間で、シュルトハイス

---

[114] „*Senatus Hallensis*" [Fn. 10], fol. 99v: *Bartelmes Lam*.

34 ハレ参審人文書

法廷において契約を締結したことを、シュルトハイス法廷文書を引き合いに出して、ベルク裁判所において認めさせた。当事者はみな市外民であるが、ハレ市民を代理人とすることで裁判所を利用しているのである。

　都市が法廷に立つ場合、市参事会員が都市の名において（VII Nr. 358: *inn anwaltschafft des erbarn rats alhie zu Halle*）法廷に出る。例えば市参事会員 *Ciriacus Gunter*[115] と *Peter Seidenschwantz*[116]（VII Nr. 358, 363）、あるいは出納役（Kämmerer）の *Clemen Michael*[117] および市参事会員 *George Sichert*[118] などが挙げられる（VII Nr. 389, 399）。

2.3.5. ラテン語

　第 7 巻において特に目を引くのはラテン語術語の増加である。すでに Hertel は『参審人文書』の特徴としてラテン語がごくわずかしか用いられていないということを指摘していた。この点で、（法律）ラテン語の伸長を強く感じさせるのが第 7 巻を諸巻と異ならせている大きな特徴である。とくに、この傾向は 1502 年以降の記録に表れる。例えば、Nr. 139 の案件においては、*substituere*、*constituere*、*defendere* といったラテン語動詞がドイツ語的に語尾変化させた形で登場する。これは本案件の当事者がリケンティアートゥス学位を有していることとも関係するのかもしれない[119]。この案件と同じく、ザルツグラーフ *Ulrich Vogt* の登場する別の案件（VII Nr. 181）も非常に興味深いものである。ここでは原告と被告の間の争いが証書という形で残されている。証書の詳細は Nr. 182 にある。市民 *Nicolaus Schiltberg* が *Elisabeth* を相手方として訴えを起こしたのであるが、ここでは両法博士 *Johann Schantz*、ギービッヒェンシュタインの代官（Hauptmann）である *Sigmunt von Brandenstein* さらにマクデブルク大司教 *Erich* の臨席のもとで事件が扱われた。これは当初タール裁判所（*talgericht*、ハレの製塩業と関係するタール地区を管轄する裁判所）に係った。というのも、塩泉の権利が関係していたからである。そして、原告はこの審議にさらにザルツグラーフたる *Ulrich Vogt* を加わらせた。そして、審議の結果が出されたのであるが、和解が成立した後、契約が締結され、同案件を二度と蒸し返さないことが約束された。これはハレのモーリッツブルク（Moritzburg）で生じた。すでにハレの都市君主たるマクデブルク大司教はハレに居館（Residenz）を定めており、それがモーリッツブルクであった。つまりこれは、ハレのベルク裁判所とは管轄の異なる話であるが、当事者がベ

---

[115] *Ciriacus Günter*：市参事会員 1500 年、1503 年。

[116] *Peter Seidenschwantz*：市参事会員 1497 年、1500 年、1503 年。

[117] *Clemen Michel*：市参事会員 1494 年、1497 年、1500 年、1503 年。

[118] *Georg Sichert*：市参事会員 1500 年、1503 年。

[119] *Ulrich Vogt* は DREYHAUPT [Fn. 2], I, Beylage sub A, S. 121 (Cap. XXIX. Von den Thal-Gerichten, nebst einen Register der Saltzgräfen, § 14) によれば、1495 年からザルツグラーフの職にあり（1514 年まで）、後に Kanzler になっている。1494 年にはハレの市民権を取得している。Stadtarchiv Halle „*Senatus Hallensis*", fol. 95r (1494): *Licentiatus Vdalicus Voyth*. なお、詳細な経歴については、MICHAEL SCHOLZ, Residenz, Hof und Verwaltung der Erzbischöfe von Magdeburg in Halle in der 1. Hälfte des 16. Jahrhunderts (= Residenzforschung 7), Sigmaringen 1998, S. 331.

ルク裁判所に出廷して当該証書が開催中のベルク裁判所での裁判集会においてなされたかのように効力を持たせることにしたのである。これは市民同士の問題であると同時に、そこで対象となっている財産が大司教の特権と重要な関係を有していることが要因であると思われる。ここでは、確かにラテン語が多く登場するが、それはハレのベルク裁判所での手続きにおいてではない。しかし、当事者たちはみなこうしたラテン語の法律用語には通じていたことがここから分かる。また、異なる裁判管轄権のもとで生じた効果をベルク裁判所で生じたかのように擬制していることも興味深い。

しかし、ベルク裁判所そのものの手続きにおいてもラテン語の用語は登場する。例えば、Nr. 183 から始まる一連の案件 (VII Nr. 183, 184, 185, 198) においては、遺言 (*testamentum*) について言及されている。遺言のような書面性の浸透がここでも分かる。さて、この案件については、さらに夫の死後、妻が法律上困ることが無いように、妻の側から後見人の選定が求められている。そこで、バカラリウス学位を有する *Jacoff Fuhr*[120] が裁判人と参審人によって後見人に選ばれた。なお、この後見人の指定については、後日妻の側から解除申請が為されている (VII Nr. 198)。

その他にも多くのラテン語およびその派生形が登場する。*ratificiren, renuntiren, referieren, deferieren, quittieren, protestiren* などのドイツ語語尾変化させた動詞や、*hypoteke* に由来する *hypoteciren* という動詞、さらに、*baccalarius, magister, licentiatus, doctor* といった学位、*procurator, patronus, administorator, partei, notarius, syndicus, probist, prior, senior* といった人の役職・身分などに関するものもある。この中でも *notarius* や *syndicus* それから *procurator* などの登場は興味深い。さらに、法律術語として *clausula* や *compensatio, instrument, testament, contract, exceptio* などのラテン語およびそのドイツ語化が見られる。その他にも一般的な用語 (*clausula, copia, marginus*) なども登場するし *in quantam de jure* というようにラテン語の語句が登場する (これは教会関係者が登場するケース)。

こうしたラテン語の用語は関連するドイツ語の用語と併記されるか言い換えられるかして用いられることが多い。例えば、*anwalt(-schaft)* と *procurator*、*eynsetzen* と *ypoteciren*、*vorpfenden* と *ypoteciren*、*vorwilligunge* や *beredunge* と *contract* などである。

第 6 巻で登場した遺言執行人 (*testamentarii*) は第 7 巻において登場しない。しかし、*testamentum* は登場する。1502 年の記載 (VII Nr. 183) では、*in testamenz weyße in gotz ere* とある。なお、第 7 巻でもう一度だけ *testament* が登場するが、それはバカラリウスである *Jacobus Fuhr* による死因贈与 (附帯条件付) のときである。こうしたラテン語の用語の利用は、都市内における学識ある者の増加とも関係していると思われる。ラテン語が登場するケースでは大抵はそうした案件に教会関係者や学位取得者が関わっている。

---

[120] 彼はライプツィヒ大学で 1478 年夏学期に学籍登録しており、1480 年冬学期にはバカラリウス取得のために在籍している。Matr. Leipzig, S 1478 S13 (*Iacobus Fur de Hallis*); W 1480 (II 271 phil. baccalauriandus, *Iacobus Fúr de Hallis*).

36 ハレ参審人文書

2.3.6. 書面性の浸透

　本来、ハレ市における裁判では、当事者が直接裁判所に赴くところから記載が始まるように、当事者の臨席（Gegenwartigkeit）が重要な要素であった。しかし、書面性の浸透はこうした本来的な裁判所の在り方にも影響を与える。様々な証書（*brief, instrument*）が登場するようになるのである。人々は今まで以上に書面を利用するようになる。裁判所の手続きにおいても紙に書かれた事実が重視されるようになる。これは裁判記録としての『参審人文書』の利用とも関係する。ふさわしくも和解の後に「真の証拠として上述の合意は参審人文書に、よき記憶のために記録された（*zu warer vrkunde ist sòlliche vorberurte vereynigte verwilligung, in der hern scheppen buch, zu gutem gedechtnis verczeychent worden*）」（VII Nr. 516）。例えば、Nr. 184 における記述は興味深い。ここでは書記が自らの書き間違いをしたことを一人称（*ich*）で認めており、それを訂正した旨追記している。彼は当初は 100 グルデンを一期分（Leibzucht）として設定していたのであるが、後に 50 グルデン追記することになった。その際彼は欄外にその追記を書き込んだのであるが、この欄外追記が不正な書き込みでないことをさらに末尾において確認している。このことから、この台帳そのものが証明手段として用いられていたことが考えられる。

　これ以外にも、さらに公正証書（*instrument*, Notariatsinstrument）も登場する[121]。こうした書面の利用はシュルトハイス法廷（Schultheißenhof）の利用とも関係している。シュルトハイス法廷での手続きはきまって後からベルク裁判所にて再度見かけ上の裁判を経て、「あたかも開催中の裁判集会において起きたがごとく」その効力を認められると宣告されるのである。ここにもベルク裁判所が市内の裁判所として有している確固とした地位が窺われるのと同時に、「擬制」という法技術的な行動がハレでの法実務にしっかりと根をおろしていたことを感じさせる。

　『参審人文書』の他にも、都市内には各種の台帳が存在していたようである。市民の私法的な関係に関わるものは大抵は参審人文書に書かれるが、たとえば譲渡（*gabe*）や債務の確認といった本来はベルク裁判所に関わることが教区台帳（*pfar buch*）に記録される場合もある（VII Nr. 496）。その他には次に述べる「シュルトハイス法廷」に関わる台帳もあった。

2.3.7. シュルトハイス法廷

　第 7 巻に登場する、とくに 1501 年からの記録において特徴的なのは、シュルトハイス法廷（Schultheißenhof）の利用（約 30 件）が多いということである。それ以前の巻でもすでにシュルトハイス法廷が利用されていた証左はあるが、第 7 巻の場合とはその利用の仕方が異なる。すなわち、シュルトハイス法廷での手続きは大抵の場合（少なくとも『参審人文書』に登場する限りにおいては）、ベルク裁判所において再度承認され、あたかも

---

[121] VII Nr. 187: *in form eyns offenbaren instruments durch* [...] *notaren confitirt* [...].

ベルク裁判所において当該法律行為が行われたが如く効力を認めてもらうことが慣行であった。

　この法廷は、参審人とシュルトハイスによるベルク裁判所が『参審人文書』を裁判台帳として備えていたのと同様にして「シュルトハイス台帳」(*schultheißenbuch, schultheißenregister, schultheisenhofregister*) なる台帳を備えているのである。この台帳はベルク裁判所においても証拠として持ち出されるが、しかし、大抵の場合は、ベルク裁判所の手続きにおいて「開催中の裁判集会で生じたかのようにして効力を有する」(so gute Kraft und Macht hat, als ob es vor gehegtem Dinge geschehen wäre) ことになる (VII Nr. 334)。最終的にはベルク裁判所に赴くのにも拘わらず、事前にシュルトハイス法廷を用いるのは、ほぼ 2 週間に 1 回の開催となるベルク裁判所に比べてシュルトハイス法廷の方が利用しやすかったということも理由として考えられる[122]。

　ベルク裁判所での手続きに先立ち、シュルトハイス法廷への召喚 (*bot*) が為され、それに応じない場合に、手続きがベルク裁判所に移され、そこから通常のベルク裁判所の手続きが行われるケースも記載されている。この場合には、すぐに差押 (*fronung*: Nr. 265, 267, 275, 281) あるいはその他の処分 (例、*weisen*: Nr. 157, 159, 238) がなされる。なお、シュルトハイス法廷での法律行為が後から「あたかも開催中の裁判集会において生じたように効力を有する」という構成は、裁判集会外で参審人 1 名とフロンボーテ (廷吏) が臨席の許で行われた法律行為においてもみられる (Nr. 180)。

　Nr. 517 では申立人が裁判集会にやってきて、自らがシュルトハイスの面前で法廷公証人 (*gerichtsnotar*) および廷吏 (*fronen*) の立会いのもと行った法律行為、すなわちライプツィヒ市民を相手方とする訴訟のため全権代理人の任命、が「あたかも裁判集会で生じたのと同様の完全なる効力をもつ」ものである旨、承認させている。なお、この案件がこの後どのような展開を見せたのかについては伝わっていない。恐らく市外 (場合によってはライプツィヒ市) で処理されたと思われる。

　このように、『参審人文書』第 7 巻から見えてくるのは、シュルトハイス法廷の利用が活発化するものの、これは暫定的な処置であって、ベルク裁判所で裁判人 (シュルトハイス) と参審人による公開の裁判手続きを利用することによって効力を強めるという方法で権利保護が図られていたということである。

2.3.8.　訴訟代理人として登場する者たち

　第 7 巻には 1、2 回登場するというケースが多いが、中には何度も登場する人物もいる。例えば *Lorenz Prellewitz* は第 7 巻の 1484 年の部分に 14 回登場するが、これはいずれも原告としての登場である。それとは若干異なるのが、*Veit Bolze* (14 回、うち 12 回は *vormund* として)、*Jacobus Fuhr, bacc.* (32 回)、*Bartholomeus Lam* (18 回) 等である。これらの人物

---

[122] SCHRANIL [Fn. 13], S. 279 f. によれば、シュルトハイスの裁判活動は彼の居宅で参審人や裁判所書記なしで毎日行われていたとされる。

38 ハレ参審人文書

に共通してみられる特徴は、みな自らが訴訟当事者となるためではなく、他の者のために訴訟を遂行する目的で出廷しているということである。*Bartolomeus Lam* はハレの新規市民リストによれば、1498 年に新たに市民となっている[123]。*Jacobus Fuhr* は、1478 年からライプツィヒで学んでおり、すでに 1480 年にライプツィヒでバカラリウス学位の取得を目指して登録しているが[124]、ハレにおいて *vormund* として活発に活動を示すのは、1501 年以降の記録においてである。*Jacobus Fuhr* にも当てはまるのであるが、第 7 巻において特徴的なのは、学位取得者が多く登場するということである。例えば、1492 年からその死（1509 年）までハレ市の法律顧問（syndicus）を務めていた[125]両法博士 *Johann Schantz*[126] は、ある重要な法律行為において登場する（VII Nr. 182）。そして、そうした者たちが持つ知見は裁判の場において一定の役割を果たしていた。*Ulrich Vogt* はザルツグラーフとしてタール裁判所を管轄していたが、ハレ市民でもあり、その立場においてベルク裁判所にも（*vormund* として）登場する。そのさい、彼の役職上の名望のみならず、彼のリケンティアートゥスとしての知見も重要だったと思われる。Nr. 388 と Nr. 389 においては寡婦がザルツグラーフともうひとり（*Lucas Beyer*）を後見人（*vormund*）として指定し、都市に対して財産（都市内の不動産についての収益権）を譲渡している。ここで登場するもうひとりの後見人 *Lucas Beyer* もまた、本人が訴訟当事者になるケースはなく、*vormund*（VII Nr. 222, 388, 389）或いは重要な事件の陪席（VII Nr. 182）として登場する。参審人文書にたびたび登場する *Jacobus Fuhr* は妻との間で相互に死因贈与を設定している（VII Nr. 400）。ラテン語派生の単語が登場すること（*testamentum, person*）、さらに参審人文書の利用（もっともこれは対応する記載が見られないことから、恐らく参審人文書の欠けている部分に記載されていたと思われる）など、その詳細さにおいても他の同様のものとは若干趣が異なる。これも彼の活動・知見と関連していると思われる。

3. 校訂の方針

3.1. 本文

上述の研究史、また Hertel による先行業績を踏まえ、本校訂では以下の方針を採っている[127]。『ハレ参審人文書』は、法制史にとって重要な史料であるのみならず、郷土史に

---

[123] „*Senatus Hallensis*" fol. 99v: [1498] *Bartelmes Lam dt. 3 Rfl.*

[124] Matr. Leipzig I, S. 313 (S 13): *Iacobus Für de Hallis.* II, S. 271 [10. März 1481] *bacc. Iacobus Für de Hallis.*

[125] DREYHAUPT [Fn. 2], II, S. 348. 彼は 1492 年から没年（1509 年）まで法律顧問を務めていた。

[126] *Schoenitz* とも呼ばれている。Matr. Leipzig I, S. 335 (W 1482 S6) *Iohannes Schantz de Hallis*; II, S. 40 (*iur. utr. bacc.*), S. 39 (*iur. utr. lic.*), S. 37 (*iur. utr. dr.*) 1508–09 *ordinarius*; Festschrift zur Feier des 500 jährigen Bestehens der Universität Leipzig. Bd. II, Leipzig 1909, S. 115, No. 9; S. 125 No. 40.

[127] いわゆるハレ・ルール（JOHANNES SCHULTZE, Richtlinien für die äußere Textgestaltung bei Herausgabe von Quellen zur neueren deutschen Geschichte, in: Blätter für deutsche Landesgeschichte. Neue Folge des Korrespondenzblattes 98 (1962), S. 1–11.) はここでは必ずしも充分には反映されない。Vgl. auch FRIEDRICH EBEL (Hg.), Magdeburger Recht. Bd. I, Die Rechtssprüche für Niedersachsen (= Mitteldeutsche Forschungen 89/1), Köln / Wien 1983, S. XVII ff.

とっても非常に重要な記録である。しかし、今まで数多くの言語学的研究が示してきたように、この史料は言語学の史的研究にとっては類稀なコーパスを提供するものである。そこで、本校訂では可能なかぎり手稿史料を再現する形での作業を試みた。各記載事項の冒頭・欄外にある当事者の頭文字(イニシャル)は採録しなかったが、その代わりに通し番号を付けてある。これによって検索の便が図られている。また、本文では抹消されている記載、中断されている記載（[...] の箇所）もあるが、これらも採録している。その場合には、註を付してある。

　記載事項については、上述の方針に調和して、できる限りすべて残してある。このため、子音が過度に連続する場合もそれをそのまま転写している。これはとくに長い s と短い s および ȝ の場合に発生する問題である。写本上は ſ, ȝ, ß, s は一応一定のルールに従って区別して用いられている。しかし、その反面、文中でも大文字の場合には S が語頭の ſ の代わりにも用いられることがあり（ſechs のかわりに Sechs）、使用法は必ずしも厳密に守られているわけではない。本校訂では s と ß は用いるが、ſ と ȝ は用いないという方針から、sß という部分もみられるが、これは写本上 ſß とある場合である（Hertel 版では ssz となっている箇所）。母音と子音の両方の用法がある文字 u/v, ij/y, u/w などについては、特に修正を施すことなく、そのまま用いている（unde の代わりに vnde）。ウムラウトについては、写本上、上付きの e や o についてはそれを転写しているが（û, ů）、ただ u と n を区別するためだけの記号の場合（ú, ŭ など）にはこれを省略している。数詞については、Hertel の方針に従っている。このため、非常に長い単語も登場するが、残している（uierundeczwenczig）。

　グロッシェン（Groschen, gr., ₰）やプフェニヒ（Pfennig, ₰）については略号を用いることにした。グルデン（Gulden, fl.）も同様である。ただ、書記（Schreiber）は単位をそのまま表記する場合もあれば（gulden）、短縮標記したり（flor.）あるいは記号（ß）で済ませる場合もある。このようなケースでは、Hertel がすべて gulden と書いたであろう場合でも、史料をそのまま伝えるために原文をそのまま転写する方針を採っている。gr. を Hertel は一様に groschen に直したが、写本の中に grosschen も出てくれば、großchen、groſchen、groſſchen などと様々な綴りが登場する以上、これらも一括して groschen とするのは躊躇された。本校訂を手に取られる読者層であれば、充分理解可能であるし、言語史学的な利用のためにも、表記の統一より直接転写した方が良いと考えるからである。また、Hertel が技術的に断念した ȝ や j に関しても原文を再現することに努めた。大文字は人名、地名など固有名詞にのみ用いた。語頭の二重書き（ff 等々）も残している（ffrederich → Ffrederich）。子音的用法の u もそのまま残し、逆に母音的用法の v もそのまま残している。

　接続して書かれている前置詞や副詞は、それが前綴りで無い場合には、とくに断り無く現代的使用法に直して分綴している（zcutuhn unde zculaßen ではなく zcu thun unde zcu laßen）。行間や欄外に書かれた補遺や修正は〈 〉で囲っている。下線や打消し線によって印付けられた間違いは適宜修正してある。但し、それが特に注目すべきものである場合には

注記してある。重複や文法的に見て疑問な箇所は感嘆符（!）で記すか脚注で注意を促している。必要な単語が欠落してる場合には、誤解を避けるために、限定的に角括弧 [ ] で補っている。

3.2. 索引

本校訂では、利用の便を図るために索引を用意している。Hertel は第 1 部の Einleitung（導入）において、すべての校訂を完了した段階で語彙集（Glossar）を付すことを予告していたが、結局それは果たされないままになった。本校訂においても、そうした語彙集は断念した。というのも、各巻号において扱っている時代も異なるために、これをひとつの語彙集にまとめることは躊躇されるからである。索引については、人名、地誌、事項の 3 種を用意した。それぞれの巻は独立しているゆえに、第 5 巻（後半）、第 6 巻、第 7 巻にそれぞれ別々に索引を付すことにした。

人名索引については、可能な限り写本に登場する形で採録した。また、女性の名前については、夫の名前に接尾辞 -in、-yn または -ynne を付けることによって形成されるものについては、そのままの形で採録している。また、それ以外の形の女性の名前については、夫など近親者が登場するところに一緒に掲載している。それに加えて、女性の名前だけで別に記載してある。再婚の記録が載っている場合には、それを但し書きとして記入している。名前に関しては Hertel の解説も参照されたい[128]。

地誌の索引については、ほとんどの記載はハレを中心としており、ごく稀にマクデブルクやライプツィヒなどの別の地名が登場する。それに加えて、ハレ市内・近郊の地名なども登場する。市内の家屋名、教会や行政の諸施設、通りの名前などもここに採録した。

事項索引は、法制史学的な研究への寄与を考えて、可能な限り多くの事項・箇所を採録した。Hertel は「200 回以上出てくる medeban やそれ以上に登場する vormuntschap」といった定型的なものを重要視していなかったが[129]、1・2 回しか登場しない単語と同じか、いやそれ以上に頻出術語や定型文が重要であると思われる。まさに使われているというその事実がその重要さを物語っているのである。また裁判の帰結たる処分やその対象（fronung や medeban さらには ausweisung および einweisung）についても採録した。これらは実際には事項索引の範疇を超えるものかもしれないが、必ずや読者の役に立つものと思われる。

内容をよりよく理解するために、とりわけ第 7 巻を理解するために、1473 年から 1505 年までの市長および市参事会員のリストを附録 II として掲載した[130]。

---

[128] HERTEL, Theil II, S. 476–489: Beilage „Ueber die Hallischen Bürgernamen und Vornamen".

[129] HERTEL, Theil I, Einleitung, S. XXXV.

[130] それ以前の部分については vgl. OPEL [Fn. 10], S. 504–518.

Einleitung

1. Allgemeines

1.1. Quellenlage

Der vorliegende Band ist eine Edition der Hallischen Schöffenbücher (*schöppenbuch*), die in der Landes- und Universitätsbibliothek Sachsen-Anhalt (Halle/Saale) aufbewahrt werden.[1] Die in dieser Bibliothek aufbewahrten Gerichtsakten des hallischen Schöffengerichtes setzen sich wie folgt zusammen:

Buch 1	1266–1325	(124 fol.)
Buch 2	1308, 1309 oder 1312 bis um 1369	(34 fol.)
Buch 3	um 1355 bis um 1385	(152 fol.)
Buch 4	1383–1424	(160 fol.)
Buch 5	1425–1455	(212 fol.)
Buch 6	1456–1460	(42 fol.)
Buch 7	1484–1504, 1542 (Nachtrag)	(48 fol.)

Diese Schöffenbücher wurden ab 1266 geführt, um alle „*gabe*" in der Stadt registrieren zu lassen.[2] Danach wurde das Buch weitergeführt und bei dem Hallischen Schöffenstuhl aufbewahrt. Dieser Schöffenstuhl wurde 1863 aufgehoben und die sechs Bände der Schöffenbücher wurden, mit Ausnahme des dritten Buchs, vom Schöffenhaus an die Universitätsbibliothek zu Halle übergeben. Über das Schicksal der Akten und der Bibliothek des 1863 aufgehobenen Schöffenstuhls[3] schrieb Adolf Stölzel, der den Brandenburger Schöffenstuhl ausführlich untersuchte: „Akten und Bibliothek gingen (mit Ausnahme der an die Universität abgegebenen alten Drucke, sechs alter Stadtbücher Halles von 1266 bis 1519 und einer Pergamenthandschrift des Sachsenspiegels) auf das Appellationsgericht Naumburg über, das die Akten bis auf ganz geringe Reste als werthlos

---

[1] Universitäts- und Landesbibliothek Sachsen-Anhalt (Halle/Saale), Signatur: Yd 2° 31 (1)–(7).

[2] Vorrede des ersten Schöppenbuches, abgedruckt bei Johann Christoph von Dreyhaupt, Pagus Neletici et Nudzici, Ausführliche diplomatisch-historische Beschreibung des [...] Saal-Kreyses, Erster Theil, Halle 1749; Zweiter Theil, Halle 1755, hier I, S. 478; Gustav Hertel (bearb.), Die Hallischen Schöffenbücher. Erster Theil (1266 bis 1400) (= Geschichtsquellen der Provinz Sachsen und angrenzender Gebiete, Bd. 4), Halle 1882, S. 3; vgl. auch Ferdinand von Martitz, Das eheliche Güterrecht des Sachsenspiegels und der Verwandten Rechtsquellen, Leipzig 1867, S. 11, Fn. 20.

[3] Zur Endphase des Hallischen Schöffenstuhls, Gerhard Buchda, Zur Geschichte des hallischen Schöppenstuhls, in: Savigny Zeitschrift für Rechtsgeschichte Germ. Abt. (im Folgenden „ZRG GA") 67 (1959), S. 416–440.

vernichten liess."[4] Mit den „sechs alten Stadtbüchern Halles" sind wohl die „Schöffenbücher" gemeint. Aber die Bücher, die jetzt in Halle liegen, enthalten nur die Eintragungen bis 1504 (sowie einen Nachtrag aus 1542). Es kamen sechs Schöffenbücher mit Ausnahme des dritten Buchs in die Universitätsbibliothek Halle. Das dritte Buch ging nach einer öffentlichen Auktion in den Besitz von Zeisberg über und gelangte 1858 in die Bibliothek des Grafen und Fürsten zu Stolberg-Wernigerode. Schließlich kaufte die Universität Halle 1931 das Buch.[5] Daher werden heute alle sieben Bücher (vom ersten (1266–1325) bis zum siebten (1484–1504, 1542)) in der Landes- und Universitätsbibliothek Halle-Wittenberg (Halle/Saale) verwahrt.

Die Hallischen Schöffenbücher sind in erster Linie eine Rechtsquelle, ein Register des Gerichtes auf dem Berg zu Halle. Deswegen kommt diesem Quellenkomplex aus rechtshistorischer Sicht äußerst große Bedeutung zu. Bedenkt man darüber hinaus, welcher Rang der Stadt Halle innerhalb der Stadtrechte des Mittelalters zukam, so wird umso deutlicher, welchen Wert diese Aufzeichnungen haben.[6]

Gleichzeitig sind die Hallischen Schöffenbücher auch in linguistischer Hinsicht sehr wertvoll. Denn diese Schöffenbücher protokolieren den Sprachwandel der Stadt Halle von 1266 beginnend (mit einigen Unterbrechungen) bis 1504. Aus diesem Grund wurden bisher vor allem sprachgeschichtliche Untersuchungen zu diesen Quellen veröffentlicht[7]. Insbesondere als einzigartiger

---

[4] ADOLF STÖLZEL, Die Entwicklung der gelehrten Rechtsprechung, Bd. I. Der Brandenburger Schöppenstuhl, Berlin 1901, S. 248. Die restlichen 159 Bücher werden jetzt im Landeshauptarchiv Sachsen-Anhalt aufbewahrt; vgl. ANDREA SEIDEL, Ablösung und Verdrängung des Niederdeutschen durch das Hochdeutsche. Eine sprachhistorische Studie am Beispiel der Hallischen Schöffenbücher, in: WERNER FREITAG / ANDREAS RANFT (Hg.), Geschichte der Stadt Halle, Bd. I, Halle 2006, S. 179–192, S. 191 (Fn. 15). Heute werden diese Akten (ab 1528) im Landeshauptarchiv Sachsen-Anhalt (im Folgenden „LHASA") verwahrt (Signatur: Db 14, A Ia Nr. 1–160). Die äußere Form der Eintragungen weicht von jener der ersten sieben Bücher ab: Beim ältesten Buch (Sig.: Db 14, A Ia Nr. 1 (1528–1532)) sind hauptsächlich nur die Namen der Betreffenden und die Geldsumme aufgeführt, manchmal gibt es auch etwas längere Einträge. Die Eintragungen sind nach Gerichtstermin geordnet. Die letzte Blätter (fol. 372–381) enthalten Register (Namen, Jahrgang, Foliennummer) in alphabetischer Reihenfolge.

[5] BRIGITTE PFEIL, Katalog der deutschen und niederländischen Handschriften des Mittelalters in der Universitäts- und Landesbibliothek Sachsen-Anhalt in Halle (Saale) Bd. I (= HEINER SCHNELLING (Hg.), Schriften zum Bibliotheks- und Bücherwesen in Sachsen-Anhalt 89/1), Halle 2007, S. 34.

[6] Vgl. aus diesem Standpunkt herausgegebenen Band, HEINER LÜCK (Hg.), Halle im Licht und Schatten Magdeburgs. Eine Rechtsmetropole im Mittelalter (= Forschungen zur hallischen Stadtgeschichte 19), Halle 2012.

[7] Besonders auf die Hallischen Schöffenbücher fokussieren: FRITZ JÜLICHER, Die mittelniederdeutsche Schriftsprache im südlichen elbostfälischen Gebiet, [Diss., Maschinenschrift] Hamburg 1925, besonders S. 5–15; GUSTAV KORLÉN, Die mittelniederdeutschen Texte des 13. Jahrhunderts. Beiträge zur Quellenkunde und Grammatik des Frühmittelniederdeutschen (= ERIK ROOTH (Hg.), Lunder Germanistische Forschung 19), Lund 1945, S. 14–23.; AGATHE LASCH, Aus alten niederdeutschen Stadtbüchern. Ein mittelniederdeutsches Lesebuch, zweite, um eine Bibliographie erweiterte Auflage Neumünster 1987, S. 53–62, 130–134; KARL BISCHOFF, Sprache und Geschichte an der mittleren Elbe und der unteren Saale (= Mitteldeutsche Forschungen 52), Köln / Graz 1967, besonders S. 227–247; HANS-JOACHIM SOLMS / JÖRN WEINERT, Die Hallischen Schöffenbücher, in: ANDREA SEIDEL / HANS-JOACHIM SOLMS (Hg.), Dô tagte ez. Deutsche Literatur des Mittelalters in Sachsen-Anhalt, Dößel 2003, S. 137–147; ANDREA SEIDEL, Ablösung und Verdrängung des Niederdeutschen durch das Hochdeutsche. Eine sprachhistorische Studie am Beispiel der Hallischen Schöffenbücher, in: WERNER FREITAG / ANDREAS RANFT

Einleitung 43

Korpus der Mittelniederdeutschen Schriftsprache boten die Hallischen Schöffenbücher umfang-
reiches Material für das Große Wörterbuch von Karl Schiller und August Lübben [8].

In den Schöffenbüchern finden sich nicht nur das Gerichtsverfahren betreffende juristische
Termini, sondern auch Vokabeln, die mit dem städtischen Alltagsleben eng verbunden sind. Zahl-
reiche Eigennamen stellen ferner eine ergiebige Quelle für die Onomatologie dar. Für Rechts-
historiker sind die Hallischen Schöffenbücher jedoch insbesondere deswegen eine unerlässliche
Quelle, weil sie sprachgeschichtliche Informationen über Rechtstermini enthalten.[9]

Auch für die Forschung zur Stadtgeschichte Halles stellen die Schöffenbücher wichtige Ma-
terialien dar. Die Quellen sagen eine Reihe über den Immobilienhandel in der mittelalterlichen
Stadt Halle aus; auch werden viele Straßen- sowie Häusernamen und weltliche bzw. geistliche
Institutionen genannt. Gleichsam für die Forschung zu Familien sowie Geschlechtern sind die
Bücher wertvoll, da sie Informationen zu zahlreichen Stadtbürgern enthalten. In dieser Hinsicht
haben die Hallischen Schöffenbücher die gleiche Bedeutung wie das Register „*Senatus Hallensis*"
für Ratsherrn und Neubürger.[10]

Aber weil die Schöffenbücher aus der Rechtspraxis entstanden sind, sind sie in erster Linie
Rechtsquellen. Als solche wurden sie vor allem von den Rechtsgeschichtsforschungen häufig
herangezogen. Dies hängt mit der besonderen Stellung der mittelalterlichen Stadt Halle eng
zusammen.

Halle gehörte zum Erzbistum Magdeburg und war mit der Stadt Magdeburg, die das Zentrum
des Erzbistums bildete, sehr eng verbunden.[11] Die beiden Städte, die beide den Magdeburger
Erzbischof zum Stadtherrn hatten und unter der Gerichtsbarkeit des Magdeburger Burggrafen
standen, waren die bedeutendsten Städte im Elbe-Saale-Gebiet. Halle, in dem das Magdebur-
ger Stadtrecht galt, kam ferner auch innerhalb des Magdeburger Rechtskreises eine nicht un-

---

(Hg.), Geschichte der Stadt Halle, Bd. I, Halle 2006, S. 179–192. Zur ausführlichen Literaturliste, vgl. Pfeil [Fn. 5], S. 34.

[8] Karl Schiller /August Lübben, Mittelniederdeutsches Wörterbuch, 6 Bde., Bremen 1875–1881. Benutzt wur-
den allerdings nur einige Teile der Handschrift (1365–1380). Vgl. Schiller-Lübben, Bd. I, p. 1.

[9] Zur Weiterverwendung von Wörtern mit fachspezifischer Bedeutung (wie juristischen Termini) vor allem während
des Wandels vom Mittelniederdeutschen zum Mittelhochdeutschen siehe Ruth Schmidt-Wiegand, Textsorte
und Rechtsquellentyp in ihrer Bedeutung für die Rechtssprachgeographie, in: Ruth Schmidt-Wiegand (Hg.) /
Gabriele von Olberg (Red.), Text und Sachbezug in der Rechtssprachgeographie (= Münstersche Mittelalter-
Schriften Bd. 52), München 1988, S. 21–37, besonders S. 37.

[10] „*Senatus Hallensis*" ist eine Liste der Ratsherren der Stadt Halle ab dem Jahr 1400 und enthält auch ein Register
von Neubürgern; aufbewahrt bei dem Stadtarchiv Halle, Signatur: B 2 „*Senatus Hallensis*". Ein Teilabdruck dieser
Quelle, jedoch nur die Namenlisten der Ratsherrn aus den Jahren 1401–1472, findet sich bei: Julius Otto Opel
(Bearb.), Denkwürdigkeiten des Hallischen Rathsmeisters Spittendorff (= Geschichtsquellen der Provinz Sachsen
und angrenzender Gebiete Bd. 11), Halle 1880, S. 504–518, Beilage VII. Vgl. auch Einleitung S. XLIII ff.

[11] Vgl. dazu die Beiträge in dem von Heiner Lück, einem der wichtigsten Kenner hallischer Stadt- und Rechtsge-
schichte, herausgegebenen Band: Heiner Lück (Hg.), Halle im Licht und Schatten Magdeburgs. Eine Rechts-
metropole im Mittelalter (= Forschungen zur hallischen Stadtgeschichte Bd. 19), Halle 2012.

44   Die Hallischen Schöffenbücher.

bedeutende Stellung zu. Die Bedeutung, die die mittelalterliche Stadt Halle in Hinblick auf das in Mittel- und Osteuropa weit verbreitete Magdeburger Stadtrecht und den Sachsenspiegel (Sächsisch-Magdeburgisches Recht) hatte, wurde in Art. X § 1 des Sächsischen Weichbildrechts wie folgt beschrieben: … *sollen alle dy von Polen unde die von Behemen, unde uʒ der marcke zu Lusiz unde von den steten allen, die dorinne begriffen sien, ir recht zu Halle holen.*[12]

Aus diesen Gründen hatte das Recht von Magdeburg und von Halle mehrere Gemeinsamkeiten, vor allem im Bereich der Stadtverfassung. Auf solche Gemeinsamkeit machte z. B. die Untersuchung von Rudolf Schranil[13] aufmerksam. Aber vor allem spielte Halle bei der Verbreitung des Magdeburger Rechts in Mittel- und Osteuropa eine wichtige Rolle.[14] Auch die in Halle entstandenen Schöffenbücher wurden in der Rechtsgeschichtsforschung als wichtige Quelle angesehen, wobei sie insbesondere in Hinblick auf Informationen über die praktische Rechtsanwendung untersucht wurden[15]. So zog etwa Otto Loening bei seiner Untersuchung zum Testament im Magdeburger Rechtskreis[16] die Hallischen Schöffenbücher als wesentliche Quelle heran.[17]

---

[12] A. von Daniels / Fr. von Gruben (Hg.), Das Sächsische Weichbildrecht. Jus municipale saxonicum (= Rechtsdenkmäler des deutschen Mittelalters Bd. 1), Berlin 1858, S. 79. Art. X § 1: … *unde darumme sollen alle dy von Polen unde die von Behemen, unde uʒ der marcke zu Lusiz unde von den steten allen, die dorinne begriffen sien, ir recht zu Halle holen.*

[13] Rudolf Schranil, Stadtverfassung nach Magdeburger Recht. Magdeburg und Halle (= Untersuchungen zur Deutschen Staats- und Rechtsgeschichte, 125. Heft), Breslau 1915.

[14] Ernst Theodor Gaupp, Das alte magdeburgische und hallische Recht, Ein Beitrag zur Deutschen Rechtsgeschichte, Breslau 1826 (ND Aalen 1966); Erich Sandow, Das Halle-Neumarkter Recht (= Deutschrechtliche Forschungen 4. Heft), Stuttgart 1932; Bernd Kannowski, *„ius civile inscripsimus a nostris senioribus observatum"*. Der hallische Schöffenbrief für Neumarkt von 1235, in: Lück [Fn. 11], S. 151–183; Wieland Carls, Zur Verbreitung des Halle-Neumarkter Rechts in Schlesien, in: Lück [Fn. 11], S. 184–205; Stephan Dusil, Das hallische Stadtrecht und seine Verbreitung im Mittelalter. Forschungsstand, Fragen, Perspektiven, in: Lück [Fn. 11], S. 37–60; Henning Steinführer, *„sub Hallensi et Magdeburgensi iure"*. Der Leipziger Stadtbrief — eine Quelle früher Rezeption hallischen Rechts?, in: Lück [Fn. 11], S. 61–71; Brend Kannowski / Stephan Dusil, Der Hallensische Schöffenbrief für Neumarkt von 1235 und der Sachsenspiegel, in: ZRG GA 120 (2003), S. 61–90. Gertrud Schubart-Fikentscher, Die Verbreitung der deutschen Stadtrechte in Osteuropa (= Forschungen zum deutschen Recht Bd. IV, Heft 3), Weimar 1942 stellte heute noch die Ausgangspunkte für die Erforschung der Verbreitungsgeschichte des Sächsisch-Magdeburgischen Rechts dar. Vgl. auch Inge Bily / Wieland Carls / Katalin Gönczi, Sächsisch-magdeburgisches Recht in Polen. Untersuchungen zur Geschichte des Rechts und seiner Sprache (=Ivs Saxonico-Maidebvrgense in Oriente. Bd. 2), Berlin 2011. Auch in den jüngsten polnischen allgemeinen Lehrbüchern wird der Verbreitungsprozess der deutschen Rechte über Środa Śląska (*dt.* Neumarkt) erwähnt. So Wacław Uruszczak, Historia państwa i prawa polskiego. Tom I. (969–1795), 3. Wyd., Warszawa 2015, s. 86.

[15] So werden bei Hans Planitz, Die Fronung, in: ZRG GA 78 (1961), S. 39–63, die Hallischen Schöffenbücher herangezogen.

[16] Otto Loening, Das Testament im Gebiet des Magdeburger Stadtrechtes (= Untersuchungen zur deutschen Staats- und Rechtsgeschichte, 82. Heft), Breslau 1906.

[17] Loening [Fn. 16], S. 16, Fn. 5.

Einleitung

Nicht nur für die genannten Arbeiten, sondern auch im Rahmen von Untersuchungen zu den erbrechtlichen Instituten in den mittelalterlichen Stadtrechten wie Testament oder Verfügung von Todes wegen stellten die Hallischen Schöffenbücher eine wichtige Quelle dar. So stützte sich Ulrike Seife in ihrem Aufsatz zum Einfluss der römisch-kanonischen Elemente auf das Erbrecht im Sachsenspiegel-Gebiet vornehmlich auf die Hallischen Schöffenbücher.[18] Bei der 2011 veröffentlichten Monographie von Adrian Schmidt-Recla, die auf einer 2006 an der Leipziger juristischen Fakultät eingereichten Habilitationsschrift beruht, stellten die genannten Schöffenbücher eine der wesentlichen Quellen dar.[19] Ulrike Müßig setzte sich unter Heranziehung derselben Hallischen Quellen[20] aber auch anderer einschlägiger Materialien[21] kritisch mit der Arbeit von Schmidt-Recla auseinander.[22]

1.2. Bis zur Edition Hertels

Wie oben ausgeführt, wurden die Hallischen Schöffenbücher in der bisherigen Forschung zur Sprach-, Stadt- und Rechtsgeschichte sehr häufig herangezogen. Grundlage für derartige Untersuchungen war stets die Editionsausgabe von Gustav Hertel[23]. Diese war Teil der Ergebnisse der preußischen Quelleneditionsarbeit im 19. Jahrhundert.[24]

---

[18] Ulrike Seif, Römisch-kanonisches Erbrecht in mittelalterlichen deutschen Rechtsaufzeichnungen, in: ZRG GA 122 (2005), S. 87–112, besonders S. 94 ff.

[19] Adrian Schmidt-Recla, Kalte oder warme Hand? Verfügungen von Todes wegen in mittelalterlichen Referenzrechtsquellen (= Forschungen zur deutschen Rechtsgeschichte 29), Köln / Weimar / Wien 2011, besonders S. 517–533. [Rezension] Peter Oestmann, in: ZRG GA 130 (2013), S. 655–660. Bei seiner Arbeit berücksichtigte Schmidt-Recla die Hallischen Schöffenbücher nur bis 1400, was später wiederholt kritisiert wurde.

[20] Ulrike Müßig, Verfügung von Todes wegen in mittelalterlichen Rechts- und Schöffenbüchern, in: Ignacio Czeguhn (Hg.), Recht im Wandel — Wandel des Rechts. Festschrift für Jürgen Weitzel zum 70. Geburtstag, Köln / Wien / Weimar 2014, S. 167–203.

[21] Ulrike Müßig, Verfügungen von Todes wegen in den Hallischen Schöffenbüchern, in: Lück [Fn. 11], S. 130–150.

[22] Neben methodischen Fragen kritisiert Müßig, dass Schmidt-Recla [Fn. 19] 1400 ohne sachliche Begründung als *terminus ad quem* festlegte (Müßig [Fn. 20], S. 187, Fn. 82). Allerdings findet sich dazu eine Erklärung — man mag sie für überzeugend halten oder nicht — bei Schmidt-Recla [Fn. 19] (S. 72 ff.). Es wäre aber wünschenswert gewesen, auch die Zeit nach 1400 zu berücksichtigen, gerade wenn der Magdeburger Schöffenstuhl in die Begründung eingeschlossen wird. Vgl. Dan Sato, Makudeburuku-hô kenkyû saikô. Purosopogurafi-teki kentô niyoru sanshin'nindan-kenkyû shiron (*Neue Erkenntnisse zur Geschichte des Magdeburger Schöffenstuhls. Ein prosopographische Untersuchung der Magdeburger Schöffen*), in: Hôgaku-Ronsô (*Kyoto Law Review*) 171-1 bis 4 (2012); Dan Sato, 1549 nen no Makudeburuku Sanshin'nindan haishi. Shin-shiryô niyoru saikentô (*Aufhebung des Magdeburger Schöffenstuhls (1549). Eine Untersuchung anhand der neu entdeckten Quellen*), in: Hôgaku-Ronsô (*Kyoto Law Review*) 179-3, 5, 6, 180-1, 2 (2016).

[23] Gustav Hertel (Bearb.), Die Hallischen Schöffenbücher. Erster Theil (1266 bis 1400) (= Geschichtsqullen der Provinz Sachsen und angrenzender Gebiete, Bd. 4), Halle 1882; Ders. (Bearb.), Die Hallischen Schöffenbücher. Zweiter Theil (1401 bis 1460) (= Geschichtsquellen der Provinz Sachsen und angrenzender Gebiete, Bd. 4), Halle 1887.

[24] Historische Kommission für die Provinz Sachsen und das Herzogtum Anhalt (Hg.), Geschichtsquellen der Provinz Sachsen und angrenzender Gebiete (insgesamt 49 Bde.), Halle 1870–1923.

Die Hallischen Schöffenbücher.

Bevor die Edition Hertels eingehend behandelt wird, ist kurz auch auf die dieser vorange-
henden Teileditionen einzugehen. Eine der frühesten geht auf Johann Christoph von Dreyhaupt
(1699–1768) zurück. In seiner „ausführlichen diplomatisch-historischen Beschreibung"[25], die
heute noch als erstrangige Quelle gilt, erwähnte er die Hallischen Schöffenbücher. Demnach
wurden im Hallischen Schöffenhaus (der Schöffenstuhl war damals noch nicht aufgehoben) sie-
ben Pergamentkodizes aufbewahrt.[26] Er stellte insgesamt 103 Auszüge aus diesen Quellen von
unterschiedlichem Inhalt und Länge vor (vgl. auch Beilage I), und zwar wie folgt:

Buch 1	(ab 1266)	bei Dreyhaupt	No. 1-31
Buch 2	(ab 1308)		No. 32–35
Buch 3	(ab 1366)		No. 36–49
Buch 4	(ab 1388[27])		No. 50–82
Buch 5	(ab 1425)		No. 83–102
Gerichtsbuch	(ab 1494)		No. 103

Der letzte genannte Auszug (No. 103) stammt aus dem „Gerichtsbuch", das ab 1494 geführt
wurde, und betrifft das Jahr 1499[28]. Das heute überlieferte Buch 6 der Schöffenbücher enthält
jedoch nur Einträge aus den Jahren 1456–1560. Das Buch 7 enthält, obwohl es die Jahre 1484
bis 1504 umfassen soll, tatsächlich nur Einträge mit großen Unterbrechungen, nämlich aus den
Jahren 1484, 1501–1504, dazu einige Nachträge aus dem Jahr 1542. Das heißt: die hier als
No. 103 angegebene Stelle ist, wenn man von den Angaben von Dreyhaupt ausgeht, heute wohl
verloren. Übrigens erwähnte Dreyhaupt weder das sechste Schöffenbuch noch das siebte. Aber
er schrieb, dass insgesamt sieben Pergamentkodizes vorhanden seien. Es ist nicht eindeutig, ob
er damit das sechste und das siebte Schöffenbuch meinte. Es ist nicht ausgeschlossen, dass die
Schöffenbücher damals anders gebunden waren als heute.[29]

1.3.   Die Edition Hertels.

Die heute bei der Quellenarbeit herangezogene Textausgabe der Hallischen Schöffenbücher wur-
de, wie bereits ausgeführt, von Gustav Hertel (1847–1903) bearbeitet. Er ist bekannt für sei-
ne Editionsarbeit der Sächsischen Geschichtsquellen. Dazu gezählt werden das Urkundenbuch

---

[25] DREYHAUPT [Fn. 2], II, S. 478 ff., No. 497.

[26] DREYHAUPT [Fn. 2], II, S. 478: *„Schöppen-Büchern, so in VII codicibus membranacies auf dem Schöppen-Hause zu
Halle verwahrlich aufbehalten werden"*.

[27] *Sic.* Wohl ein Druckfehler, richtig 1383.

[28] Freitag, den 12. Juli 1499 (*Freytags an sante Margarethen Abend*).

[29] Zur Lagenkonstruktion der Schöffenbücher siehe unten.

Einleitung

der mittelalterlichen Stadt Magdeburg[30], die ebenfalls unter der Herrschaft des Magdeburger Erzbischofs stand, sowie andere städtische und dörfliche Gerichtsbücher aus dem Magdeburger Rechtskreis[31].

Seine Edition stellt bis heute eine unerlässliche Arbeitsgrundlage für Historiker im Allgemeinen, Stadtgeschichtsforscher und nicht zuletzt für Rechtshistoriker dar. Aus rechtshistorischer Sicht ist der Wert seiner Ausgabe unschätzbar, denn es handelt sich um eine Aufzeichnung des Rechtsalltags im Sächsischen Rechtskreis mit einer gewissen Kontinuität. Außerdem trägt die rechtliche Bedeutung der Stadt Halle zum Wert dieser Quellen bei. Nach Schmidt-Recla ist „[d]iese Edition [...] die einzige Sammlung von sächsischen Stadtrechtstatsachen, die in der Vergangenheit und gegenwärtig in der rechtsgeschichtlichen Quellenarbeit hin und wieder benutzt wird“.[32]

Hertel hat dem ersten Teil seiner Edition eine ausführliche Einleitung beigefügt, die zahlreiche interessante Informationen enthält. So lassen sich nach ihm die Fehler hinsichtlich der Zeitangaben[33] nur so erklären, dass diese Schöffenbücher keine Originale sind, sondern spätere Zusammenstellungen (d. h. keine unmittelbaren Protokolle) bzw. Auszüge.[34] Außerdem weist er darauf hin, dass die Schöffenbücher auf Mittelniederdeutsch geschrieben sind[35] und Latein nur in besonderen Fällen vorkommt.[36] Auf die Verwendung des Lateinischen wird unten noch näher eingegangen (unten 2.3.5.).

Hertels Editionsarbeit hat in hohem Maße zu den weiteren Forschungen beigetragen. Allerdings wird relativ oft darauf hingewiesen, dass diese Edition mehrere Fehler bzw. Mängel

---

[30] GUSTAV HERTEL.(Bearb.), Urkundenbuch der Stadt Magdeburg, 3 Bde., Halle 1892 (ND Aalen 1975); DERS. (bearb.), Die ältesten Lehnbücher der Magdeburgischen Erzbischöfe (= HISTORISCHE COMMISSION DER PROVINZ SACHSEN (Hg.), Geschichtsquellen der Provinz Sachsen und angrenzender Gebiete 16. Bd.), Halle 1883; DERS. (bearb.), Urkundenbuch des Klosters Unser Lieben Frauen zu Magdeburg (= HISTORISCHE COMMISSION DER PROVINZ SACHSEN (Hg.), Geschichtsquellen der Provinz Sachsen und angrenzender Gebiete, Bd. 10), Halle 1878; MAX DITTMAR / GUSTAV HERTEL (bearb.), Die Chroniken der niedersächsischen Städte Magdeburg Bd. 2, unveränderte Aufl., (= Historische KOMMISSION BEI DER BAYERISCHEN AKADEMIE DER WISSENSCHAFTEN (Hg.), Die Chroniken der deutschen Städte vom 14. bis ins 16. Jahrhundert, Bd. 27), Leipzig 1899 (ND Göttingen 1962).

[31] GUSTAV HERTEL, Das Wetebuch der Schöffen von Calbe a. S, in: Geschichts-Blätter für Stadt und Land Magdeburg, 20. Jg. (1885), S. 43–62, 125–148, 217–264, 349–380. sowie 21. Jg. (1886), S. 72–102.

[32] SCHMIDT-RECLA [Fn. 19], S. 518.

[33] HERTEL, Theil I, Einleitung, S. XX ff., besonders S. XXIII.

[34] HERTEL, Theil I, Einleitung, S. XXVI ff., besonders S. XXIX. Als weiterer Beweis dafür verweist er darauf hin, dass es in den Schöffenbücher Fälle gibt, in denen sich Parteien vor Gericht auf frühere Einträge beriefen, was gestattet wurde; jedoch sucht man die entsprechenden Einträge in den Büchern vergeblich. So III. 589, III. 622. HERTEL, Theil I, Einleitung, S. XXIX. (Fn. 1.).

[35] HERTEL, Theil I, Einleitung, S. XIV.

[36] HERTEL, Theil I, Einleitung, S. XV. Übrigens vermutete Hertel aus dem Vergleich mit den Gerichtsakten aus den Städten, die ihr Recht von Magdeburg übernommen hatten, dass das (verschollene) Schöffenbuch von Magdeburg ursprünglich auf Lateinisch verfasst worden war. Denn nach seiner Untersuchung wurden die Gerichtsbücher außer in Aken und Halle überall in lateinischer Sprache geführt. Mehr dazu bei HERTEL, Theil I, Einleitung, S. XXX.

enthält[37]. Trotzdem wird diese Textausgabe immer wieder herangezogen, da es keinen Ersatz gibt.[38] Der Beitrag der Hertelschen Edition zur Erforschung der Stadt-, Sprach- und besonders Rechtsgeschichte ist unumstritten. Aber es ist sinnvoll, bei der Heranziehung seiner Edition zu berücksichtigen, welche Richtlinien seiner Editionsarbeit zugrunde lagen.

Ursprünglich plante er die Hallischen Schöffenbücher komplett zu edieren und veröffentlichte entsprechend diesem Plan den ersten Teil (bis 1400). Diese Aufteilung stimmt aber nicht mit der originären Gliederung der Schöffenbücher überein; das vierte Schöffenbuch wurde dadurch in zwei Teile aufgeteilt. Die abweichende Aufteilung war allein seinem Plan für die Veröffentlichung geschuldet. Für das 15. Jahrhundert war ein gesonderter Band geplant. Aus diesem Grund fügte er seiner Edition kein Glossar hinzu: ein Glossar war zwar geplant, aber erst zum Abschluss der gesamten Edition vorgesehen.[39] Das Vorhaben wurde jedoch letzten Endes geändert.

Der zweite Teil seiner Editionsarbeit wurde von der Stelle, an der der erste Teil aufhörte, nämlich Buch 4 (1401), fortgesetzt und enthielt das fünfte und sechste Buch. Nebenbei bemerkt, erwähnte Hertel das siebte Buch überhaupt nicht. Vor allem aber änderten sich ab dem zweiten Teil die Editionsrichtlinien drastisch. Bei der Herausgabe des zweiten Teils edierte er den restlichen Abschnitt des vierten Schöffenbuchs (ab 1400) bis etwa zur Hälfte des fünften Buches (1442) komplett. Aber ab der Lücke nach dem Jahr 1442 (V fol. 138v) edierte er den Text nur mehr auszugsweise. Diese Vorgangsweise verstärkte sich bei der Arbeit am sechsten Buch noch weiter.

Er änderte seinen Plan bei der Bearbeitung des fünften Buches. Dieses Buch stellt den umfangreichsten Teil der Schöffenbücher dar (212 Blätter). Warum er ab fol. 138v bei der Lücke nach dem Jahre 1442 seinen Plan änderte? Dafür wurde bislang keine überzeugende Begründung vorgebracht. Er verzichtete auf die vollständige Veröffentlichung, „um den Umfang der Publikation nicht zu sehr auszudehnen"[40], wie er in der Einleitung zum zweiten Teil schreibt. Dieser

---

[37] LASCH [Fn. 7], S. 130; SEIDEL [Fn. 4], S. 191 (Fn. 15). JÜLICHER [Fn. 7], S. 13. Aber dasselbe gilt auch für die Quellensammlung von HERMANN WASSERSCHLEBEN (bearb.), Sammlung deutscher Rechtsquellen. Bd. 1, Gießen 1860 (ND Aalen 1969); Bd. 2, Leipzig 1891 (ND Aalen 1969). Vgl. dazu auch THEODOR GOERLITZ, Die Gubener Handschrift des Glogauer Rechtsbuches, insbesondere ihr lehenrechtlicher Teil, in: ZRG GA 64 (1944), S. 319–326, hier S. 320.

[38] Auch dort, wo inhaltlich keine Probleme bestehen, ist bei der Hertelschen Ausgabe immer eine gewisse Vorsicht geboten. Zieht man diese für linguistische Untersuchungen, wie z. B. zur Konsonantenverschiebung bei bestimmten Wörtern, heran, muss man beachten, dass er öfters *d* und *t* vertauscht wiedergab. Eine solche Gefahr lässt sich zwar vermeiden, wenn man mit den Originalhandschriften arbeitet. Aber es ist nicht ausgeschlossen, dass Hertels Ausgabe als Leitfaden oder Lokalisierungshilfsmittel bei der Forschung verwendet wird. Das siebte Schöffenbuch scheint meinem Eindruck nach kaum für Untersuchungen herangezogen werden, was wohl weniger daran liegt, dass dort die mittelniederdeutschen Elemente nicht so stark sind, sondern daran, dass dafür bislang keine Edition vorhanden ist.

[39] HERTEL, Theil I, Einleitung, S. XXXII.

[40] HERTEL, Theil II, Einleitung, S. VII.

Einleitung

Planänderung wurde durch seine Sicht auf die Schöffenbücher beeinflusst. Nach Hertel fanden „eine ganze Reihe von Eintragungen sich darin [...], welche weder für die Lokal- noch für die Rechtsgeschichte ein besonderes Interesse hatten"[41].

Deswegen wurden ab 1422 „nur diejenigen Aufzeichnungen ausgewählt, welche für die Hallische Ortsgeschichte Werth hatten oder irgend einen wichtigen Rechtsfall enthielten"[42]. Dieselbe Richtlinie wurde auch beim sechsten Buch beibehalten. Wenn er allerdings so viel Wert auf die hallischen Lokalgeschichte legte, so hätte er auch die Übergangsperiode nach der nach dem Jahr 1442 auftretenden Lücke etwas ausführlicher behandeln müssen; darauf wird im Folgenden noch eingegangen.

Für Hertel besteht „[d]er Hauptwerth dieser Schöffenbücher" nicht in rechtshistorischen Informationen, sondern „in der Bereicherung der Ortsgeschichte von Halle". Eine Reihe von Häuser- und Straßenname oder familiengeschichtlichen Beschreibungen waren ihm bedeutsamer als rechtliche Inhalte.[43] Seine Aufmerksamkeit war nicht so sehr auf den rechtshistorischen Quellenwert dieser Schöffenbücher gerichtet. Zum Schluss seiner Einleitung zum zweiten Teil der Edition rechtfertigte er seine Arbeitsrichtlinien wie folgt:

> „Durch diese Bedeutung für die hallische Lokalgeschichte werden die Schöffenbücher immer Werth behalten und diese rechtfertigt auch die Veröffentlichung derselben. In wieweit sie für die Rechtsgeschichte von Werth sind, darüber mögen Juristen entscheiden. Man würde aber nicht von dieser Seite so angelegentlich die Veröffentlichung mittelalterlicher Rechtsquellen wünschen wenn sie nicht auch zur Erkenntnis der Entwicklung des Rechtsverfahrens wesentlich beitrügen."[44]

Diese Einstellung beeinflusste auch die Art und Weise, wie er das Register erstellte, nämlich relativ kurz und bündig. Als Grund dafür nannte er „die grosste Gleichartigkeit der Eintragungen und die häufige Wiederkehr derselben Form in Klage und Urtheil, in Uebertragung und Vermächtnis." Außerdem führte er an: „Zum grössten Theil enthält es juristische Dinge, welche dem Laien wenig geläufig sind, dem Fachmann aber schon aus einigen wenigen Beispielen klar werden." Dementsprechend erschien es ihm nicht sinnvoll, auch derartige Dinge ins Register aufzunehmen. „Wenn das geschehen wäre, würde das Register unverhältnismässig angeschwollen sein, ohne doch irgend welchen Gewinn zu bringen und die Mühe, welche dies gekostet hätte nur einigermaassen zu lohnen. Es ist nicht zu viel behauptet, wenn in dem vorliegenden Text das Wort ‚*medeban*' ungefähr 200 Mal, ‚*vormuntschap*' vielleicht doppelt oder dreifach so oft

---

[41] HERTEL, Theil II, Einleitung, S. VII.

[42] HERTEL, Theil II, Einleitung, S. VII.

[43] HERTEL, Theil II, Einleitung, S. VIII.

[44] HERTEL, Theil II, Einleitung, S. VIII.

vorkommt, ohne dass doch irgend ein Unterschied in der Anwendung derselben sich gezeigt hätte."[45]

Es scheint, dass Hertel den rechtshistorischen Quellenwert der Hallischen Schöffenbücher nicht wirklich würdigte. Ganz in Gegenteil erkannte aber die rechtshistorische Forschung den Wert dieser Quelle richtig und zog diese häufig heran. Dabei wurden allerdings Hertels Editionsrichtlinien nicht immer berücksichtigt.

Seit der Veröffentlichung wurde Hertels Edition in verschiedenen Bereichen wie der Rechts-, Sprach- oder Stadtgeschichte immer wieder herangezogen. Wie schon angemerkt, enthält seine Edition nicht wenige Fehler bzw. Mängel.[46] Selbstverständlich sind solche Probleme nicht zu übersehen. Aber diese Probleme können relativ einfach beseitigt werden, wenn man die Hertelsche Edition mit der Originalhandschrift vergleicht.[47] Schwerwiegender ist jedoch, dass die Schöffenbücher nach wie vor nur in Auszügen verwendet werden und die nichtedierten Teile unberücksichtigt bleiben.[48] Zumindest letzteres (d. h. die bloß auszugsweise Edition) muss als schwerwiegender methodischer Mangel angesehen werden. Die Hallischen Schöffenbücher bestehen nicht aus unzusammenhängenden Einträgen. Vielmehr stehen die verschiedenen Eintragungen in einem inneren Zusammenhang. Ein Beispiel für Einträge, denen Hertel keine Bedeutung zumaß, sind jene zu „*vormundschap*". In den Schöffenbüchern sind Fälle verzeichnet, in denen für eine bestimmte Angelegenheit ein Vormund bestellt wurde, der vor dem gehegten Ding (d. h. der Gerichtsversammlung) erschien und dort das Rechtsgeschäft vornahm. In weiterer Folge wurde eine Klage eingebracht, ein Gerichtsurteil erwirkt, das die öffentliche Beschlagnahme

---

[45] HERTEL, Theil I, Einleitung, S. XXXV. Ungeachtet dessen zeigen die Forschungsarbeiten, dass auch solche anscheinend „nur einigermaßen lohnende" Arbeiten für die Rechtsgeschichte oder historische Rechtslinguistik unerwartet reiche Ernte beibringen können.

[46] Als Beispiel dafür kann man jene Fälle nennen, in denen Hertel nacheinander stehende Eintragungen falsch miteinander verknüpft. So besteht bei dem Eintrag in HERTEL, Theil II, V [2192] ein Fehler. Diesen mit „*Hans Schraplow*" beginnenden Eintrag druckte er irrtümlich nach „*vor gehegit ding*" ab, mitten im nächsten Eintrag (*Mertin Widenrade*), „*von gehegit ding*". Demzufolge entstand ein in Wirklichkeit nicht vorhandenen Eintrag. Derartige Fehler könnten möglicherweise dadurch verursacht worden sein, weil Hertel der Kontinuität der Eintragungen (praktische Funktion dieses Buches) keine große Bedeutung zumaß. Ferner gibt es auch Stellen, wo Hertel die letzten paar Zeilen des Eintrags ausließ. Bei HERTEL, Theil II, V [1749] fehlt der letzte Teil (*dy sache vszcustehne, biß vff das recht zcu gebene vnd zcu nemen.*) gänzlich, so dass der rechtliche Sinngehalt des hier stehenden Wortes „*vormund*" nicht ausreichend deutlich wird. Bei einer Eintragung (Nr. 101), die sich auf die Verfügung von Todes wegen bezieht, fehlt die letzte Hälfte völlig (HERTEL, Theil II, V [2220]). Der Eintrag HERTEL, Theil II, V [2363] existierte so nicht, denn es werden hier zwei aufeinander folgende Eintragungen vermischt und zu einer verbunden (vgl. V Nr. 909, 910).

[47] Die Handschrift wird allerdings *in praxi* nur selten herangezogen.

[48] Was die letztgenannte Problematik betrifft, gibt es noch weitere Schöffenbücher außer den genannten sieben Pergamentkodizes, die noch auf eine wissenschaftliche Auswertung warten. Dennoch muss die vorliegende Arbeit zunächst einmal nur auf die sieben Schöffenbücher beschränkt bleiben. Denn diese sieben Bücher scheinen seit der Zeit, als der Schöffenstuhl noch bestand, als Einheit betrachtet zu werden. Vgl. die Beschreibung von Dreyhaupt, der selbst Schöffe war.

Einleitung

(*fronen*) bestimmte, und ein Aufgebot (*aufbieten*) vorgenommen. Die verschiedenen Schritte des Gerichtsverfahrens (*klagen, urteilen, fronen, aufbieten, weisen, vorsetzen, vorkoufen* usw.) werden in der Hertelschen Edition jedoch nur teilweise und zerstückelt wiedergegeben.

In den Schöffenbüchern befinden sich auch zahlreiche Eintragungen, die mit einer Erbschaft oder der Einrichtung von einer Leibzucht zu tun haben. Erbverträge wurden dabei neuerlich abgeschlossen, wenn eine Ehe von Todes wegen aufgelöst wurde und durch Wiederverheiratung ein neues familiäres Verhältnis entstand. Der Nachlass wurde dann erneut geregelt. Der Zusammenhang zwischen diesen Vorgängen wird in den Schöffenbüchern deutlich. Bei Hertel wird davon aber nur ein Teil wiedergegeben trotz der großen rechtlichen Bedeutung.

Wie oben erwähnt, sind die Hallischen Schöffenbücher eine Aufzeichnung des Gerichts auf dem Berge zu Halle und ihr besonderer Quellenwert liegt in ihrem fortlaufenden Charakter. Außerdem dienten sie der Gerichtspraxis. In ihnen sind Rechtsgeschäfte in fortlaufender Weise protokoliert. Gerade deshalb kommt ihnen sowohl praktische als auch archivalische Bedeutung zu. Darauf ist später noch näher einzugehen.

Die Hallischen Schöffenbücher bestehen jedoch nicht nur aus den jetzt in der Universitäts- und Landesbibliothek (ULB) Halle aufbewahrten ersten sieben Büchern; vielmehr wurden sie weiter geführt. Aber nach den ersten sieben Büchern hat sich die Art der Eintragungen geändert, so dass es angemessen ist, die ersten sieben Bücher als abgeschlossene Quelle anzusehen. Im siebten Buch sind Eintragungen aus dem 15. Jahrhundert (aber nur aus einem Jahr) und in gewissem Maß auch aus den ersten Jahren des 16. Jahrhundert enthalten. Damit sind dies wertvolle Unterlagen zur hallischen Stadtgeschichte an der Wende vom 15. zum 16. Jahrhundert[49], was sich mit den Interessen Hertels deckt.

Vor dem Hintergrund der geschilderten Sachlage soll im vorliegenden Band zunächst die Editionsarbeit der in Halle aufbewahrten Hallischen Schöffenbücher vervollständigt werden. Obwohl schon früh auf die Unvollständigkeit der Hertelschen Ausgabe hingewiesen wurde, diente sie als Grundlage für zahlreiche Forschungsarbeiten. Sie wird zwar gelegentlich verbessert, aber wohl weiterhin als Grundlage herangezogen werden. Dies gilt besonders für die Nummerierung. Deshalb wird die Editionsarbeit im vorliegenden Band anschließend an Hertels Edition, und zwar ab da, wo er seinen Editionsplan änderte, bis zum siebten Buch weitergeführt. Dabei wird die Bearbeitung ab fol. 136r (nach Ostern 1442) von Anfang dieses Abschnitts an aufgenommen,

---

[49] Als zeitgenössische Quelle ist die Aufzeichnung von Spittendorff (OPEL [Fn. 10]) zu nennen (1474–1480). Die Arbeit von MICHAEL RUPRECHT, Stiftungen im mittelalterlichen Halle. Zweck, Ausstattung und Organisation (= Forschungen zur hallischen Stadtgeschichte 15), Halle 2011, ist eine ausgezeichnete Quellenforschung, die auf Basis der ungedruckten Quellen das mittelalterliche Rechtsleben in Halle, vor allem das Stiftungswesen, ausführlich beschreibt. Auch dort werden die Aufzeichnungen über die Auftritte bedeutender Bürger von Halle vor dem Gericht (*Nicolaus Schiltberg* u. a.) nur aufgrund von Hertels Edition vorgestellt, während nichtedierte Stelle nicht berücksichtigt werden.

und nicht erst bei der Lücke vor dem Jahre 1450 (fol. 138v), wo er seine Editionspläne änderte. Hertel hat für die ersten sechs Bücher, insbesondere die erste Hälfte ausführlich erläutert. Daher werden jene Stellen, die er bereits eingehend behandelt hat, in der folgenden Beschreibung nicht weiter ausgeführt, es sei denn, dass Korrekturen erforderlich sind.

1.4. Allgemeine Eigenschaften der Schöffenbücher

Die bibliographischen sowie inhaltlichen Einzelheiten der einzelnen Bücher werden später eingehend untersucht. An dieser Stelle werden zunächst die allgemeinen Eigenschaften der Quelle behandelt.

Die Hallische Schöffenbücher sind, wie bereits ausgeführt, Gerichtsakten aus Halle. In dieser Stadt gab es mehrere Gerichte.[50] Die Schöffenbücher gehörten zu dem Gericht, das als *„gericht auf dem berge vor dem Rolande zu Halle"* bezeichnet wird. Der Begriff *„berg"* bezieht sich auf die geographische Bezeichnung eines Stadtteils von Halle. Die Stadt ist berühmt für die Salzproduktion[51] und der mit der Salzherstellung verbundene Stadtteil wurde aufgrund seiner geographischen Gegebenheiten T(h)al genannt, während der restliche obere Stadtteil als „Berg" bezeichnet wurde. Das Gericht auf dem Berge war für die Bewohner des Stadtteils Berge zuständig, aber auch diejenigen, die im Tal[52] arbeiteten, aber in Berge wohnten, fielen unter die Zuständigkeit des Berg-Gerichts.

Gemäß ihrer Eigenschaft als Gerichtsakten wurden in den Schöffenbüchern grundsätzlich gerichtsbezogene Handlungen (gerichtliche Streitigkeiten, freiwillige Gerichtsbarkeit) verzeichnet. Ein Eintrag beginnt meistens mit dem Bericht, dass ein Rechtsuchender vor dem Gericht erscheint. Die meisten Einträge erstrecken sich nur über ein paar Zeilen, wobei der Name des

---

[50] HEINER LÜCK, Das Gericht des Burggrafen von Magdeburg zu Halle an der Saale. Eine Skizze nach vorwiegend sächsischen Quellen, in: JÜRGEN GOYDKE (et. al.), Vertrauen in den Rechtsstaat: Beiträge zur deutschen Einheit im Recht: Festschrift für Walter Remmers, Köln / Berlin 1995, S. 687–701; HEINER LÜCK, Berg und Tal — Gericht und Recht in Halle während des Mittelalters und der Frühen Neuzeit, in: S. 239–257; GERLINDE SCHLENKER, Das Magdeburger Burggrafenamt und Schultheißentum zu Halle/Saale, in: MATTHIAS PUHLE (Hg.), Hanse–Städte–Bünde. Die sächsischen Städte zwischen Elbe und Weser um 1500, Magdeburg 1996, S. 129–137; DREYHAUPT [Fn. 2], I, S. 323 f.

[51] WERNER FREITAG / HEINER LÜCK (Hg.), Halle und das Salz. Eine Salzstadt im Mittelalter und Früher Neuzeit (= Forschungen zur hallischen Stadtgeschichte 2), Halle 2002.

[52] Für das Tal waren eigene Schöffen tätig, die unter der Leitung des Salzgrafen Gericht hielten. Zur Organisation und Arbeitsweise vgl. DREYHAUPT [Fn. 2], II, S. 530 ff.; SCHRANIL [Fn. 13], S. 269 ff.; HEINER LÜCK, Das „Thal" als Bereich besonderer Gerichtsbarkeit und Rechtsaufzeichnung im Spätmittelalter, in: FREITAG / LÜCK [Fn. 51], S. 37–50. Die Gerichtsakten dieses Gerichts ab 1510 sind, wenn auch mit gewissen Lücken, im LHASA (Magdeburg) aufbewahrt (Signatur: Db 14, A Ib Nr. 1–14 (1510– 1780)). Vgl. auch einen Revers des Rates zu Halle (aus 1499): *der Schultis soll vber die Tahlgueter [...] nicht richten, noch die jm Talgerichte sitzen vnd wonen, vor sich heyschen, es sey danne vmb Schulde, Hendel, Contract ader Vorwirckunge die sie jm Berg-Gericht geubet.* DREYHAUPT [Fn. 2], I, S. 673 No. 153. Rechtsgeschäfte, die beim Berg-Gericht oder Thal-Gericht vorgenommen wurden, konnten untereinander zusammenhängen, dazu z. B. VII Nr. 501.

Einleitung

Betreffenden, der Zweck des Erscheinens (streitige Sache oder freiwillige Gerichtsbarkeit), das Urteil der Schöffen, Urteilswirkung usw. kurz und bündig dargestellt werden[53].

1266 wurde beschlossen, das Schöffenbuch einzuführen. Eine gabe sollte erst dann Rechtskraft erhalten, wenn sie vor dem gehegten Gericht, vor den Schöffen, vorgenommen wurde.[54] Diese Gerichtsversammlung (*ding*) wurde vom Schultheißen geleitet. Dieser hatte darüber hinaus auch noch eine weitere richterliche Funktion. Er hielt auch in seinem Hof Gericht (sog. Schultheißenhof) und auch für dieses Gericht wurde ein selbständiges Register geführt.[55] Aber die Eintragungen in den Schöffenbüchern betreffen nur das gehegte Ding, d. h. das Gericht auf dem Berge vor Roland zu Halle.[56] Später finden sich auch Informationen zu den richterlichen Tätigkeiten, die vom Schultheißen alleine erledigt wurden (Schultheißenhof), in den Schöffenbüchern. Bei dem Schultheißenhof übte der Schultheiß allein, ohne Teilnahme von Schöffen, seine richterliche Funktion in Zivil- und Bagatellsachen aus.

Erwähnenswert ist, dass im siebten Schöffenbuch, besonders ab 1501, die Parteien nicht immer unmittelbar zum „Gericht auf dem Berg" kamen, sondern sich zuerst an den Schultheißenhof für die Vornahme eines Rechtsgeschäfts wandten und erst dann an das Berg-Gericht. Dort ließ die betreffende Partei das Rechtsgeschäft „als ob es vor dem gehegten Ding geschehen wäre" bestätigen und im Schöffenbuch registrieren.[57] Diese Vorgehensweise kam im Laufe der Zeit immer öfter vor. Es zeigt sich folgende Tendenz: der Grundsatz, dass die Gerichtsverhandlung immer vor Ort vor dem gehegten Ding stattfinden soll, wurde allmählich dadurch aufgeweicht, dass eine rechtliche „Fiktion" zugelassen wurde, wonach außerhalb des gehegten Dings getätigte Handlungen als vor diesem vorgenommen galten. Eine ähnliche Fiktion findet sich auch in Hinblick auf die Vorlage von Dokumenten bei Gericht.

Die Eintragung in das Schöffenbuch wurde nicht zeitgleich mit den Verhandlungen vor Gericht vorgenommen. Dies führt Hertel eingehend aus.[58] Ergänzend lässt sich aus den Schöffenbüchern folgendes erkennen:

Die Eintragungen sind in einer gewissen chronologischen Reihenfolge geordnet. Diese Tendenz ist nach und nach prägend. Zum Beispiel begleitet ein Eintrag bezüglich „*medeban*" fast immer einen anderen Eintrag, der den Grund dafür behandelt. Dies gilt auch für „*fronung*". Da-

---

[53] Ausführliche kodikologische Beschreibungen bei Pfeil [Fn. 5], S. 33–43.

[54] Schranil [Fn. 13], S. 283.

[55] Dreyhaupt [Fn. 2], II, S. 465 f.; Schranil [Fn. 13], S. 272 f.

[56] Dieses Gericht wurde unter der Leitung des Schultheißen mit Beteiligung von zumindest drei Schöffen gehalten. Schranil [Fn. 13], S. 282 f.

[57] Nebenbei bemerkt wurde eine Sache, die allein vom Schultheißen bei seinem Hof abgehandelt wurde, wohl nicht direkt in das Schöffenbuch, das Register des gehegten Ding, eingetragen. So kann man etwa bei einer Eintragung mit „*medeban*" (VII Nr. 71) keinen Eintrag zu diesem üblicherweise vorangehenden Vorgang finden, höchstwahrscheinlich weil diese „*medeban*" beim Schultheißenhof verhängt wurde.

[58] Hertel, Theil I, Einleitung, S. XXVI ff., besonders S. XXIX.

bei erfolgt nach dem ersten Urteil drei Mal ein Aufgebot. Beim vierten Ding wird noch einmal ein Urteil gefällt. Die Vorkommnisse während der drei Aufgebotstermine wurden nicht dokumentiert. Erst wenn ein bestimmter Abschnitt vollendet war, erfolgte ein Eintrag. Deswegen wurde bei der Gerichtsverhandlung sicherlich ein Notizbuch geführt und erst später im Schöffenbuch die offizielle Eintragung vorgenommen, die auch als rechtsgültiges Beweismittel diente.

Die in den Schöffenbüchern immer wieder vorkommenden Formeln weckten bei Hertel kein großes Interesse. Zum Beispiel beginnen fast alle Eintragungen mit der Wendung „vor geheget ding gekommen". Weil manche Wendungen so verwendet wurden, kam es auch vor, dass die Schreiber Fehler machten. Diese Formeln erfuhren im Laufe der Zeit einige Änderungen. So zum Beispiel heißt es im ersten Buch regelmäßig „*in den medeban getan*", während in späterer Zeit (ab Buch V fol. 61r) die Formulierung „*in den meteban genommen*" lautet. Dies setzte sich später durch.[59] Ferner ist die Verfügung von Todes wegen ein besonders häufig vorkommender Eintragungsgegenstand in den Schöffenbüchern.[60] Auch hierbei wurden viele Formeln verwendet. Darüber hinaus werden auch noch andere Wendungen in den Schöffenbüchern verwendet. Beispiele dafür sind im Register angeführt.

2. Zu den einzelnen Büchern

Im Folgenden wird jedes Buch eingehend besprochen. Dabei werden die zweite Hälfte des fünften Buches und das sechste Buch zusammen behandelt, da diese beiden Bücher zeitlich aufeinander folgen (1442, 1450–1460). Nur dort, wo es sich um Eigentümlichkeiten nur eines der Bücher handelt, werden die beiden Bücher getrennt behandelt.

2.1. Buch Fünf (1442, 1450–55)

2.1.1. Allgemeines

Während seiner Arbeit wechselte Hertel inmitten dieses umfangreichsten Teiles der Schöffenbücher seine Editionsmethode, und zwar von einer vollständigen zu einer auszugsweisen Edition. Diese Änderung kam im Verlauf der Edition des Jahres 1442. Der Grund hierfür war, dass der Umfang der Publikation nicht zu groß werden sollte. Diese Entscheidung wirkte sich m. E. sehr nachteilige für seine Veröffentlichung aus, und zwar gerade in Hinblick darauf, dass sein Haupt-

---

[59] Gleichzeitig fand auch die Konsonantenverschiebung ($d \rightarrow t$) statt, d. h. von *medeban* zu *meteban*. Im siebten Buch wandelt sich das Wort dann von *metheban* zu *mitteban* und schließlich zu *mitban*. Zu weiteren Beispielen für Laut- und Konsonantenverschiebungen siehe SEIDEL [Fn. 4] sowie BISCHOFF [Fn. 7], S. 229 ff.

[60] Vgl. die oben genannte Literatur (Fn. 16, 18, 19, 21).

Einleitung

augenmerk der hallischen Lokalgeschichte galt. Denn die Aufzeichnungen aus 1442 und danach fallen in eine wichtige Umbruchsphase im hallischen Gerichtswesen.

Durch die Änderung seines Editionsansatzes gibt Hertels Edition für die Jahre 1450 bis 1555 nur ca. 15 % der gesamten Eintragungen wieder.[61] Dabei wurden besonders die für Rechtshistoriker interessanten Rechtsgeschäfte (z. B. verschiedene Variationen der Verfügung von Todes wegen) weggelassen.[62]

Der vorliegende Band sollte ursprüngliche ab der Stelle, an der Hertel seinen Plan änderte, nämlich ab fol. 138v, beginnen. Um aber die Übergangsperiode zu verdeutlichen und um jene Stellen vollständig aufzunehmen, die Hertel nicht oder falsch editierte,[63] habe ich mich entschlossen, ab dem Anfang der Gerichtssaison 1442 (nach Ostern), d. h. ab fol. 136r, zu beginnen. Die Eintragungen, die von Hertel schon ediert wurden, sind dadurch gekennzeichnet, dass sie fett gedruckt sind und in eckige Klammern [ ] gesetzt sind (ex. [**1234**]). Auf diese Weise werden in den folgenden Erläuterungen alle Nummerierung bei Hertel wiedergegeben, während die Stellen im vorliegenden Band immer mit „Nr." gekennzeichnet sind.

Aufgrund des genannten Arbeitsansatzes werden nur für fol. 136r und folgende auf die äußerliche Erscheinung eingegangen. Das fünfte Buch besteht aus 212 Blätter und umfasst ca. 30 Jahre von 1425 bis 1455, allerdings mit relativ großen Unterbrechungen. Dies gilt vor allem für den Zeitraum, der von dem vorliegenden Band umfasst ist. Die Blätter gestalten sich wie folgt:

fol. 136r–138v	nach Ostern 1442
fol. 138v–151v	nach Ostern 1550
fol. 151v–175r	nach Ostern 1551, bis Ostern 1553
fol. 175v–189v	nach Ostern 1553
fol. 189v–203v	nach Ostern 1554
fol. 203r–212v	nach Ostern 1555

Brigitte Pfeil wies darauf hin, dass in Buch 5 die Eintragungen von 1443 bis 1449 fehlen,[64] aber es ist nicht genau bekannt, von wann bis wann Einträge fehlen. Denn die Einträge sind nicht immer durch Datumsangaben unterteilt. Zum Beispiel finden sich in den Eintragungen von nach Ostern 1551 bis Ostern 1553 über zwei Jahre hindurch keine Datumsangaben. Möglicherweise

---

[61] Im fünften Buch enthält fol. 138v (hinter der Lücke) und folgende insgesamt 1150 Eintragungen, von denen allerdings bei Hertel nur 182 veröffentlicht sind, einige davon sogar mit Fehlern.

[62] In dieser Hinsicht wirkte die Zeitbegrenzung, die Schmidt-Recla [Fn. 19] unternahm (bis 1400), einigermaßen vorteilhaft. Denn dank dieser bescheidenen Zeiteinschränkung konnte er solche schwermütige Arbeit, anhand der nichtvollständig edierten Ausgabe die Aufzeichnungen aus 16. Jahrhundert empirisch zu untersuchen, vermeiden. Vgl. Müssig [Fn. 20], S. 187, Fn. 82.

[63] So, Hertel, Theil II, V [2192]: *Hans Schraplow* [...].

[64] Pfeil [Fn. 5], S. 41.

56   Die Hallischen Schöffenbücher.

„fehlt" für die hier besprochene Zeit nach 1442/43 bis 1449 überhaupt keine Aufzeichnung. Denn es fanden damals keine Gerichtssitzungen statt.

Damals wurde das „Gericht auf dem Berg" wegen des Streites um das Schultheißenamt mehrere Jahre lang nicht gehalten. Dies dauerte nach Angabe von Dreyhaupt ungefähr vier Jahre.[65] Nach vielem „Hin und Her" übernahm Heinrich Rademecher das Schultheißenamt.[66] Aus dem Bericht über seinen Amtsantritt erfahren wir auch die damalige Besetzung des Schöffenstuhls.[67]

Martin Hoetantz	
Hanß Leicher	
Caspar Gelbitz	5, jetzt sitzende Schöffen
Bertram Quetz	
Benedix Bolcken	
Koppe von Ammendorff	2, jetzt abwesende Schöffen
Augustin Heddersleben	(nicht wohnhaft in Halle)
† *Ratmar vom Stein*, Ritter	
† *Hans Schaffstedt*	4, verstorbene Schöffen
† *Hans Schreiber*	
† *Caspar von Ruden*	
Claus Schaffstedt	
Sander Brachstedt	4, neu ausgewählte Schöffen
Johann von Stendel	
Hanß Kontze	

Das erste Ding des neuen Schultheißen Heinrich Rademecher am Montag, den 27. April diente der Ernennung von Schultheiß und Schöffen; die Urteilstätigkeit an sich wurde am zweiten Gerichtstermin, d. h. am Montag, den 11. Mai (*montags in der creuzwochen*) aufgenommen[68]. Die nachfolgenden Termine waren wohl alle 14 Tage angesetzt.

Die Eintragungen nach Ostern 1442 (ab fol. 136r) umfassen nur knapp drei Blätter (sechs Seiten), in denen sich keine Zeitangaben finden. Nach der Eintragung, die in der neunten Zeile von fol. 138v enden, sind drei leere Zeilen. Am Rande steht wie für 1442 (fol. 136r) die Angabe

---

[65] DREYHAUPT [Fn. 2], II, S. 471, Nr. 493: [...] *da die von Halle Ertzbischoff Friederichen huldeten, da was zu Halle vor dem Rolande auf dem Berge kein Gericht gewest zuuorn binnen 4 Jahren, vnd ein wenig mehr, vnd nach derselbigen Zeit ward auch daselbst kein Gericht binnen vier Jahren, daraus viel Vnraths entstunde.*; GUSTAV FRIEDRICH HERTZBERG, Geschichte der Stadt Halle im Mittelalter (= Geschichte der Stadt Halle an der Saale von den Anfängen bis zur Neuzeit. Bd. I), Halle 1889, S. 372.

[66] DREYHAUPT [Fn. 2], II, S. 471, Nr. 493: *Darnach im 1450 Jahre nach Christi Geburt, Montags nach Jubilate, oder nach S. Marien tage ward Heinrich Rademacher der Schulthes zu Halle in die Banck gewiesen durch Heinrich Stroharth, den Heuptmann zu Halle mit solchen Worthen, [...].*

[67] Diese Namen fehlen in der Schöffenliste bei DREYHAUPT [Fn. 2], II, S. 452 ff.

[68] DREYHAUPT [Fn. 2], II, S. 470 ff. Nr. 493, hier S. 473.

Einleitung

des Jahres.[69] In diesen drei Zeilen sind interessanterweise wohl später die Worte „*Hinricus Rademecher Schultheise*" mit Rötel hinzugefügt worden. Im Schöffenbuch folgte sodann ein Eintrag betreffend *Hans Leich*. Diese für die Hallische Rechtsgeschichte wichtige Begebenheit wurde aber von Hertel nicht berücksichtigt. Ohne darauf einzugehen, setzte er seine Edition erst bei der nächsten Eintragung (*Jurge Swarcze*) wieder fort. Er wechselte genau ab dieser Stelle seinen Ansatz von einer Voll- zu einer Auszugsedition, wegen des Umfangs der Edition, und ließ diese wichtige Stelle außer Acht. Dies beeinträchtigt den Wert der Quelle sehr.

Seine auszugsweise Edition beeinträchtigt die Eigentümlichkeit dieser Quellengattung und machte den Beweis für die Kontinuität des Rechtsgeschäfts zunichte. Zum Beispiel stehen Nr. 61 und Nr. 62 untereinander in Zusammenhang. Hertel nimmt davon nur Nr. 61 ([2203]) auf. Damit wurde nur die Hälfte der Geschehnisse überliefert. So gibt auch [2204] nur die erste Hälfte des Sachverhalts wieder (Nr. 64). Um die Sachlage vollständig verstehen zu können, muss man aber auch die danach folgenden Zeilen (Nr. 65) berücksichtigen. Als *Glorius Grymme* und seine Frau ihre Brauerei an *Heinrich Silbersack* übergaben (Nr. 99 [2219]), wurde die Eintragung, wonach *Silbersack* an derselben Brauerei seiner Frau eine Leibzucht einräumte (Nr. 100), ausgelassen. Bei [2220] fehlt die zweite Hälfte (*ouch hat er …*) gänzlich (vgl. Nr. 101).

Nennenswert in Hinblick auf die Kontinuität der Eintragungen ist ferner folgendes Beispiel: Nur mit [2235] (Nr. 154) kann man das Gesamtbild nicht verstehen, da dies die direkt davorstehenden zwei Eintragungen voraussetzt (Nr. 152, 153).

Die Schöffenbücher sind Rechtsquellen, aber gleichzeitig auch wichtige Materialen für die hallische Ortsgeschichte, an der Hertel besonders interessiert war. Deswegen nannte er diesen Gesichtspunkt als Kriterium für die Auswahl der Auszüge. Dies wurde z. B. bei [2242] (Nr. 175) gezeigt. Hier brachte Gurge Ziering einen offenen Brief zum Ding mit. In diesem Brief übertrug er *Ilse*, Witwe von *Mertin Wilhelm*, ein Haus. Hertels Interesse richtete sich hier anscheinend auf die topographischen Informationen, nämlich in Bezug auf die Große und die Kleine Ulrichstraße, die durch die Stadt führen. Daran schließen sich jedoch weitere Eintragungen an, wonach die Immobilie danach an *Hans Zeier* (Nr. 176), von diesem an *Ulrich Zoberitz* (Nr. 177), von diesem wiederum an *Lodewich Schultz* (Nr. 178) weiterübertragen wurde und schließlich eine Leibzucht an *Sophie*, *Lodewich*s Frau, eingeräumt. Das Schöffenbuch diente auch als Grundbuch und bietet damit wertvolle Informationen über den Grundstücksverkehr.

---

[69] *Anno etc. l^{mo} feria secunda post Jubilate* (= 28. April 1450).

58   Die Hallischen Schöffenbücher.

2.1.2.   Die Gerichtsbarkeit anderer Institutionen

Im fünften Buch sind vier Eintragungen vorhanden, die sich auf den Freien Stuhl (*freistuhl*)[70] beziehen. Allerdings lassen sie sich zu zwei Fällen zuordnen.[71] Der Freie Stuhl, von dem hier Rede ist, hatte seinen Sitz in Dortmund.[72]

Im Jahr 1451 wurde ein von der Feme ausgestelltes Schriftstück vor Gericht eingebracht (Nr. 617). Der Fall dauerte weiter bis 1455 (Nr. 1158). Als 1451 diese Sache vor Gericht gebracht wurde, war sie vorher schon von der Feme behandelt worden. Die Parteien waren aber alle Bürger der Stadt Halle. Vor dem „Gericht auf dem Berge" wurde diese Angelegenheit jedoch wohl erst 1451 anhängig. Denn es lässt sich kein anderer Eintrag bezüglich derselben Parteien unter den vorangehenden Eintragungen finden.

Der zweite Fall betraf verschiedene Gerichtsorgane einschließlich des geistlichen Gerichts. 1450 legten Bürger aus Halle und Calbe einen von einem Magdeburger Offizial ausgestellten Brief bei Gericht vor (Nr. 157 [2239]). Magdeburg, Halle sowie Calbe liegen im Magdeburger Erzbistum und standen unter der Gerichtsbarkeit der Burggrafen von Magdeburg. Im genannten Brief ging es um Streitigkeiten zwischen Bürgern von Halle und Calbe. Diese Angelegenheit zunächst war vor dem Offizialat anhängig, bevor sie vor das „Gericht auf dem Berg zu Halle" gebracht wurde. Der Rechtsstreit dauerte bis 1453. Währenddessen wurde das Urteil der Leipziger gelehrten Juristen (*doctores*) eingeholt und auch eine Vermittlung durch den Rat zu Halle, aber auch die Feme fand statt.

Die außerstädtischen Gerichte wurden deshalb aufgesucht, weil die Parteien unterschiedlichen Gerichtsbarkeiten unterstanden. Aber es gibt auch einen anderen möglichen Grund. In Halle fand bis 1450 mehrere Jahre lang wegen der Abwesenheit eines Schultheißen kein Gericht statt. Da das Schultheißenamt vakant war, fand auch am Schultheißenhof keine Gerichtstätigkeit statt. Wohl deswegen wurden andere, außerstädtische Institutionen aufgesucht und nach der Wiederöffnung des „Gerichts auf dem Berge" wurde das Verfahren vor diesem Gericht weiter geführt. Im sechsten Buch dagegen finden sich keine Hinweise auf außerstädtische Gerichte, was wohl damit zusammenhängt.

In Bezug auf die Beziehung zwischen geistlicher und weltlicher Gerichtsbarkeit ist ein Fall sehr interessant (Nr. 334 [2280]). Hier wurde ein vom Offizial des Klosters Neuwerk (bei Halle)[73]

---

[70] Theodor Lindner, Die Veme, Paderborn 1896. Zum Verhältnis zu Sachsen einschließlich Halle, Heiner Lück, Die Kursächsische Gerichtsverfassung 1423–1550 (= Forschungen zur Deutschen Rechtsgeschichte 17), Köln / Weimar / Wien 1997, S. 42 ff.

[71] Nr. 617 [2324], 1157; Nr. 167 [2239], 676 [2339], 703, 735.

[72] Lindner [Fn. 70], S. 71 ff.

[73] Es gibt auch eine Eintragung, die das Verhältnis zwischen weltlichem und geistlichem Gericht zeigt. Darin stand eine Frau vor dem Neuwerker Offizial *Friedrich Calrowitz* (VI Nr. 397 [36]).

Einleitung

ausgestellter Brief als Beweis bei Gericht vorgelegt. Erwähnt wurde darin, dass eine Frau wegen *ungehorsam* und *testament* in dem *ban* war, über die der weltliche Richter nicht zu richten hatte. Nachdem der Bann aufgehoben wurde, wurde unter ihrer Beteiligung eine Leibzucht für ihre Mutter vor dem „gehegtem Gericht" errichtet (Nr. 540, 541, 1089, 1090). Die Schöffenbücher enthalten daher einige Zeugnisse dafür, dass die Bürger die verschieden Gerichte nutzten.

Auch über die Nutzung des Schultheißenhofes wird berichtet, aber nicht so häufig, wie im siebten Buch. Auf dieses wird später eingegangen (unter 2.3.7.).

2.1.3. Rechtstermini

Im Folgenden soll ein kurzer Blick auf einige Rechtstermini geworfen werden, die nach 1542 vorkamen. Für die Gerichtsversammlung (Ding) wurde überwiegend ding, aber vereinzelt auch gericht verwendet, letzteres besonders für die kirchliche Gerichtsbarkeit (*geistlich gerichte*). Das Wort gericht wurde aber auch im Sinne von Gerichtsbezirk oder auch, allerdings sehr selten (Nr. 20), subjektives Recht verwendet, wobei die Bedeutung gerechtigkeit nahe kommt.

Bei Fronungsverfahren wird das Wort „*were*" (überwiegend in dieser Form, nur selten als „*gewere*") häufig verwendet. Daneben finden sich „*werschaft*" oder „*rechte were*". Aber auch im Sinn der Leistung von Gewähr wurde das Wort verwendet.

Auch Ausdrücke, die mit der Vormundschaft zu tun haben, kommen oft vor. Das Wort „*vormund*" wurde im heutigen Sinne, d. h. im Sinne eines Vormundes für Unmündige oder Frauen, Waisen oder Witwen, verwendet. Bemerkenswert ist vielmehr, dass das Wort in prozessualem Zusammenhang verwendet wird, worauf später noch eingegangen wird. Die Wendung „*nach lute*" zeigt die Bedeutung von schriftlichen Beweisen vor Gericht. Eingebracht wurden vor Gericht z. B. *vorsigilten briue*, *briue* des Vemegerichts oder *instrumentum*. Neben schriftlichen Beweisen finden sich auch persönliche Zeugnisse vor Gericht durch *wissentliche lute*. Als er mit seiner Edition bis zum sechsten Buch vorangekommen war, wies Hertel darauf hin, dass in den Schöffenbüchern das Lateinische sehr selten vorkommt. Aber im fünften Buch finden wir mehrere Fremdwörter, z. B. „*doctor*", was mit dem Auftreten gelehrter Juristen zusammenhängt. Am Rande wurde manchmal „*nota*" geschrieben. Daneben wurde auch bei einer Stelle eine Schwurhand gezeichnet (fol. 211v).

Die Verfügung von Todes wegen kommt sehr häufig vor und wurde bisher bei zahlreichen Arbeiten unter Heranziehung der Schöffenbücher behandelt. Deswegen soll hier nicht näher darauf eingegangen werden. Im vorliegenden Band wird der Begriff im Register aufgenommen. Es gibt auch Varianten, z. B. mit verschiedenen Bedingungen (*bescheid*). Das Schöffenbuch als kontinuierliche Aufzeichnung bietet viele interessante Informationen darüber, wie die Verfügung von Todes wegen nach ihrer Vornahme im Verhältnis zu anderen Rechten behandelt wurde.

60 Die Hallischen Schöffenbücher.

2.1.4. Schriftlichkeit

Verhandlungen vor dem Ding waren grundsätzlich mündlich und in Anwesenheit der Parteien. Aber im sechsten Buch finden sich auch Fälle, in denen der Betreffende nicht vor Gericht erschien, sondern einen Brief an das Gericht schickte (z. B. Nr. 367). Eine solche Methode wurde allerdings auch schon im fünften Buch verwendet (V Nr. 582 [2317], 721 u. a.). Insgesamt finden wir 51 Briefe im fünften Buch ab Ostern 1442 und 17 im sechsten Buch. Der Wortlaut und Inhalt dieser Briefe wurde offenbar für wichtig erachtet. Dies sagt sehr viel über die Bedeutung der Schriftlichkeit nicht bloß für die bei Gericht Tätigen (Richter, Schöffen u. a.), sondern auch für die Bürger aus. Solche Dokumente dienten als Beweismaterial, aber althergebrachte Verfahren wie Selbsiebende oder Selbdritte wurden daneben auch noch verwendet.

Selbstverständlich wurde das Schöffenbuch der Gerichtspraxis zur Verfügung gestellt. Eine Reihe von Eintragungen, die das Schicksal des Gutes von *Peter Wachauen* (VI Nr. 202) betreffen, zeigt dies deutlich. Wegen einer Schuld wurde ein Urteil zur Fronung von *Wachauen*s Gut erteilt. Der Gläubiger bot diese Fronung dreimal auf (VI Nr. 287) und übertrug dann das Recht an seinen Schwiegervater (VI Nr. 288). Letzterer erwirkte vor Gericht ein Urteil zur Räumung (VI Nr. 527), aber mit folgender Bedingung: „[...] *also doch das sie* (d. h. Frau von Schuldner) *die sechczig alde schog in der scheppin buch geschrebin, die or dar ane gegebin sint, behalden sal, nach ores mannes tode*". Diese Bedingung bezieht sich auf die Verfügung von Todes wegen, die der Schuldner früher vorgenommen hatte (V Nr. 1009). Alle Rechtsgeschäfte wurden vollständig im Schöffenbuch dokumentiert und nötigenfalls auf die Aufzeichnungen zurückgegriffen. Man findet auch noch weitere Beispiele für die Bedeutung schriftlicher Aufzeichnungen in den Schöffenbüchern (z. B. VI Nr. 57, VII Nr. 299).

2.1.5. Gelehrte und nichtgelehrte Rechtspraktiker

Vor dem Gericht auf dem Berg erschienen nicht nur Laien, sondern auch ein Gelehrter, der *Volkmarus Koyan* hieß. Er stammte aus dem Ratsgeschlecht *Koyan*.[74] 1415 begann er sein Studium in Erfurt. Danach wechselte er nach Leipzig. Im Herbst 1416 erwarb er in Erfurt den Abschluss *bacc. art.* und 1426 ebenfalls in Erfurt den Abschluss *bacc. iur.* Im Jahr 1433 erlangte er den Grad *licentiatus* für kanonisches Recht und wurde Dekan des neu errichteten Collegiums Porta Celi. 1438 erlangte er die Doktorwürde für Kirchenrecht und wurde in demselben Jahr zum *rector* gewählt. Wegen eines inneruniversitären Problems verließ er Erfurt. 1443 wurde er als Doktor

---

[74] Dreyhaupt [Fn. 2], II, Beylage sub B, S. 78 f., LXXVII. Vgl. auch Hertel [Fn. 30], Lehnbücher, S. 121, 175, 217.

Einleitung

beider Rechte Dekan des Kollegiatstifts St. Bartholomeus zu Zerbst.[75] Dies blieb er bis 1451.[76] Er findet schon früh im Schöffenbuch Erwähnung, wurde allerdings von Hertel nicht näher beachtet.

Zum ersten Mal wird er nach Ostern 1436 erwähnt, als er für seine Eltern zum Vormund bestellt wurde (V [1456]). Schon damals wurde er mit „*er*" angesprochen, wohl wegen seiner herausragenden Karriere. Später wird er nochmals als Vormund seiner Mutter genannt (V [1507]). 1437/38 kam er schließlich zum ersten Mal als Partei vor Gericht (V [1604], [1656], [1685]). Das nächste Mal erschien er 1453 wieder vor dem „Gericht auf dem Berge" (V Nr. 669 [2338]), als er bereits Doktor war. Es ging dabei um ein *testament*[77], dies hat wohl mit seiner Rechtsgelehrtheit zu tun. Außerdem war er einer der *testamentarii* (Testamentsvollstrecker). Allerdings stützte er sich nicht auf seine juristischen Kenntnisse, sondern leistete einen Eid auf das heilige Evangelium. Außerdem wurde ein „Selbdritt-Eid" (*selbdritt*) geleistet. Trotz seiner juristischen Kenntnisse verhielt er sich in Halle also nach dem örtlichen Gebrauch. Aber sicherlich war seine Stellung auch förderlich.

In den Hallischen Schöffenbüchern scheint das Wort „*testamentarii*" erst ab dem fünften Buch (ab 1451) auf — immer in Zusammenhang mit *Volkmar Koyan* (V Nr. 669 [2338], 679, 742, 811). Dies lässt vermuten, dass sein Auftreten zur Einführung dieses Wortes im Schöffenbuch führte. Auch im sechsten Buch kommen „*testamentarii*" vor.

Für die nachfolgende Periode ist seine Tätigkeit als testamentarius in Halle ebenfalls belegt (V Nr. 679). Aber seine Rechtskenntnisse beeinflussten sein Verhalten vor Gericht. So schickte er einen versiegelten Brief an das Gericht und erteilte damit seine Vollmacht. Die Tatsache, dass dabei ausdrücklich vermerkt wurde, „*alß ab her selbir kegenwertig were*", lässt vermuten, dass es beim damaligen „Gericht auf dem Berg zu Halle" nicht üblich war, durch Bevollmächtigte Rechtsgeschäft abzuschließen, ohne selbst vor Gericht zu erscheinen.

1453 bevollmächtigte er, ohne dass er selber vor Gericht erschien, *Nicolaus Brandenberge* und ließ ihn das Aufgebot vollziehen (Nr. 721). Auch hier wurde die Formel „*alß ab her kegenwertig were*" verwendet. Die Beziehung zwischen diesen beiden Persönlichkeiten lässt sich im sechsten Buch (1456) weiter verfolgen. Auch hier schrieb *Koyan* erneut einen Brief und erteilte dem wohl angesehenen Bürger, *Nicolaus Brandenberge*, eine Vollmacht, ohne selbst vor Gericht zu erschei-

---

[75] Mehr Einzelheiten zu seinem Lebenslauf, Erich Kleineidam, *Universitas Studii Erffordensis*. Teil I (Spätmittelalter 1392–1460) (= Erfurter theologische Studien Bd. 14), Leipzig 1985, S. 336; Rainer C. Schwinges / Klaus Wriedt, Das Bakkalarenregister der Artistenfakultät der Universität Erfurt 1392–1521 (= Veröffentlichungen der Historischen Kommission für Thüringen Bd. 3), Jena 1995, S. 25, Nr. 4. *Volckmarus Koyan de Hallis*.

[76] Fritz Bünger / Gottfried Wentz (bearb.), Das Bistum Brandenburg. Zweiter Teil (= Germania Sacra. Abt. I, Bd. 3/2), Berlin 1941, S. 42 f.

[77] Dieser Terminus ist auch im fünften Buch drei Mal belegt: Zum ersten Mal 1426/27 [98], das zweite Mal ab 1451. Vgl. „*testament*" im Register.

nen. Natürlich steht auch hier der Zusatz „*alß ab her keginwertig were*". Zum letzten Mal tritt *Koyan* im selben Jahr auf (VI Nr. 35). Dabei erschien er mit seinem Vormund, nämlich *Nicolaus Brandenberge*. Obwohl die Schöffenbücher bis 1460 ohne Unterbrechung geführt wurden, findet sich danach sein Namen nicht mehr. Vermutlich starb er in dieser Zeit.

Der von *Volkmar Koyan* bestellte Vormund *Nicolaus Brandenberge* tritt im Schöffenbuch in den Eintragungen der 1450er Jahren häufig in Erscheinung. Das erste Mal kommt er in der zweiten Hälfte des fünften Buches (ab 1450) vor (34 Mal, darunter 28 Mal als *vormund*), im Laufe des sechsten Buchs tritt er vorwiegend als *vormund* aktiv vor Gericht auf (22 Mal). Bis zu seinem Tod (1459) war er als solcher tätig.

Er erschien überwiegend für andere als *vormund*.[78] Allerdings ist das Wort nicht im heutigen Sinne zu verstehen. Das Wort *vormund* wurde in den Schöffenbüchern nicht nur für einen Vormund im heutigen Sinne, sondern auch für einen bevollmächtigten Prozessvertreter *(krigische vormund)*, *procurator* oder *anwalt* gebraucht.[79] Ein solcher *vormund* wurde vor Gericht bestellt *(gekorn)*, und zwar überwiegend für prozessualen Zweck *(zu fordern, zu fulfordern)* bestimmt. Auch wenn dies nicht ausdrücklich erwähnt wird, war *Nicolaus Brandenberge* als „*kriegische vormund*" tätig *(ex.* VI Nr. 13, 57 ff.). Es ist nicht bekannt, ob er eine juristische Ausbildung hatte.[80] Es wurde ihm gegenüber keine Anrede verwendet, aus der sich seine Stellung ableiten ließe (wie „*(h)er*"). Möglicherweise übte er diese Tätigkeit halb professionell aus. Seine „Klienten" waren aber nicht nur Leute, die dringend Hilfe oder Unterstützung brauchten, wie Gäste, die in der Stadt keinen Vormund hatten, oder Witwe bzw. Waisen, die keinen ehelichen bzw. väterlichen Vormund hatten.

Er starb vor dem dritten Aufgebot in einem Verfahren, das er als *vormund* einer Frau durchführte. Es entstand daher die Rechtsfrage, ob dieses Aufgebot fortgeführt werden darf. Bei dem gehegten Ding wurde genehmigt, dass der Ehemann dieser Frau als ehelicher Vormund diese Aufgebote von Anfang an wiederholen und damit die Sache fortführen dürfe (VI Nr. 531, 582, 583). Normalerweise übernahm von vornherein der Ehemann die Rolle des Vormundes für seine

---

[78] Vgl. dazu Friedrich Ebel, *Unseren fruntlichen grus zuvor*. Deutsches Recht des Mittelalters im mittel- und osteuropäischen Raum. Kleine Schriften, herausgegeben von Andreas Fijal / Hans-Jörg Leuchte / Hans-Jochen Schiewer, Köln / Weimar / Wien 2004, S. 466.

[79] So erschien z. B. *Veit Bolze* vor Gericht „*in voller macht vnd vormuntschafft*" (VII Nr. 225). Vgl. auch die Register zum V., VI. und VII. Buch.

[80] Auf der Ratsherrnliste ist sein Name nicht zu finden. Auf der Neubürgerliste erscheint der Familienname *Brandenburg* zweimal: 1406 (fol. 7v: *Andres Brandenburg*) sowie 1448 (fol. 49r: *Jacoff Brandenborg*). Möglicherweise war er mit diesen verwandt. Im Matrikelbuch von Leipzig ist ein gewisser *Nicolaus Brandenburge* aus Sachsen im Sommersemester 1423 immatrikuliert. Georg Erler (Hg.), Die Matrikel der Universität Leipzig. Bd. I: Die Immatrikulationen von 1409–1559, Leipzig 1895; Bd. II: Die Promotionen von 1409–1559, Leipzig 1897; Bd. III: Register, Leipzig 1902 (= Otto Posse / Hubert Ermisch (Hg.), Codex Diplomaticus Saxoniae Regiae. Zweiter Haupttheil. Bd. XVI–XVIII) (im Folgenden „Matr. Leipzig"), hier Bd. I, S. 77: S 1423 S34.

Einleitung

Frau. Aber in diesem Fall war extra *Nikolaus Brandenberge* dafür bestellt worden. Dies zeigt deutlich, welches Ansehen ihm in der Stadt zukam. Besonders interessant ist dabei die Tatsache, dass unter seinen „Klienten" eine Reihe angesehener und einflussreicher Persönlichkeiten zu finden sind, z. B. einflussreiche Personen wie *her Jacob Goltsmed*, Ratsherrn (*Steffan Spulsborn*[81]), *Hans Nopel*[82]) oder der Salzgraf (*Alexius Herford*[83])). Außerdem bestellte auch der gelehrter Jurist Dr. iur. utr. *Volkmar Koyan* ihn als *vormund*. Ferner übernahm er sogar die Vormundschaft für einen anderen *vormund*, der für einen Magdeburger bestellt worden war (V Nr. 845 [2358], 902, 903, 968, 1025). Dies hängt wohl mit seinem guten Ruf als *vormund* zusammen.

Es finden sich weiterhin einige andere vormunden, die allerdings in der Regel nur vorübergehend für ihre Verwandten oder Bekannten tätig waren. Nur ein vormund war außerhalb solcher Verwandtschafts- oder Bekanntschaftsverhältnisse tätig: *Hans Kleynsmede*. Es scheint jedoch, dass er seine Aufgabe nicht ordentlich ausführte. Er wurde von seinem „Klienten" verklagt (VI Nr. 732).

2.2. Buch Sechs (1456–60)

Wie für das fünfte Buch ist auch für das sechste Buch die Edition von Hertel vorhanden. Die von ihm edierten Eintragungen sind wiederum fett gedruckt und in eckige Klammern gesetzt.

2.2.1. Allgemeines — zugleich Vergleich mit der Edition Hertels

Hertel hielt hier an seiner auszugsweisen Editionsweise fest, und verstärkte sie noch. Vom sechsten Buch edierte er nur die Vorrede und 45 Eintragungen. Diese machen nur einen Bruchteil des sechsten Buches (ca. 7 %) aus, da das Buch insgesamt 626 Eintragungen enthält.

Durch die auszugsweise Edition geht die Kontinuität und der innere Zusammenhang innerhalb der Eintragungen verloren. So setzt zum Beispiel die Eintragung Nr. 50 [12], die vermutlich wegen des Ortsnamens „Berlin" aufgenommen wurde, die Eintragung Nr. 36 voraus und wird in späteren Eintragungen (Nr. 299, 417) fortgeführt. Der Eintrag Nr. 299 ist darüber hinaus ein interessantes Zeugnis dafür, dass sich die Parteien damals auf das Schöffenbuch beriefen.

Die beide Eintragungen [21] (VI Nr. 157) und [22] (Nr. 158) sind relativ umfangreich, was auch ein Grund dafür sein dürfte, dass sie ausgewählt wurden. Allerdings stehen die Eintragungen in Zusammenhang mit den nachfolgenden Eintragungen Nr. 159 sowie Nr. 160: In mehreren Verfahren erlangte eine Person die Rechte an getrennt vererbten Gebäuden und schließlich wurde eine Leibzucht an einen der ursprünglichen Erben eingeräumt. Bei Hertels Edition wird nur ein Teil des Gesamtbilds präsentiert. Das Gleiche gilt für Nr. 186 [25]. Für Hertel ist anschei-

---

[81]) Opel [Fn. 10], S. 513: 1453 14), 1455 9).
[82]) Opel [Fn. 10], S. 514: 1457 7).
[83]) Johannes Freydank, Die Hallesche Pfännerschaft im Mittelalter, Halle 1927, S. 247.

64   Die Hallischen Schöffenbücher.

nend die dort enthaltene topographische Information wichtig. Aber diese Eintragung hängt mit weiteren Einträgen zusammen, in denen es darum ging, wie im Fall der Wiederverheiratung der Unterhalt für die Kinder aus der ersten Ehe gewährleistet werden könne.

Die untereinander zusammenhängenden Eintragungen bieten wichtige Materialien für die Erforschung der „Rechtschutzmechanismen" in einer mittelalterlichen Stadt.[84] Leider wurden aber diejenigen Eintragungen, die nicht die Kriterien Hertels erfüllten, trotz ihres rechtshistorischen Gehalts ausgelassen.[85]

Das sechste Buch umfasst die Jahre 1456 bis 1460 und schließt zeitlich direkt an die zweite Hälfte des fünften Buches an. Deswegen enthält es mehreren Eintragungen, die mit dem Inhalt des fünften Buches im Zusammenhang stehen. Die Vorrede (VI fol. 1r) erwähnt ein Ereignis aus dem Jahr 1456 und in dem nachfolgenden Einführungssatz heißt es, dass die Eintragungen ab fol. 2r am 30. August 1456 beginnen.

Die Struktur dieses Buches gestaltet sich wie folgt:

fol. 1r	Vorrede (1456)
fol. 1v	(leeres Blatt)
fol. 2r–11v	ab 30. August 1456
fol. 11v–28r	nach Ostern 1457
fol. 28v–42r	nach Ostern 1458 bis kurz vor Ostern 1456
fol. 42v	nach Ostern 1460

Zwischen fol. 28v und fol. 42v fehlt die Unterteilung „nach Ostern 1459", höchstwahrscheinlich bestand diese nach fol. 40r. Dies hängt mit den Lagen zusammen, worauf später noch eingegangen wird. Die Lagen lassen sich wie in Abbildung 1 schematisieren.

Grundsätzlich wurden *quiniones* (5 Doppelblätter, 10 Einzelblätter, 20 Seiten) verwendet. Die erste Lage diente teilweise der Verstärkung und sieht deswegen wie ein *quaternio* (4 Doppelblätter, 8 Einzelblätter, 16 Seiten) aus. Danach kommen drei *quiniones*. Aber die vierte Lage ist ein *binio* (d. h. ein Doppelblatt, 2 Einzelblätter, 4 Seiten). Das gilt auch für die fünfte Lage. Hier muss man vorsichtig sein: Die letzte verso Seite der vierten Lage (fol. 38v) schließt sich inhaltlich nahtlos an die erste *recto* Seite der fünften Lage (fol. 39r) an (Nr. 548: *Bastian Grunheide*). Aber innerhalb der fünften Lage schließt fol. 39v inhaltlich nicht an fol. 40r an. Die mit *Peter Farchheym* beginnende Eintragung (Nr. 568) sollte eigentlich zu dem Schluss kommen, dass die Leibzucht von *Vincent Heinrich*s Frau nicht berührt wird, und nicht in den Worten enden, „*nemen wolde, ledigk vnde loß geteild*".[86] Aus der danach folgenden Eintragung (Nr. 569 [43]) ergibt

---

[84] Solche aufeinanderfolgenden zusammenhängenden Verfahren finden sich beispielsweise in VI Nr. 37, 126, 183, 272 oder Nr. 229, 359 [33], 360 u. a.

[85] So VI Nr. 378, 442; 443, 477, 518 (mit *testamentarii*).

[86] Vgl. Nr. 565: *Glorius Kober vnnd Hinrick Mettener*.

Einleitung

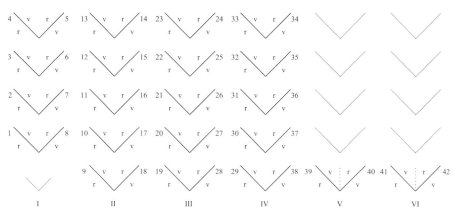

Abbildung 1   Lagenkonstellation: Das Buch 6

sich, dass es sich hier um ein Geschehnis von Mai 1459 handelt. Also kann man mit gutem Grund vermuten, dass die nachfolgenden Eintragungen zu der Zeit nach Mai 1459 gehören. Da die anderen Lagen meistens *quiniones* sind, fehlen m. E. nach fol. 39v bis fol. 40r maximal acht Blätter (16 Seiten).

Was das Verhältnis zwischen der fünften und der sechsten Lage betrifft, schließt die letzte *verso* Seite der fünften Lage (fol. 40v) inhaltlich problemlos an die erste *recto* Seite (fol. 41r) an[87]. Aber die letzte Eintragung auf fol. 41v[88] bricht mittendrin ab. Danach beginnt fol. 42r mit einer ganz neuen Eintragung. Das heißt, dass auch hier einige Blätter fehlen. Da beim sechsten Buch *quinio* maßgebend ist, fehlen m. E. zwischen fol. 41v und fol. 42r acht Blätter (16 Seiten). Mitten auf fol. 42v steht die Zeitangabe „*anno etc. lx° primus post pasca*". Aber die vierte Eintragung dieser Gerichtsperiode (Nr. 626) bricht an der letzten Zeile dieses Blattes ab[89] und damit endet dieses Buch. Vermutlich sollten die weiteren Lagen folgen.

Auch im sechsten Buch fand mehrmals ein Wechsel des Schreibers statt. Beispielsweise ändert sich der Schriftzug ab 1458 plötzlich. Charakteristisch für diesen Schreiber ist z. B. seine saubere Schrift, neue Abkürzungen, die Änderung der Formel bei der Verfügung von Todes wegen (*welch ehe abgeht → welch ehe verstirbt*) und der Gebrauch römischer Zahlen. Häufig wird Lateinisch verwendet.

Das sechste Buch beginnt mit der Vorrede. Darin wird berichtet, dass das Buch 1456, in der Zeit von Papst Calixtus III. (1455–1458), Kaiser Friedrich III. (1452–1493), dem Magdebur-

---

[87] Nr. 596: *Glorius Winckel*
[88] Nr. 607: *Helena, Vincentius Heinrichs nachgelassenne wetewe*
[89] Vermutlich hatte die letzte Eintragung Nr. 626 eine formelhafte Endung, wie „*habe adder wur ane das sie, welch or ehe vorstirbit, zo sal das andere die guter behalden, zcu thune vnde zcu lassene*". Vgl. Nr. 619.

ger Erzbischof Friedrich III. von Beichlingen (1445–1464), Kurfürst Friedrich II. von Sachsen (1428–1464) und Schultheiß Heinrich Rademecher angelegt wurde. Danach folgen die Namen der Schöffen:

1)	*Merten Hoetancz*	5)	*Bertram Qweicz*	9)	*Jacoff Koncze*
2)	*Hans Leyche*	6)	*Claus Schopstede*	10)	*Hans Zcolner*
3)	*Caspar Gelwitcz*	7)	*Sander Brachstede*	11)	*Bartholomeus Zcoch*
4)	*Benedictus Polke*	8)	*Hans von Stendel*		

Hier werden 11 Schöffen genannt. Diese Besetzung stimmt mit der Magdeburgs überein. Im Vergleich zu 1450 (Buch V) kamen zwei neue Schöffen hinzu (*Hans Zcolner*, *Bartholomeus Zcoch*), während die außerstädtischen zwei (*Koppe von Ammendorff*, *Augustin Heddersleben*) zurücktraten.

Nach der Vorrede kommt eine kurze Einführung. In ihr wird berichtet, dass am 30. August 1456 (*am montage Ffelias et Adaucti*) der Schultheiß sein erstes Ding hielt. Anders als in der Vorrede angeführt bekleidete aber ein gewisser *Maschwitz* das Schultheißenamt. Damit gemeint ist *Hermann Maschwitz*. *Heinrich Rademacher* starb im Juni desselben Jahres. Kurz davor verkauften seine beiden Söhne, *Claus* und *Peter*, die Anwartschaft auf das hinterlassene Schultheißenamtslehn an *Hermann Maschwitz*. Am 2. Juli 1456 (*am fritage vnser lieben frauwen tag visitacionis*) verlieh Erzbischof Friedrich das Schultheißenamtslehn.[90] Das heute vorliegende sechste Buch enthält die Aufzeichnungen während der Amtszeit von *Maschwitz*.

Auch danach gab es weitere „Probleme" um das Schultheißenamt zu Halle. *Hermann Maschwitz* starb 1473. Nach seinem Tod entstand ein Konflikt um dieses Amt zwischen dem Rat zu Halle und dem Magdeburger Erzbischof Johannes.[91] Weil nach dem Ableben des Vaters sein Sohn gleichen Namens nichts von sich hören ließ, zog der Erzbischof dieses Amt ein und wollte einen anderen damit belehnen. Dagegen protestierte der Rat zu Halle. Bald darauf erschien der gesuchte Sohn. Der Rat teilte ihm mit, dass sein Vater schon während seiner Lebzeiten dasselbe Amt an Hans Popelitz veräußert habe. Aber der Sohn war mit der Gegenleistung unzufrieden, ging nach Giebichenstein bei Halle und veräußerte dort die Anwartschaft an den Erzbischof. Dieser verlieh das Amt an Kersten von Rehungen. Danach wurde eine Kommission zur Vermittlung zwischen Erzbischof und Rat gebildet. Sie einigten sich darauf, dass fortan der Erzbischof das Schultheißenamt an denjenigen verleihen solle, den der Rat vorschlägt (bis 1683).[92] Auf-

---

[90] Dreyhaupt [Fn. 2], II, S. 470, Nr. 492; Siegmar Baron von Schultze-Galléra, Das mittelalterliche Halle. Zweiter Band 1266 bis 1513. Von der Entwicklung des städtischen Rates bis zum Untergang der städtischen Freiheit, Halle 1929, S. 369 ff.

[91] Dreyhaupt [Fn. 2], II, S. 463 f.; Hertzberg [Fn. 65], S. 440 f.; Schultze-Galléra [Fn. 90], S. 370.

[92] Dreyhaupt [Fn. 2], II, S. 464.

Einleitung

grund dessen wurde *Hans Popelitz* am 30. Juli 1474 (*am sonnabende nach Sanct Jacoff tagk*) zum neuen Schultheiß[93].

2.3. Buch Sieben (1484, 1501–03)

2.3.1. Allgemeines

Das Siebte Buch wurde von Hertel nicht erwähnt. Vielleicht wusste er nichts von der Existenz dieses Buches. Da Dreyhaupt über die Schöffenbücher sagte, *„so in VII Codicibus membranaceis auf dem Schöppen-Hause zu Halle verwahrlich aufbehalten werden"*,[94] war dieses siebte Buch wohl bekannt. Allerdings ist nicht sicher, ob das heute vorhandene siebte Buch mit dem von Dreyhaupt (inhaltlich) identisch ist. Obwohl bisher in der Literatur vertreten wurde, dass das siebte Buch die Jahre „von 1484 b i s 1504 und Nachträge aus 1542" umfasst, enthält das Buch genauer gesagt die Eintragungen aus 1484 s o w i e aus 1501–1504 und Nachträge aus 1542. Diese Periode fällt in die Regierungszeit des Stadtherrn und Magdeburger Erzbischof Ernst. 1479 begannen die Bauarbeiten an der Residenz Moritzburg zu Halle, die 1503 fertig gestellt wurde[95]. Die Stadt unterwarf sich dem Erzbischof. Das siebte Buch entstand in dieser Zeit.

Das siebte Buch umfasst:

fol. 1r	Titel (*„1487 No. 7"*)
fol. 1v	(leeres Blatt)
fol. 2r–8v	Januar 1484 bis Oktober 1484 (abgebrochen)
fol. 9r–10r	1501
fol. 10r–22r	1502
fol. 22r–35r	1503
fol. 35r–47v	1504
fol. 48r–48v	1542 (Nachtrag)

Wie beim sechsten Buch, handelt es sich auch hier grundsätzlich um *quinio*. Die erste Lage hat eine *quaternio* ähnliche Struktur und umfasst fol. 1v bis fol. 8v. Ein Vergleich zwischen fol. 8v (die letzte *verso* Seite der ersten Lage) und fol. 9r (die erste *recto* Seite der zweiten Lage) zeigt, dass die beiden Lagen zu verschiedenen Perioden gehören: die letzte Eintragung auf fol. 8v (Nr. 123: *Johanna, Peter Schoybes* …) bricht abrupt ab[96] und fol. 9r beginnt mit einer ganz neuen Eintragung (Nr. 124: *Nickel Sule vnde Sander Snewber* …). Außerdem wechselt hier Handschrift, Ortho-

---

[93] Dreyhaupt [Fn. 2], II, S. 474 f., Nr. 495.

[94] Vgl. oben Fn. 25.

[95] In der vom 24. Mai 1502 (*3ᵃ feria post Trinitatis*) datierten Eintragung wird das Dokument wiedergegeben, welches der Bürger *Niclaus Schildberg* vor Gericht brachte. Darin wurde berichtet, dass die bezügliche Verhandlung in April 1052 *„uff dem nuwhen schloße ztw Halle"* stattfand.

[96] Die nächste Folie (fol. 9r) sollte eigentlich mit *„all dy gerechtiket"* etc. weiter gehen.

graphie und Abkürzungsweise. Mitten auf dieser Folie beginnt schließlich ein neuer Abschnitt mit den Eintragungen aus November 1501 (Nr. 129). Danach folgen drei *quiniones* (fol. 9r–18v; fol. 19r–28v; fol. 29r–38v). Dann kommt ein *quinio* (fol. 39r–47v) aber unregelmäßig gebunden (ein Blatt fehlt). Nach fol. 47v ist ohne Zusammenhang ein Blatt (fol. 48r/v) eingeklebt.[97] Dieses Blatt ist in einer ganz anderen Schriftart geschrieben und enthält Eintragungen aus 1542. Die Lagen lassen sich wie in Abbildung 2 schematisieren.

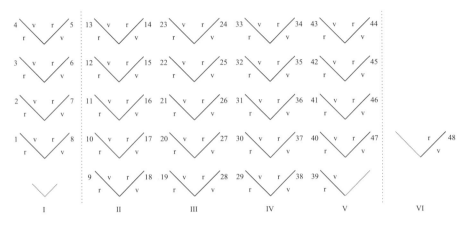

Abbildung 2   Lagenkonstellation: Das Buch 7

Die als siebtes Buch zusammengebundene Handschrift besteht daher aus Eintragungen aus 1484 (ein knappes Jahr) und Aufzeichnungen von fast Ende 1501 bis Dezember 1504 und schließlich einem Blatt (fol. 48r/v) mit Eintragungen aus 1542. Die Aufzeichnungen nach 1504 sind verschollen, wohl schon zur Zeit, als Dreyhaupt die sieben Kodizes im Schöffenhaus sah.

Die erste Lage (fol. 1r–8v) ist durch Rahmen und Linien gegliedert. Wohl um das Nachschlagen zu erleichtern, findet sich am Rand eine Majuskel, nämlich der Anfangsbuchstabe des Vornamens der betreffenden Partei. Diese Initiale findet sich immer am linken Rand. Wenn die Eintragung mit einem Artikel begann, wurde dessen erster Buchstabe verwendet.[98] Überwiegend wurde der Name des Klägers verwendet. Gelegentlich handelt es sich auch um den Namen des Beklagten oder des Besitzers des Gegenstandes, um den es geht (z. B. der Name des Besitzers eines beschlagnahmten Hauses).[99]

Ab der zweiten Lage (fol. 9r ff.) ändert sich der Stil. Der Kopfsteg (obere Raum) wurde abgeschafft. Während es weiterhin links und rechts des Satzspiegels Rahmenlinien gab, wurden innerhalb des Satzspiegels keine Linien mehr gezogen. Auch der Schrifttyp wechselte. Jeder

---

[97] Die Angabe bei PFEIL [Fn. 5] ist falsch.
[98] So VII Nr. 157: „D" (*Der Hans Harstellerrynne ...*).
[99] So VII Nr. 150. „V M" (*V* für *Valtin Müller*, *M* für *Mertin Hewken*).

Einleitung

Abschnitt beginnt mit einer in großer Schrift geschriebenen Angabe des Gerichtstermins. Die Anfangsbuchstaben des Betreffenden wurden hier am Außensteg platziert, wobei dies zwischen der rechten und linken Seite wechselt. Ab fol. 15r unten („feria post exaudii") wird die Schrift plötzlich kleiner. Die Schrift wechselt sehr häufig. Ab fol. 43v (ab Nr. 490) werden die Initialen nicht mehr geschrieben. Weil die Art und Größe der Schrift je nach Schreiber ziemlich unterschiedlich ist, variiert die Anzahl der Eintragungen auf einem Blatt (zwischen drei und acht).

Fast alle Eintragungen sind in der dritten Person geschrieben, wie auch bei den anderen sechs Büchern. Es gibt aber auch Stellen, die in der ersten Person geschrieben sind (Nr. 373: Schultheiß *Peter Oßmünde*[100], Nr. 184: Schreiber oder Nr. 456. *vor vns schultheis vnd scheppen des gerichts auff dem Berge etc. zu Halle*), dies sind allerdings nur Ausnahmen[101].

Der Nachtrag von 1542 enthält die Aufzeichnungen zu drei Gerichtsterminen, nämlich vom 21. März[102], 20. Juni[103] und 26. September[104] 1542, insgesamt vier Eintragungen (Nr. 547–550). Chronologisch gesehen sollte sich dieser Teil im zweiten Buch (1538–1544)[105] der jüngeren Reihe der Schöffenbücher[106] befinden. Der letzte in diesem Buch verzeichnete Gerichtstermin ist jedoch der 15. Juli 1541[107] und das dritte Buch (1544–1548)[108] beginnt mit dem Gerichtstermin vom 27. Juni 1544[109] und endet im Jahr 1548. Das Buch, welches diesen Nachtrag eigentlich enthalten sollte, ist gänzlich verschollen.

2.3.2. Gerichtstermin

Das siebte Buch unterscheidet sich von den anderen sechs Büchern dadurch, dass die darin aufgenommenen Eintragungen chronologisch nach Gerichtsterminen geordnet sind. Bis zum sechsten Buch wurden die Eintragungen jährlich (beginnend mit Ostern) unterteilt, manchmal wurden überhaupt keine chronologische Unterteilung vorgenommen. Ab dem siebten Buch einschließlich des Teils für 1484 sind die Eintragungen einzeln nach Gerichtstermin unterteilt.

1) Der Teil von 1484 beginnen am Montag, den 26. Januar 1484; das war das zweite Ding nach Weihnachten (*uff montagk nach sant Pauelstagk syner bekerunge ist das ander dingk gehalden nach Winachtin*). Wohl zwei Woche davor, nämlich am Montag, den 12. Januar, fand das erste Ding statt. Auch in der Stadtverfassung von Halle, die das Magdeburger Recht übernahm, wurden die

---

[100] Er war seit 1502 als Schultheiß tätig. DREYHAUPT [Fn. 2], II, S. 465.

[101] Vgl. auch Nr. 447.

[102] *Judicium feria tercia post Letare, anno etc. 1542.*

[103] *Judicium feria tercia post Vitj anno etc. 1542.*

[104] *Judicium feria tercia post Mauritij 1542.*

[105] LHASA, MD, Rep. Db Halle, A la Nr. 2 (ohne Register). Beginnt mit *Judicium feria secunda post Nicolaj, anno etc. xxxviij* (fol. 1).

[106] Vgl. Fn. 4.

[107] fol. 251r: *Judicium feria sexta post Margarethe, anno etc. 1541.*

[108] LHASA, MD, Rep. Db Halle, A la Nr. 3. (mit Register ab fol. 328 ff.)

[109] fol. 1r: *Judicium feria sexta post Johannis Baptiste 1544.*

im Sächsischen Weichbildrecht geregelten Termine des Schultheißendings, festgelegt: das erste Ding war nach dem Zwölften, das zweite am Dienstag nach Ostern und das dritte nach Pfingsten. Darüber hinaus hielt er außer an den genannten Terminen alle zwei Wochen sein Gericht.[110]

Nach dem ersten Abschnitt (26. Januar), der 32 Eintragungen zählt, kommen die nächsten Eintragungen (Nr. 33–60) unter der Überschrift *„Judicium secundum"*, das am 9. August (*secunda feria vigilia Laurencij*) stattfand. Dies bedeutet aber wohl nicht, dass es sich hierbei um das zweite Ding nach dem 26. Januar handelte. Vielmehr wurden wohl nur die Dinge gezählt, bei denen ein Abschnitt der Angelegenheit abgeschlossen wurde, der insgesamt eingetragen wurde. Zum Beispiel hatte in der in Eintragung Nr. 38 (*Balczer Schabendij*) beschriebenen Angelegenheit der Kläger schon dreimal (für drei Gerichtstermine) ein Aufgebot gemacht und an diesem Tag kam er zum vierten Mal vor Gericht. Weil der Schultheiß alle zwei Wochen sein Gericht hielt, hat er möglicherweise am 28. Juni erstmals Klage erhoben.[111] Ab 9. August 1484 fand alle zwei Woche das Schultheißending statt und die Eintragungen sind bis zum Lagenwechsel, d. h. bis zum Gericht vom 5. Oktober überliefert.

2) Von Ende 1501 bis zum Jahresende 1504 sind die Eintragungen fortlaufend. Das Gericht fand, mit Ausnahmen, alle zwei Woche statt. Die Eintragungen vor dem 22. November 1501 (Nr. 124–128) gehören wohl zu dem Gerichtstermin, der zwei Wochen davor stattfand, nämlich am 8. November. Bei einer 1501 verhandelten Sache (Nr. 136) wurde eine Schuld eingeklagt. Diese Sache wurde später am 10. Januar 1502 mit einem *medeban*-Urteil abgeschlossen, weil der Beklagte die Bestellung eines Pfandes verweigerte. Obwohl kein Gerichtstermin ausdrücklich angegeben ist, fand das Gericht mit Sicherheit auch im Dezember 1501 statt, weil für solche Verfahren normalerweise drei Gerichtstermine erforderlich waren (zweimal im Dezember (6. und 20.) aber nicht am 27. wegen des Zwölften, und am 10. Januar 1502). Das Gericht wurde 1502 17 Mal, 1503 20 Mal und 1504 18[112] Mal gehalten und protokolliert. Alle zwei Wochen (*vierzehnnacht*) fast das ganze Jahr hindurch wurde Gericht gehalten. Wenn daher mehr als zwei Wochen keine Eintragung vorhanden ist, bedeutet dies entweder, dass keine Gerichtssitzung während dieser Periode stattfand oder dass zwar sie stattfand, aber dabei keine besonders einzutragende (Zwischen-)Bilanz gezogen wurde.[113] So wurde zum Beispiel bei einer Angelegenheit datiert

---

[110] DANIELS / GRUBEN [Fn. 12], Sächsisches Weichbildrecht, Art. XLVI *„Von dem Schulteise"*: *Der schultis der hat drie voitding yn dem jare, eyns an dem zwelfeten tage, daȝ andere an dem dinstage, alȝ dy ostirmitwoche uȝghet, daȝ dritte alȝ die phingist woche uȝghet. Nach dissin dingen legit er ymmer sein din uȝ obir virzin nacht.*

[111] Im siebten Buch wurde ab 1500 Wendungen wie *„dry ding"* oder *„czum virten ding"* nicht mehr gebraucht.

[112] Der nächste Gerichtstermin nach dem 10. Dezember 1504 wäre eigentlich der 24. Dezember gewesen. Da dies aber ein Feiertag war, war kein Gericht zu halten. Während der nachfolgenden Tage wurde auch kein Gericht gehalten wegen des Zwölften. Also war der 10. Dezember faktisch der letzte Gerichtstermin für 1504.

[113] Im Zusammenhang mit den Gerichtsterminen DANIELS / GRUBEN [Fn. 12], Sächsisches Weichbildrecht Art. XLVI (XLVII): *Von dem schultheise* sowie Art. XLVII: *De schulteto et ejus judiciis.* Vgl. Auch Diskussion von Rietschel und v. Amira in, SIEGFRIED RIETSCHEL, Die Dingzeiten des Schultheißen zu Magdeburg, in: ZRG GA 29 (1908),

Einleitung

vom Dienstag, den 5. September 1503 (VII Nr. 318), berichtet, dass dreimal ein Aufgebot stattfand. Das heißt, dass die hier protokolierte Gerichtssitzung die vierte in dieser Angelegenheit war. Davor fand wohl dreimal, nämlich am 22. August, 8. August und 25. Juli, eine Gerichtssitzung in dieser Sache statt.

Bei der Sache, die Gegenstand der Eintragung Nr. 263 ist und die am 7. März 1503 behandelt wurde, erschien ein vom Kläger eingesetzter prozessualer Bevollmächtigter vor Gericht. Die gewehr vom Schuldner wurde beschlagnahmt (*fronen*). Diese Sache taucht beim Gerichtstermin vom 30. Mai 1503 wieder auf (Nr. 294). Auch diesmal kam der Bevollmächtigte vor Gericht. Da er schon die Fronung des Hauses des Schuldners über drei Dingtermine aufgeboten hatte, erwirkte er diesmal, bei seinem vierten Gerichtsbesuch, ein neues Urteil. Damit konnte er das Haus zur Befriedigung der Forderung *vorsetzen* oder *vorkaufen*, allerdings war der Differenzbetrag an den Schuldner herauszugeben.

2.3.3.   Sprachlicher Wandel

Von den Aufzeichnungen des siebten Buches gehört die erste Lage zum Jahr 1484. In lexikographischer und orthographischer Hinsicht bestehen viele Gemeinsamkeiten mit den bereits dargestellten Büchern. Im Folgenden wird kurz auf die sprachlichen Besonderheiten, die ab dem 16. Jahrhundert, d. h. ab 1501 (fol. 9r) zu beobachten sind, eingegangen.

Die Vorsilbe „*ir-*" wurde von „*er-*" verdrängt (*irstehen* → *erstehen* usw.). Das Wort „*vormund*", das im Jahr 1484 nicht ein einziges Mal verwendet wurde, wurde wieder gebraucht. Vermutlich wurde 1484 stattdessen der Ausdruck „*fulmechtig*" verwendet (z. B. VII Nr. 27: *fulmechtig gemacht*). Für Ehefrau wurde „*wibe*" gebraucht, aber daneben kommt auch „*hußfrowe*" vor.

Von Mai 1502 bis Oktober 1502 (VII Nr. 177–226) wurde für das Partizip II von „*kommen*" immer die Form ohne Präfix „*ge-*" verwendet. Dies ist wohl nicht auf einen grammatikalischen Wandel, sondern vielmehr auf die Schreibgewohnheiten des Schreibers, der damals tätig war, zurückzuführen.

Im Laufe der Zeit wandelten sich auch die Wendungen. Im Unterschied zu den vorigen Büchern wurde im siebten Buch bei der Verfügung von Todes wegen die Wendung „*keynerleye vßgeslossin*" (keinerlei ausgeschlossen) verwendet.

2.3.4.   Vor Gericht auftretende Personen

Wer vor Gericht erschien, war grundsätzlich Bürger. Aber auch z. B. die Stadt Halle konnte Partei sein. Wenn eine Partei kein Bürger der Stadt war, durfte er trotzdem durch einen prozessualen

---

S. 337–339; KARL VON AMIRA, Die Dingzeiten des Schultheißen zu Magdeburg, in: ZRG GA 30 (1909), S. 310–313; SIEGFRIED RIETSCHEL, Nochmals die Dingzeiten des Magdeburger Schultheißen, in: ZRG GA 30 (1909), S. 313–315; und OTTO LEONING, Die Gerichtstermine im Magdeburger Stadtrecht, in: ZRG GA, 30 (1909), S. 37–48, besonders S. 46 ff.

Bevollmächtige mit hallischer Stadtbürgerschaft Klage erheben. So gab *Hans Robin*, ein Ratsherr aus Magdeburg, dem Hallenser *Hans Knust* seine Vollmacht für die Gerichtsverhandlung (VII Nr. 232, 248).

Als ein Leipziger gegen einen hallischen Bürger einen Prozess anstrengte, wurde in Anwesenheit des Schulheißen und der Schöffen ein Hallenser namens Lam als prozessualer Bevollmächtigter ernannt. Er war wohl mit demjenigen, der sich 1498 neu als Bürger registrieren ließ, identisch.[114] Interessanterweise findet man seinen Namen im siebten Buch insgesamt 18 Mal, aber immer als Bevollmächtigter bzw. Vormund. Sein erste Auftritt fand anlässlich des Prozesses des Lizentiaten *Ulrich Vogt*, Salzgraf (VII Nr. 139) statt. Möglicherweise war dieser Prozess ein Anlass dafür, dass einer relativ neu eingebürgerten Person wie *Bartolomeus Lam* in weiterer Folge häufig die Rolle eines prozessual Bevollmächtigten zukam.

Als ein Angehöriger der Kirche einem Bürger eine Immobilie in der Stadt veräußerte, wurde das „Gericht auf dem Berg" angerufen unter Heranziehung eines *„procurator"* (VII Nr. 120). Als das Magdeburger Domkapitel St. Sebastian vor Gericht auftrat, übernahm ein Hallenser Bakkalaureus diese Rolle. Dabei wurde auch ein Notariatsinstrument verwendet. Das schriftliche Rechtsgeschäft wurde bestätigt: *„es hab alß guthe macht vnd crafft, alß vor gehegtem ding geschehen were"* (VII Nr. 209).

Schöffen und Richter des Leipziger Schöffengerichts bestimmten einen Hallenser zu ihrem Bevollmächtigten. Er ließ vor dem Gericht zu Halle einen zwischen den besagten Leipzigern und einem Bürger aus Halle abgeschlossenen Vertrag (*contract*), der vor dem Schultheißenhof abgeschlossen und dort registriert worden war, anerkennen (VII Nr. 494, 495).

Es kam auch vor, dass außer den Bevollmächtigen keine der Parteien Bürger war, wie bei Nr. 430, 431. Ein Leipziger Bürger gab vor dem Schultheißenhof einem hallischen Bakkalaureus seine Vollmacht. Dies wurde auch vor dem „Gericht auf dem Berg" bestätigt. Dieser Bakkalaureus ließ vor Gericht bestätigen, dass ein Leipziger und zwei Frankfurter (wohl an der Oder) vor dem Schultheißenhof ein contract abschlossen hatten, und zwar unter Berufung des Schultheißenhofregisters. Obwohl alle Parteien außerstädtischer Herkunft waren, durften sie durch Hinzuziehung eines hallischen Bürgers als Bevollmächtigten auch in der Stadt Halle ihre Rechtsgeschäfte tätigen.

Wenn die Stadt vor Gericht stand, handelten die Ratsherren im Namen der Stadt (VII Nr. 358: *inn anwaltschafft des erbarn rats alhie zu Halle*), so etwa die Ratsherren *Ciriacus Gunter*[115] und

---

[114] *„Senatus Hallensis"* [Fn. 10], fol. 99v: *Bartelmes Lam*.
[115] *Ciriacus Günter*: Ratsmitglied 1500, 1503.

Einleitung

Peter Seidenschwantz[116] (VII Nr. 358, 363) oder der Kämmerer *Clemen Michael*[117] und der Ratsherr *George Sichert*[118] (VII Nr. 389, 399).

2.3.5. Lateinisch

Auffallend ist, dass im siebten Buch so viel Latein vorkommt. Schon Hertel hat in seiner Veröffentlichung darauf hingewiesen, dass in den Schöffenbüchern typischerweise das Lateinische sehr selten zu finden ist. In dieser Hinsicht unterscheidet sich das siebte Buch von den anderen sechs Büchern, da in großem Umfang lateinische Begriffe gebraucht werden. Diese Tendenz ist vor allem bei den Aufzeichnungen ab 1502 bemerkbar. Bei der Eintragung Nr. 139 beispielsweise wurden die lateinischen Verben (*substituere, constituere, defendere*) mit deutschem Suffix verwendet. Dies hängt möglicherweise damit zusammen, dass die hier auftretende Partei ein Lizenziat war.[119]

Neben dieser Eintragung gibt es noch ein interessantes Beispiel, in dem von derselben Person die Rede ist (VII Nr. 181). Hier wurde der Streit unter den Parteien in Form einer Urkunde überliefert, die bei Nr. 182 wiedergegeben ist. Der Bürger *Nicolaus Schiltberg* erhob Klage gegen *Elisabeth*. Die Sache wurde in Anwesenheit des Doktors beider Rechte *Johann Schantz*, des Hauptmann der Burg Giebichenstein, *Sigmunt von Brandenstein*, und des Magdeburger Erzbischofs Erich verhandelt. Am Anfang war diese Angelegenheit vor dem Thal-Gericht anhängig, da es um Rechte an der Solquelle ging. Dann ließ der Kläger den Salzgrafen, *Ulrich Vogt*, daran teilnehmen. Nach einem Schlichtungsverfahren wurde ein Vertrag geschlossen und die Parteien versprachen einander, dieselbe Sache nie wieder zu Sprache zu bringen. Dies erfolgte auf der Moritzburg, einer Residenz des Magdeburger Erzbischofs und Stadtherr von Halle. Eine Sache, die ursprünglich nicht direkt zur Gerichtsbarkeit des „Gerichts auf dem Berg" gehörte, wurde auf diese Weise vor das Berg-Gericht gebracht, und dort wurde bestätigt, dass der Inhalt der Urkunde die gleiche Rechtskraft hat, als ob sie vor dem gehegten Ding vorgenommen worden wäre. Dies hängt damit zusammen, dass die Sache selbst zwar eine Angelegenheit zwischen Bürgern war, aber die Solgüter betraf. In der hier zitierten Urkunde kommen viele lateinische Termini vor, aber diese spiegelten nicht das Verfahren vor dem „Gericht auf dem Berg" wider. Trotzdem kann man aufgrund dessen vermuten, dass alle Parteien diese lateinischen (Rechts-)Termini gut

---

[116] *Peter Seidenschwantz*: Ratsmitglied 1497, 1500, 1503.

[117] *Clemen Michel*: Ratsmitglied 1494, 1497, 1500, 1503.

[118] *Georg Sichert*: Ratsmitglied 1500, 1503.

[119] *Ulrich Vogt* war nach Angabe bei DREYHAUPT [Fn. 2], I, Beylage sub A, S. 121 (Cap. XXIX: *Von den Thal-Gerichten, nebst einen Register der Saltzgräfen*, § 14), seit 1495 (bis 1514) im Salzgrafenamt tätig, später Kanzler beim Magdeburger Erzbischof. Er erlangte 1494 die hallische Bürgerschaft. Vgl. „*Senatus Hallensis*" [Fn. 10], fol. 95r (1494) *Licentiatus Vdalicus Voyth.* Zur weiteren Einzelheiten MICHAEL SCHOLZ, Residenz, Hof und Verwaltung der Erzbischöfe von Magdeburg in Halle in der 1. Hälfte des 16. Jahrhunderts (= Residenzforschung 7), Sigmaringen 1998, S. 331.

74   Die Hallischen Schöffenbücher.

kannten. Außerdem ist es sehr interessant, dass hier die unter einer anderen Gerichtsbarkeit ein-
getretene Rechtswirksamkeit durch Fiktion (als ob sie vor dem gehegten Ding geschehen wäre)
bestätigt wurde.

Aber selbst in den Verfahren des „Gerichts auf dem Berg" wurden lateinische Termini ver-
wendet. In einer Reihe von Eintragungen (VII Nr. 183, 184, 185) wird ein *„testament"* erwähnt.
Nach dem Tod des Mannes wurde von Seiten der hinterbliebenen Frauen um die Bestellung ei-
nes Vormundes gebeten. Dafür wurde von den Richtern und Schöffen ein Bakkalaureus namens
Jacoff Fuhr[120] eingesetzt. Diese Vormundschaft wurde allerdings später beendet (VII Nr. 198).

Darüber hinaus kommen noch weitere lateinische bzw. vom Lateinischen abgeleitete Wör-
ter vor: mit Suffix eingedeutschte Verben (*ratificiren, renuntiren, referieren, deferieren, quittieren,
protestiren*), das von *„hypotheca"* abgeleitete Verb *„hypotheciren"*; akademische Grade (*baccalarius,
magister, licentiatus, doctor*) und die Position oder den Stand betreffende Ausdrücke (*procurator,
patronus, administrator, partei, notarius, sindicus, probist, prior, senior*). Unter anderem für Juristen
interessant sind *notarius, sindicus* oder *procurator*. Darüber hinaus wurden mehrere Rechtstermini
in eingedeutschter oder ihrer ursprünglichen Form (*clausula, compensatio, instrument, testament,
contract*) verwendet. Ansonsten findet man auch allgemein lateinische Ausdrücke (*clausula, co-
pia, marginus, person*) oder sogar eine lateinische Wendung (*in quantam de jure*) in einem Fall, in
dem ein Angehöriger einer kirchlichen Institution auftritt.

Solche lateinische Wörter wurden öfters neben einen damit verbundenen deutschen Begriff
gestellt, z. B.: *anwalt(-schaft)* und *procurator, eynsetzen* und *ypoteciren, vorpfenden* und *ypoteciren,
vorwilligunge* bzw. *beredunge* und *contract* u. a.

Das Wort *„testamentarii"*, das in den vorangehenden Büchern auftauchte, kommt nicht mehr
vor. Aber *„testament"* finden wir auch in diesem Buch ((1502) Nr. 183: *in testamenz weyße in
gotz ere*). Ansonsten erscheint dieser Begriff bei der Verfügung von Todes wegen (mit Zusatz),
die durch den bereits mehrfach genannten *Jacobus Fuhr* vorgenommen wurde.

Diese Verwendung lateinischer Worte hängt wohl mit der Zunahme gelehrter Stadtbewoh-
ner zusammen. In mehreren Fällen, in denen Latein vorkommt, waren Persönlichkeiten mit
akademischen Grad oder aus geistlichen Institutionen beteiligt.

2.3.6.   Verbreitung der Schriftlichkeit

Ursprünglich spielte vor dem „Gericht auf dem Berg" die Anwesenheit der Parteien eine essentiel-
le Rolle. Dies zeigt auch die Tatsache, dass die meisten Eintragungen mit einer Beschreibung der
Erscheinung der Parteien beginnen. Aber das Vordringen und die Verbreitung der Schriftlichkeit
wirkten sich auch auf das Verfahren vor diesem Gericht aus: unterschiedliche Schriftstücke (*brief,*

---

[120] Er immatrikulierte sich im Sommer 1478 in Leipzig und bemühte sich im Winter 1480 um *baccalarius*. Matr.Leip-
zig S 1478 S13 (*Iacobus Fur de Hallis*); W 1480 (II 271: *phil. Baccalauriandus, Iacobus Fúr de Hallis*).

Einleitung

instrument u. a.) wurden dem Gericht vorgelegt. Mehr und mehr Parteien bedienten sich dieser Dokumente. Auch bei der Verhandlung vor Gericht wurde geschriebenen Tatsachen immer mehr Bedeutung beigemessen. Dies galt auch für die Berufung auf das Schöffenbuch. Passenderweise wurde nach einer Schlichtung gesagt: *„zu warer vrkunde ist solliche vorberurte vereynigte verwilligung, in der hern scheppen buch, zu gutem gedechtnis verczeychent worden"* (VII Nr. 516). In dieser Hinsicht ist eine Eintragung sehr interessant (VII Nr. 184). Hier bekannte der Schöffenschreiber seinen Fehler in der „ich"-Form und fügte hinzu, dass er diesen selber korrigierte: er schrieb ursprünglich 100 Gulden als Betrag für die Leibzucht, aber fügte später noch 50 Gulden hinzu. Dies schrieb er zuerst als Randbemerkung, aber machte danach in derselben Eintragung am Schluss darauf aufmerksam, dass diese Randnotiz keine unrechtmäßige Verfälschung sei. Auch aus dieser Episode kann man folgern, dass das Schöffenbuch selbst in der Praxis als Beweismittel verwendet wurde.

In diesem Buch findet sich auch die Verwendung des Notariatsinstruments[121]. Die Nutzung der Schriftstücke hängt mit der Nutzung des Schultheißenhofs zusammen. Das Verfahren vor dem Schultheißenhof wurde in der Regel nachträglich durch das „Gericht auf dem Berg" nochmals mittels eines fiktiven Verfahrens „als ob es vor dem gehegten Ding geschehen wäre" bestätigt und seine Rechtswirksamkeit anerkannt. Auch hierin zeigt sich die feste Stellung, die das „Gericht auf dem Berg" in der Stadt einnahm. Gleichzeitig lässt dies erkennen, dass die juristische Technik der Fiktion in der Rechtspraxis vor dem hallischen Stadtgericht fest verwurzelt war.

Neben dem vorliegenden Schöffenbuch waren in der Stadt noch weitere Register und Bücher vorhanden. Die privatrechtlichen Angelegenheiten der Bürger wurden in der Regel in das Schöffenbuch eingetragen. Aber *gabe* oder Bekenntnis der Schuld, die eigentlich das Berg-Gericht betrafen, konnten auch *„aus vergesseheyt"* im *„pfar buch"* eingetragen werden (VII Nr. 496). Ansonsten gab es das Buch des Schultheißenhofs, welches im Folgenden behandelt wird.

2.3.7. Schultheißenhof

Was bei den Aufzeichnungen des siebten Buches, genauer gesagt ab 1501, besonders auffallend ist, ist, dass der Schultheißenhof (*schultheißenhof, vor dem schultheißen*) immer häufiger erwähnt wird (ca. 40 Eintragungen). Schon in den vorangehenden Büchern wurde der Schultheißenhof aufgesucht, aber in etwas anderer Form. Die Verhandlungen vor dem Schultheißenhof wurden, zumindest soweit sie im siebten Schöffenbuch aufgenommen wurden, in der Regel von dem „Gericht auf dem Berge" nachträglich bestätigt, und für rechtsgültig und wirksam erklärt, als ob sie von Anfang vor diesem Gericht erfolgt wären.

---

[121] VII, Nr. 187: *in form eyns offenbaren instruments durch* [...] *notaren confitirt.*

So wie das von Schultheiß und Schöffen besetzte „Gericht auf dem Berg" das Schöffenbuch führte, führte der Schultheißenhof ein eignes Buch (*schultheißenbuch, schultheißenregister, schultheisenhofregister*). Dieses Schultheißenbuch wurde auch bei Verhandlungen vor dem „Gericht auf dem Berg" als Beweismittel herangezogen. Der Inhalt dieses Buchs wurde in den meisten Fällen bestätigt, und es wurde erklärt, dass das betreffende Rechtsgeschäft „so gute Kraft und Macht hat, als ob es vor gehegtem Dinge geschehen wäre" (Nr. 334). Aber warum Parteien überhaupt zuerst den Schultheißenhof aufsuchten, obwohl sie letzten Endes beim Gericht auf dem Berg dasselbe Rechtsgeschäft nachträglich bekräftigen ließen? Einer der Gründe dafür könnte in der einfacheren Zugänglichkeit des Schultheißenhofs liegen. Der Schultheißenhof war wohl bequemer als das gehegte Ding, welches nur einmal alle zwei Wochen stattfand.[122]

In einigen Fällen begann die Verhandlung nicht vor dem gehegten Ding, sondern vor dem Schultheißenhof. Dabei erfolgte das *bot* beim Schultheißenhof, danach wurde die Sache an das gehegte Ding übertragen und dort weiter behandelt. In diesem Fall kam es entweder zu einer *fronung* (Nr. 265, 267, 275, 281) oder einer *weisung* (Nr. 157, 159, 238), wie auch in den gewöhnlichen Verfahren vor dem gehegten Ding üblich.

Die Vorgangsweise, dass das vor dem Schultheißenhof vorgenommene Rechtsgeschäft nachträglich — „als ob es vor dem gehegtem Ding geschehen wäre" — rechtskräftig bestätigt wurde, ist auch für Fälle belegt, in denen das Rechtsgeschäft außerhalb des Dings in Anwesenheit von einem Schöffen und einem Fronboten vorgenommen wurde (Nr. 180).

Bei Nr. 517 erschien ein Bürger vor dem gehegten Gericht und ließ sein vor dem Schultheißenhof vorgenommenes Rechtsgeschäft, nämlich die Bevollmächtigung zur Prozessführung gegen einen Leipziger, bestätigen, in der Weise, dass es *„so volkomene crafft vnd macht habe, als ob die vor gehegtem dinge geschen were"*. Das Ergebnis dieses Prozesses gegen den Leipziger ist nicht überliefert, wohl weil dies außerhalb der Stadt (möglicherweise in Leipzig) geschah.

Während der vom siebten Buch umfassten Periode nahm die Nutzung des Schultheißenhofs zu. Aber das Verfahren vor dem Schultheißenhof schien eine vorläufige Maßnahme zu sein, weshalb eine Bestätigung und Stärkung der Wirksamkeit durch ein öffentliches Gerichtsverfahren vor dem gehegten Ding in Anwesenheit eines Richters (Schultheiß) und der Schöffen erfolgte. Somit trug der Schultheißenhof dazu bei, Rechtssicherheit in der Stadt zu gewährleisten.

2.3.8. Häufige Gerichtsbesucher

Die meisten Namen kommen nur ein- oder zweimal vor. Einigen Namen begegnet man im siebten Buch häufiger. Beispielsweise kommt ein gewisser *Lorezn Prellewitz* im Jahr 1484 insgesamt 14 Mal vor, und zwar immer als Kläger. Etwas anders verhält es sich mit *Veit Bolze* (der 16 Mal,

---

[122] Nach SCHRANIL [Fn. 13], S. 279 f., fand die Gerichtstätigkeit des Schultheißen täglich in seinem Hause, ohne Schöffen und ohne Gerichtsschreiber statt.

darunter 14 Mal als Vormund auftritt), *bacc. Jacobus Fuhr* (32 Mal), *Bartholomeus Lam* (18 oder 19 Mal). Gemeinsam ist diesen Persönlichkeiten, dass sie nicht selbst Prozesspartei waren, sondern den Prozess für jemand anderen führten. Sie waren Vormund, wobei sie entweder auf Bitten von Privaten oder einmal sogar auf Bitte des Schultheißen bestellt wurden (z. B. VII Nr. 229).

Im siebten Buch ist auffällig, dass immer mehr Graduierte auftreten, wie beispielsweise *Jacobus Fuhr*. Er studierte ab 1478 in Leipzig und erlangte dort 1480 das Bakkalaureat.[123] Seine Tätigkeit als prozessualer Vormund in Halle ist erst ab 1501 belegt. Bei einer Eintragung ging es um eine relativ umfassende Rechtsübertragung von einer Frau an die Stadt (VII Nr. 363). Ihr Mann war Magister *Busso Blumen* und gab ihrem Rechtsgeschäft seine Zustimmung. Dabei wurde häufig besagter Bakkalaureus *Jacobus Fuhr* als *vormund* bestimmt. *Bartholomeus Lam* wurde nach den Angaben der Neubürgerliste 1498 als Bürger aufgenommen.[124] *Johann Schantz*, Doktor beider Rechte[125], war vom 1492 bis zum seiner Tode (1509) Stadtsyndikus[126], und trat unter anderem bei einem wichtigen Rechtsgeschäft in Erscheinung (VII Nr. 182). Die Kenntnisse dieser Persönlichkeiten spielte vor Gericht wohl eine gewisse Rolle.

Ulrich Vogt war als Salzgraf für das Talgericht zuständig. Aber als Bürger erschien er auch vor dem „Gericht auf dem Berg", allerdings als *vormund*. Dabei spielten wohl nicht nur das Ansehen aufgrund seines Amtes, sondern auch seine Kenntnis als Lizentiat eine Rolle dafür, dass er bei einem Rechtsgeschäft mit dem Rat zu Halle hinzugezogen wurde (VII Nr. 388, 389). Der andere *vormund*, der dabei bestellt wurde, war ein gewisser *Lucas Beyer*. Auch er erschien vor Gericht, nicht als Partei, sondern als Vormund (VII Nr. 222, 388, 398) bzw. beisitzender Zeuge (VII Nr. 182) bei wichtigen Rechtsgeschäften.

Außer seiner Rolle als *vormund* erschien er einmal vor Gericht, um mit seiner Ehefrau wechselseitig eine Verfügung von Todes wegen vorzunehmen (VII Nr. 400). Hier tauchen einige lateinische Begriffe auf. Außerdem stützte er sich auf das Schöffenbuch. (Allerdings ist der damit zusammenhängende Eintrag nicht zu finden. Die diesbezüglichen Informationen wurden in einen verschollenen Teil des Schöffenbuchs eingetragen). In ihrer Ausführlichkeit gestaltet sich diese Eintragung etwas anders als vergleichbare zu anderen derartigen Schenkungen. Dies hängt wohl mit seiner Tätigkeit und seinen Kenntnissen zusammen.

---

[123] Matr.Leipzig I, S. 313 (S 13): *Iacobus Für de Hallis*; II, S. 271 [10. März 1481] *bacc. Iacobus Für de Hallis.*

[124] „*Senatus Hallensis*" [Fn. 10] fol. 99v [1498] *Bartelmes Lam dt. 3 Rfl.*

[125] Auch *Schoenitz* genannt. Matr.Leipzig I, S. 335 (W 1482, S6) *Iohannes Schantz de Hallis*; II, S. 40 (*iur. utr. bacc.*), S. 39 (*iur. utr. lic.*), S. 37 (*iur. utr. dr.*) 1508–09 *ordinarius*; Festschrift zur Feier des 500 jährigen Bestehens der Universität Leipzig. Bd. II, Leipzig 1909, S. 115, No. 9, S. 125, No. 40.

[126] DREYHAUPT [Fn. 2], II, S. 348.

78   Die Hallischen Schöffenbücher.

3. Editionsgrundsätze

3.1. Text

Ausgehend von der oben dargestellten Forschungsgeschichte sowie unter Berücksichtigung von Hertels Edition beruht die vorliegende Ausgabe auf folgenden Grundsätzen.[127]

Die Hallische Schöffenbücher sind nicht nur eine wichtige Quelle für die Rechtsgeschichte, sondern auch für Regionalgeschichte von großer Bedeutung. Wie die zahlreichen linguistischen Forschungsarbeiten zeigen, stellt diese Quellengattung auch für die Sprachwissenschaft, vor allem für die Sprachgeschichte, einen bedeutenden Korpus dar. In der vorliegenden Ausgabe wurde deswegen versucht, die Handschrift möglichst buchstabengetreu wiederzugeben.

Die am Rande stehenden Initialen wurden weggelassen. Stattdessen wurden alle Eintragungen nummeriert (mit 1, 2, ...). Diese Nummern sollen das Nachschlagen erleichtern. Diejenigen Eintragungen, die in der Handschrift durchgestrichen sind oder abrupt abbrechen, werden mit einer diesbezüglichen Anmerkung wiedergegeben. Verweise auf zusammenhängende Eintragungen erfolgen in Anmerkungen.

Die Eintragungen wurden gemäß den genannten Prinzipen möglichst buchstabengetreu transkribiert. Deswegen werden auch Konsonantenhäufungen unverändert übernommen. Solche Häufungen sind besonders dann zu beobachten, wenn rundes s (s), lange s (ſ) und z mit Unterschlinge (ʒ) zusammentreffen. In der Handschrift wurden die Buchstaben s, ſ, ʒ und ß anscheinend entsprechend bestimmten Regeln unterschiedlich verwendet. Aber anderseits wurde gelegentlich ein großes S in der Mitte der Eintragung statt eines langen s (ſ) gebraucht (*Sechs* statt *ſechs*), insofern wurde die Regel nicht genau befolgt. Bei der vorliegenden Ausgabe werden „s" und „ß" verwendet, während ſ und ʒ nicht verwendet werden. Aus diesem Grund kommt an manchen Stellen „sß" vor (wo in der Handschrift *ſß* und bei Hertel *ssz* steht).

Hinsichtlich der Buchstaben, die sowohl konsonantisch als auch vokalisch verwendet werden können, nämlich u/v, u/w, ij/y, wurden keine Korrekturen vorgenommen, sondern sie unverändert übernommen (*vnde* statt *unde*). Umlaute werden mittels eines hochgestellten „e" oder „o" wiedergegeben (ú, ó usw.), während die nur als Unterscheidungsmerkmal gesetzten Zeichen weggelassen werden (bei u/n; ű, ŭ usw.).

---

[127] Die sogenannten „Hallischen Regeln" (JOHANNES SCHULTZE, Richtlinien für die äußere Textgestaltung bei Herausgabe von Quellen zur neueren deutschen Geschichte, in: Blätter für deutsche Landesgeschichte. Neue Folge des Korrespondenzblattes 98 (1962), S. 1–11.) wurden hier nicht immer umgesetzt. Vgl. auch FRIEDRICH EBEL (Hg.), Magdeburger Recht. Bd. I, Die Rechtssprüche für Niedersachsen (= Mitteldeutsche Forschungen 89/1), Köln / Wien 1983, S. XVII ff.

Einleitung

Bei den Zahlwörtern wird den Hertelschen Richtlinien gefolgt. Dementsprechend werden auch längere Numerale wie *virundeczwenczig* beibehalten. Sofern für groschen (gr.) oder pfennig (₰) Zeichen verwendet wurden, wurden diese beibehalten. Das gilt auch für gulden (fl.). Allerdings schrieben die Schreiber fallweise die Währungseinheit gulden ohne Abkürzung (gulden), mit Abkürzung (flor.) oder mit Sonderzeichen (*ß*). Dies wird jeweils so wiedergeben, wie es in der Handschrift erscheint. Hertel hat für gr. (*gᵉ*) immer groschen verwendet. Aber in der Handschrift wurde nicht nur *groschen*, sondern auch *großchen, grosschen, großßen* verwendet. Der vorliegende Band folgt dem nicht; es erfolgt daher keine Vereinheitlichung wie in Hertels Edition. Die Zeichen, auf die Hertel aus technischen Gründen verzichtete, nämlich *ꝟ* (v mit Schrägstrich) *ɉ* (j mit Querstrich), werden im vorliegenden Band wiedergegeben. Großbuchstaben werden nur bei Eigennamen wie Personen- oder Ortsnamen verwendet. Konsonantenhäufungen am Wortanfang (*ff* usw.) werden ebenfalls beibehalten (*ffrederich → Ffrederich*). Zusammengeschriebene Präpositionen oder Adverbien werden nach modernen Gebrauch stillschweigend verbessert und getrennt, wenn sie keine Präfixe sind (*zcu thun unde zcu laßen* statt *zcutuhn unde zculaßen*).

Die zwischen Zeilen oder am Rande geschriebene Nachträge bzw. Korrekturen sind in spitze Klammern ⟨ ⟩ gesetzt. Fehler, die mit Unter- oder Durchstreichen gekennzeichnet sind, wurden stillschweigend verbessert, falls sie nicht besonders bemerkenswert sind. Dittologien oder grammatikalisch fragwürdige Stellen sind mit Ausrufezeichen (!) gekennzeichnet bzw. werden in der Fußnote vermerkt.

3.2. Register

Der vorliegende Band ist mit drei verschiedenen Registern (Namensregister, Topographisches Register sowie Sach- und Wortregister) ausgestattet. Hertel schrieb in seiner Einleitung zu Teil I, dass er nach Vollendung seiner Arbeit ein Glossar für die gesamte Veröffentlichung plant. Aber dies wurde nicht verwirklicht. Allerdings sind die zeitlichen Abstände zwischen den Bänden relativ groß, so dass es sehr schwer scheint, alles in nur einem Glossar zusammenzufassen. Aus diesem Grund wurde auch bei diesem Band darauf verzichtet. Die Register wurden daher für jedes Buch gesondert erstellt, da alle Bücher in sich abgeschlossen sind.

Beim Namensregister wurden die Namen möglichst buchstabengetreu von der Handschrift übernommen. Soweit Frauennamen aus Mannesnamen und dem Suffix *-in* / *-yn* bestehen, sind sie in ihrer ursprünglichen Form aufgenommen. Ansonsten werden Frauennamen, sowohl separat unter ihrem eigenen Namen (z. B. unter dem Stichwort „Margarete"), als auch bei dem zugehörigen Ehemann oder Sohn verzeichnet, denn in meisten Fälle tauchen solche Namen in Zusammenhang mit den Familien auf. Wenn aus den Aufzeichnungen eine Wiederverheiratung

80   Die Hallischen Schöffenbücher.

hervorgeht, wird diese vermerkt. Zu den Namen in den Schöffenbüchern sind die Erläuterungen
bei Hertel[128] sehr aufschlussreich.

Beim Topographischen Register betreffen die meisten Eintragungen Halle. Nur selten kom-
men anderen Örtlichkeiten, wie Leipzig oder Magdeburg, vor. Ferner finden sich in den Schöffen-
büchern viele Ortsnamen aus Halle und Umgebung. Straßen- und Häusername sowie weltliche
und geistliche Institutionen sind in diesem Register angeführt.

In das Sach- und Wortregister wurden möglichst viele Gegenstände und Stellen aufgenom-
men. Unter Berücksichtigung des möglichen Beitrags zur rechtshistorischen Forschung werden
dort auch formelhaften Wendungen aufgenommen. Hertel legte nicht so großer Wert auf die
formelhaften, sehr häufig verwendeten Wörter und Wendungen.[129] Aber auch diese Ausdrücke
sind genauso wichtig wie jene, die nur ein- oder zweimal verwendet wurden. Selbst die Tat-
sache, dass sie so oft verwendet wurden, zeigt ihre Wichtigkeit. Bei Rechtsgeschäften wurden
neben der Nummer der betreffenden Eintragung auch der Verfahrensgegenstand und die jeweili-
ge (*fronung*, *aus-* und *einweisung*, *festung*, *medeban*, usw.) vermerkt. Dies geht über den normalen
Umfang eines Sachregisters hinaus, aber ist sicherlich für den Verwender hilfreich.

Zum besseren Verständnis des Quellentextes, vor allem des siebten Buches, wird eine Liste der
Bürgermeister und Ratsherrn von 1473 bis 1505 als Beilage II angefügt.[130]

---

[128] HERTEL, Theil II, S. 476–489: Beilage „Ueber die Hallischen Bürgernamen und Vornamen".
[129] HERTEL, Theil I, Einleitung, S. XXXV.
[130] Vgl. Fn. 10.

附録

BEILAGE

I. Konkordanz der Editionen

Jahr	Dreyhaupt	Hertel	Sato
Aus dem 1. Buch			
1266	1	I Vorrede	-
1275	2	I 157	-
	3	I 236	-
	4	I 363	-
1296	5	I 594	-
	6	I 595	-
	7	I 596	-
	8	I 597	-
	9	I 731 (!)	-
	10	I 730 (!)	-
	11	I 732	-
	12	I 741	-
	13	I 829	-
	14	I 904	-
	15	I 905	-
	16	I 906	-
	17	I 907	-
	18	I 910	-
	19	I 929	-
	20	I 931	-
	21	I 932	-
	22	I 933	-
1318	23	I 937	-
	24	I 990	-
	25	I 992	-
	26 {	I 1027	-
		I 1028	-
	27	I 1091	-
	28	I 1342	-
	29	I 1345	-
	30	I 1347	-
	31	I 1360	-

Jahr	Dreyhaupt	Hertel	Sato
Aus dem 2. Buch			
	32	II 187	-
	33	II 286	-
	34	II 345	-
	35	II 352	-
Aus dem 3. Buch			
	36	III 151	-
	37	III 154	-
	38	III 273	-
	39	III 476	-
	40	III 477	-
	41	III 478	-
	42	III 479	-
	43 {	III 587	-
		III 590	-
1367	44	III 616	-
	45	III 617	-
	46	III 618	-
	47	III 619	-
	48	III 727	-
1371	49	III 768	-

I. Konkordanz

Jahr	Dreyhaupt	Hertel	Sato
Aus dem 4. Buch			
1429	50*	-	-
	51	IV^1 22	-
1387	52	IV^1 66	-
1389	53	IV^1 104	-
	54	IV^1 131	-
1390	55	IV^1 152	-
1391	56	IV^1 198 (!)	-
	57	IV^1 169 (!)	-
1393	58	IV^1 254	-
1396	59	IV^1 346	-
1397	60	IV^1 409	-
1400	61	IV^1 532	-
	62	IV^1 533	-
1401	63	IV^2 14	-
1402	64	IV^2 102	-
	65	IV^2 114	-
	66	IV^2 158	-
1404	67	IV^2 168	-
1405	68	IV^2 264	-
1406	69	IV^2 287	-
1411	70	IV^2 550	-
1412	71	IV^2 636	-
1415	72	IV^2 830	-
	73	IV^2 849	-
1418	74	IV^2 1209	-
1419	75	IV^2 1326	-
1421	76	IV^2 1494	-
	77	IV^2 1563	-
1423	78	IV^2 1710	-
1423	79	IV^2 1755	-
	80	IV^2 1756	-
	81	IV^2 1758	-
	82	IV^2 1778	-

Jahr	Dreyhaupt	Hertel	Sato
Aus dem 5. Buch			
1425	83	V 14	-
	84	V 57	-
	85	V 123	-
	86	V 144	-
	87	V 243	-
	88	V 246	-
	89	V 321	-
	90	V 362	-
1430	91	V 402	-
	92	V 498	-
	93	V 619	-
	94	V 695	-
1433	95	V 829	-
	96	V 842	-
1435	97	V 1107	-
1436	98	V 1272	-
1437	99	V 1645	-
	100	V 1749**	-
1453	101	V 2338	669
1455	102	-	1177
Extract aus dem Gerichtsbuch de Ao. 1494			
1499	103	-	-

*   vgl. PFEIL, Katalog I, S. 40.

**   [*dy sache vszcustehne, biß vff das recht zcu gebene vnd zcu nemene.*] fehlt.

IV^1 : HERTEL, Theil I, bis 1400.

IV^2 : HERTEL, Theil II, vom 1401.

II. *„Senatus Hallensis"*
(Vgl. die Einleitung)

Bürgermeister und Ratsherren
ab 1473 bis 1505.

1473

1) Mattis Pegaw vnd 2) Hanß Loub Rathsmeistere.

3) Hans Schmedt.

4) Baltzar Aldenburg.

5) Grolius Kober.

6) Lorentz Holtzappel.

7) Valentin Ketz.

8) Claus Hoppener.

9) Nickel Kattʒsch.

10) Michel Seidenschwantz.

11) Paul Fleischauer.

12) Mattis Brandis. ‖

13) Nicklaus Zellin.

14) Vester Breßewitz.

15) Fritz Schaff.

16) Hans Meister.

17) Ciliax Eldiste.

18) Mattis Wigant.

19) Hans Korsener.

20) Hans Hauwensblumler.

21) Jacoff Zimmerman.

22) Peter Flogel.

23) Asmus Bintuff.

24) Peter Baltzer.

25) Jacoff Schaffkopff.

26) Baltzar Beier.

27) Wentzlau Koch.

Magistri foncium:

28) Bendictus Polgke.

29) Drewes Fischer.

30) Sander Drackenstet.

1474

1) Mattes Spittendorff vnd 2) Hans von Hederssen Ratsmeistere.

3) Bastian Grunheide.

4) Hans Wale.

5) Hans Busse.

6) Carl von Einhusen.

7) Steffan Vrbach.

8) Peter Fure.

9) Hans Bernroth.

10) Heinrich Rule.

11) Caspar Moller.

12) Glrius Wünzschk. ‖

13) Peter Schaffkopff.

14) Jurge Selle.

15) Merten Bule.

16) Peter Meffer.

17) Burchart Schiemeister.

18) Claus Cuntzman.

19) Peter Petzsch.

20) Bernt Schenckel.

21) Simon Leskau.

22) Nickel Jsenberg.

23) Sixtus Ruhel.

24) Glorius Moller.

25) Jacoff Kloß.

26) Peter Schlesiger.

27) Burckhart Fust.

Magistri fontium:

28) Claus Schaffstedt.

29) Lorentz von Ruden.

30) Peter Spiß.

II. „*Senatus Hallensis*"   85

1475

1) Hans Klucke vnd 2) Hans Selle Rathsmeistere.

3) Cosmus Quetz.

4) Heine Brachstede.

5) Claus von Jhene.

6) Peter Nueman.

7) Hentze Richart.

8) Jhan Kumpen.

9) Jacoff Weissack.

10) Peter Sanderman.

11) Brosius Zschelschen.

12) Claus Kuntze. ‖

13) Drewes Schlegel.

14) Ludecke Relenung.

15) Thomas Stoyan.

16) Hans vs der Môl.

17) Curdt Hacke.

18) Mattis Benne.

19) Alexius Lissau.

20) Nickel Plesse.

21) Peter Kocher.

22) Hans Oswalt.

23) Donat Trebickau.

24) Vester Stugke.

25) Hans Ruel.

26) Ciriacus Klingeros.

Magistri fontium:

27) Albrecht Schaffstete.

28) Thomas Dugaw.

29) Heinrich Greffe

1476

1) Hans Laub vnd 2) Jacoff Schaffkopff Rathsmeistere.

3) Glorius Kober.

4) Johan Meister.

5) Paul Fleischauer.

6) Merten Zinneler.

7) Gebhart Bichling.

8) Nickel Paul.

9) Jurge Jsenberg.

10) Hans Schadelach.

11) Brun Lutze.

12) Lorentz Benne ‖

13) Vester Bresewitz.

14) Nicolaus Zelschen.

15) Steffan Mittag.

16) Ciriacus Eldiste.

17) Michel Sidenschwantz.

18) Claus Hunt.

19) Peter Baltzer.

20) Jacoff Zimmerman.

21) Merten Bufenleben.

22) Michel Schuman.

23) Mattis Kost.

24) Heinrich Luder.

25) Paul Zeshwitz.

Magistri fontium:

26) Paul Wittenberg.

27) Jahr Brantze.

28) Rudolff Hacke.*

* *Jn diesem Jahre haben abgehoben zu sitzen zwene neue Bornmeister, einer von den Jnnungen, der ander von der Gemeine, nach laute der vsgesatzten Reformation.*

1477

1) Hans von Hedersen vnd 2) Carl von Einhusen Ratsmeistere.

3) Nickel Katzsch.

4) Steffan Vrbach.

5) Simon Leskau.

6) Caspar Moller.

7) Hans Kirstan.

8) Heinrich Ruele.

9) Otto Wogaw.

10) Glorius Wuntzsch.

11) Moritz von Gubin.

12) Burckhart Rudel ‖

13) Peter Schaffkopff.

14) Jurge Selle.

15) Jacoff Kloß.

16) Peter Messer.

17) Claus Cuntzman.

18) Hans Nytner.

19) Peter Petzsch.

20) Curt Zwentzig.

21) Hans Bantzsh.

22) Hans Oswalt.

23) Ambrosius Krafft.

24) Andres von Ende.

25) Hans Berger.

26) Jacoff Fochs.

27) Burchart Fust.

Magistri fontium:

28) Claus Polgke.

29) Günter Wagau.

30) Burckhart Schuler.

1478

1) Jacoff Weissack vnd 2) Mattes Benne Rathsmeistere.

3) Vester Stucke.

4) Nickel Jsenberg.

5) Peter Sanderman.

6) Brosius Zschelschen.

7) Glorius Moller.

8) Hans Rule.

9) Burchart Trinckus.

10) Hans Molbeck.

11) Peter Heilligman.

12) Heintze Kunath ‖

13) Ludecke Kebening.

14) Drewes Schlegel.

15) Thomas Romer.

16) Jhan Kumpan.

17) Sixtus Rule.

18) Heinrich Richart.

19) Claus Cuntze.

20) Allexius Lyskau.

21) Peter Kober.

22) Merten Buermeister.

23) Bernt Schenckel.

24) Donat Trebickau.

25) Jurge Gotze.

26) Peter Pfeffer.

27) Peter Mebis.

1479

1) Jacoff Schaffkopff vnd 2) Paul Fleischauer Ratsmeistere.

3) Hans Selle.

4) Nickel Plesse.

5) Claus Hunt.

6) Peter Baltzer.

7) Jurge Jsenberg.

8) Hans Schaub.

9) Paul Doring.

10) Glorius Bantzsch.

11) Claus Laub.

12) Hans Ranyß ‖

II. „*Senatus Hallensis*"

13) Jacoff Vogeler.
14) Merten Bufenleben.
15) Steffan Mittag.
16) Jacoff Zimmerman.
17) Michel Seidenschwantz.

18) Ciriacus Eldiste.
19) Titzel Hynternayl.
20) Paul Zscheschwitz.
21) Mattes Wagk.
22) Burckhart Tichman.

23) Thomas Oswalt.
24) Kilian Burmeister.
25) Simon Schweim.
26) Jurge Zyme.

1480

1) Hans Hedersen vnd 2) Jacobus Kloß Rathsmeistere.

3) Steffan Vrbach.
4) Peter Meffer.
5) Merten Zinler.
6) Glorius Wuntzsch.
7) Curdt Zwentzig.
8) Hans Ratenau.
9) Galle vom Hain.
10) Clemen Puderwein.
11) Marcus Hentzshel.
12) Peter Doring ‖

13) Hans Bantzsch.
14) Jurge Selle.
15) Hans Nythener.
16) Heinrich Rule.
17) Claus Kuntzman.
18) Brosius Krafft.
19) Michel Schuman.
20) Jacoff Fochs.
21) Simon Richter.
22) Hans Schadelach.

23) Mattis Kale.
24) Thomas Rueß.
25) Bartelmeus Meier.
26) Burckhart Fust.
27) Hans Ode.

1481

1) Jacoff Wissack vnd 2) Mattes Benne Rathsmeistere.

3) Ludeke Rebelinck.
4) Vester Stucke.
5) Hans Rule.
6) Peter Sanderman.
7) Hentze Richart.
8) Hans Molbek.
9) Donat Trebickau.
10) Claus Hentze.
11) Hans Nail.
12) Hans Zschei ‖

13) Drewes Schlegel.
14) Thomas Romer.
15) Jhan Kumpan.
16) Merten Buermeister.
17) Peter Mebis.
18) Peter Heilligman.
19) Galle Brime.
20) Bernt Schenckel.
21) Heintze Kunoth.
22) Jurge Gotzsche.

23) Lorentz Furster.
24) Peter Pfeffer.
25) Nickel Ziegenmarck.
26) Merten Furster.
27) Hanß Jsenberg.

1482

1) Jacoff Schaffkopff vnd 2) Paul Fleischauer Ratsmeistere.

3) Hans Zelle.

4) Jacoff Zimmerman.

5) George Jsenberg.

6) Ciriacus Eldiste.

7) Burckhart Teichman.

8) Mattes Wagk.

9) Simon Schweim.

10) Kilian Baurmeister.

11) Jheronimus Barth.

12) Jacoff Wilcke ‖

13) Jacoff Vogeler.

14) Merten Bufenleben.

15) Hans Mackewitz.

16) Burckhart Schuler.

17) Glorius Bantzsch.

18) Mattes Pfoel.

19) Hans Schaup.

20) Peter Petzsch.

21) Drewis Gumprecht.

22) Valentin Potenitz.

23) Peter Kober.

24) Clemen Numan.

25) Nickel Lesche.

26) Hans Ziegenmarck.

27) Heinrich Hesse.

1483

1) Jacoff Kloß vnd 2) Johan de Hedersen Rathsmeistere.

3) Hans Niethener.

4) Peter Meffer.

5) Rule Hacke.

6) Glorius Wuntzschk.

7) Hans Ratenaw.

8) Sander Nuendorff.

9) Marcus Hentzschel.

10) Peter Weideman.

11) George Meinhart.

12) Wilhelm Vntzer ‖

13) Hans Bantzsch.

14) Merten Zinneler.

15) Heinrich Rule.

16) Steffan Vrbach.

17) Lodewig Oswalt.

18) Niclaus Nuwert.

19) Galle vom Hayne.

20) Michel Schuman.

21) Ciriacus Eckart.

22) Hans Schadelach.

23) Hans Ode.

24) Simon Richter.

25) Brosius Krafft.

26) Claus Welckau.

27) Burckhart Fust.

1484

1) Mattis Benne vnd 2) Thomas Romer Rathsmestere.

3) Hans Rule.

4) Ludicke Rebeling.

5) Hentze Richart.

6) Nickel Jsenberg.

7) Curdt Zwentzig.

8) Hans Molbeck.

9) Donat Trebickau.

10) Claus Hentze.

11) Hans Schei.

12) Greger Hertzog ‖

II. „*Senatus Hallensis*"

13) Peter Meles.
14) George Zelle.
15) Nicklaus Kuntzman.
16) Jhan Kumpan.
17) Drewes Tietze.

18) Hans Thobis.
19) George Gotzsche.
20) Peter Pfeffer.
21) Hans Baram.
22) Peter Doring.

23) Peter Osmünde.
24) Lorentz Furster.
25) Hentze Ziegenmarck.
26) George Kytz.
27) Vester Foltzsch.

1485

1) Jacoff Schaffkoff vnd 2) Paul Fleischauer Ratsmeistere.

3) Vester Stucke.
4) Jacoff Zimmerman.
5) George Jsenberg.
6) Mattias Wagk.
7) Bernt Schenckel.
8) Merten Buermeister.
9) Merten Furster.
10) Hans Ruchbarth.
11) Nickel Ziegenmarck.
12) Volckmar Ludewig ‖

13) Drewes Schlegel.
14) Merten Budenleben.
15) Hans Magkewitz.
16) Burckart Schuler.
17) Peter Nagel.
18) Glorius Bantzsch.
19) Valentin Potenitz.
20) Nickel Lesche.
21) Kilian Buermeister.
22) Hans Poppe.

23) Peter Petzsch.
24) Simon Sweim.
25) Kersten Abe.
26) Dionisius Luckart.
27) Heinrich Hesse.

1486

1) Hans Heddersen vnd 2) Jacoff Kolß Ratsmeistere.

3) Peter Meffer.
4) Heinrich Rule.
5) Steffan Vrbach.
6) Peter Heiligman.
7) Burckart Teichman.
8) Hans Ratenau.
9) Hentze Kunath.
10) George Meinhart.
11) Michel Hentze.
12) Kuntze Reiche ‖

13) Hans Bantzsch.
14) Claus Laub.
15) Clemen Nauman.
16) Hans Ziegenmarck.
17) Mattis Pfoel.
18) Hans Ode.
19) Galle vom Hayne.
20) Hans Schadelach.
21) Simon Richter.
22) Peter Weideman.

23) Nicklaus Schiltberg.
24) Hans Furster.
25) Martinus Espen.
26) Valentin Volmer.

Dies Jahr haben die Leine-
weber keinen Meister gehabt
habenn.

1487

1) Mattis Benne vnd 2) Claus Cuntzman Rathsmeistere.

3) Rule Hacke.
4) Hans Rule.
5) Nickel Jsenberg.
6) Claus Hentze.
7) Hans Molbeck.
8) Pete Osmunde.
9) Hans Zscheie.
10) Wilhelm Vntzer.
11) Claus Welchau.
12) Greger Hertzogk ‖

13) Michel Schuman.
14) Peter Mewis.
15) Jhan Kumpan.
16) Heintze Zigenmarck.
17) Hentze Reichart.
18) Donat Trebickau.
19) George Gotzsche.
20) Ludowig Oswalt.
21) Drewes Tietze.
22) Marcus Hentzshel.

23) Peter Doring.
24) Jhan Kemmerer.
25) Merten Law.
26) Drews Fischer.
27) Vester Foltzsh.

1488

1) Jacoff Schaffkopff vnd 2) Paul Fleischauer Rathsmeistere.

3) Vester Stucke.
4) George Jsenberg.
5) Merten Bubenleben.
6) Nickel Ziegenmarckt.
7) Kilian Burmeister.
8) Merten Furster.
9) Hans Ruchbart.
10) Jheronimus Barth.
11) Jacoff Gumprecht.
12) Peter Lehenman ‖

13) Drewes Schlegel.
14) George Zelle.
15) Curdt Zwentzigk.
16) Peter Petzsch.
17) Peter Nagel.
18) Bernt Schenckel.
19) Valtin Petenitz.
20) Dionisius Luckart.
21) Simon Sweim.
22) Hans Nagel.

23) Hans Sanderman.
24) Mats Heller.
25) George Lehesche.
26) Jochim Habelberg.
27) Heinrich Hesse.

1489

1) Hans Heddersen vnd 2) Jacoff Kloß Rathsmeistere.

3) Mattes Wagk.
4) Jacoff Zimerman.
5) Hans Furster.
6) Hans Ziegenmarck.

7) Hans Ratenau.
8) Kerstan Abe.
9) George Meinhart.
10) Peter Loche.

11) Michel Lose.
12) Simon Gottzsche ‖

II. „Senatus Hallensis"

13) Hans Bantzsch.
14) Peter Weideman.
15) Heinrich Rule.
16) Claus Loub.
17) Steffan Vrbach.

18) Burckhart Tichman.
19) Hans Baran.
20) Hentze Kunath.
21) Nickel Lesche.
22) Nicklaus Schiltberg.

23) Merten Espen.
24) Valenten Volmar.
25) Hans Ode.
26) Wentzlau Kunrbuch.
27) Hans Prentin.

1490

1) Mattes Benne vnd 2) Claus Cuntzman Ratsmeistere.

3) Hans Rule.
4) Nickel Jsenbergk.
5) Claus Hentze.
6) Drewes Fischer.
7) Heintz Ziegenmarckt.
8) Hans Zceyge.
9) Greger Hertzog.
10) Cuntze Reiche.
11) Blesius Roltzsch.
12) Drewes Baum. ‖

13) Peter Mewis.
14) Michel Schuman.
15) Johan Kompan.
16) Peter Heiligman.
17) Mattis Pfoel.
18) Donat Trebigkau.
19) Jacoff Fochs.
20) Drewes Tietze.
21) Merten Lawe.
22) Lorentz Forster.

23) Hans Schadelach.
24) Galle vom Hain.
25) Peter Doring.
26) Simon Richter.
27) Hans Jsenberg.

1491

1) Paul Fleischauer vnd 2) George Selle Ratsmeistere.

3) Curt Kritz.
4) Nickel Ziegenmarckt.
5) Kilian Baurmeister.
6) Sander Nauendorff.
7) Jacoff Gumprecht.
8) Hans Ruchbart.
9) Hans Ranis.
10) Thomas Wingkler.
11) Blesius Mennichen.
12) Clemen Schultze ‖

13) George Jsenberg.
14) Drewes Schlegel.
15) Merten Furster.
16) Paul Brun.
17) Curdt Zwentzig.
18) Valtin Pottenitz.
19) Hans Sanderman.
20) Marcus Hentzschel.
21) Simon Sweime.
22) Greger Winckeler.

23) Peter Botticher.
24) Brictius Roytzsch.
25) Marcus Peters.
26) Peter Lehenman.
27) Heinrich Hesse.

1492

1) Hans Heddersen vnd 2) Jacoff Kloß Rathsmeistere.

3) Jacoff Zimerman.

4) Mattes Wagk.

5) Bernt Scheneckel.

6) Paul Doring.

7) Nicklaus Schiltberg.

8) Hans Furster.

9) Peter Lochau.

10) Mattis Heller.

11) George Lesche.

12) Oswalt Jhan ‖

13) Hans Bantzsch.

14) Peter Weideman.

15) Claus Laub.

16) Burckhart Teichman.

17) George Gotzsche.

18) Michel Lose.

19) Wentzlau Kurbauch.

20) Hans Prentin.

21) Hans Ratenau.

22) Hans Barme.

23) Henß Oswalt.

24) Valentin Volmer.

25) Merten Espe.

26) Hans Treickaus.

27) Hans Lindener.

1493

1) Mattias Benne vnd 2) Claus Cuntzman Ratsmeistere.

3) Hans Rule.

4) Nickel Jsenberg.

5) Claus Heintze.

6) Donat Trebickau.

7) Drewes Fischer.

8) Heintze Zegenmarckt.

9) Hans Zscheie.

10) Blesius Koltzsch.

11) Simon Richter.

12) Drebes Weyger ‖

13) Peter Heiligman.

14) Michel Schuman.

15) Jhan Kompan.

16) Greger Hertzog.

17) Mattes Pfoel.

18) Drewes Baum.

19) Merten Law.

20) Peter Doring.

21) Lorentz Forster.

22) Drewes Tietze.

23) George Meinhart.

24) Brosius Doring.

25) Hans Nitzschman.

26) Anthonius Meltzer.

27) Heinrich Jwan.

1494

1) Georg Selle vnd 2) Jacoff Gumprecht Rathsmeistere.

3) Simon Sweyme.

4) Sander Nauendorff.

5) Marcus Hentzschel.

6) Merten Forster.

7) Nickel Ziegenmarckt.

8) Jacoff Willigke.

9) Clemen Michel.

10) Simon Gotshe.

11) Peter Lehman.

12) Merten Wehle ‖

II. „Senatus Hallensis" 93

13) Drewes Schlegel.
14) Hans Sanderman.
15) Hans Ode.
16) Michel Hoffman.
17) Andres am Ende.

18) Hans Laub.
19) Peter Petzsch.
20) Gunther Ciliax.
21) Kerstan Abe.
22) Heinrich Hesse.

23) Peter Belag.
24) Ciriacus Eckart.
25) Cuntz Reiche.
26) Volckmar Polente.
27) Hans Ruchbart.

1495

1) Hans Hedersen vnd 2) Jacoff Kloß Rathsmeistere.

3) Jacoff Zimerman.
4) Mattis Wagk.
5) Nicklaus Schiltberg.
6) Hans Furster.
7) George Gotzshe.
8) Paul Brun.
9) Peter Loch.
10) Oswalt Jhan.
11) Michel Lose.
12) Glorius Heintze ‖

13) Hans Bantzsch.
14) Peter Weideman.
15) Claus Laub.
16) George Jsenberg.
17) Hanß Barme.
18) Hans Ziegenmarckt.
19) Wentzlau Kurbuch.
20) George Ritz.
21) Valentin Volmer.
22) Wilhelm Vntze.

23) Peter Meinau.
24) Mattis Wissag.
25) Leuin Schuler.
26) Hans Becker.
27) Hans Prentin.

1496

1) Mattias Benne vnd 2) Claus Cuntzman Rathsmeistere.

3) Michel Schuman.
4) Hans Scheie.
5) Claus Heintze.
6) Peter Osmunde.
7) Blesius Mennichen.
8) Antonius Meltzer.
9) Caspar Rule.
10) Joachim Pfaffe.
11) Nickel Oltzing.
12) Clemen Prentin ‖

Magistrj Vnionum:
13) Peter Heiligman.
14) George Meinhart.
15) Jahn Kompan.
16) Brosius Doring.
17) Wilbolt Bergirsdorffer.
18) Hans Nitzschman.
19) Mattes Pfoel.
20) Hans Rathenau.
21) Simon Richter.

22) Jheronimus Bartz.
23) George Gurgius.
24) Hans Hutuff.
25) Gilgius Kirchoff.
26) Jacoff Pfintz.

1497

1) George Selle, 2) Jacoff Gumprecht Rathsmeistere.

3) Sander Nauendorff.
4) Simon Sweyme.
5) Merten Forster.
6) Nickel Ziegenmarckt.
7) Hans Ruchbart.
8) Clemen Michel.
9) Cuntze von Halle.
10) Peter Belag.
11) Mattis Stortze.
12) Peter Seidenschwantz ‖

13) Jacoff Willigke.
14) Donat Trebigkau.
15) Marcus Hentzschel.
16) Drewes Fischer.
17) Cuntze Reiche.
18) Lorentz Forster.
19) Michel Hofeman.
20) Drewes Baum.
21) Volckmar Polente.
22) Peter Petzsch.

23) Nickel Rilhey.
24) Claus Jsenberg.
25) Simon Gotzshe.
26) Heinrich Hesse.
27) Nickel Dorffer.

1498

1) Mattes Wag vnd 2) Hans Sanderman Rathsmeistere.

3) Hans Forster, Cammerer.
4) Oswaldt Jhan, Cammerer.
5) Nicolaus Schiltberg.
6) Ciriacus Eckart.
7) Peter Loch.
8) Michel Lose.
9) Groius Heintze.
10) Hans Begker.
11) Vrban Molbeck.
12) Bastian Kunot ‖

13) George Jsenberg.
14) Peter Meinau.
15) Wilhelm Vntzer.
16) Wentzlau Kurbauch.
17) Valentin Volmer.
18) Hans Ode.
19) Merten Law.
20) Leuin Schüler.
21) Blasius Koltzsh.
22) Hans Laub.

23) Hans von Wyda.
24) Vester Bernt.
25) Ciriacus Treise.
26) Hans Gelnauer.
27) Hans Jsenberg.

1499

1) Claus Cuntzman vnd 2) Cntz Reiche Rathsmeistere.

3) Peter Heiligerman.
4) Hans Zschere.
5) Blesius Mennichen.
6) Clemen Prentin.

7) Merten Wehle.
8) Nickel Oltzing.
9) Bastian Tober.
10) Georger Jurgius.

11) Wentzlau Doring.
12) Baltzar Halsberg. ‖

II. „*Senatus Hallensis*" 95

13) George Meinhart.
14) Caspar Rule.
15) Michel Schuman.
16) Brosius Doring.
17) Jheronimus Bartz.

18) Simon Richter.
19) Anthonius Meltzer.
20) Hans Nitzschman.
21) Mattes Belag.
22) Hans Voit.

23) Nicolaus Tusch.
24) Hans Tornau.
25) Glorius Schuler.
26) George Kurbach.
27) Vrban Seiffarth.

1500

1) Jacoff Gumprecht vnd 2) Wenzelau Kurbauch Rathsmeistere.

3) Nickel Ziegenmargt.
4) Hans Ruchbarth.
5) Simon Sweyme.
6) Gunter Ciriax.
7) Peter Belag.
8) Peter Seidenschwantz.
9) Clemen Didigke.
10) Volckmar Polente.
11) Glorius Blume.
12) Peter Kotzel ‖

13) Cuntz von Halle.
14) Clemen Michel.
15) Marcus Hentzschel.
16) Drewes Fischer.
17) Donat Dredigkau.
18) Peter Petzsch.
19) Baltzar Steinbuch.
20) Michael Hoffman.
21) Simon Gotzsche.
22) Thomas Zimmerman.

23) Andres Baum.
24) George Sichart.
25) Hans Furster.
26) Baltzar Moller.
27) Claus Reinhart.

1501

1) Hans Sanderman vnd 2) Peter Meinau Rathsmeistere.

3) Hans Forster.
4) Oswalt Jhan.
5) Peter Loch.
6) Valtin Volmer.
7) Mats Stortze.
8) Hans Becker.
9) Glorius Hintze.
10) Vester Bernth.
11) Bastian Kunat.
12) George Arnt ‖

13) George Jsenberg.
14) Nickel Schiltberg.
15) Wilbolt Bergersdorff.
16) Leiuin Schuler.
17) Hans von Wida.
18) Ciriacus Eckart.
19) Ciriacus Treise.
20) Mattes Erbsman.
21) Hans Krugkau.
22) Clemen Vritze.

23) Claus Wolff.
24) Heinrich Wulle.
25) Hans Bantzsch.
26) Anthonius Pentzel.
27) Heinrich Hesse.

1502

1) Wentzlau Kurbauch vnd 2) Contz Reiche Rathsmeistere.

3) Wilhelm Vntze.
4) Hans Zeyge.
5) Jheronimus Bart.
6) Mertin Wehle.
7) Blesius Mennichen.
8) Nickel Oltzingk.
9) Balthasar Halsberg.
10) George Jörges.
11) Greger Ockel.
12) Simon Sander ‖

13) Caspar Ruele.
14) George Meinhart.
15) Brosius Doring.
16) Nickel Schuman.
17) Simon Richter.
18) Nickel Bilheyge.
19) Hans Nitzman.
20) Heinrich Tornau.
21) Wentzlau Doring.
22) Anthonius Leiche.

23) Caspar Ziegemarckt.
24) Heinrich Gerwigk.
25) Glorius Meyse.
26) Hans Zoberitz.
27) Hans Prentin.

1503

1) Jacoff Gumprecht vnd 2) Glorius Gintze Rathsmeistere.

3) Clemen Michel.
4) Hans Ruchbart.
5) Simon Sweime.
6) George Sichart.
7) Jochim Wolff.
8) Peter Seidenschwantz.
9) Michel Lose.
10) Nicklaus Kreis.
11) Nicklaus Thus.
12) Steffan Schmedt ‖

13) Cuntz von Halle.
14) Nicklaus Ziegenmart.
15) Nickel Hoffman.
16) Donat Trebigkau.
17) Gunter Ciliax.
18) Peter Belag.
19) Thomas Zimmerman.
20) Peter Petsch.
21) Heise Hedersleiben.
22) Hans Laub.

23) Hans Furster.
24) Glorius Schuler.
25) Hans Teich.
26) Sander Kunath.
27) Nicklaus Reinhart.

1504

1) Peter Meinaw vnd 2) Nicke Vltzsche Rathsmeistere.

3) Nickel Schiltbergk.
4) Mertin Lawe.
5) Oswaldt Jhon.
6) Volckmar Polente.

7) Bastian Kunath.
8) George Arndt.
9) Hans Gellenauer.
10) Hans von Weida.

11) Hans Krackaw.
12) Nisius Arndt ‖

II. „*Senatus Hallensis*"

13) Mattis Stortze.
14) Leuin Schuler.
15) Ciriacus Eckart.
16) Jeronimus Nopel.
17) Mattis Erbsman.

18) Clemen Prentin.
19) Glorius Blume.
20) Heusner.
21) Heinrich Wahle.
22) Blasius Kost.

23) Ciriacus Treyse.
24) Peter Eichorn.
25) Hans Francke.
26) Hans Polcke.
27) Heinrich Hesse.

1505

1) Contze Reiche vnd 2) Wentzlau Kurbauch Rathsmeistere.

3) Wilhelm Vntzer.
4) Merten Wehle.
5) Hans Nitzchman.
6) Blasius Mennichen.
7) Simon Sander.
8) Hans Bantzsch.
9) Wentzlau Doring.
10) Greger Ockel.
11) Jacoff Behme.
12) Peter Wäsewitz ‖

13) George Meinhart.
14) Caspar Rule.
15) Grolius Doring.
16) Simon Richter.
17) Anthonius Pentzshel.
18) Hans Schaffstedt.
19) Heintze Gerewich.
20) Hans Voit.
21) Vrban Michel
    alias Molbegk.

22) Wolffgang Holtz.
23) Claus Wolff.
24) Donat Lange.
25) Hans Gunther.
26) Hans Zoberitz.
27) Hans Prentin.

III. Abkürzungen

a. H.	andere Hand	Mgdb.	Magdeburg
bacc.	Bakkalaureus	mgr.	Magister / *magister*
Bevollm.	Bevollmächtigter	nachgel. K.	nachgelassene Kinder
Bm.	Bürgermeister	R.	Ratsherr
Br.	Bruder	r.	recto
Dr.	Doktor / *doctor*	r.	rinsche rheinische rheni
Dr. iur. utr.	*Doctor iuris utriusque*		
Dr. med.	*Doctor medicinae*	r. flor.	Rheinischer Gulden
Ebf.	Erzbischof	r. gulden	rinsche Gulden rheinische Gulden
fl. r.	florenus Rheni Rheinischer Gulden		
flor. r.	florenus Rheni Rheinischer Gulden	ß	Schock
		ß gr.	Schockgroschen
fl.	florenus / Gulden	S.	Sohn
Fn.	Fußnote	St.	Sankt
fol.	folio	T.	Tochter
Fr.	Frau	TestVollStr.	Testamentsvollstrecker
Germ.Sacra	Germania Sacra	V.	Vater
gr.	groschen	v.	verso
gulden r.	Rheinischer Gulden	v.	von
Kl.	Kloster	Wwe.	Witwe
M.	Mutter	Wwr.	Witwer
Matr.	Matrikel		

FÜNFTES SCHÖFFENBUCH.
Zweite Hälfte.
[1442–1455.]

Anno etc. xlij post pascha

fol. 136r

1. **[2152]** Thomas Stacius ist komen vor gehegit ding vnd had gegebin Caspar von Ruden, Steffan Greuen, Hanße Poplicz vnde Heyno Herfert sechczig alde schog grosschen an sinen huse by den Pauwelern gelegin vndeschedelich (!) der grechtikeit, dy Hans Schriber, Hanß Brachstede vnde Hinrich Baruth darane habin, vnde wanne er on dy sechczig alde schog gr. gegeben vnde beczalt had, so sal sin huß wider ledig vnd fry sin vnd sal daruff halden vzloufft eyner pfannen im Dutzschen borne, waz dy jerlich gelouffen mag, dy wiele er daz gelt nicht widir gibit.[1]

2. **[2153]** Clauß Snecke vnde Ilse, sine eeliche wertynn sin komen vor gehegit ding vnde habin sich vnder ander begifftigit vnde begabit mit allem, daz sy haben adir ymmer gewynnen, is sy an eigen, an erbe, an farnder habe adir wur ane daz sy. Welch or ehr vorsterbit, so sal daz andere dy gutere behalden, da mitte zcu thune vnd zcu lassenne. Weres abir daz er kindere lysse, so sal dy frouwe zcu uor vz hundert alde schog gr. vnd dar czu kinderteil habin.

3. **[2154]** Mertin Widenrade vnde Margareta, sine eeliche husfrouwe, sin komen vor gehegit ding vnde habin sich vnder enandir begifftigit vnde begabit mit allem, daz sy habin adir ymmer gewynnen, is sy an eigen, an erbe, an farnder habe adir wur ane daz sy. Welch or ehr vorsterbit, so sal daz andere dy gutere behaldin, damitte zcu thune vnde zcu lassene. Weres abir daz er kindere lyse, so sal dy frouwe an den gutern kinderteil habin.

4. **[2155]** Michel Goye vnde Jacoff Ramme, der schroter vor dem Steyntore, sin komen vor gehegit ding vnd habin gegebin Heißen Hedirsleuen dy gerechtikeit, dy sy hatten an Hanß Kalandes hofe vor dem Steyntore, nemlich czwey teil an funffvndczwenczig gulden mit allem rechten, als sy dy daran irstanden vnde irclait habin.[2]

5. **[2156]** Jacoff Westual, Henchze Scherer, Hanß Pencz vnde Hinrich Ledir sin komen vor gehegit[3] gerichte vnde habin gegeben Hermanne Waltpach, Augustin Treißen, Heinricus Ledir, Nickel Ducker vnde Hanß Treißen, Gloriuß Smedis huß an dem alden markte gelegin vor achczig alde schog gr. vnde vzloufft eyner pfanne im dutzschen born vnde eynen gulden daruff jerlich, dy wiele er diß gelt nicht beczalt had. Wanne abir diß gelt gegeben vnde beczalt ist, so sal den

---

[1] Vgl. Hertel, Theil II, V **[2923]**.

[2] Vgl. Hertel, Theil II, V **[1952]**.

[3] Danach [*ding vnde habin*] gestrichen.

4 Die Hallischen Schöffenbücher. V. Buch.

huß widir ledig vnde fry sin, vnde Glorius Smed had in disse gabe gefolbort vnd disse gabe ist bestetigit zcu echtem dinge, als recht ist.[4]

6. [2157] Borchard Zceley ist komen vor gehegit ding vnde had Clauß Zcyl vmb vier amen biers in den medeban gnomen, als recht ist.

fol. 136v

7. [2158] Hans Hercus ist komen vor gehegit ding vnde had gegebin Ilsen, siner eelichin husfrouwen, virczig alde schog an allen sinen besten gutern, ‖ is sy an eigin, an erbe, an farndir habe adir wurane daz sy, nach sinem tode damitte zcu thune vnde zcu lassenne.

8. [2159] Herman Busse ist komen vor gehegit ding vnde had geclait zcu Glorius Smede vmb dry alde schog ane czwene nuwe gr. dry ding vnd sin alle rechte both geschen. Zcum virden dinge wart gefunden vnde geteilt, man sulde on an sine farnde habe wiesin vnde ist dar ane gewiesit, als recht ist.

9. [2160] Peter Rule ist komen vor gehegit ding vnde had Philius Koch vmb eynvndfunffczig nuwe gr. sine were lassin fronen, als recht ist.

10. [2161] Hans Rademan ist komen vor gehegit ding vnde had geclait zcu Peter Rulen vmb hoppen, den er vor vnde nach dem brande vorkoufft had. Dez sind sy mit enandir entscheiden, als recht ist, vor gerichte.

11. [2162] Tile Konig ist komen vor gehegit ding vnde had gegebin Mechthilde, siner eelichin husfrouwen, drissig rinsche gulden an allen sinen besten gutern, is sy an eigen, an erbe, an farnder habe adir wurane daz sy, nach sinem tode do mitte zcu thune vnde zcu lassenne.

12. [2163] Hans Visscher vnde Valentin Großkop sin komen vor gehegit ding vnde habin uffgebotten dy fronunge, dy sy hatten an Mertin Bogemans huße uff dem Strohofe, dry ding. Do wart gefunden vnde geteilt, sy mochte daz huß vor or gelt vorsetzin, ab sy konden. Konden sy dez nicht gethun, so muchten sy daz vorkouffen vnde were dar waz obirleye, daz sulde man dem reichen, der dar recht zcu hette.[5]

13. [2164] Hans Vit ist komen vor gehegit ding vnde had Hanß Voite vmbe funff alde gr. vnderdhalb schog gr. in den medeban genomen, als recht ist.

14. [2165] Herman Dorle ist komen vor gehegit ding vnde had gegebin Heinrich Wagowen dy gerechtigkeit, als nemlich virvndedrissig alde schog vnde sechs nuwe gr., dy er an Clemen Lucas hofe irstandin vnnd irclait had, mit allem rechtin, als er dy irstandin vnde irclait had.[6]

15. [2166] Hans Spigel vnde Hans Jacoff sin komen vor gehegit ding vnde habin Clauß Zcyl vmbe eynen gulden vnde den schaden, der daruff geht, in den medeban gnomen, als recht ist.[7]

---

[4] Vgl. Hertel, Theil II, V [2033].
[5] Vgl. Hertel, Theil II, V [2120].
[6] Vgl. Nr. 82.
[7] Vgl. Hertel, Theil II, V [1191].

1442–1450

16. Casper von Ruden ist komen vor gehegit ding vnde had Mertin Bogeman von dez koths wegin nach lute sins vorsigilten briues in den medeban gnomen, als recht ist.[8]

17. [2167] Casper von Ruden ist komen vor gehegit ding vnde had uffgebotten eyn willig pfand, nemlich eyn huß an dem topmarkte gelegen, daz om Glorius Bandaw ⟨vnde Czille, syne frouwe⟩[9], vor virvndvirczig gulden vnde waz dar schade uff geht vnde noch uff gehen mag, ⟨ingesaczt habin⟩[10], dry ding. Do wart gefunden vnde geteilt, er mochte daz vorsetzen, ab er konde vor sin gelt. Konde er dez nicht gethun, so mochte er daz vorkouffin vnde were dar waz obir‖leye, daz sulde man dem reichen, der dar recht zcu hette.[11]

fol. 137r

18. [2168] Hans Wilde der schulteisse ist komen vor gehegit ding vnde had Herman Pȏgen vmbe sechs gewette in den medeban gnomen, als recht ist.

19. [2169] Heinrich Baruth ist komen vor gehegit ding vnde had geclait zcu Angustin vnd Pauwel Hedirsleuen, gebruder, vmbe drissig alde schog gr. dry ding vnde on sin alle rechte both geschin. Zcum virden dinge wart gefunden vnde geteilt, man sulde on an ore guter wießen vnd ist daran gewiest, als recht ist.[12]

20. [2170] Heinrich Baruth ist komen vor gehegit ding vnde had gegebin Sander Brachstede dy breide vor dem Steintore gnant Baldewinsbreite vnde dy hofe an dem Petersberge gnant Rinkelouben mit den zcinßen vnde gerichte, mit allem rechten, als er daz Claußße Baldewin abeirclait had.[13]

21. [2171] Peter Wedemer ist komen vor gehegit ding vnde had geclait zcu Glorius Mewes, wy daz er eyn bruwhuß bestanden habe, daz denne von siner vorwarlosunge von brandes wegin abegegangin sy, dez er schaden entpfangen habe funfftehalb fundert gulden vnde sin gebrodete gesinde daruon vom leben zcum tode komen sin. Der schult had Glorius Mewes eyne were geheischet. Nach der were ist er der schult von om komen, als recht ist.

22. [2172] Caspar Gelwicz vnde Hans Pfansmed sin komen vor gehegit ding vnde habin gegebin Hanß Herbistlouben vnde Gesen, siner eelichin husfrowen, eyne garbuden an dem fische markte gelegin mit allem rechten, als dy or waz.

23. [2173] Rule Maschwicz ist komen vor gehegit ding vnde had Hanß Gerwig vmbe acht gulden sine were lassin fronen, als recht ist.

24. [2174] Valentin Houwer ist komen vor gehegit ding vnde had geclait zcu Clauß Serwicz vnde Moritz, sinen sone, vmbe viervndeczwenczig nuwe gr. vordint lon vnd vmbe sine cleidere vnde gerete, daz er om vorheldt vnde ouch daz sy on fangin vnde griffen habin lassin, daruon er

---

[8] Vgl. Hertel, Theil II, V [1889].
[9] Über der Zeile.
[10] Über der Zeile.
[11] Vgl. Nr. 34.
[12] Vgl. Hertel, Theil II, V [2113], [2125].
[13] Vgl. Hertel, Theil II, V [1924]; vgl. auch Nr. 32.

6   Die Hallischen Schöffenbücher. V. Buch.

hon vnde smaheit enpfangen habe, dez er nicht lyden welde vmbe keyn gelt adir gut. Czum dritten
dinge ist er komen in gerichte, had bekannt, daz er sich mit dem ersamen Alberto Konstorff,
der gnantin Serwicze vollmechtigen vormunden, in fruntschafft vortragin habe, daz sulche sache
sachin gutlichin gerichtit sin sollin vnd von beiden parten gehaldin vnd ummer nicht uff geruckit
werdin vnde der vnwille sal von beiden syten abegetan sin vnde blieben.

25. [2175] Cleman Lucas vnde Margareta, sine eeliche husfrouwe, sin komen vor gehegit ding
vnde habin gegebin Michel Seber dy eigenschafft, dy sy hatten an sinen huße in der Vlrichsstraße
gelegin, als eyne mark gelden, nemlich an dem huße, dar er ynnewaret, funfficzen gr. vnde an

fol. 137v   dem mithuße, darby eynen halben gulden jerlichir zcinße lehn vnde zcinß ‖ mit allem rechten,
als daz or waz.

26. [2176] Clauß Tame ist komen vor gehegit ding vnde had gegebin Kirstinen siner eelichin
husfrouwen drissig rinsche gulden an allen sinen besten gutern, is sy an eigen, an erbe, an farnder
habe adir wurane daz sy, nach sinem tode darmitte zcu thune vnde zcu lassenne.

27. [2177] Lucas Hintze ist komen vor gehegit ding vnde had gegebin Annen, siner eelichin
husfrowen, sechczig rinsche gulden an allen sinen besten gutern, is sy an eigen, an erbe, an
farnder habe adir wurane daz sy, nach sinem tode darmitte zcu thune vnde zcu lassenn.

28. [2178] Thomas Vinsterwalt ist komen vor gehegit ding vnde had gegebin Agneten, siner
eelichin husfrouwen, hundert rinsche gulden an allen sinen besten gutern, is sy an eigen, an erbe,
an farnder habe adir wurane daz sy, nach sinem tode damitte zcu thune vnde zcu lassenne.

29. [2179] Niclauß Zcoymer vnde Ilse, sine eeliche husfrouwe, sin komen vor gehegit ding vnde
habin sich mit enander begifftigit vnde begabit mit allem, daz sy habin adir vmmer gewynnen,
is sy an eigen, an erbe, an farnder habe adir wur ane daz sy. Welch or ehr vorsterbit, so sal daz
andere dy gutere behalden, damitte zcu thune vnde czu lassene.

30. [2180] Steffan Mittag ist komen vor gehegit ding vnde had Philius Koch vmbe czwey alde
ß gr. vnde achtvndeuirczig alde gr. sine were lassin fronen, als recht ist.

31. [2181] Brosius Behme ist komen vor gehegit ding unde had Thomas Stacius vmbe nuen
gulden uier nuwe gr. sine were lassin fronen, als recht ist.

32. [2182] Heinrich Baruth ist komen uor gehegit ding vnde had gegebin Thomas Zcobritze
sulche gerechtikeit als lehn vnde zcinße uor dem Steintore, dy er Clauß Baldewyne abeirstandin
vnde irclait had, mit allem rechtin, als er dy irstanden vnde irclait had.[14]

33. [2183] Tomas Zcobriz ist komen vor gehegit ding vnde Glorius Smede vmbe eyn ald schog
vnde xxxvj alde gr. in den medeban gnomen, als recht ist.

34. [2184] Caspar uon Ruden ist komen vor gehegit ding vnde had gegebin Erhard Kiwicz eyn

---

[14] Vgl. Nr. 20.

1442–1450

huß an dem Topmarkte gelegin, daz Glorius Bandowen vnde Czillen, siner eelichin husfrouwen, waz, mit allem rechtin, als er on daz abeirstandin vnde irclait had.[15]

35. **[2185]** Hans Tufel ist komen vor gehegit ding vnde had geclait zcu Hanße Uoite umbe czwene gulden mynner x gr., der er bekant had. Do wart gefunden vnde geteilt, man sulde on an sine farnde habe wiesin vnde ist daran gewiesit, als recht ist.

36. **[2186]** Hans Rose vnde Clauß Baldewin sin komen uor gehegit ding vnde habin gegebin Hanße Wilden dem schulteissen eyn halb stobichen wyn des besten der an dez heiligin Cristis abende veile ist jerlichir zcinße || an Clauß Ticzen huße dem Schuhofe gelegin mit allem rechten, als sy vnde Hanß von Muchel den Holczwertin ⟨daz⟩[16] abeirstanden vnde irclait haben.[17]

fol. 138r

37. **[2187]** Hans Erich vnde Dorothea, sine eeliche husfrouwe, sin komen vor gehegit ding vnde habin sich vnder enandir begifftigit vnde begabit mit allem, daz sy habin adir vmmer gewynnen, is sy an eigen, an erbe, an uarnder habe adir wur ane daz sy. Welch or ehr vorsterbit, so sal daz andere dy gutere behalden, dar mitte zcu thune vnde zcu lassenne. Weres abir daz er kindere ließe, so sal dy frouwe kinderteil habin.

38. **[2188]** Herman Hesse ist komen vor gehegit ding vnde ⟨had⟩[18] Hanße Bocke vmbe eyn schog scheffel hafern vnde korn unde zo vil stro, als dar uon komen ist, sine were lassin fronen, als recht ist.

39. **[2189]** Nickel Pegawe ist komen uor gehegit ding vnde had geclait zcu Margareten, Erhard Spitendorffs seligin wettewen, vmbe eyn pert, daz sy von Clauß Wissenfels wegin, daz er besaczt hatte, uor sechs alde schog geborget had, dry ding vnde or sin alle rechte both geschen. Zcum uirden dinge wart gefunden vnde geteilt, man sulde on an ore farnde habe wiesen, vnde ist daran gewiset, als recht ist.

40. **[2190]** Hans Krug ist komen vor gehegit ding vnde had gegebin Katherinen, siner eelichin husfrouwen funff vnde czwenczig alde schog grosschen an allen sinen besten gutern, ys sy an eigen, an erbe, an farnder habe adir wurane daz sy, nach sinem tode damitte zcu thune vnde zcu lassenne.

41. **[2191]** Mewes Dragen had Clauße Zcyl umbe eyn halb fudir biers, dez er in dez schulteissen hofe bekant had, in den medeban gnomen, als recht ist.

42. **[2192]** Hans Schraplow ist komen uor gehegit ding vnde had Hanß Hosen umbe sobin mandel grosschen sine were lassin fronen, als recht ist.[19]

43. Mertin Widenrade ist komen uor gehegit ding uon uormundenschafft eyns gastis gnant

---

[15] Vgl. Nr. 17; vgl. auch Hertel Theil II, V **[1650]**, **[1651]**, **[1652]**.

[16] Über der Zeile.

[17] Vgl. Hertel, Theil II, V **[1776]**.

[18] Über der Zeile.

[19] Hertel hat diesen und den nächsten Eintrag fälschlich abgedruckt.

8 Die Hallischen Schöffenbücher. V. Buch.

Clauß, unde had uffgebottin eyn willig pfand, nemlich eyn armbrust, daz om Mertin Pole eyn gast vor eynem vngerischen gulden vnde waz dar schade uff ghet, gesaczt had, vnde had gefragit, wy er dar mitte gebaren sulde. Do wart gefunden vnde geteilt, er muchte daz uorsetzin, ab er kunde. Kunde er dez nicht gethun, do muchte er des vorkouffen vnde were dar waz obirleye, daz sulde man dem reichen, der dar recht zcu hette.

44. [2193] Drewes Frûweoff ist komen vor gehegit ding vnde had geclait zcu Matheus Rummeler vmbe driczen schog uordintes lons, darczu antworte Rummeler, er were der sachin mit om gerichtit vnde gesunet unde zcoch sich dez an wissentliche lute vnde volkam dez nicht bynnen bescheiden zcyt. Do wart gefunden vnde geteilt, er were in der sachin uorwonnen, vnde Drewes hette den driczen schog an om irstandin vnde irclait unde man sulde on daran wiesen vnde ist darin gewiset, als recht ist.[20]

fol. 138v

45. [2194] Drewes Fruweoff ist komen vor gehegit ding vnde had gegebin Hanße || Jans sulcher gerechtikeit, als nemlich driczen alde schog gr., dy er on Matheus Rummeler irstandin vnde irclait had, mit allem rechte, als er dy irstanden vnde irclait had.[21]

46. [2195] Hempel Pegow unde Ilsebethe, sine eliche husfrouwe, sin komen uor gehegit ding vnde habin sich vndir enandir begifftigit vnde begabit mit allem, daz sin habin adir vmmer gewynnen, ys sy eigen an erbe an varnder habe adir wur ane daz sy. Welch or ehr vorsterbit, so sal daz andere dy gutere behaldin, damitte zcu thune vnde zcu lassene.[22]

27. Apr.
1450

Anno etc. 1mo feria secunda post Jubilate

47. Hans Leiche it gekommen uor gehegit ding vnde hat gegebin Gerdruden, syner elichen husfrouwen, uierczig rinsche gulden an allen synen gutern, daz sie an eigene, an erbe, an uarnder habe addir wur ane es sy, nach synem thode dar mete zcu thune vnde zcu lassene.

48. [2196] Jurge Swarcze ist gekommen vor gehegit ding vnde hat gegebin Caspar Gellewitcze, Hanse Blumen, Hanse Mollen, Steffen Berndorffe unde Drewes Stocke sin eigen gelegen yn der Merckelstraße hindir sente Michahele nehist by Hans Kiplande uor hundirt rinsche gulden unde czehen gulden jerlichs zcinßes uor schaden vnde an der gelobede, dy sie vor on getan habin kegen den probist uon Gerpstede nach lute des houbtbriues, dar obir gegeben mit alleme rechten, alse daz sin ist, unde wenne er sy sulches gelobedis benommen hat, so sal sin eygen uon on wedir ledig vnde fry sin.[23]

---

[20] Vgl. Nr. 45.

[21] Vgl. Nr. 44.

[22] Dieser Eintrag ist mit dünner Tinnte geschrieben. Darunter sind noch drei Leerzeilen. Dort steht ein mit Rötel geschriebener Zusatz [*Hinricus Rademecher Schultheise*], wohl späterer Hand.

[23] Vgl. Nr. 202, 974 [2365].

1450–1451

49. Hans Czan unde ⟨Margareta⟩[24], syne eliche husfrauwe, sint gekommen uor gehegit ding vnde habin sich undir eynandir begiftiget unde begabit mit alle den gutern, dy sy habin addir ummer gewynnen, es sy an eigene, an erbe, an uarnder habe addir wur an es sy. Welchir or ehir uorstirbit, so sal daz andere dy gutere behalden, do mete zcu thune unde zcu lassene.

50. [2197] Nickel Pûsten ist gekommen uor gehegit ding vnde hat gegebin Thomas Stammer syne eigenschaft, die er an deme huse genehalb (!) deme swarczen sternen zcum roten schar genant gehabit hat, mit allem rechten, alse er dy dar ane gehabit hat.

51. [2198] Jacob Hotancz ist gekommen uor gehegit ding unde hat gegebin Hedewige, syner elichen husfrowen, dy helffte synes hofes yn der Merkelstraße gelegen, nach synem tode do mete zcu thune unde zcu lassene.

52. Rudiger Smed unde Margareta, syne eliche husfrouwe, sint ge‖kommen vorgehegit ding vnde habin sich undir eynandir begiftiget unde begabit mit allen gutern, dy sy habin addir ummer mehir gewynnen, daz sie an eigene, an erbe, an uarnder habe addir wur an es sy. Welch orer ehir uon todis wegen abe gheet, so sal daz andere dy gutere behalden, zcu thune vnde zcu lassene.

53. Borchard Czeil ist gekommen uor gehegit ding vnde hat gegebin Annen, syner elichen husfrowen, hundirt rinsche gulden an alle synen gutern, daz sy an eigene, an erbe, an uander (!) habe addir wur ane daz sy, nach syme tode do mete zcu thune vnde zcu lassene.

54. [2199] Hans Hedirsleibe hat gesant in gehegit ding synen offenen uorsegilten brieff unde hat dar inne gegebin Peter Rulen syne eigenschaft, dy er an syme huse uff deme Berlyne gelegen gehabt hat, nemelichen eynen kaphanen, mit allen rechten, alse er on dar ane gehabt had.

55. [2200] Kunne, Hans Bergmans eliche husfrouwe, Anne, Claus Rennemans eliche husfrouwe, sint gekommen vor gehegit ding mit den selbin oren elichen uormunden unde Jacoff Swinchen, der selbin gnanten Kunnen sone, vnde habin gegebin Curde Zceleyen orem bruder mit fulbort der genantin irer elichen uormunden unde sones sulche gerechtikeit, alse sy an allen gutern uon Margareten, Cûnen Kûtteners elichen wetewen, orer swestir, anirstorben ist, nemelichen an deme hofe yn der Smerstraßen gelegen, mit allem rechtin, als sie das anirstorbin ist.

56. Drewes Gutjar, Ilse, syne eliche husfrowe, sint gekommen uor gehegit ding unde habin sich begiftiget unde begabit undir eynandir mit alle den gutern, die sie habin, das sy an eygen, an erbe, an varnder habe addir wur ane daß sie. Welchir or ehir abeghet uon todis wegen, so sal daz andere die gutere behalden, zcu thune unde zcu lassene.

57. Albrecht uon [...][25]

[2201] Alheit, Albrechtis uon Ruden eliche husfrowe, ist gekommen uor gehegit ding vnde

---

[24] [Anne] gestrichen und durch [Margareta] ersetzt.
[25] Satz abgebrochen.

10 Die Hallischen Schöffenbücher. V. Buch.

hat gegebin deme genantin Albrechte, orem elichin werte, sulche gerechtikeit, alse nemelichen zcwů phannen im Dutzschen bornen, die her or an syme hofe yn der Merckelstraße gelegen gegebin hatte, mit alleme rechtin, alse sy dy dar ane hatte.

58. Glorius Bandaw vnde Czille, syne eliche husfrouwe, sint gekommen uor gehegit ding unde habin sich begiftiget unde begabit undir eynander mit alle den gutern, dy sy habin addir ummer mehre gewynnen. Welchir or ehir abegeet uon todis wegen, so sal daz andere dy gutere behalden, zcu thune unde zcu lassene.[26] ‖

fol. 139v   59. **[2202]** Claus Kopczk unde Peter Frolich, Nicolaen uon Jhene kindere uormunden, sint gekommen uor gehegit ding unde habin gegebin Wencze Stoůben eyne fleischscherne mit zcween leden zcwusschen Lorencz Gruneheyden unde Nickel Hoppenner gelegen, mit alleme rechtin, alse der kinder selbeten gewest sin.[27]

60. Wencze Stoůbe ist gekomen uor gehegit ding unde hat gegebin Peter Meffere eyne fleischern zcwusschen Gruneheyden unde Claus Hôppener gelegen, mit alleme rechtin, alse dy sin was.[28]

61. **[2203]** Barbara, Pauwel Wittenbergis eliche husfrowe, ist gekomen uor gehegit ding unde hat gegebin mit fulbort des selbin ores elichen uormunden Alheyden, orer muter, sulche gerechtikeit, alse or uon Mathias Lockener, seligen orem uater, an huse vnde hofe uor deme Steynthor zcwissen Hans Uogels unde Claus Peters husern gelegen anirstorbin ist, mit alleme rechten, alse sy daz anirstorbin ist.[29]

62. Alheit, Hans Haken eliche husfrowe, ist gekommen uor gehegit ding unde hat gegebin deme selbeten Hanße Haken, orem elichen werte, mit willen unde fulbort Barbaren, orer tochter, unde Pawel Wittenberg, der selben Barbare elichen uormunden, den hindirsten oren hoff halb uor deme Steynthor gelegen, dar czu alle ore uarnde habe halb, nach ôreme tode mechteclichen dar mete zcu thune unde zcu lassene, jdoch mit sothanen undirscheyde. Ab Hans Hake ehir denne sy uon todis wegen abeginge, denne sollen Hans Haken erbin urauwen Alheyden uon der helfte des hofes unde uarnde habe halb obgenanten reichen unde wedirgebin ffunfficzig schock gemeyner aldir grosschen. Wer ouch des andern tod gelebit, der sal dy pherde, so uil sy, der habin unde gewynnen behalden.[30]

63. Bertolt Rappe vnde Kunne, syne eliche husfrowe, sint gekomen uor gehegit ding vnde habin sich begiftigit unde begabit undir eynandir mit alle den gutern, dy sy haben, daz sy an eygene,

---

[26] Vgl. Nr. 751.
[27] Vgl. Nr. 60.
[28] Vgl. Nr. 59.
[29] Vgl. Nr. 62.
[30] Vgl. Nr. 61.

1450–1451   11

an erbe, an uarnder habe addir wur ane daz sy. Welchir or ehir uon todis wegen abegheet, so sal daß andere dy gutere behalden, zcu thune unde zcu lassene.

64. **[2204]** Appollonia, Claus Schrŏters eliche husfrowe, ist gekommen uon gehit (!) ding unde hat gegebin mit willen unde fulbort des genantin orez elichin uormunden Ditterich Wißgerwere ‖ ore gerechtikeit, dy sy hatte an deme huse yn den Cleynsmeden gelegen, daz ŏres uaters was, mit allem rechten, alse sie das ore was.[31]   fol. 140r

65. Ditterich Wißgerwer ist gekommen uor gehegit ding unde hat gegebin Clause Schrotere sulche gerechtikeit, alse om Appollonia, des genantin Claußes eliche husfrowe, an dem huse, yn den Cleynsmeden gelegen, gegebin hatte, mit alleme rechtin, alse daz ome gegeben was.[32]

66. Margareta, Curt Mißharden eliche husfrouwe, der genanten Appollonien swester, ist gekommen uor gehegit ding unde hat gegebin Clauße Schrotere, orer swestir manne, sulche gerechtikeit, alse sie hatte an deme huse yn dem Cleynsmeden gelegen, mit alleme rechten, alse daz ore was.

67. Hans Kunne ist gekommen vor gehegit ding vnde had gegeben Katherinen, syner stiffmuter, syne gerechtikeit, dy on von synem uater an deme huse yn den Cleynsmeden gelegen anirstorbin ist, mit alleme rechten, alse daz sin waß.

68. **[2205]** Hans Planeke ist gekomen uor gehegit ding unde had gegebin Thomas Eckarde, Hanse Koche unde Claus Scheffer dressig rinsche gulden an syme huse gelegen uff den Hogen Kremen, zcu eynem phande. Wenne er sy der drissig gulden benymmet, so sal sin huß wedir fry vnde ledig sin.

69. Pauwel Ripaw ist gekommen uor gehegit ding vnde hadt gegebin Ilsebeten, syner elichen husfrowen, hundirt alde schock an alle synen besten gŭtern, daz sie an eygene, an erbe, an uarnder habe addir wur ane daz sy, nach syme tode dar methe zcu thune vnde zcu lassene.

70. **[2206]** Bastian Domiczsch gekommen uor gehegit ding unde hat gegebin Clauß Janeken, synem stiffsone, czehen alde schogk grosschen an syme eygen[33] gelegen yn der Steynstraßen. Wenne ome Bastian uorgnant dy genantin czehen schok wider gibbit(!), so sal sin huß weddir fry unde ledig syn.

71. Curt Twintich (!) vnde Lucia, syne eliche huffrowe, sint gekommen uor gehegit ding vnde habin sich begiftiget unde begabit vndir eynandir mit alle den gutern, den sy habin adder ummer mehre gewynnen gewynnen (!), daz sy an eygene, an erbe, an uarnder habe (!) wur an daz sy. Welchir or ehir abegheet uon todis wegen, so sal der andere dy gutere behalden, zcu thune unde zcu lassene. ‖

72. Mathias Jenichen ist gekomen uor gehegit ding unde hat gegebin Ursulen, syner elichen   fol. 140v

---

[31] Vgl. Nr. 65.
[32] Vgl. Nr. 64.
[33] Danach [*huse*] gestrichen.

husfrowen, kinderteil an synen bestin gutern, daz sy an eygene, an erbe, an uarnder habe addir wur ane daz sy, nach syme tode do mete zcu thune unde zcu lassene. Weres abir daz her ane kindere abeginge, so sulde dy urawe habin an synen besten gutern sechczig rinsche gulden, nach syme tode do mete zcu thune vnde zcu lassene.

73. Ulrich Koch unde Ilsebethe, syne eliche husfrowe, sint gekommen uor gehegit ding vnde habin sich begiftiget unde begabet vndir eynandir mit alle den gutern, dy sy habin addir ummer mehir gewynnen, daz sy an eigene, an erbe, an uarnder habe addir wur ane daz sy. Welchir or ehir uon todis wegen abeghet, so sal daz andere dy gutere behalden, zcu thune unde zcu lassene.

74. Ciriacus Tusscher ist gekommen vor gehegit ding unde hat gegebin Annen, syner elichen husfrowen, dry hundirt rinsche dulden an allen synen besten gutern, daz sy an eygene, an erbe, an uarnder habe adder wur an daz sy, nach syme tode do mete zcu thune vnde zcu lassene.[34]

75. [2207] Sander Louchstete, Katherine, syne eliche husfrowe, Bertolt Hynne, Claus Hincze vnde Hans Rademan sint gekommen uor gehegit ding unde habin gegebin Caspar Gellewitcze alle gerechtikeit, dy sie hatten an deme eygen an deme marckte allir nehist by sime eygen gelegen, mit allem rechte, alse sie dar ane gehad habin.[35]

76. [2208] Claus Serwicz, Mauritius, sin son, habin gesand oren offenen uorsegilten brieff in gehegit ding, dar inne sy gegebin habin Syuerde Glesyne or eygen, nemelichen eynen garten uor deme Steynthor gelegen, mit alleme rechten, alse der ŏr gewest ist.

77. Mertin Tusscher ist gekommen uor gehegit ding unde hat gegebin Agneten, syner elichen hufrowen, uierczig alde schogk grosschen an alle synen besten gutern, daz sy an eygen, an erbe, an uarnder habe addir wur an daz sy, nach syme tode dar mete zcu thune vnde zcu lassene.

78. Nicolaus Slichthar ist gekommen uor gehegit ding unde hat gegebin Annen, syner elichen husfrowen, hundirt rinsche gulden an alle synen besten gutern, daz sy an eigen, an erbe, an uarnder habe addir wur an daz sy, nach syme tode do mete zcu thune unde zcu lassene.

79. Allexius Dippolt ist gekommen uor gehegit ding vnde hat gegebin Annen, syner elichen husfrowen, uierczig alde schok ‖ grosschen an allen synen besten gutern, daz sy an eigen, an erbe, an uarnder habe addir wur ane daz sy, nach syme tode dar methe zcu thune vnde zcu lassene.

80. Borchart Sachße unde Margareta, syne eliche husfrowe sint gekommen uor gehegit ding vnde habin sich undir eynander begiftiget unde begabit mit allen gutern, dy sy habin adder ummer mehir gewynnen, daz sy an eygene, an erbe, an uarnder habe addir wur ane daz sy. Welch or ehir abeghet uon todis wegen, so sal daz andere dy gutere behalden, do mete zcu thune vnde zcu lassene.

81. Johannes Smed unde Ilse, syne eliche husfrowe, sint kommen uor gehegit ding vnde habin

---

[34] Vgl. Nr. 420; Buch VI 40.
[35] Vgl. Buch VI 182 [23].

1450–1451

sich undir eynandir begiftiget vnde begabit mit allen gutern, dy sy habin addir ummer mehir gewynnen. Welch or ehir uon todis wegen abeghet, so sal daz andere dy gutere behalden, do methe zcu thune vnde zcu lassen.

82. **[2209]** Ilse, Hans Smedis eliche husfrowe, ist kommen uor gehegit ding vnde hat gegebin Heynrich Wagawen, ore gerechtikeit, dy sie hatte an Clemen Lucas hofe yn der Steynstraßen, nemelichen eyne halbe phanne ym Důczschen bornen mit allem rechten, alse or dy dar ane gehabin waz.[36]

83. Ditterich Wißgerwer vnde Alheit, syne eliche husfrowe, sint gekommen vor gehegit ding unde habin sich mit eynandir begifftiget vnde begabit mit allen gutern, dy sy haben addir ummer mehir gewynnen. Welch orer ehir uon todiß wegen abegheet, so sal daz andere dy gutere behalden, do methe zcu thune vnde zcu lassene.

84. Borchart Steckenberg ist gekomen uor gehegit ding und hat gegebin Dorothean, syner elichen husfrowen, sechczig alde schock grosschen an alle synen besten gutern, daz sie an eygen, an erbe, an uarnder habe addir wur ane daz sy, nach syme tode do mete zcu thune unde zcu lassene.

85. **[2210]** Hans Hase ist gekommen uor gehegit ding vnde hat gegeben Barbaren, syner elichin husfrouwen, sin eygen uff deme Rodenberge gelegen zcu oreme liebe, nach syme tode.[37]

86. Hans Mittag, Hans Smerkeler, Hans Wynmeister unde Thomas Eckart sin gekommen uor gehegit ding vnde habin weddir gegeben Bernde Jacobs dy gerechtikeit, dy er on an syme huse gegeben unde on daruor ingesaczt hatte, mit alleme rechtin, alse her on daz ingesaczt hatte.

87. Peter Meffer ist gekommen uor gehegit ding vnde hat ‖ gegebin Julianen, syner elichin husfrowen, sechczig alde schock grosschen an alle synen besten gutern, daz sy an eygen, an erbe, an uarnder habe addir wur ane daz sy, nach syme thode do methe zcu thune vnde zcu lassene.

fol. 141v

88. Hans Smed ist gekommen vor gehegit ding vnde hat gegeben Margareten, syner elichin husfrowen, sechsvndedrissig alde schock grosschen an alle synen besten gutern, daz sy an eygen, an erbe, an uarnder habe addir wur ane daz sy, nach syme tode do methe zcu thune vnde zcu lassene.

89. **[2211]** Symon Kȯrsener ist gekommen vor gehegit ding unde hat gegebin Claußе Donczsche syne eygenschaft, nemelichen lehen unde jerlichen zcinß, eynen smalen uirdingk, dy on uon Erasmus Malczmecher an eyneme huse uff deme Santberge, by deme Stadschribere gelegen, anirstorbin sint, mit alleme rechtin, alse on dy anirstorbin sint.

90. **[2212]** Unser hern der rath habin gesant Mathias Glesyne unde Pawel Trepcze in gehegit

---

[36] Vgl. Nr. 14.
[37] Vgl. Nr. 453.

14   Die Hallischen Schöffenbücher. V. Buch.

ding. Dy habin uon oren wegen bekant, daz das huß am Roßmarckte gelegen, zcum roten lawen ⟨gnant⟩[38], Jurgen Růßen sy unde ôm uor allen besassen unde clegeden gelegen sy.

91. Reynhart Goltsmed ist gekommen vor gehegit ding vnde hat uffgeboten Claus Neldeners huß, gelegen in der cleynen Clausstraßen, daz er ome zcu eyneme willigen phande ingesaczt hat, dry ding. Do wart ome gefunden vor recht, er mag daz uorsetczin addir uorkouffen vor sin gelt unde daz obirleye reichen deme, der dar recht zcu hat.

92. [2213] Hans Popelicz gekommen uor gehegit ding unde hat gegebin Anthonius Kalbe syne eigenschaft, nemelichen lehin unde jerlichin zcins ffunff vnde uirczig alde grosschen an Mathias Scheyderiß huse uor der Halle gelegen, lehen unde uirvndeczwenczig alde grosschen jerlichen zcinß an des Snyders huse hinder Sente Gerdruden daz Schonekan waz, lehen unde zcwelff alde grosschin jerlichen zcins an Grieffenhayns huß hinder sente Gerdruden pharhofe gelegen unde dryvndeczwenczigistenhalbin alden gr. jerliches zcinßes mit der lehen an Pawel Gôyen huße in der Konochenhawerstraße gelegen, mit alleme rechtin, alse dy syne gewest sint[39].

93. [2214] Claus Serwicz vnde Mauricius, sin son, habin gesant oren offenen uorsegilten brieff in gehegit ding, dar inne sy gegebin habin Syuerde Glesyne ore eygenschaft, nemelichen lehen unde zcinße uff der Brůnswort, an dissen hirnach geschrebenen husern mit namen an Clauße Meydeburgis, Uolkmar Packs, Jan Kunpans, Claus Bardis, Lamprecht Sedelers, Asmus uom Thore, Hans Pragen, zcuwey Moricz Bruns, Nickel Lemans, Bastian Gruneheyden, Mertin Smedes, Jeronimus Fedelers, Erhart Schaden, Mertin Aben, Asmus Winckels, Nickel ‖ Richtenhayns, Hans Arndes, mit alleme rechtin, alse dy ore gewest sin.[40]

94. [2215] Syuert Glesin ist gekommen uor gehegit ding vnde hat gegebin unsern hern uom Rade syne eygenschaft, nemelichen lehen unde zcinße in den uorgenantin husern uff der Brunswort gelegen, wie dy mit namen genant sin, mit alleme rechtin, alse dy ome gegebin sin.[41]

95. Curt Hake ist gekommen uor gehegit ding unde hat gegebin Dorothean, syner elichin husfrowen, hundirt rinsche gulden an alle synen besten gutern, daz sy an eygene, an erbe, an uarnder habe addir wur ane daz sy, nach syme tode dar methe zcu thune vnde zcu lassene.

96. [2216] Hans Giseke ist gekommen vor gehegit ding vnde hat gegeben Heynen Bracsteden syne eygenschaft mit lehen unde jerlichen zcinßen, ne[m]lichen (!) zcwelf alde grosschin an Steffan Urbachs huse yn den schusschern gelegen, dry alde grosschen an Arnd Moysen huse uff deme Froydenplane gelegen, mit allem rechtin, alse her dy dar ane gehabt had.

97. [2217] Mette unde Kerstine, Grůndelingis tochter, sint gekommen uor gehegit ding unde habin gekorn Rudolff Piritcze unde Nicasius Widdirstorffe zců vormunden, ore clage zců vorderne

fol. 142r

---

[38] Über der Zeile.
[39] Bei Hertel fälschlich [dy sy ingewest sint].
[40] Vgl. Nr. 94.
[41] Vgl. Nr. 93.

zců der garbude, dar Hencze Koch der kramer inne wonet, biß uff daz recht zců gebene vnde zců nemene.[42]

98. **[2218]** Sanne, Herman Loborgis seligen wetewe, ist gekommen uor gehegit ding vnde hat gegebin Nickel Fferger or eygen yn der cleynen Clausstraßen gelegen, mit alleme rechten, alze daz ore waz.

99. **[2219]** Glorius Grymme vnde Konigunt, syne eliche husfrowe, sint gekommen uor gehegit ding vnde habin gegebin Heynriche Silbersacke or bruwehuß hinder den Nuwen Brůdern gelegen, an orem hofe mit dem halbin bornen, so daz sy des beydir siet gebruchen vnde halden sollen unde mit eyner stede yn orem hofe, dar man fůrwerck uff leyt, wenne des not ist, so uil als man es bedarff zcu eynem bire, mit alleme rechten, alse daz ore was.[43]

100. Heynrich Silbersack ist gekommen vor gehegit ding vnde hat gegebin Ilsen, syner elichin husfrowen, daz selbie bruwehuß hinder den Nuwen Brudern, daz Glorius Grymmen gewest ist, zcu eyner rechtin lipczucht mit alleme rechten, als daz sin was.[44]

101. **[2220]** Uester Oswaldis ist gekommen vor gehegit ding vnde hat gegebin Margareten, syner elichen husfrowen, sin eygen kegen sente Ulriche gelegen, uor eyne phanne im Dutzschen bornen, wenne er ǒr dy geschickt hat zců orem liebe, so sal sin eygen weddir ledig unde fry sin.[45] Ouch hat er or gegeben ffunffvndeczwenczig alde schock grosschen an alle synen besten gutern, daz sie an eygene, an erbe, an uarnder habe addir wur ‖ ane daz sy, nach syme tode do mete zců thůne vnde czu lassene.

fol. 142v

102. Drothea, Lodewich Haken seligen wetewe, ist gekommen uor gehegit ding vnde hat uorczicht gethan allir ansprache lipczucht unde gerechtikeit Hanse Haken unde Lehenen, syner swester, die sy gehad hadte an huse vnde hofe gelegen yn der große Ulrichsstrassen, mit allem rechten, alse sy dy dar ane gehabt hat.

103. Mathias Zceley, Kersten Brunstorff vnde Uit Walwicz sint gekommen vor gehegit ding vnde habin uffgeboten Mathias Tacherwicz erbe yn der Smerstraße gelegen, daz er on uor Herman Kotczen, deme lehen hern, zcu eyneme willigen phande ingesaczt hat, dry ding. Do ist der selbete Mattias Tacherwicz zcu deme dritten dinge uorkommen unde daz er on daz uorgenante erbe uor sobinczig alde schok grosschen unde schaden, der dar uff ginge[46], ingesaczt hat, bekant. Do wart gefunden uor recht, sy mochten daz willige phant uorsetczen adder uorkouffen unde daz obirley reichen deme, der da recht zců hette.[47]

104. Hans Baserne unde Ilsebete, syne eliche husfrowe, sint gekommen uor gehegit ding vnde

---

[42] Vgl. Nr. 130.

[43] Vgl. Nr. 100.

[44] Vgl. Nr. 99.

[45] Hertel hat den Satz [*Ouch hat er or gegeben …*] gänzlich wegfallen lassen.

[46] Danach [*bekant*] gestrichen.

[47] Vgl. Nr. 141.

16   Die Hallischen Schöffenbücher. V. Buch.

habin sich vndir eynander begifftiget unde begabit mit allen gutern, die sy habin addir ummer mehir gewynnen, daz sy an eigene, an erbe, an uarnder habe addir wur ane daz sy. Welch or ehir uon todis wegen abegheet, so sal daz andere dy guter behalden, do mete zců thůne vnde zců lassene.

105. Sixtus Schonenberg ist gekommen vor gehegit ding vnde hat geclait zců Mathias Tacherwitcze unde zců alle syme gute, wo er daz hat addir irfaren mochte, uor sobin alde schock mynre xij alde gr. dry ding. Czum uirden dinge wart gefunden unde geteilt, her hette sin gelt irstehen unde man sulde ôme syne were frônen unde ist gefront, alse recht ist.

106. Heynrich Richart ist gekommen vor gehegit ding unde hat sich irboten mit synen gezcůgen kegen Hanse Můller uon gerade wegen, dy er solde inne haben uon der Zcôberitczynne wegen, alse om uor gerichte bescheiden was. Do wart ôme gefunden uor recht, her sulde beyten endis dingis. Queme nymant dy wile, daz ding werte, so sulde er des geczůgniße unde der schult ledig unde loß sin.

107. **[2221]** Herman Stoppel ist gekommen uor gehegit ding unde hat gegeben Barbaren, syner elichen husfrowen, lipczucht, als man daz clerlichen uindet, in sente Ulrichz pharre in deme pharebuche beschreben.

108. Peter Seyler ist gekommen uor gehegit ding vnde hat Caspar Jane umme ffunffczehen alde schock unde czehen alde schok ⟨gr.⟩[48] unde waz dar schade uff gheet, dy besserunge nach den uordern clegern an syner ‖ gewere lassen frônen, alse recht ist.

fol. 143r

109. Bernd Jacobs ist gekommen vor gehegit ding vnde hat Nickel Kluken umme ffunffczig rinsche gulden syne were lassen frônen, alse recht ist.

110. Hans uon Dreßen ist gekommen vor gehegit ding vnde hat Peter Růlen deme schepkenlecker uor czwenczig nuwe grosschen unde waz dar schade uff gheet syne were lassen fronen, alse recht ist.

111. Hans Eldiste ist gekommen vor gehegit ding vnde hat Pawel Goyen umme ffůnff alde schock grosschen mynre zcwene nuwe grosschen syne were lassen frônen, alse recht ist.[49]

112. Curt Borneman ist gekommen vor gehegit ding vnde hat Hanse Uogele umme ffunffczig alde schogk grosschen syne were lassen frônen, alse recht ist.

113. Hans Koch ist gekommen vor gehegit ding vnde hat Nickel Kluken umme sobin alde schogk grosschen syne were fronen laßen, alse recht ist.

114. Sander Bracstede ist gekommen vor gehegit ding vnde hat uffgeboten eyn willich phant, nemelich eynen urowen rock, der ome gesaczt ist, uor sechstehalb alt schock grosschen, dry ding.

---

[48] Über der Zeile.
[49] Vgl. Nr. 183.

1450–1451 17

Do wart ome gefunden unde geteilt, er mŏchte daz uorsetczen addir uorkouffen uor sin gelt, ist abir dar waz oberig, daz sal er reichen deme, der da recht zcŭ hat.

115. Heynrich Malticz, Nickel Uisscher, Hans Swemmeler unde Heynrich Hennel sint ge-kommen uor gehegit ding vnde habin geclait zcu Caspar Jane unde syme huse an Uisschers hofe gelegen umme uier vnde sechcig rinsche gulden unde czehen gulden alde schock ⟨gr.⟩[50], dy yn den Joden stehen, vnde waz dar schade uff gegangen ist addir noch dar uff gheet, unde her ist uorgekommen vnde hat des bekant unde ome sint alle gebot geschen. Alse wart on gefunden unde geteilt, man sulde ome syne were frŏnen unde ist ome gefronet, alse recht ist.[51]

116. Lorencz Gruneheyde ist gekomen vor gehegit ding vnde hat mete gebracht des ratis offenen vorsegilten brieff, dar inne ome Steffan Monffe mit willen, wissin vnde fulbort syner erben, nemelichen Hanße Schriber, uon syner muter vnde Claus Heydeke uon syner kindere wegen gegebin hat, eyn eygen, nemelich eyne schern zcwisschen Henpel Pegawen unde Niclaus uon Jhene schernen gelegen. Do wart gefunden uor recht, her hette dy mŏgelichen mit alleme rechtin, alse dy syn was. ‖

117. [2222] Hans Bobbaw ist gekommen vor gehegit (!) vnde hat geclait zcu Ffrederich Kalen fol. 143v nachgelassenen gutern umme hundirt alde schog grosschen unde nemelich zcŭ deme huse yn der cleynen Ulrichstraße gelegen dry ding. Czum uirden dinge wart gefunden uor recht, er hette sin gelt dar ane irstehnn unde man sulde on dar an wisen vnde ist dar an gewiset, alse recht ist.[52]

118. [2223] Claus Serwicz hat gesandt synen offenen uorsegilten briff in gehegit ding vnde hat Hanse Blumen dar inne wedirgegebin alle gerechtikeit, dy er an syneme hofe yn der Rode-welschinstrassen gelegen mit lehen vnde uorschribunge vnde alleme rechte, alse er ⟨dy⟩[53] dar ane gehabt hadt.

119. Bartolomeus Gercke ist gekommen vor gehegit ding unde hat gegebin Margareten, syner elichen husfrowen, uierczig rinsche gulden an synen besten gutern, daz sy an eygen, an erbe, an uarnder habe addir wur ane daz sy, nach syme tode do mete zcŭ thune unde zcŭ lassene.

120. Symon Arnd ist gekommen vor gehegit ding vnde hat gegeben Annen, syner elichen wertynnen, uiervndeczwenczig alde schogk grosschen an alle synen besten gutern, daz sy an eygen, an erbe, an uarnder habe addir wur ane daz sy, nach syme tode do methe zcŭ thune vnde zcŭ lassene.

121. Hans uon Dreßen ist gekommen vor gehegit ding vnde hat Hanße Gerwige umme czweyvndeczwenczig nuwe grosschen syne were lassen frŏnen, alse recht ist.

122. Barbara, Peter Nyemans eliche wertynne, ist gekommen uor gehegit ding vnde hat geclait

---

[50] Über der Zeile.
[51] Vgl. Nr. 215.
[52] Vgl. Nr. 123.
[53] Über der Zeile.

18   Die Hallischen Schöffenbücher. V. Buch.

zců Gůrge Swarczen unde zců sulchen gutern, alse daz instrument ußwiset, dry ding. Czum
uirden dinge wart gefunden, sy hette ore gerechtikeit irstehen unde wiste sy synes gutis icht, dar
sulde man sy an wiesen unde ist dar an gewiset, alse recht ist.[54]

123. [2224] Kilian Schóbel ist gekommen uor gehegit ding unde hat geclait zců Ffrederich
Kalen nachgelassenen gutern, nemelich zcu der besserunge an deme huse yn der cleynen Ulrich-
strassen, umme uierczig alde schock grosschen unde ffunffvndeuircig alde gr., dry ding. Czum
uirden dinge wart gefunden vnde geteilt, er hette sin gelt dar ane irstehen unde man sulde on
wisen an dy besserunge unde an daz huß vnde ist dar an gewiset, alse recht ist.[55]

124. [2225] Ffelice, Otte Bennendorffs wetewe, ist gekommen vor gehegit ding unde hat ge-
gebin Peter Spieße ore gerechtikeit, die sie hatte ⟨an⟩[56] Otte Bennendorffs hofe an alden marckte

fol. 144r   gelegen, mit alleme rechtin, als sie ‖ die dar ane gehabit hat.[57]

125. [2226] Clemen Wolff ist gekommen uor gehegit ding vnde hat gebracht des rathis offenen
uorsegilten brieff, darynne ome Hencze Kelner gegebin hat syne eygenschafft, dy er gehabit hat
an syme huse hinder Caspar Gellewitcze gelegen uff deme schuhoffe mit alleme rechten, als er
dy dar ane hatte.

126. Clemen Wolff unde Cordula, syne eliche husfrowe, sint gekommen uor gehegit ding
vnde habin sich begiftiget undir eynander mit alle den gutern, dy sie habin addir ummer mehir
gewynnen, daz sy an eygen, an erbe, an uarnder habe addir wur an daz sy. Welch or ehir abegheet
uon todis wegen, so sal daz andere dy gutere behalden, zcu thune vnde zců lassene.

127. Heynrich Richart ist gekommen vor gehegit ding vnde hat gegebin Margareten, syner
elichen husfrouwen, sechczig alde schok grosschen an synen besten gutern, daz sy an eigene, an
erbe, an uarnder habe addir wur ane daz sy, nach syme tode do mete zců thůne vnde zců lassene.

128. Hans Ffranckleue ist gekommen vor gehegit ding vnde hat gegebin Ilsen, syner elichen
husfrowen, ffunffczig alde schogk grosschen an synen besten gutern, daz sy an eygene, an erbe,
an uarnder habe addir wur ane daz sy, nach syme tode dar mete zců thůne unde zců lassene.[58]

129. [2227] Hans Ffranckleue ist gekommen vor gehegit ding unde hat gegebin Ilsen, syn-
er elichen husfrowen, sin huß halb in der Galkstrassen by Penczele gelegen, zců eyner rechtin
lipczucht.[59]

130. [2228] Katherina, Peter Sellen seligen wetewe, hat gebracht des wirdigen hern ern Johan-
ßes, probistis zcum nuwen wercke offenen uorsegilten breff in gehegit ding, dar ynne er bekante,
wie daz yn uorgeczieten her Curt Kraptzk, prior des uorbenumeten closters, von geheisses wegen,

---

[54] Vgl. Nr. 48 [2196], 165, 202.
[55] Vgl. Nr. 117.
[56] Über der Zeile.
[57] Vgl. Hertel, Theil II, V. [1947].
[58] Vgl. Nr. 129.
[59] Vgl. Nr. 128.

1450–1451

er Niclaus Prentyns, probist unde des ganczen capittels, Peter Sellen seligen orem elichen werte eyme garbude an dem Uischmarckte by deme nuwe thorme gelegen wol uor uiervndeczwenczig jarn gelegen, sy habe dar uff wart sy uon orem anclegen, nemelichen Nicasio Widdirstorffe, deme daz uon uormundeschaft Grundelingis kinder wegen zcu vorderne beuolen waz, der clegede ledig unde loß geteilt unde machte uort mehr der garbude ydermans gewere sin.[60]

131. [2229] Nickel Pegaw ist gekommen uor gehegit ding vnde hat uffgeboten eyn eygen, nemelichen huß unde ⟨hof⟩[61] yn der Merckelstraßen gelegen, daz er der Petrus Schultetynne abegekouft hat, dry ding. Do wart gefunden geteilt, sintdemal daz er daz dry ding uff (!) ‖ uffgebotin hette unde nymant queme, der dar yn spreche, so hette her eyne rechte were dar ane.

fol. 144v

132. Nickel Pegaw ist gekommen uor gehegit ding vnde hat Nickel Klucken uor nůen alde schok grosschen syne were laßen fronen, alse recht ist.[62]

133. Nickel Pegaw, Mathias Zceley, Hans Runge vnde Nicolaus Slichthar sint gekommen vor gehegit ding vnde habin Nickel Klucken uor sechczig alde schock grosschen vnde waz dar schade uff gegen ist unde noch uff ghen mag, syne were laßen fronen, als recht ist.[63]

134. Pawel uon Sayda ist gekommen uor gehegit ding unde hat Herman Herwige umme uiervndesobinczigk alde schock grosschen yn den medeban genomen, alse recht ist.

135. Claus Habich ist gekommen vor gehegit ding vnde hat Hans Rungen umme czehen nůwe gr. yn den medeban genommen, alse recht ist.

136. [2230] Jan Brancz, Herman Dugawe vnde Wencze Wernicke sint gekommen uor gehegit ding vnde habin wedir gegebin Martina Kosewitcze ore gerechtikeit, nemelichen sechczig alde schok grosschen, dy mit alleme rechten, alse on dy dar ane gegebin warn, mit namen an syme huse gelegen yn der großen Ulrichstraßen.

137. [2231] Margareta, Sander Zcochs seligen wetewe, ist gekommen uor gehegit ding vnde hat uorczicht getan vnde gegebin Bartolomeweß Zcoche, oreme sone, alle ore gerechtikeit, dy sy gehabt hat an deme huse yn der großen Ulrichstraße gelegen, mit alleme rechtin, alse sie dy dar ane gehabt hat.

138. Heyncze Richart ist gekommen uor gehegit ding vnde hat gegebin Katherinen, syner elichen husfrowen, achtczig alde schock gr. an alle synen besten gutern, daz sy an eygene, an erbe, an uarnder habe addir wur ane daz sy, nach syme tode do mete zců thune unde zců lassene.

139. [2232] Claus Steyn hat gebracht Ualentin Kerstens offenen uorsegilten brieff in gehegit ding, dar ynne Valentin uorgnant bekant hat, daz er sich mit Clauße Steyne williclich unde mit wolbedachten mute uortragen hat, umme schelinge unde zcweytracht, dy sy zcwisschen eynander

---

[60] Vgl. Nr. 97.
[61] Über der Zeile.
[62] Vgl. Nr. 346.
[63] Vgl. Nr. 345.

20   Die Hallischen Schöffenbücher. V. Buch.

gehat habin, unde kegen om uorczegen allir geistlichen unde wertlichen gerichte, nach lute des selbin briues. Dar uff wart gefunden uor recht, daz Valentin Kerstens zců Clause Steyne umme dy werckestede unde gewantkamer, dy er Symon Kersten abegekouft hat, uort mehir keyne ansprache habin sal unde er sal ome synen teil an der werckstad unde gewantkamer růmen in uirczen tagen.

fol. 145r   140. Bussze Duderstadt ist gekommen uor gehegit ding vnde hat ge‖gebin Katherinen, syner elichen husfrowen, sobinczig alde schock grosschen an alle synen bestin gutern, daz sie an eygene, an erbe, an uarnder habe addir wr ane daz sy, nach syme tode da mete zcu thůne vnde zců lassene.

141. Mathias Zceley, Kersten Brunstorffe unde Uit Walwitcze ist uorder gefunden uor recht, nachdeme er on sin huß zců uorsetczen addir zců vorkouffene, als on uor gefunden ist, nicht zcůstaten wil, so sal man Mathias Tacherwitcze dar uß wiesen vnde sy dar yn.[64]

142. Mathias Bőlcze ist von Heynrich Horne umme uierczig alde schok grosschen, dy er Cunczen, synem brudere, sulde schuldigt geblebin sin, mit rechte gekommen uor gerichte, alse recht ist.[65]

143. [2233] Margareta, Peter Subachs seligen wetewe, ist gekommen uor gehegit ding vnde hat weddirgegebin Caspar Gellewitcze, Annen, syner elichen husfrowen, Steffan Mittage, Bartholomeus Zcoche, Margareten, Brosius Behemen elichen husfrowen, unde Annen, orer tochter, ore lipczucht unde gerechtikeit, die or an deme huse yn der grossen Ulrichstraßen gelegen gegebin was, mit alleme rechten, als die or gegebin waz.[66]

144. Caspar Gellewicz, Anne, syne eliche husfrowe, Steffen Mittag, Bartolomeus Zcoch, Margareta, ⟨Brosius Bemen husfrowe⟩[67], mit fulbort des selben genanten Brosius, ores elichen uormunden, unde Annen, der itczunt genanten Margaretin tochter, mit fulbort ores gekornen uormunden, Claus Benne genant, sint gekommen uor gehegit ding unde habin gegebin Margareten, Peter Subachs seligen wetewen, daz eygen in der grossen Ulrichstraßen gelegen mit alleme rechtin, alse daz on da gegebin was.[68]

145. Margareta, Drewes Schenckels eliche wertynne, ist gekommen uor gehegit ding unde hat wedir gegebin deme selben Dreweße, oren werte, daz kindirteil unde gerechtikeit, dy er or an synen gutern gegebin hatte, mit alleme rechten, alse sie ⟨dy⟩[69] dar ane gehabt hat.[70]

146. Drewes Schenckel ist gekommen uor gehegit ding unde hat gegebin Margaretin, syner elichen husfrouwen, ffunffczig rinsche gulden an synen besten gutern, daz sy an eygene, an erbe,

---

[64] Vgl. Nr. 103.
[65] Vgl. Nr. 180.
[66] Vgl. Nr. 144.
[67] Über der Zeile.
[68] Vgl. Nr. 143.
[69] Über der Zeile.
[70] Vgl. Hertel, Theil II, V [1620]; Vgl. Nr. 146; vgl. auch Buch VI 142.

1450–1451

an uarnder habe addir wur ane daz sy, nach syme tode do mete zců thune vnde zců lassene.[71]

147. Jacob Serwicz ist gekommen uor gehegit ding unde hat geclait zcu Curde Koche umme acht alde schok gr. mynre uier nůwe gr., daz er ome uon Borchart Fŏlsches synes werckers wegen alle woche sechs nůwe gr., dy wile er by ŏme were, uff on uorgenante summe zcu gebene geret hat, dry ding. ‖ Czum uirden dinge wart gefunden uor recht, er hette sin gelt irsten unde man sal on wisen (!) an sine gutere wisen unde ist dar an gewiset, alse recht ist.   fol. 145v

148. **[2234]** Liuin Holczwart ist gekommen vor gehegit ding unde hat gegebin Jan Krugere sin huß yn der claynen Ulrichstrassen gelegen mit alleme rechtin, alse er daz gehabt hat.

149. Hans Bock ist gekommen uor gehegit ding unde hat sich der schult unde fulkommunge kegen Herman Becker lassen loß teylen, alse recht ist.

150. Hans Ffrancke it gekommen uor gehegit ding unde ist uon Nickel Myssener umme czweyhundirt eymer wyns mynre eylf eymere, dy er synen brudere sulde schuldig blebin sin, ledig unde loß geteilt.

151. Ffrancze Gerhart ist gekommen uor gehegit ding unde hat geclait zcu Hans Mericzsche umme nunvndeczwenczig alde schok gr. unde xiiij alde gr. dry ding. Czum uirden dinge wart gefunden uor recht, man sulde om syne were frŏnen unde ist gefronet, alse recht ist.[72]

152. Claus Steyn ist gekommen uor gehegit ding unde hat Symon Kerstens umme uierhundirt alde schok gr. yn den medeban genommen, alse recht ist.[73]

153. Pawel uon Sayda ist gekommen uor gehegit ding unde hat Symon Kerstens umme sechsvndeczwenczig alde schock gr. yn den medeban genommen, alse recht ist, dar er mit Valentin Kerstens synem brudere mit gesamptir hant uorgelobt hat.[74]

154. **[2235]** Pawel uon Sayda ist gekommen uor gehegit ding unde hat geclait zcu Ualentin Kerstens umme sechsvndeczwenczig alde schog gr., dar er mit Symon Kerstens, synem brudere, mit gesamptir hant uorgelobit hat, dry ding. Czum uirden dinge wart gefunden uor recht, er hette sin gelt irstehen unde man sal on wisen an sin gut, nemelich an synen teil der schersteten unde gewantkammer by dem nuwen thorme unde ist dar an gewiset, alse recht ist.[75]

155. **[2236]** Pawel Knoydenrich hat gesant synen offenen uorsegilten brieffe in gehegit ding, hat gegebin unde uorczicht getan Dreweße Leichen[76] unde Annen, Henczen Kelners seligen wetewen, allir gerechtikeit, nemelich lehin unde zcinße, die er hatte mit namen sechsundefunfczig alde grosschen an Hans Francken unde funfundeuierczig alde grosschen an Jůrge Růßen hůsern ‖ als sechsundefunfczig grosschen an deme huß zcu der wiessen Rosen genant unde ⟨an⟩[77] Jurge   fol. 146r

---

[71] Vgl. Hertel, Theil II, V [**1620**]; Vgl. Nr. 145; vgl. auch Buch VI 142.

[72] Vgl. Nr. 314.

[73] Vgl. Nr. 153, 154.

[74] Vgl. Nr. 152, 154.

[75] Vgl. Nr. 152, 153.

[76] Danach [*syner gere*] gestrichen.

22   Die Hallischen Schöffenbücher. V. Buch.

Rußen huße yn der Smerstraße am Schuhofe gelegen ffunffundeuierczig gr. mit alleme rechten, alse dy sin gewest sin.

156. **[2237]** Hans Hedirsleibe hant (!) gesandt synen offenen uorsegilten brieff in gehegit ding unde hat dar ynne gegebin unde uorczicht gethan Segemunt Schriber syner ge (!) gerechtikeit, alse lehen unde czinße an uier husern uff dem Mertinsberge uor Halle gelegen, nemelichen an Uith Bestes huß zcehin grosschen, an Claus Furmans huß czehen grosschen, an Hans Oltops huß uier gr., mit allem rechtin, als er dy dar an gehabt hat.[78]

157. Ulrich Bußen ist gekommen uor gehegit ding unde hat Caspar Jans umme uirvndecz-wenczig alde schogk grosschin ⟨halb⟩[79] yn den medeban genommen, alse recht ist.

158. Herman Dugaw ist gekomen uor gehegit ding vnde had gegebin Gerdruden, syner elichin husfrowen, hundirt rinsche gulden an synen bestin gutern, daz sie an eygen, an erbe, an uarndir habe addir wur ane daz sy, nach syme tode do mete zcu thune vnde zcu lassene.

159. Gunter Becker ist gekommen vor gehegit ding unde ist umme dy eynvndeczwenczig swyn, dy Herman Dugaw under ome besaczt hatte, uon syner muter wegen loß geteilt unde hat dy sin gemacht, alse recht ist.

160. **[2238]** Martinus Richart ist gekommen vor gehegit ding unde ist umme die czweihundert gulden, dar an Steffen Messirsmed umme beclagete, dar er on kegen Curt Katcze uon des echtis wegen syner tochter inczubrengen sulde, uor uorsaczt (!) habin weddir yn geistlich gerichte gewiset unde der besaße, dy der uorgenante Steffan uff sin gut getan hatte, ledigk und loß geteilt.

161. Hans Beyer ist gekommen uor gehegit ding vnde hat geclait zcu deme gelde, daz er undir Ditterich Schriber uon Karls uon Dißkow wegen besaczt hatte, nemelich sechs alde schok unde funfundeczwenczig alde gr. dry ding. Czum uirden dinge wart gefunden unde geteilt, her hette sin gelt irsten unde man sulde on dar an wisen unde ist dar an gewiset, alse recht ist.

162. Peter Plogel ist gekommen uor gehegit ding unde ist uon Caspar Bergawen umme eylf-tehalb alt schock grosschen, dy er ome uon ‖ myde wegen sulde pflichtig sin, mit rechte gekom-men.

163. Ffriczsche Schulte ist gekommen uor gehegit ding vnde hat gewartet des rechtin, daz om Heynricus Treffan in des schulteissen hofe gelobit hatte, umme czehen alde schock grosschen biß zcu ende des dinges. Do wart gefunden unde geteilt, er hette syne phenninge zcu ome irstehen.[80]

164. Ffriczsche Schulte hat beclait Heynricus Treffan in des schultissen hofe umme dry alde schock grosschen uordynt lon, dar er om recht uorgelobete unde wart dar mete gewiset uor

---

[77] Über der Zeile.
[78] Vgl. Nr. 568.
[79] Über der Zeile.
[80] Vgl. Nr. 164.

1450–1451

gehegit ding, dar denne Friczsche uorgenant des rechten warte biß zcu ende deß[81], do or nicht uorqwam. Do wart gefunden unde geteilt, er hette sin gelt irstehin.[82]

165. Barbara, Peter Nyemans eliche husfrowe, ist gekommen uor gehegit ding unde hat geclait zců Gurge Swarczen umme zcwelff alde schog gr. unde acht nuwe grosschen unde umme czwey alde schok gr. mynre eynt (!) ort dry ding. Czum uirden dinge wart gefunden unde geteilt, sy hette ore pheninge zcu ôme irstehen unde man sulde ome syne gewere fronen, nemelich dy besserunge, dy or dar ane hat boven dy gifft, dy er Caspar Gellewitcze und dy, dar zců gehorne, dar ane gegeben hat.[83]

166. Uester Uoit ist gekommen uor gehegit ding unde hat geclait zcu Kersten Bertrer umme sechczehin alde schok grosschen, dar er on dy joden uor uorsaczt (!) hat, dry ding. Czum uirden dinge wart gefunden unde geteilt, er hette sin gelt irstehin unde man salde ome syne gewere fronen unde ist gefrônt, alse recht ist.

167. **[2239]** Jacoff Cuncze vnde Ffriczsche Greffendorff sint gekommen uor gehegit ding vnde habin gebracht deß officials von Meydburg uorsegelten briue, dar inne sy bewieset habin, daz die sache zcwusschen Claus Schulczen, Jorgen, syme sone, vnde er Gurgen Lyndawen unde synen borgen uor deme official zcu Meydeburg in gerichte hynge, dar ůff worden syne uordir antwort, dar uff zců thůne, ledig unde loß geteilt.[84]

168. **[2240]** Her Johannes Růle ist gekommen vor gehegit ding unde hat gegeben Uolkmar Partine syne gerechtikeit, als ffunffundeuierczig schok alder gr. an huse vnde hoffe uff deme Berlyne by Clausz Schaffes hoffe gelegen, zcu eynem willigen phande, daz Wencze Kolczks ist, unde Claußße Rulen, des genantin ern Johannes uater, gegebin unde gesaczt was, mit alleme rechten, als an daz uon synem uater anirstorbin waz.[85]

169. Peter Schopaw ist gekommen mit syner elichen husfrowen gekommen (!) uor gehegit ding vnde haben geclait zců Caspar Weddersarde umme eynen brieff, den der genante Peter unde Albrecht Boze ome zců getruwerhant ingeantwort habin, deß hat Caspar uorgenant ‖ des selbin brieff geantwort in gerichte unde ist da methe uon on ledig unde loß geteilt.

170. Borchart Eghen hat gesant synen offenen uorsegilten brieff in gehegit ding vnde hat dar inne uolmechtig gemacht Clauß Czoberitcze der sachen, dy er hat zcu Claußße Neldener umme driessig alde schogk gr. czů uordirne, biß uff daz recht zců geben unde zců nemen.

171. **[2241]** Heynrich Smed ist gekommen uor gehegit ding vnde hat gegeben Agathen syner elichen husfrowen, daz nuwe cleyne huß an syne hofe uor deme Stege gelegen zců orem liebe, mit

fol. 147r

---

[81] Danach [*dinges*] fehlt.
[82] Vgl. Nr. 163.
[83] Vgl. Nr. 48 **[2196]**, 122, 165, 202.
[84] Vgl. Nr. 676 **[2339]**, 703, 735.
[85] Vgl. Nr. 252, 253.

sulcheme undirscheyde, daz sie sal habin eynen wegk zců deme bornen unde zců der heymelicheit, dy wile sy lebit.

172. Kerstine, Rûle Maschwicz eliche wetewe, ist gekommen uor gehegit ding unde hat Gurge Swarczen umme czwey alde schok gr. unde uierczig alde grosschnn, dy besserunge syner gewere laßen frônen, alse recht ist.

173. Kônne, Jacoff Lebichunen eliche wetewe, ist gekommen uor gehegit ding vnde hat Hanse uon Dreßen gekorn zců eynem rechtin uormunden, dy sache zců uorderne, dy sy anirstorbin ist uon der Oßwalt Stellemecherynne, biß uff daz recht zců geben unde zců nemen.

174. Herman Stôppel hat Peter Hugele umme czwey alde schok unde zcweyundeuierczig alde gr. syne were laßen fronen, alse recht ist.

175. [2242] Gurge Zciring hat gesant synen offenen uorsegilten brieff yn gehegit ding, dar ynne er gegebin hat, Mertin Wilhelms seligen wetewen, Ilse genant, eyn huß gelegen uff der Weiste zcwusschen beyden Ulrichstraßen, mit alleme rechtin, alse daz sin was.[86]

176. Ilse, Mertin Wilhelms seligen wetewe, ist gekommen uor gehegit ding vnde hat gegebin daz selbie eygen Hanse Zceyere myt alleme rechtin, alse daz or gegebin waz.[87]

177. Hans Zceyer ist gekommen uor gehegit ding vnde hat gegebin Ulrich Zcoberitcze daz selbe eygen mit allem rechten, alse daz sin waz.[88]

178. Ulrich Zcobericz ist gekommen uor gehegit ding vnde hat gegeben daz selbie eygen Lodewich Sulczen mit alleme rechten, alse daz sin waz.[89]

179. Lodewich Sulcze ist gekommen uor gehegit ding unde hat gegebin Sophien, syner elichen husfrowen, uierczig rinsche gulden an synen bestin gutern, daz sy an eygen, an erbe, an uarnder habe addir wur an daz sy, nach syme tode do mete zců thûne unde zcu lassin.

180. Hencze Horn ist uon Mathias Balczen umme zcwelff alde schok grosschen, dy om sin bruder, Cuncze Horn seliger, sulde schuldig geblebin sin, mit rechte ledig unde loß geteilt.[90]‖

181. [2243] Heyne Olczsche hat Erhart Schaden umme sobin ellen hartûchs syne were lassen fronen, alse recht ist.

182. Laûrencz Olczsche ist gekommen uor gehegit ding unde hat gebracht in gerichte eyn instrument, do methe er irwiset hat, daz Hans Schirplate, sin uorfarn seliger, der Peter Hokynne eyn halb huß abegekauft hat, unde ist sulchir ansprache, dy Curt Wilant dar ane meynte, zcu habene, ledig unde loß geteylt.

183. Hans Eldiste ist gekommen uor gehegit ding unde hat uffgeboten eyne fronunge an Pawel

---

[86] Vgl. Nr. 176, 177, 178.
[87] Vgl. Nr. 175, 177, 178
[88] Vgl. Nr. 175, 176, 178.
[89] Vgl. Nr. 175, 176, 177.
[90] Vgl. Nr. 142.

1450–1451

Goygen huse dry ding. Do wart ome gefunden, er mochte daz uorsetczin addir uorkouffen uor sin gelt unde ist dar waz obirley, daz sal er reichen deme, der dar recht zců hat.[91]

184. Wolbrecht, Peter Greffen eliche wertynne, hat Herman Goringe syne were umme uiervndedriessig nuwe grosschen lassen frŏnen, alse recht ist.

185. [2244] Gŭrge Swarcze ist gekommen uor gehegit ding vnde hat gegebin Clauße Bennen dy eigintschaft, dy er an zcwey husern gehabt hat, mit lehen unde jerlichen czinßen, nemelichen an Heyne Elczschen huse uff deme Berlyne ffunffundeuirczig alden grosschin unde an Hans Metteners huse do selbist gelegen uierundeczwenczig alde gr., mit alleme rechten, alse dy sin gewest sin.

186. Allexius Lissawe ist gekommen uor gehegit ding unde hat gegebin Margareten, syner elichen husfrowen, sechzig alde schok grosschen an synen besten gutern, daz sy an eygene, an erbe, an uarnder habe addir wur an daz sy, nach syme tode do mete zců thůne vnde zců lassene.

187. Claus Diczsch ist gekommen uor gehegit ding unde ist uon Hanße Uenden umme daz obirley boven dy bekanten zcwey schok gr., daz er om uor gelobede uon Oltops wegen sulde schuldig syn, uon des wegen, daz der genante Hans mit geczůge czůgen nicht fulqwam, ledig unde loß geteilt.

188. Kersten Gordan ist gekommen uor gehegit ding unde hat Symon Schutczen umme sechsundedriessig nuwe grosschen unde waz dar schade uff gegen, ist in den medeban genomen, alse recht ist.

189. [2245] Lucia, Jacoff Jax mait, ist gekommen uor gehegit ding unde hat eynen slayer uff nůn nuwe gr. gewerdt uff Gerdruden, dy Jacoff Neringis mait was, irsten uon des wegen, daz sie den eyt, den sy gelobit hatte uor gerichte, nicht enthat, alz or bescheiden waz.

190. [2246] Steffen Weitkorn ist gekommen uor gehegit ding unde hat gegebin Annen, syner elichen muter, dry hundert alde schok ‖ grosschin an syme hofe am alden marckte gelegen, do mete zcu thune unde zců lassene.

fol. 148r

191. Nickel Errentancz ist gekommen uor gehegit ding unde hat Ffrancze Schuemeister umme eyn halb alt schog gr. unde schaden in den medeban genommen, alse recht ist.

192. Thomas Nypener ist gekommen uor gehegit ding unde hadt Hanse Koche zcu uormunden gekorn, dy sache kegen Claus Gynowen czu uŏrderne, biß uff daz recht zcu gebene vnde zcu nemene.[92]

193. Sander Patczel ist gekommen uor gehegit ding unde hat Heynrich Meysen umme uier alde schock grosschen ane dry nůwe grosschin syne were lassen frŏnen, alse recht ist.

194. Steffen Greffe ist gekommen uor gehegit ding vnde hat gegeben Lucien, Hans Meynhard

---

[91] Vgl. Nr. 111.
[92] Vgl. Nr. 250.

26 Die Hallischen Schöffenbücher. V. Buch.

elichen husfrowen, dy eygenschaft an oren huse, nemelichen ffunff vndeuierczig alde grosschen, dy er zcu jerlichen zcinße dar ane gehabt hat, mit allem rechtin, alse dy sin was.

195. Hans Kemerer ist gekommen uor gehegit ding unde hat gegeben Annen, syner elichen husfrowen, achtczig alde schok grosschen an synen besten gůtern, daz sy an eygen, an erbe, an uarnder habe addir wur ane daz sy, nach syme tode dar mete zců thune unde zců lassene.

196. Heynrich Schuler ist gekommen uor gehegit ding vnde hat gegeben Margareten, syner elichen husfrowen, andirhalbhundert rinsche gůlden an synen bestin gutern, daz sy an eygen, an erbe, an uarnder habe addir wur an daz sy, nach syme tode do methe zcu thune unde zcu lassene.[93]

197. [2247] Heynrich Schuler ist gekommen uorgekommen (!) ding vnde hat gegebin Margareten, syner elichin husfrowen, sin husß uff den hogen kremen gelegen zcu eyner rechtin lipczucht.[94]

198. Symon Stalboum ist uon Mathias Glesyne unde Uester Murer uon vormundeschaft Frederichs Smedis kindere wegen des eydis umme umme (!) ffunff alde schok gr. unde eyn ort, dy er on mit Gynowen mit gesampthant sulde gelobit habin, ledig unde loß geteilt.

199. Hans Giseler ist gekommen uor gehegit ding unde hat Peter Scheyder unde N[95], syne eliche husfrowe, umme czwelff alde schok unde czwene nuwe gr. yn den medeban genommen, alse recht ist.

200. Kilian[96] Schokel hat Hinrik Meysen umme czwey alde schok unde funfundedriessig alde gr. were lassin fronen, alz recht ist.

201. Curt Endeman ist gekommen uor gehegt ding unde hat Pawel Czheyen umme dritczehen alde schok gr. syne were lassen fronen, alse recht ist.[97]

202. Cůne Alman hat Gůrge Swarczen dy[98] gewere ⟨der⟩[99] besserunge ⟨synes huses⟩[100] bobin Caspar Gellewitcze unde syne metekumpane unde der ‖ Peter Nyemanynne uor dry schok unde ffunffczehen alde gr. lassen fronen, alse recht ist.[101]

203. Nickel Ffisscher ist gekommen uor gehegit ding unde hat gegebin Annen, syner elichen ⟨frowe⟩[102], kinderteil an allen synen gutern, daz sie an eygen, an erbe, an uarnder habe addir wur ane daz sy, nach syme tode dar methe zcu thune vnde zcu lassene. Weres abir dar got uor sie,

fol. 148v

---

[93] Vgl. Nr. 197.
[94] Vgl. Nr. 196.
[95] *sic.*
[96] Hier steht *J* als Großbuchstabe, vielleicht nicht *Schakel*, sondern ein anderer Name.
[97] Vgl. Nr. 769, 875.
[98] [*syn*] gestrichen und durch [*dy*] ersetzt.
[99] Über der Zeile.
[100] [*synes huses*] am Rand rechts.
[101] Vgl. Nr. 48 [2196], 122, 165.
[102] Über der Zeile.

1450–1451   27

daz er ane kinder uon todis wegen abeginge, so sulde dy frowe alle syne gutere nach syme tode behalden, zcu thune unde zcu lassene.

204. Heyncze Strich ist gekommen uor gehegit ding unde hat gegebin Gerdruden, syner elichen husfrowen, kinderteil an alle synen gutern, daz sy an eygen, an erbe, an uarnder habe addir wur ane daz sy. Weres abir sache, daz er uon todis wegen abeginge unde keyne kindere ließe, so sulde dy frowe dy gutere behalden, zcu thune unde zcu lassene.

205. Hans Penewicz ist gekommen uor gehegit ding vnde hat Hanse Sweseltasschen umme achtundedrissig alde gr. yn den medeban genommen, alse recht ist.

206. Symon Stalbom ist gekommen uor gehegt ding vnde hat gegebin Ursulen, syner elichen husfrowee, funfczig alde schok ⟨gr.⟩[103] an synen besten gutern, daz sy an eygene, an erbe, an uarnder habe addir wur ane daz sy, nach syme tode do mete zcu thune unde zcu lassene.

207. Pawel Dornig ist gekommen uor gehegit ding unde hat gegebin Julianen, syner elichen husfrowen, czechczig alde schok grosschen an synen bestin gutern, daz sy an eygen, an erbe, an uarnder habe addir wur ane daz sy, nach sym tode dar mete zcŭ thŭne unde zcu lassen.

208. [2248] Mathias Phoel ist gekommen uor gehegit ding unde hat gegebin Konen, syner elichen husfrowen, synem hoff halb hinder ⟨der⟩[104] schule gelegen zcu eyner rechtin lipczucht.

209. [2249] Hans Wege ist gekmmen uor gehegit ding vnde hat gegebin Katherinen, syner elichen husfrowen, sin eygen uff deme Berlyne gelegen an Jan Hasen huse zcu eynir rechten lipczucht.

210. Pawel uon Sayda hat (!) ist gekommen uor gehegit ding unde hat Wenczen Kolczke umme sechsvndeczwenczig alde schog grosschen syne were lassin fronen, alse recht ist.

211. Heynricus Treffan hat geclait zcu Mathewes Mule umme uir alde ‖ schok mynre zcwene alde grosschen unde ome sint alle rechte bod geschen. Dar uff ist gefunden uor recht, man sal on wiesen an syne uarnde habe unde ist dar an gewiset, alse recht ist.

212. Bode Ualkfelt [...][105]

Heynricus Treffan hat geclait zcu Bode Ualkselde umme funftehalb alt schok gr. unde ome sint alle rechte bod geschen. Dar uff ist gefunden uor recht, man sal on an syne varnde habe wiesen unde ist dar an gewiset, alse recht ist.

213. Er Johannes Rŭle ist gekommen uor gehegit ding unde hat Uolkmar Partir gekorn zcu eynem rechtin uormunden, umme der uffbotunge willen, des huses, daz Claus Gynow synem uater seligen zcu eynem willigen phande ingesaczt hat, zcu fulforderne gekorn, alse recht ist.[106]

214. Dorothean, Hans Schrappelawen eliche wetewe, ist gekommen uor gehegit ding unde hat

---

[103] Über der Zeile.
[104] Über der Zeile.
[105] Satz abgebrochen.
[106] Vgl. Nr. 243.

fol. 149r

28   Die Hallischen Schöffenbücher. V. Buch.

gegebin Hanse Albrecht ore gerechtikeit, dy sy an Hans Schrappelawen huse gehabit hat, mit
alleme rechtin, alse er or dy dar ane gegeben hatte.

215. Heyne Malticz, Nickel Ffisscher, Hans Swemmeler vnde Heynrich Hennel sint gekom-
men vor gehegit ding vnde habin uffgeboten die ffrónunge an Caspar Jans huße dry ding. Czum
uirden dinge wart on gefunden uor recht, daz sie daz genantin Caspar Jans huß uorsetczin addir
uorkouffen mogen uor or gelt, daz sy dar ane irclait habin, unde daz obirleye gebin deme, dar
recht zcu hat.[107]

216. Uester Voyt vnde Koningnen, syne eliche husfrowe, sint gekommen vor gehegit ding vnde
habin sich begiftiget vnde begabet undir eynander mit alle den gutern, dy sie habin addir ummer
mehir gewynnen, daz sy an eigen, an erbe, an uarnder habe addir wur ane daz sy. Welch orer ehir
abegheet uon todis wegen, so sal daz andere dy gutere behalden, zcu thune vnde zcu lassene.

217. Claus Uochs ist gekommen vor gehegit ding vnde hat gegebin Gutten, syner elichin
fusfrawen, sechscizig alde schok grosschen an synen bestin guter, daz sy an eygen, an erbe, an
uarnder habe addir wur ane daz sy, nach syme tode daz mete zcu thune unde zcu lassene.

218. Claus Kopczk ist gekommen uor gehegit ding unde hat Glorius Phortener umme sech-
czehen alde schok grosschen unde umme sechs alde gr. in den medeban genommen, alse recht
ist.

219. Borchart Sachße ist gekommen uor gehegit ding unde hat geclait zcu Claus Gynowen
umme ffunff alde schok grosschen rechter schult dry ding. Czum uirden dinge wart gefunden
unde ‖ geteilt, man sulde ome syne gerechtikeit, dy er dar an ledig unde fry hat, fronen unde ist
ome gefront, alse recht ist.[108]

220. Jan Koning ist gekommen uor gehegit ding unde hat gegebin Agneten, syner elichen
husfrowen, sechßvndedrissig rinsche gulden an alle synen besen gutern, daz sy an eygen, an erbe,
an uarnder habe addir wur ane daz sy, nach syme tode do mete zcu thune vnde zcu lassene.

221. Hans Ciliacus ist gekommen uor gehegit ding vnde hat Pawel Gayen sin were umme eyn
alt schock grosschen lassen fronen, alse recht ist.

222. Bernt Jacoffs ist gekommen vor gehegit ding vnde hat syne tage zcijt kegen Lodewige
Lipese, nemelichen uff ostern umme zehen alde schogk grosschen irhalden, alse recht ist.

223. Borchart Sachße ist gekommen vor gehegit ding vnde hat geclait zcu Clauße Gynowen
vnde zcu der helffte synes huseß uff dem Berline gelegen dar umme, daz her Margareten, seyner
elichen husfrowen, unde Borchart Sachßen von orentwegen dy helfte des uorgenantin huses,
nach syme tode zcu thune unde zcu lassene, zcu lihene lassen geret vnde gelobit hat, dry ding.
Czum uirden dinge wart gefunden vnde geteilt, her hette syne gerechtikeit zcu ome irstehen

---

[107] Vgl. Nr. 115.
[108] Vgl. Nr. 223.

fol. 149v

1450–1451

unde man sal on dar an wiesen, nemelichen an syne gerechtikeit, dy her dar ane hat, vnde ist dar an gewiset, als recht ist.[109]

224. Hans Pessner ist gekommen uor gehegit ding vnde hat gegebin Ilsebeten, syner elichen husfrowen, uierczig alde schok an allen synen besten gutern, daz sy an eygen, an erbe, an uarnder habe addir wur ane daz sy, nach syme tode do mete zcu thune vnde zcu laßen.

225. [2250] Glorius Ostraw ist gekommen vor gehegit ding vnde hat gegebin Annen, syner elichen husfrowen, synen hoff halb an deme Steynthor gelegen zcu eyner rechtin lipczucht.

226. Glorius Ostraw ist gekommen vor gehegit ding vnde hat gegebin Annen, syner elichen fusfrowen, ffunffczig alde schok grosschen an synen bestin gutern, daz sy an eigen, an erbe, an uarnder ⟨habe⟩[110] addir wur ane daz sy, nach syme tode do mete zcu thune vnde zcu lassene.

227. [2251] Her Kerstin, prior zcu den Pewelern ist gekommen uor gehegit ding unde hat gegebin uon syner vnde der samenunge wegen syns closters [...].[111] ‖

228. Hans Zcölner der Smed ist gekommen uor gehegit ding vnde hat gegebin Ilsen, syner elichen husfrowen, ffunffczig alde schogk gr. an alle synen bestin gutern, daz sy an eigen, an erbe, an uarnder habe addir ur ane daz sy, nach syme tode do mete zcu thune vnde czu laßen.

fol. 150r

229. Curt Mußhart ist gekommen uor gehegit ding vnde hat geclait zcu Hanße Kluken umme nůen alde schok gr., dy her uor eynem gelobit hat, dry ding. Czum uirden dinge wart gefunden unde geteilt, her hette sin gelt irsten vnde man sulde on an syne gutere wiessen vnde ist dar an gewiset, alse recht ist.

230. [2252] Pauwel Czheye hat gesant synen offenen uorsegilten brieff in gehegit ding, dar ynne her gegebin hat Gutten, Peter Doringes seligen wetewen, unde Ualentine oren sone sin eigen halb gelegen yn der Galkstrassen by der behemen hofen mit alle rechtin, alse her on daz in syneme kouffbrife dar obir gegebin vorschrebin hat.

231. Claus Hincze ist gekommen vor gehegit ding vnde hat gegebin Gerdruden, syner elichen husfrowen, czwenczig rinsche gulden zcu deme, daß her or uorgegebin hat, an syne bestin gutern, daz sy an eigen, an erbe, an varnder habe addir wur ane daz sy, nach syme tode dar mete zcu thune unde zcu lassene.[112]

232. [2253] Heyne Koyke ist gekommen uor gehegit ding vnde hat geclait zcu Hanse Bocke umme silberwerg, daz her ome zcu behalden getan hatte, unde daz werdirte uff ffunff schok gr. nuwer muncze mynre zcweyer Joden Koppe des her denne bekannte vnde sayte, daz ome daz mit syme gute dupplichen genommen vnde entfremdet were des her mit synen nackeburn wol fulkommen welde. Do wart gefunden unde geteilt, daz her des mit synen nackebarn selbdritte

---

[109] Vgl. Nr. 219.

[110] Über der Zeile.

[111] Satz abgebrochen. Darunter sind noch sieben Leerzeilen.

[112] Vgl. Hertel, Theil II, V [860].

30   Die Hallischen Schöffenbücher. V. Buch.

fulkommen sulde in dren uirczen nachten, ab dar ding worde. Wurde abir nicht ding, so sulde
her des fulkommen zcum nehisten dinge, dez er denne nicht gethan hat. Darnach wart gefunden
vnde geteilt, her hette zcu ome sulch gelt mit rechte irstehen vnde irclait.[113]

233. Hans Bacharam ist gekommen vor gehegt ding vnde hat geclait zcu Hanße Bocke umme
ffunftehalb alt schok gr., dy her ome zcu behaldene gethan hatte, des her denne bekante vnde
sayte, daz om daz mit syme gute duplichen genommen vnde entfremdet were, des her mit synem
nackeburn wol fulkommen welde. Do wart gefunden vnde geteilt, daz her des selbdritte mit synen
nackebarn fulkommen sulde in drey uirczen nachtin, ab dar ding worde. Worde abir nicht ding,
so sulde her des fulkommen zcum nestin dinge. Des her denne nicht gethan hat, darnach wart
gefunden unde geteilt, her hette sulch gelt irsten vnde irclait mit rechte.[114]

234. Pauwel Breßlowe ist gekommen uor gehegit ding vnde hat geclait zcu Hanße Bocke umme
sobendehalb schok gr. nuwer were, dy her ome zcu behaldene gethan hatte, des her dem bekante
unde sayte, daz ome daz mit syme gute duplichen genommen unde entfremdet were unde des
mit synem nackebarn wol fulkommen welde. Do wart gefunden vnde geteilt, daz her selbdritte
mit synen nackeburn fulkommen sulde in drey uirczin nachtin, ab dar ding worde. Worde abir
nicht ding, so sulde her des fulkommen zcum nestin dinge. Des her denne nicht getan hat, dar
nach wart gefunden unde geteil, her hette sulch gelt irstehen unde irclait mit recht.[115] ‖

fol. 150v   235. Steffen Tůfel vnde Barbaren, syne eliche husfrowe, sint gekomen vor gehegit ding vnde
habin begifftiget unde begabit undir eynander mit alle die guter, dy sy habin addir ummir mehir
gewynnen, daz sy an eigene, an erbe, an uarnder habe addir wur ane daz sy. Welchir or ehir
abegheet uon todis wegen, so sal daz andere dy gutere behalden, zcu thune vnde czu lassin.

236. Drewes Stock ist gekommen uor gehegit ding vnde hat gegebin Margareten, syner elichen
husfrowen, hundirt alde schogk grosschen an syme eigen gelegen yn der Merckelstraße uor eyne
phanne in deme Dutzschen bornen unde wenne her or eyne phanen yme Dutzschen bornen zcu
orem liebe hat lihen lassin, sal sal(!) eigen wiedir ledig unde fry sin.

237. [2254] Claus Brandenberg ist gekommen uor gehegit ding unde hat geclait zcu Annen,
Andreas Hennenberges elichen husfrowen, vnde czu Hanse, oreme sone, umme metegift, daruor
her kegen Ffriczschen Schultissin uor sy uon orer tochter wegen gelobit hat, unde hat dez czu der
besaße, dy er getan hat, uon des wegen geclait sin, irsten clage des sy denne in gerichte bekannt
hat. Daruff wart gefunden unde geteilt, her sulde dy irste cleyde unde dy irste besaße zcu oren
gutern uor andern clegern habin.[116]

238. [2255] Segemunt vnde Heynrich Schriber gebrudere sint gekommen uor gehegit ding

---

[113] Vgl. Nr. 263.
[114] Vgl. Nr. 265.
[115] Vgl. Nr. 264.
[116] Vgl. Nr. 279, 519, 547, 548.

vnde habin gegebin Sander Bracsteden, oreme oheimen, czweyvndefunfczigstehalbin grosschen jerlichier czinße mit gesamptir lehen, nemelichen an Peter Messers huse by den Barfusßen gele-gen dry vnde czwenczigistinhalbin grosschen alde gr., an Nickel Wertchens huse ffunfzehen alde grosschin, an Große Kerstens huße uirczen alde grosschen, mit allir gerechtikeit, alse or uater ome daz uorkouft hat.

239. **[2256]** Mathias Jheneke ist gekommen vor gehegit ding unde hat sich deß kouffs uon hofes wegen an deme Galkthor gelegen, den her Hanse Giseler unde Ilsen, syner elichen hus-frowen, abegekouft hatte, von deß wegen, daz sy on des kouffes nicht geweren konden, lassen ledig vnde loß teilen.

240. **[2257]** Ulrich Zcobericz ist gekommen uor gehegit ding vnde hat gegebin Thomaß Uins-terwalde unde Margareten, syner stifftochtir, ffunfczen alde schok grosschen an syme eygen in der Steynstraßen gelegen, die her uff phingisten bezcalen sal, vnde wenne er sulch uorbenumet gelt beczalet hat, so sal ome sin eigen weddir fry vnde ledig uolgen.[117]

241. Bartolomewes Wele ist gekommen vor gehegit ding unde hat Mathias Schenckel umme eylff phenninge, der her bekant hatte, unde umme sobendehalbin alden gr., dar her om recht uorgelobit hatte, in den medeban genommen, alse recht ist.‖

242. Bastian Dommiczsch ist gekommen vor gehegit ding vnde hat zcu Nickel Kluken ffunff mandel alder gr., dar her ome recht uor czu thune gelobit hatte, mit rechte irstehin.

fol. 151r

243. Uolkmar Partir ist gekommen vor gehegit ding uon vormundeschaft wegen her Johans Rûlen vnde hat uffgeboten Caspar Gynowen huß uff deme Berlyne gelegen, daz ome uor deme lehen her uor uierczig alde schog grosschen nach bekentenisse des lehen hern ingesaczt was, dry ding. Czum uirden dinge wart om gefunden, her machte daz uorsetczen uor sulch gelt. Konde her des abir nicht uorsetczin, so mochte her daz uorkouffen vnde daz obirleie reichen deme, der dar recht zcu hette.[118]

244. Drewes Walden ist gekommen vor gehegit ding vnde hat sich an Mathias Heydenrichs gutere umme dry alde schog grosschen unde zcwene scheffel haffern vnde zcuwene scheffel rocken lassen wisen, alse recht ist.

245. Drewes Walden ist gekommen uor gehegit ding vnde hat sich umme czehen alde schock grosschen an Drewes Botchers gutere lassen wiesen, alse recht ist.[119]

246. Borchart Sachße ist gekommen vor gehegit ding vnde hat Claus Gynowen huß uff deme Berlyne gelegen uor czwenczig alde schogk grosschen, daruor her daz ome uor deme lehen hern nehist nach Claus Rulen innegesaczt hat, dry ding uffgeboten. Do wart gefunden unde geteilt,

---

[117] Vgl. Nr. 351.
[118] Vgl. Nr. 213.
[119] Vgl. Nr. 361.

Die Hallischen Schöffenbücher. V. Buch.

her mochte daz uorsetczin uor solch gelt. Konde her deß abir nicht uorsetczin, so mochte her daz uorkouffen unde daz obirleye reichen deme, der dar recht zcu hette.[120]

247. Borchart Sachße ist gekommen vor gehegit ding vnde hat geclait zcu Clauße Gynowen vnde syme huß uff dem Berlyne gelegen umme funf alde schok grosschen rechter schult dry ding. Czum uirden dinge wart gefunden unde geteilt, her hette syne gerechtikeit dar ane irstehen vnde man sulde on an den gutere wiesen vnde ist dar angewiset, als recht ist.[121]

248. **[2258]** Mertin Lorencz ist gekommen vor gehegit ding vnde hat gegebin Margareten, syner elichen husfrowen, synen hoff halb uon den Barfusßen gelegen zcu eyner rechtin lipczucht.

249. Heynrich Krippe ist gekommen uor gehegit ding vnde hat die Curt Kochynne vnde dy Peter Slagelynne umme sechs alde schok grosschen in den medeban genommen, alse recht ist.

250. Hans Koch ist gekommen vor gehegit ding vnde hat vulfordirt uon Thomas Nypeners wegen dy clegede, dy her zcu Claus Gynowen unde syme huß uff deme Berlyne yme funfunde‖driessig alde schock grosschen angehabin hatte. Do wart gefunden vnde geteilt, man sulde ome dy besserunge dez huses daruor fronen vnde ist gefronet, alse recht ist.[122]

251. Hans Curßo vnde Katherine, syne eliche husfrowe, sint gekommen vor gehegit ding vnde habin sich begiftiget unde begabit undir eynandir mit alle den gutern, dy sy habin addir ummer mehir gewynnen, daz sie an eigen, an erbe, an uarnder habe addir wur ane daz sy. Welch or ehir abeghet uon todis wegen, so sal daz andere dy gutere behalden, zcu thune unde zcu lassen. Weres abir sache, daz sie beyde kindere gewonnen, so sulde dy urowe kinderteil an den gutern habin.

252. Uolkmar Partir ist gekommen vor gehegit ding vnde hat gegebin Wencze Kolczke syne gerechtikeit, dy ome her Johannes Rule an des genantin Wencze Kolczkes huß uff dem Berlyne gelegen gegebin hat, mit allen rechtin, alse dy ome gegebin waz.[123]

253. Wencze Kolczk ist gekommen vor gehegit ding unde hat gegebin Jacoffe Koninge sin huß uff deme Berlyne gelegen uor uirczig alde schogk grosschen zcu eynem pherde unde wenne her ome sulch uorbenumet gelt weddir gibbit, so sal om sin huß uorgnant weddir ledig vnde fry sin.[124]

254. Nicolaus Schónefelt ist gekommen vor gehegit ding unde hat Hanse Palbornen umme sobin alde schogk grosschen yn den medeban genommen, alse recht ist.

255. Hans Zciel ist gekommen uor geheit ding vnde hat geclait zcu Pauwel Goyen unde syme gute unde zcu der besserunge an eyner schernen, umme eyn halb schog scheffel korns unde

---

[120] Vgl. Nr. 247, 250
[121] Vgl. Nr. 246, 250
[122] Vgl. Nr. 192, 246, 247
[123] Vgl. Nr. 168, 253.
[124] Vgl. Nr. 168, 252.

umme eynen halbin bachen specks, dry ding. Czum uirden dinge wart gefunden vnde geteilt, man sulde on an syne gutere unde an dy besserunge wisen unde ist dar an gewiset, alz recht ist.

Anno etc. li° post pasca

256. **[2259]** Mertin Hodancz ist gekommen vor gehegit ding vnde hat gegeben Ilsen, syner elichen husfrowen, vierczig rinsche gulden an synem eygen in der Pruffenstrassen by sente Pawele gelegen, nach syme thode dar mete zcu thune vnde zcu lassene.

257. Nickel Schaffenrade ist gekommen vor gehegit ding vnde hat gegeben Sander Bracsteden, Ditterich Kuchenswyne vnde Caspar Gellewitcze alle syne farnde habe, alle syne gereitschaft unde schulde unde alle syne gutere, nach syme tode dar mete zcu thune vnde zcu lassene, in sulcher wiese, daz sie das halden sullen in aller maße, alse daz das instrument, daz dar obir gegebin ist, uswieset.

258. Herman Beheme ist uon Claus Klyngenhayns wegen umme czwelff ‖ nuwe grosschen in den medeban getan, alse recht ist.[125]

259. **[2260]** Hans Giseler ist gekommen vor gehegit ding vnde hat gegebin Ilsen, syner elichin husfrowen, syn eygen zcu rothen schilde am ffischmarckte gelegen, nach syme tode dar mete zcu thune vnde zcu lassen.

260. Thomas Friczsche ist gekommen vor gehegit ding vnde hat Herman Herwige umme dry alde schog grosschen in den medeban genommen, alse recht ist.

261. **[2261]** Heiße Hedirslebe ist gekommen uor gehegit ding vnde hat gegebin Annen, syner mayt, eyn eygen an syme hofe uff der ecken kegen den Pewelern gelegen, zcu orem liebe, dy wile sy lebit.

262. Lorencz Olczsche vnde Sabine, syne eliche husfrowe, sint gekommen uor gehegit ding vnde habin sich begiftiget vnde begabit undir eynandir mit alle den gutern, dy sy habin addir ummer mehir gewynnen, daz sy an eygen, an erbe, an farnder habe addir wur an daz sy. Welch or ehir abegheet uon todis wegen, so sal daz andere dy gutere behalden, zcu thune vnde czu lassene.

263. Heyne Koyke ist gekommen uor gehegit ding vnde hat Hanse Bocke umme ffunff schog gr. nuwer were mynre zcweier gr. were lassen fronen, alse recht ist.[126]

264. Pawel Breßlawe ist gekommen uor gehegit ding vnde hat Hanse Bocke umme sobinde halb schok grosschen nuwer were syne were lassen fronen, alse recht ist.[127]

fol. 152r

---

[125] [*Clyngenhayn*] am Rand links.
[126] Vgl. Nr. 232.
[127] Vgl. Nr. 234.

34 Die Hallischen Schöffenbücher. V. Buch.

265. Hans Bacharam ist gekommen uorgekommen (!) uor gehegit dingk unde hat Hanse Bocke umme funftehalb alt schok gr. syne were lassen fronen, alse recht ist.[128]

266. Ditterich Kolman unde Anne, syne eliche husfrowe, sint kommen uor gehegit ding unde habin sich begiftigit vnde begabit under eynandir mit alle den gutern, dy sy habin addir ummer mehir gewynnen, daz sy an eygen, an erbe, an farnder habe addir wur an daz sy. Welch or ehr abegheet uon todis wegen, so sal daz ander dy gutere behalden, zcu thune vnde czu lassene.

267. Hans Kollenbay ist gekommen vor gehegit ding unde hat geclait zcu Hanse Gerwige unde Agnesen, syner elichen husfrowen, umme eyn schogk geldis jerlichs zcinßes mit samptir lehen, dy syne huffe uff dem huse yn der Galkstrassen gelegen gehabt hat, dry ding unde nemlichen dar umme, daz sy ome des konffes an legen unde zcinßen nicht gewernt hettin. Czum uirden ding wart gefunden unde geteilt, her hette syne gerechtikeit dar ane irstehen unde man sulde on dar an wisen vnde ist dar an gewiset, als recht ist.

268. Herman Maschwicz ist gekommen uor gehegit ding unde gefragit nach rechte, so als ome Claus Hardung recht zcu thune uor czwenczig alde grosschen gelobit hatte unde nicht uorqweme unde daz recht tete, ab her sulch gelt icht uff on irsten hette. Do wart gefunden uor recht, her daz gelt irstehin mit rechte, alse recht were. ‖

fol. 152v
269. Mathias Heyndenriche ist geboten von gerichtis wegen, daz her Claus Klotcze sulche buthe, dy sy umme ore beyder hofe getan habin, des her in gerichte bekant hat, halden sal.

270. Urban Meczman ist gekommen uor gehegit ding unde hat Claus Letczschen umme dry schog unde achtczehen grosschen aldes geld in den medeban genommen, alse recht ist.

271. Friczsche Schulte ist gekommen uor gehegit ding unde hat Heynricus Treffane umme dritczehen alde schok grosschen syne were lassen fronen, alse recht ist.[129]

272. [2262] Herman Lemken ist gekommen uor gehegit ding unde hat uffgeboten sin huß in der Schonstraßen gelegen, dry ding. Czum uirden dinge wart gefunden uor recht, sintdemmal daz nymant qweme, der dar yn spreche, so hette her eyne rechte were dar ane.

273. Sander Bußße ist gekommen uor gehegit ding vnde hat Mathias Heydenriche umme achtczendehalb schog grosschen syne were lassen fronen, alse recht ist.[130]

274. Claus Heydenrich vnde Mattis, sin bruder, sint gekommen uor gehegit ding unde habin sich irboten recht zcu thune kegen Dorothean, ores bruder wibe. Do sie nicht enqwam unde daz recht fordirte, do worden sy des geteilt ledig vnde loß.

275. Katherina, Hans uon Grymmen mait, ist gekommen uor gehegit ding unde hat sich unde ore borgen mit namen Hanse uon Grymme unde Peter Rŭlen solches gelobedis, daz sy

---

[128] Vgl. Nr. 233.
[129] Vgl. Nr. 279.
[130] Vgl. Nr. 598; vgl. auch Buch VI 36.

uon orentwegen kegen Heynrich Fisscher umme dy besaße getan hatten, lassen ledig unde loß teylen.[131]

276. Mertin Grůning ist gekommen vor gehegit ding unde hat sich des rechten, daz her Claus Hardunge zcu thune gelobit hatte, laßen ledig unde loß teilen, sint her nicht uorqwam unde daz fordirte.

277. Katherina Udericz ist gekommen uor gehegit ding vnde hat zcu Hanse Muller uier alde schog mynre drissig alde grosschen mit rechte irstehen, sintdemmal daz her des rechtin, daz her daruor czu thune gelobit hatte, nicht getan hat.

278. Gerdrut Hermans hat Glorius Roden umme nůn alde grosschen syne were uor gerichte lassen fronen, alse recht ist.

279. Ffriczsche Schulte ist gekommen vor gehegit ding vnde hat gegeben Annen, synen elichin kinde, allis, daz her hat in dissem gerichte, daz sy in des schulczen hofe uff der kammer, dy her zcu om gemytet hat, addir an den dritczehen schocken, dy or zcu Heynricze Treffan irstehen unde irclait hat, addir wur ane daz sy, dar methe zcu thune vnde zcu lassene.[132] ‖

280. **[2263]** Pawel Wittenberg ist gekommen vor gehegit ding vnde hat gegeben Barbaren, syner elichen husfrowen, synen hoff halb gelegen uff deme slamme kegen dem borne yn den Cleynsmeden, nach syme thode dar mete zcu thune vnde zcu lassene.[133]

281. Pauwel Wittenberg ist gekommen vor gehegit ding vnde hat gegebin Barbaran, syner husfrowen, ffunffczig alde schok grosschen an synen bestin gutern, daz sy an eygen, an erbe, an farnder habe addir wur ane daz sy, nach syme tode dar mete zcu thune vnde zcu lassene.[134]

282. Drewes Anedarm ist gekommen vor gehegit ding vnde hat gegeben Berchten, syner elichen husfrowen, driessig rinsche gulden an alle synen bestin gutern, daz sy an eygen, an erbe, an farnder habe adder wur ane daz sy, nach syme tode dar mete zcu thune unde zuc lassen.

283. **[2264]** Philippus Stulpener ist gekommen vor gehegit ding vnde hat gegeben Katherinen, syner elichin husfrowen, sin eygen uor der halle gelegen, nach syme tode dar mete zcu thune vnde zcu lassene.

284. Claus Habich vnde Katherina, syne eliche husfrowe, sint gekommen uor gehegit ding vnde haben sich begiftigit vnde begabit under eynandir mit alle den gutern, dy sy habin addir ummer mehre gewynnen, daz sy an eigen, an erbe, an farnder habe addir wur an daz sy. Welch or ehr abeghet uon todis wegen, so sal daz andere dy gutere behalden, zcu thune vnde zcu lassene.

285. Claus Dobel ist gekommen vor gehetig ding vnde hat gegebin Margareten, syner elichen

---

[131] Vgl. Nr. 360.
[132] Vgl. Nr. 271.
[133] Vgl. Nr. 281.
[134] Vgl. Nr. 280.

husfrowen, uierczig rinsche gulden an alle synen bestin gutern, daz sy an eygene, an erbe, an farnder habe addir wur ane daz sy, nach sym tode da mete zcu thune unde zcu lassene.

286. Syuert Glesin ist gekommen uor gehegit ding vnde hat gegeben Hanse Scheyder syne gerechtikeit, die her hat an syme huse, nemelichin lehen vnde eyme marck geldis jerlichir zcinße mit alleme rechten, alse her dy dar ane gehabt hat.

287. [2265] Hans Scheyder ist gekommen vor gehegit ding vnde hat gegeben Ilsebethen, syner elichin husfrowen, sin eygen halb kegen Hanse Meynharde uor der halle gelegen, nach syme tode dar methe zcu thune vnde zcu lassene.

288. [2266] Jan Huczsche ist ist gekommen vor gehegit ding vnde hat gegeben Clauß Erwißmanne mit willen vnde fulbort Margareten, syner elichen husfrowen, unde Annen, orer swestir, dy gerechtikeit, dy her gehabt hat an deme huß kegen sente Niclauße uff deme hogen stige gelegen, mit aller gerechtikeit, alse dy sin gewest ist.‖

fol. 153v 289. Claus Erweißman ist gekommen uor gehegit ding vnde hat gegebin Margareten, syner elichen husfrowen, ffunffvndeuierczig alde schog grosschen an synen bestin gutern, daz sy an eigen, an erbe, an farnder habe addir wur an daz sy, nach syme tode dar methe zcu thune vnde zcu lassene.

290. [2267] Peter Peczsch ist gekommen uor gehegit ding unde hat gegebin Ulriche, synen brudere, die helfte des eygens in der Claustraße kegen Albrecht Francken gelegen mit alleme rechten, alse daz on uon syneme uater anirstorben ist.[135]

291. Ulrich Petzsch ist gekommen uor gehegit ding vnde hat gegebin mit willen unde fulbort Peters, synes uormunden, vnde bruders, Annen, syner elichen muter, daz selbiger eygen zcu eyner rechtin lipczucht.[136]

292. [2268] Kilian Kolbe ist gekommen uor gehit (!) ding vnde hat gegeben Gerdrudin, syner elichin husfrowen, sin eygen in der Merckelstraßin gelegen uor eyne phanne ymme Dutzschen bornen, wenne or die phanne geschicket unde gemacht wert zcu oreme liebe, so sal sin eygen weddir fry vnde loß syn.[137]

293. Sander Poye vnde Saffe, syne eliche husfrowe, sint gekommen uor gehegit ding vnde haben sich begiftiget vnde begabit undir eynander mit alle den gutern, dy sy haben addir ummer mehir gewynnen, daz sy an eygin, an erbe, an farnder habe addir wur an daz sy. Welch or ehir abegeet uon todis wegen, so sal daz andere dy gutere behalden, zcu thune vnde zcu lassene.

294. Cuntcze Jagenůfel ist gekommen uor gehegit ding unde hat Gůrge Swarczen umme czwelftehalb alt schog grosschen syne were lassen fronen, alse recht ist.

---

[135] Vgl. Nr. 291

[136] Vgl. Nr. 290.

[137] Vgl. Nr. 1065, 1066.

1451–1453

37

295. Hans Giseler vnde Ilse, ⟨sin⟩[138] eliche husfrowe, sint gekommen uor gehegit ding unde habin sich begiftiget vnde begabit undir eynander mit alle den gutern, dy sie habin addir ummer mehir gewynnen, daz sy an eigen, an erbe, an farnder habe addir wur ane daz sy. Welch ŏr ehir abeghet uon todis wegen, so sal daz andere dy gutere behalden, zcu thune vnde zcu lassene.

296. Cŭne Rŏding ist gekommen vor gehegit ding vnde hat gegebin Kŏnen, syner elichen husfrowen, uiervndeczwenczig alde schog grosschen an alle synen besten gutern, daz sie an eygen, an erbe, an farnder habe adder wor an daz sy, nach syme tode dar mete zcu thune vnde zcu lassene.

297. Gurge Tolbe ist gekommen vor gehegit ding vnde hat gegeben Bynsen, syner elichen husfrowen, uierczig alde schog grosschen an synen besten gutern, daz sy an eygen, an erbe, an farnder habe addir wur ane daz sy, nach syme tode dar mete zcu thune vnde zcu lassene.

298. Michel Snabel ist gekomen vor gehegit ding unde hat Matias Moderaken umme sobindehalb alt schog grosschen syne were laßen fronen, alse recht ist. ‖

299. [2269] Saffe, Hans Ledirs seligen wetewe, ist gekommen uor gehegit ding unde hat geclait zcu Hanse Jans frowen unde zcu husgerete, daz sy in orem kelre unde ouch in der Schroteryne huße uff Kelners hofe umme dry alde schog vnde acht nuwe grosschen besaczt hatte, dry ding. Czum uirden dinge wart gefunden uor recht, sy hette ore gerechtikeit irstehen unde man sulde sy dar an wisen vnde ist dar an gewiset, alse recht ist.

fol. 154r

300. [2270] Kerstine, Conradus Kunczen seligen wetewe, ist gekommen vor gehegit ding vnde hat gegebin Jacoff Cunczen, oreme sone, alle ore gerechtikeit, die sie gehabt hat an deme hofe yn der Claustraße by Hanse Drakensteden gelegen an der ecke, mit alleme rechten, als or ⟨dy⟩[139] dar ane gegebin was.[140]

301. Lucie, Hans Kunnen seligen wetewe, ist gekommen uor gehegit ding unde hat gegebin Sophien, orer elichen tochter, allis daz sie hat addir ummer mehir gewynnet, daz sie an eygene, an erbe, an farnder habe addir wur ane daz sy, dar mete zcu thune unde zcu lassene.[141]

302. Sophie, Mertin Steckenbergis eliche husfrowe, ist gekommen uor gehegit ding unde hat gegebin mit fulbort des genantin Mertins, ores elichin uormunden, oren kindern die selbe gerechtikeit, die or dy genante ore muter gegeben hat, mit alleme rechten, als or die gegeben ist.[142]

303. Heynrich Baruth, Hans Kperlant unde Drewes Stock sint gekommen uor gehegit ding unde habin Albrechte uon Ruden die besserunge syner gewere, nach den uordern clegern uor

---

[138] Über der Zeile.
[139] Über der Zeile.
[140] Vgl. Hertel Theil II, V [624].
[141] Vgl. Nr. 302
[142] Vgl. Nr. 301.

uierczig alde schog grosschen unde schaden, der dar uff gegangen ist, lassen fronen, alse recht
ist.

304. **[2271]** Johannes Engel, apoteker zcu Halle, unde Gerdrut, syne eliche husfrowe, sint ge-
kommen uor gehegit ding unde habin sich begiftiget unde vergabit undir eynander mit alle den
gutern, dy sie habin addir ummer mehir gewynnen, daz sy an eigene, an erbe, an farnder habe
addir wur ane daz sy. Welch or ehir abegheet uon todis wegen, so sal daz andere die gutere behal-
den zcu thune vnde zcu lassene. Weres abir das sie kindere ließen, so sulde die frowe kinderteil
dar ane habin.

305. **[2272]** Claus Zcobericz ist gekommen uor gehegit ding vnde hat gegeben Margaretin,
syner elichin husfrowen, synen hoff hinder sente Michele gelegen, nach syme tode dar mete zcu
thune unde zcu lassene.[143]

306. Ludeke Balticzar ist gekommen vor gehegit ding [...].[144] ‖

307. Kerstine, Hans Uosses seligen wetewe, ist gekommen uor gehegit ding unde hat Gurgen
Eldisten umme czweyvndefirtczig alde grosschen unde schaden, der dar uff gegen (!) ist, in den
medeban genommen, alse recht ist.

308. Pauwel Lange ist gekommen uor gehegit ding unde hat gegeben Annen, syner elichin
husfrowen, hundirt alde schog grosschen an alle synen bestin gutern, daz sie an eygen, an erbe,
an farnder habe adder wur ane daz sie, nach syme thode do mete zcu thune unde zcu lassene.

309. Curt Riczsch ist gekommen uor gehegit ding unde hat gegeben Annen, syner elichen
husfrowen, czweyhundirt alde schog grosschin an alle synen bestin gutern, daz sie an eygen, an
erbe, an farnder habe addir wur ane daz sy, nach syme tode dar mete zcu thune vnde zcu lassene.

310. Austin Treiße, Anthonius Goltsmed, Curt Riczsch unde Hans Smed sint gekommen
vor gehegit ding unde habin Hanse Zciringe ume hundert gulden unde czehen gulden yn den
medeban genommen, alse recht ist.

311. Pauwel uon Sayda ist gekommen uor gehegit ding vnde hat gefraget nach rechte, so
als her yn des schultissen hofe zcu Michel Lyndener geclait hette umme zcwenczig alde schok
grosschen, dar her gesampt mit ander luten uor gelobit hette, unde dar umme nu uor dy banck
gewiset were, unde Michel uorgnant nicht uorqweme. Dar uff wart gefunden, her sulde beyten
endis dingis. Qweme her nicht dy wile, das ding werte, so hette her synen gerechtikeit zcu ome
irstehin.

312. **[2273]** Allexius Dippolt ist gekommen uor gehegit ding unde hat geclait zcu Pawel Zcwey-
en unde syme huse yn der Galkstraßen gelegen umme czweyvndeczwenczig alde schok grosschen
vnde waz dar schade uff geet, so alz daz yn den joden stehit, dry ding. Czum uirden dinge wart

---

[143] Vgl. Nr. 389, 390.
[144] Satz abgebrochen. Darunter sind noch sieben Leerzeilen.

gefunden, her hette syne gerechtikeit dar ane irstehen unde man sulde on dar an wisen, neme-
lichen an dy besserunge nach den, dy uor ome geclait habin, unde ist dar an gewist, alse recht
ist.[145]

313. Vester Voit ist gekommen uor gehegit ding vnde hat Kersten Becker umme sechczehin
alde schok grosschen unde waz dar ane uff gheet, so als daz in den stehit, in den medeban
genommen, alse recht ist.

314. Ffrancze Gerhart ist gekommen uor gehegit ding unde hat uffgeboten dy fronunge an
Hans Merczschis huß dry ding. Do wart gefunden unde geteilt, her mŏchte daz uorsetczen uor
sin gelt, ab er konde. Konde her des nicht uorsetczin, so mochte er daz uorkouffen unde daz
obirley reichen deme, der dar recht zcu hette.[146]

315. Herman Dirgaw ist gekommen uor gehegit ding unde hat Heißen Hedirslebin umme
acht alde schok grosschen syne were lassen fronen, alse recht ist.

316. Hans Hase ist gekommen uor gehegit ding unde hat geclait zcu Glorius ‖ Myttenczwey
unde zcu zcween pherden unde eynen wayne mit dreen raden, zcwene scheffel weiße, uier scheffel
haffern unde zcwene hasen, die her besatzt hatte, umme uirvndeczwenczig alde schok grosschen
unde dry alde grosschen, dry ding. Czum uirden dinge wart gefunden unde geteilt, her hette sin
gelt zcu ome unde der besaczten habe irsten unde man solde on dar an wisen unde ist dar an
gewiset, als recht ist.

fol. 155r

317. [2274] Ffriczsche Holczschumecher von der Numborg ist von Chlauße Kryne von des
mantels jopen vnde hosen wegen, die er ome zcu der uor gerichte abegewunnen hatte, nach lute
des richtirs uorsegilten briues, den er in gerichte gebracht hat, ledig unde loß geteilt.

318. [2275] Claus Koch, stad uoit, Lorencz Fredeburg, Peter Ringk, Matheus Ludeke, Heyn-
ricus Aben vnde Bode Aben, burger zcu Isleiben, sint der besaße vnde kummers, dy Herman
Botcher uon des wegen, daz eczliche gutere syne frauwen zcu Isleiben salden anirstorbin sin, zcu
on getan hatte, vnde von des wegen, daz sy om sicher geleite von deme hern zcu Mansfelt vnde
der stad, die anirstorbenen gutere zcu Islebin zcu forderne schriftlichen geschicket hattin, vnde
dar uff nicht hene zcihen walde, ledig vnde loß geteilt.

319. Kerstine, Rŭle Maschwitz seligen wetewe, ist gekommen uor gehegit ding unde hat uon
Hanse Grŭnynge des rechten, daz er or vor gerichte umme eyn alt schog grosschen thun sulde
gewartet, endis dingis. Do er nicht enqwam, dy wile daz ding werte, wart gefunden unde vnde (!)
geteilt, sy hette sulch gelt uff on irstehn.

320. [2276] Caspar Gellewicz vnde Claus Hincze, sin swager, sint gekommen uor gehegit
ding vnde habin gegebin Mathias Brŭere ore gerechtikeit, die sie hattin an deme huse uor den

---

[145] Vgl. Nr. 545, 561.
[146] Vgl. Nr. 151.

fleischschern by deme nuwen huß gelegen, mit allir gerechtikeit, als sy dy dar ane gehat habin.

321. Glorius Grymme, Bastian Moczeligk vnde Gurge Mode sint gekommen uor gehegit ding unde habin geclait zcu Pawel Zceyen vnde synen gutern, nemelichen zcu der besserunge an eyme halbem huß umme zcwenczig alde schok grosschen unde schaden, der dar uff gegen ist, dry ding. Czum uirden dinge wart gefunden vnde geteilt, sy hetten or gelt irstehen, man sulde sy an syne gutere wisen, unde sint dar an gewiset, alse recht ist.

322. Curt Kapehorn ist gekommen vor gehegit ding vnde hat gegebin Hanse Koche dry pherde vnde eynen wayn, mit alleme rechtin, alse die sin gewest sint.

323. Hans Koch ist gekommen uor gehegit ding vnde hat geclait zcu Vester Voyde umme dritczendehalb alde schog grosschen unde ome ist gefunden unde geteilt, er hat sin gelt zcu ome irstehen unde man sal on an syne gutere wisen, nemelich an uirczig schok gr., die Gurge Mode undir sich hat uon eyns huses wegen unde ist dar an gewiset, alse recht ist. ‖

fol. 155v

324. [2277] Hans Haldunge uon Mõlhusen ist geteilt uor gehegiten dinge, daz Claus Smed uon Quernfforde sulde bewisunge brengen uon den richtern uor den, dy von Mõlhusen phlegen zcu antwirten, daz ome rechtis do selbist geweigert sy, der denne sulche bewisunge nicht gebracht hat, alse ist nu der genante Haus Haldung uon ome ledig vnde loß geteilt, unde Claus Smed hat der sachen, zcu uorne dy were zcu halden, zcu den heiligen gesworn, als recht ist.

325. [2278] Pauwel uon Sayda ist gekommen uor gehegit ding vnde hat geclait zcu Nickel Koyner umme zcwei thunen heringen, die er ome umme dutczendehalb schok grosschen sulde abegekouft habin, deß hat ome Nickel eyne bekannt uor sechs schog unde eyn ort, uor daz ander ist, her uon ome kommen mit rechte.

326. Katherina, Hans Curßho eliche husfrowe, ist uon Cleme Wießbache unde syner frowen umme uier alde schog vnde sechs alde grosschen mit rechte gekommen, als recht ist.

327. Hans Gerwiche was bescheiden uor gerichte Pauwel uon Sayda umme uirdehalb alt schog grosschen recht zcu thune und ist noch gekommen, wart gefunden vor recht, Pauwel hette sin gelt zcu ome irstehin, mit rechte.

328. Hans Mûller vnde Heynrich Richart sint gekommen vor gehegit ding vnde habin gesait in gerichte, daz sie sich uon sulchir sache wegen, dy sie uon gerade wegen zcu sampne gehat habin, gutlichen unde wol uortragen habin, so daz orer keyner den andern dar umme nicht mehir sal anlangen unde werde Richart dar umme uon ymande fordir angelanget. Des wil on Hans Mûller benemen.

329. Dorothea, Hans Pragen eliche husfrowe, ist gekommen vor gehegit ding vnde hat Erhart Schaden syne were umme sobinundeczwenczig nuwe grosschen lassen fronen, alse recht ist.

330. Hans Fogel ist gekommen uor gehegit ding unde hat Heißen, Claus Heydeken son, umme sobenczehen nuwe grosschen in den medeban genommen, als recht ist.

331. [2279] Ilse, Nickel von Merseburg eliche wetewe, vnde Katherina, ore eliche tochter,

habin gegebin Caspar Gellewitze eyn gewantkamer etc., als man daz uindet in deme pharrebuche in sente Gerdruden pharre.[147]

332. Caspar Gellewitz hat gegebin Johanse von Hayne dy selbe gewantkammer etc. Daz uindet man do selbist.[148]

333. Andrewes Krisschawen ist gefunden vor recht in gehegeten dinge, daz her vier alde schok grosschen uff Hanse Dunckel || irstehin habe, die her ome vorweit schuldig det waz deß her ome mit wissintlichen luten entghen sulde unde des nicht gethan hat.[149]

334. **[2280]** Hans Bruser[150], Curt Hake vnde Katherine, Claus Phindes eliche wetewe, sint gekommen vor gehegit ding vnd haben gebrocht des officials uom nuwenwerck offenen uorsegilten brieff, do methe sy bewiset habin, das Margarta Phundeß yn deme banne ist. Dar uff wart gefunden uor recht, sintdemmal daz der brieff inne hilde daz Margareta in den ban kommen were uon vngehorsams unde testamentes wegen, dy der wertliche richter nicht zcu richten hatte, so weren sy or noch oren vormunden uff daz ding antwerten nicht pflichtig.[151]

335. Peter Lorencz ist gekommen vor gehegit ding vnde hat gegebin Margareten, syner elichen husfrowen, ffunffczig alde schogk grosschen an alle syner bestin gutern, daz sy an eygene, an erbe, an farnder habe addir wur ane daz sy, nach syme thode do methe zcu thune vnde zcu lassene.

336. Ignacius Blomentretir ist gekommen vor gehegit ding vnde hat gegebin Agnesen, syner elichen husfrowen, sechczig rinsche gulden an alle synen besten gutern, daz sy an eygen, an erbe, an farnder habe addir wur ane daz sy, nach syme thode dar methe zcu thune vnde zcu lassene.

337. Thomas Zcobericz ist gekommen vor gehegit ding vnde hat Peter Winkel umme nuen nůwe grosschen in den medeban genommen, alse recht ist.

338. Thomas Zcobericz ist gekommen vor gehegit ding vnde hat Erhart Schaden umme zcwelff nůwe grosschin syne were lassen fronen, alse recht ist.

339. Pauwel von Sayda ist gekommen vor gehegit ding vnde hat Hanße Gerwe umme uirdehalb alt schok grosschen syne were lassen fronen, alse recht ist.

340. Pauwel von Sayda vnde Hans Koch sint gekommen uor gehegit ding vnde habin uffgeboten Heynricze Treffans huß, daz on zcu eynem willigen phande ingesaczt ist, dry ding. Do wart gefunden vnde geteilt, sie mochen (!) daz vorsetczin addir uorkouffen uor or gelt unde daz obirley reichen dem, daz uon rechte behort.[152]

341. Thomas Eckart, Hans Koch vnde Nickel Scheffer sint gekommen uor gehegit ding vnde habin uffgebotin Hans Koningis huß uf den hogen kremen gelegen, daz on vor drissig rinsche

---

[147] Vgl. Nr. 332.

[148] Vgl. Nr. 331.

[149] Vgl. Nr. 358.

[150] *sic.* Bei Hertel fälschlich [*Cruser*].

[151] Vgl. Nr. 540, 541, 1089, 1090.

[152] Vgl. Nr. 369.

42 Die Hallischen Schöffenbücher. V. Buch.

fol. 156v

gulden yngesatcz waz, dry ding. Do wart gefunden vnde geteilt, sy mochte ‖ daz uorsetczin addir uorkouffen vor or gelt vnde daz obirleye reichen, deme, der dar recht zcu hette.[153]

342. Hans Koch ist gekommen vor gehegit ding vnde hat uffgebotin die fronunge an Nickel Kluken huß uor sobin alde schok gr. dry ding. Do wart gefunden vnde geteilt, her mochte daz uorsetczin addir uorkouffen vor sin gelt unde daz obirleye reichen deme, der dar recht zcu hette.

343. Hans Rodeman ist gekommen vor gehegit ding unde hat Ursulen, Urban Schutczmeisters eliche husfrowen, umme zcwenczig alde grosschen in den medeban genommen, als recht ist.

344. Hans Henczschelman unde Gerdrut, syne eliche husfrowe, sint gekommen vor gehegit ding unde habin sich begiftiget vnde begabit undir eynandir mit alle dem gutern, dy sie habin addir vmmer mehir gewynnen, daz sy an eygene, an erbe, an farnder habe addir wur an daz sy. Welch or ehir abeginge uon todis wegen, so sulde daz andere dy gutere behalden, zcu thune vnde zcu lassen, ab sie nicht kindere mit eynander hettin. Were abir daz sy kindere liessen, so sulde dy frowe kinderteil dar ane haben.

345. Nickel Pegawe, Matias Zceley, Hans Runge unde Nicolaus Slichthar sint gekommen uor gehegit ding unde habin uffgebotin dy fronunge an Nickel Kluken huß dry ding. Do wart gefunden unde geteil, sy mogen daz uorsetczin addir uorkouffen uor or gelt vnde daz obirley reichen dem, der dar recht zcu hatte.[154]

346. Nickel Pegawe ist gekommen uor gehegit ding unde hat uffgebotin dy fronunge an Nickel Kluken huß dry ding. Do wart gefunden unde geteilt, her mochte daz uorsetczin addir uorkouffen uor sin gelt unde daz obirley reichen deme, der dar recht zcu hette.[155]

347. Hanße von der Loube wart gefunden vnde geteilt uor gehegeten dinge, man sulde on umme eyn nuwe schok grosschen an der Stegkmesserynne farnde habe wiesen vnde ist dar an gewiset, alse recht ist.

348. Jacoff Konnig ist gekonnig (!) ist gekommen vor gehegit ding unde hat Ffrancze Grosschen umme nuwe grosschen syne were lassen fronen, als recht ist.

349. Pawel Marx ist gekommen uor gehegit ding mit Margareten, syner elichen husfrowe, unde hat geclait umme lehen unde zcinse unde ouch uorsessenen czinse, alse nemlichen an Hans

fol. 157r

Dameß huse eyn halb alt schok grosschen jerlichir zcinß ‖ mit samptir lehin, dy her uorsessin hat uier jar unde sunfczeen alde grosschen jerlichir zcinße an Hans Schutczen huß myt samptir lehin dry ding. Czum uirden dinge wart gefunden unde geteilt, her hette syne gerechtikeit alse lehen unde zcinße irstehen, man sulde on dar an wisen, unde ist dar an gewiset, alse recht ist.[156]

350. Uester Oswaldis, Peter Petczsch unde Veser Uoit sint gekommen uor gehegit ding unde

---

[153] Vgl. Nr. 427.
[154] Vgl. Nr. 133.
[155] Vgl. Nr. 132.
[156] Vgl. Nr. 468.

1451–1453

43

habin geclait zcu Kersten Becker vnde syner muter unde orem huße umme sechczig alde schog grosschen, dry ding. Czum uirden dinge wart gefunden vnde geteilt, sie hettin or gelt irstehin, man sulde on ore were fronen, unde ist gefronet, alse recht ist.[157]

351. **[2281]** Thomas Finsterwalt ist gekommen vor gehegit ding vnde hat weddir gegebin Vlrich Zcoberitcze die gerechtikeyt, die her ome an syme huse gelegen yn der Steynstraße ⟨gegebin hat⟩[158], mit alleme rechtin, als ome die gegebin waß.[159]

352. Ulrich Zcobericz ist gekommen vor gehegit ding vnde hadt gegebin Sander Brarsteden czwey alde schok grosschen jerlichir zcinße an syme huse in der Steynstraßen nehist an Curt Riczschen hofe gelegen, dy her ome abegekouft hat, uor uirvndeczwenczig alde schogk grosschen uff eynen weddirkouff unde der weddirkouff sal zcu deme selbin Vlriche sten unde wenne her deme genantin Sander die uirvndeczwenczig schog grosschen weddir gegeben hat, so sal om sin huß weddir fry vnde ledig uolgen.[160]

353. Katherina, Hans Strichs seligen wetewe, ist gekommen vor gehegit ding vnde hat Hanse Kleynsmede umme die sache kegin Clauße Zcobritcze, oren uater, zcu vormunden gekorn, alse recht ist, biß uff daz recht zcu gebene vnde zcu nemene.

354. Heynrich Silbersack ist gekommen uor gehegit ding vnde hat Vrsulen, Urban Schutzmeisters eliche husfrowen, umme sobin mandel aldir grosschen unde was dar schade uff gegen ist, yn den medeban genommen, alse recht ist.

355. **[2282]** Hans Surbir ist gekommen vor gehegit ding vnde hat gegebin Steffen Uogele, syme swagere, eyne fleisch scherne by der Slippe gelegen mit alleme rechtin, alse die sin gewest ist.

356. **[2283]** Hans Fogil unde Ilse, syne husfrowe, sint gekommen vor gehegit ding vnde habin gegebin Steffen Fogele, oreme sone, sechczig alde schog grosschen an ⟨orem⟩[161] huse uor deme Steynthor gelegen, dar methe zcu thune unde zcu lassene.[162] ‖

357. Steffen Fogil ist gekommen uor gehegit ding unde hat gegebin Ilsen, syner elichen husfrowen, die selbin sechig (!) schok grosschin an deme genantin huß uor deme Steynthor gelegin, nach syme tode dar methe zcu thune vnde zcu lassen.[163]

fol. 157v

358. Andrewes Krisschaw ist gekommen vor gehegit ding unde hat Hanße Dunckele umme

---

[157] Vgl. Nr. 403.
[158] Über der Zeile.
[159] Vgl. Nr. 240, 352.
[160] Vgl. Nr. 351.
[161] [syme] gestrichen und durch [orem] ersetzt.
[162] Vgl. Nr. 357.
[163] Vgl. Nr. 356, 366.

44 Die Hallischen Schöffenbücher. V. Buch.

uir alde schok grosschin vnde was dar schade uff gegen(!), ist syne were laßen fronen, alse recht ist.[164]

359. Hans Uit ist gekommen uor gehegit ding unde hat gegebin Ilsen, syner elichen husfrowen, czwenczig alde schog grosschen an alle synen bestin gutern, daz sy an eygen, an erbe, an farnder habe addir wur one daz sy, nach syme thode dar methe zcu thune unde zcu lassene.

360. Heynrich Fischer ist gekommen vor gehegit ding vnde hat geclait zcu Katherinen, Hanse uon Grymme mayt, unde zcu orem gute, daz Hans uon Grymme undir sich hat, umme funf alde schok grosschen unde zcwene gulden an golde unde eynen reiff uor sechs nuwe grosschen, dry ding. Czum uirden dinge wart gefunden unde geteil, her hette sulch gelt an oreme gute, daz her dar umme besaczt hette, irsten, man sulde on dar an wisen, unde ist dar an gewiset, als recht ist.[165]

361. [2284] Drewes Walden ist gefunden uor recht, daz her Drewes Botchers gutere uff deme Strohofe, die her irstanden unde irclait hat unde dar an gewieset ist, alse recht ist, mag uorsetczin[166]. Kan her des nicht uorsetczin, so mag er daz uorkouffen uor sin gelt unde daz obirley reichen deme, der dar recht zcu hat.[167]

362. Herman Maschwicz ist gekommen vor gehegit ding unde hat geclait zcu vier pherden unde eynen wayne, die Heiße Belgers unde Gerhardis, synes bruders, sint, umme sobinczehen alde schok grosschen unde was dar schade uff gheet, dry ding. Czum uirden ding wart gefunden vnde geteilt, her hette sin gelt dar ane irstehen unde mochte die uor sin gelt uorsetczin. Konde her der nicht uorsetczen, so mochte her dy uorkouffen unde daz obirley reichen deme, der dar recht zcu hette. Konde her dy abir nicht uorsetczin addir uorkouffen, so mochte her dy pherde ane jhenes schaden uor sin ⟨futor anbyten⟩[168].

363. Mewes Fincke ist gekommen vor gehegit ding vnde ome wart gefunden vnde geteilt, man sulde on an Hans Mŭllers farnde habe umme uier schok grosschen ane acht alde grosschen wiesen endis dingis vnde ist dar an gewieset, alse recht ist.[169]

364. Mewes Fincke ist gekommen vor gerichte unde om wart gefunden vnde geteilt, man sulde on an Hans Mullers farnde habe ‖ umme uier alde schok grosschen ane eynen ort wiesen endis dingis unde ist dar an gewieset, alse recht ist, dor or doch bekant hat.[170]

365. Thomas Zcobericz ist gekommen vor gehegit ding vnde hatt der Urban Ŏmiczschynne

fol. 158r

---

[164] Vgl. Nr. 333.

[165] Vgl. Nr. 275.

[166] [*vor sin gelt*] gestrichen.

[167] Vgl. Nr. 245.

[168] [*futor anbyten*] am Rand links, unsichere Lesung.

[169] Vgl. Nr. 364.

[170] Vgl. Nr. 363.

umme nundehalb alt schok grosschen, der sy in des schultissen hofe bekant hat, ore were laßen fronen, alse recht ist.

366. Steffen Fogel ist gekommen vor gehegit ding vnde hat gegebin Ilsen, syner elichin husfrowen, eyne schern, nach syme tode do mete zcu thune vnde zcu lassene, eyne fleischschern by der Slippen gelegen.[171]

367. Claus Horinge ist gekommen vor gerichte vnde ome wart gefunden vnde geteilt, man sulde on ⟨an⟩[172] Ffranczen Scheyders elichen husfrowen, umme eyn alt schok grosschen uor drie amen birs farnde habe wiesen endis dingis vnde ist dar an gewieset, alse recht ist.

368. Claus Palborn, Bastian Maczelek vnde Claus Treiße sint gekommen vor gehegit ding vnde habin geclait zcu Pawel Jagen unde zcu alle syme gute umme driessig alde schogk grosschen dar sy vorgelobit habin kegen Pawel Zcolnere dry ding. Czum virden dinge wart gefunden vnde geteilt, sy hettin or gelt irsten unde man sulde ome syne were fronen endis dingis unde ist gefronet, alse recht ist.

369. [2285] Pawel uon Sayda vnde Hans Koch sint gekommen vor gehegit ding vnde habin gegebin Jacoff Nyczschman eyn huss uff dem Schuhofe gelegen, daz Heynriczen Treffans was, mit allem rechten, alse das ore waz.[173]

370. Hans Moricz ist gekommen vor gehegit ding vnde hat Albrechte von Ruden syne were umme funfczig alde schok grosschen, dy her irstanden vnde irclait hat, mit rechte syne were lassin fronen, alse recht ist.[174]

371. Ulrich Altirman ist gekommen vor gehegit ding vnde hat gegeben Walpurgen, syner elichen husfrowen, allen sin gut, daz her hat, nach syme tode dor mete zcu thune vnde zcu lassne.[175]

372. Lorenz Ludeke ist gekommen vor gehegit ding vnde hat gegebin Hanße Heynriche vnde Claußе Glocken sin eygen yn der Smerstraßen gelegen vor czweyhundirt alde schok grosschen mit allem rechten, als daz sin waz, unde wenne her or dy zcweyhundert schok wedir gibbit, so sal om sin eygen wedir fry unde ledig folgen.[176] ‖

373. [2286] Hans Hedirslebe hat gesant synen offenen vorsegilten brif in gehegit ding, dar inne her gegebin hat Peter Smed sulchen zcins, alse her hatte an syme huse uff deme Berlyne gelegen, mit alleme rechten, alz er den dar ane hatte.

374. Pawel uon Syada ist gekommen vor gehegit ding unde hat Ignacius Blomentreder umme ffunff alde schog grosschen syne were lassen fronen, alse recht ist.

---

[171] Vgl. Nr. 357.
[172] [N] gestrichen und durch [an] ersetzt.
[173] Vgl. Nr. 340.
[174] Vgl. Nr. 571.
[175] Vgl. Nr. 380.
[176] Vgl. Nr. 387.

46　　　　　　　　Die Hallischen Schöffenbücher. V. Buch.

375. Pawel von Sayda ist gekommen vor gehegit ding unde hat Drewes Schenckele umme soben alde schok grosschen syne were lassen fronen, alse recht ist.

376. Hans Ritter ist gekommen vor gehegit ding vnde hat geclait zcu der Curt Kochynne umme sechs alde schok gr. unde eynen ort unde ome ist gefunden vnde geteilt, man sal on an ore farnde habe wiesen endis dingis vnde ist dar an gewiset, alse recht ist.

377. Sander Fleming ist gekommen vor gehegit ding vnde hat gegeben Annen, syner elichen husfrowe, ffunffczig alde schok grosschen an alle synen bestin gutern, daz sy an eygen, an erbe, an farnder habe addir wur ane daz sy, nach syme tode dar methe zcu thune vnde zcu lassene.

378. Margareta, Pauwel Roytczes seligen wetewe, ist gekommen uor gehegit ding vnde hat gegebin Thomas, oreme sone, alle ore gerechtikeit, dy or sin uater gegebin hat, mit alleme rechtin, als or dy gegebin was.[177]

379. Thomas Roicz ist gekommen vor gehegit ding unde hat gegeben Kerstinen, synenr elichin husfrowen, ffunffczig alde schok grosschen an alle synen besten gutern, daz sy an eygene, an erbe, an farnder habe addir wur ane daz sy, nach syme thode dar mete zcu thune vnde zcu lassene.[178]

380. Ulrich Altirman unde Walpurg, syne eliche husfrowe, sint gekommen vor gehegit ding vnde habin sich begiftigit unde begabit undir eynandir mit alle den gutern, dy sy haben addir ummer mehir gewynnen, daz sy an eigene, an erbe, an farnder habe addir wur ane daz sy. Welch or ehir abegeet uon todis wegen, so sal daz andere dy gutere behalden, zcu thune vnde zcu lassene.[179]

381. Peter Wilhelm ist gekommen vor gehegit ding vnde hat gekorn Hanse Smede zcu vormunden, dy sachen kegen Seuerin Grieffen zcu vorderne, biß uff daz recht zcu geben unde zcu nemen.

382. [2287] Heyne Ludeke ist gekommen uor gehegit ding unde hat gegebin Ilsen, syner elichin husfrowen, eyn huß gelegen ‖ yn der Malgassen, nach syme tode do mete zcu thune unde zcu lassen.

fol. 159r

383. Mathias Ebirhart ist gekommen vor gehegit ding unde hat uffgeboten eyn phert, daz ome Lechener zcu eynem willigen phande yngesaczt hat, uor sechs alde schok grosschen, dry ding unde ome ist gefunden unde geteilt, her mag daz uorseczen addir uorkouffen uor sin gelt. Were dar abir waz obirley, daz sal her reichen deme, der dar recht zcu hat.

384. Hencze Blanckenhayn vnde Margareta, syne eliche husfrow, sint gekommen uor gehegit ding vnde habin sich begiftiget unde begabit vndir eynandir mit alle den gutern, dy sie habin addir ummer mehir gewynnen, daz sy an eigen, an erbe, an farnder habe addir wur ane daz sy.

---

[177] Vgl. Nr. 379.
[178] Vgl. Nr. 378.
[179] Vgl. Nr. 371.

1451–1453   47

Welch or ehr abegheet von todis wegen, so sal daz andere dy gutere behalden, zcu thune vnde
zcu lassene.

385. Hans Surbir ist gekommen uor gehegit ding vnde hat geclait zcu eynem pherde, daz her
besaczt hat undir om selbist, das dar sin sol eyns genant Claus Zcickerer umme czehen alde
schok gr., dry ding. Czum uirden dinge wart gefunden unde geteilt, her hette syne gerechtikeit
zcu deme pherde irstehen unde man sal on dar wisen endis dingis unde ist dar an gewiset, alz
recht ist.

386. Herman Ledir ist gekommen uor gehegit ding mit Margareten, syner elichen husfrowen,
uor gehegit ding (!) unde habin sich begiftiget unde begabit undir eynandir mit alle den gutern,
dy sy habin addir ummer mehir gewynnen, daz sy an eygen, an erbe, an farnder habe addir wur
an daz sy. Welch or ehr abegheet uon todis wegen, so sal daz andere dy gutere behalden, zcu
thune vnde zcu lassene.

387. [2288] Hans Heynrich vnde Claus Glocke sint gekommen uor gehegit ding unde habin
gegebin Gurgen Rußen ore gerechtikeit, dy sy habin an Lorencz Ludeken huß yn der Smerstraßin
gelegen, alse nemelichen zcwey hundert alde schok grosschen mit alleme rechtin, als on dy dar
ane gegebin waren.[180]

388. Hans Oseltregir ist gekommen uor gehegit ding unde hat Peter Rulen syne were umme
czwey alde schok grosschen unde waz dar schade uff gegen ist, laßin fronen, alse recht ist.

389. [2289] Margareta, Claus Zcobericz eliche husfrowe, ist gekommen uor gehegit ding vnde
hat wedir gegebin Clause Zcoberitcze, ore elichen werte, den hoff hinder sente Michele gelegen
mit alleme rechten, als her or den gegebin hat.[181] ‖

390. Claus Zcobericz ist gekommen uor gehegit ding unde hat gegebin mit erbeloube willen
Margareten, syner elichin husfrowen, synen hoff halb hinder sente Michele gelegen, nach syme
tode dar mete zcu thune vnde zcu lassene.[182]

fol. 159v

391. Peter Bere ist gekommen uor gehegit ding unde ist uon Nickel Glinne, syme knechte,
umme drittehalb schok grosschin vordyntes lons, dar her recht uor wart, daz her om nicht hette
orlaup gegebin, ledig vnde loß geteilt.[183]

392. Donat Lamaczsche vnde Ilse, syne eliche husfrowe, sint gekommen uor gehegit ding vnde
haben sich begiftigit vnde begabit undir eynandir mit allen den gutern, dy sy habin addir ummer
mehir gewynnen, daz sy an eigen, an erbe, an farnder habe adder wur ane daz sy. Welch or ehir
abegheet uon todis wegin, so sal daz andere dy gutere behalden, zcu thune vnde zcu lassene.

393. Hans Schreier ist gekommen vor gehegit ding vnde hatte geclait zcu der Stegmesserynne

---

[180] Vgl. Nr. 372.
[181] Vgl. Nr. 305, 390.
[182] Vgl. Nr. 305, 389, 680.
[183] Vgl. Nr. 405.

48 Die Hallischen Schöffenbücher. V. Buch.

umme sechs alde schok grosschen ane eynen ort unde was dar schade uff gheet, dry ding. Czum
uirden dinge wart gefunden unde geteilt, her hette sin gelt zcu or irsten, man sulde on an ore
farnde habe wisen endis dingis, unde ist dar an gewieset, alse recht ist.

394. Hans Giseler ist gekommen vor gehegit ding vnde hat geclait zcu Hanse Schernemeistere
umme andirhalb alt schok grosschen unde waz dar schade uff gheet, dry ding. Czum uirden
dinge wart gefunden vnde geteilt, her hette syne gerechtikeit zcu om irstehen, man sulde on an
syne farnde habe wisen endis dingis, unde ist dar an gewist, alse recht ist.

395. Konigund, Drewes Kluken seligen wetewe, ist gekommen uor gehegit ding vnde hat
Pawel Altrůßen umme sechsundeczwenczik nůwe grosschen unde waz dar schade uff gheet in
den medeban genommen, als recht ist.

396. Jacob Westefal ist gekommen vor gehegit ding unde hat zcu Syuerde Numborg sechs
nuwe grosschen uon des wegen, daz her ome recht ⟨zcu thune⟩[184] gelobit hatte unde des nicht
enthat irsten.

397. Heynricus Treffan ist gekommen vor gehegit ding unde hat geclait zcu uier schok gros-
schen, dy her besaczt hat undir branderbe, dy Friczsche Schulten sin sullen, dry ding. Czum
uirden dinge wart gefunden unde geteilt, her hette sulch gelt undir om irsten, man sulde on dar
an wisen endis dingis, unde ist dar an gewiset, alse recht ist.

fol. 160r   398. Hans Bock ist gekommen vor gehegit ding unde ist des kouffes, ‖ den Peter Scherencz zcu
ome umme eyn huß, daz her ome ane allen vndirscheit abegekouft hat, selbdritte fulkommen,
alse recht ist.[185]

399. Seuerin Pentczel ist gekommen vor gehegit ding vnde hat gegebin Ilsen, syner elichin
husfrowen, sechczig alde schogk grosschin an alle synen besten gutern, daz sie an eygen, an
erbe, an farnder habe addir wur ane das sie, nach syme thode dar methe zcu thune vnde zcu
lassen.

400. Lorencz Prellewicz ist gekommen vor gehegit ding vnde hat Drewes Schenckele uor eyn
schok vnde uiervndeuiercig alde grosschen syne were laßen fronen, als recht ist.

401. Dorothean Czymmermans was bescheyden vor gehegit ding der Musschelynne, recht zcu
thune uon eyns rocks wegen, den sie or sulde befolgen habin. Also qwam dy selbe Musschelynne
nicht uor vnde fordirte daz recht, als or bescheyden waz. Des wart Dorothea uorgnant uon or
ledig unde loß geteilt.

402. Hans Treiße ist gekommen uor gehegit ding vnde hat Hanße Palbornen umme nuen alde
schog grosschen, dar her vorgelobet hat, in den medeban genommen, alse recht ist.

403. [2290] Vester Oßwaldis, Peter Peczsch vnde Vester Voit sint gekommen vor gehegit ding

---

[184] Über der Zeile.
[185] Vgl. Nr. 425.

vnde habin uffgebotin dy fronunge an Kersten Beckers huße vor deme Rodenberge gelegen, dry ding, als recht ist, unde on ist gefunden vor recht, sy mogen daz huß uorsetczin uor or gelt, ab sy konnen. Konnen sy des nicht uorsetczen, so mogen sy daz uorkouffen unde das obirleye gebin deme, der dar recht zcu hette.[186]

404. Ciriacus Schonefelt ist gekommen vor gehegit ding unde hat geclait zcu zcwelff alden schog grosschen, dy her besaczt hat under Nickel Snecke, Ualentin Ketcze unde Mertin Tusscher, dy dar sin sullen, Kunczen uon Salselt, dry ding. Czum uirden dinge wart gefunden vnde geteilt, her hette sulch irstehen, man sulde on dar an wisen endis dingis, unde ist dar an gewieset, alse recht ist.

405. Nickel Glinn ist gekommen vor gehegit ding vnde hat geclait zcu Peter Beren umme uirczen nuwe grosscyn, dar her ome holcz uorgeborgit hette, daz her on sulde geheißen habin, dar denne Peter Bere neyn zcu sayte unde ist dar umme von ome gekommen mit rechte, alse recht ist.[187] ‖

406. Steffen Grefe ist gekommen vor gehegit ding vnde hat gegebin Ursulen, syner elichin husfrowen, hundirt rinsche gulden an alle synen besten gutern, daz sy an eygen, an erbe, an farnder habe addir wur ane daz sy, nach syme tode do mete zcu thune und zcu lassene.

407. Ffrederich Ratmarsstorff ist gekommen vor gehegit ding unde hat Drewes Schenckele umme sechs alde schok grosschen unde umme eynen ort syne were lassen fronen, als recht ist.

408. [2291] Anne, Heynrich Uochshols seligen wetewe, ist gekommen vor gehegit ding vnde hat gegebin Jacoff Dônczsche daz huß uor den predigern gelegen vnde alle hußgerete dar inne, usgeslossen die gerade, nach oreme tode dar mete zcu thune vnde zcu lassen, sundern des husgeretis wil sy selbir mechtig sin, dy wile sy lebit.[188]

409. Michel Ebirhart, Jacoff Cruger, Pawel Fatter unde Hans Grosse sint gekommen vor gehegit ding vnde habin fulmechtig gemacht Hanse Kleynsmede, dy sache unde zcoge zcu Hans Ritters seligen nachgelassen gutern zcu fordirne, biß uff daz recht zcu geben unde zcu nemene.[189]

410. [2292] Heynrich Pragenicz ist gekommen vor gehegit ding unde hat gebracht syne gezcugen, dar mete her daz phert, daz her geanefangit hatte, vor sin phert irhalden wolde, also waz nymant dar, der den eyt uon on uffnemen wolde. Do wart ome daz phert mit recht zcugeteilt.

411. Lodewich Sûlcze vnde Lorencz Plan sint gekommen uor gehegit ding vnde habin Segemunt Hertel umme sechstehalb alt schog grosschen in den medeban genommen, alse recht ist.

---

[186] Vgl. Nr. 350.
[187] Vgl. Nr. 391.
[188] Vgl. Buch VI 212 [28].
[189] Vgl. Nr. 443.

50   Die Hallischen Schöffenbücher. V. Buch.

412. Hans Lissaw ist gekommen vor gehegit ding vnde hadt Hans Koyner umme anderhalb schog grosschen in den medeban genommen, alse recht ist.[190]

413. Claus Palborne vnde Herman Dugaw sint gekommen uor gehegit ding vnde habin uff-gebotin der Stekmessynne huß, daz on zcu eynem willigen phande ingesaczt ist, dry ding unde on wart gefunden unde geteilt, sy mochten daz uorsetczin uor or gelt, ab sy konden. Konden daz abir nicht uorsetczin, so mochten sy daz uorkouffen unde daz obirley reichen deme, der do recht zcu hette.

414. Hans Asmus ist gekommen uor gehegit ding vnde hat geclait zcu Hans Wynmeister umme eylff alde schog grosschen dry ding. Czum uirden dinge wart gefunden unde geteilt, her hette sin gelt irstehen, man sulde on an syne farnde habe wisen, ‖ unde ist dar an gewiset, alse recht ist.[191]

415. Pawel von Sayda ist gekommen uor gehegit ding vnde hat geclait zcu Hans Wynmeister umme czweyvndefunfczig alde schok grosschen, dry ding. Czum uirden dinge wart gefunden unde geteilt, her hette sin gelt irstehen, man sulde on an syne farnde habe wiesen, nemelichen an dy besserunge nach Hans Asmuße, unde ist dar an gewiest, alse recht ist.[192]

416. Pawel von Sayda ist gekommen vor gehegit ding vnde hat Hans Muller umme nuenczehn alde schog grosschen in den medeban genommen, als recht ist.

417. Claus Zcobericz ist gekommen vor gehegit ding vnde hat Hanse Griefferhayne umme uierczigk alde grosschen in den medeban genommen, alse recht ist.

418. Claus Zcobericz ist gekommen vor gehegit ding vnde hat sich umme sobin alde schok grosschen an der Stekmesserynne farnde habbe (!) lassen wiesen, alse recht ist.

419. Claus Zcobericz hat geclait zcu Kune Zcoken umme eyn alt ß grosschen unde firczig alde grosschen, dar her om uorgelobit hette, uor eynem gast, dor her ome denne nicht uorgelobit hatte. Also qwam her nicht uor gerichte unde that daz recht, als ome bescheid waz. Do wart gefunden unde geteilt, her hette solch gelt uff on irstehen.[193]

420. **[2293]** Ciriacus Tusscher ist gekommen vor gehegit ding vnde hat gegebin Annen, syner elichen husfrowen, sin cleyne huß an syme hof hinder deme rathuß gelegen zcu eyner rech-ten lipczucht unde wenne der frowen zcu korcz werde, so solde daz huß weddir zcu deme hofe folgen.[194]

421. Hans Rasyn vnde Ilse, syne eliche husfrowe, sint gekommen uor gehegit ding vnde habin sich begifftiget vnde begabet vndir eynandir mit alle den gutern, dy sie habin addir ummer mehir

---

[190] Vgl. Nr. 530.
[191] Vgl. Nr. 415.
[192] Vgl. Nr. 414.
[193] Vgl. Nr. 429.
[194] Vgl. Nr. 74; vgl auch Buch VI 40.

gewynnen, daz sy an eygen an erbe an farnder habe addir wur ane daz sy. Welch or ehir abegheet uon todis wegen, so sal daz andere dy gutere behalden, zcu thune vnd czu lassen, vßgenommen czhen alde schog grosschen, der denne Hans Rasyn mechtig sin wil, zcu thune unde zcu lassen.

422. Hans Schindeler ist gekommen vor gehegit ding unde hat gegebin Margareten, syner elichin husfrowen, uierczig alde schok grosschin an synen besten gutern, daz sy an eygen, an erbe, an farnder habe addir wur ane daz sie, nach sym tode dar methe zcu thune vnde zcu lassene.

423. Hans Plan ist gekommen uor gehegit ding vnde hat gege‖bin Gerdruden, syner elichen husfrowen, sechczig alde schok grosschen an alle synen bestin gutern, daz sy an eygen, an erbe, an farnder habe addir wur an daz sy, nach syme tode dar mete zcu thune vnde zcu lassene. Were abir daz er kindere nach ome ließe, so sulde dy frowe kinderteil dar ane haben.

fol. 161v

424. Hans Smede ist gefunden vnde geteilt, man sal on umme nuen nuwe grosschen an der Arnt Mȯysynne farnde habe wiesen endis dingis vnde ist dar an gewiset, alse recht ist.

425. [2294] Peter Scherencz ist gekommen uor gehegit ding uon dez kauffes wegen, den her Hanse Bocke abegekauft hatte, nemelich daz bruwehuß, so doch der probist uon sente Moricz synen boten uor gerichte gesant hat, der denne bekante, daz her dez gutis von eynandir nicht lihen welde. Dar uff wart gefunden vnde geteilt, sint dememal daz Hans Bock on des kouffes nicht geweren konde, so were Peter dar umme uon om ledig unde loß.[195]

426. [2295] Hans Kluke ist gekommen vor gehegit ding unde hat gegebin Ilsen, syner elichen husfrowen, sin eygen yn der Clausstraßen gelegen zcu eyner rechtin lipczucht.

427. Hanse Koche, Thomas Eckarde vnde Claus Scheffer ist gefunden, uor recht uon des huses wegen, daz on Hans Koning zcu eynem willigen phande yngesaczt hatte, daz man on dar uß unde sie dar yn wiesen sol.[196]

428. Matias by der Erde unde Katherina, sin eliche husfrowe, sint gekomen vor gehegit ding unde habin sich begiftiget unde begabit undir eynandir mit alle den gutern, die sy habin addir ummer mehir gewynnen. Welch or ehir uon todis wegen abegheet, so sal daz andere dy gutere behalden, zcu thune vnde zcu lassen.

429. Claus Zcobericz ist gekommen uor gehegit ding unde hat Kune Zcȯken umme eyn schok unde uirczig alde grosschin syne were lassen frȯnen lassin (!), alse recht ist.[197]

430. [2296] Curt Kremer ist sin gelt, daz Hans Popelicz mit des schultissen gerichte under Mertin Briczschune vnde Claus Uochse besaczt hatte, uon des wegen, daz dy sache geistlich was, ledig unde loß geteilt.

431. [2297] Her Blasius, phenner zcu der nuwen kirche, ist gekommen uor gehegit ding vnde hat Hanse Koyner umme dry alde schok gr. in den medeban genommen, als recht ist.

---

[195] Vgl. Nr. 398.
[196] Vgl. Nr. 341.
[197] Vgl. Nr. 419.

52   Die Hallischen Schöffenbücher. V. Buch.

fol. 162r

432. Ffrederich Schultze ist gekommen vor geheget ding unde hat ‖ gegebin Vrsulen, syner elichin husfrowen, nunczig rinsche gulden an alle synen besten gutern, daz sy an eygene, an erbe, an farnder habe addir wur ane daz sy, nach syme thode dar methe zcu thune vnde czu lassene.

433. Gerdrut, Claus Dobels leibes muter, ist gekommen vor gehegit ding vnde hat gegebin Vester Hardorffe ore gerechtikeit, dy sie von Oswalt Stellemechers frouwen anirstorben was, mit alleme rechtin, als sie dy anirstorben was.

434. Hans Schreyer ist gekommen vor gehegit ding vnde hat gegebin Annen, syner elichen husfrowen, sechczig rinsche gulden an alle synen besten gutern, daz sy an eygene, an erbe, an farnder habe addir wur ane daz sy, nach syme thode dar methe zcu thune vnde zcu lassene.[198]

435. Mertin Memer ist gekommen vor gehegit ding vnde hat gegebin Margareten, syner elichen husfrowen, hundirt alde schok grosschen an alle synen bestin gutern, daz sie an eigene, an erbe, an farnder habe addir wur ane daz sy, nach syme thode dar methe zcu thune vnde zcu lassene.

436. Mathewes Lobenicz vnde Agatha, syne eliche husfrowe, sint gekommen vor gehegit ding vnde habin sich begiftiget vndir eynandir mit alle den gutern, dy sy haben addir ummer mehir gewynnen. Welche or ehir abegheet uon todis wegen, so sal daz andere dy guter behalden, zcu thune unde zcu lassene.

437. Lorencz Plan ist gekommen vor gehegit ding vnde hat geclait zcu der besserunge nach Hans Koche an Hans Koning huß uff den Hogen Kremen umme zcwelff alde schok unde umme eynen ort zcwey ding. Czum dritten dinge qwam Hans Koning vor vnde bekante des geldis. Dar uff sint ome alle rechte bot geschen. Darnach wart gefunden uor recht, her hette syne gerechtikeit zcu ome irsten unde man sulde on an dy besserunge nach Hanse Koche wisen, unde ist dar an gewiset, als recht ist.[199]

438. Nicolaus Bodendorff ist gekommen vor gehegit ding unde hat gegebin Ilsen, syner elichen husfrowen, zcweyhundert rinsche gulden an alle synen besten gutern, daz sy an eygene, an erbe, an farnder habe addir wur ane daz sie, nach syme tode dar mete zcu thune vnde zcu lassene.

439. Nicolaus Bodendorff vnde Hans Tůfel sint gekommen vor gehegit ding vnde habin bekant

fol. 162v

in gerichte, daz sie sich ‖ umme Hans Guldenfußes nachgelassene gutere, dar abir sie schult vnde antwert vor vnse hern dy schepphen geleit hatte, gutlich vnde wol vortragen hettin, in sulcher wise, daz Nicolaus Bodendorff hundirt alde schok grosschen, Hans Tufel ouch hundirt alde schok grosschen unde Ursula, Hans Guldenfußes nachgelassene wetewe, ouch hundirt alde schok grosschen habin sulden, auch sal dy Guldenfußynne anenteil, nemelichen hundert schok

---

[198] Vgl. Nr. 957.
[199] Vgl. Nr. 341, 427.

1451–1453

unde dy farnde habe, mit der gerade behalden, zcu thune vnde zcu lassen unde keynen teil, dy zcuwenden deme andern zcu schaden. Waz sie abir daruon in gotis ere wenden welde, daz sal man or gunnen. Dar mete sullen alle sachen slecht gantz gericht vnde gesamt sin vnde Hans Tufel syne kindere nach Nicolaus Bodendorff vnde syne husfrowe noch die Guldenfußynne sullen daz ir keyn deme andern uffrucken noch dar umme beteidingen.[200]

440. Mathias Eberhart ist gekommen vor gehegit ding unde hat Peter Brande umme sechczehen alde schok grosschin syne were lassen fronen, als recht ist.

441. Curt Gunter ist gekommen vor gehegit ding vnde hat gegebin Margareten, syner elichen husfrowen, sechczig alde schok grosschen an alle syner (!) besten gutern, daz sy an eigene, an erbe, an farnder habe addir wur ane daz sy, nach syme tode dar mete zcu thune vnde zcu lassene.

442. Heynrich Sweyne ist von Peter Fforne umme driessig alde schok grosschen, dy her ome von eyns huses wegen sulde schuldig sin, dar her neyn zcusprach unde Peter daz recht uon ome nicht nemen wolde, ledig vnde loß geteilt.

443. Wolbrecht, Hans Ritters nachgelassene tochtir, ist gekommen vor gehegit ding mit Lucien, orer muter, unde hat vortreten ores vaters nachgelassene gutere kegen Jacoff Crugere, Michel Ebirharde, Hanse Grossen unde Pawel Vattern, dy daz mit gerichte bekumert hatten unde alse erbnemen fordern wolden. Also wart on uon gerichtis wegen gebotin, daz sie der gutere abetretin sulden unde dy weddir entsetczen.[201]

444. Peter Sperling vnde Clara, syne eliche husfrowe, sint gekomen vor gehegit ding vnde habin sich begiftiget unde begabit undir eynandir mit alle den gutern dy, sie haben adder ummer mehir gewynnen, daz sy an eygen, an erbe, an farnder ‖ habe addir wur ane daz sy. Welch or ehir abeghet von todis wegen, so sal daz andere dy gutere behalden, zcu thune unde zcu lassene. Were abir daz sie kindere gewunnen mit eynandir, so sal die frowe kinderteil dar ane haben.

445. Jacoff Nyczschmanne ist gefunden vor recht, daz man on umme achtehalb alt schog grosschen an der Stekmesserynne farnde habe wisen sal vnde ist dar an gewiset, als recht ist.

446. Hans Uester vnde Margareta, sine eliche husfrowe, sint gekommen vor gehegit ding vnde habin sich begiftiget unde begabit vndir eynandir mit alle den gutern, dy sie haben unde ummer mehir gewynnen, daz sy an eygen, an erbe, an farnder habe addir wur ane daz sy. Welch or ehir abegheet uon todiß wegen, so sal daz andere dy gutere behalden, zcu thune unde zcu lassene.

447. Caspar Weddirsat vnde Katherina, syne eliche husfrowe, sint gekommen vor gehegit ding vnde habin sich begiftiget vnde begabit undir eynandir mit alle den gutern, dy sie haben adder ummer mehir gewynnen, daz sie an eygen, an erbe, an farnder habe addir wur daz sy. Welch or ehir abegheet von todiß wegen, so sal daz andere dy gůtere behalden, zců thune vnde zců

fol. 163r

---

[200] Vgl. Hertel, Theil II, V [**158**], [**458**].
[201] Vgl. Nr. 409.

54   Die Hallischen Schöffenbücher. V. Buch.

lassene, doch mit sulchen undirscheide, lies Caspar uon deme gute icht uorgebin addir bescheiden ⟨wil⟩[202], dar sal ome Katherina, syne eliche husfrowe, nicht inhalden.

448. Jan Crûger ist gekommen vor gehegit ding vnde hat gegeben Sophien, syner elichin husfrowen, sechczig alde schog grosschen an alle synen besten gutern, daz sy an eygene, an erbe, an farnder habe addir wur daz sy, nach syme tode dar methe zcu thune vnde zcu lassene.

449. Lorencz Banck vnde Anne, syne eliche husfrowe, sint gekommen vor gehegit ding vnde haben sich begiftiget vnde begabit undir eynandir mit alle den gutern, dy sie habin addir ummer mehir gewynnen, daz sie an eygen, an erbe, an farnder habe addir wur ane daz sy. Welch or ehir abeghet uon thodis wegen, sol daz andere dy gutere behalden, zcu thune vnde zcu laßen.

450. Hans Herwich ist gekommen vor gehegit ding vnde hat gegebin Annen, syner elichen husfrowen, uierczig alde schok grosschen an alle synen bestin gutern, daz sy an eygene, an erbe, an farnder habe addir wur ane das sy, nach syme thode dar methe zcu thune vnde zcu lassene.

451. Anne, Claus Vogemans seligen husfrowe, ist umme funf alde schok grosschen eegeldis uon Uester Baken myt ‖ rechte gekommen, als recht ist.

fol. 163v

452. Pauwel uon Sayda ist gekommen vor gehegit ding unde hat umme sechsvndeczwenczig nuwe grosschin Nicolaus Ostirtage syne were lassene fronen, alse recht ist.

453. Hans Hase ist gekommen vor gehegit ding unde hat gegebin Barbaran, syner elichen husfrowen, zcwenczig rinsche gulden an alle syne bestin gutern, daz sy an eigen, an erbe, an farnder habe addir wur ane daz sy, nach syme tode dar methe zcu thune vnde zcu lassene.[203]

454. Heynrich Krippe ist gekommen vor gehegit ding unde hat gegebin Katherinen, syner swestir, Peter Sellen seligen wetewen, zcweyhundirt rinsche gulden an alle synen besten gutern, daz sy an eygene, an erbe, an farder habe addir wur ane daz sy, anch syme tode dar mete zcu thune unde zcu lassen.[204]

455. Hans uon Lipczk ist gekommen vor gehegit ding unde hat geclait zcu der Thomas Kannengisserynne, daz sie on sulde geczegen habin, der lynewant, dy sie vorloren hatte, dar denne die frowe uor gerichte neyn zcusayte, daz sy an daz nicht gezcegen hette. Also sint sy uon der sachen wegen beydirsyt uon gerichte ledig vnde loß geteylt.

456. Steffan Grefe ist gekommen vor gehegit ding vnde hat Mathias Heydenriche umme virczen alde schogk grosschen syne were lassen fronen, als recht ist.

457. Andreas Nehusen ist gekommen vor gehegit ding vnde hat Steffan Blotcze umme achtczehin nuwe grosschen syne were lassen frônen, alse recht ist.

458. Hans Benne ist gekommen vor gehegit ding vnde hat gegebin Margareten, syner elichin

---

[202] Über der Zeile.
[203] Vgl. Nr. 85.
[204] Vgl. Buch VI 252.

1451–1453

husfrowen, sechzig alde schogk grosschen an alle synen bestin gutern, daz sy an eygen, an erbe, an farnder habe addir wur ane daz sie, nach syme tode dar mete zcu thune vnde zcu lassene.[205]

459. Hans Knûppel ist gekommen von (!) gehegit ding unde hat gegebin Gieselen, syner e[...][206]

Hans Knuppel unde Gysele, syne eliche husfrowe, sint gekomen uor gehegit ding vnde habin sich begiftiget unde begabit undir eynandir mit alle den gutern, dy sy haben addir ummer mehir gewynnen, daz sy an eygen, an erbe, an farnder habe addir wur ane daz sy. Welch or ehir abegheet uon todis wegen, so sal daz andere dy gutere behalden, zcu thune unde zcu lassen. Were abir daz sy kindere gewunnen, so sol dy frowe die ‖ helfte vnde dy kindere dy andere helfte behalden.

fol. 164r

460. Hans Haneman vnde Ilse, syne eliche husfrowe, sint gekommen uor gehegit ding vnde habin sich begiftiget vnde begabet undir eynandir mit alle den gutern, dy sy haben addir ummer mehir gewynne, daz sie an eygen, an erbe, an farnder habe addir wur ane daz sy. Welch or ehir abegheet von todiß wegen, so sal daz andere dy gutere behalden, zcu thune unde czu lassen. Were abir daz sie kindere mit eynander gewunnen, so sal die frowe kinderteil dar ane habin.

461. Vester Bake ist gekommen vor gehegit ding vnde hat Hanse Koninge umme sobenvnde-czwenczig nuwe grosschen vnde umme dry pheninge syne were lassen frônen, alse recht ist.

462. Saffen, Mertin Steckenbergis elichen husfrowe, ist gekommen uor gehegit ding vnde or wart gefunden uor recht, man sal sie umme achtczen nuwe grosschen an der Clyngenrôßynne farnde habe wiesen endis dingis, unde ist dar an gewiset, alse recht ist.

463. Katherine, Curt Mißhardis mait, ist gekomen vor gehegit ding vnde hat Heynrich Fischer dar umme, daz her or nicht redeliche rechenschaft thun will, syne were laßen frônen, alse recht ist, nemlichen uon sulchen gute, daz her or abegeclait hat.

464. Pauwel uon Sayda ist gekommen uor gehegit ding vnde hat Ditterich Kuchensweme umme achtvndesechczig alde schogk grosschen syne were lassen fronen, alse recht ist.

465. Peter Senderman unde Margareta, syne eliche husfrowe, sint gekommen vor gehegit ding vnde haben sich begiftiget unde begabit undir eynandir mit alle den gutern, dy sie habin addir ummer mehir gewynnen, daz sy an eigene, an erbe, an farnder habe addir wur an daz sy. Welch or ehir abegheet uon thodiß wegen, so sal daz andere dy gutere behalden, zcu thune vnde zcu lassen. Were abir daz sy kindere gewunnen, so sal dy frowe kinderteil vnde hundirt alde schog grosschen dar an haben.

466. Ditterich Kûchenswin ist gekommen uor gehegit ding unde hat Hans Welker umme achtvndesechczig alde schog grosschen syme were lassen frônen, alse recht ist.

467. Lorencz Plan ist gekommen vor gehegit ding unde hat Jurgen uon Grymme umme vier

---

[205] Vgl. Hertel, Theil II, V [**1506**]; vgl. auch Buch V 1149.
[206] Satz abgebrochen.

56 Die Hallischen Schöffenbücher. V. Buch.

alde schog grosschen, dy ome syne frowe uff rechenschaft bekant hat, in den medeban genommen, alz recht ist.

468. Pawel Marx ist gekommen uor gehegit ding mit Margareten, syner elichen husfrowen, unde habin gegebin Hanse Schutczen ‖ die eigenschaft, dy her hatte an syme huse, nemelichen ffunffczehen grosschen vnde eyn halb alt schok grosschen an Hans Rastebergs huß mit alleme rechtin, als dy ore was.[207]

469. Gelehart Bicheling ist gekommen uor gehegit ding und hat Franczen Schernenmeister umme uiervndeczwencig nuwe grosschen in den medeban genommen, alse recht ist.

470. Vrban Hertel ist gekommen vor gehegit ding vnde hat ⟨dy⟩[208] Mertin Bauwelingynne umme eyn alt schog grosschin syne were lassen lassen (!) fronen, alse recht ist.[209]

471. Mertin Bille ist gekommen vor gehegit ding unde hat Caspar Moricze umme eyn alt schogk grosschin in den medeban genommen, alse recht ist.

472. Thomas Uinsterwalt ist gekommen vor gehegit ding unde hat Ditterich Zceleyen umme drittehalb alt schog grosschen syne were lassen fronen, alse recht ist.

473. Hinrik Nayl unde Hans Meyer sint gekommen uor geheget ding unde on wart gefunden unde geteilt, daz man sie an Peter Dorchardis unde syner frowen farnde habe wisen sal endis dingis, unde sint dar an gewiset, alse recht ist.

474. Peter Peczsch ist gekommen vor gehegit ding unde hat dy Peter Beckerynne umme sechstehalb alt schok grosschen unde umme zcwene nuwe grosschen in den medeban genomen, als recht ist.

475. Kersten Bruderson ist gekommen vor gehegit ding unde hat gegebin Pauwele, syneme brudere, syne gerechtikeit an deme hofe uor deme Steynthore gelegen unde alle syne gerechtikeit dar an unde gutere, die on uon synem uatere anirstorbin sint, mit alleme rechten alse on dy anirstorben waren.

476. Lorencz Trinckuß ist gekommen vor gehegit ding vnde hat Mathias Moderaken umme eyn nuwe schogk grosschen syne were lassen fronen, alse recht ist.

477. Heynrich Rademechir, schultisse, hat gefragit in gerichte, sintdemal daz Hans Welkor zcwu clagen zcu om geclagit hette unde den nicht folgede, alse recht were, ab dy cleyden im icht machtelos weren. Daz wart gefunden unde geteilt, sie weren machteloß uon rechtis wegen.

478. Claus Wilant vnde Barbara, syne eliche husfrowe, sint gekommen vor gehegit ding vnde habin sich begifftiget unde begabit vnder eynandir mit allen den gutern, dy sy habin addir ummer mehir gewynnen, daz sy an eygen, an erbe, an farnder habe addir wur ane daz sy. Welch ‖ or ehir abegheet von todis wegen, so sal daz andere die gutere behalden, zcu thune vnde zcu lassene.

fol. 164v

fol. 165r

---

[207] Vgl. Nr. 349.
[208] Über der Zeile.
[209] Vgl. Nr. 587.

1451–1453

479. Claus Heydenrich ist gekommen vor gehegit ding unde hat gegebin Gůtten, syner elichen husfrowe, uierczik rinsche gulden an alle synen besten gutern, daz sy an eygen, an erbe, an farnder habe addir wur ane das sy, nach syme thode dar mete zcu thune vnde zcu lassene.[210]

480. Herman Maschwicz ist gekommen vor gehegit ding vnde hat gegebin Ilsen, syner elichen husfrowen, zcuweyhundirt alde schog grosschen an alle synen besten gutern, daz sie an eygene, an erbe, an farnder habe addir wur ane daz sy, nach syme tode dar mete zcu thune vnde zcu laßen.

481. Lodewich Molle ist gekommen vor gehegit ding vnde ist loß geteilt des eydes, dar methe her sin phant an dem pherde, das Drewes Zcoke uon Caspar Moricz wegen besaczt vnde dar zcu geclait hatte, ledig vnde loß geteilt.

482. Mewes Heyneman ist gekommen vor gehegit ding unde hat gegebin Lenen, synen elichen husfrowen, sechzig alde schogk grosschen an alle synen bestin gůtern, das sy an eygene, an erbe, an farnder habe addir wur ane das sy, nach syme tode dar mete zcu thune vnde zcu lassen.

483. Hans Rodeman ist gekommen vor gehegit ding vnde hat Barbaren, Hans Grieffenhauses elichen husfrowen, umme eyn alt schog unde umme zcwenczig alde grosschen in den medeban genommen, alse recht ist.

484. Glorius Bolcze ist gekommen vor gehegit ding vnde hat bewiset mit gezcugen, alse recht ist, das her Mattias Bolczen seligen nehiste swertmag were vnde nymandis neher wuste. Dar umme ist ome syn hergewete zcugeteilt, alse recht ist.

485. Heynrich Schůler ist gekommen vor gehegit ding vnde hat uffgeboten eynen mantel, der ome gesaczt ist, zcu eynen willigen phande, nemelichen czweyvndedrissig alde grosschen, zcwey ding. Czum dritten dinge wart gefunden unde geteilt, her mochte daz vorsetczin, ab her konde. Konde her des nicht uorsetczin, so mochte her daz vorkouffen uor sin gelt unde daz obirley reichen dem, der dar recht zcu hat.[211]

486. Bernt Rappe ist gekommen vor gehegit ding vnde hat uffgeboten eyne kethene, die ome vor sechsvndedrissig drylinge zcu eyme willigen phande gesaczt ist, dry dingk ‖ vnde ome ist gefunden vnde geteilt, her mag dy uorsetczen uor sin gelt, ab her kan. Kan her dy nicht uorsetczin, so mag her dy uorkouffen vnde daz obirley reichen dem, der dor recht zcu hat.

487. Pauwel Wedeman ist gekommen vor gehegit ding unde hat Jurge Swarczen syne were umme zcwerff alde schok gr., der her ome bekannt hat, syne were laßin fronen, alse recht ist.[212]

488. Pauwel Wedeman ist gekommen vor gehegit ding unde hat gekorn zcu vormunden Ffrederiche Bruser kegen Jurgen Swarczen, dy fronunge zcu thune unde auch dy sache umme sobin

fol. 165v

---

[210] Vgl. Hertel Theil II, V [1545].
[211] Vgl. Nr. 612.
[212] Vgl. Nr. 488.

58 Die Hallischen Schöffenbücher. V. Buch.

alde schok grosschen hundirstelbig unde uier nuwe gr. ußzutragen unde dy zcu forderne liß, uff daz recht zcu geben unde ⟨zcu nemene⟩[213].[214]

489. **[2298]** Gurge Tolbe ist gekommen vor gehegit ding unde hat gegebin Mertin Schenen synen hoff halb in der cleynen Ulrichsstraßen gelegen vor funfundezcwenczig alde schog gr. uff eynen weddirkouff nach lute eyns uorsegilten briues, den Mertin Schene inne hat, vnde alz der selbe breff clerlichin vßwieset.

490. Benedictus Kolczsch ist gekomen vor gehegit ding vnde hat uffgeboten eynen mantel, der ome zcu eynem willigen phande uor anderhalb alt schok grosschen gesaczt ist, dry ding unde ome ist gefunden unde geteilt, her mag daz uorsetczin uor sin gelt, ab her kan. Kan her des nicht vorsetczin, so mag her daz uorkouffen unde daz obirley reichen dem, der dar recht zcu hat.

491. Hans von Denstede ist gekommen vor gehegit ding unde hat geclait zcu Herman Herwige vnde zcu syme gute umme achtczehen alde schok grosschen vnde waz dar schade uff gheet, dry ding. Czum uirden dinge wart gefunden unde geteilt, man sulde on wiesen an syne farnde habe endis dingis vnde ist dar an gewieset, alse recht ist.

492. Hans Starckenaw unde Ilse, syne eliche husfrowe, sint gekommen vor gehegit ding vnde habin sich begiftigit unde begabit undir eynandir mit alle den gutern, dy sy habin addir ummer mehir gewynnen, daz sy an eygen, an erbe, an farnder habe addir wur an daz sy. Welch or ehir abegheet uon todis wegen, so sal daz andere dy gutere behalden, zcu thune vnde zcu lassene. Were abir daz sy kindere gewunnen myt eynandir, so sal die frowe kindirteil dar ane habin.

493. Lorencz Prellewicz ist gekommen vor gehegit ding unde hat ome ist gefunden vnde geteilt, man sal on an Pawel ‖ Zweyen farnde habe wiesen umme sechßvndedrissig nuwe grosschin, der her in des schultissen hof bekant hat unde ome alle rechte bodt dar uff gescheen sint, unde ist dar an gewieset, als recht ist.[215]

494. Hanse Graßmus ist gefunden vnde geteilt, man sal on umme sechzehen alde schog grosschen unde waz dar schade uff gheet, an Hans Wynmeisters farnde habe wisen endis dangis vnde ist dar an gewieset, alse recht ist.

495. Hans Hake ist von Pawel Watenberge drißig alde schok gr., dy her von den sechczigen sulde inne gehat habin, die Pawels wibes muter nach oreme tode sulde gelaßin haben, uon deß wegen, daz her dar neyn zcusprach unde Pawel on deß eydes uor sach ledig vnde loß geteilt.

496. Hans Franckleue ist gekommen vor gehegit ding unde ome ist gefunden vnde geteilt, man sal Mattis Heyndenriche umme andirhalb alt schok grosschen syne were fronen, alse recht ist, uon des wegen, das ome alle gebot gescheen sin.

497. Thomas Lyngener hat Vlrich Zcoberitcze umme eyn schok gr. unde eynvndefunfczig

---

[213] [*zcu nemene*] am Ende der vorigen Zeile.
[214] Vgl. Nr. 487.
[215] Vgl. Nr. 583.

fol. 166r

1451–1453

grosschen syne were lassen fronen, alse recht ist, uon deß wegen, daz ome alle both gescheen sin.

498. Heynrich Sweyne ist gekommen vor gehegit ding vnde hadt Petir Jeneken umme zcehen alde schogk grosschen syne farnde habe abegewunnen, daz man on dar an wisen sal endis dingis unde ist dar an gewieset, als recht ist.[216]

499. Kersten Fryer ist gekommen vor gehegit ding vnde hat Jane Gudenberge vmme sobendehalb alt schok grosschen syne were lassen fronen, alse recht ist.

500. Kersten Fryher ist gefunden vnde geteilt, man sal on an Hans Crugers farnde habe umme acht nuwe grosschen wisen, alse recht ist.

501. Rudolff Olczsche ist gekommen vor gehegit ding vnde hat der Bawelungynne umme uier alde schok vnde umme funf vnde uierczig alde grosschin ore were laßin fronen, alse recht ist.

502. Hans Moricz ist gekommen vor gehegit ding vnde hat gekorn Gurgen Schůman zcu vormunden, die sache zcu Albrechte uon Ruden vnde der fronunge mit der dritten uffbitunge zcu fulforderne, alse recht ist.

503. Hans Oseltreger ist gekommen vor gehegit ding vnde hat uffgeboten dy fronunge an Peter Schepkenbeckers huß ‖ dry ding. Do wart gefunden vnde geteilt, her mochte daz vorsetczin[217] uor sin gelt, ab her konde. Konde her des nicht vorsetczin, so mochte her daz uorkouffen vnde daz obirley reichen deme, der dar recht czu hat.

fol. 166v

504. Marx von Halle vnde Barbara, syne eliche husfrowe, sint gekommen vor gehegit ding vnde habin sich begiftigit vnde begabit vndir eynandir mit alle den gutern, dy sy habin adder ummer mehir gewynnen, daz sy an eygene, an erbe, an farnder habe addir wur ane daz sy. Welch or ehir abegheet von todis wegen, so sal daz andere dy gutere behalden, zcu thune vnde czu laßen. Were abir daz sy kindere gewunnen, so sal dy frowe kinderteil dar ane habin.

505. [2299] Hanize Roicz vnde Pawel Roicz gebruder sint gekommen vor gehegit ding vnde habin gegebin Hanse Drakenstede ore gerechtikeit an deme hofe yn der cleynen Claustraßin an Hanse Seuer gelegen mit alleme rechtin, als sy die uon oreme vater anirstorbin ist.[218]

506. Hans Kannengiesser ist gekommen vor gehegit ding unde hat Hanse Surbire umme uier schok grosschen unde eynen ort syne were lassen fronen, alse recht ist.

507. Katherina, Benedictus Kolzsches eliche husfrowe, ist gekomen vor gehegit ding vnde hat gegebin mit folbort deß selbin ores elichen wertis vnde formunden unde mit folbort Margareten Setelers, orer swestir, dy zcu der czyt eynen uorsegilten brieff in gerchte gesant hat, Hanse uon Dreßen ore gerechtikeit an deme huße in der Claustrassen, die or uon oren kindern Heyn-

---

[216] Vgl. Nr. 523.
[217] Danach [*adder vorkouffen*] gestrichen.
[218] Vgl. Nr. 558 [2309], 834 [2357]; vgl. auch Buch VI 184 [24]

60 Die Hallischen Schöffenbücher. V. Buch.

rich Knapendorffs seligen ores ersten wertis erbin anirstorbin ist, mit alleme rechten, als dy sy anirstorbin ist.[219]

508. Hans von Dreßen ist gekommen uor gehegit ding vnde hat gegebin die selbe gerechtikeit an dem huse yn der Claustraßen, daz Heynrich Knapendorffes seligen gewest ist, Benedictus Kolczke mit alleme rechtin, alse daz ome gegebin was.[220]

509. Benedictus Kolczke unde Katherina, syne eliche husfrowe, sint gekommen vor gehegit ding unde habin sich begiftiget unde begabit vndir eyandir mit alle den gutern, die sy haben addir ummer mehir gewynnen, daz sy an eygen, an erbe, an farnder habe addir wur ane daz sy. Welche er ehir abegheet uon todis wegen, so sal daz andere dy gutere behalden, zcu thun unde zcu lassene.[221]

510. Ditterich Kůchensweine ist gefunden vor recht, man sal on wiesin an Hans Wynmeisters farnde habe umme sechs alde ‖ schok grosschein vnde was dar schade uff gheet, dar umme, daz ome alle gebot gescheen sin.

511. Pauwel Beheme vnde Viria[222], syne eliche husfrowe, sint gekommen vor gehegit ding vnde habin sich begiftigit vnde begabit vndir eynandir mit alle den gutern, dy sy habin adder ummer mehir gewynnen, daz sy an eygen, an erbe, an farndir habe addir wur ane das sy. Welch or ehir abegheet uon todis wegen, so sal daz andere dy gutere behalden, zcu thune vnde zcu lassene.

512. Symon Serkowe vnde Dorothea, syne eliche husfrowe, sint gekommen vor gehegit ding vnde habin sich begifftiget unde begabit vndir eynandir myt alle den gutern, die sy habin adder ummer mehir gewynnen, daz sie an eigene, an erbe, an farnder habe addir wur ane daz sy. Welch or ehir abegheet uon todis wegen, so sal daz andere dy gutere behalden, zcu thune vnde zcu laßen.

513. Hans Curßo ist gekommen vor gehegit ding vnde hat zcu Jacoff Krôlewicze umme czwey alde schog mynre nun alde grosschen vnde ome sin dar uff alle gebot geschen. Do wart gefunden vnde geteilt, man sulde on wiesen an syne farnde habe endiß dingis, vnde ist dar an gewiset, alze recht ist.

514. Hans Smed ist gekommen vor gehegit ding vnde hat gegebin Annen, syner elichen husfrowen, driessig rinsche gulden an alle syne besten gutern, daz sie an eygene, an erbe, an farnder habe addir wur ane daz sy, nach syneme thode dar methe zcu thune vnde zcu lassene.

515. Hans Margwart vnde Lucas Henczendorff sint gekommen uon uormundeschaft wegen

---

[219] Vgl. Nr. 508, 509, Hertel, Theil II, V [1693].

[220] Vgl. Nr. 507, 509, Hertel, Theil II, V [1693].

[221] Vgl. Nr. 507, 508, Hertel, Theil II, V [1693].

[222] [Viria] unsichere Lesung, mehrfach überschrieben und kaum lesbar. Wohl zuerst Anna, dann Maria und schließlich Viria.

der Haûwenschildynne uor gehegit ding vnde habin Albrecht uon Ruden umme czehen alde schog grosschen syne were laßen fronen, alse recht ist.

516. Donat Lamaczsch ist gekommen vor gehegit ding vnde hat geclayt zcu Peter Schepken-beckere unde zcu syme huse umme sechczendehalb schog grosschen, dry ding. Czum uirden dinge wart gefunden vnde geteilt, her hette syne gerechtikeit zcu ome irstehen.[223]

517. [2300] Drewes Botcher ist gekomen vor gehegit ding vnde hadt Hanße Fisscher, Steffan Berndorffe vnde Hanse Swemmelere unde Caspar Jane ingesaczt sin huß vnde hoffe uff deme Strohofe gelegen uor sobinczig rinsche guldin addir, wie der brieff fordir inheldit, dar her sy kegen Heynen Luder inne vorsaczt hat, uor eyn willich phant.[224] ‖

518. [2301] Hans Pansmed hat gesant synen offenen uorsegilten brieff in gehegit ding vnde   fol. 167v
hat dor inne gegebin Caspar Gellewitcze syne gerechtikeit an deme huse czu der Guldenen Lichte an dem marckte gelegen, dar methe zcu thune unde zcu lassen, mit alleme rechten, als her dy dar ane gehabt hat.

519. [2302] Hans Hennenberg ist gekommen vor gehegit ding unde hat gegebin Ffrederiche Schulten syne gerechtikeit, dy her hat an deme huse in den Kleynsmeden by deme Eynhorne gelegen, mit allem rechten, als her dy dar ane gehabt hat, unschedelich syneme uater, ab der weddir kommen wôrde unde auch unschedelich der gerechtikeit, dy der frowen, syner muter, in der eestifftunge zcugeteidingit ist, da sy ore tochter deme selben Frederiche gegeben hatte.[225]

520. Bastian Quancz ist gekommen uor gehegit ding mit Margareten, syner elichen husfrowen, vnde habin sich begiftiget unde begabit undir eynandir mit alle den gutern, die se habin addir ummer mehir gewynnen, daz sy an eigene, an erbe, an farnder habe addir wur ane daz sy. Welch or eher abeginge uon todis wegen, so sal daz andere dy gutere behalden, zcu thune vnde zcu laßene. Were abir daz sie kindere liessen, so sulde die frowe kinderteil dar ane habin.

521. Pawel Lûder ist gekommen vor gehegit ding vnde hat Hanse Fisschere, Steffan Berndorf-fe, Hanse Swemmeler unde Caspar Jane umme sobinczig gulden unde waz dar schade uff gheet, ore were lassen fronen, als recht ist.[226]

522. Pawel Luder ist gekommen vor gehegit ding unde ome ist gefunden, daz her Mattias Moderaken uor nuen nuwe grosschen syne were sal lassen fronen unde ist gefront, als recht ist.

523. Hans Kochele unde Heynrich Sweyme sint gekommen uor gehegit ding unde habin Peter Jeniken umme czehen alde schog gr. in den medeban genommen, als recht ist.[227]

---

[223] Vgl. Nr. 529, 596.
[224] Vgl. Nr. 521, 553, 567.
[225] Vgl. Nr. 237, 279, 547.
[226] Vgl. Nr. 517, 553, 567.
[227] Vgl. Nr. 498.

62   Die Hallischen Schöffenbücher. V. Buch.

524. Lorencz Bancz ist gekommen vor gehegit ding unde hat Marx Bungen vnde Steffan Uogele umme eyn alt schog grosschen ore were laßen fronen, alse recht ist.

525. Michel Snabil ist gekommen uor gehegit ding, dar wart ome gefunden unde geteilt, man sulde Hanse Merczsche umme uier alde schog mynre sechs alde grosschen syne were frönen, unde ist ome gefrönt, alse recht ist.

526. Michel Bretsnyder ist gekommen vor gehegit ding vnde hat Claus Gladeheynen umme uirvndefirczig alde grosschen yn den medeban genommen, als recht ist. ‖

fol. 168r

527. **[2303]** Heyne Herffart ist gekommen vor gehegit ding vnde hat gegebin Ostirhilde, syner elichin husfrauwen, hundert alde schog grosschen an syneme hofe in der Galkstrassen kegen den Nuwen Brudern gelegen, nach syme tode dar mete zcu thune vnde zcu laßene.

528. Hans Brust vnde Katherina, syne eliche husfrowe, sint gekommen vor gehegit ding vnde habin sich begiftiget unde begabit vndir eynandir mit alle den gutern, die sy habin addir ummer mehir gewynnen, das sie an eigene, an erbe, an farnder habe addir wur ane daz sy. Welch or ehir abegheet uon todiß wegen, so sal daz andere dy gutere behalden, zcu thune vnde zcu laßene.

529. Donat Lamaczsch ist gekommen vor gehegit ding vnde hat Peter Schepkenbecker umme sechczendehalb alt schog grosschen syne were lassen fronen, alse recht ist.[228]

530. Hans Liessaw ist gekommen uor gehegit ding vnde hat Hanse Koynere umme ⟨funfczen⟩[229] nuwe grosschin yn den medeban genommen, alz recht ist.[230]

531. Claus Habich ist gekommen vor gehegit ding vnde hat Hanße Greffendorffe umme czehen nuwe grosschen yn den medeban genommen, alse recht ist.

532. Claus Habich ist gekommen vor gehegit ding vnde hat geclait zcu Sixtus Thornawen umme sobin nuwe grosschen dry ding. Czum uirden dinge wart gefunden vnde geteilt, her hette sulch gelt zcu ome irstehen, man sulde on an syne farnde habe wisen, unde ist dar an gewiset, alse recht ist.

533. **[2304]** Dorothea, ⟨Nickel⟩[231] Misseners seligen wetewe, ist gekommen vor gehegit ding vnde hat gegebin ⟨Jeronimus⟩[232] Fedelere, oreme sone, daz halbe huß uff der Brunßwort gelegen ⟨zcu thun unde zcu laßen⟩[233] unde alle husgerete dar inne nach oreme tode dar mete zcu thune vnde zcu lassene, mit sulchem bescheyde, daz her dy selbe syne muter mit koste besorgen sal, dy wile, sy lebit.[234]

---

[228] Vgl. Nr. 516, 596.
[229] Über der Zeile.
[230] Vgl. Nr. 412.
[231] Über der Zeile.
[232] [*Thomas*] gestrichen und durch [*Jeronimus*] ersetzt.
[233] [*zcu thun unde zcu laßen*] am Rand links.
[234] Vgl. Nr. 534.

1451–1453

534. Jeronimus Fedelere ist gekomen vor gehegit ding vnde hat gegebin Annen, syner elichen husfrowen, daß selbe huß gancz zcu eyner rechten lipczucht.[235]

535. Otte Frilant ist gekommen vor gehegit ding vnde hat Hanse Zcorbawen umme eylff nuwe grosschin in den medeban genomen, alse recht ist.

536. Albrecht Muter ist gekommen uor gehegit ding vnde hat geclait zcu Hanse Wynmeistere umme andirhalb alt schog grosschen dry ding. Czu virden dinge wart gefunden unde geteilt, her hette sulch gelt zcu om irsten, man sal on an syne farnde habe wisen, unde ist dar an gewiset, alz recht ist. ‖

537. Lucia, Hans Marggrauen seligen wetewe, ist gekommen uor gehegit ding vnde hat gebracht ores lehen hern Augustin Hedirslebin offenen uorsegilten brieff, dar mete sie bewiset hat, daz or driessig alde schog grosschen zcu thune vnde zcu lassene an des genantin Marggrauen huse gelegen sint. Dar uff ist or gefunden ⟨uor⟩[236] recht, sint or dy vor allen clegen unde besaßen gelegen sin, so sal sy dy ouch zcuuoruß behalden.

538. Thomas Hecht ist gekommen vor gehegit ding vnde hat Jacoff Hardunge umme eyn alt schog grosschen in den medeban genommen, alse recht ist.

539. Hans Subach ist gekommen vor gehegit ding vnde hat gegebin Kerstinen, syner elichin husfrowen, virvndeczwenczig alde schog grosschen an alle synen bestin gutern, daz sy an eygene, an erbe, an farnder habe addir wur ane daz sy, nach syme thode dar methe zcu thune vnde zcu lassene.

540. Margareta, Claus Phundes seligen tochter, ist gekommen uor ge⟨richte⟩[237], vnde hat gegebin, mit fulbort Laurencius Bórlyns, ores elichen uormunden, Curt Haken vnde Hanse Brusere, huß unde hoff, alle gutere vnde gerechtikeit, dy sy uon Claußse Phunde, oreme uatere seligen, anirstorbin sint, mit alleme rechten, alse sie dy anirstorbin sin, uff das dy selbeten, Curt Hake unde Hans Bruser das also halden, alse Claus Phundes letczte wille gewest ist, nach lute eyn instrumentum, daz dor obir gemacht ist, unde dißer gabe ist bestetigit zcum nesten dinge.[238]

541. Curt Hake vnde Hans Bruser sint gekommen uor richte vnde habin gegebin Katherinen, Claus Phundes seligen wetewen, huß vnde hoff, alle gutere vnde gerichtekeit, die on Margareta Phundis mit willen unde fulbort Laurencius Borlins, ores elichen uormunden, gegebin hat, der sy denne gebruchen sal, zcu oreme libe unde nicht lengere, unde disse gabe ist bestetigit zcum nestin dinge.[239]

542. [2305] Vester Nümmerheym ist gekommen vor gehegit ding unde hat geclait zcu Hanse

---

[235] Vgl. Nr. 533.
[236] Über der Zeile.
[237] [hegit ding] gestrichen und durch [richte] ersetzt.
[238] Vgl. Nr. 334, 541, 1089, 1090.
[239] Vgl. Nr. 334, 540, 1089, 1090.

Die Hallischen Schöffenbücher. V. Buch.

Smede unde zcu eyme huse vnde hofe gelegen hindir deme rathuß, daz Hans Czynemans seligen gewest ist, unde zcu alleme, daz dar inne gewest ist, daz her ome die weddir recht uorhilde, dar her doch eyn recht erbe zcu were, uff sulche schult Hans Smed gemûtet unde geheisschen hat, eyne rechte were. Dar uff wart gefunden unde geteilt, daz ome der gnante Uester die were sulde

fol. 169r bestellen, alse recht ‖ were vnde her hat ome dar uff dy were zcu haldene gelobit vnde liplichen zcu den heiligen gesworen, alse recht ist. Nach der were hat Hans Smed geantwert unde des rathes offenen uorsegilte brieff mete gebracht, der denne inhilt, wie sulch huß vnde hoff an on kommen were. Dar uff ist gefunden uor recht, nachdemmale Sophia, Uester Nummerheyms muter, myt willen unde fulbort Claus Nummerheyms, ores elichen mannes, unde vormunden des gnantin Uesters vatir Hanse Smede, Tile Smede, synem uatere, daz huß vnde hoff hinder deme rathuß, daz Hans Czynemans seligen gewest ist, uor deme erßamen rath zcu Halle mit allir gerechtikeit uorlassen unde unweddirruffflich gegebin hette, so were Hans Smed nehir dar bie zcu bliben, denne on Veser Nummerheyn dar von gedringen môchte. Welde on abir Uester wur umme schuldigen, dar der brif nicht uff wisete, daz môchte her thun vnde Hans Smed mûste ôme dar zcu antwertin.[240]

543. Hans Rupczk ist gekommen vor gehegit ding vnde hat uffgebotin eyn phert, daz ome Herman Koler zcu eyneme willigen phande gesaczt hat, vor czwey schog grosschen ane eyn ort, dry ding. Do wart gefunden vnde geteilt, her machte daz uorsetczin, ab her konde. Konde her des nicht uorsetczen, so mochte her daz uor kouffen vor sin gelt vnde daz obirley reichen deme, der dar recht zcu hette.[241]

544. Vrban Herteil sit gekommen vor gehegit ding vnde hat Hans Gruczemecher umme andirhalb alt schog grosschen in den medeban genommen, alse recht ist.

545. [2306] Allexius Dippolt ist gekommen vor gehegit ding vnde hat gefragit nach rechte, sintdemmal her Pawel Czeyhen huß halb, dy den Nuwenbrudern gelegen uor zcwelfftehalb alt schogk grosschen unde schaden, der dar uff gheet, irstehen unde irclait hat unde dar yn gewiset ist, ab her daz moge, vorsetczen adder uorkouffen. Dar uff wart gefunden, her mag syne helfte des huses vorsetczin, ab her kan. Kan her des nicht uorsetczen, so mag her daz vorkouffen vor sin gelt vnde daz obirley reichin deme, der dar recht zcu hat.[242]

546. Bartolomeus Bracstede ist gekommen vor gehegit ding vnde hat Hanse Hasen syne were umme zcwelftehalb alt schog gr. uor eyn phert, dar her ome uir gulden an golde uffgegeben hat, lassen fronen, alse recht ist. ‖

fol. 169v 547. [2307] Anne, Drewes Hennenbergis eliche wertynne, ist gekommen uor gehegit ding vnde hat gegebin Ffriczsche Schulten alle ore gerechtikeit, dy sie hat an deme huse zcu der

---

[240] Vgl. Hertel, Theil II, V [1030], [1147]; Nr. 581, 618, 1173.
[241] Vgl. Nr. 577.
[242] Vgl. Nr. 312, 561.

1451–1453

swarczen hennen in den Kleynsmeden gelegen mit alleme rechtin, alse sie die dar ane gehabt hat.[243]

548. Anne, Friczsche Schulten eliche tochtir, ist gekommen uor gehegit ding vnde hat gegebin deme selben Friczschen, oreme uater, sulche gerechtikeit vnde gerethe, daz her or gegebin hat, mit alleme rechten, alse or daz gegebin was.[244]

549. Ffriczsche Schulte ist gekommen vor gehegit ding vnde hat gegebin Gerdruden, syner elichen husfrowen, uierczigk alde schok grosschen an alle synen bestin gutern, daz sy an eygene, an erbe, an farnder habe addir wur ane daz sy, nach syme tode dar methe zcu thune vnde zcu lassene.[245]

550. Ffriczsche Schulte ist gekommen vor gehegit ding vnde hat ingesaczt Gurgen Fryher sin huß zcu der swarczen hennen in den Cleynsmeden gelegen, uor vierczig alde schog zcu eyneme willigen phande, vnde wenne her ome dy vierczig schog wedir gebit, so sal ome sin huß wieddir fry unde ledig folgen.[246]

551. Hans Schencke ist gekommen vor gehegit ding vnde hat Steffan Berndorff umme uier alde schog unde eynen ort syne were lassen fronen, alse recht ist.

552. Hans Strußberg vnde Anne, synne eliche husfrowe, sint gekomen vor gehegit ding vnde habin sich begifftiget unde begabit vndir eynandir mit alle den gutern, dy sie habin addir ummer mehir gewynnen, daz sy an eygene, an erbe, an farnder habe addir wur ane daz sy. Welch or ehir abegheet uon todis wegin, so sal daz andere dy gutere behalden, zcu thune vnde zcu lassene.

553. Hans Fisscher, Steffan Berndorff, Hans Swemmeler vnde Caspar Jans sint gekommen vor gehegit ding vnde habin uffgebotin Drewes Botchers huß vnde hoff uff deme Strohofe gelegen, daß on uor sobinczig rinsche gulden zcu eyneme willigen phande ingesaczt ist, dry ding vnde on wart gefunden vnd geteilt, sy mochten daz vorsetczen vor or gelt, ab sy konden. Konden sie des nicht uorsetczin, so mochten sy daz uorkouffen vnde daz obirleye reichen deme, der dar recht zcu hette.[247]

554. [2308] Caspar Lawe ist gekommen uor gehegit ding unde hat gefragit nach rechte, nach-demmal gefunden ⟨unde⟩[248] geteilt, were daz Herman Herwich mit geczugen fulkommen sulde, in drey uirczen tagen, daz daz phert, daz her ome abegekouft hette, wandelbar ‖ were, vnde des nicht gethan hat. Dar uff wart gefunden unde geteilt, were Herman Herwich mit geczugen fulkommen, so were Caspar Lawe der schult uon ome emprochin.

fol. 170r

555. Ffrederich Schulcze ist gekomen uor gehegit ding vnde hat geclait zcu Urban Koche vnde

---

[243] Vgl. Nr. 548, 549, 550, 1047.
[244] Vgl. Nr. 279, 547, 549.
[245] Vgl. Nr. 279, 432, 547, 548.
[246] Vgl. Nr. 547, 1047.
[247] Vgl. Nr. 517, 521, 567.
[248] Über der Zeile.

66 Die Hallischen Schöffenbücher. V. Buch.

zcu syme gute, nemelichen zcu czween alden schocken, dy her besaczt hat, undir Peter Beren, dry ding. Czum uirden dinge wart gefunden unde geteilt, her hette sin gelt zcu ome irstehin, man sulde on an sin gelt wisen, vnde ist dar an gewiset, alse recht ist.

556. Hans Priczsche ist gekommen vor gehegit ding vnde hat Glorius Rudolffe umme zcwey-vndedrissig alde schog grosschen syne were lassene fronen, als recht ist.

557. Curt Mewes ist gekommen vor gehegit ding vnd om wart gefunden vnde geteilt, man sulde on an Hans Petcziechen farnde habe wiesen umme achtczehen nuwe grosschin, der her in des schultissen hofe bekant hat, vnde ist dar an gewiset, alse recht ist.

558. **[2309]** Mertin Hodancz vnde Hans Zcolner sint gekommen vor geheget ding vnde habin gegebin Heinczen vnde Pawele, gebrudir die Roycze genant, die gerechtikeyt an deme uorwercke uff deme Slamme vnde eyne marg geldis an deme huse, dar Nickel von Aldenburg inne wonet, dar selbist gelegen, daz sy irstehen unde irclait habin, mit alleme rechten, als sy daz irsten vnde irclait haben.[249]

559. Peter Durle ist gekommen vor gehegit ding vnde hat gegeben Anne, syner elichin hus-frouwen, sechczig rinsche gulden an alle synen besten gutern, daz sie an eygene, an erbe, an farnder habe adder wur ane daz sy, nach syme thode dar mete zcu thune vnde zcu lassene.

560. **[2310]** Ilsebethe, Brant Sulczen von Meydeburg eliche husfrowe, ist gekommen vor ge-hegit ding vnde hat gegebin mit fulbort des gnanten ores elichen uormunden vnde auch Annen, orer muter, Heynricus Glogawen, oreme stieffatere, ore gerechtikeit, die sie hat an deme huß uff den hogen kremen gelegen, mit alleme rechtin, als sie die von oreme uatere anirstorben ist.[250]

561. Hans Schencke ist gekommen vor gehegit ding. Dar wart ome gefunden vnde geteilt, das man Allexius Dippolde unde Pawel Czscheyen umme czwelftehalb alt schog grosschen ore were fronen sal vnde ist on gefronet, als recht ist.[251]

562. Vester Voit, Peter Peczsch vnde Vester Oßwaldis sint gekommen vor gehegit ding vnde habin gegebin Herman Stoppele sulche gerechtikeit, dy sie irstanden vnde irclait habin an Kersan Beckers ‖ vnde syner mutir huse, mit alleme rechtin, als sie dy dar ane irstanden vnde irclait habin.[252]

fol. 170v

563. **[2311]** Hans Czscheley ist gekommen vor gehegit ding vnde hadt gegebin Dorothean, syner elichin husfrowen, synen hoff halb hinder deme rathuß gelegen, nach syneme thode dar mete zcu thune vnde zcu lassene.

564. **[2312]** Claus vnde Margareta, Nicolaus von Jhene seligen kindere, sint gekommen vor gehegit ding vnde habin gegebin mit fulbort Heynricus Rademechers, des schultißin, vnde Lu-

---

[249] Vgl. Nr. 505, 834; vgl. auch Buch VI 184 [**24**].
[250] Vgl. Hertel, Theil II, V [**2109**].
[251] Vgl. Nr. 312, 545.
[252] Vgl. Nr. 350, 580.

cas Henczendorffes, orer vormunden, vnde Annen, orer muter, Michel Baldeken or huß in den Cleynsmeden by deme Eynhorne gelegen mit alleme rechten, als sie daz uon oreme uater anirstorben ist.[253]

565. **[2313]** Claus vnde Margareta, Nicolaus von Jhene seligen kindere, sint gekommen vor gehegit ding vnde habin gegebin mit fulbort Heynricus Rademechers, des schultißin, vnde Lucas Henczendorffes, orer vormunden, vnde Annen, orer muter, Hanße Bichelinge eyne badestole by deme Claustor gelegen, mit alleme rechten, alse sy dy von oreme vatere anirstorbin ist, unde dy vorgenantin Margareta vnde Claus habin do selbist Heynrich Rademechere, schultissin, vnde Lucas Henczendorffe gedancket guter vormundeschaft vnde habin sy sulcher vormundeschaft ledig vnde loß gesayt.[254]

566. **[2314]** Hans Wegher ist gekommen vor gehegit ding vnde hat gegebin Hanse Pardemanne synen hoff halb in der großen Ulrichsstraßen gelegen, mit alleme rechten, als on der uon syneme uatere anirstorbin ist.[255]

567. Hanße Fischer, Steffan Berndorff, Hanße Swemmeler unde Caspar Jans sint gekommen vor gehegit ding, vnde on wart forder gefunden vnde geteilt, man sulde Drewes Botcher uß syme huse, daz sy irsten vnde irclait habin, wiesen vnde sy dar yn.[256]

568. **[2315]** Hans Õlthoph ist gekommen uor gehegit ding vnde hat uffgebotin sin erbe uff deme Mertinsberge gelegen, ab dar ymant ir keyne insprache hette, dry ding vnde do nymant qwam. Do wart ome dar ane eyne rechte were zcugeteylt.[257]

569. Claus Zcobericz ist gekommen vor gehegit ding vnde ome wart gefunden vnde geteilt, man sulde Ulrich Zcobericze umme czwey alde schogk grosschin syne were fronen, unde ist ome gefront, alse recht ist.

570. Jacoff Koning ist gekommen vor gehegit ding vnde hat ge‖fragit nach rechte, sint demmale das Pawel Czscheyen umme achtvndeczwenczig nuwe grosschin, der her bekant hette, alle rechte both geschen weren, wes man ome forder helfen mochte. Do wart gefunden vnde geteilt, man sulde on wisen an syne farnde habe, vnde ist dar an gewiset, alse recht ist.

571. Hans Moricz ist gekommen vor gehegit ding vnde hat gegebin Albrechte von Ruden den halbin hoff nehißt Clauße Bennen gelegin, den her ome uff eynen weddirkouff abegekouff hatte vnde alle ander gerechtikeit, dy her an der andern helfte des selbeten hofes vnde an deme mytehufe dar by gelegen gehabt hat, unde alle ander gerechtikeit nicht nicht (!) ußgeßloßen, mit alleme rechten, als das sin gewere ist.[258]

fol. 171r

---

[253] Vgl. Nr. 565.
[254] Vgl. Nr. 59, 564.
[255] Vgl. Nr. 869.
[256] Vgl. Nr. 517, 521, 553.
[257] Vgl. Nr. 156.
[258] Vgl. Nr. 370.

68   Die Hallischen Schöffenbücher. V. Buch.

572. Peter Rule ist gekommen vor gehegit ding vnde hat gefragit nach rechte, sintdemmal das der Claus Salpusschynne umme sechs alde schog grosschen vnde eylff alde grosschen, der sie bekant hat, alle rechte both geschen weren, wes man ome forder helfen mochte. Do wart gefunden vnde geteilt, man sulde on an ore farnde habe wisen, vnde ist dar an gewieset, alse recht ist.[259]

573. Hans Beheme ist gekommen vor gehegit ding vnde hat uffgebotin eyn willich phant, nemelich eynen mantel unde eynen frowen mantel, dy ome vor funf alde schog gr. ingesaczt sin, dry ding. Do wart gefunden vnde geteilet, her mochte daz uorsetczen, ab her konde, vor sin gelt. Konde her der abir nicht uorsetczen, so mochte her daz uorkouffen unde daz obirley gebin deme, der dar recht zcu hette.

574. Michel Snabel ist gekomen vor gehegit ding vnde hat Kilian Kolben umme dry alde schog grosschen syne were lassen fronen, alse recht ist.

575. Hans Treiße ist gekommen vor gehegit ding vnde hat geclait zcu Herman Herwige umme zcwey alde schok grosschen, dry ding. Czum uirden dinge wart gefunden vnde geteilt, her hette syne gerechtikeit zcu ome irstehen, man sulde on an syne farnde habe wiesin, vnde ist dar an gewiset, als recht ist.

576. Thomas Vinsterwalt ist gekommen vor gehegit ding vnde hat gefragit nach rechte, sint-demmal das Ilsen, Brosius uon Rydeburg elichen husfrowen, umme zcwey schog unde sechczehen alde gr. unde was dar schade uff gegen ist, alle rechte bot geschen weren, wes man om fordir hel-fin mochte. Do wart gefunden unde geteilt, man sulde on an ore farnde habe wisen, vnde ist dar an gewiset, alse recht ist, ‖ vnde syner muter huße mit alleme rechtin, als sie dy dar anirstanden vnde irclait haben.

fol. 171v

577. Hans Rupczk ist gekommen vor gehegit ding vnde hat geclait zcu eyneme pherde, daz Herman Kolers sin sal, daz her undir ome selbist besaczt hat, umme achtehalb alt schog gros-schen, dy daz phert uorfutert hat, unde waz dar schade uffgegen ist, dry ding. Czum virden dinge wart gefunden vnde geteilt, her hette sulch gelt irstehen, man sulde on dar an wisen, vnde ist dar an gewiset, alse recht ist.[260]

578. Katherina, Claus Phundes seligen wetewe, ist gekommen uor gehegit ding vnde hat Hanse Gewige umme funff schog unde uirczen alde grosschin vnde was dar schade uff gegen ist, syne were lassen fronen, alse recht ist.[261]

579. Uester Bake vnde Katherina, syne eliche husfrowe, sint gekommen vor gehegit ding vnde habin sich begiftigit unde begabit undir eynandir mit alle den gutern, die sie habin addir ummer

---

[259] Vgl. Nr. 594.
[260] Vgl. Nr. 543.
[261] Vgl. Nr. 731.

1451–1453   69

mehir gewynnen, daz sy an eygene, an erbe, an farnder habe addir wur ane daz sy. Welch or ehir abegheet von thodis wegen, so sal das andere dy gutere behalden, zcu thune vnde zcu lassene.

580. Herman Stȯppel ist gekommen vor gehegit ding unde hat uffgeboten eyn erbe vor der mȯle gelegen, daz Kestan Beckers gewest ist, daz ome Uester Uoit, Vester Oswalt unde Peter Peczsch mit alleme rechten gegebin, als sy daz irstanden unde irclait habin, dry ding. Dar uff ist om eyne rechte were dar ane zcugeilt (!).

Item ist ome gefunden vnde geteilt, man sal Kersten Becker ⟨unde⟩[262] syne muter uß der gewere des huses wisen vnde Herman Stoppele dar yn.[263]

581. **[2316]** Hans Smed ist gekommen vor gehegit ding vnde hat metegebracht des ratis zcu Halle offenen uorsegilten brieff, der denne innehalt, das Margareta vnde Kone, geswestern, Jan Melicz seligen rechte lipliche erbin, Hanse Smede unde Tilen, syneme vatere, eczliche erbgutere, nemelich huß unde hoff, gelegin an der straßen hinder deme rathus, daz oreme naturlichin vatere uon Hanse Czynemanne seligen anirstorben was, uor deme gnantin rathe mit wolbedachten muthe unweddirrufflich uorlassen vnde gegebin habin, alse daz der briff dar obirgegebin clerlichin ußwiset, unde der gnante Hans Smed hat dar uff gefragit, nach rechte, suntdemmals ‖ das das mit erbeloube wille geschen were, ap daz nicht alse gute craft unde macht gehabin mochte, als daz uor gerichte geschen were. Do wart gefunden vnde geteilt, daz was so gute macht hette, als ab daz uor gerichte geschen were.[264]

fol. 172r

582. **[2317]** Hans Cleynsmed ist gekommen uor gehegit ding uon uormundeschafft wegen eyner frowen, Kethe genant, vnde hat uffgeboten dy fronunge an Heynrich Visschers huß uff deme Strohofe, dry ding. Do wart gefunden vnde geteilt, man sulde on dar uß wiesen, vnde dy frowe dar yn.[265]

583. Lorencz Prellewicz ist gekommen vor gehegit ding vnde hat uffgebotin eyn willich phant, nemelich eynen grune mantel, der ome uor sechvndedrissig nuwe grosschin gesaczt ist. Do wart ome gefunden unde geteilt, her mochte daz uorsetczin uor sin gelt, ab her konde. Konde her des nicht uorsetczin, so mochte her daz uorkouffen unde daz obirleye reichen deme, der dar recht zcu hette.[266]

584. Pawel uon Sayda ist gekommen vor gehegit ding unde hat Claus Kaldyse umme sobenczen alde schog grossin syme were lassen fronen, alse recht ist.[267]

585. Jacoff Konig ist gekommen vor gehegit ding unde hat gefragit nach rechte, nachdemmal der Peter Jenekynne alle rechte bot geschen sin umme sechczehin nuwe grosschen, wes man ome

---

[262] Über der Zeile.
[263] Vgl. Nr. 350, 562.
[264] Vgl. Hertel, Theil II, V **[1030]**, **[1147]**; Nr. 542, 618, 1173.
[265] Vgl. Nr. 732.
[266] Vgl. Nr. 493.
[267] Vgl. Nr. 761, 984.

fordir helffen mochte. Do wart gefunden unde geteilt, her hette sin gelt irstehen, man sulde on an ore farnde habe wisen, unde ist dar an gewiset, alse recht is.

586. Peter Garûn ist gekommen vor gehegit ding unde hat Mathias Moderaken umme dry nuwe grosschen vnde waz dar schade uff gegen ist, syne were laßen fronen, als recht is.

587. Urban Hertil ist gekommen vor gehegit ding vnde hat uffgeboten dy fronunge an der Bawelingynne huß, dry ding. Do wart gefunden vnde geteilt, man solde dy frawe dar uß wisen vnde den gnanten Urbane dar yn.[268]

588. Hans Zceley ist sulches gelobedis, als her kegen Nickele Simon getan hatte, do her pherde vnde wayn uß der besaß borgete uon Hans Lorencz wegen uon Schûdicz, ledig vnde loß geteilt.

589. Hans Kollenboye ist gekommen vor gehegit ding vnde hat der Bawelingynne umme eyn alt schog grosschen ore were laßen fronen, alse recht is. ‖

590. [2318] Sander Bracstede ist gekommen vor gehegit ding vnde hat metegebracht des ratis zcu Osschacz offenen uorsegilten brieff, dar inne dy burgermeister, richter vnde ratmanne erkant haben, wie das Hans Becker vnde dy hynderlendisschen gespan, die eyn phert, hir in gerichte undir ome angefangit hattin, dar ummb sie mit der werschaft an Albert Langenawen, burger do solbist zcu Osschatz gewiset waren, yn sone von deme selbeten rate gutlichin entscheiden sint vnde umme dy zcerunge sint, sy by deme vorgenantin rate zcu entscheyden mechteclichen geblebin, von deß wegen wart Sander Bracstede der borgeschaft ledig vnde loß geteylt.

591. Claus Rennaw ist gekommen uor gehegit ding unde hat uffgebotin eyn huß, daz ome Drewes Bomgarte zcu eyneme willigen phande yngesaczt hat, dy selbete sache hat her Nicolaus Brandenberge, zcu fulforderne, czu vormunden gekorn, alse recht ist, biß uff daz recht zcu gebene vnde zcu nemene.

592. Urban Hertel ist gekommen uor gehegit ding vnde hat dy Claus Salpusschynne umme dry schog unde sechßunde drißig grosschen vnde was dar schade uffgegen ist, in den medeban genommen, als recht is.

593. [2319] Kerstan Brûnstorff ist gekommen vor gehegit ding unde hat metegebracht des ratis zcu Halle offenen uorsegilten brieff, dar mete her bewiset hat, daz om Hans Brunstorff, eyn eygen, nemelichen huß vnde hoff in der grossen Claustraßin, by deme bornen an der ecke gelegen, unde darczu allis, das her hatte addir ummer mehir gewunne czu der czyt, alse nicht gerichte was, vor deme selben rathe gegebin hatte. Dar uff wart gefunden unde geteilt, nachdemmal daz es sin irarbeyte gut gewest were, so hette dy gabe craft vnde macht vnde sulde on der gewaldigen, vnde ist der gewaldigit, alse recht is.

594. Peter Royle (!) ist gekommen vor gehegit ding vnde hat dy Claus Salpusschynne umme

---

[268] Vgl. Nr. 470.

1451–1453

sechs alde schog unde eylff alde grosschen vnde waz dar schade uff gegangen ist, yn den medeban genommen, alse recht ist.[269]

595. Hans Cleynsmed ist gekommen vor gehegit ding vnde hat geclait, von vormundeschaft wegen Hampel Furmans zcu eynem pherde, das her anefangen vnde mit gerichte bekum‖mert hatte, dry ding. Czum uirden dinge wart gefunden vnde geteilt, her hette syne gerechtikeit czu deme pherde irstehin, man sulde on dar an wiesin, vnde ist dar an gewieset, alse recht ist.

fol. 173r

596. Donat Lammaczsch ist gekommen vor gehegit ding unde hat uffgebotin dy fronunge an Petir Schepkenberckers huß, dry ding. Do wart gefunden vnde geteilt, her mochte daz vorsetczin vor sin gelt, ab her konde. Konde her des nicht vorsetczin, so mochte her daz vorkouffen vnde daz obirley reichen deme, der dar recht zcu hette.[270]

597. Drewes Czwenczig ist gekommen vor gehegit ding vnde hat Ffriczsche Czschune syne were umme funfczehen alde schog grosschen lassen fronen, alse recht ist.

598. Sander Bußen ist gekommen vor gehegit ding vnde hat uffgebotin dy fronunge an Matthias Heyndenrichs huß dry ding. Do wart gefunden vnde geteilt, her mechte daz vorsetczin vor sin gelt, ab her konde. Konde her des nicht vorsetczin, so mochte her daz vorkouffen vnde das obirley reichen deme, der dar recht czu hette.[271]

599. [2320] Hans Yman ist gekommen vor gehegit ding vnde ist von Caspar Moritcze vnde Annen, syner elichen husfrowen, vmme zcwe halbe thunnen puttern, von des wegn, daz her bruder Rudolfus Ostirwaldis brieff mete in gerichte gebracht hat, lidig vnde loß geteilt.

600. Kone Curdis ist gekommen vor gehegit ding vnde hat geclait zcu czwelff nůwen grosschen, dy Jurgen, Claus Heydenrichs knechtis, sin sollen, dy sy under deme selbin Heydenriche besaczt hat, unde waz dar schade uff gheet, dry ding. Czum uirden dinghe wart gefunden vnde geteilt, sy hette ore gerichtikeit irstehen, man sulde sy dar an wiesen, vnde ist dar an gewieset, alse recht ist.

601. Margareta Blanckenhayns ist gekommen vor gehegit ding vnde hat uffgebotin eyn willich phandt, daz or gesaczt ist uor czehn alde schog gr., nemelich eynen rock, eynen ringk unde andere gerete mehir, dry ding. Da wart gefunden vnde geteilt, sy mochte daz uorsetczin vor or gelt, ab sy konde. Konde sy des nicht uorsetczin, so mochte sy daz vorkouffen vnde daß obirley reichen deme, der dar recht zcu hette. ‖

602. Keristine, Hans Vosses seligen wetewe, ist gekommen vor gehegit ding. Do wart gefunden vnde geteilt, daz man Hans Hasen vmme uir alde schog ane sechs alde gr. unde was dar schade uff gheet syne were fronen sal, unde ist ome gefront, als recht ist.

fol. 173v

603. [2321] Valentin Kerstens ist gekommen vor gehegit ding unde hat gegebin Claußse Steyne

---

[269] Vgl. Nr. 572.
[270] Vgl. Nr. 516, 529.
[271] Vgl. Nr. 273; vgl. auch Buch VI 36.

72 Die Hallischen Schöffenbücher. V. Buch.

syne gerechtikeit, dy her hat an der schernbanck by deme nuwe thorme unde an uier kammern dar by mit alleme rechten, als dy sin was.

604. **[2322]** Lucas Wedemar ist gekommen vor gehegit ding vnde hat gegebin von vormundeschaft wegen Sophien, Hanß Ketczes seligen tochtir, Jacoff Phortener huß unde hoff in der Rodewelschinstraßen gelegen, daz der selben Sophien vaters gewest ist, vnde alle gerechtikeit dar inne mit alleme rechtin, als deme kinde daz von syneme vatere anirstorben ist, daz sy an farnder habe addir wur ane daz gewest sie.[272]

605. Claus Runge ist gekommen vor gehegit ding unde hat Ffriczsche Czschune umme sechs schog grosschen ane eyn ort unde waz dar schade uff gheet syne were lassen fronen, alse recht ist.[273]

606. Dy Tile Konigynne ist gekommen vor gehegit ding unde hat uffgebotin eyn willich phant, nemelichen eynen rock, der or gesaczt ist, uor andirhalb schog ane zcwen grosschen unde waz dar schade uffgheet, dry ding unde or wart gefunden unde geteilt, sy machte daz vorsetczin uor or gelt, ab sy konde. Konde sy des nicht vorseczin, so mochte sy daz vorkouffen vnde daz oberley reichen deme, der dar recht ⟨zcu hat⟩[274].

607. Uester Oßwaldis ist gekommen vor gehegit ding vnde hat geclait zcu Lange Herman von der Numburg umme funff alde schog unde waz dar schade uff gheet, dar her ome wulle in der wage uorbesaczt hat, dry ding. Czum virde dinge wart gefunden unde geteilt, man sulde on dar an wisen, vnde ist dar gewiset, alz recht ist.

608. Peter Strune unde Affra, syne eliche husfrowe, sint gekomen uor gehegit ding unde habin sich begiftiget unde begabit undir eynandir mit alle den gutern, dy sy habin addir ummer mer gewynnen, daz sy an eygen, an erbe, an farnder habe addir wur ane daz sy. Welch or ehir abeghet von thodis wegen, so sal daz andere dy gutere ‖ behalden, zcu thune unde zcu lassene. Were abir daz sy kindere gewunnen mit eynandir, so sulden dy frowe dy helfte der gutere behalden vnde dy kindere dy andere helffte na sym tode.

609. Hanß Koch ist gekommen vor gehegit ding unde ome ist gefunden vnde geteilt, man sal Nickel Kluken uß syme hofe wiesen vnde on dar yn von des wegen, daz her den irsten unde irclait hat, unde ist dar an gewieset, als recht ist.[275]

610. Nickel Pegawe, Mattis Zceley, Hans Runge unde Nicolaus Slichthar sint gekommen vor gehegit ding unde on wart gefunden unde geteilt, man sulde Nickel Klucken vß syme hofe[276]

---

[272] Vgl. Nr. 659.
[273] Vgl. Nr. 643.
[274] [*zuc hat*] am Ende der nächsten Zeile.
[275] Vgl. Nr. 610.
[276] Danach [*wiesen*] gestrichen.

fol. 174r

1451–1453   73

unde sy an dy besserunge nach Hans Koche wisen von des wegen, daz sie den ouch irstehin vnde irclait haben, vnde sint dar an gewiset, alse recht ist.[277]

611. Claus Scheffer ist gekommen vor gehegit ding unde om wart gefunden unde geteilt, man sulde on umme uir nuwe grosschen unde waz dar schade uff (!) an Mertin Walters farnde habe wisen, unde ist dar an gewieset, als recht ist.

612. Heynricus Blanckenberg ist gekommen vor gehegit ding vnde hat geclait zcu eynem mantel, den her besaczt hat undir Heynrich Schuler, nemelichen dy besserunge umme eynen gulden vnde driczehn nuwe grosschen vnde was dar schade uff gheet, dry ding. Czum uirden dinge wart gefunden unde geteilt, man sulde on an dy besserunge nach deme selben Heynrich Schuler wisen, unde ist dar an gewiset, alse recht ist.[278]

613. Bastian Schildaw vnde Alheit, syne eliche husfrawe, sint gekommen vor gehegit ding vnde habin sich begiftiget vnde begabit vndir eynandir mit alle den gutern, dy sie habin adder ummer mehir gewynnen, daz sie an eygene, an erbe, an farnder habe addir wur ane daz sy. Welch or ehir abegheet von todis wegen, so sal daz andere dy gutere behalden, zcu thune vnde zcu lassene.

614. Nickel Frauwenstein ist gekommen vor gehegit ding vnde hat gegebin Brigiden, syner elichin husfrowen, funfficzig alde schog grosschen an alle synen besten gutern, daz sy an eygene, an erbe, an farnder habe addir wur an daz sy, anch syme tode dar mete zcu thune vnde zcu laßene.

615. [2323] Ciriacus Schónenberg ist gekommen vor gehegit ding unde hat gegebin Ilsen, syner elichin husfrowen, eyn huß an der ecken uff die rechte hant, als man uff den Schuhoff gheet, gelegen, nach syme tode zcu eyner rechten lipczucht. ‖

616. Nickel Klingener ist gekomen vor gehegit ding unde hat gegebin Brigiden, syner elichen fusfrowen, funfczig alde schog grosschen an alle synen besten gutern, daz sy an eygen, an erbe, an farnder habe addir wur ane daz sie, nach syme tode dar mete zcu thune vnde zcu lassene.

fol. 174v

617. [2324] Anthonius Goltsmed, Augustin Treißen, Hans Smed unde Curt Riczsch sint gekommen vor gehegit ding vnde habin geclait zcu Curde unde Clauße Albrechte, gebrudern, vnde zcu oreme gelde, daz sie besaczt habin undir Heißin Hederslebin, unde Hanße Treiße dar umme, daz sy dy vorgnantin gebruder vor den fryhen stul zcu deme frihen hayme geladen habin, dar sie denne uor deme selbin frygreuen fellig geteilet worden sin unde on koste vnde zcerunge abegewunnen habin, als daz des selbin frygreuen brife dar obir gegebin ußwisen vnde inhalden, nemelichen vndir Heißen Hedirslebin hundert schog unde wider Hanße Treißin ouch hundert schog dry ding. Czum uirden dinge wart gefunden vnde geteilt, sy hetten ore gerechtikeit zcustehen, man sulde sy an dy gutere wisen, vnde sint dar an gewiset, alse recht ist.[279]

618. Hans Smed ist gekommen vor gehegit ding unde hat uffgebotin synen hoff hinder deme

---

[277] Vgl. Nr. 609.
[278] Vgl. Nr. 485.
[279] Vgl. Nr. 1157.

74 Die Hallischen Schöffenbücher. V. Buch.

rathuse gelegen, ab ymant dar ⟨zcu⟩[280] clagen welde, her welde den vorantwertin. Do nymant qwam vnde dar zcu clage, wart gefunden vnde geteilt, her hette eyne rechte were dar ane, sintdemal daz her den dry ding uffgebotin hette.[281]

619. Steffan Mittag ist gekomen vor gehegit ding vnde hat Clauße Boten umme acht alde schog grosschen in den medeban genommen, als recht ist.

620. [2325] Margareta, Heynrich, Ciriacus, Clara vnde Gerdrut, Henczen Kleynepeters seligin kinder, sint gekommen vor gehegit ding vnde habin gegebin mit willen Hennels von Lymporg, ores vormunden, der an uor gerichte dar czu gegebin wart, unde ouch Sophia, der genantin kindere muter, hat gegebin ore gerechtikeit, dy sy dar ane gehabt hat, mit willen Cuncze von Fredeberg, ores elichin vormunden, Hanse von Quernfforde daz huß gelegen in der Smerstraßen zcu deme wießen lawen genat unde alle farnde ‖ habe mit alleme rechtin, als daz dy kindere von oreme elichin vatere anirstorbin vnde der gnantin Sophien von oreme elichin manne dar ane gegebin was.[282]

621. Hans von Quernfforde ist gekommen vor gehegit ding vnde hat gegebin Cunczen von Fredeberg daz selbe huß in der Smerstraßen gelegin zcu deme wießen lawen genant vnde alle farnde habe mit alleme rechte, als ome daz gegebin was.[283]

622. Cuncze von Ffredeberg ist gekommen vor gehegitt ding unde hat gegebin Sophien, syner elichen husfrawen, sechczig alde schog grosschin an syner bestin gutern, daz sy an eigen, an erbe, an farnder habe addir wur ane daz sy, nach syme tode dar mete zcu thune vnde zcu laßene.

623. Cuncze von Fredeberg ist gekommen vor gehegit ding vnde hat gegebin Margaretin, Heynriche, Ciriacus, Clara unde Gerdruden, Henczen Kleynenpeters seligin kindern, zcu eyner weddirstatunge ores vetirlichin erbis, jczlichem kinde ffunffvndeczwenczig alde schog grosschen an synen bestin gutern, daz sy an eygene, an erbe, an farnder habe addir wur ane sy, dy her hat addir ummer meher gewynnet, dar mete zcu thune vnde zcu lassene.[284]

624. Hans Smed ist gekommen uor gehegit ding vnde hat Matthias Moderaken unde syner swestir umme zcweyvndeczwenczig nuwe grosschen unde schaden, der dar uff gheet, ore were laßin fronen, als recht (!).

625. Heynrich Hennel ist gekommen vor gehegit ding unde ist von Symon Anedarme, syner tochtermanne, gekommen, mit rechte, vmme daz bendechen, daz ome ⟨in⟩[285] der eestiftunge sulde zcu gesprochen sin, dar umme, daz Heynrichs geczugen bekanten, daz er es behalden sule unde ist von om ledig vnde loß geteilt.

---

[280] Über der Zeile.
[281] Vgl. Hertel, Theil II, V [1047], [1130]; Nr. 542, 581, 1173.
[282] Vgl. Nr. 621, 622, 623; vgl. auch Buch VI 24, 25.
[283] Vgl. Nr. 620, 621, 623.
[284] Vgl. Nr. 620, 621, 622.
[285] Über der Zeile.

626. Andreas Slanlach unde Katherina, syne eliche husfrowe, sint gekommen vor gehegit ding unde habin sich begiftigit vnde begabit undir eynandir mit alle den gutern, dy sy habin addir immer mehir gewynnen, daz sy an eigen, an erbe, an farnder habe addir wur ane daz sy, ab sy nicht kindere gewynnen. Were abir daz sy kinder mit eynander gewonnen, so sulde dy frowe kinderteil dar ane habin. Gewynnen sie abir keyne kinder mit eynandir, welch or deme ehir abeginge von todis wen (!), so salde daz andere dy gutere behalden, zcu thune unde zcu lassen. ‖

Anno etc. liii post pasca.

fol. 175v

627. [2326] Hanß Mericzsch ist gekomen vor gehegit ding vnde hatt gegebin Blasius Storren eyn alt schog grosschin alle jar zcu gebene, uff sente Pawels tag syner bekerunge jarlichs zcinßs an syme huse gelegin in der Prufenstraße, dar her ome zcehin alde schog uff eyne widderkouff vorgegebin hat. Wenne ome dy Mericzsch weddir gibbit, so sal sin huß weddir ledig unde fry sin.

25. Jan.

628. Vlrich Peczschalt ist gekommen vor gehegit ding vnde ome ist gefunden vnde geteil, nachdemmale Curt Bruwere umme dry alde schog unde dry nuwe grosschin alle gebot geschen sin, so sal man on wiesen an sime farnde habe, unde ist dar an gewiset, als recht ist.

629. [2327] Anne, Mathias Glynen eliche husfrowe, ist gekommen vor gehegit ding vnde hat ingesaczt mit fulbort des selbin ores elichen vormunden Nickel Kornere or huß vor Schulers hofe gelegen, vor driessig alde schog grosschen zcu eyneme willigen phande unde wenne sie ome sulchen gelt weddir gibbit, so sal or daz huß weder fry vnde ledig folgen.

630. Curt Hake ist von Thomas Wilken umme sulche schult von des gelobedis wegen, das her ome von ern Frederichs wegen uon Wiczleibin sulde getan habin, ledig vnde loß geteilt.

631. Deynhart Drakenstede ist gekommen vor gehegit ding vnde hat gegebin Annen, syner elichen husfrawen, drittehalb hundert alde schog grosschen an synen besten gutern, daz sie an eygene, an erbe, an farnder habe wur ane daz sy, nach syme thode dar mete zcu thune vnde zcu lassene. Wurde abir sin ding so gut, daz her or sechs phannen im Dutzschen bornen zcu eyner lipczucht lihen liesse, so sal die gabe denne machteloß syn.

632. Lucia, Hans Meynhard eliche husfrowe, ist gekommen vor gehegit ding vnde hat gegebin mit fulbort des selben gnanten ores elichen vormunden Peter Brande sechs alde schog grosschen jerlichs zcinßes alle jar uff vermachten zcu rechene, an oreme huse gelegen an sente Niclaus kirchen, dy sy ome dar ane uorkauft hat vor sechczig alde schog grosschin uff eynen weddirkauff, also daz sy addir wer daz gnante huß nach orem tode inne hat, mag sulchen zcins uor sechczig

76   Die Hallischen Schöffenbücher. V. Buch.

schog alder grosschen weddir abekauffen vnde wenne daz geschyt, so sal daz gnnante huß weddir
fry vnde ledig syn.[286] ‖

fol. 176r   633. [2328] Segemunt Schriber ist gekommen vor gehegit ding vnde hat gegebin Hanse Tŭncz-
scheberge eyne schern in den Fleisschern gelegen mit alleme rechten, als dy sin waz.[287]

634. [2329] Hans Zcolner ist gekommen vor gehegit ding vnde hat gegebin Hanse Tŭncz-
scheberge eyne schern, dy zcu der solbin schern gebuwet ist, mit alleme rechten, alse dy syn
waz.[288]

635. Margareta, Hans Kochs eliche husfrowe, ist gekommen vor gehegit ding vnde hat gegebin
weddir gebin (!) Hanse, deme salbin oreme elichin werte, uirczig alde schogk grosschin mit alleme
rechten, als her or dy gegeben hatte.[289]

636. Hans Koch ist gekommen vor gehegit ding vnde hat gegebin Margareten, syner elichin
husfrowen, hundirt rinsche gulden an alle synen besten gutern, daz sie an eygene, an erbe, an
farnder habe addir wur ane daz sy, nach syme tode dar mete zcu thune vnde zcu lassene.[290]

637. [2330] Symon Durckorn ist gekommen vor gehegit ding vnde hat gegebin Gutten, syner
elichen husfrowen, sin huß halb uff deme Berlyne gelegen zcu eyner rechten lipczucht.

638. Ffriczsche Schaff ist gekommen vor gehegit ding unde hat gegebin Margareten, syner eli-
chin husfrowen, syn huß halb uff deme Berlyne gelegen zcu eyner rechten lipczucht mit sulcheme
vndirscheyde, weres daz sy fryhete nach syme tode, so sulde dy gabe machteloß sin.

639. Clemen Heyde unde Anne, syne eliche husfrowe, sint gekommen vor gehegit ding vnde
habin sich begiftiget unde begabit undir eynandir mit alle den gutern, dy sy habin addir vmmer
mehir gewynnen, daz sy an eygene, an erbe, an farnder habe addir wur ane daz sy. Welch or ehir
abegheet von todis wegen, so sal daz andere dy gutere behalden, zcu thune vnde zcu lassene.

640. Claus Picht ist gekommen vor gehegit ding vnde hat gegeben Ilsen, syner elichin hus-
frowen, uirczig alde schog gr. an alle syner besten gutern, dy sie habin addir ummer mehir
gewynnen, daz sie an eygene, an erbe, an farnder habe addir wur ane daz sy, nach syme tode da
mete zcu thune vnde zcu laßen.

641. [2331] Dy eptisschynne von sente Gurgen unde or cappittel gemeyn habin gesant oren
offenen vorsegilten brieff in gehegit ding, dar inne juncfrowe Margreta Beckers mit willen vnde
fulbort der gnantin eptisschynne unde ores capittels Vester Wibolde gegebin hat, alle ore ge-
fol. 176v   rechtikeit, dy ‖ sie an syneme eigene gelegen in der Prufenstraßen gehabt hat unde or gegebin
waz.

---

[286] Vgl. Nr. 1010.
[287] Vgl. Nr. 634.
[288] Vgl. Nr. 633.
[289] Vgl. Nr. 636.
[290] Vgl. Nr. 635.

1453–1454

642. Symon Kale vnde Margareta, syne eliche husfrowe, sint gekomen vor gehegit ding vnde habin sich begiftigit vnde begabet undir eynander mit alle den gutern, dy sy habin addir vmmer mehir gewynnen, daz sie an eigene, an erbe, an farnder habe addir wur ane daz sy. Welch or ehir abegheet von thodiß wegen, so sal daz andere dy gutere behalden, zcu thune vnde zcu lassene. Were abir daz sy kindere mit eynander gewunnen, so sulde dy frowe kinderteil dar ane habin.

643. Claus Runge ist gekommen vor gehegit ding unde hadt Ffriczsche Czhune umme sechs schog grosschen ane eynen ort vnde waz dar schade uff gheet in den medeban genommen, alse recht ist.[291]

644. Ciliacus Farre ist gekomen vor gehegit ding vnde hat gegebin Gerdruden, syner elichen husfrowen, sechczig alde schok grosschen an alle syner bestin gutern, dy sy habin addir vmmer mehir gewynnen, daz sy an eygen, an erbe, an farnder habe addir wur ane daz sy, nach syme tode dor methe zcu thune vnde zcu lassene.

645. Heynrich Picht ist gekommen vor gehegit ding unde hat Hanse Plane umme acht schog gr. ane funf alde grosschin syne were laßen fronen, alse recht ist.

646. **[2332]** Pawel Hedirslebe hat gesant synen offenen vorsegelten brieff in gehegit ding, dar inne her gegebin ⟨hat⟩[292] Steffan Blotcze eyn schog vnde achtehalbin alden grosschen[293] jerlichir czinse, dy her uff synem huse gelegen hinder den Barfußen gehabt hat, mit alleme rechtin, alse dy sin waren.[294]

647. Steffen Blotcz ist gekommen vor gehegit ding unde hat gegebin Gutten, syner elichen husfrowen, daz selbe huß hinder den Barfußen gelegen zcu eyner rechtin lipczucht.[295]

648. **[2333]** Kerstine, Rule Maschwicz seligen wetewe, ist gekommen vor gehegit ding vnde hat gegebin Mathewes Gawen or erbe uff deme Kornmarckte gelegen zcum swarczen Beren genant, mit alleme rechtin, als daz ore waz.

649. Baltizar Brengeczn vnde Katherina, syne eliche husfrowe, sint gekommen vor gehegit ding vnde haben sich begiftiget unde begabit undir eynandir mit allen den gutern, dy sie habin addir ummer mehir gewynnen, daz sie an eygene, an erbe, an farnder habe addir wur ane daz sy. Welch ‖ or ehir abegheet uon todis wegen, so sal daz andere dy gutere behalden, zcu thune unde zcu lassene. Were abir daz sy kindere mit eynander gewunnen, so sulde dy frowe kinderteil daran haben.

650. **[2334]** Hans Oseltregir ist gekommen vor gehegit ding unde hat gegebin Nickel Witchen

fol. 177r

---

[291] Vgl. Nr. 605.
[292] Über der Zeile.
[293] Danach [dy] gestrichen.
[294] Vgl. Nr. 647.
[295] Vgl. Nr. 646.

sin erbe uff deme hogen ⟨kramen⟩[296] yn deme winckele gelegen, mit alleme rechten, alse daz sin waz.

651. Hencze Koch ist gekommen vor gehegit ding unde hat uffgebotin eynen mantel, der ome gesaczt ist, zcu eynem willigen pfande vor sechs nuwe gr., dry ding. Do wart gefunden vnde geteilt, her mochte daz uorsetczin vor sin gelt, ab her konde. Konde her des nicht vorsetczin, so mochte her uorkouffen unde daz obirley reichen deme, der dor recht zcu hette.

652. [2335] Agatha, Thomas von Metern tochter, hat gesant ore offenen vorsegiltin briff in gehegit ding, dar inne sy gegeben hat Jacoff Westefalen sulche zcinße, die or uater seliger Thomas von Metern uff dissin nachgeschreben husern gehabt hat, mit namen uff deme huß in der Smerstraße, dar derselbe Jacoff Westefal uorczieten inne womete czwelff smale gr. uff deme Schuhofe, uff dem Fleßynne huß eylff alde grosschen, Nickel Steynmetczen huse czehen alde grosschin, mit alleme rechtin, alse dy ore gewest sint.

653. Bartolomeus Wele ist gekommen uor gehegit ding unde hat uff Thomas Staciuße irstehin acht nuwe grosschen vor eyner amen birs, dar her ome recht uorgelobit hat.

654. Mertin Bertramme ist gekommen unde geteil, man sal on an der Mewes Dragenynne farnde habe wiesen umme eyn schog unde sechs alde grosschin unde ist dar an gewiset, als recht ist.

655. Peter Steyger ist von Hencze Koche von czweyer pherde unde der swyne wegen, dar umme her zcu ome clagete, dar Steyger neyn czu sprach von des wegen, daz on Hencze des eydis loß ließ, ledig unde loß geteilt.

656. Hans Triczschyn ist gekommen uor gehegit ding unde hat Hanse Welker umme soben-czehen schog unde sechs alde grosschen syne were lassen fronen, alse recht ist.

657. Hans Pheffer ist gekommen uor gehegit ding unde ome ist gefunden unde geteilt, man sal on an Hans Petczichen farnde hab umme funf nuwe grosschen wiesin, unde ist dar an gewiset, alse recht ist. ‖

fol. 177v

658. Hans Arnsteyn von Kalbe ist gekommen vor gehegit ding vnde hat gekorn Nicolaus Brandenberge zcu uormunden zcu fordirne sobin alde schog uff Herman Herwige, dy her ome schuldig ist, biß uff zcu daz recht zcu gebene vnde zcu nemene.

659. [2336] Jacob Phortener ist gekommen vor gehegit ding vnde hat uffgebothen sin eygen in der Radewelschenstraßen gelegen, daz ome Lucas Wedemar von vormundeschaft Hans Ketczis kindes wegen gegebin hat, dry ding. Do nymant qwam unde dar yn sprach. Do wart gefunden vnde geteilt, her hette eyne rechte were dar ane.[297]

660. Kerstine, Hans Krusen eliche wertynne, ist gekommen uor gehegit ding vnde or wart

---

[296] [kramen] am Rand links.
[297] Vgl. Nr. 604.

gefunden vnde geteilt, man sulde sie on umme uier alde schog unde dry alde grosschen an der Marcus Bungynne farnde habe wiesen, sint or alle rechte gebot geschen sint, vnde ist dar an gewieset, alse recht ist.

661. Steffan Myttag ist gekommen vor gehegit ding unde ome wart gefunden vnde geteilt, man sulde on umme sobin alde schog vnde czweyvndeuirczig alde grosschen an ⟨Moderaken⟩[298] farnde habe wiesin, sint ome alle geboth geschen sint, unde ist dar an gewieset, alse recht ist.

662. Valentin Policz, Margareta, syne eliche husfrowe, sint gekommen vor gehegit ding vnde habin sich begiftigit vnde begabit undir eynandir mit alle den gutern, dy sy habin adder ummer mehir gewynnen, daz sy an eigene, an erbe, an farnder habe addir wur ane daz sy. Welch or ehir abegheet von todis wegen, so sal daz andere dy gutere behalden, zcu thune vnde zcu lassene. Were abir daz sie kindere mit eynandir ließin, sol (!) sal dy frowe nach des mannes tode kinderteil dar ane habin.

663. Hans von Quernfforde ist gekommen vor gehegit ding unde om wart gefunden vnde geteilt, man sulde umme anderhalb schog grosschen Marcus Bungen syne were fronen, unde ist ome gefront, alse recht ist.

664. Claus Krym ist gekommen vor gehegit ding unde hat gegebin Kerstinen, syner elichen husfrowen, uirczig alde schog grosschen an synen besten gutern, dy[299] sy haben addir ummer mehir gewynnen, daz sy an eigene, an erbe, an farnder habe addir wur ane daz sy, nach syme tode dar methe zcu thune vnde zcu lassene.

665. Nickel Snecke ist gekommen uor gehegit ding vnde hat wedir gegebin Hanse Zcolner sulche gerechtikeit, nemelichen sunfczig guldin, dy ome Peter Zcolner, sin uatir seliger, ‖ an syme huse in der Prufenstraßen gelegen gegebin hatte, mit alleme rechten, alse die ome gegebin sint.

666. [2337] Herman Stoppel ist gekommen vor gehegit ding vnde hat geclait zcu Herman Waltpache umme eyn vnde funfczig schogk vnde dryvndczwenczig alde grosschen gerechentis geldis uon syme gute im Thale unde sobin alde schog uon eyne grunen leidisschen tuche, dy her ane daruon sulde schuldig sin, unde dry alde schog unde czwenczig alde grosschen vor wießen harriß unde eynvudeczwenczig alde schog uon schůnen zcinße uon sobin jaren, dar her denne neyn zcu sprach unde bot sin recht daruor zcu thune, des her on deme loß ließ. Do wart gefunden vnde geteilt, daz hette so gute craft unde macht, alz ab her daz recht getan hette unde were der schult uon om enprochen.

667. Valentin Schreier ist gekommen vor gehegit ding vnde hat gegebin Margaretin, syner elichen husfrowen zcu deme, daz or uorgegeben ist, driessig alde schog grosschen an synen besten

---

[298] [syne] gestrichen und durch [moderaken] ersetzt.
[299] [dy] gestrichen und durch [daz sy an eygen] ersetzt.

80   Die Hallischen Schöffenbücher. V. Buch.

gutern, dy sy habin addir ummer mehir gewynnen, daz sy an eygene, an erbe, an farnde habe
addir wur ane daz sy, nach syme tode dar methe zcu thune unde zcu lassene.

668. Hans Popelicz ist gekommen vor gehegit ding vnde hat Jan Gudenberge umme drittehalb
alt schog grosschen syne were lassen fronen, alse recht ist.

669. **[2338]** Doctor Uolkmarus Koyan, Didericus Kuchenswein, Jacob Kuncze unde Briccius
Hose sint gekommen vor gehegit ding unde habin geclagit zcu Mattis Bolczen seligen nachge-
lassen huse unde hofe unde zcu allen gutern, dy her in gotis ere gewant unde bescheiden hat,
nach lute eynes instrumentis, daz sy dar obir habin unde zcu alle synen erbin, dy sich des gutis
undirwunden habin, nemelichen zcu der Luderynne, syner swester, mit wyssintlichen luten, dy
in daz letczte testament gefulbort hat, dar sy neyn zcu sprach. Dar uff wart gefunden, daz die
frowe, dy kŏre hette, dy geczuge zcu lidene addir des myt geczugen zcu entgende, als wilkorte die
frowe dy geczuge zcu lidene, also wart gefunden, konden dy testamentarij solbdritte fulkommen,
daz dy frowe yn daz leczte testament gefulbort hette, so muste sie es halden. Der fulkomunge
habin sich dy testamentarij irbotin unde doctor Koyan hat liplichen uff dy heiligen ewangelia
gesworn, daz dy frowe in daz leczte testament hat gefulbort, dy andern dry uorbenantin unde
ore geczŭgen hat dy frowe genant dy Lŭderynne ‖ umme gotis willen der eyde uorschin. Dar
uff ist gefunden unde geteilt, es hette als gute craft, als sie dy eyde getan hetten, sintdemmal
daz sy sie mit guten willen uorsehen hette. Ffordir wart gefunden unde geteilt, sintdemmal daz
dy Lŭderynne dy testamentarien zcu notrechte gedrungen hat unde dy selbeten testamentarij
ores geczuges kegen or fulkommen sint, so muß es dy Lŭderynne halden, nachdeme, alse es
instrument inheldet vnde ist ŏr auch gebotin ydagis, also zcu haldene.[300]

670. Lorencz Prellewicz ist gekommen uor gehegit ding vnde hadt Nicolaus Gŭtirbocke umme
vier alde schog grosschen syne were lassen fronen, alse recht ist.[301]

671. Gurge Mode ist gekommen vor gehegit ding vnde ome wart gefunden vnde geteilt, man
sulde Peter Wachawen umme eylff nuwe grosschen syne were fronen laßen, vnde ist gefrŏnt, alse
recht ist.

672. Kersten Wulle vnde Gese syne eliche husfrowe sint gekommen uor gehegit ding vnde
haben sich begiftigit unde begabit undir eynandir mit alle den gutern, dy sy haben addir ummer
mehir gewynnen, daz sy an eigene, an erbe, an farnder habe addir wur ane daz sy. Welch ŏr ehir
abeghet uon todis wegen, so sal daz andere dy gutere behalden, zcu thune unde zcu lassene. Were
abir daz sie kindere ließen, so sal dy frowe nach des syme tode kindirteil an den gutern habin.

673. Peter Beddirman vnde Liste, syne eliche husfrowe, sint gekommen uor gehegit ding vnde
haben sich begiftigit unde begabit undir eynandir mit alle den gutern, dy sy haben addir ummer

fol. 178v

---

[300] Vgl. Nr. 679, 742, 811.
[301] Vgl. Nr. 714.

mehir gewynnen, daz sy an eigene, an erbe, an farnder habe addir wur ane daz sy. Welch ŏr ehir abegheet uon todis wegen, so sal daß andere dy gutere behalden, zcu thune vnde zcu lassene. Were abir daz sy kindere ließen, so salde dy frowe nach syme tode kinderteil dar ane habin.

674. Pawel uon Sayda ist gekommen uor gehegit ding unde hat geclait zcu Hanse Koninge umme eylff alde schog grosschen, dry ding. Czum uirden dinge wart gefunden unde geteilt, man sal ŏme syne were fronen, vnde ist gefrŏnt, alse recht ist.

675. Hans Sweyme hat Nicolaus Gutirbocke umme eyn alt schog grosschin syne were lassen frŏnen, alse recht ist.

676. [2339] Jacob Kuncze vnde Ffriczsche Grefendorff sint gekommen vor gehegit ding vnde habin geclait zcu Claus Schultesen wonhaftig czu Kalbe unde zcu uirczig rinschen gulden, dy sie undir Angustin Treißen besaczt habin, dar umme, daz sie der || uorgenante Claus Schultete vor   fol. 179r
den fryhenstul czu Dortmunde geladen hat, daruor sy habin mußen senden ore fulmechtigen procurator, der on dar irworben hat, daz dy sache mit beyder parte willen uff den erßam rath zcu Halle nach schriftlichen schulden vnde antwertin zcu entscheidene, nach lute des conpromißes dar obir gegeben gewieset vnde gestalt sy. Des hat der rath zcu Halle schriftlichen gescheyden, nach lute eynes sproches, den dy doctores zcu Lipczk dar uff getan habin, dar sy sich denne von beyden parten ehir der sproch uffgebrochen wart zcu halden uorwillit, habin deme Claus Schultiße wedirsetzcig worden ist unde sie fordir uor den forigen fryhen stule vorclagit hat vnde dar selbist der sachen auch nedirfellag geteilit sy unde der selbist gerichtis kost unde zcerunge uff on gewinnnen habin, nach lute des frihen gerichtis briue gewerdt unde gerechent uff funf-vndefunfczig rinsche gulden unde daz her an dy gerichtis kost vnde zcerunge nicht kern noch gebin wil, des sy uort schaden haben czwenczig rinsche gulden, dry ding. Czu deme uirden dinge wart gefunden unde geteilt, sy habin ore gerechtikeit czu ome irstehen vnde sal sy an dy virczig rinsche gulden wiesen, vnde sint dar an gewiset, alse recht ist.[302]

677. Mewes Dragen vnde Anne, syne eliche husfrowe, sint gekommen vor gehegit ding vnde habin sich begiftigit vnde begabit vndir eynandir mit alle deme, daz sy habin addir ummer mehir gewynnen, daz sy an eigene, an erbe, an farnder habe addir wur ane daz sy. Welch or ehir abegheet von todis wegen, so sal daz andere dy gutere behalden, zcu thune vnde zcu laßene. Were abir daz sie kindere beßen, so sal dy frowe kinderteil dar ane habin.

678. Matheus Strŭbing ist gekommen vor gehegit ding vnde hat gekorn Nicolaus Brandenberge zcu uormunden, mit rechten orteiln syne sache kegen Meynharde Golthanen unde syme swestir U. zcu fordirne, biß uff das recht zcu gebene vnde zcu nemene.[303]

679. Doctor Volkmarus Koyan, Ditterich Kuchenswin, Bricius Hose vnde Jacob Kuncze[304],

---

[302] Vgl. Nr. 167 [**2239**], 703, 735.
[303] Vgl. Nr. 746.
[304] Danach [*sint gekom*] gestrichen

82 Die Hallischen Schöffenbücher. V. Buch.

fol. 179v

Mattiaß Bolczen testamentarij sint gekomen uor gehegit ding vnde haben gefragit nach rechte, so als der Luderynne ydagis gebeten were des testamentis abezcutretene vnde daß ‖ czu haldene, des sie nicht getan hat, wes man an fordir helfen machte. Dar uff wart gefunden vnde geteilt, man sulde dy genantin testamentarien an dy gerechtikeit, dy dy frowe von ores bruders guter sulde anirstorbin sin, wiesen vnde sint dar an gewieset, alse recht ist.[305]

680. Clauß Zcobericz ist gekommen vor gehegit ding vnde hatt gegebin Margareten, syner elichen husfrawen, alle syne farnde habe[306], dy her besset, nach syneme thode dar methe zcu thune vnde zcu lassene.[307]

681. **[2340]** Fflorencius, prior zcu den Pewelern, ist gekommen vor gehegit ding. Dar wart gefunden vnde geteilt, man sulde Hanse unde Clauße Treißen umme uier schog grosschen [...].[308]

682. Hans Boltingk ist gekommen vor gehegit ding vnde hat gegeben Annen, syner elichen husfrowen, driessig alde schog grosschen an synen besten gutern, daz sie an eygene, an erbe, an farnde habe addir wur ane daz sie habin addir vmmer mehir gewynnen, nach syme thode dar methe zcu thune unde zcu lassene.

683. Claus Dŏnczsch vnde Margareta, syne eliche husfrowe, sint gekommen vor gehegit ding vnde habin sich begiftigit vnde begabit vndir eynandir mit alleme, daz sy habin addir vmmer mehir gewynnen, daz sy an eigene, an erbe, an farnder habe addir wur ane ⟨daz sy⟩[309]. Welch ŏr ehir abegheet von todis wen (!), so sal daz andere dy gutere behalden, zcu thune vnde zcu lassene.

684. Claus Wale ist gekommen vor gehegit ding vnde ome wart gefunden vnde geteilt, man sulde Thomas Grellen vmme vier alde schog mynre eylff grosschen syne were frŏnen, vnde ist om gefront, alse recht ist.

685. Thomas Mŭsschaw ist gekommen vor gehegit ding. Do wart gefunden vnde geteilt, man sulde Kilian Kolben vmme eyn alt schog grosschen vnde sechs pheninge syne were fronen, vnde ist gefront, alse recht ist.

686. Heynrich Peyne ist gekommen vor gehegit ding unde hat Claus Koyme vmme zcweyvnde-drissig nŭwe grosschen vnde waz dar schade uff gheet, in den medeban genommen, alse recht ist.

687. Hans Thŭnczschebir ist gekommen vor gehegit ding unde hat gegebin Thomas Stoyene eyne scherne in den fleischschern gelegen, mit alleme rechten, alse dy sin waß. ‖

fol. 180r

688. Nicolaus Falysen ist gekommen vor gehegit ding vnde hat Steffan Vogele vmme syne buße, dy ome vor gerichte zcugeteilt wart, syne scherne laßen fronen, alse recht ist.

---

[305] Vgl. Nr. 669, 742, 811.
[306] Danach [*in syme hofe*] gestrichen.
[307] Vgl. Nr. 305, 389, 390.
[308] Satz abgebrochen. Darunter sind noch drei Leerzeilen. Dort gab es einen Eintrag, der mit *H* beginnt. Dies wurde bis [*vor geheg*] geschrieben, nun aber komplett weggelöscht.
[309] Über der Zeile.

1453–1454

689. Gertrut, Nickel Sanhofers eliche husfrowe, ist gekommen vor gehegit ding. Do wart gefunden vnde geteilt, man sulde sy vmme eylff nuwe grosschen vnde waz dar schade uff gheet, an der Herwigynne farnde habe wiesen, vnde ist dar an gewieset, alse recht ist.

690. Hans Kluke vnde Anne, syne eliche husfrowe, sint gekommen vor gehegit ding vnde habin sich begifftigit vnde begabit vndir eynandir mit alle den gûtern, die sy habin addir ummer mehir gewynnen, daz sie an eygene, an erbe, an farender habe addir wur ane daz sy. Welch or ehir abgheet von todis wegen, so sal daz andere die gutere behalden, zcu thune vnde zcu lassene.

691. Sixtus Schonenberg ist gekommen vor gehegit ding vnde hat gegebin Sophien, syner elichin husfrowen, hundirt rinsche gulden an synen besten gutern, daz sie an eygene, an erbe, an farnder habe addir wur ane daz sy, nach sym tode da mete zcu thune vnde czu laßene.

692. Mewes Winkel ist gekommen vor gehegit ding vnde hat gegebin Ilsen, syner elichen husfrowen, hundert alde schog grosschen an alle synen besten gutern, daz sy an eygene, an erbe, an farnder habe addir wur ane daz sy, nach sym tode do mete zcû thune vnde zcu laßene.

693. Lorencz Rothe der huter ist gekommen vor gehegit ding vnde hat geclait zcu Pawel Ebirharde vnde zcu syme gute, nemelichen zcu salpeter, den her besaczt hat vndir Jurge Swarczen vmme nûn nûwe grosschen, vnde waz dar schade uff gheet, dry ding. Czum vierden dinge wart gefunden vnde geteilt, her hette syne gelt irsten, man sulde on an sin gut wiesen, unde ist dar an gewieset, alse recht ist.

694. Claus Steyn ist gekommen vor gehegit ding vnde ome wart gefunden vnde geteilt, man sulde on vmme viervndedrießig nuwe grosschen vnde was dar schade uff gheet an Hans Lammes farnde habe wiesin, sintdemmal daz ome alle rechte gebot geschen sint, vnde ist dar an gewieset, alse recht ist.

695. Herman Buße ist gekommen vor gehegit ding vnde hadt Ulrich Zcoberitcze vmme funff schog grosschen vnde waz dar schade uff gheet, syne were laßen frônen, alse recht ist.

696. Claus Klyngensmed ist gekommen vor gehegit ding vnde hat gegebin Margareten, syner elichen husfrowen, sechczig schog grosschen an synen besten gutern, daz sy an eygene, an erbe, an ‖ farnder habe addir wur ane daz sy, nach syme thode dar mete zcu thûne vnde zcu lassene.

fol. 180v

697. Pawel von Sayda ist gekommen vor gehegit ding vnde hat geclait zcu Matheus Mule vnde zcu synen gutern vmme sechs schog ane eynen ort vnde waz dar schade uff gheet, dry ding vnde om sint alle rechte both geschen. Czum vierden dinge wart gefunden unde geteilt, her hette sin gelt irstehen, man sulde on an syne farnde habe wiesen, vnde ist dar an gewieset, alse recht ist.[310]

698. [2341] Heynricus Glogawe ist gekommen vor gehegit ding vnde ome wart gefunden vnde geteil, daz sulche besaße, dy Ffriczsche Pistor der Nôrenberg zcu des edelen grauen Hanßes

---

[310] Vgl. Nr. 726.

84 Die Hallischen Schöffenbücher. V. Buch.

von Bichelingen ⟨gutern⟩[311] gethan hette von sulcher schrifte wegen, dy der hochgeborne furste herczoge Wilhelm von Sachsen in gehegit ding geschrebin hatte, sulde machteloß, ledig vnde loß sin, nemelichen der erchfel, dy vnder ome bekummert vnde besaczt waren.

699. Claus Schaff ist gekommen vor gehegit ding vnde hat geclait zcu Baltizar Paßleuen vnde zcu syner frowen vmme eylff nÿ grosschin vnde waz dar schade vff gheet, dry ding. Czum virden dinge wart gefunden vnde geteilt, man sulde on an ore farnde habe wiesen, vnde ist dar an gewiset, alse recht ist.

700. Nickel Errentancz ist gekommen vor gehegit ding vnde hat Jůrge Swarczen vmme drittehalb schog grosschen vordynt lon vnde waß dar schade vff gheet syme were lassen fronen, als recht ist, vnde daz von vormundeschaft syner elichen husfrowen.

701. Peter Golis vnde Wencze Golis, gebrudere, sint gekommen vor gehegit ding vnde habin abeczicht gethan Hanse Treißen aller gerechtikeit, die sy von Sander Goliß, oreme brudere selegen, an eyneme wayne vnde sobin pherden anirstorben synt vnde waz her des synen mehir irfaren kan.[312]

702. Jacoff Wynmeister ist gekommen vor gehegit ding vnde hat von syns bruders Hans Wynmeisters wegen gefragit vmme recht, nachdemmal Michel Gayge sich vormessen hette zcu geczugen bynnen dreen virczennachten, daz her vor den selbeten Hans Wynmeister sechs marg hette vßgegebin vnde sulch geczugniße in rechtir czyt mit fulfurt hette, ab her der schult nicht von ome emprochen were. Dar uff wart gefunden vnde geteilt, hette her sulchen geczug bynnen rechter czyt nicht fulfurt vnde fulfurte her des ouch noch nicht vor ende des dingis, so were Hans Wynmeister der schult von ome emprochen.

703. Jacob Kuncze vnde Ffriczsche Grefendorff sint gekommen vor gehe‖get ding vnde habin geclait zcu Claus Schulczen von Kalbe gelde, daz sie besaczt haben vndir on selbin, so als sie vormals zcu ome vnde syme gelde, daz sie vndir Augustin Treißen besaczt hattin, irstanden vnde irclait haben, dar vmme, daz her sy vor den frihen stuel zcu Dortmunde geladen hatte, vnde doch ores schaden, den sy fordir dar uff getan haben, dor ane nicht irhalen konden, alse nemelichen zcu driessig alden schocken grosschen vnde czehn rinschen gulden, dry ding. Czum virden dinge wart gefunden vnde geteilt, sy hetten ore gerechtikeyt dar ane irstehen, man sulde sie dar an wisen, vnde synt dar an, an her Gurgen Lindawen, der solch gelt vndir sich hat, gewiset, alse recht ist.[313]

704. Curt Mußhart vnde Alheit syne eliche husfrowe sint gekommen vor gehegit ding vnde haben sich begiftiget vnde begabit vndir eynandir mit alle den gutern, dy sy haben addir ymmer mehir gewynnen, daz sy an eygen, an erbe, an farnder habe addir wur ane daz sy. Welch or

---

[311] Über der Zeile.
[312] Vgl. Nr. 736.
[313] Vgl. Nr. 167, 676, 735.

1453–1454   85

ehir abeghet von todis wegen, so sal daz andere dy gutere behalden, zcu thune vnde zcu laßene,
mit sulchem vndirscheyde, ab Curt Mußhart ehir Alheyden syner husfrowen krang werde, zcu
welchir czyt, er denne sin testament vnde selgerete setczte, dar sal ôm Alheit, syne husfrowe,
nicht inhalden noch weddirsprechen.

705. Drewes Herffart ist gekommen vor gehegit ding vnde hat gegebin Annen, syner elichen
husfrowen, synen hoff in der Merkelstraßen gelegen zcu eyner rechten lipczucht. Were abir daz
her ane liebis erben abeginge vnde der nach syme tode nicht enbleben, so sal Anne, syne eliche
husfrowe, den selbeten vorgenanten hoff behalden, dar methe zcu thune unde zcu lassene.

706. [2342] Anthonius Goltsemd ist gekommen vor gehegit ding vnde hat gegeben Agnesen,
syner elichen husfrowen, sin huß in der Smerstraßen gelegen zcum struße genant, nach syme
tode dar methe zcu thune vnde zcu lassene.

707. Rûdger Smed ist gekommen ⟨vor gehegit⟩[314] ding vnde hat gegebin Euan, syns brudersons
tochter, sechczig rinsche gulden an syme eygen in der Rodewelschenstraßen gelegen, nach syme
tode dar mete czu thune vnde zcu laßene.[315]

708. [2343] Matheus Finsterwalt ist gekommen vor gehegit ding vnde hat gegeben mit wil-
len vnde fulbort Agneten, syner muter, vnd Volkmar Partirs vnde Hans Franclebin, syner vor‖-
munden, Margareten, syner halbin swestir, Hans Grefen tochter, andirhalbhundirt alde schog   fol. 181v
grosschen an alle synen gereitzsten gutern, daz sy an eygene, an erbe, an farnder habe addir wur
an daz sy, dar methe man sy zcu echten leben berathen sal, mit sulcheme vndirscheide. Ab dy
vorgenante Margareta storbe ehir sy beraten werde, so sal daz vorgenante gelt by Matheus, oreme
halben bruder, bliben.

709. Hans Abecht ist gekommen vor gehegit ding vnde hat gegebin Gerdruden, syner elichen
husfrowen, ffunffczig alde schog gr. an synen besten gutern, daz sy an eygene, an erbe, an farnder
habe addir wur ane daz sy, nach syme tode dar methe zcu thune vnde zcu lassene.

710. Symon Esel [...][316]

[2344] Nickel Symon ist gekommen vor gehegit ding vnde hat geclait zcu Mertin Wage vmme
des willen, daz her ome eyn huß by deme Cristoffel vor der mole gelegen nicht wolde, in lehen
vnde gewere schicken. Dar uff wart gefunden vnde geteilt, sintdemmal daz der gnante Mertin
des huses in lehen vnde gewere nicht gehabt hette, so dorfte her ome des nicht abetretin, vnde
wart dar uff ledig vnde loß geteilt.

711. Hans Beme ist gekommen vor gehegit ding vnde hat Kilian Kolfen vmme acht alde schog
grosschen syne were laßen fronen, alse recht ist.

712. Lorencz Prellewicz ist gekommen vor gehegit ding vnde ome wart gefunden vnde geteilt,

---

[314] Über der Zeile.
[315] Vgl. Nr. 896, 897.
[316] Satz abgebrochen.

86   Die Hallischen Schöffenbücher. V. Buch.

man sulde on vmme dryvndeczwenczig alde gr. vnde waz dar schade uff gheet an syne farnde habe wisen, vnde ist dar an gewieset, alse recht ist, welch an Hans Meynharden der Trutmaninne mans.

713. Lorencz Prellewicz ist gekommen vor gehegit ding vnde hat Hanse Wynmeistere vmme nuenvndedrißig alde grosschen vnde schaden, der dar uff gheet, in den medeban genommen, alz recht ist.

714. Lorencz Prellewicz ist gekomen vor gehegit ding vnde hat Nicolaen Gutirbocke vmme funftehalb schog aldir grosschen vnde schaden, der dar uff ghet, in den medeban genomen, alse recht ist.[317]

715. Vincentius Heynrichs ist gekommen vor gehegit ding vnde hat gegebin Elenen, syner elichen husfrowen, zcweyhundirt alde schog grosschen mynre czehen schog an synen besten gutern, daz sy an eygene, an erbe, an farnder habe addir wur ane daz sy, nach syme tode dar mete zcu thun vnde zcu laßene.[318] ‖

fol. 182r   716. Hans Zcolner, der smed, ist gekommen vor gehegit ding vnde ist von Sander Bussen der sechvndedrißig schog nach inhalt eyns vorsegilten briues, den her geleset hat, von Vlrich Bussen, synem vatere, ledig vnde loß geteilt.

717. Drewes Anedarm ist gekommen vor gehegit ding vnde hat geclait zcu Philippus Vester vnde zcu Segemunde, syme sone, vmme dry alde schog vnde sechs alde grosschen vnde waz dar schade uff gheet, dry ding. Czum virden dinge wart gefunden vnde geteilt, man sulde on an ore farnde habe wiesen, vnde ist dar an gewiset, alse recht ist.[319]

718. Lorencz Plan ist gekommen vor gehegit ding vnde hat Nickel Nußeler vmme sechstehalb alt schog grosschen vnde waz dar schade uff gheet, in den medeban genommen, alse recht ist.

719. Ffrederich Schutcze ist gekomen vor gehegit ding vnde hat Nickel Klingener vmme eyn nůwe schogk grosschen addir umme eyn graw tuch, daz so vil geldis wert ist, in den medeban genommen, alse recht ist.

720. Ffrederich Schutcze ist gekommen vor gehegit ding vnde hat Valentin Pôtenitcze vmme ffunffvudeczwenczig nůwe grosschen unde waz dar schade uff gheet, syne were frônen laßen, alse recht ist.

721. Volkmarus Koyan, doctor byder rechte, hat gesant synen vorsegilten brieff in gehegit ding, dar inne her gemechtiget hat, Nicolaus Brandenberge eyn willig phant uffzcubietene vnde dar mete zcu gebarne, wie recht ist, in allir maße, alß ab her selbir kegenwertig were, vnde nemelichen eynen grunen mantel, dor ome vor anderhalb schog grosschen gesaczt ist.[320]

722. [2345] Heynrich Krippe ist gekommen vor gehegit ding vnde ist von Curde Hessen von

---

[317] Vgl. Nr. 670.
[318] Vgl. Buch VI 466, 534, 565.
[319] Vgl. Nr. 886.
[320] Vgl. Nr. 738.

deß huses wegen uff deme Slamme, daz her Herman Herwige sulde vorkouft habin, des her doch mit geczugen fulkommen wolde, daz her das dem selben Herwige nicht vorkouft hette, sundern eyme genant Friczsche Czschune, der daz in gerichte bekante, dar uff doch Curt Hesse, Heynrich Krippen vnde syne geczugen, der eyde vortrug, ledig vnde loß geteilt.

723. Nickel Gorencz vnde Gerdrut, syne eliche husfrowe, sint gekommen vor gehegit ding vnde habin sich begiftigit vnde begabit vndir eynandir mit allen gutern, dy sie habin addir ummer gewynnen, daz sy an eygene, an erbe, an farnder habe addir wur ane daz sie. ‖ Welch or ehir abegheet von todes wegen, so sal daz andere die gutere behalden, zcu thune vnde zcu lassene. Were abir daz sie kindere ließen, so sulde dy frowe kinderteil dar ane haben. *(fol. 182v)*

724. Herman Buße ist gekommen vor gehegit ding. Do wart gefunden vnde geteilt, man salde Hanse Koninge deme snyder, vmme sechczehin alde schog grosschin vnde was dar schade uff gheet, syne were fronen lassen, alse recht ist, vnde ist ome gefront, alse recht.

725. Claus Keling ist gekommen vorgehegit ding vnde hat geclait zcu Hans Gerwigis seligen gutern vnde synen erbin vmme dryvndeczwenczig alde schog grosschen mynre nůen alde grosschen vnde hat dy benante summe sich irboten kegen synen erbin vnde oren vormunden, nemelichen Cune Zcoken vnde Heynen Frӧliche, alse sy doch von gerichts halbin dar zcu geheisschen worden, nach todir hant zcu irhalden. Do nymant quam, dy wile, daz ding werte, vnde dy, dy eyde von on nemen wolde. Do wart gefunden vnde geteilt, her hette syne pheninge uff Gerwigis gutere vnde syne erbin irstehin, vnde ist dar an gewisit, alz recht ist.

726. Pawel von Sayda ist gekommen vor gehegit ding vnde hat Mathewes Mule vmme sechs alde schog grosschen vnde waz dar schade uff gheet, in den medeban genommen, alz recht ist.[321]

727. Nickel Vlrich ist von Levin Scherffinge vmme missehandelunge vnde vmme schelt wort, dy her deme selbin Livine sulde zcu gesait haben, vnde doch in sulchen worten, alz her ome schult gab, nicht zcugesait hat, mit rechte ⟨uon om⟩[322] gekomen, alse recht ist, mit synen gezcugen.

728. Ciliacus Kůneke ist uon Hanse Brengeczů uon Walwicz uon des pherdis wegen, daz her mit ome gebutet hatte, uon ome gekommen, alse recht ist

729. **[2346]** Ffriczsche Schulte ist gekommen vor gehegit ding vnde hat geclait zcu Benedictus Ferkele vmme eyn huß, daz her ome solle abegekouft habin, genant zcu der swarczen hennen, dar Benedictus vorgnant zcu antwerte, her hette ome wandelkouff gegebin, den kouff uff czů sagen in acht tagen, vnde hat sich des zcu fulkomen, als ome gefunden wart, in dreen virczentagen. Alse her des nicht fulquam, do wart gefunden vnde geteilt, her salde Ffriczschen den kouff halden.

730. Hans Rodeman ist gekommen vor gehegit ding vnde ‖ hat Mattis Schellenberge vmme *(fol. 183r)* sechs alde grosschen vnde waz dar schade uff gheet, in den medeban genomen, alse recht ist.

---

[321] Vgl. Nr. 697.
[322] Über der Zeile.

88   Die Hallischen Schöffenbücher. V. Buch.

731. Katherina, Claus Phundes seligen wetewe, ist gekommen vor gehegit ding vnde hat uff-
geboten die fronunge an Hans Gerwiges seligen huse dry ding. Do wart gefunden vnde geteilt,
sie mochte daz huß vorsetczen vor or gelt, ab sie konde. Konde sy des nicht vorseczin, so mochte
sy daß vorkouffen vnde daz obirleye reichen, deme, der dar recht zcu hette.[323]

732. Kethe, Mußhardis mait, ist gekommen vor gehegit ding ⟨vnde⟩[324] hat Hanse Cleynsmede
dar vmme, daz her sich vndirczogen hatte eyns huses, daz sy Heinrich Fisscher abeirstanden
vnde irclait hat, vnde sich both zcu fulkomen, daz sy on deß zcu vorkouffen gemechtiget hette,
vnde des bynnen dreen virczentagen, alse ome gefunden vnde geteilt wart, nicht fulquam, in den
medeban genomen, alz recht ist.[325]

733. Gurge Schopp ist gekommen vor gehegit ding vnde hat gegebin Vrsulen, syner elichin
husfrowen, vierczig alde schog grosschen an synen besten gutern, daz sie an eygene, an erbe, an
farnde habe addir wur ane daz sie, nach syme tode dar mete zcu thune vnde zcu lassene.

734. Hans Tusel ist gekommen vor gehegit ding vnde hadt zcu vormunden gekorn Hanse
Moritcze vmme alle sachen vnde schulde, die her in disseme gerichte zcu forderne hat, biß uff
daz recht zcu nemene vnde zcu gebene.

735. Jacoff Kuncz vnde Ffriczsche Greffendorff sint gekommen vor gehegit ding vnde habin ge-
fragit nach rechte, sintdemmal sy an das gelt von Claus Schultissen wegen, daz sie vndir Augustin
Treißen besaczt, irstehen vnde irclait haben von des wegen, daz her sy vor den fryhen stul geladen
hatte gewiset weren, also nemelichen an virczig gulden an golde vnde Augustine dy vßczugeben
geboten were, in uirczentagen, acht tagen vnde dreen tagen, wie man on fordir helfen mochte.
Dar kegen fragete Augustin, sint her sulch gelt von Claus Schultissen wegen vßgebin sulde, ab
sie ome synen brieff icht weddir antwerten sulden. Dar uff wart gefunden vnde geteilt, habin
Jacoff Kuncze vnde Ffriczsche Grefendorffe, Claus Schultissen sin gelt zcuuor antwertene rechte
gebot thun lassen vnde Schultisse vorgenant des nicht ‖ vor antwert hat vnde Augustin dy gebot,
alse vorberurt ist, gescheen sin, so dorffen sy ome synen brieff, des sie nicht inne habin, nicht
wieddir antwertin, nachdemale daz sie recht mit rechte gefordirt habin. Sondern wirt Augusstin
von Claus Schultissen von syns briues wegen angelanget, so mag her sich des, daz ome daz gelt
abeirstehin vnde irclait ist, mit rechte schutczen.[326]

736. Hans Treiße ist gekommen vor gehegit ding vnde hat geclait dry ding zcu Sander Goliz
nachgelassen gutern vmme achtczehn nuwe schog vnde vmme eynen rinschen gulden vnde allen
schaden, der dar uff gheet, nemelich zcu der besaße vndir Schone Peter, Steffan Furmanne,
Clauße Ditzschen vnde vndir Matthis Furmaene. Czum virden dinge wart gefunden vnde geteilt,

---

[323] Vgl. Nr. 578.
[324] [*vnde*] am Rand rechts.
[325] Vgl. Nr. 582.
[326] Vgl. Nr. 167, 676, 703.

her hette sin sulch gelt irstehen, man sulde on dar an wisen, vnde ist dar an gewiset, alse recht ist.[327]

737. Anthonius Beheme vnde Ilse, syne eliche husfrowe, sint gekomen vor gehegit ding vnde habin sich begiftigit vnde begabit vndir eynandir mit alle den gutern, dy sie habin addir vmmer gewynnen, daz sie an eygene, an erbe, an farnder habe addir wur ane das sy. Welch or ehir abegheet von todis wegen, so sal daz andere dy gutere behalden, zcu thune vnde zcu laßene. Were abir daz sie kindere ließen, so sal dy frowe kindirtyl dar ane haben.

738. Er Folkmar Koyan, doctor, ist gekommen vor gehegit ding vnde hat uffgebotin eynen grůnen frawen mantel, der ome vor andirhalb schog grosschen zcu eyneme willigen phande gesaczt ist, dry ding. Do wart gefunden vnde geteilt, her mag den vorsetczin vor sin gelt, ab her kan. Kan her decz nicht vorsetczin, so mag her den vorkouffen vnde daz obirleye reichen deme, der dar recht zcu hette.[328]

739. [2347] Brasius Rideburg ist gekommen vor gehegit ding vnde hat were gebracht des ratis zcu Halle offenen vorsegilten breff, dar mete her bewiesete, daz ome der syden kram der Ilsen, Ebirhart Plunczers seligen wetewen, gewest was vnde mit oreme eygene der erbeyten gelde gekouft hette von or by oreme lebene zcu metegift gegebin were vnde brach dor mete dy gabe, dy Mertin Koch, burger zcu Numborg, von synes wibes wegen Benedictus Spangenberge, synem stiffsone, an dem selbeten syden krame gebin wolde. ||

740. Hans Zcolner ist gekommen vor gehegit ding vnde hat geclait zcu Claus Ditczschen vmme czehn alde schog grosschen, dy her vndir ome besaczt hat, von Niclaus Meynhardis wegen dry ding. Czum virden dinge wart gefunden vnde geteilt, her hette syne gerechtikeit uff syne schult irstehen, man sulde on dar an wisen, vnde ist dar an gewiset, alse recht ist.[329]

fol. 184r

741. Hans Zcolner ist gekommen vor gehegit ding vnde hat geclait zcu Anyß Trepcze vmme also vil geldis, alse her von Niclaus Meynhardis wegen vndir sich hat, dry ding. Czum virden dinge wart gefunden vnde geteilt, her hette syne gerechtikeit dar ane irstehen, man salde on dar an wisen, vnde ist dar an gewieset, alse recht ist.[330]

742. Er Folkmar Koyan, Dittorich Kuchenswin, Jacoff Kuncze vnde Briccius Hose sint gekommen vor gehegit ding alse Mathias Bolczen seligen testamentarij vnde haben uffgebotin dy helfte der gutere, dy Mathias Bolcze seliger nach syme tode gelaßen hat, nemelichen dy gerechtikeit, dy die Lůderynne dar ane meynete zcu haben, dry ding. Do wart gefunden vnde geteilt, sintdemmal daz dar nymant insprache gethan hat, so habin sy eyne rechte were dar ane.[331]

---

[327] Vgl. Nr. 701.
[328] Vgl. Nr. 721.
[329] Vgl. Nr. 741.
[330] Vgl. Nr. 740
[331] Vgl. Nr. 669, 679, 811.

90 Die Hallischen Schöffenbücher. V. Buch.

743. Heyne Malticz ist gekommen vor gehegit ding vnde hat Bartolomewes Stoyen vmme vier alde schog grosschen vnde waz dar schade uff gheet, syne were laßen frônen, alse recht ist.

744. Heyne Malticz ist gekommen vor gehegit ding vnde hat Nicolaus Czuĺroden vmme czhen gulden an golde von syner vnde Niclaus Misseners wegen in den medeban genomen, alse recht ist.

745. Lorencz Prellewicz ist gekommen vor gehegit ding. Do wart ome gefunden vnde geteilt, man sulde Marcus Bungen vmme vier alde schog vnde waz dar schade uff gheet, syne were frônen, alse recht ist.[332]

746. **[2348]** Meynhart Golthane vnde Mertin Koch in formundeschafft Gerdruden, syner elichen husfrowen, sint gekommen vor gehegit ding vnde habin sich der besaße vnde clegede, dy Matheus Strûbing zcu deme hofe uff deme Gropenmarckte gelegen, daz der Eberhart Plunczerynne[333] seligen gewest ist, ⟨getan hat⟩[334], von des wegen, daz her der were, alse gefunden vnde geteilt was, nicht bestalt hat, ledig vnde loß teilen laßen.[335]

fol. 184v

747. Agneß, Frederich Frydels eliche wetewe, ist gekommen vor gehegit ding vnde hat geclait zcu gerethe in den ‖ Phundynne huß vnde Hanß Ileburgis huß, daz sie besaczt hat, vmme gerade, daz sy anirstorbin ist von der Jacoff Bennendorffinne, dry ding. Czum virden dinge wart gefunden vnde geteilt, sy hette ore gerechtikeit irstehen, man sulde sy an daz gut wisen, vnde ist dar an gewieset, alse recht ist.[336]

748. Hans Treiße ist gekommen vor gehegit ding vnde hat geclait zcu Philippus Vester vnde Segemunde, syme sone, vmme sechs schog ane eynen ort, vnde Vester vorgenant ist gekommen vor gerichte vnde hat deß bekant. Dar ome denne alle bod uff geschen sint vnde ome wart gefunden vnde geteilt, man sulde on an syne farnde habe wiesin endis dingis, vnde ist dar an gewiset, alse recht ist.

749. Pawel von Sayde ist gekommen vor gehegit ding vnde hat Curt Jagentufele vmme czweyvndefunfczig alde schogk grosschen syne were frônen laßin, vnde ist om gefront, alse recht ist.

750. **[2349]** Nickel Kluke ist gekommen vor gehegit ding vnde hat gegebin Gûtten, syner elichin husfrowen, synen hoff in der Galkstraßin an der mûre gelegen, nach syme thode zcu eyner rechtin lipczucht.

751. **[2350]** Glorius Bandaw vnde Cecilia, syne eliche husfrowe, sint gekommen vor gehegit ding vnde habin gegebin Besius Scheller vnde alle synen erbin eyn huß vor schulers hofe gelegin

---

[332] Vgl. Nr. 846, 1072.
[333] Danach [g] gestrichen.
[334] [*getan hat*] am Rand rechts, mit Einschubzeichen.
[335] Vgl. Nr. 678.
[336] Vgl. Nr. 831; vgl. auch Nr. 856, 907, 924, 995.

1453–1454   91

vnde eynen kelre an vnsir liebin frawen kirchofe vnde alsus, daz sie habin addir vmmer gewynnen
nach oreme thode, dar mete zcu thune vnde zcu lassene.[337]

752. **[2351]** Rule Rudolffs, Claus Rudolfs, Frone, ore mûter, vnde Ilse, ore swester, sint gekom-
men vor gehegit ding vnde haben gegeben Glorius Rudolffe vnde Michel Rudolff, oren brudern,
ore gerechtikeit an oreme huse in der Schenenstraßen gelegen mit alleme rechten, als sie dy dar
ane gehabt habin.

753. Steffan Berndorff ist gekommen vor gehegit ding vnde ome wart gefunden vnde geteilt,
man sulde Hanse Gerwige vmme nûen alde schog syne were frônen, alse recht ist.

754. Pawel Kule ist gekommen vor gehegit ding vnde hat gegebin ⟨Nickel Starkenberge⟩[338] mit
willen vnd fulbort Lucien, syner muter, czweyhundert alde schog grosschen an syme huse am
alden marcke (!) gelegen, unschedelich der gerechtikeit, dy syner muter vorgenant dar ane gege-
ben ist, doch also wenig Pawel vorgenant dem ‖ genantin Nickel Starckenbergk ⟨solch gelt⟩[339]   fol. 185r
weddir gibbit, so sal ome sin genante huß weddir fry vnde ledig folgen.[340]

755. **[2352]** Augustin Hedirslebe hat gesant synen offenen vorsegilten brieff in gerichte vnde
hat dar inne gegebin Heynrich Schuler andir halbin smalen virding aldir grosschen lehens vnde
jerlichen zcinßes an eynem krame in der Smerstraßen by Peter Studirmans huse an der ecken
kegen deme marckte gelegen, mit alleme rechten, alse her die dar ane gehabt hat, vnde Pawel
Hedirslebe, deß genantin Augustins bruder was, dar kegenwertig vnde fulborte die gabe.

756. Herman Wenne vnde Agatha, syne eliche husrowe, habin gesant oren offenen vorsegilten
breffe in gerichte vnde habin dar inne gegebin Sander Bracsteden, Hanse vnde Heyne synen
brudern sulche gerechtkeit, nemelichen czweyvndeczwenczig alde schog grosschen, dy sy an deme
huse, daz itczunt Curt Northusen hat, kegen Jan Branczen hofe gelegen gehabt haben, mit alleme
rechten, alse dy on gegebin waren.

757. Nickel Kaczsch ist gekommen vor gehegit ding vnde ome wart gefunden vnde geteilt,
man sulde Kilian Kolben vmme czweyvndedrißig nuwe grosschen vnde waz dar schde uff ginge,
syne were frônen, vnde ist om gefront, alse recht ist.

758. Nickel Hertel ist gekommen vor gehegit ding vnde hat gegeben Lucien, syner elichin
husfrowen, czwenczig alde schog grosschen an synen besten gutern, daz sy an eygene, an erbe,
an farnder habe addir wur ane daz sy, nach syme thode dar methe zcu thune vnde zcu lassene.

759. Claus Zcobericz ist gekommen vor gehegit ding vnde hat geclait zcu Vlrich Zcobericze
vmme czwey alde schog grosschen vnde waz dar schade uff ghet, dry ding. Czum virden dinge

---

[337] Vgl. Nr. 58.
[338] [*nickel starkenberge*] am Rand links.
[339] Über der Zeile.
[340] Vgl. Hertel, Theil II, V [**271**]; Nr. 892.

Die Hallischen Schöffenbücher. V. Buch.

wart gefunden vnde geteilt, her hette syne gerechtikeit irstehen, man sulde on an syne farnde habe wiesen endis dingis, vnde ist dar an gewieset, alse recht ist.

760. Pawel von Sayda ist gekommen vor gehegit ding vnde ome wart gefunden vnde geteilt, man salde Kilian Kolben vmme sobenczehn schog vnde eynen ort syne were frönen, vnde ist ome gefront, alse recht ist.

761. Pawel von Sayde ist gekommen vor gehegit ding vnde ome wart gefunden vnde geteilt, man sulde Clauße Kaldise vmme sechßvndeczwenczigistehalb schog grosschen syne were fronen, vnde ist ome gefrönt, alse recht ist.[341] ‖

fol. 185v

762. Pawel von Sayda ist gekommen vor gehegit ding vnde ome wart gefunden vnde geteilt, man salde Hanse Welkerus vmme dryvndeczwenczig schog grosschen syne were fronen endis dingis, vnde ist ome gefront, alse recht ist.

763. Glorius Kober ist gekommen vor gehegit ding vnde hat geclait zcu Blasius Krige vnde zcu syme gelde, nemlich vier alde schogken grosschen, dy her besaczt hat vndir Ditterich Czeley vmme vier alde schog grosschen, dy her ome schuldig ist, dry ding. Czum virden dinge wart gefunden vnde geteilt, her hat sulch gelt irstehen, man sal on dar an wiesen, vnde ist dar an gewieset, alse recht ist.

764. Hans Herwich ist gekommen vor gehegit ding vnde ome wart gefunden vnde geteilt, man sulde Peter Widelinge vmme funf alde schog vnde ane achtehalbin grosschen vnde waz dar schade uff gheet, syne were fronen, vnde ist ome gefront, alse recht ist.

765. Gurge Kecz ist gekomemen vor gehegit ding vnde ome wart gefunden vnde geteilt, man sulde Hanse Hasen vmme eyn alt schog grosschen vnde waz dar schade uff gheet, syne were fronen laßen, vnde ist ome gefront, alse recht ist.

766. Kersten Friher ist gekommen vor gehegit ding vnde hat Nicolaus Czulroden vmme sechs alde schog vnde waz dar schade uff gheet, in den medeban genommen, alse recht ist.

767. Kersten Friher ist gekommen vor gehegit ding vnde hat Ffriczsche Schulten vmme sechs alde schog vnde waz dar schade uff gheet, syne were frönen laßen, alse recht ist.

768. Drewes Stale was was bescheiden vor gerichte Cune Rodinge recht zcu thune vor dry scheffel weiß vnde her quam nicht vor vnde that sin recht nicht. Do wart gefunden vnde geteilt, queme her nicht vnde tete sin recht, dy wile, daz ding werte, so hette Cune Roding dy dry scheffel weises uff on irstehin.[342]

769. Curt Endeman ist gekommen vor gehegit ding vnde hat Nicolaus Brandenberge zcu vormunden gekorn, dy fronunge an Pawel Czeyhen huß mit uffbitunge czu forderne, alse recht ist.[343]

---

[341] Vgl. Nr. 584, 984.
[342] Vgl. Nr. 780.
[343] Vgl. Nr. 201, 875.

1453–1454

770. Hans Lyndawe ist gekommen vor gehegit ding vnde hat gekorn zcu vormunden Nicolaus Brandenbege, die schult, dy her hat czu Brosius Behemen von deß huses wegen, dar der selbe Brosius inne wonet, czu forderne, biß uff daz recht zcu gebene vnde zcu nemene.

771. Ilsebethe, Valentin Kitczingis eliche husfrowe, ist gekommen vor gehegit ding vnde hat gegebin mit föllbort deß ge‖nanten Valentius, ores elichen vormunden, Hanse Smede, oreme brudere, eyns huß in der Smerstraßen gelegen mit alleme rechten, alse or daz von Tilemannes Richen, oreme irsten werte, gegebin was.[344]

772. Hans Smed ist gekommen vor gehegit ding vnde hat gegebin Valentin Kitczinge daz selbe huß in der Smerstraßen gelegen mit alleme rechtin, als ome daß von Ilsebeten, syner swester, gegebin ist.[345]

773. Ualentin Kitczing vnde Ilsebete, syne eliche husfrowe, sint gekommen vor gehegit ding vnde habin sich mit eynandir begiftigit mit deme vorgenanten huse in sulcher wiese, wenne Valentin vorgnant von todis wegen abegeet, so sal dy frowe daz selbe huß behalden, zcu thune vnde zcu laßen. Dar zcu hat her or gegebin andirhalb hundirt schog an allen andern synen gutern, nach syme tode dar mete zcu thune vnde zcu laßen.[346]

774. [2353] Benedictus Heydeke ist gekommen vor gehegit ding vnde hat gegebin Ursulen, syner elichin husfrowen, daz huß in der grossen Ulrichstraßen gelegen, zcum swarczen pfluge genant, nach syme thode dar methe zcu thune vnde zcu lassene.

775. Jacobus Werbeck ist gekommen vor gehegit ding vnde hadt gegebin Margareten, syner elichin husfrowen, an also uil geldis alse uier phannen im Dutzschen bornen gelden mogen, an alle synen gutern, daz sy an eigene, an erbe, an farnde habe addir wur ane daz sy, unde wenne her or solche uier phannen sich zcu eyner rechten lipczucht schicken worde, so sal dy gabe weddir machteloß sin.

776. Drothea, Hans Hasen eliche husfrowe, ist gekommen uor gehegit ding vnde hat gegebin mit fulbort ores elichen formunden, Jan Hasen, syneme brudere, sobinczig alde schog an eyneme huse in der großen Ulrichstrassen gelegen mit alleme rechten, als or dy uon oreme elichen werthe dar an gegebin sint.[347]

777. Jan Hase ist gekommen vor gehegit ding vnde hat gegebin Hanse Hasen, syneme brudere, dy selbin sobinczig schog mit alleme rechtin, als ome dy von der genantin synes bruder wiebe gegebin sint.[348]

778. Petir Seyler unde Drewes, sin bruder, sint von Sander Bussen beclagit worden vor gehe-

---

[344] Vgl. Nr. 772, 773.
[345] Vgl. Nr. 771, 773.
[346] Vgl. Nr. 771, 772.
[347] Vgl. Nr. 777.
[348] Vgl. Nr. 776.

94 Die Hallischen Schöffenbücher. V. Buch.

fol. 186v

geteme dinge dar umme, daz sie syme vatere drissig alde schog sulden schuldig ‖ geblebin sin unde zcouch sich des an ome wissen, dar sy denne neyn zcu sprachen vnde boten or recht daruor czu thune, deß sy denne der gnante Sander vortrug, vnde sie wurden dar uff von ome ledig vnde loß geteilt.

779. **[2354]** Hans Koning wart beclagit vor gehegetem ding von eyme genant Hans Sperling dar umme, daz her ome branten wyn sulde vorkouft habin, der nicht so gut gewest, als der den her ome zcu kosten gegeben hette, vnde bod sich des zcu fulkomen mit wissentlichen luten. Als wart ome gefunden, her sulde des fulkomen in dreen uirczentagen. Do her deß also nicht fulquam, do wart her fellig geteilt unde ome wart geboten, Hanse Koninge synen wyn zcu beczalen in uirczen tagen.

780. Cune Roding ist gekommen vor gehegit ding vnde hat Drewes Stale umme dry scheffel weißes unde was dar schade uff gheet, syne were fronen laßen, alse recht ist.[349]

781. **[2355]** Meynhart Golthayne ist gekommen vor gehegit ding vnde hat uffgeboten daß huß uff deme thophmarkte gelegin, dar her inne wonet, dry ding. Do wart gefunden unde geteilt, queme nymant dy wile, daz ding werte unde dar yn sproche, so hette her an syme teyle eyne rechte wer daran.

782. Kône, Nickels Czoymers eliche wetewe, ist gekommen uor gehegit ding unde hat geclait zcu Baltizar Gûsawen unde zcu czween pherden, dy deß mit gerichte bekennet, umme eyn nuwe schog grosschen, dar her uorgelobit hat, unde waz dar schade uff gheet, dry ding. Czum uirden dinge wart gefunden wart gefunden (!) unde geteilt, sy hette ore gerechtikeit irstehen, man sulde sy an dy pherde wiesen, vnde ist dar an gewiset, alse recht ist, unde sy mag dy pherde vorsetczin addir uorkouffen vor or gelt.

783. Heynrich Krippe ist gekommen vor gehegit ding unde hat Gurge Swarczen umme sechs alde schog grosschen in den medeban genommen, alse recht ist.

784. Libarius von Delczsch vnde Margareta, syne eliche hußfrowe, sint gekommen vor gehegit ding vnde habin sich begiftigit vnde begabit vndir eynandir mit allen gutern, die sy habin addir ummer gewynnen, daz sy an eygene, an erbe, an farndir habe addir wur ane daz sy. Welch or ehir

fol. 187r

abegheet von todis wegen, so sal daz andere ‖ dy gutere behalden, zcu thune vnde zcu lassene. Were abir daz Libarius abeginge vnde kindere ließe, so sal dy frowe kinderteil dar ane habin.

785. Lorencz Huter ist gekommen vor gehegit ding vnde hat Gurgen Swarczen umme nûen nûwe grosschen unde was dar schade uff gheet, in den medeban genommen, alß recht ist.

786. Hans Buße ist gekommen vor gehegit ding vnde hat Lodewich Mollen umme czwey- vndeuirczig alde schogk grosschen vnde waz dar schade uff gheet, syne were lassen fronen, alse recht ist.

---

[349] Vgl. Nr. 768.

787. Hans Gründeling ist gekommen vor gehegit ding vnde hat gegebin Ursulen, syner elichin husfrowen, kinderteil an synen besten gutern, daz sy an eygene, an erbe, an farnder habe addir wur ane daz sy, vnde dar czu drissig schog, nach syme tode dar mete zcu thune vnde czu lassenene (!).

788. Bartolomeus Wele ist gekommen vor gehegit ding vnde hadt Lodewige Mollen umme czwenczig alde schog vnde acht nuwe grosschen syne were frônen lassen, vnde ist ome gefront, alse recht ist.

789. Kilian Hesse vnde Margareta, syne swestir, sint gekommen vor gehegit ding vnde habin geclait zcu Dorothean, orer swestir, umme erbeteilunge an deme huß, daz ores vaters gewest ist, vnde zcu huß gerete, daz her nach ome sulle gelassen habin, dar sy auch teilunge ane zcu habene meynten, deß hat nu die genante Dorothea bewisunge gebracht yn gehegit ding, nemelichen ores lehen hern brieff, dar methe sie bewiset hat, daz or daz huß gelegen were. Do wart gefunden vnde geteilt, sintdemmal daz sy sulche bewisungen in gerichte gebracht hette, daz ôr daz huß zcu thune unde zcu lassene gelegen were, so were sy dar bie, unde auch bie deme hußrate vnde farnden habe nehir zcu bliben, sintdemmal dy by or in der gewere bestorben were, denne sy dy genantin or bruder vnde swestir dar uon gedringen mogen.

790. Mertin Bûteler ist gekommen vor gehegit ding vnde hat gegebin Katherinen, syner elichen husfrowen, sin huß halb in der Smerstraßen gelegen, nach syme thode dar methe zcu thune vnde zcu lassene.

791. Sander Bracstede ist gekommen vor gehegit ding vnde hat Ulrich Zcôberitcze umme sobenvndeczwenczig alde schog, ‖ dy her mit rechte zcu ome irstehen vnde irclait hat, unde waz dar schade uff gheet, syne were frônen lassen, unde ist ôme gefrônt, alse recht ist.[350]

792. Kerstine, Hans Vochses seligen wetewe, ist gekommen vor gehegit ding vnde hat geclait zcu Heyne Smede uon Staschforde vnde zcu synem pherde, daz sy mit gerichte bekunnert hat, umme zcwey alde schog grosschen, dy her or schuldig was, unde waz dar schade uff gheet, dry ding. Czum uirden dinge wart gefunden vnde geteilt, sy hette ore gerechtikeit irstehen unde sy mochte daz phert uorsetzen uor or gelt, ab sy konde. Konde sy des nicht uorsetczen, so mochte sy daz uorkouffen unde daz obirley reichen deme, der dar recht zcu hette.

793. Hans Froberg ist gekommen vor gehegit ding unde hat Gurge Schumanne umme zcwey alde schog unde waz dar schade uff (!), in den medeban genommen, alse recht ist.

794. Anthonius Goltsmed ist gekommen vor gehegit ding unde hat Kilian Kolben umme dry schog unde achtczehn nuwe grosschen vnde waz dar schade uff gheet, syne were frônen lassen, unde ist ome gefront, alse recht ist.

795. Mathias Brûher ist gekommen vor gehegit ding unde hat Hanse Koninge umme sechs

---

[350] Vgl. Nr. 878, 896.

schog grosschen ane eynen ort unde waz dar schade uff ghet, syne were fronen laßen, als recht ist.

796. Ffrederich Schutcze ist gekommen vor gehegit ding vnde hat gegebin Ursulen, syner elichen husfrowe, andirhalbhundirt schog ⟨alden⟩[351] grosschen an synen besten gutern, daz sy an eygene, an erbe, an farnder habe addir wur ane daz sy, nach syme tode dar mete zcu thune unde zcu lassene.

797. Benedictus Kolczk ist gekommen vor gehegit ding unde hat Peter Hugele umme nunczehn nuwe grosschen unde waz dar schade uff gheet, in den medeban genommen, alz recht ist.

798. Michel Snabel ist gekommen vor gehegit ding unde hat Peter Widelinge umme eyn nuwe schog grosschen unde was dar schade uff ghet, syne were fronen laßen, alz recht ist.

799. Claus Zcobericz ist gekommen vor gehegit ding unde hat Claus Schenewitcze umme ffunff nuwe grosschen unde was dar schade uff gheet, in den medeban genommen, alse recht ist.

800. Claus Zcobericz ist gekommen vor gehegit ding unde hat geclait zcu Pawel Czscheyen umme dry alde schog grosschen ane zcehn alde gr. unde waz dar schade uff gheet, ‖ dry ding. Czum uirden dinge wart gefunden unde ge (!), her hette syne gerechtikeit irstehe, man sulde on an syne farnde habe wiesen.

801. Dreweß Gumprecht ist gekommen vor gehegit ding unde hat Kilian Kolben umme sechs alde schog grosschen unde dry nuwe grosschin vnde waz dar schade uff gheet, syne were fronen lassen, alse recht ist.

802. Borchart Schuler ist gekomen vor gehegit ding unde hat Peter Hugele umme zcwey alde schog grosschen unde uir nuwe gr., in den medeban genomen, alse recht ist.

803. Claus Steyn ist gekommen vor gehegit ding unde hat Heißen Hedirslebin umme dressig alde schog grosschen unde waz dar schade uff ghet, syne were fronen lassen, alse recht ist.

804. Jacob Wesenicz ist gekommen vor gehegit ding vnde hat Hanse Heynrichs umme eyn halb alt schog grosschin unde waz dar schade uff ghet, syne were frônen lassen, alse recht ist.

805. Anna, Seuerin Grieffen eliche husfrowe, ist gekommen vor gehegit ding vnde hat ⟨wedir⟩[352] gegebin deme genantin Seuerine, oreme elichen werte, driessig alde schog grosschen, die her or gegebin hat, mit alleme rechten, als her or dy gegebin hat.[353]

806. Seuerin Grieffe ist gekommen vor gehegit ding vnde hat gegebin Annen, syner elichen husfrowen, kinderteil an allen synen besten gutern, daz sie an eygene, an erbe, an farnder habe

fol. 188r

---

[351] Über der Zeile.
[352] Über der Zeile.
[353] Vgl. Nr. 806.

addir wur ane daz sy. Were abir daz sie ⟨nicht⟩[354] kindere liessen, so sal dy frowe nach syme tode dy gutere behalden, zcu thune vnde zcu lassene.[355]

807. Hans Giseke ist gekommen vor gehegit ding vnde hatt Hanse Treißen umme sechs alde schog grosschen unde waz dar schade uff gheet, syne were fronen laßen, alse recht ist.

808. Cuncze Wach ist gekommen vor gehegit ding vnde hat gegebin Gerdruden, syner elichin husfrowen, uirczig alde schog grosschin an synen bestin gutern, daz sie an eygene, an erbe, an farnder habe addir wur ane daz sie, nach syme tode dar mete zcu thune vnde zcu lassene.

809. Lodewich Lynowe vnde Margareta, syne eliche husfrowe, sint gekommen vor gehegit ding vnde habin sich begiftiget unde begabit undir eynander mit alle den gutern, dy sy habin addir ummer gewynnen, daz sy an eygene, an erbe, an farender habe addir wur ane daz sy. Welch or ehir abegheet von todis wegen, so sal daz andere dy ‖ gutere behalden, zcu thune vnde zcu lassene.

fol. 188v

810. Bartolomeus Stoynen ist gekommen vor gehegit ding vnde hat gegebin Ilsen, syner elichin husfrowen, ffunffvndefunfczig alde schog grosschin an alle synen bestin gutern, daz sy an eygene, an erbe, an farnder habe addir wur ane daz sie, nach syme tode dar mete zcu thune vnde zcu lassen.

811. Helena, Matthis Bolczen seligen swestir, ist gekommen vor gehegit ding vnde hatt gegebin mit willen vnde fulbort Annen, genant die Luderynne, orer swester, unde Pauwels Luders, der selbetin frowen Annen sone, ores bruders Mathias Balczen seligen testamentarien, nemelichen doctori Valkmaro Koyan, Diderico Kůchenswenne, Jacob Kunczen vnde Briccius Hosen, alle ore gerechtikeit, die sy von oreme brudere vorgenant anirstorben ist, daz sie an huse an hofe addir an gewant kamer addir wur ane daz sy, mit alleme rechten, alse sy die anirstorbin ist.[356]

812. Oßwalt Kruger ist gekommen vor gehegit ding vnde ome wart gefunden vnde geteilt, man sulde on umme sechsvndeczwenczig nuwe grosschen unde waz dar schade uff gheet, an ⟨Claus Pale⟩[357] farnde habe wisen vnde ist dar an gewiset, als recht ist.

813. Hans Schencke ist gekommen vor gehegit ding vnde hatt Bestian Stellmecher umme eyn alt schog grosschen unde waz dar schade uff gheet, syne were frönen laßen, als recht ist.

814. Peter Hadaricz ist gekommen vor gehegit ding vnde hat geclait zcu Magnus Ludeken umme uiervndeczwenczig nuwe grosschen vnde waz dar schade uff gheet, dry ding. Czum uirden dinge wart gefunden vnde geteilt, her hette syne gerechtikeit zcu ome irsten, man sulde on an syne farnde habe wisen, vnde ist dar an gewiset, alze recht ist.

815. Hans Fogil ist gekommen vor gehegit ding vnde hat geclait zcu Magnus Ludeken umme sechsvndeczwenczigk nuwe grosschen vnde waz dar schade uff gheet, dry ding. Czum uirden dinge

---

[354] Über der Zeile.
[355] Vgl. Nr. 805.
[356] Vgl. Nr. 669, 679, 742.
[357] [syne] gestrichen und am Rand ersetzt durch [claus pale].

Die Hallischen Schöffenbücher. V. Buch.

wart gefunden vnde geteilt, man sulde on an syne varnde habe wiesin, sint her syne gerechtikeit zcu ome irsten hetten, vnde ist dar an gewiset, alse recht ist.

816. Caspar Triskowe ist gekommen vor gehegit ding vnde hat Mathias Moderaken umme funf alde schog grosschen unde umme eynen ort syne were fronen lassen, alse recht ist.

817. Ulrich Petczolt ist gekommen vor gehegit ding unde hatt Curt Jagentufele umme czwelftehalb alt schog grosschin unde waz dar schade uff gheet, syne were frônen laßen, alz recht ist.[358] ‖

818. Lodewich Lipps ist gekommen vor gehegit ding vnde hat gegebin Ursulen, syner elichin husfrowen, driessig alde schog grosschen an synen besten gutern, daz sie an eygene, an erbe, an farnde haeb addir wur ane daz sy, nach syme tode dar methe zcu thune vnde zcu lassene.

819. Heynrich Pragenicz ist gekommen vor gehegit ding vnde hat Sixtus Tornawen umme dryvndeczwencig nuwe grosschen unde waz dar schade uff gheet, in den medeban genommen, alz recht ist.

820. Liborius von Delczsch ist gekommen vor gehegit ding vnde hat Kilian Kolben umme sobin schog alde grosschen ane eynen ort unde waz dar schade uff gheet, syne were fronen laßen, alse recht ist.

821. Urban Meczman ist gekommen vor gehegit ding vnde hat Peter Wachawen umme czwey alde schog grosschen vnde czehn alde grosschen vnde waz dar schade uff gheet, syne were fronen lassen, alse recht ist.

822. Hans Kannengisser ist gekommen vor gehegit ding vnde hat geclait zcu Gurgen Rußen umme eyn phert, daz her ome gelegin hat, unde umme eyn nuwe schog grosschen schadegeldis dar umme, daz her ome sin phert uorgehalden hat, dry ding. Czum uierden dinge wart gefunden vnde geteilt, her hette syne gerechtikeit irstehen, man sal ome syne were fronen, unde ist ome gefront, alse recht ist.

823. Mertin Poye ist gekommen vor gehegit ding vnde hat Tile Botchere umme czwey alde schog unde acht nuwe grosschen unde waz dar schade uff gheet, in den medeban genommen, alse recht ist.

824. Nickel Wele ist gekommen vor gehegit ding vnde hat Hanse uon Dreßen umme achtczehin rinsche gulden unde waz dar schade uff gheet, syne were fronen laßen, alse recht ist.

825. Nickel Wele ist gekommen vor gehegit ding unde hat Curt Jagentufele umme czwelffe rinsche gulden vnde waz dar schade uff gheet, syne were fronen laßen, alse recht ist.[359]

826. Claus Gruczsch ist gekommen vor gehegit ding vnde hat Bestian Stellemecher umme

---

[358] Vgl. Nr. 882.
[359] Vgl. Nr. 959.

czwey alde schog unde nunczehn alde grosschen unde waz dar schade uff gheet, syne were fronen lassen, alse recht ist.

827. Lamprecht Thornawe ist gekommen uor gehegtit ding unde hat Peter Widelinge umme andirhalb alt schog grosschin unde was dar schade uff gheet, syne were fronen laßen, als recht ist. ‖

828. Matheus Kluke ist gekommen vor gehegit ding unde hat Nicolaus Brandenberge, syne schult zcu Nickel Kluken zcu fordirne, zcu formunden gekorn, alse recht ist, biß uff daz recht zcu gebene unde zcu nemene.

829. Blesius Storre ist gekommen vor gehegit ding unde hatt uffgeboten eyn willich phant, nemelichen eyn phert, eyne yserynne kethene vnde funff ellen gewandis, daz ome vor funff alde schog grosschin vnde vor vierczehen scheffel hafern gesaczt ist, dry ding. Do wart gefunden vnde geteilt, her mochte daz phant vorsetczin uor sin gelt, ab her konde. Konde her des nicht vorsetczin, so mochte her daz vorkouffen unde daz obirleye reichen deme, der dar recht zcu hette.

830. Drewes Leiche ist gekommen vor gehegit ding vnde hadt Baltizar Pasleuen umme andirhalb alt schog grosschen unde waz dar schade uff gheet, in den medeban genommen, alse recht ist.

831. Die Frydelynne ist gekommen vor gehegit ding vnde hat uffgeboten die gerade, die sie von der Jacob Bennendorffynne anirstorbin sint, dry ding. Do wart gefunden vnde geteilt, sie hette eyne rechte gewere dar ane, unde ist dar an gewieset, alse recht ist.[360]

Anno etc. liiij° post pasca primus

832. Her Johan Kloth ist gekommen vor gehegit ding vnde hat gekorn zcu vormunnden Nicolaum Brandenberge von syner vnde syns uaters wegen sulche schult, die sy haben zcu Jurgen Cziringe, alse nemelichen andirhalbhundert schog, des sy syne vorsegelten briue haben zcu forderne, biß uff daz recht czu gebene vnde czu nemene.

833. [2356] Hans Waltheym ist gekommen vor gehegit ding vnde hat gegebin Dorothean, syner elichen husfrowen, sin eygen, nemelichin huß vnde hoff am alden marckte kegen sente Michele gelegen, nach syme tode zcu eyner rechten lipczucht.

834. [2357] Hans Seuer ist gekommen vor gehegit ding vnde hat gegeben Katherinen, syner elichen husfrowen, synen hoff halb an der ecken bie Hanse Drakensteden gelegen, nach syme tode zcu eyner rechten lipczucht mit sulcheme kore, daz sie dar ane kisen mag, welch teil sy habin wil.[361]

---

[360] Vgl. Nr. 747; vgl. auch Nr. 856, 907, 924, 995.
[361] Vgl. Nr. 505, 558; vgl. auch Buch VI 184 [24].

100 Die Hallischen Schöffenbücher. V. Buch.

835. Jan Brancze ist gekommen vor gehegit ding vnde ome wart gefunden vnde geteilt, man sulde on umme eyn alt schog gr. Philippus Frobergis farnde habe wiesen, unde ist dar an gewieset, alse recht ist. ‖

fol. 190r   386. Nicolaus Rode ist gekommen vor gehegit ding vnde hat gegebin Margareten, syner elichen husfrowen, hundert alde schogk grosschen an alle synen besten gutern, daz sy an eygene, an erbe, an farnde habe addir wur ane daz sie, nach syme thode dar mete zcu thune vnde zcu lassene.[362]

837. Hencze Koch ist gekommen vor gehegit ding vnde ome wart gefunden unde geteilt, man sulde on umme funfvndeczwencig nuwe grosschen vnde waz dar schade uff gheet, an Hans Grunyngis farnde habe wiesin, vnde ist dar an gewiset, alse recht ist.

838. Nickel Penczel ist gekommen vor gehegit ding vnde hat gegebin Osannen, syner elichen husfrowen, hundirt alde schog grosschen an alle synen besten gutern, daz sie an eygene, an erbe, an farnder habe addir wur ane daz sy, nach syme tode dar methe zcu thune vnde zcu lassene.

839. Hans Popelicz, Angustin Treiße, Johans von Hayne vnde Bernt Jacobs sint gekommen vor gehegit ding vnde habin geclait zcu Hanse Treyßen, nemmelichen czu der besaße, dy sie getan habin, zcu syme huse vnde hofe vnde allir farnden habe, pherden, wayne vnde korne, dar vmme, daz er sy vorsaczt hat, kegen Curde vnde Clauße Albrechtis vor hundirt alde schog grosschen vnde czehin alde schog jerlichir czinse dar uff nach lute des houpt briues dar obir gegeben vnde waz dar schade dar uff gegangen ist vnde noch dar uff gheet, an irste cleyde unde dy genantin haben Nicolaus Brandenberge zcu formunden gekorn, dy sache zcu forderne biß uff daz recht zcu gebene vnde czu nemene.[363]

840. Uester Wibolt ist gekommen vor gehegit ding vnde ome wart gefunden vnde geteilt, man sulde on umme drittehalb alt schog vnde uier nuwe grosschen vnde waz dar schade uf gheet, an Peter Widelingis farnde habe wisen, vnde ist dor an gewiset, alse recht ist.

841. Claus Steyn ist gekommen vor gehegit ding vnde hat Ilsen, Brosius elichen husfrowen von Rideberg, umme funf alde schog grosschen vnde waz dar schade uff gheet, in den medeban genomen, alse recht ist.

842. Hans Patczel ist gekommen vor gehegit ding vnde ome wart gefunden vnde geteilt, man sulde on umme drittehalb schog grosschen unde waz dar schade uff gheet, an Claus Ostirtages farnde habe wisen, unde ist dar an gewiset, alze recht ist.

843. Hans Froberg ist gekommen vor gehegit ding vnde hat Galle Rulen umme drittehalb schog
fol. 190v   vnde eynen nuwen grosschen ‖ vnde waz dar schade uff gheet, in den medeban genommen, alze recht ist.

844. Matthias Brůher vnde Claus, sin bruder, sint gekommen vor gehegit ding vnde habin

---

[362] Vgl. Buch VI 493.
[363] Vgl. Nr. 941.

uffgeboten der Heynrich Rademecheynne seligen huß in der Molgassen gelegen, daz sie von der selbin frowen anirstorbin ist, ab ymant dar yn sprechen welde, sy welden daz vorantwertin, dry ding. Do wart gefunden vnde geteilt, sint demmal daz nymant gekommen were vnde dar yn gesprochen hette, so hetten sy eyne rechts were dar ane.

845. **[2358]** Matheus Belling ist gekommen vor gehegit ding vnde hat mete gebracht des ratis von Meydeburg offenen vorsegilten bref, dar inne her bewiset hat, daz on Hans Eckardiß fulmechtig gemacht hat, sulche schult, dy ome Kilian Kolbe schuldig ist, fordern mag, vnde ome wart gefunden vnde geteilt, man sulde ome umme czweyvndefunfczig rinsche gulden vnde waz dar schade uff gheet, syne were fronen, vnde ist om gefront, alze recht ist.[364]

846.[365] Laurencz Prellewicz ist gekommen vor gehegit ding vnde hat uffgeboten dy fronungen an Marcus Bungen huse dry ding. Do wart gefunden vnde geteilt, her mochte daz vorsetczen, ab er konde. Konde er dez nicht vorsetczen, so mochte er daz vorkouffen vor sin gelt vnde daz obirley reichen dem, der dar recht zcu hetet.[366]

847. **[2359]** Hans Hake ist gekommen vor gehegit ding vnde hat gegeben Pawel Wittenberge syne gerechtikeit, dy her hat an deme hofe vor deme Steynthor gelegen, der Matthis Lockeners gewest ist, mit alleme rechten, dy her dar ane gehabt hat.

848. Mattis Wilant ist gekommen vor gehegit ding vnde hat gefragit umme recht, nachdemmal her zcu der besserunge an Heynrich Fisschers huse vff deme Strohofe umme eyne metegabe, dy ome mit syneme wile der selbete Heinrich Fischer gelobet unde vor gerichte bekant hat, geclagit habe, vnde ome dar uff alle both geschen sin, wes man ŏm fordir helfen moge. Do wart ome gefunden vnde geteilt, man sulde on sulchs huses gewaldigen, alse recht ist. Do wart fordir gefragit, wer dez thun sulde. Do wart gefunden vnde geteilt, daz sulde thun der lehin herre, wenne or des von deme schultissen her inret worde.

849. Mattias Jheneke ist gekommen vor gehegit ding vnde hat Nickel Klyngener umme dry alde schog grosschen vnde waz ‖ dar schade uff gheet, in den medeban genommen, alse recht ist.

850. Mathias Jheneke ist gekommen vor gehegit ding vnde ome wart gefunden vnde geteilt, man sulde on umme eyn alt schog grosschen vnde waz dar schade uff gheet, an Peter Widelingis farende habe wiesen, vnde dar an gewiset, alse recht ist.

851. Drewes Stogk ist gekommen vor gehegit dingk vnde ome wart gefunden vnde geteilt, man solde on umme achtczendehalb schog grosschen vnde waz dar schade uff gheet, an der Brosiusynne von Rydeburges farnde habe wisen, vnde ist dar an gewieset, alse recht ist.[367]

---

[364] Vgl. Nr. 902, 903, 968, 1025.
[365] [*nota*] am Rand links.
[366] Vgl. Nr. 745, 1072.
[367] Vgl. Nr. 887.

102   Die Hallischen Schöffenbücher. V. Buch.

852. Jacob Westefale ist gekomen vor gehegit ding vnde hat Peter Wochen umme sechstehalb alt schog grosschen unde waz dar schade uff gheet, syne were frônen laßen, alse recht ist.

853. Rudolff Olczsch ist gekommen vor gehegit ding vnde hat Ulriche Zcôberitze unde syner frowen umme vier alde schog grosschen unde waz dar schade uff gheet, ore were frônen laßen, alze recht ist.

854. Thomas Eckart ist gekommen vor gehegit ding vnde hat Nicolaus Ostertage umme sobin alde schog grosschen vnde waz dar schade uff gheet, syne were frônen laßen, alse recht ist.

855. Her Jacob Goltsmed ist gekommen vor gehegit ding vnde hadt Nicolaus Brandenberge zcu formunden gekorn, dy sache zcu Laurentius Bûrlyne zcu forderne, biß uff daz recht zcu geben unde zcu nemene.[368]

856. Katherina, Claus Phundis seligen wetewe, ist gekommen vor gehegit ding vnde hat geclait zcu Hans Erlawen, Eschwin Wragen unde zcu Otten Bennedorffes vorlassene wetewen, umme uorstorbene gut, daz Jacoff Bennendorff yn or huß gesandt hat, dar czu sich geczogen vnde ge- halden habin, vnde sy or doch befolen habin, daz gut nicht wegk zcu thune, sie quemen denne alle dry zcusampne zcu kommen, sy dar zcu nicht, sundern sy laßen or daz czu hone, smaheit vnde schaden legen, welchen schaden sy werdt uff czehn rinsche gulden hon vnde smaheit uff rechte buße or irste clage, unde disse schult zcu forderne hat die genante Katherina Nicolaus Brandenberge zcu formunden gekorn, alze recht ist, biß uff daz recht zcu gebene unde zcu ne- mene.[369]

857. Kersten Libenowe ist gekommen vor gehegit ding vnde hat Kilian Kolben umme acht alde schog grosschen vnde waz dar schade uff gheet, syne were frônen lassen, alse recht ist.

fol. 191v   858. Matrtin Grûning ist gekomen vor gehegit ding vnde hat ‖ gegebin Hedewige, syner elichin husfrowen, dressig alde schog grosschen an alle synen bestin gutern, daz sy an eygene, an erbe, an farnder habe addir wur ane daz sie, nach syme tode dar methe zcu thune vnde zcu lassene.

859. Hans Heynrichs ist gekommen vor gehegit ding vnde hat gegeben Margareten, syner elichen husfrowen, achtczig alde schog grosschen an alle synen besten gutern, dy sy haben addir ummer gewynnen, daz sy an eygene, an erbe, an farnder habe addir wur ane daz sie, nach syme tode dar mete zcu thune vnde zcu lassene.[370]

860. Hans Koch ist gekommen vor gehegit ding vnde ome wart gefunden vnde geteilt, man sulde Curt Jagentufele umme achtehalb alt schog grosschen unde waz dar schade uff gheet, syne were fronen laßen, alse recht ist.[371]

861. Jacob Krûger ist gekommen vor gehegit ding unde hat gegebin Annen, syner elichin

---

[368] Vgl. Nr. 922, 923, 966, 967, 975, 976, 1078, 1094.
[369] Vgl. Nr. 907, 924, 995.
[370] Vgl. Buch VI 57.
[371] Vgl. Nr. 963.

husfrowen, ffunffundeuirczig alde schog grosschen an alle synen besten gûtern, die her hat addir ummer gewynnet, daz sie an eigene, an erbe, an farnder habe addir wur ane daz sy, nach syme thode dar methe zcu thune vnde zcu lassene.

862. Jacob Koning ist gekommen vor gehegit ding vnde hat weddir gegeben Wenczen Kolczke andirhalb sechzig alt schog grosschen an synen huse vnde hose vor deme Berlyne gelegen myt alleme rechten, alz her ome die uor dar ane gegebin hat.[372]

863. Wencze Kolczk ist gekommen vor gehegit ding vnde hat gegebin Jacoff Koninge achtehalb alt schog grosschen jerlicher zcinße an syme huse vnde hofe uor deme Berlyne gelegen, die er ome vor andirhalb sechzig alde schog grosschin abegekouft hat, mit sulcheme bescheyde, wenne Wencze Kolczk den genantin Jacoffe also uil geldis, alse andirhalb sechzig alde schog grosschen weddir gibbit (!), so sal daz genante huß unde hoff weddir fry vnde ledig sin unde dy weddirkouff stehit zcu Wenczen Kolczke vnde zcu Jacob Koninge nicht.[373]

864. Nickel Wele ist gekommen vor gehegit ding vnde hat Curt Jagentûfele umme funfczehen alde schog unde czwenczig alde grosschen vnde waz dar schade uff gheet, syne were frônen laßin, alz recht ist.[374]

865. Caspar Trißkowe ist gekommen vor gehegit ding vnde hat Peter Wochen umme czwey alde schog grosschen vnde waz dar schade uff gheet, syne were frônen lassen, alse recht ist.

866. Hans von Dreßen unde Margareta sin eliche husfrowe sint gekommen vor gehegit ding unde habin sich begiftigit unde be‖begabit vndir eynandir mit alle den gutern, dy sy habin addir ummer gewynnen, daz se an eygene, an erbe, an farnder habe adder wur ane daz sy. Welche or ehir abegheet von thodis wegen, so sal daz andere die gutere behalden, zcu thune vnde zcu lassene.

fol. 192r

867. Peter Schapawen vnde Sophie, syne eliche husfrowe, sint gekomen vor gehegit ding vnde habin sich begiftigit vnde begabit undir eynandir mit alle den gutern, dy sie haben addir ummer gewynnen, daz sie an eygene, an erbe, an farnder habe adder wur ane daz sy. Welch or ehir abegheet uon thodis wegen, so sal daz andere die gutere behalden, zcu thun unde zcu lassene.

868. Michel Snabel vnde Agata, syne eliche husfrowe, sint gekomen vor gehegit ding vnde haben sich begiftigit vnde begabit undir eynandir mit alle den gutern, dy sie haben addir ummer gewynnen, daz sy an eygene, an erbe, an farnder habe addir wur ane daz sie. Welch or ehir abegheet von thodis wegen, so sol das andere dy gûtere behalden, zcu thune vnde zcu lassene.

869. [2360] Hans Wegher ist gekommen vor gehegit ding vnde hat gegeben mit fulbort Margareten, syner swester, Hanse Pardemanne dy helfte des hofes in der großen Ulrichsstraßen

---

[372] Vgl. Nr. 863.
[373] Vgl. Nr. 862.
[374] Vgl. Nr. 959.

104 Die Hallischen Schöffenbücher. V. Buch.

gelegen, zcum Kerstoffele genanten, zcu der helfte, dy ome uor dar ane gegeben was, mit alleme rechten, alse dy sin gewest ist.[375]

870. Margareta, Mertin Kaldenborne eliche husfrowe, ist gekomen vor gehegit ding vnde hat gegebin, mit fulbort deß genantin ores elichen formunnden, Lehenen, Borcharde vnde Lucien, oren kindern, ore lipczucht vnde gerechtikeit, dy or Lorencz Dugawe, or irste wert, an syme huse gegebin hatt, mit alleme rechten, als or die dar ane gegebin was.[376]

871. **[2361]** Borchart, Lehene vnde Lucia, Lorencz Dugawen seligen kindern, sint gekommen mit Margareten, orer muter, vnde mit andern oren freunden, nelichen (!) Clauße vnde Hanße Petuppe gebrudern, vor gehegit ding vnde haben gegebin mit der uorgenanten fulbort vnde willen Mertin Kaldenbornen or huß vnde hoff, in der Schenenstraßen, an der Bracsteden thore gelegen, mit alleme rechten, alz sie daz von oreme vater angekommen waz.[377]

872. Mertin Kaldenborne ist gekommen vor gehegit ding vnde hat gegebin Borcharde, Lehenen vnde Lucien, Lorencz Dugawen seligen kindern, sechczig alde schog grosschen an deme selbin hofe abeczuteilen, mit sulcheme bescheide, wenne her den kindern sollich gelt gegebin hat, so sal sin hoff weddir fry vnde ledig sin vnde darczu sal her dy kindere dry ‖ jar in der koste halden vnde sy mit schuen vnde cleydern besorgen.[378]

873. Mertin Kaldenborne vnde Margareta, syne eliche husfrowe, sint gekommen vor gehegit ding vnde habin sich begiftigit vnde begabit vndir eynandeir mit alle den gutern, dy sie haben addir ummer gewynnen, daz sie an eigene, an erbe, an farnder habe addir wur ane daz sy. Welch or ehir abgheet von todis wegen, so sal daz andere dy gutere behalden, zcu thune vnde zcu laßene. Were adir daz sie kinder ließen, so sal die frowe kinderteil dar ane haben.[379]

874. Pawel von Sayda ist gekommen vor gehegit ding vnde hat Mathias Moderaken umme acht alde schog vnde funfczehn grosschen syne were frônen laßen, alse recht ist.[380]

875.[381] Curt Endeman unde Nicolaus Brandenberg uon formundeschaft wegen desselben Curdis sint gekommen uor gehegit ding vnde habin uffgeboten dy frônunge an Pawel Czscheyen huß dry ding unde on wart gefunden vude geteilt, sie mochten das huß uorsetczin, ab sie konden. Konden sy dez nicht uorsetczin, so mochtin sie daz uorkouffen vor or gelt vnde daz obirleye reichen deme, der dar recht zcu hette.[382]

---

[375] Vgl. Nr. 566.

[376] Vgl. Nr. 871, 872, 873; vgl. auch Buch VI 300.

[377] Vgl. Nr. 870, 872, 873; vgl. auch Buch VI 300.

[378] Vgl. Nr. 870, 871, 873; vgl. auch Buch VI 300.

[379] Vgl. Nr. 870, 871, 872, Buch VI 300.

[380] Vgl. Nr. 960.

[381] [*nota*] am Rand links.

[382] Vgl. Nr. 201, 769.

1454–1455

876. Anyß Aldenborg ist gekommen vor gehegit ding vnde [...][383]

877. **[2362]** Claus Dǒnczsche ist gekommen vor gehegit ding vnde hat gegebin Sander Brancsteden lehen vnde zcinße, nemelichen eynen smalen uirding an her Niclaus Hedirslebin huse, uff deme Sandtberge gelegen, mit alleme rechtin, alse die sin waren.

878.[384] Sander Brancstede ist gekommen vor gehegit ding vnde hat uffgeboten die fronunge an Vlrich Czobericz huß dry ding. Do wart gefunden vnde geteilt, her mochte daz vorsetczen, ab her konde. Konde her des nicht vorsetczen, so mochte her daz vorkouffen vor sin gelt vnde daz obirley reichen deme, der dar recht zcu hette.[385]

879. Hans Ymen ist gekommen vor gehegit ding vnde hat gegeben Alheyden, syner elichin husfrowen, hundirt rinsche gulden an alle synen bestin gutern, die sy habin addir ummer gewynnen, daz sie an eigene, an erbe, an farnder habe addir wur ane daz sie, nach syme tode dar mete zcu thune vnde zcu lassene.

880. Glorius Grymme ist gekommen vor gehegit ding unde hat geclait zcu eynem wayne, den her bekummert hat, yn syme eygen huse, der do sin sal, eyns genant Uit Merllewicz umme virdehalb alt schog grosschen, dar vor her gelobit hat kegen Hanse Huffenlebene, unde waz dar schade uff gheet, dry ding. Czum uirden ding wart gefunden vnde geteilt, her hette syn gelt irstehen, man ‖ sulde on an den wisen, vnde ist dar an gewiset, alze recht ist.[386]

881. Hans Sperling ist gekommen vor gehegit ding vnde hadt Peter Wachawen umme zcehen alde schog grosschen vnde waz dar schade uff gheet, syne were fronen laßin, alse recht ist.

882.[387] Ulrich Petczolt ist gekommen vor gehegit ding vnde hat uffgeboten dy fronunge an Curt Jagentǔfels huß dry ding vnde ome wart gefunden vnde geteilt, her mochte daz vorsetczen, ab her konde. Konde her des nicht vorsetczen, so mochte her daz vorkouffen vor sin gelt vnde daz obirley reichen deme, der dar recht zcu hette, vnschedelich dem gerichte.[388]

883. Pawel Winckel ist gekommen vor gehegit ding unde hat gegebin Margareten, syner elichen husfrowen, driessig alde schog grosschen an alle synen gutern, die her hat addir ummer gewynnet, daz sy an eygene, an erbe, an farnder habe addir wur ane das sie, nach syme tode dar methe czu thune vnde zcu lassene.

884. Hans Nythener ist gekommen vor gehegit ding vnde hat gegebin Gerdruden, syner elichen husfrowen, uierczig rinsche gulden an alle synen gutern, dy er hat addir ummer gewynnet, daz sy an eygene, an erbe, an farnder habe addir wur ane daz sie, nach syme tode dar methe zcu thune vnde zcu lassene.

fol. 193r

---

[383] Satz abgebrochen.

[384] [*nota*] am Rand links.

[385] Vgl. Nr. 791, 896.

[386] Vgl. Nr. 914.

[387] [*nota*] am Rand rechts.

[388] Vgl. Nr. 817.

106 Die Hallischen Schöffenbücher. V. Buch.

885. Hans Fisscher ist gekommen vor gehegit ding vnde hat uffgeboten eynen swartzen frowen mantel, der ome gesaczt ist, zcu eyneme willigen phande vor achtehalb alt schog grosschen, dry ding vnde ome wart gefunden vnde geteilt, her mochte den vorsetczen, ab her konde. Konde her des nicht vorsetczen, so mochte her den vorkouffen vor sin gelt vnde das obirley reichen deme, der dar recht zcu hette.

886. Drewes Anedarm ist gekommen vor gehegit ding vnde hat uffgeboten eynen swarczen frowen rock, der ome gesaczt ist zcu eyneme willigen phande vor andirhalb alt schogk grosschen, ⟨dry dinge⟩[389] vnde ome wart gefunden vnde geteilt, her mochte den vorsetczen, ab her konde. Konde er des nicht vorsetzen, so mochte her den vorkouffen vor sin gelt vnde daz obirleye reichen deme, der dar recht zcu hette.[390]

887. Drewes Stock ist gekommen vor gehegit ding vnde hat die Brosius Rideborgynne umme achtczendehalb alt schog grosschen unde was dar schade uff gheet, in den medeban genommen, alse recht ist.[391] ‖

fol. 193v

888. Hans Asmus ist gekommen vor gehegit ding vnde hatt Ulrich Zcoberitcze umme ffunffvndeczwenczig nuwe grosschen vnde umme drittehalben scheffel rogken syne were fronen lassen, alse recht ist.

889. Matthias Phoel ist gekommen vor gekommen vor gehegit ding vnde hat Mathias Moderaken umme sobin alde schog gr. vnde eynen ort vnde waz dar schade uff gheet, syne were frönen lassen, alse recht ist.

890. Jurge Stellemecher ist gekommen vor gehegit ding vnde hat sich lassen loß teylen von der clage, die Francze Muller von eyns wagens wegen zcu ome that, dar umme, daz er mit geczugen fulqwam vor gerichte, als ome gefunden unde geteilt waß, das her den wagen vor alleme kumer unde clegeden gekouft hette.

891. Vlrich Sorge ist gekommen vor gehegit ding vnde hat Hans Olthapphe umme funfczehn nůwe grosschen unde waz dar schade uff gheet, syne were frönen lassen, alse recht ist.

892. Nickel Starckenberg vnde Lucia, syne eliche husfrowe, sint gekommen vor gehegit ding vnde habin sich begiftiget vnde begabit undir eynandir mit alle den gutern, die sy habin addir ummer gewynnen, daz sie an eygene, an erbe, an farnder habe addir wur ane die sie. Welch or ehir abegheet von todis wegen, so sal daz andere dy gutere behalden, zcu thune vnde zcu laßene, mit sulcheme bescheide, daz eyn iczlich persone mechtig sin sal, hundirt alde schog grosschin zcu gebene, wo her daz hen ghan ane deß andern weddir sprache.[392]

893. Claus Valysern ist gekommen vor gehegit ding vnde hat gegebin Annen, syner elichen

---

[389] [dry dinge] am Rand links, mit Einschubzeichen.
[390] Vgl. Nr. 717.
[391] Vgl. Nr. 851.
[392] Vgl. Nr. 754; Hertel, Theil II, V [271].

1454–1455

husfrowen, hundirt alde schog grosschen an alle syne bestin gutern, dy sie habin addir ummer gewynnen, daz sy an eigene addir umme (!) gewynnen, daz sy an eygene, an erbe, an farndir habe addir wur ane daz sie, nach syme thode dar methe zcu thune vnde zcu laßene.

894. Her Niclaus Pruße hat gesant synen offenen vorsegilten brieff in gehegit ding zcu ech[...].[393]

895. Hans Prirße ist gekommen vor gehegit ding vnde hat gegebin Annen, syner elichen husfrawen, andirhalb hundirt alde schog grosschin an alle synen besten gutern, die er hat addir ummer gewynnet, daz sie an eigene, an erbe, an farnder habe addir wur ane daz sy, nach syme thode dar methe zcu thune vnde zcu laßene. ||

896. Sander Bracstede ist gekommen vor gehegit ding vnde hadt gegebin Ulrich Zcoberitcze czwey alde schog grosschen jerlicher czinße, die er ome an syme huse gegebin vnde vorkouft hat, mit der gerechtikeit, die er dar ane dar bobin irstanden unde irclait hat, mit alleme[394] rechten, als her die dar ane irclait hat.[395]

897. Eua Rudigers ist gekommen vor gehegit ding vnde hat gegeben myt fulbort ores vormunden Hans Sellen, den or der richter zcu formunden gab, Rudiger Smede sechczig rinsche gulden an syme huse, in der Rodewesschenstraße gelegen, mit alleme rechten, als her or die vor dar ane gegebin hat.[396]

898. Nickel Selle ist gekommen vor gehegit ding vnde hat gegeben Euan Rudigers sechczig rinsche gulden an syme huß in der Rodewelschenstraßen gelegen, zcu thune vnde zcu laßene, dar man sie methe beraten sal unde wenne her die gegebin hat, so sal sin huß weddir fry vnde ledig sin.[397]

899. Curt Koch ist gekommen vor gehegit ding vnde hat Borchart Folsche umme dritczendehalb alt schog grossche vnde waz dar schade uff gheet, in den medeban genomen, alse recht ist.

900. Hans Glaser ist gekommen vor ghegit ding vnde hat gegebin Claren, syner elichin husfrowen, sechczig alde schog grosschin an alle synen besten gůtern, die er hat addir vmmer gewynnet, daz sie an eigene, an erbe, an farnder habe addir wur ane daz sie, nach syme tode dar mete zcu thune vnde zcu laßene.

901. Hencze Bock ⟨unde⟩[398] Ilse, syne eliche husfrowe, sint gekommen vor gehegit ding vnde habin sich begiftiget vnde begabit vndir eynandir mit alle den gutern, die sy habin addir ummer gewynnen, daz sie an eygene, an erbe, an farnder habe addir wur ane daz sy. Welch or ehir

---

[393] Satz abgebrochen.
[394] [alle gerech(tikeit)] gestrichen und durch [alleme] ersetzt.
[395] Vgl. Nr. 791, 878.
[396] Vgl. Nr. 707, 898.
[397] Vgl. Nr. 707, 897.
[398] Über der Zeile.

108 Die Hallischen Schöffenbücher. V. Buch.

abegheet von todis wegen, so sol daz andere die gûtere behalden, zcu thune vnde zcu laßene, mit
sulcheme bescheyde, daz eyn jczlich persone mechtig sin sal, czwenczig alde schog grosschen zcu
gebene, wo her daz hen ghan, ane des andern weddirsprache.

902. Matheus Belling ist gekommen vor gehegit ding vnde hat uffgeboten in formundeschaft
Hans Eckardiß zcu Meydeborg vnde der andern, dy dar zcu gehorne, dy frônunge an Kilian
Kolben huß dry ding. Do wart gefunden vnde geteilt, her mochte daz vorsetczen, ab er konde.
Konde her des nicht vorsetczin, her mochte er daz vorkouffen vor sin gelt vnde daz obirley reichen
deme, der dar recht zcu hette.[399] ‖

fol. 194v

903. Matheus Belling ist gekommen vor gehegit ding vnde hat zcu formunden gekorn Nicolaus
Brandenberge, sulche sache zcu Kilian Kolben zcu fordirne, ab ome deß uor sin warde, biß uff
daz recht zcu gebene vnde zcu nemene.[400]

904. Uit Kostewicz vnde Ilse, syne eliche husfrowe, sint gekommen vor gehegit ding vnde
habin sich begiftiget vnde begabit undir eynandir mit alle den gutern, die sy habin addir ummer
gewynnen, daz sy an eigene, an erbe, an farndir habe addir wur ane daz sy. Welch or ehir abegheet
von todis wegen, so sal daz andere dy gûtere behalden, zcu thune vnde zcu lassene.

905. Matheus Jeneke ist gekommen vor gehegit ding vnde hat Peter Widelinge umme eyn alt
schog grosschen vnde waz dar schade uff gheet, in den medeban genommen, alse recht ist.

906. Claus Steyn vnde Nicolaus Brandenberg sint gekommen vor gehegit ding vnde habin
geclait zcu Curt Jagentufele vnde zcu syme huß, daz sy besaczt haben, umme uirvndesechczig
alde schogk grosschen, dar er sy vor vorsaczt hat unde waz dar schade uff gheet, dry ding. Czum
virden dinge wart gefunden vnde geteilt, sy hetten ore gerechtikeit zcu om irstehen, man sulde
sie an sin gut wiesen, vnde sint dar an gewieset, alse recht ist.[401]

907. Katherina, Claus Phundis seligen wetewe, unde Nicolaus Brandenberg uon formunde-
schaft sint gekommen uor gehegit ding unde haben geclait zcu Eschwin Wragenwen unde zcu
der Otten Bennendorffynne unde Hanse Erlawen, dar umme, daz sy zcu or gekommen sint vnde
habin sy gebeten, daz sy daz gerete, daz bie or uorstorben ist, unde daz Jacoff Bennendorff unde
syne eliche husfrowe dar yn gesant hattin zcu getruwer hant nicht wegk thun sulden, sie quemen
denne alle dry zcusampne, deß sint sy nu nicht kommen, daz sy sich des vortragen hetten, vnde
laßen or daz legen zcu schaden, hone unde smaheit, unde dar umme also uon Hans Bennendorffe
kegen Meydeburg geladen wart, welchen schaden sy wirdt uff czehn rinsche gulden hon unde
smaheit uff rechte buße, unde hat dar umme zcu allen uiren geclait dry ding. Czum uirden dinge

fol. 195r

wart gefunden vnde geteilt, sy hetten ore gerechti‖keit irstehin, man sulde sy dar ane wiesen,

---

[399] Vgl. Nr. 845, 903, 968, 1025.
[400] Vgl. Nr. 845, 902, 968, 1025.
[401] Vgl. Nr. 925, 954.

1454–1455

vnde sint dar an gewieset, alse recht ist.[402]

908. Hans Francke der rotgießer, vnde Anne, syne eliche husfrowe, sint gekommen vor gehegit ding vnde habin sich begiftiget unde begabit vndir eynandir mit allen gutern, die sie haben addir ummer gewynnen, daz sie an eygene, an erbe, an farnder habe addir wur ane daz sie. Welch or ehir abegheet von todis wegen, so sal daz andere dy gutere behalden, zcu thune vnde zcu lassene.

909. [2363][403] Borhard Schûler ist gekommen vor gehegit ding vnde om wart gefunden vnde geteilt, man sulde on umme czwey alde schog grosschen vnd waz dar schade uff gheet, an Hans vom Ende farnde habe wiesen, vnde ist dar an gewieset, alse recht ist.

910. Jacoff Czymmerman ist gekommen vor gehegit ding vnde hat gegebin Czillen, syner elichin husfrowen, sin huß zcwisschen Caspar Weddirsade vnde Lodewich Mollen, in der großen Vlrichsstraßen gelegen, nach syme tode dar methe zcu thune vnde zcu lassene.

911. Die Michel Cruczmaninne ist gekommen vor gehegit ding vnde hat Ffrancze Schernemeister umme czwene nuwe gr. unde waz dar schade uff gheet, in den medeban genommen, alz recht ist.[404]

912. Galle Rûlen hat Hanse Froberge uor acht vnd czwenczig alde grosschen recht zcu thune gelobit unde ist nicht gekommen unde sin recht gethan hat. Do wart gefunden unde gefunden (!) geteilt, Hans Froberg hette syne schult uff on irstehin mit recht.

913. Borchart Eldiste ist gekommen vor gehegit ding vnde hat Ffriczsche Czune umme funftehalb alt schog grosschen unde waz dar schade uff gheet, in den medeban genommen, alse recht ist.

914. Glorius Grymme ist gekommen vor gehegit ding vnde ome wart gefunden vnde geteilt, her mag den wagen, den her under ome selbir bekummert ⟨hat⟩[405] vnde dar an gewiset ist, uorsetczen uor sin gelt, ab er kan. Kan her des nicht uorsetczin, so mag her den vorkouffen vnde daz obirleie gebin deme, der dar recht zcu hette.[406]

915. Bode Uolkfelt ist gekommen vor gehegit ding vnde hat Segemunt Hertele umme soben alde schog groschen unde was dar schade uff gheet, in den medeban genommen, alse recht ist. ‖

916. Dy Moricz Bunynne ist gekommen vor gehegit ding unde hat der Rûle Scheffynne umme czwey schog vnde eynen ort vnde waz dar schade uff gheet, ore were fronen laßen, alse recht ist.[407]

917. Peter Wedemar vnde Jutte, syne eliche husfrowe, sint gekommen vor gehegit ding vnde

fol. 195v

---

[402] Vgl. Nr. 856, 924, 995.

[403] Hertel hat diesen und den nächsten Eintrag fälschlich folgendermaßen geschrieben: Hertel, Theil II, V [2363] beginnt mit „*Jacoff Czymmerman ist gekommen vor gehegit ding vnde …*"; dieser Teil gehört jedoch eigentlich zum nächsten Eintrag.

[404] Vgl. Nr. 987, 1000.

[405] Über der Zeile.

[406] Vgl. Nr. 880.

[407] Vgl. Nr. 958.

110 Die Hallischen Schöffenbücher. V. Buch.

habin sich begifftiget vnde begabit undir eynandir mit allen gutern, die sy habin addir ummer gewynnen, daz sie an eygene, an erbe, an farnder habe addir wur ane daz sy. Welch or ehir abegeheet von todis wegen, so sol daz andere dy gutere behalden, zcu thune vnde zcu lassene.

918. Mathias Rammeler ist gekommen vor gehegit ding vnde hat geclait zcu Claus Bestiane umme czehen alde schog grosschen, die her ome sulche schuldig sin, uon eyme huße vff deme Strohofe gelegen, des her wissintliche lute hette. Do wart gefunden vnde geteilt, daz Rammeler des mit wissintschaft fulkommen sulde, in dreen uirczentagen tagin, deme her denne also nicht gethan hat, alse wart fordir gefunden vnde geteilt, daz Claus Bestian sulchir schult von ome emprochen were.

919. Mathias von Hayne ist gekommen vor gegehegit (!) ding unde ome wart gefunden vnde geteilt, daz man Kilian Kolben umme dry alde schog grosschen vnde waz dar schade uff gheet, syne were fronen ⟨sol⟩[408], alze recht ist.

920. Hans Diczsche ist gekommen vor gehegit ding vnde hat geclait zcu Nickel Schernemeistern umme eyn huß, daz her ome abegekouft hette, dar denne Nickel zcu antwerte unde sprach, daß her ôme daz vorkouft hette, mit sulcheme undirscheyde, ôme weddirczúsagene yn eyner czyt, unde zcoge sich des an syne eigene wissen, zcu der wissintschaft Hans Diczsche neyn sprach unde qwam dar umme von ome mit rechte. Dar uff wart fordir gefunden vnde geteilt, sintdemmal daz her ome recht dar vor geworden were, so sulde ome Nickel Schernemeister den kouff halden, so uerne, als her kônde.[409]

921. Dar nach ist Anne, Nickel Schernemeisters eliche husfrowe, uor daz selbete gehegete ding gekommen unde hat gesprochen, daz sulch kouff mit ôreme willen vnde furbort nicht gescheen sie, sundern waz sie dar zcu gesprochen habe, daz sie geschen uon forchte wegen ores mannes unde hat daz mit oreme eyde uff den heiligen irhalden, alse recht ist.[410]

922. Nicolaus Brandenberg ist gekommen vor gehegit ding unde hat uon uormundeschaft wegen her Jacob Goltsmediß, Laurencius Bôrlyne umme czwenczig alde schog grosschen ‖ unde waz dar schade uff gheet, syne were fronen lassen, alse recht ist.[411]

923. Nicolaus Brandenberg ist gekommen vor gehegit ding vnnd hat von vormundeschaft wegen her Jacob Goltsmedis geclait zcu Laurencius Borlyne, waz her on geladen hat, kegen mynden des her uirczig alde schog grosschen zcu schaden hatte, dry ding. Czum uierden dinge wart gefunden vnde geteilt, her hette sulch gelt irstehen, man sulde om syne were fronen, unde ist gefront, alse recht ist.[412]

fol. 196r

---

[408] [laßen] gestrichen und durch [sol] ersetzt.
[409] Vgl. Nr. 921, 938.
[410] Vgl. Nr. 920, 938.
[411] Vgl. Nr. 855, 923, 966, 967, 975, 976, 1078, 1094.
[412] Vgl. Nr. 855, 922, 966, 967, 975, 976, 1078, 1094.

1454–1455   111

924. Katherina, Claus Phundis seligen wetewe, ist gekomen vor gehegit ding vnde or wart gefunden vnde geteilt, sie magk sulche farnde habe, die sei in oreme hofe besaczt vnde die irstanden unde irclait hat unde Hans Erlawen, Eschwin Wragawen unde Hans Bennendorffs, mit der muter gewest sint, uorsetczen uor or gelt, ab sie kan. Kan sie der nicht vorsetczin, so mag sie dy vorkouffen vor o̊r gelt vnde daz o̊birleie reichen deme, der dar recht zcu hat, nemelichen czehen rinsche gulden schaden, als hir vor irclait vnde in der nesten schrift benant ist.[413]

925.[414] Claus Steyn vnde Nicolaus Brandenborg sint gekommen vor gehegit ding vnde on wart gefunden vnde geteitl, daz sy mogen Curt Jagentufels huß, daz sie irstanden vnde irclait habin vor sechczig alde schog vnde uier lade schog grosschen, vnde waz dar schade uff gheet, uorsetczin, ab sy konnen. Konnen sie des nicht vorsetczin, so mogen sy daz vorkoyffen vor or gelt vnde daz o̊birleie reichen deme, der dar recht zcu hat, vnschedelichen den fo̊rdern clegern.[415]

926. Kilian Kolbe ist gekommen vor gehegit ding vnde hat Hanse Palbornen umme nuen alde schog grosschen vnde waz dar schade uff gheet, in den medeban genommen, alse recht ist.

927. Jacob Werbekg ist gekommen vor gehegit ding vnde hat Curt Jagentůfele vnde syne eliche husfrowen umme sechczig alde schog grosschen vnde waz dar schade uff gheet, in den medeban genommen, alse recht ist.

928. Hans Krugk ist gekommen vor gehegit ding vnde hat gegebin Margareten, syner elichin husfrowen, alle syn gut halb, daz sie an eygene, an erbe, an farnder habe addir wur ane daz sy, nach syme tode dar mete zcu thune vnde czu laßene.

929. Mathias Ebirhart ist gekommen vor gehegit ding vnde ⟨o̊me⟩[416] wart gefunden vnde geteilt, man sulde o̊n umme czwelff alde schog grosschen unde waz dar schade uff gheet, an Kilian Kolben farnde habe ‖ wiesen vnde ist dar an gewieset, alse recht ist.   fol. 196v

930. Hans Smed ist gekommen vor gehegit ding unde ome wart gefunden vnde geteilt, man sulde on umme ffunffczig scheffel haffern vnde was dar schade uff gheet, an Philippen Vesters vnde Segemunt Uesters farnde habe wiesen, vnde ist dar an gewieset, alse recht ist.

931. Nickel Pock ist gekommen vor gehegit ding unde hat Hanse Oltoppe umme dry alde schog grosschen mynre sechs alde grosschen vnde waz dar schade uff gheet, syne were fro̊nen laßen, alse recht ist.[417]

932. Thomas Monczk ist gekommen vor gehegit ding vnde ome wart gefunden vnde geteilt, man sulde on umme dry alde schog unde czwelff alde grosschen vnde was dar schade uff gheet, an Hans Treißen farnde habe wisen, vnde ist dar an gewieset, alse recht ist.

---

[413] Vgl. Nr. 856, 907, 995.
[414] [nota] am Rand rechts.
[415] Vgl. Nr. 906, 954.
[416] Über der Zeile.
[417] Vgl. Nr. 1046.

112 Die Hallischen Schöffenbücher. V. Buch.

933. Claus Geyncz ist gekommen vor gehegit ding vnde ome wart gefunden vnde geteilt, man sulde on umme eyn alt schog grosschen unde waz dar schade uff gheet, an der Heynen Hutemecherynne farnde habe wiesen vnde ist dar an gewieset, alse recht ist.

934. Drewel (!) Stal ist gekommen vor gehegit ding vnde hat Mathiaß Moderaken, Seuerin Grieffen vnde Hanse von der Louben, umme sobin alde schog grosschen hoûptsumme vnde schaden, ore were frônen lassen, alse recht ist.

935. Heynricus Trefart ist gekommen vor gehegit ding vnde hat uffgeboten eyn willich phant, nemelich eyne dekene, dry ding. Do wart gefunden vnde geteilt, her mochte daz vorsetczen vor sin gelt, ab her konde. Konde her des nicht vorsetczen, so mochte her daz vorkouffen vnde daz obirley reichen deme, der dar recht zcu hat.

936. Hans von Querfforde ist gekommen vor gehegit dingk vnde hat uffgeboten eyn willich phant, nemelichen eyn armbrost, daz ome gesaczt ist vor eyn alt schog vnde dritczen nûwe grosschen, dry ding. Do wart gefunden vnde geteilt, her mochte daz vorsetczin vor sin gelt, ab her konde. Konde her des nicht vorsetczin, so mochte her daz vorkouffen vnde daz obirleye reichen deme, der dar recht zcu hat.

937. Hans Penewicz ist gekommen vor gehegit ding vnde hat Hans Treißen umme eylff alde schog grosschen mynre uier nuwe grosschen vnde was dar schade uff gheet, syne were frônen laßen, alse recht ist.

938. Nickel Schernemeister ist gekommen vor gehegit ding unde ome wart gefunden vnde geteilt, daz her uon Hanse Ditczschen ‖ umme solchen schaden, den her von eyns kouffs wegen zcu ome gesaczt hatte, dar her synen eyt vorboth emprochen ist.[418]

939. Kune Roding ist gekommen vor gehegit ding vnde hadt Hanse Bocke umme andirhalb alt schog grosschen vnde czwene scheffel weißes, eynen halben scheffel haffern vnde waz dar schade uff gheet, syne were fronen laßen, alse recht ist.

940. Heyne Bracstede ist gekommen vor gehegit ding vnde hat Cûne Zcoken umme eyn nûwe schog grosschen vnde waz dar schade uff gheet, syne were frônen laßen, alse recht ist.

941. Nicolaus Brandenberg ist gekommen vor gehegit ding vnde hat von formundeschaft wegen Hans Popeliczs, Hans vom Hayne, Augustin Treißen vnde Bernt Jacoffs, Hanse Treißen umme hundirt alde schog grosschen vnde waz dar schade uff gheet, nach lute eyns briues, syne were fronen laßen, alze recht ist. Were abir sin erbe so gut nicht, so sal man ôn an syne farnde habe wiesen, unschedelich den, die vor ôme sint.[419]

942. Blasius Steckenberg ist gekommen vor gehegit ding vnde hat macht gegebin Caspar Gellewitcze, syneme ohemen, an allen gûtern vnde gerechtikeyden, die on von Mertin Steckenberge,

fol. 197r

---

[418] Vgl. Nr. 920, 921.
[419] Vgl. Nr. 839.

1454–1455 113

syneme vatere, anirstorben sin, zcu thune vnde zcu lassene, yn syneme abewesene, die zcu uor-
setczen, zcu vorkouffene addir zcu vorgeben, in allirmaße, als ab her selbir thun möchte, so her
kegenwertig were.[420]

943.[421] Andreas Promptyn ist gekommen vor gehegit ding vnde hat Drewes Zcoken vnde ouch
methe Drewes Gumprechte umme czehen alde schog grosschen vnde waz dar schade uff gheet,
ore were fronen laßen, alse recht ist.[422]

944. Andreas Promptyn ist gekommen vor gehegit ding vnde ome wart gefunden vnde geteilt,
man sulde on umme die selbeten itczunt berurten czehen alde schog grosschen unde waz dar
schade uff gheet, an Ualentin ⟨Pôtelicz⟩[423] farnde habe wiesen vnde ist dar an gewieset, alse recht
ist.[424]

945. Steffanye, Caspar Stegmessers eliche husfrowe, ist gekommen vor gehegit ding vnde or
wart gefunden vnde geteilt, man sulde sie umme czwelff nuwe grosschen unde waz dar schade
uff gheet, an Hans Lammes farnde habe wiesen, vnde ist dar an gewieset, alze recht ist.

946. Kerstianus Libenawe ist gekommen vor gehegit ding vnde ome wart gefunden vnde geteilt,
man sulde on umme acht fulle schog grosschen vnde waz dar schade ‖ uff gheet, an Kilian Kolben
farnde habe wiesen, unde ist dar an gewieset, alse recht ist.[425]

fol. 197v

947. Osanna, Mathias Boliczen seligen wetewe, ist gekommen vor gehegit ding vnde hat uff-
gebotin dry kerczen stebe, die or gesaczt sint, zcu eyneme willigen phande vor sechs alde schog
grosschen. Sulche sache zcu forderne, hat dy genante frowe zcu formunden gekorn, Nicolaus
Brandenberge, biß uff das recht zcu gebene vnde zcu nemene, alse recht ist.[426]

948. Uester Wibolt ist gekommen vorgehegit ding unde ome wart gefunden vnde geteilt, man
sulde on umme funfczehen nuwe grosschen vnde waz dar schade uff gheet, an Hans Grûnyngis
farnde habe wiesein, vnde ist dar an gewiset, alz recht ist.

949. Ulrich Hafer vnde Katherina, syne eliche husfrowe, sint gekommen vor gehegit ding vnde
habin sich begiftiget vnde begabit vndir eynandir mit allen gûtern, dy sy habin addir vmmer
gewynnen, daz sie an eygene, an erbe, an farnder habe addir wur ane daz sie. Welch or ehir
abegheet von todis wegen, so sal daz andere dy gûtere behalden, zcu thune vnde zcu lassene.

950. Michel Koningistal ist gekommen vor gehegit ding vnde ist synes geczûges fulkommen

---

[420] Vgl. Buch VI 22 [6].

[421] Or.: *Andreas Promptyn iſt gekōmen vor gehegit ding vnde | hat Drewes Zcoken^b vnde czehen alde ſchog groſſchꝛ vn̄ | waʒ dar ſchade uff gheet^a vnde auch Methe Drewes Gû|prechte ore were fronen laßen, alſe recht iſt.*; Der Schreiber fügte nachträglich „*a*“ und „*b*“ zu und „*vnde*“ (hinter *b*) wurde mit Oberstrich zu „*umme*“ modifiziert.

[422] Vgl. Nr. 944.

[423] [*pôtelicz*] am Rand rechts.

[424] Vgl. Nr. 943.

[425] Vgl. Nr. 951.

[426] Vgl. Nr. 970.

114 Die Hallischen Schöffenbücher. V. Buch.

kegen Ditteriche Zceley, daz her ome syn (!) uor deme Santberge mit sulcheme bescheyde uor-
kouft hat, wenne er daz weddir vorkouffen welde, daz her om daz vor daz irste anbieten sulde,
vnde Ditterich hat des auch also bekant, daz Michel ôme daz angeboten hette. Dar uff wart
gefunden vnde geteilt, her sulde om daz in uirczen tagen in den gifft schicken.

951. Kersten Libenawe ist gekommen vor gehegit ding vnde ome wart gefunden vnde geteilt,
daz her Kilian Kolben farnde habe, dar her an gewiset ist, mag vorsetczin vor sin gelt, ab her kan.
Kan her des nicht vorsetczin, so mag her daz vorkouffen vnde daz obirley reichen deme, der dar
recht zcu hette.[427]

952. Hans Üling vnde Barbara, syne eliche husfrowe, sint gekommen vor gehegit ding vnde
haben sich begiftiget vnde begabit vndir eynandir mit allen gutern, dy sy habin addir vmmer
gewynnen, daz sy an eygene, an erbe, an farnder habe addir wur ane daz sy. Welch or ehir
abegheet vor thodis wegen, so sal daz andere dy gutere behalden, zcu thune vnde zcu lassene.

953. Hans Cruczberg ist gekommen vor gehegit ding vnde hat geclait czu Heynricus Glogawen,
Jacob Werbecke, Claus Steyne, Hanse uon Dresen vnde Nicolaus Brandenberge umme vier alde
schog grosschen unde sechczig schog grosschen unde waz dar schade uff gheet, ‖ unde ome wart
gefunden vnde geteilt, man sulde Heynnczen Glogawen vmme syne anczal des vorgennten geldis
syne were fronen, vnde ist ome gefront, alse recht ist.[428]

954. Nicolaus Brandenberg ist gekommen vor gehegit ding vnde hat gegebin Hanse Cruczberge
synen teil vnde syne gerechtikeit, dy er mit andern luten an Curt Jagentufels huß irstanden vnde
irclait hat, mit alleme rechten, als her dy irstanden vnde irclait hat.[429]

955. Peter Buch ist gekommen vor gehet (!) ding vnde hat abeczicht getan Margareten Hawen-
schildes aller gerechtikeit vnde gutere, dy on uon Margareten, Hennich uon Studens seligen
wetewen, anirstorben sint, mit alleme rechten, als on dy anirstorben sin, mit sampt synen erben,
dar sy ome willen vorgemacht hat.

956. Ludeke Kogele ist gekommen vor gehegit ding vnde ist von Herman Herwige gekommen
mit recht, von eyns bornen wegen, in deme huse, daz her Ludeken vorgnant abegekauft hatte.

957. Anne, Hans Schreyers eliche husfrowe, ist gekommen vor gehegit ding vnde hat weddir
gegeben mit fulbort ores vormunden, der or zcu der zyt gegeben wart, Hanse Schreyere, oreme
elichen werte, uirczig gulden, an den sechczig gulden, die her or uorgegebin hat, mit alleme
rechten, als or dy gegeben waren.[430]

958.[431] Margareta, dy Moricz Bunaweynne, ist gekomen vor gehegit ding vnde hat uffgeboten

---

[427] Vgl. Nr. 946.
[428] Vgl. Nr. 954.
[429] Vgl. Nr. 906, 925, 953.
[430] Vgl. Nr. 434.
[431] [*nota*] am Rand rechts.

1454–1455   115

dy fronunge an der Relen Schefynne huß, dry ding. Do wart gefunden vnde geteilt, sy mochte daz vorsetczin vor or gelt, ab sy konde. Konde sy des nicht vorsaczen, so mochte sy daz vorkoyffen vnde daz obirley reichen deme, der dar recht zcu hatte.[432]

959.[433] Jacob Brun ist gekommen von formundeschaft wegen Nickel Welen vor gehegit ding vnde hat uffgeboten dy frônunge an Curt Jagentufels huß, dry ding. Do wart gefunden vnde geteilt, her mochte daz vorsetczen vor sin gelt, ab her konde. Konde her des nicht vorsetczen, so mochte her daz vorkouffen vnde daz ôbirleye reichen deme, der dar recht zcu hette.[434]

960. Pawel von Sayda ist gekommen vor gehegit ding vnde hat Mathias Moderaken umme acht alde schog grosschen unde umme eynen ort vnde waz dar schade uff gheet, in den medeban genommen, alze recht ist.[435]

961. Drewes Stock ist gekommen vor gehegit ding vnde ome wart gefunden vnde geteilt, man sulde on umme sechßvndedrissig nuwe grosschen vnde waz dar schade uff gheet, an Sixtus Stellemechers farnde habe wisen, vnde ist dar an gewiset, alse recht ist.

962. Mathias Kluke ist gekommen vor gehegit ding vnde hat Drewes Zcoken umme acht alde schog grosschen vnde waz dar schade uff ‖ gheet, syne were frônen laßen, alse recht ist.   fol. 198v

963.[436] Hans Koch ist gekommen vor gehegit ding vnde hat uffgeboten dy fronunge an Curt Jagentufels huß dry ding. Do wart gefunden vnde geteilt, her mochte daz vorsetczin vor sin gelt, ab her konde. Konde her des nicht vorsetczin, so mochte her daß vorkouffen vnde daz obirley reichen deme, der dar recht zcu hette.[437]

964. Mertin Bille ist gekommen vor gehegit ding vnde ome wart gefunden vnde geteilt, man sulde on an Pawel Monczkes farnde habe wiesen, umme achtczehen nuwe grosschen unde waz dar schade uff gheet, dy er uff on irstanden vnde irclait hat, vnde ist dar an gewiset, alse recht ist.

965. Nickel Gunter ist gekommen vor gehegit ding vnde hat Thomas Czschuter umme funf-czehn nuwe grosschen vnde waz dar schade uff gheet, syne were fronen lassen, alse recht ist.

966. Nicolaus Brandenberg ist gekommen vor gehegit ding vnde hat uffgeboten, uon for-mundeschaft wegen her Jacob Goltsmedis, dy fronunge an Laurencius Bôrlyns huß, daz om vor czwenczig alde schog grosschen gefront wart, dry ding. Do wart gefunden vnde geteilt, her mochte daz vorsetczen vor sin gelt, ab her konde. Konde her dez nicht uorsetczin, so mochte her daz vorkouffen vnde daz obirley reichin deme, der dar recht zcu hette.[438]

---

[432] Vgl. Nr. 916.
[433] [nota] am Rand rechts
[434] Vgl. Nr. 825, 864.
[435] Vgl. Nr. 874.
[436] [nota] am Rand links.
[437] Vgl. Nr. 860.
[438] Vgl. Nr. 855, 922, 923, 967, 975, 976, 1078, 1094.

116   Die Hallischen Schöffenbücher. V. Buch.

967.[439] Nicolaus Brandenberg ist gekommen vor gehegit ding vnde hat uffgeboten von vormundeschaft wegen her Jacob Goltsmediß dy fronunge an Laurencius Burlyns hus, daz ome vor virczig alde schog grosschen vnde waz schade dar uff gegangen ist, gefront wart, dry ding. So wart gefunden vnde geteilt, her mochte daz vorsetczin vor sin gelt, ab her konde. Konde her dez nicht vorsetczin, so mochte er daz vorkouffen vnde daz obirleie reichen deme, der dar recht zcu hette.[440]

968. Nicolaus Brandenberg ist gekommen vor gehegit ding unde ome wart gefunden vnde geteilt, man sulde on, von formundeschaft wegen Hans Eckardis, umme czweyvndefunfczig gulden vnde waz dar schade uff gheet, in Kilian Kolbin huß vnde ôn dar uß wiesen.[441]

969. Anne, Urban Omiczsche eliche husfrowe, ist gekommen uor gehegit ding unde or wart gefunden unde geteilt, man sulde sy umme den nunczehn nuwe grosschin vnde waz dar schade uff gheet, an der Ulrich Ostrawynne farnde habe wiesen, vnde ist dar an gewieset, alse recht ist.

fol. 199r   970. Nicolaus Brandenberg ist gekommen vor gehegit ding vnde hat ‖ von vormundeschaft wegen Osannen, Mathias Bolczen seligen wetewen, uffgeboten dry kerczenstebe, dy der selben frowen zcu eyneme willigen phande gesaczt sint, dry ding. Do wart gefunden vnde geteilt, her mochte dy vorsetczin vorseczin (!) vor sin gelt, abe her konde. Konde her dy nicht vorsetczin, so mochte her dy vorkouffen vnde daz obirley reichen deme, der dar recht zcu hette.[442]

971. Uester Stucke ist gekommen vor gehegit ding vnde hat Glorius Ostrawen umme funf alde schog vnde sobinvndeczwenczig alde grosschen unde waz dar schade uff gheet, syne were fronen laßen, alz recht ist.

972. [2364] Her Caspar Herwich ist gekommen vor gehegit ding vnde hat gegebin Hanse von Kassele vnde Gerdruden, syner elichen husfrowen, eyn huschen gebuwet von syme huse, uff deme Barfußen kerchhofe, nehist Andrewes Leichin, on beyden zcu besitczen zcu oreme liebe vnde nicht lenger.[443]

973. Gerdrut, Ciliacus Farren eliche husfrowe, ist gekommen vor gehegit ding vnde or wart gefunden vnde geteilt, man sulde sy umme czwelff nuwe grosschen vnde waz dar schade uff gheet, an der Jurge Ludekynne farnde habe wisen, vnde ist dar an gewiset, alse recht ist.

974. [2365] Hans Blome, Caspar Gellewicz, Steffen Berndorff vnde Drewes Stock sint gekommen vor gehegit ding vnde habin Curt Northusen gegebin alle ore gerechtikeit, die on Jûrge Swarcze an syneme eygene gelegen in der Merkelnstraße hindir senthe Michahele gegebin hat, mit alleme rechten, alz her on daz gegeben hat.[444]

---

[439] [*nota*] am Rand links.
[440] Vgl. Nr. 855, 922, 923, 966, 975, 976, 1078, 1094.
[441] Vgl. Nr. 845, 902, 903, 1025.
[442] Vgl. Nr. 947.
[443] Vgl. Buch VI 1 [**1**], 2.
[444] Vgl. Nr. 48 [**2196**].

1454–1455

975. Her Jacob Goltsmed ist gekommen vor gehegit ding vnde hat gegebin Dorothean, syner liplichen muter, alle syne gerechtikeit, dy her an Laurencius Bůrlyns huse irstanden vnde irclait hat, mit alleme rechten, alz er dy irstanden vnde irclait hat.[445]

976. Dorothea, her Jacob Goltsmedis muter, ist gekommen vor gehegit ding, vnde or wart uff dy selbe gabe gefunden vnde geteilt, man solde den genantin Laurencius vnde Margareten, syne eliche husfrowe, uß deme selben huse vnde sy dar yn wisen.[446]

977. Margareta Pherdis ist gekommen vor gehegit ding vnde or ist gefunden uor recht, sintdemmal Lorencz Plan syne geczůge in drey uirczen tagen nicht enbrachte, von der uier alde schogke wegen, dar sie neyn zcu sprach, so were sy der schult von ome emprochen.

978. Abe Orke ist gekommen vor gehegit ding vnde hat Hans Merriczsche umme eyn nuwe schog grosschin vnde waz dar schade uff gheet, syne were fronen laßen, alse recht ist.

979. Mewes Fincke ist gekommen vor gehegit ding vnde hat Heynrich ‖ Hedirsleiben umme czweyvndedriessig alde schog groschen vnde waz dar schade uff gheet, syne were fronen laßen, alz recht ist, vnde an Pawel Hedirsleben, Bertram vnde Hanßes, syner sone, farnde habe sal man on wisen, vnde ist dar an gewiset, alse recht ist.

980. Jacob Westefale ist gekommen vor gehegit ding vnde ome wart gefunden vnde geteilt, man sulde on umme funff alde schogk grosschen vnde waz dar schade uff ghet, an Mathias Moderaken unde Nickels, syner swestir mannes, farnde habe wiesen vnde ist dar an gewieset, alse recht ist.

981. Michel Ebel ist gekommen vor gehegit ding vnde ome ist gefunden vor recht, sintdemmal daz her der Nickel Kolstockynne vor czwey alde schog grosschen vnde sobin nuwe grosschen neyn spreche vnde sie on des eydes vorhab, so were her der schult von or emprochen.

982. Peter Czelder vnde Anne, syne eliche husfrowe, sint gekommen vor gehegit ding vnde haben sich begiftiget vnde begabit under eynandir mit allen gutern, dy sie habin addir ummer gewynnen, daz se an eygene, an erbe, an farnde habe addir wur ane daz sy. Welch or ehir abegheet von todis wegen, so sal daz andere dy gutere behalden, zcu thune vnde zcu laßene. Were abir daz sie kinder ließen, so sulde dy frowe kinderteil dar ane haben.

983. Pawel von Sayda ist gekommen vor gehegit ding vnde hat Curt Koche umme uiervndeczwenczigistehalb alde schog grosschen unde waz dar schade uff gheet, syne were fronen laßen, alse recht ist.

984. Pawel von Sayda ist gekommen vor gehegit ding vnde hat Clauße Kaldise umme uiervndevirczigistehalb alde schog großschen vnde waz dar schade uff gheet, syne were fronen laßen, alz recht ist.[447]

---

[445] Vgl. Nr. 855, 922, 923, 966, 967, 976, 1078, 1094.
[446] Vgl. Nr. 855, 922, 923, 966, 967, 975, 1078, 1094.
[447] Vgl. Nr. 584, 761.

118   Die Hallischen Schöffenbücher. V. Buch.

985. Pawel von Sayda ist gekommen vor gehegit ding vnde hat dy Molkynne umme czwey alde schog grosschen vnde eynen ort vnde waz dar schade uff gheet, in den medeban genommen, alze recht ist.

986. Hans Koúffman ist gekommen vor gehegti ding vnde ome wart gefunden vnde geteilt, man sulde on umme funf alde schog groschen vnde waz dar schade uff gheet, an Kilian Kolben farnde habe wiesen, vnde ist dar an gewieset, alse recht ist.

987.[448] Anne, Michel Cruczmans eliche husfrowe, ist gekommen vor gehegit ding vnde hat uffgebotin dy fronunge an Ffrancze Schernemeisters huß dry ding. Do wart gefunden vnde geteilt, sie môchte daz huß vorsetczin vor or gelt, ab sy konde. Konde sie des nicht uorsetczen, so mochte sie daz vorkouffen vnde daz obirley reichen deme, der dar recht zcu hette.[449] ‖

fol. 200r   988. Hans Hersbißleibe ist gekommen vor gehegit ding vnde hatt die Molkynne umme uier alde schog grosschen vnde waz dar schade uff gheet, in den medeban genommen, alse recht ist.

989. Marcus Bunge ist gekommen vor gehegit ding vnde hat gegebin Margareten, syner elichen husfrowen, hundert vnde czwanczig alde schog grosschen an syme huß in der Schenenstraßen gelegen, nach syme tode dar mete zcu thune vnde zcu laßene.[450]

Des ist her Niclaus Polke gekommen vor gehegit ding vnde hat gesait in gerichte, daz das syner muter wille sy, vnde sie haben daz also von ome uffgenommen.

990. Hans von Dresen ist gekommen vor gehegit ding vnde ome wart gefunden vnde geteilt, man sulde on umme funfvndesechczig alde schog grosschen vnde umme drittehalb alt schog unde czwey alde schog grosschen, umme waz dar schade uff gheet, an Pawel Hedirslewin farnde habe wiesen, vnde ist dar an gewiset, alse recht ist.[451]

991. Hans von Dresen ist gekommen vor gehegit ding vnde hat Heynrich Hedirsleibin, Pawels sone, von desselbin genantin geldis wegen syne were fronen laßen, alse recht ist.[452]

992. [2366] Jacob Koning ist gekommen vor gehegit ding vnde hat gegeben Margereten, syner elichen husfrowen, sin eygen yn der cleynen Vlrichsstraßen gelegen, daz Nickel Kemmeniczes seligen gewest ist, nach syme tode dar mete zcu thune unde zcu laßene.

993. [2367] Nickel Mônch ist gekommen vor gehegit ding vnde hat gegebin Margareten, syner elichen husfrowen, sin eygen hinder Mellewitcze uff der brunßwort gelegen, nach syme thode dar methe zcu thune vnde zcu lassene.

994. Hinrik Pragenicz ist gekommen vor gehegit ding vnde hat Jacob Krisschawen umme eyn

---

[448] [nota] am Rand links.
[449] Vgl. Nr. 911, 1000.
[450] Vgl. Nr. 1030.
[451] Vgl. Nr. 991.
[452] Vgl. Nr. 990.

1454–1455   119

halb alt schog grosschen unde waz dar schade uff gheet, in den medeban genommen, alz recht ist.

995. Hans Bennendorff vnde Jacob Bonnendorff gebruder sint gekommen vor gehegit ding vnde habin abeczicht gethan uon allen gutern, dy von Jacob Bennendorffe unde syner elichen husfrowen in der Phundynne huß gebracht unde dar inne uorstorbin sint, vnde habin des von orer unde orer muter wegen gelobit, eyn recht gewere zcu syne, dy genante Phundynne dar umme nicht mehir zcu beteiding ynne.[453]

996. Ilse, Bastians Thirs eliche husfrowe, ist gekommen vor gehegit ding vnde hat gegebin Ilsen Brandenbergis ore gerechtikeit an eyner korsene, die sy von der Glorius Mewesynne ‖ anirstorbin ist, der sich dy Nickel Scheyderynne vndirczogin hat, mit alleme rechten, als sie die anirstrbin ist.

fol. 200v

997. [2368] Hans Kruger ist gekommen vor gehegit ding vnde hat gegeben Ffranczen Rammen vnde Metten, syner elichen husfrowen, alle syne gerechtikeit, die her hat vnde on von syneme vatere anirstorbin ist, an deme huse uff der brunßwort, hindir Henning Haken huse gelegen, mit alleme rechten, als her dy dar ane gehabt hat.[454]

998. Ffrancze Ramme vnde Mette, syne eliche husforwe, sint gekommen vor gehegit ding vnde haben sich begifftiget vnde begabet vnder eynandir mit allen gutern, die sy habin addir ummer gewynnen, daz sie an eygene, an erbe, an farnder habe adder wur ane daz sy. Welch or ehir abegheet von todis wegen, so sal daz andere die gûtere behalden, zcu thune vnde zcu lassene.[455]

999. Claus Parborne vnde Katherina, syne eliche husfrowe, sint gekommen vor gehegit ding vnde haben sich begiftiget vnde begabit undir eynandir mit allen gutern, die sy habin addir ummer gewynnen, daz sie an eigene, an erbe, an farnder habe addir wur ane daz sy. Welch ŏr ehir abegheet von todis wegen, so sal daz andere die gûtere behalden, zcu thune vnde zcu lassene.

1000. Anne, Michel Kruczmans eliche husfrowe, ist gekommen vor gehegit ding vnde hat Ffranczen Schernemeister umme czwene nuwe grosschen vnde waz dar schade uff gheet, in den medeban genommen, alse recht ist.[456]

1001. Bartholomeus Stoyen ist gekommen vor gehegit ding. Do wart ome gefunden vnde geteilt, man sulde om umme funfczen alde schog grosschen vnde waz dar schade uff gheet, an Glorius Wages farnde habe wiesin, vnde ist dar an gewiset, alse recht ist.

1002. [2369] Pawel Hedirslebe ist gekommen vor gehegit ding vnde hat gegebin mit erbelouben willen, nemelichen Heynrichs syns sons, Herman Stoppele czwu margk geldis an Nickel Snecken huse uff Schulers hofe gelegen, eyne marg geldis an Ffranczen Scheyders huß kegen

---

[453] Vgl. Nr. 856, 907, 924.
[454] Vgl. Nr. 998.
[455] Vgl. Nr. 997.
[456] Vgl. Nr. 911, 987.

der Meynhardynne hofe vor der halle gelegen vnde uier unde czwenczig alde groschen an Pawel Winckels huse vor der halle kegen den dreen kôningen gelegen, mit lehen vnde zcinsen mit alleme rechten, alse die sin gewest sin.

1003. **[2370]** Hans Ganß hat gesant synen offenen vorsegilten brieff in gehegit echte ding vnde hat dar inne gegeben von syner unde Curdes synes bruder wegen, die ome syne macht vor deme rate zcu Mûchele, als her die mit eyneme vorsegilten briue bewiesete gegebin hat, alle gerechtikeit vnde gutere an standeme erbe, ‖ hergewete, farnder habe, beweglich vnde vnbewegelich, wie dy namen gehabin mogen, die Ffrederich Ganß ôr bruder nach syme tode gelaßen unde uff sie geerbit hat, ffrowen Ysalden, des genantin frederich Ganßes seligen wetewen, myt alleme rechten, alse die ore waren.

1004. Borchart Wûnder ist gekommen vor gehegit ding vnde hadt Pawel Czscheyen umme sechstehalb alt schog grosschen vnde czwen nuwe groschen vnde waz dar schade uff gheet, in den medeban genommen, alse recht ist, doch so uerne, als her nicht farnde habe hat, dar her sich syns geldis ane irholen mag.[457]

1005. Hans Smed ist gekommen vor gehegit ding vnde ome wart gefunden vnde geteilt, man sulde on umme czwelff nuwe grosschen vnde waz dar schade uff gheet, an der Ulrich Ostrawynne farnde habe wiesen, vnde ist dar an gewieset, alse recht ist.

1006. Claus Schaff ist gekommen vor gehegit ding vnde hat gegebin Osannen, syner elichin husfrouwen, sechczig alde schog grosschen an alle synen bestin gutern, die her hat, daz sie an eigene, an erbe, an farnder habe addir wur ane daz sie, nach syme tode dar methe zcu thune vnde zcu lassene.

1007. Hans Kelle vnde Sophia, syne swester, sint gekommen vor gehegit ding vnde haben gegeben mit fulbort orer vormunden, nemelichen Lucas Kunpan unde Uester Wibolde, Nickel Katzsche or eygene gelegen in der Schenstraßen, daz ôr vater Ewalt Kelle seliger bie syme lebende selbir vorkouft vnde von syneme erbe gescheiden hat, mit alleme rechten, als sie daz von oreme vater anirstorben ist unde or vater daz abegeschiden hat.

1008. Lorencz Prellewicz ist gekommen vor gehegit ding vnde hat Thomas Lyndener umme andirhalbe alt schog grosschen unde was dar schade uff gheet, syne were frônen laßen, alz recht ist.

1009. Peter Wachawen ist gekommen vor gehegit ding vnde hat gegeben Margareten, syner elichen husfrowen, sechczig alde schog großschen an alle synen besten gutern, die her hat addir ummer gewynet, daz sy an eigene, an erbe, an farnder habe addir wur ane daz sy, nach syme tode dar mete zcu thune vnde zcu laßene.[458]

---

[457] Vgl. Nr. 1019.
[458] Vgl. Buch VI 202, 287, 288, 295, 527.

1454–1455   121

1010. Peter Brandt ist gekommen vor gehegit ding vnde hat gegebin Lucien, Hans Meynhardis elichen husfrowen, sechs alde schog grosschen, die sy ôme an oreme huse gegeben hatte, mit alleme rechten, alse sie ôme dy dar ane gegebin hat.[459]

1011. Claus Wale ist gekommen vor gehegit ding vnde hat Claus Kaltczendorffe umme ffunf-vndevirczig alde schog grosschen ‖ vnde uirczig alde grosschen vnde waz dar schade uff gheet,   fol. 201v
syne were frônen laßen, alse recht ist.

1012. Herman Herwich ist gekommen vor gehegit ding vnde ist uon Peter Beren umme acht alde schog grosschen, dar her ome recht uorgelobit hatte, mit recht kommen, alse recht ist.

1013. Claus Picht ist gekommen vor gehegit ding unde ist von Jacob Koninge umme czehn alde schog grosschen, dar her ome recht vor gelobit hatte, mit rechte gekommen, alse recht ist.

1014. Anna, Jorge Rostes eliche husfrowe, ist gekommen uor gehegit ding unde or wart ge-funden vnde geteilt, man sulde sy umme ffunfczehn nûwe grosschen vnde waz dar schade uff gheet, an Kilian Kolben farnde habe wiesen, vnde ist dar an gewieset, alse recht ist.

1015. Anne, Jurge Rostes eliche husfrowe, ist gekommen uor gehegit ding vnde hat Hanse Bocke umme czehen nuwe grosschen vnde was dar schade uff gheet, syne were fronen laßen, alz recht ist.[460]

1016. Hans Heinrichs ist gekommen vor gehegit ding vnde hat Glorius Slewicze vnde syne frowen umme eyn alt schog grosschen vnde waz dar schade uff gheet, in den medeban genommen, alse recht ist.

1017. Claus Heydenrich ist gekommen vor gehegit ding vnde hat Hans Heynrichs umme sechs alde schog grosschen unde waz dar schade uff gheet, in den medeban genommen, alse recht ist.

1018. Mathias Olrichs ist gekommen vor gehegit ding vnde ome wart gefunden vnde geteilt, man sulde on umme sechs alde schogk groschen mynre czehen alde grosschen an Ffriczsche Czunes farnde habe wiesin, vnde ist dar an gewiset, alse recht ist.

1019. Borchart Wunder ist gekommen vor gehegit ding vnde om wart gefunden vnde geteilt, her mag Pawel Czscheyen farnde habe, dar her an gewieset ist, vorsetczin vor sin gelt, ab her kan. Kan her des nicht vorsetczen, so mag her daz vorkoyffen vnde daz obirley reichen deme, der dar recht zcu hat.[461]

1020. Claus Heydeke ist gekommen vor gehegit ding vnde hat gegeben Lenen, syner elichen husfrowen, sechczig alde schog grosschen an alle synen besten gutern, die her hat addir ummer gewynnet, daz sie an eygene, an erbe, an farnder habe addir wur ane daz sy, nach syme tode dar mete zcu thune vnde zcu lassene.

1021. Mathias Ebirhart ist gekommen vor gehegit ding unde ‖ hat Matthias Heydenriche   fol. 202r

---

[459] Vgl. Nr. 632.
[460] Vgl. Nr. 1161, 1170.
[461] Vgl. Nr. 1004.

122   Die Hallischen Schöffenbücher. V. Buch.

umme sobin alde schog grosschen unde virczig scheffel haffern vnde waz dar schade uff gheet, syne were fronen lassen, alse recht ist.

1022. Bartolomeus Wele ist gekommen vor gehegit ding vnde hat gegebin Margareten, syner elichen husfrowen, virczig alde schog grosschen an alle synen besten gutern, die her hat addir ummer gewynnet, daz sie an eigene, an erbe, an farnder habe addir wur ane das sie, nach syme thode dar methe zcu thune vnde zcu lassene.

1023. Hans Kruse ist gekommen vor gehegit ding vnde hat gegebin Kerstinen, syner elichen husfrowen, sechczig alde schog grosschen an alle synen besten gutern, die her hat addir ummer gewynnet, daz sy an eigene, an erbe, an farnder habe addir wur ane daz sy, nach syme tode dar mete czu thune vnde czu laßene.

1024. Claus Heynriczi vnde Juliana, syne eliche husfrowe sint gekommen vor gehegit ding vnde haben sich begiftigit vnde begabit vndir eynandir mit allen gutern, die sy habin addir ummer gewynnen, daz sie an eigene an erbe an farnder habe addir wur ane daz sy. Welch or ehir abegheet von todis wegen, so sal daz andere dy gutere behalden, zcu thune unde zcu laßene, mit sulcheme bescheyde, weres sache daß er kinder ließe nach syme tode, so sal die frowe drießig alde schog grosschen habin vßzcuwiesene.

1025. Mathewes Belling ist gekommen vor gehegit ding vnde hat gegebin Bartolomeus Kolbin syne gerechtikeit, nemelichen czweyvndefunfczig gulden haubtgeldis vnde dry gulden schadegelden, die her in formundeschaft Hans Eckardis an Kilian Kolbin huse irstehen vnde irclait ⟨hat⟩[462], mit alleme rechten, als her die dar ane irstehen vnde irclait hat, vnde Nicolaus Brandenberg hat auch deme selbine Bartolomeus vorlaßen die inwisunge, so als her von formundeschaft wegen dar yn gewieset waß.[463]

1026. Ditterich Kûchenswein vnde Briccius Hose sint gekommen vor gehegit ding vnde habin gegebin Jan Branczen vnde Bartolomeus Zcoche, den nuwen formunden Hans Bungen seligen kindis, gerechtikeit, nemelich die dritte clage zcu Hans Surbirs huse uff die forigen clagen mit andern rechtis forderunge von des kindis wegen zcu vulfurene mit alleme rechten, alse sy von des kindis wegen in formundeschaft sulden getan haben.

fol. 202v   1027. Cosmas Nayl vnde Gurge sin bruder sint gekommen vor gehegit ding vnde habin gegebin mit fulbort orer ‖ orer (!) muter Heynrich Pragenitcze eyne schune hinder Allexius Herffardis hofe gelegen mit alleme rechten, alse sie dy von oreme vatere anirstorben ist.[464]

1028. Hinrik Pragenicz ist gekommen vor gehegit ding vnde hat gegebin Caspar Beckere die selbe schune hinder Allexius Herffardis hofe gelegen mit alleme rechten, alse die sin was.[465]

---

[462] Über der Zeile.
[463] Vgl. Nr. 845, 902, 903, 968, 1067
[464] Vgl. Nr. 1028.
[465] Vgl. Nr. 1027.

1029. Heynrich Wagawe ist gekommen vor gehegit ding vnde hat Henrich Hedirslebin vmme virvndeczwenczig alde schog grosschen vnde waz dar schade uff gheet, syne were fronen laßen, alse recht ist.

1030. Elisabeth, Otte Bungen seligen wetewe, hat gesant oren offenen uorsegilten brieff in gehegit ding, dar inne sie gefulbort hat die gabe, die Marcus Bunge, or son, Margareten, syner elichen husfrowen, an deme huse in der Schenstraßen gelegen, daz syns vaters gewest ist, gegebin hat, in allir maße, alse die geschen ist.[466]

1031. Peter Gruwel ist gekommen uor gehegit ding vnde ome wart gefunden vnde geteilt, man sulde on umme vir alde schog grosschen vnde eynen ort vnde waz dar schade uff gheet, an Herman Strûmen farnde habe wiesin, unde ist dar an gewiset, alse recht ist.

1032. Anthonius Beme ist gekommen vor gehegit ding vnde hat Peter Widelinge umme soben alde schog grosschen vnde waz dar schade uff gheet, syne were fronen laßen, alse recht ist.

1033. Bastian Lorencz ist gekommen vor gehegit ding unde hadt Nickel Kluken umme eyn halb alt schog grosschen unde waz dar schade uff gheet, syne were fronen laßen, alse recht ist.

1034. Lorencz Prellewitz ist gekommen vor gehegit ding vnde hat Hanse Koninge umme virdehalb alt schog grosschin syne were fronen laßen, alse recht ist.[467]

1035. Urban Meczman ist gekommen vor gehegit ding unde hat Steffan Lûtmaricz umme eyn alt schog grosschen unde umme uier pheninge, in den medeban genomen, alze recht ist.

1036. Peter Curt ist gekommen vor gehegit ding vnde hat Claus Heydenriche umme sechs alde schog grosschen vnde waz dar schade uff gheet, syne were fornen laßen, alse rehct ist.

1037. Peter Winckel ist gekommen vor gehegit ding vnde ome wart gefunden vnde geteilt, nachdemmal Segemunt Hertel sin recht vor dy acht nuwe grosschen, dar her an umme geschuldiget hatte, nicht gethan hat, als ome bescheiden was, so hat her syne phennige an ome irstehen, mit deme schaden dar uff gegangen. ‖

Anno etc. lv° post pasca

fol. 203r

1038. Pawel uon Sayda ist gekommen uor gehegit ding vnde ome wart gefunden vnde geteilt, man sulde on umme eyn halb nuwe schog grosschin an Annen, Peter Buringis elichen husfrawen, farnde habe wiesen mit sampt deme schaden, vnde ist dar an gewiset, alz recht ist.

1039. Hans von Kassel vnde Gerdrut, syne eliche husfrawe, sint gekommen vor gehegit ding vnde habin Jan Gudenberge vor funfczehen alde schog grosschen vnde waz dar schade uff gheet, syne were fronen laßen, alse recht ist.

---

[466] Vgl. Nr. 989.
[467] Vgl. Buch VI 20, 21.

124 Die Hallischen Schöffenbücher. V. Buch.

1040. Hans Smed ist gekommen vor gehegit ding vnde hat Lorencz Stegeler umme czhen nŭwe grosschen vnde waz dar schade uff gheet, in den medeban genommen, alse recht ist.

1041. Drewes Anedarm ist gekommen vor gehegit ding vnde hat Bastian Stellemechere umme eyn nŭwe schog grosschen vnde waz dar schade uff gheet, syne were fronen laßin, als recht ist.

1042. Pawel Hedirslebe ist gekommen vor gehegit ding vnde hat gegebin mit fulbort Heinrichs vnde Bertrams, syner sŏne, Hanse Herwige syne gerechtikeit, numelichen dryvndeczwenczigistenhalbin nŭwen grosschen jerlichir zcinße, die her hat an syme huse in den Kleynsmeden bie deme bornen gelegen mit alleme rechten, als her dy dar an gehabt hat.

1043. Pawel Hedirsleibe ist gekommen vor gehegit ding vnde hat gegebin mit fulbort Heinrichs vnde Bertrams, syner sone, Herman Stoppele eyne margk geldis, nemlichen lehin vnde zcinße an Heyne Rostes huß in den Kleynsmeden bie Pawel Wittenberge gelegen, vnde czwene schilling grosschen an czwen husern uff den hogen kremen gelegen, die Nickel Wittichen sin, an jglicheme huß uier nuwe grosschen mit alleme rechten, als her die dar ane gehabt hadt, auch mit lehen vnde zcinßen, als vorberurt ist.

1044. Pawel Hedirslebe ist gekommen vor gehegit ding vnde hat gegebin mit fulbort Heinrichs vnde Bertrams, syner sone, Liuin Holczwarde czweyvndedrießig alde grosschen lehin vnde zcinße an syme huß in der großen Ulrichsstraßen gelegen mit alleme rechten, als her dy dar ane gehabt hat.

1045. [2371] Claus Brŭer vnde Heinrich Brŭher sint gekommen vor gehegit ding vnde habin gegebin Mathias Brŭhere ore gerechtikeit, die sie habin an deme huße hindir Hanse Sweymen in der Mŏlgaßen gelegen mit alleme rechten, als sy dy dar ane gehat haben.

fol. 203v

1046. Nickel Pock ist gekommen uor gehegit ding vnde hat ‖ [468]uffgeboten die fronunge an Hans Oltops huß dry ding. Do wart gefunden vnde geteilt, her mochte daz selbe huß uorsetczin uor sin gelt, ab her konde. Konde er deß nicht uorsetczen, so mochte er daz vorkouffen vnde daz obirleye reichen deme, der dar recht zcu hat.[469]

1047. [2372] Gurge Fryher ist gekommen vor gehegit ding vnde hat gegeben Michel Valdorffe syne gerechtikeit, nemelichen uirczig alde schog grosschin, die ome Ffriczsche Schulte[470] an deme huß zcu der swarczen ⟨hennen⟩[471] in den Cleynsmeden gelegen gegebin hat, mit alleme rechten, als om dy dar an gegeben sint.[472]

1048. Ffrederich Schŭtcze ist gekommen vor gehegit ding vnde hat Peter Widelunge umme

---

[468] [nota] am Rand links.
[469] Vgl. Nr. 931.
[470] Danach [dar ane gegebin hat mit alleme rechten als her die dar ane gehabin hat] gestrichen.
[471] Über der Zeile.
[472] Vgl. Nr. 547, 550.

sobenczehn alde grosschen unde waz dar schade uff gheet, in den medeban genommen, alze recht ist.

1049. Ffriderich Schůtcze ist gekommen vor gehegit ding unde ome wart gefunden vnde geteilt, man sulde on umme funfczen nuwe grosschen vnde waz dar schade uff gheet, an Mathias Brendels farnde habe wiesen vnde ist dar an gewiset, alz recht ist.

1050. Peter Beddirman ist von Borchart Sachßen umme czwu kufen birs, dy her ome czu vele sulde, beczalet, dar her neyn zcu sprach mit rechte gekommen, alse recht ist.

1051. Hans Borneman ist gekommen vor gehegit ding vnde hadt zcu formunden gekorn Nicolaus Brandenberge sulche sache unde schult, die her zcu Friczsche Schulten umme czwelff lade schok grosschen gesaczt hat, zcu forderne, biß uff daz recht zcu gebene unde zcu nemene.

1052. Pawel Marx ist gekommen uor gehegit ding vnde hat die Gurge Eldistynne umme funfczehn alde grosschen vnde waz dar schade uff gheet, in den medeban genommen, alse recht ist.

1053. Thomas Lindener ist gekommen vor gehegit ding unde ome wart gefunden vor recht, her habe zcu Claus Baken vnde Mertin Krawele eyne jar kôsten irsten uon des wegen, daz sie ome daz vorneynten vnde deme neyne nicht folgeden, alse recht was.

1054. Hans Treiße ist gekommen vor gehegit ding vnde hat geclait zcu Peter Diczschen unde zcu syme gelde, nemelichen czwelftehalb alt schog grosschen, die her besczt hat undir Pawel Munczke unde Hans Munczke umme czwenczig alde schogk grosschen hauptgutis vnde schaden, dry ding. Czum uirden dinge wart gefunden vnde geteilt, her hette sin gelt zcu ‖ ome irstehen, man sulde on an sin gelt wiesen, vnde ist dar an gewieset, alse recht ist.[473]

fol. 204r

1055. Margareta, Hans Krymes seligen wetewe, ist gekommen vor gehegit ding vnde or wart gefunden vnde geteilt, man sulde sy umme sechczehen nuwe grosschen vnde waß dar schade uff gheet, an Hans Hundes farnde habe wisin, vnde ist dar an gewieset, alse recht ist.

1056. Lorencz Abiczsch ist gekommen vor gehegit ding vnde ome wart gefunden vnde geteilt, man sulde on vmme funfczen nuwe grosschin vnde waz dar schade uff gheet, an Claus Sommers farnde habe wisen, vnde ist dar an gewiset, alse recht ist.

1057. [2373] Peter Wachawe ist gekommen vor gehegit ding vnde hat ingesaczt Clauße Bastians sin huß an deme thopfmarckte gelegen vor virczig alde schog zcu eyneme willigen phande mit sulcheme bescheyde, wenne ome Peter sulchen gelt weddir gebbet, so sal ome sin huß weddir fry vnde ledig volgen.

1058. Peter Beddirman ist gekommen vor gehegit ding vnde hat der Claus Bogemaninne vmme czwey alde schog grosschen vnde waz dar schade uff gheet, ôre were frônen laßen, alse recht ist.

1059. Mathias Ebirhart ist gekommen vor gehegit ding vnde ome wart gefunden vnde geteilt,

---

[473] Vgl. Nr. 1188.

126 Die Hallischen Schöffenbücher. V. Buch.

man sulde 〈on〉[474] vmme czweyvndedriessig alt schog grosschen, sechczehn scheffel rocken unde
sechs nuwe grosschen an Mathias Moderaken farnde habe wiesen, vnde ist dar an gewieset, alse
recht ist.[475]

1060. Hans Meister ist gekommen vor gehegit ding vnde hat gegeben Ilsen, syner elichin
husfrowen, uierczig alde schog grosschen vnde eyne schernen bie Glorius Widdirstorffe aller
nehist gelegen, nach syme tode dar mete zcu thune vnde zcu lassene, nemelichen die virczig
schog an synen besten gutern, daz sie an eygene, an erbe, an farnde habe addir wur ane daz sy,
nach syme tode auch dar mete zcu thune vnde zcu laßene.

1061. Herman Haferbeck ist gekommen vor gehegit ding vnde ome wart gefunden vnde geteilt,
uon formundeschaft wegen Hans uon Bernten syns junchern, man sulde umme achtczig gulden
ane eynen gulden, Kilian Kolben vnde syner frowen ore were fronen, numelichen die besserunge
nach Matheus Bellinge, vnde ist on gefront, alse recht ist, vnde ouch umme schaden, der dar uff
gegen ist vnde noch dar uf gen mag.[476]

1062. Heynrich Wagawe ist gekommen vor gehegit ding vnde hat gegebin Jacobe vnde Drewese

fol. 204v genant dy Smede bruderen ‖ vnde den andern oren brudern vnde swestern 〈yn〉[477] eygen in der
Knochenhawerstraßen nehist by Sixtus uon Rode gelegen mit alleme rechten, alse das ome uon
Thomas Eckarde in formundeschaft der selbin kindere gegebin waz, mit alleme rechten, als ome
daz gegebin waß.

1063. Anne, Heinrich Wiprechtis seligen wetewe, ist gekommen vor gehegit ding vnde hat
gegebin Borchart Trinckuße eyne schûne an oren huse in der Schenenstraßen gelegen, mit alleme
rechten, alse die ore gewest ist.

1064. Lorencz Grûneheyde ist gekommen vor gehegit ding vnde hat gegebin Margareten,
syner elichin husfrowen, funfczig gulden an alle synen bestin gutern, dy her hat addir vmmer
gewynnet, daz sie an eygene, an erbe, an farnder habe addir wur ane daz sy, nach syme thode dar
methe zcu thune vnde zcu lassene.

1065. Gerdrut, Kilian Kolben eliche husfrowe, ist gekommen vor gehegit ding vnde hat gegebin
Glorius Koler ore gerechtikeit, nemelichen hundirt alde schog grosschen, die or gegebin sin, an
des genantin Kilians Kolben eygene yn der Merkelstraßen gelegen, mit alleme rechten, alse er
die dar ane gelegen warn.[478]

1066. Glorius Kober ist gekommen vor gehegit ding vnde hat gegebin Kilian Kolbin die sel-

---

[474] Über der Zeile.
[475] Vgl. Buch VI 209, 210, 258.
[476] Vgl. Nr. 1068, 1073, 1095; vgl. auch Nr. 845 [2358], 903, 1025.
[477] Über der Zeile.
[478] Vgl. Nr. 292, 1066.

be gerechtikeit an deme selbeten eygene in der Merkelstraßen gelegen, nemelich die genantin hundert schog grosschen mit alleme rechten, alse om die dar ane gegebin sint.[479]

1067. Bartolomewes Kolbe ist gekommen vor gehegit ding vnde hat gegebin Hanse Mŭller syne gerechtikeit, nemelichen funfvndefunfczig rinsche guldin, die ome Matheus Belling uon formundeschaft wegen Hans Lindawen (!) synes junchern an deme selben genantin eygene gegebin hat, mit alleme rechten, alse ome die dar ane gegebin sint.[480]

1068. Herman Haferbeck ist gekommen vor gehegit ding vnde hat gegebin in formundeschaft Hans von Bernten, synes junchern, Hanse Mŭller syne gerechtikeit, nemelichen die besserunge an Kilian Kolbin ⟨hus⟩[481] nach Matheus Bellinge, mit alleme rechten, als her die dar ane irstanden vnde irclait hat.[482]

1069. Kilian Kolbe ist gekommen vor gehegit ding unde hat gegebin Gerdruden, syner elichin husfrowen, hundirt alde schog grosschen an alle synen bestin gutern, dy her ‖ hat addir ummer gewynnet, daz sie an eygene, an erbe, an farnder habe addir wur ane das sie, nach syme thode dar methe zcu thune vnde zcu lassene.

1070. **[2374]** Braccius Hose, Ditterich Kuchenswin, ⟨Herman Buße⟩[483] vnde Caspar Gellewicz, altir lute zcu vnser lieben frowen vnde zcu sente Gerdruden, sint gekommen vor gehegit ding vnde haben gegeben Ilsen, Rammolt Kliczmans seligen wetewen, eyn eygen in den Kleynsmeden gelegen, das vorgeczieten Kuncze Kunnen gewest ist, mit alleme rechten, alse on daz uon Claußе Albrechte zcu der genantin pharkirchen hant gegeben waz, unde diße gabe uindet man ouch in deme pharrebuche in sente Gerdruden pharre.

1071. Andreas Slanlach ist gekommen vor gehegit ding vnde hat uffgeboten eynen grŭnen frawen mantel, eyn par lilachen vnde eyne badekappe, daz ome alles vor funf alde schog grosschen mynre sechs alde grosschen zcu eyneme willigen phande gesaczt ist, dry ding. Do wart gefunden vnde geteilt, her mochte daz uorsetczin vor sin gelt, ab her konde. Konde her des nicht vorsetczin, so mochte her das vorkouffen vnde daz obirley reichen deme, der dar recht zcu hette, unde daz selbe phant hat ome gesaczt Hans Grŭning vnde sin frowe.

1072. Lorencz Prewelicz ist gekommen vor gehegit ding vnd hat gegebin Claußе Rŏmere syne gerechtikeit, die her an Marx Bungen huse irstanden vnde riclait hat, mit alleme rechten, als her die dar ame irstanden vnde irclait hat.[484]

1073. Herman Haferbeck ist gekommen vor gehegit ding vnde ome wart gefunden vnde geteilt, man sulde on von vormundeschaft wegen Hans von Bernten, syns junchern, umme uirvnde-

---

[479] Vgl. Nr. 292, 1065.
[480] Vgl. Nr. 1025.
[481] Über der Zeile.
[482] Vgl. Nr. 1061, 1073, 1095; vgl. auch Nr. 845, 903, 1025.
[483] [*Herman Buße*] am Rand rechts, mit Einschubzeichen.
[484] Vgl. Nr. 745, 846.

driessig rinsche gulden vnde was dar schade uff gheet, an Kilian Kolbin vnde Gerdruden, syner elichen husfrowen, farnde habe wisin, vnde ist dar an gewiset, alz recht ist.[485]

1074. Heynricus Glogawe ist gekommen vor gehegit ding vnde ome wart gefunden vnde geteilt, man sulde on umme czwey alde schog grosschen vnde was dar schade uff gheet, an Margareten, Marcus Burgen elichen husfrowen, farnde habe wiesen, unde ist dar an gewieset, alse recht ist.

1075. [2375] Gůtte, Nickel Klucken eliche husfrowe, ist gekommen uor gehegit ding vnde hat gegeben Mathias Kluken ore gerechtikeit, nemelichen ore lipczucht, die sie hat an deme hofe an deme Berlyne bie der můre gelegen, ‖ mit alleme rechten, alse or die uon Nickel Kluken, ǒreme elichen werte, dar ane gegebin waß.[486]

1076. Mathias Kluke ist gekommen vor gehegit ding vnde hat gegebin Nickel Kluken dyselbe gerechtikeit an an (!) deme genantin hofe mit alleme rechten, als dy om gegeben waz.[487]

1077. Nickel Schernemeister vnde Anna, syne eliche husfrowe, sint gekommen vor gehegit ding vnde habin sich begiftigit unde begabit vndir eynander mit allen gutern, die sy habin addir ummer gewynnen, daz sy an eygene, an erbe, an farnder habe addir wur ane daz sy. Welch or ehir abegheet von todis wegen, so sal daz andere dy gutere behalden, zcu thune vnde zcu laßene, doch mit sulcheme underscheyde, daz Nickel dy macht habin sal, uierczig alde schog grossin zcu bescheidene addir zcu vorgebene, weme her dy haben wil.

1078. Dorothea, Hans Goltsmedes seligin wetewe, ist gekommen uor gehegit ding vnde hat bekant, daz sie Laurentius Burleyn huß, daz Nicolaus Brandenberg in formundeschaft her Jacobs Goltsmedis deme uorgenantin Burleyn abeirstehen unde irclait hat, daz or uon Brandenberge uorgenanter in formundeschaft mit aller gerechtikeit gegebin ist, Hanse Morunge vorkouft hat, vnde hat ǒme daz gegeben, mit aller gerechtikeit, ⟨als⟩[488] die ǒr dar ane gegebin ist.[489]

1079. Hans von Smǒllen ist gekommen vor gehegit ding vnde hat gegebin Margareteh, syner elichen husfrowen, hundirt alde schog grosschen an alle synen besten gutern, die her hat addir ummer gewynnet, daz sie an eygene, an erbe, an farnder habe addir wur ane daz sy, nach syme tode dar methe zcu thune vnde zcu lassene.

1080. Lorenz Prellewicz ist gekommen uor gehegit ding vnde ome wart gefunden vnde geteilt, man sulde on umme acht nuwe grosschen vnde waz dar schade uff gheet, an Allexius Schreters farnde habe wisen, vnde ist dar an gewiset, alz recht ist.

1081. Moricz Brun ist gekommen vor gehegit ding vnde hat Hans Mertzsche umme dritcehen

---

[485] Vgl. Nr. 1061, 1068, 1095; vgl. auch Nr. 1025.
[486] Vgl. Nr. 1076.
[487] Vgl. Nr. 1075.
[488] Über der Zeile.
[489] Vgl. Nr. 855, 922, 923, 966, 967, 975, 976, 1094.

1455–1456

alde schog grosschen ane eynen ort unde waz dar schade uff gheet, syne were fronen laßen, alse recht ist.[490]

1082. Peter Stŭdener ist gekommen vor gehegit ding unde ome wart gefunden vnde geteilt, man sulde ŏn umme czehen nuwe grosschen vnde waz dar schade uff gheet, an Drewes Grunewaldis farnde habe wisin, unde ist dar an gewiset, alze recht ist.[491] ‖

1083. Sixtus Schutcze ist gekommen vor gehegit ding vnde hat geclait zcu Hanse Winckele von soben (!) vnde zcu eyneme stucke gewandis, daz or besaczt hat vnder Bartolomeus Nasenberge vnde Valentin Kerstens umme virdehalb alt schog grosschen vnde waz dar schade uff gheet, dry ding. Czum uirden dinge wart gefunden vnde geteilt, her hette syne phenninge dar ane irstehen, man sulde on dar an wisen, vnde ist dar an gewieset, alse recht ist.

1084. Peter Curdis ist gekommen vor gehegit ding vnde hat gegebin Ilsen, syner elichen husfrowen, uierczig alde schog grosschen an alle synen besten gŭtern, die her hat addir ummer gewynnet, daz sie an eygene, an erbe, an farnder habe addir wur ane daz sy, nach syme tode dar mete zcu thŭne vnde zcu laßene.

1085. Jacob Kŏning ist gekommen vor gehegit ding vnde hadt Nickel Klingener umme czwey alde schog grosschen vnde was dar schade uff gheet, in den medeban genommen, alz recht ist.

1086. Hans Krobelin ist gekommen vor gehegit ding vnde hat Bastian Stellemechere umme eyn halb alt schog grosschen unde was dar schade uff gheet, syne were fronen laßen, als recht ist.

1087. Nicasius Wedemar ist gekommen vor gehegit ding vnde hat Glorius Ostrawen umme czwey alde schog grosschen unde waz dar schade uff gheet, syne were fronen laßin, alse recht ist.

1088. Peter von Glogawe ist gekommen vor gehegit ding vnde hat zcu vormunden gekorn Nicolaus Brandenberge, die sache kegen Hanse Schonebrote zcu fordirne, biß uff daz recht zcu gebene vnde zcu nemene.

1089. Katherina, Claus Phundes seligen wetewe, ist gekommen vor gehegit ding vnde hat weddir gegebin Curde Haken vnde Hanse Brŭser ore gerechtikeit, nemelich ore lipczucht, die sie or gegebin habin an deme huse vnde hofe in der Galkstraßen gelegen, mit alleme rechten, als or dy dar ane gegeben waz, nemelichen daz huß, daz Claus Phundes seligen waß.[492]

1090. Curt Hake vnde Hans Brŭser sint gekommen vor gehegit ding vnde habin gegebin Katherinen, Claus Phindiß seligen wetewen, das eygen hinder deme rathuß czwisschen Hanse von Stendal vnde Hanse Smede gelegen zcu oreme liebe.[493]

1091. Heynrich Pragenicz ist gekommen vor gehegit ding vnde ome wart gefunden vnde geteilt, man sulde on an umme czweyvndedrißig nŭwe grosschen vnde waz dar schade uff gheet, an Curt

---

[490] Vgl. Nr. 1146, 1154.
[491] Vgl. Nr. 1125.
[492] Vgl. Nr. 334, 540, 541, 1090.
[493] Vgl. Nr. 334, 540, 541, 1089.

130 Die Hallischen Schöffenbücher. V. Buch.

fol. 206v Jagentůfels vnde syner elichen husfrowen ‖ farnde habe wiesin, vnde ist dar an gewiset, alse recht ist.

1092. Claus Runge ist gekommen vor gehegit ding vnde hat gegebin Margareten, syner elichin husfrowen, alle sin gut, daz er hat addir ummer gewynnet, daz sie an eygene, an erbe, an farnde habe addir wur ane daz sie, nach syme thode dar methe zcu thune vnde zcu lassene.

1093. Mertin Pŭchel ist gekommen vor gehegit ding vnde hat geclait zcu Claus Ditzsche unde zcu syme wayne, den her besaczt hat, umme uier alde schog grosschen vnde waz dar schade uff gheet, dry ding. Czum virden dinge wart gefunden unde geteilt, her hette sin gelt irstehin, mit[494] sulde on an syn gut unde nemelichen an den wayn wiesin, vnde ist dar an gewiset, alse recht ist.[495]

1094. Nicolaus Brandenberg ist gekommen vor gehegit ding vnde hat gefragit nach rechte in formundeschaft her Jacob Goltsmeden vnde syner muter unde auch Hans Morunges, so als ome gefunden vnde geteilt, were daz sie daz huß uff Schulershofe vorsetczin addir vorkouffen mochten, daz denne vorkouft were, ab man deme lehen hern, sintdemmal daz das eyn erbe were, icht mŏgelich gebiten sulde, daz selbe huß zcu lihen. Do wart gefunden, man sulde om daz gebieten.[496]

1095. Herman Haferbeck ist gekommen vor gehegit ding vnde hat uon uormundeschaft Hans ⟨uon⟩[497] Bernten syns junchern, Kilian Kolibn vnde syne eliche husfrowen umme virvndedrißig gulden vnde waz dar schade uff ghet, in den medeban genommen, alz recht ist.[498]

1096. Claus Krawinckel ist gekommen vor gehegit ding vnde hat geclait von vormundeschaft wegen syner elichen husfrowen zcu Hanse Schreyer umme hundert alde schog grosschen, die sin wiep or sulde bescheyden haben, dar her denne neyn zcu sprach vnde bad sin recht dar vor czu thune, deß rechten on der genante Claus vnde sin wiep uortrugen. Do wart ome gefunden unde geteilt, her were sulcher uorwerten schult von on emprochen, so als her dy uor syner antwert vorwerit genommen hatte.

1097. Herman Dugawe ist gekommen uor gehegit ding unde hat Hans Treisen umme sobendehalb alt schog grosschen unde eynen nuwen grosschen unde waz dar schade uff gheet, syne were frŏnen laßen, alse recht ist.[499]

1098. Thomas Stoyen ist gekommen uor gehegit ding vnde hat gegebin Annen, syner elichin

fol. 207r husfrowen, sin huß halb ‖ an deme Galkthor gelegen eyner rechten lipczucht unde dar zcu sechczig alde schog grosschen an alle synen bestin gutern, die er hat addir ummer gewynnet, daz sy

---

[494] *sic.* Hier muss es inhaltlich [*man*] heißen.
[495] Vgl. Nr. 1107.
[496] Vgl. Nr. 855, 922, 923, 966, 967, 975, 976, 1078.
[497] Über der Zeile.
[498] Vgl. Nr. 1061, 1068, 1073; vgl. auch Nr. 1025.
[499] Vgl. Nr. 1162.

an eigene, an erbe, an farnder habe addir wur ane daz sy, nach syme tode dar mete zcu thune vnde czu laßene.

1099. Hans Sweyme ist gekommen vor gehegit ding vnde ome wart gefunden vnde geteilt, man sulde on umme eynhalb nuwe schog grosschen vnde waz dar schade uff gheet, an Lamprecht Lammes farnde habe wisen, vnde ist dar an gewieset, alse recht ist.

1100. Nicasius Wedemar ist gekommen vor gehegit ding vnde hat Gurge Becker umme funf mandel aldir grosschen vnde was dar schade uff gheet, in den medeban genommen, alz recht ist.

1101. Thomas Ranyß ist gekommen vor gehgit ding vnde hat Peter Bogemanne umme czwey alde schog vnde uiervndeczwenczig alde grosschin vnde was dar schade uff gheet, syne were fronen lassen, alse recht ist.

1102. Thomas Rudiger ist gekommen vor gehegit ding vnde hat geclait zcu Rŭdiger, syneme bruder, vnde zcu deme gelde, daz her besaczt hat undir Czipper Jane, synen teile, daz on angestorbin ist, von Rŭdiger Smede umme[500] czweyvndesobinczig alde schog grosschen vnde waz dar schade uff gheet, dry ding. Czum virden dinge wart gefunden vnde geteilt, her hette sin gelt irstehen, man sulde on dar ane wiesen unde ist dar an gewieset, alse recht ist, nemlich an synes bruder teil.

1103. Brictius Hose vnde Glorius Kober sint gekommen vor geheget ding vnde habin von vormundeschaft wegen Andreweßes, Pawels von Saydan kindis, umme czhin alde schog grosschen vnde waz dar schade uff gheet, Jacob Wymmeistere syne were fronen laßen, alse recht ist.[501]

1104. Mertin Poye ist gekommen vor gehegit ding vnde ome wart gefunden vnde geteilt, man solde on umme funftehalb alt schok grosschin vnde waz dar schade uff gheet, an Hans Czwenczigiß farnde habe wisen vnde ist dar an gewiset, alz recht ist.[502]

1105. Mertin Schildawe ist gekommen vor gehegit ding vnde hat gegebin Dorothean, syner elichen husfrowen, kinderteil an alle synen besten gutern, dy er hat addir ummer gewynnet, daz sie an eigene, an erbe, an farnder habe addir wur ane daz sie, nach syme thode dar methe zcu thune vnde zcu laßene. Weres abir daz her nach syme tode ‖ keyne kindere ließe, so sulde dy frowe die gutere behalden, zcu thune vnde zcu lassene.

fol. 207v

1106. Hans Koning ist gekommen vor gehegit ding vnde hat Hanß Hedirslebin, Pawel Hedirslebin son, umme sechs aldeschogk vnde sechs nuwe grosschen vnde was dar schade uff gheet, in den medeban genommen, alse recht ist.

1107. Mertin Pŭchel ist gekommen vor gehegit ding unde ome wart gefunden vnde geteil, daz her den wayn, den her zcu Clauß Diczschen irstehen vnde irclait hat, mag uorsetzen vor sin gelt,

---

[500] Danacht [sechczig] gestrichen.
[501] Vgl. Nr. 1179, 1192, 1193.
[502] Vgl. Nr. 1120.

132 Die Hallischen Schöffenbücher. V. Buch.

ab her kan. Kan her des nicht vorsetczin, so mag her den vorkoŭffen vnde daz obirley reichen deme, der dar recht zcu hat.[503]

1108. Vincencius Hase ist gekommen vor gehegit ding vnde ome wart gefunden vnde geteilt, man sulde on umme anderhalb alt schog grosschen vnde waz dar schade uff gheet, an Peter Strŭnen farnde habe wisen, vnde ist dar an gewiset, alse recht ist.[504]

1109. Margareta, Peter Gruwels eliche husfrowe, ist gekommen vor gehegit ding vnde ome wart gefunden geteilt, man sulde sie umme vier nuwe grosschen vnde waz dar schade uff gheet, an Hans Lams farnde habe wiesin, vnde ist dar an gewieset, alse recht ist.

1110. Margareta, Petir Gruwels eliche husfrowe, ist gekommen vor gehegit ding vnde or wart gefunden vnde geteilt, man sulde sie umme funf nuwe grosschen vnde waz dar schade uf gheet, an Clauß Nŏyten frowen farnde habe wiesin, vnde ist dar an gewieset, alse recht ist.

1111. Hinrik Richart ist gekommen vor gehegit ding vnde hat geclait zcu Kilian Kolben umme achtczehin alde schog grosschin, die her von Hanse Welker uffgenommen hat, von der wegen, her on zcu keyner rechenschaft brengen mag, dry ding. Czum virden dinge wart ome gefunden vnde geteilt, hette her nicht, so uil dor er sich des synen ane irholen mochte, so sulde er on in den medeban nemen, vnde hat on dar in genommen, alse recht ist.[505]

1112. Lorencz Plan ist gekommen vor gehegit ding vnde ome wart gefunden vnde geteilt, man sulde on umme vier alde schog grosschen vnde vmme vier nuwe grosschin vnde waz dar schade uff gheet, an Vincencius Hasen farnde habe wiesin, vnde ist dar an gewieset, alse recht ist.

fol. 208r

1113. Lorencz Plan ist gekommen vor gehegit ding vnde ome wart ge‖funden vnde geteilt, man sulde on umme dry alde schog mynre drier nuwer grosschin vnde waz dar schade uff gheet, an Annen, Caspar Moricz elichen husfrowen, farnde habe wiesen, vnde ist dar an gewieset, alse recht ist.[506]

1114. Steffan Mittag ist gekommen vor gehegit ding vnde om wart gefunden vnde geteilt, man sulde on umme vier alde schog grosschen vnde eynen ort vnde waz dar schade uff gheet, an Drewes Leychen farnde habe wiesin, vnde ist dar an gewiset, alz recht.

1115. Pawel Treiße ist gekommen vor gehegit ding vnde hat gegebin Annen, syner elichen husfrowen, czweyhundert alde schogk grosschin an alle synen bestin gutern, die her hat addir ummer gewynnet, daz sie an eygene, an erbe, an farnder habe addir wur ane daz sie, nach syme tode dar mete zcu thune vnde zcu laßene.

1116. [2376] Kŭne Krig ist gekommen vor gehegit ding vnde hat gegebin Gerdruden, sy-

---

[503] Vgl. Nr. 1093.
[504] Vgl. Nr. 1123.
[505] Vgl. Nr. 1131.
[506] [#] am Rand rechts.

ner elichin husfrowen, sin huß vor deme Froydenplane an der ecken kegen Drewes Schenckele gelegen, nach syme thode dar methe zcu thune vnde zcu lassene.

1117. Heinrich Wersto [...][507]

1118. Hans Grundeling ist gekommen vor gehegit ding vnde hadt abeczicht getan in formundeschaft Vrsulen, syner eliche husfrowen, sulcher cleyde, die her zcu Nicolaus Roden, synes wiebiß vater, getan hatte, vnde ouch sulcher gerechtikeyt, die sin wiep von gerade wegen von orer muter sulde anirstorbin sin, mit alleme rechten, als sie dy solde anirstorben sin.[508]

1119. Heyne Malticz ist gekommen vor gehegit ding vnde hat gegebin Gůtten, syner elichin husfrowen, jerlichin vßlouff eyner phannen im dutzschen bornen, an syme hofe an deme alden marckte gelegen zcu habene, so lange daz er ŏr eyne phanne zcu eyner rechten lipczucht geschicket hat, addir or von eyme andern geschicket wert, vnde wenne or die phanne im dutzschen bornen also zcu eyner lipczucht geschicket wirt, so sal sin hoff weddir fry vnde ledig syn.

1120. Allexius Schůerplate ist gekommen vor gehegit ding vnde ist von Hanse Czwenczige von gelobedis wegen, daz er Mertin Poyen von on vor eyne thunne heringis sulde gethan habin, dar her neyn zcu sprach, umme des willen, daz her on deß eydis vor sach ledig vnde loß geteilt.[509]

1121. Mathewes Jheneke ist gekommen vor gehegit ding vnde ome wart gefunden vnde geteilt, man sulde on vmme dryvndeczwenczig alde schog grosschen vnde waß dar schade uff gheet, ‖ an Nickel Olrichs farnde habe wisen, vnde ist dar an gewiset, alz recht ist.

1122. Mathias Ebirhart ist gekommen vor gehegit ding vnde hat gegebin Katherinen, syner elichin husfrowen, ffunfczig alde schog grosschin an alle synen bestin gutern, die her hadt addir ummer gewynnet, daz sie an eygene, an erbe, an farnder habe addir wur ane daz sy, nach syme tode dar mete zcu thune vnde zcu lassene.

1123. Uincencius Hase ist gekommen vor gehegit ding vnde hat uffgeboten frowen cleyder alse mantel vnde rock, die ome gesaczt sin, zcu eyneme willigen phande uor czwey alde schog mynre czweyer nuwer grosschen, dry ding. Do wart gefunden vnde geteilt, her mochte daz phant vorsetzen vor sin gelt, ab er konde. Konde her dez nicht vorsetczin, so mochte er daz vorkouffen vnde daz obirley reichen deme, der dar recht zcu hette.[510]

1124. Ciliacus Tettawe vnde Dorothea, syne eliche husfrowe, sint gekommen vor gehegit ding vnde habin sich begiftigit unde begabit vndir eynandir mit allen gutern, die sy haben addir ummer gewynnen, daz sy an eigene, an erbe, an farnder habe addir wur ane daz sy. Welch or ehir abegheet von todiß wegen, so sal daz andere dy gutere behalden, zcu thune vnde czu laßene.

1125. Peter Stůdener ist gekommen uor gehegit ding vnde hat Drewes Grůnewalde umme

---

[507] Satz abgebrochen.
[508] Vgl. Nr. 1129.
[509] Vgl. Nr. 1104.
[510] Vgl. Nr. 1108.

134　　　　　　　　　Die Hallischen Schöffenbücher. V. Buch.

czehen nûwe grosschen vnde waz dar schade uff gheet, in den medeban genommen, alze recht ist.[511]

1126. Margareta, die Hans Vesterynne, ist gekommen vor gehegit ding vnde or wart gefunden vnde geteilt, man sulde sy umme uirdehalb alt schog grosschen vnde waz dar schade uff gheet, an Friczssche Thonawen unde syner elichen husfrowen farnde habe wisen, vnde ist dar an gewieset, also recht ist.

1127. Margareta, Hans Boden eliche husfrowe, ist gekommen vor gehegit ding vnde or wart gefunden vnde geteilt, man sulde sy umme nûn nuwe grosschen vnde waz dar schade uff gheet, an Lamprecht Lammes farnde habe wiesen, unde ist dar an gewieset, alse recht ist.[512]

1128. Heynrich Sweynne ist gekommen vor gehegit ding vnde hadt ingesaczt Nicolaus Brandenberge von vormundeschafft Clemen Reckeleders sin huß in der Steynstraßen kegen Drewes Zcoken gelegen zcu eyme willigen phande vor virczig alde schog grosschen, die her ome beczalen sal bynnen uier jaren, nemelichen alze nu zcu sente Michels tage obir eyn jar czehen schog reichen vnde gebin sol, unde also ‖ jglichs jars nach eynandir volgende czhen schog, so lange daz die virczig schog ful vnde all beczalet werden, vnde wenne er sulch gelt beczalet hat, so sal ome sin huß vorgenant weddir fry unde ledig volgen. Anno etc. lv°.

1129. Hans Koch, anders genant Abech, vnde Gerdrut, syne eliche husfrowe, sint gekommen vor gehegit ding vnde haben abeczicht gethan sulchir ansprache vnde gerechtikeit, dy sie gehat habin zcu Nicolaus Roden vmme die gerade, die Gerdruden vorgenant von orer mutter seligen des genantin Nicolaus wiebe sulde anirstorbin sin, mit alleme rechten, alse sie dy anirstorben waß.[513]

1130. Pawel Beme ist gekommen vor gehegit ding vnde hat gegeben Dorothean, syner elichin husfrowen, hundert rinsche gulden an alle synen bestin gutern, die her hat addir ummir gewynnet, daz sie an eygene, an erbe, an farnder habe addir wur ane daz sy, nach syme thode dar mete zcu thune vnde zcu laßene.

1131. Heinrich Richart ist gekommen vor gehegit ding unde hat Hanse Welker umme viervnddrießig alde schog grosschen vnde waz dar schade uff ghet, syne were fronen laßen, alze recht ist.[514]

1132. Nicolaus Francke ist gekommen vor gehegit ding unde ome wart gefunden unde geteilt, man solde on umme funff nuwe frosschen vnde waz dar schade uff gheet, an Peter Lumpen farnde habe wisen, vnde ist dar angewiset, alze recht ist.

1133. Claus Czickerene ist gekommen vor gehegit ding vnde ist von Bartolomeweße Welen

---

[511] Vgl. Nr. 1082.
[512] Vgl. Nr. 1189.
[513] Vgl. Nr. 1118.
[514] Vgl. Nr. 1111.

umme czehn alde schog schadegeldiß, dar her on umme schuldigete von feltkouffs wegen, neme-
lichen eyner halben hufen, die ome zcukerene phlugen vnde daz getreide, dar uon infaren sulde,
unde Wele synes geczuges dar her on mete schuldigete, nicht fulkommen konde, ledig vnde loß
geteilt.

1134. Kersten Frier ist gekommen vor gehegit ding vnde ome wart gefunden vnde geteilt,
man sulde on umme sechczehin alde grosschen vnde waz dar schade uff gheet, an Margareten
Rennepagen farnde habe wisen, vnde ist dar an gewiset, alse recht ist.

1135. Bartolomeus Nasenberg ist gekommen vor gehegit ding vnde hat Hanse Merczsche
umme funftehalb alt schog grosschen vnde waz dar schade uff gheet, syne were frönen laßen, alz
recht ist.

1136. Hans Apoteker ist gekommen vor gehegit ding vnde ôme wart gefunden vnde geteilt,
man sulde on umme andirhalb schog grosschen vnde waz dar schade uff gheet, an Curt Jagentůfels
farnde habe ‖ wiesen, vnde ist dar an gewiset, alse recht ist.

1137. Hans Apoteker ist gekommen vor gehegit ding vnde hat uffgeboten eyne armbrost, daz
ome zcu eyneme willigen phande vor eyn alt schog grosschen gesaczt ist, dry ding, daz selbe
armbrost Pawel Hedirslebin sone losen sulde. Do wart gefunden unde geteilt, her môchte er
daz uorsetczin vor sin gelt, ab her konde. Konde her deß nicht vor setczin, so môchte er daz
uorkouffen vnde daz obirleye reichin, deme der dar recht zcu hette.

1138. Bode Volgfelt ist gekommen vor gehegit ding vnde uon Nicolaus Bulen von deß eydes
wegen, den her ome zcu thune gelobit hatte vnde des vor gerichte nicht enfordirte, ledig unde
loß geteilt.

1139. Peter Ketczendorff ist gekommen vor gehegit ding vnde hat Peter Wachawen umme
achtvndeczwenczig nuwe grosschin vnde waz dar schade uff gheet, syne were frönen lassen, alse
recht ist.

1140. Hans Koning ist gekommen vor gehegit ding vnde hat Peter Wachawen umme czwelff
nuwe grosschen vnde was dar schade uff gheet, syne were fronen lassen, alse recht ist.

1141. Hans Koning ist gekommen vor gehegit ding vnde hat Bastian Stellemechere umme
andirhalb alt schog grosschin vnde was dar schade uff gheet, syne were fronen lassen, alse recht
ist.

1142. Heynricus Treffan ist gekommen vor gehegit ding vnde hat Vincencius Heynriche umme
ffunffczehin alde schog grosschin vnde waz dar schade uff gheet, syne were frönen laßen, alse
recht ist.

1143. Caspar Moricz ist gekommen vor gehegit ding vnde hat Peter Wachawen umme czwey
alde schog grosschin vnde was dar schade uff gheet, syne were frönen lassen, alse recht ist.

1144. Brosius Beme ist gekommen vor gehegit ding vnde hat Hans uom Berge umme czwene
rinsche gulden vnde was dar schade uff get, syne were frönen lassen, alse recht ist.

136   Die Hallischen Schöffenbücher. V. Buch.

1145. Thitcze Flechtener ist gekommen vor gehegit ding vnde ôme wart gefunden vnde geteilt, man sulde on umme vier alde schog grosschen vnde waz dar schade uff gheet, an Curt Jagentůfels farnde habe wiesin, vnde ist dar an gewiset, alse recht ist.

1146.[515] Moricz Brun ist gekommen vor gehegit ding vnde hat uffgeboten dy fronunge an Hans Merczsches huß dry ding. Do wart gefunden vnde geteilt, her mochte daz huß vorsetczen vor sin gelt, ab her konde. Konde her des nicht vor setczin, so mochte her daz vor koyffen vnde daz obirley reichen deme, der dar recht zcu hette.[516]

fol. 210r   1147. Kersten Fryher ist gekommen vor gehegit ding vnde hadt ‖ Lorencz Thegel umme czwey alde schog grosschen vnde umme eynen ort vnde waz dar schade uff gheet, in den medeban genommen, alse recht ist.

1148. Heynrich Hennel ist gekommen vor gehegit ding vnde hat gegebin Ilsen, syner elichin husfrowen, funfczig rinsche gulden an alle synen besten gutern, die her hat addir ummer gewynnet, daz sie an eygene, an erbe, an farnder habe adder wur ane daz sy, nach syme tode dar mete zcu thune unde zcu laßene.

1149. Hans Benne in der Smerstraßen kegen deme bornen geseßen ist gekommen vor gehegit ding vnde hat gegebin Margareten, syner elichen husfrowen, ffunfczig rinsche gulden an alle synen besten gutern, die her hat addir ummer gewynnet, daz sy an eygene, an erbe, an farnder habe addir wur ane daz sie, nach syme thode dar methe zcu thune vnde zcu lassene.[517]

1150. Michahel Goye ist gekommen vor gehegit ding vnde om wart gefunden vnde geteilt, man sulde on umme eynen gulden an gelde unde waz dar schade uff gheet, an Steffen Malers unde syner frowen farnde habe wisin, vnde ist dar an gewiset, alse recht ist.

1151. Herman Maschwicz ist gekommen vor gehegit ding vnde hat Hanse Koninge umme virczendehalb alt schog grosschin vnde waz dar schade uff gheet, syne were frônen laßen, alse recht ist.

1152. Steffan Tůfel ist gekommen vor gehegit ding vnde hat Jan Gudenberge umme czwey alde schog grosschen vnde was dar schade uff gheet, syne were frônen laßen, alse recht ist.

1153. Andreas Nehusen ist gekommen vor gehegit ding vnde hat Erhart Schaden umme vier alde schog vnde czweyvndeczwenczig alde grosschen vnde waz dar schade uff gheet, syne were fronen lassen, alse recht ist.

1154. Moricz Brŭn ist gekommen vor gehegit ding vnde ôme wart gefunden vnde geteilt, man sulde Hans Merczsche vß syme huse vnde ôn dar yn wiesen, sintdemmal daz her daz irstehen vnde irclait hat vnde om gefront waz, alz recht ist.[518]

---

[515] [nota] am Rand links.
[516] Vgl. Nr. 1081, 1154.
[517] Vgl. Hertel, Theil II, V [1506]; vgl. auch Buch V 458.
[518] Vgl. Nr. 1081, 1146.

1455–1456 137

1155. Steffanye, Caspar Steckmessers eliche husfrowe, ist gekommen vor gehegit ding vnde or wart gefunden vnde geteilt, man solde sy umme eyn alt schog grosschin vnde waz dar schade uff gheet, an Steffan Vogels farnde habe wiesen, vnde ist dar an gewiset, alz recht ist.

1156. Johannes Engel der apoteker ist gekommen vor gehegit ding vnde ome wart gefunden vnde geteilt, man sulde one umme drittehalb alt schog grosschen vnde waz dar ‖ schade uff gheet, an Steffan Malers farnde habe wiesen, vnde ist dar an gewiset, alse recht ist.

fol. 210v

1157. Anthonius Goltsmed, Augustin Treiße, Curt Riczsch unde Hanß Smed sint gekommen vor gehegit ding vnde haben Heißen Hedirsleibin syne were fronen laßen, alze recht ist, dar umme, daz ome von deß geldis wegen, daz her uon Curt Albrechtis vnde Claus Albrechtis wegen inne hat, alle rechte both geschen sint.[519]

1158. Caspar Lewe ist gekommen vor gehegit ding vnde hat gegebin Annen, syner elichin husfrowen, czwenczig rinsche gulden an alle synen bestin guter, die her hat addir ummer ge-wynnet, daz sie an eyegne, an erbe, an farnder habe addir wur an daz sie, nach syme tode dar mete zcu thune vnde zcu lassene.

1159. Allexius Dippolt ist gekommen vor gehegit ding vnde ist von sulchir schult wegen, die Michel Goye zcu ome gesaczt hatte, vmme czwelff alde schog grosschin kotczinß, die her ome sulde gelobit habin, ledig vnde loß geteilt.

1160. Andreas Slanlach ist gekommen vor gehegit ding vnde hat Peter Wachawen umme dry vnde drissig nuwe grosschen vnde was dar schade uff geheet, syne were fronen laßin, alze recht ist.

1161.[520] Anna, Jurge Rostes eliche husfrawe, ist gekommen vor gehegit ding vnde hat uffgebo-ten dy fronunge an Hans Bocks huse uff deme Strohofe dry ding. Do wart gefunden vnde geteilt, sy machte daz vorsetczin vor or gelt, ab sy konde. Konde sy des nicht vorsetczin, so mochte sy daz vor kouffen vnde daz obirley reichin deme, der dar recht zcu hette.[521]

1162.[522] Herman Dugawe ist gekommen vor gehegit ding vnde hat uffgeboten die fronunge an Hans Treißen huß dry ding. Do wart gefunden vnde geteilt, her mochte daz vorsetczin vor sin gelt, ab her konde. Konde er des nicht vorsetczin, so mochte her daz vorkoyffen vnde daz obirley reichen deme, der dar recht zcu hette.[523]

1163. Dionisius Trutman ist gekommen vor gehegit ding vnde hat Mathias Heydenriche vmme funfczehin alde schog grosschen vnde waz dar schade uff gheet, syne were fronen lassen, alse recht ist.[524]

---

[519] Vgl. Nr. 617 [2324].
[520] [nota] am Rand links.
[521] Vgl. Nr. 1015, 1170.
[522] [nota] am Rand links.
[523] Vgl. Nr. 1097.
[524] Vgl. Buch VI 321.

138   Die Hallischen Schöffenbücher. V. Buch.

1164. Thomas Dugawe ist gekomen vor gehegit ding vnde hat Herman Dugawen umme czechsvndeczwenczig alde schog gr. vnde waz dar schade uff gheet, syne were fronen laßen, alz recht ist. ‖

fol. 211r

1165. Nickel Wele ist gekommen uor gehegit ding vnde hat Claus Kalczendorffe umme czwey alde schog grosschen vnde umme acht nuwe grosschen vnde waz dar schade uff gheet, syne were fronen lassen, alse recht ist.

1166. Mathias Brendel ist gekommen vor gehegit ding vnde om wart gefunden vnde geteilt, man sulde on umme dry alde schog unde waz dar schade uff gheet, an der Mewes Drogenynne farnde habe wiesen, vnde ist dar an gewieset, alse recht ist.

1167. Ditterich Kuchenswin ist gekommen vor gehegit ding vnde ist von Jacob Bungen umme von des wegen, daz her ome sulde sin vetirliche erbe vorkouft habin, nemelichen eyne wantkamere, dy her werdtte an hundert rinsche gulden, dar Kuchenswin neyn zcu sprach vnde Jacob an des eydis vorhul, ledig vnde loß geteilt.

1168. Mathewes Rommeler ist gekommen vor gehegit ding vnde hat Peter Wachawen umme eyn alt schog grosschen vnde waz dar schade uff gheet, syne were fronen laßen, alse recht ist.

1169. Nicolaus Schónefelt ist gekommen vor gehegit ding vnde ome wart gefunden vnde geteilt, man sulde on umme dry alde schog grosschen, der sie bekant hat, vnde was dar schade uff gheet, an Ilsen Zcotemantels rogk, den her vnder der Stoybynne besaczt hat, wiesen, vnde ist dar an gewieset, alze recht ist.[525]

1170. Anna, Jůrge Rostes eliche husfrowe, ist gekommen vor gehegit ding vnde or wart gefunden vnde geteilt, man sulde Hanse Bocke vß syner gewere vnde sie dar yn wiesen.[526]

1171. Clemen vom Steyne ist gekommen vor gehegit ding vnde ome wart gefunden vnde geteilt, man sulde on umme acht nuwe großchen vnde waz dar schade uff gheet, an Hans Blumes farnde habe wiesen, vnde ist dar an gewieset, alse recht ist.

1172. Anthonius Goltsmed ist gekommen vor gehegit ding vnde hadt Curt Koche umme sechs alde schog grosschin mynre fůnf alde grosschen vnde waz dar schade uff gheet, syne were fronen laßin, alz recht ist.

1173. [2377] Margareta Lůchtenbergis, Jan Melicz rechte erbe, Hans vnde Heynrich, die Můsschele genant, Kónen, Margareten Luchtenbergis rechte swester sone, vnde Jurge Selle in formundeschaft Margareten, synes elichen wiebiß, die Sophien Nummerheymes tochter ist, die ouch der uorgenantin Margareten Lůchtenbergis rechte swester tochtir ist, vnde habin gegebin Hanse Smede myt willen vnde fulbort Hanses Sellen unde Jůrgen, synes bruder, uon ôrer wiebere wegen, alle ore gerechtikeit, die sy ist an‖irstorben, an Hans Czynemans seligen nachgelassen huse

---

[525] Vgl. Nr. 1178.
[526] Vgl. Nr. 1015, 1161.

1455–1456   139

unde hofe gelegen hinder deme rathuse unde an alle syner nachgelassener farnder habe unwed-dirrůfflich geistlicher vnde wertlicher gerichte in allir besten maße, als sie daz ome vorgegebin vnde vorlaßen habin, uor den ersamen hern zcweyer rethe von Halle, die dar obir ore uorsegilten briue gegebin habin unde yn gerichte geleyt sint, mit alleme rechten, alse sy die anirsterben ist.[527]

1174. Hans Zcolner ist gekommen vor gehegit ding vnde hat Hanse Meynharde umme ffunff-vndevirczig nuwe grosschin vnde waz dar schade uff gheet, syne were fronen lassen, alse recht ist.

1175. Ditterich Wießgerwer ist gekommen vor gehegit ding vnde hat uffgeboten eyn armbrost, daz ome Hans Grůning uor eyn halb nuwe schog grosschin zcu eyneme willigen phande gesaczt hat, dry ding. Do wart gefunden unde geteilt, her mochte daz uorsetczin uor sin gelt, ab her konde. Konde er deß nicht uorsetczin, so mochte her daz uorkouffen vnde daz obirleye reichen deme, der dar recht zcu hette.

1176.[528] Margareta, Michel Thannenbergis eliche husfrowe, ist gekommen uor gehegit ding vnde or wart gefunden vnde geteilt, man sulde sie umme eylff phenninge vnde waz dar schade uff gheet, an Heyne Trummels elichen husfrowen farnde habe wiesen, unde ist dar an gewieset, alse recht ist.

1177. Lamprecht Ketcz ist gekommen vor gehegit ding vnde ome wart gefunden vnde geteilt, man sulde on umme soben alde schog grosschen vnde sechs phenninge vnde waz dar schade uff gheet, an Steffan Malers unde syner elichen husfrowen farnde habe wiesen, vnde ist dar an gewieset, alse recht ist.[529]

1178. Nicolaus Schonefelt ist gekommen vor gehegit ding vnde ome wart gefunden vnde ge-teilt, sintdemmal daz or umme dry alde schog grosschen an Ilse Czotemantels rock gewieset ist, so mag her den uorsetczin uor sin gelt, ab her kan. Kan er deß nicht uorsetczin, so mag her den uorkoyffen unde daz obirleie reichen deme, der dar recht zcu hadt.[530]

1179. Briccius Hose vnde Glorius Kober sint gekommen uon formundeschaft wegen Andre-weses, Pawel uon Sayden seligen kindes, uor gehegit ding vnde habin Jacoff Wynmeystere umme czweyundevirczig alde schog grosschen vnde waz dar schade uff gheet, syne were fronen lassen, alse recht ist.[531]

1180. Briccius Hose vnde Glorius Kober sint gekommen vor gehegit ‖ ding vnde habin von formundeschaft wegen Andreweßes, Pawel von Sayden seligen kindeß, Titcze Lyndener vmme vierczehin alde schog grosschin vnde waß dar schade uff gheet, syne were fronen laßen, alse recht

fol. 212r

---

[527] Vgl. Hertel, Theil II, IV [1047], [1130]; vgl. auch Nr. 542, 581, 618.
[528] Schwurhand am Rand links.
[529] Vgl. Nr. 1194.
[530] Vgl. Nr. 1169.
[531] Vgl. Nr. 1103, 1192, 1193.

ist.

1181. Gerdrut Wrigen ist gekommen vor gehegit ding unde hat Peter Wachen umme funfvndeczwenczig nuwe grosschen unde was dar schade uff gheet, syne were fronen lassen, alse recht ist.

1182. Sander Fleming ist gekommen vor gehegit ding vnde hat Vincencius Heynriche umme uirdehalb alt schog grosschen unde was dar schade uff gheet, syne were fronen lassen, alse recht ist.

1183. Hans Peczsch ist gekommen vor gehegit ding vnde ome wart gefunden vnde geteilt, man sulde on umme eyn alt schog grosschin vnde was dar schade uff gheet, an Jurge Kůschborgis farnder habe wiesen, vnde ist dar an gewieset, alse recht ist.

1184. Hans Serwicz ist gekomen vor gehegit ding vnde hat Uincencius Heynriche vor czwey alde schog grosschin vnde uor eynen ort unde waz dar schade uff gheet, syne were fronen laßin, alz recht ist.

1185. Oßwalt Cruczman ist gekommen vor gehegit ding vnde hat Jacob Růlen vor eyn nuwe schog grosschen unde uier phennige unde waz dar schade uff gheet, syne were frônen laßin, alz recht ist.

1186. Jacob Kůncze ist gekommen vor gehegit ding vnde hat Pawel Wende vor dry alde schog grosschin vnde waz dar schade uff gheet, in den medeban genommen, alse recht ist.

1187. Bußße Fryse ist gekommen vor gehegit ding vnde ome ist gefunden vnde geteilt, her habe syne gerechtikeit, nemelichen andirhalbin eymer wyns uff Joste Prellen uon Smalkalden gewunnen, umme des willin, daz er sich irbod mit geczůge zcu fulkommen unde Jhost nicht enquam unde synen geczůg von ome nam, als sie sich beydirsyt vor deme schultissen vorwillet hattin, doch vnschedelichen Jhoste, ab on deß echte not benommen hette, die her bewiesete, wie recht were.

1188. Hans Treiße ist gekommen vor gehegit ding vnde ôme wart gefunden vnde geteilt, man sulde on umme czwelftehalb alt schog grosschen vnde waz dar schade uff gheet, an Pawel Monczkes vnde Hans Monczkes farnde habe wiesen, vnde ist dar an gewieset, alse recht ist.[532]

1189. Margareta, Bode Scherers eliche husfrowe, ist gekommen uor gehegit ding unde or wart gefunden vnde geteilt, sy mag das phant, daz or Lamprecht Lam gesaczt hadt, nemelichen eyn becken vorsetczen vor or gelt, ab sy kan. Kan sie deß nicht vorsetczin, so mag sy daz uorkouffen vnde ‖ daz obirley reichin deme, der dar recht zcu hat.[533]

1190. Oßwalt Lodewich ist gekommen vor gehegit ding vnde hat gegeben Gesen, syner elichen husfrowen, sechczig alde schog grosschen an alle synen bestin gutern, die her hat addir ummer

---

[532] Vgl. Nr. 1054.
[533] Vgl. Nr. 1127.

gewynnet, das sie an eygene, an erbe, an farnder habe addir wur ane daz sy, nach syme tode dar methe zcu thune vnde czu lassene.[534]

1191. Oßwalt Lodewich ist gekomen vor gehegit ding vnde hadt gegebin Henninge vnde Hanse, dy Papenmeyere genant syner frowen brudern, vnde Margareten, syner frowen swester, drießig alde schog grosschen an alle synen besten gutern, dy her hat addir vmmer gewynnet, daz sie an eygene, an erbe, an farnder habe adder wur ane daz sy, on daz zcu geben, wenne sie daz von ome heisschen, ouch mit sulcheme vndirscheyde, weres daz der kindere eyns ane liebis erbin abeginge, so sal daz von eyme uff daz andere erbin.[535]

1192. Ilse, Pawels van Sayda seligen wetewe, ist gekomen vor gehegt ding vnde hat Claus Walen, orer vater, zcu formunden gekorn, sulche schult zcu forderne, die sy von Dreweße, oreme sone selignn, anirstorbin ist, biß uff daz recht zcu geben unde czu nemen.[536]

1193. Claus Wale ist gekomen vor gehegt ding vnde hat von formundeschaft wegen Ilsen, syner tochter, Jacob Wynmeistere vor czweyvndefunfczig alde schog grosschen vnde waz dar schade uff gheet, syne were fronen lassen, alse recht ist.[537]

1194. Lamprecht Ketcz ist gekomen vor gehegit ding unde ome wart gefunden vnde geteilt, her mag Steffen Malers vnde syne forwen farnde habe vorsetczen uor sin gelt, ab her kan. Kan her der nicht uorsetczin, so mag her dy vorkauffen vnde daz obirley reichen deme, der dar recht zcu hat, sintdemmal daz er dar an gewieset ist, alze recht ist.[538]

1195. Jacob Besem ist gekomen vor gehegit ding vnde hat gegeben Ilsen, syner elichen husfrowen czwenczig alde schog grosschen an alle synen besten gutern, die her hat adder ummer gewynnet, daz sie an eygene, an erbe, an farnder habe addir wur ane daz sy, nach syme tode dar methe zcu thune vnde zcu lassene.

1196. Allexius Herffart hat gesant synen offenen vorsegiltin brieff in gehegit ding, dar inne her zcu formunden gekorn hat, Nicolaus Brandenberge, sulche schult, die er hat zcu Lorencze von Ruden zcu fordirne, biß uff daz recht zcu gebene vnde zcu nemene.

---

[534] Vgl. Nr. 1191.
[535] Vgl. Nr. 1190.
[536] Vgl. Nr. 1103, 1179, 1193.
[537] Vgl. Nr. 1103, 1179, 1192.
[538] Vgl. Nr. 1177.

Register

Namensregister

A

Abech → Koch, Hans anders genannt Abech

Abecht, Hans: 709 [Gertrud, s. Fr. 709]

Aben:

–, Mertin: 93

–, Bode: 318 (Bürger v. Eisleben)

–, Heinricus: 318 (Bürger v. Eisleben)

Abizsch, Lorenz: 1056

Affra:

–, Frau von Peter Strune: 608

Agathe:

–, Frau von Mathewes Lobenitz: 436

–, – Michel Snabel: 868

–, – Herman Wenne: 756

–, Tochter von Thomas von Metern: 652

Agnes / Agnete, etc.

–, Ehefrau von Ignacius Blomentretir: 336

–, – Thomas Vinsterwald: 28

–, – Hans Gerwig: 267

–, – Anthonius Goltsmed: 706

–, – Jan Koning: 220

–, – Heynrich Smed: 171

–, – Mertin Tusscher: 77

–, Mutter von Matthias Vinsterwald: 28

Albrecht:

–, Hans: 214

–, Claus: 617 (Br. v. Curt), 839, 1070, 1157

–, Curt: 617 (Br. v. Claus), 839, 1157

Alheid:

–, Frau von Mathias Lockner: 61 (Wwe.; Mutter v. *Barbara Wittenberg*)

–, – Hans Hake: 62 (vgl. Lockner)

–, – Curt Mußhart: 704

–, – Albrecht von Ruden: 57

–, – Bastina Schildaw: 613

–, – Ditterich Wißgerwer: 83

–, – Hans Ymen: 879

von Aldenburg, Nickel: 558

Aldenborg, Anyß: 876

Alman, Cune: 202

Altirman, Ulrich: 371, 380 [Walpurg, s. Fr. 371, 380]

Altrüßen, Pawel: 395

Anedarm:

–, Drewes: 282 [Berchte, s. Fr. 282], 717, 886, 1041

–, Symon: 625 (Schwiegersohn v. *Heinrich Hennel*)

Anna / Anne:

–, Frau von Simon Arnd: 120

–, – Lorenz Banck: 449

–, – Hans Bolting: 682

–, – Mathias Bolze: 947 (Wwe.), 970

–, – Peter Buring: 1038

–, – Allexius Dippolt: 79

–, – Mewes Dragen: 677

–, – Deynhart Drakensted: 631

–, – Peter Durle: 559

–, – Jeronimus Fedeler: 534

–, – Nickel Fischer: 203

–, – Sander Fleming: 377

–, – Hans Franke: 908

–, – Caspar Gellewitz: 143, 144

–, – Mathias Glyne: 629

–, – Heinricus Glogaw (Mutter v. *Ilsebeth Sulze*): 560

–, – Severin Grieffen: 805, 806

–, – Clemen Heyde: 639

–, – Andreas Hennenberg (vgl. → *Anna Schulte*): 237, 547

–, – Drewes Herffart: 705

–, – Hans Herwich: 450

–, – Lucas Hintze: 26

– , – Henczen Kelner: 155 (Wwe.)

– , – Hans Kemerer: 195

– , – Hans Kluke: 690

– , – Ditterich Kolman: 266

– , – Jacob Kruger: 861

– , – Michel Cruzman: 911, 987, 1000

– , – Pauwel Lange: 308

– , – Caspar Lewe: 1158

– , – Caspar Moritz: 599, 1113

– , – Urban Omizsch: 365 (*omicyschynne*), 969

– , – Glorius Ostraw: 225, 226

– , – Hans Prirße: 895

– , – Claus Renneman: 55

– , – Curt Rizsch: 309

– , – Jorge Rost: 1014, 1015, 1161, 1170

– , – Nickel Schernemeister: 920, 921, 1077

– , – Hans Schreyer: 434, 957

– , – Nicolaus Slichthar: 78

– , – Hans Smed: 514

– , – Thomas Stoye: 1098

– , – Hans Strußberg: 552

– , – Pawel Treiße: 1115

– , – Ciriacus Tusscher: 74, 420

– , – Claus Valysern: 893

– , – Heinrich Vochshols: 408 (Wwe.)

– , – Claus Vogeman: 451 (Wwe.)

– , – Heinrich Wiprecht: 1063 (Wwe.)

– , – Peter Zelder: 982

– , – Borchard Zeil: 53

– , Mutter von Ulrich Pezsch: 291

– , – Steffen Weitkorn: 190

– , Schwester von Helena u. Matthias Bolze: 811

– , – Margareta Huzsche: 288

– , Tochter von Heinrich Beyer u. Margareta: 143, 144 (→ *Caspar Gellewitz*)

– , – Fritzsche Schulte (vgl. auch Hennenberg): 279, 548

– , Magd von Heiße Hedirslebe: 261

– , von Jehne: 564, 565

– , die Luderynne: 811

von der Annberg, Herman: 607

Appollonia:

– , Frau von Claus Schroter: 64, 65, 66 (s. Schwester)

Apoteker, Hans: 1136, 1137

Arndes, Hans: 93

Arnd, Simon: 120 [Anna, s. Fr. 120]

Arnsteyn, Hans, von Calbe: 658

Asmus, Hans: 414, 415, 888

B

Bacharan, Hans: 233, 265

Bake:

– , Claus: 1053

– , Vester: 451, 461, 579 [Katherina, s. Fr. 579]

Baldeken, Michel: 564

Baldewyne, Claus: 20, 32 (s. Haus), 36

Baltizar, Ludeke: 306

Bandow, Glorius: 17, 34 (s. Haus), 58, 751 [Cecilia, s. Fr. 17, 34, 58, 751]

Banck / Banz, Lorenz: 449 [Anne, s. Fr. 449], 524 (*bancz*)

Barbara:

– , Frau von Hans Grieffenhause: 483

– , – Marx von Halle: 504

– , – Hans Hase: 85, 453

– , – Peter Neyman: 122, 165

– , – Herman Stoppel: 107

– , – Steffen Tufel: 235

– , – Hans Uling: 952

– , – Claus Wilant: 478

– , – Pawel Wittenberg: 61, 62, 280, 281

Bastian, Claus: 1057

Bauweling, Mertin: 470, 501, 587, 589

die Bauwelingynne, Mertin: 470, 501, 587, 589

Bardis, Claus: 93

Baruth, Heinrich: 1, 19, 20, 32, 303

Baserne, Hans: 104 [Ilsebete, s. Fr. 104]

Becker:

– , Caspar: 1028

– , Gunter: 159

– , Gurge: 1100

– , Hans: 590

– , Herman: 149

– , Kersten: 313, 350 (mit s. M.), 403, 562, 580 (mit s. M.)

– , Peter: 474

– , Margreta (Nonne v. Kl. St. Gurgen): 641

die Beckerynne, Peter: 474
Beddirman, Peter: 673, 1050, 1058 [Liste, s. Fr. 673]
Beheme / Beme:
  – , Anthonius: 737 [Ilse, s. Fr. 737], 1032
  – , Brosius: 31, 143, 144 (ehel. Vormund), 770,
    1144 [Margareta, s. Fr., früh. Fr. v. *Heinrich
    Beyer*, 143, 144]
  – , Hans: 573, 711
  – , Herman: 258
  – , Pauwel: 511 [Maria / Lucia ?, s. Fr. 511], 1130
    [Dorothea, s. Fr. 1130]
  – , Anna (Stieftochter v. *Heinrich Behme*, Toch-
    ter v. *Heinrich Beyer* u. *Margareta*, vgl. Buch
    VI 101, 102, 103): 143, 144
Beyer, Hans: 161
Belger:
  – , Heiße: 362
  – , Gerhard (Br. v. Heiße): 362
Belling, Matheus: 845 (Bevollm. v. *Hans Eckard*),
  902 (Vormund v. *Hans Eckard* et al.), 903, 1025
  (Vormund v. *Hans Eckard*), 1061, 1067 (Vor-
  mund v. *Hans Lindaw*), 1068
Benne:
  – , Claus: 144 (Vormund v. *Anna Behme*), 185, 571
    (s. Haus)
  –, Hans: 458, 1149 [Margareta, s. Fr. 458, 1149]
Bennendorff:
  – , Otto: 124 (†) [Felice, s. Fr. 124, 856, 907, 924
    (Mutter v. *Hans*)]
  – , Hans (gegen Megdeburg): 907, 924, 995 (Br.
    v. *Jacob*)
  – , Jacob[1]: → die Jacob Bennendorffynne
  – , Jacob[2] (Br. v. Hans): 995 (mit s. Fr.)
die Bennendorffynne:
  – , Jacob (†): 747, 831, 856, 907, 995
  – , Otto: 907
Berchte:
  – , Frau von Drewes Anedarm: 282
Bere, Peter: 391, 405, 555, 1012
Bergaw, Caspar: 162
Berge, Hans vom: 1144
Bergman, Hans: 55 (ehel. Vormund) [Kunne, s. Fr.
  55]
Berndorff, Steffen: 48, 202, 517, 521, 551, 553, 567,

753, 974
von Bernten, Hans: 1061 (*junchern*), 1068 (*juncher
  v. Herman Haferbeck*), 1073 (*juncher*), 1095 (*jun-
  cher*)
Bertramme, Mertin: 654
Bertrer, Kersten: 166
Besem, Jacob: 1195 [Ilse, s. Fr. 1195]
Beste, Uith: 156 (s. Haus)
Bestiane, Claus: 918
Bicheling:
  – , Gelehart: 469
  – , Hans: 565
von Bicherling, Hans, Graf: 698
Bille, Mertin: 471, 964
Bynsen:
  – , Frau von Gurge Tolbe: 297
Blanckenberg, Heynricus: 612
Blanckenhayn, Henze: 384 [Margareta, s. Fr. 384,
  601]
Blasius (*her*) (*phenner* zu der Neuen Kirche): 431
Blomentreter, Ignacius: 336 [Agnes, s. Fr. 336], 374
Blotze, Steffan: 457, 646, 647 [Gutte, s. Fr. 647]
Blume / Blome, Hans: 48, 118, 202 (*metekumpane*),
  974, 1171
Bobbaw, Hans: 117
Bock:
  – , Hans: 38, 149, 232, 233, 234, 263, 264, 265,
    398, 425, 939, 1015, 1161, 1170
  – , Henze: 901 [Ilse, s. Fr. 901]
Bode, Hans: 1127 (s. Fr.), 1189 (s. Fr.; *scherer*) [Mar-
  gareta, s. Fr. 1127, 1189]
Bodendorf, Nicolaus: 438 [Ilse, s. Fr. 438], 439
Bogeman:
  – , Peter: 1101
  – , Claus: 16, 1058
  – , Martin: 12 (s. Haus), 16
die Bogemaninne, Claus: 1058
Boltingk, Hans: 682 [Anna, s. Fr. 682]
Bolze:
  – , Glorius: 484 (nächst. Schwertmage v. *Mathi-
    as*)
  – , Mathias: 142, 180, 484 (†), 669, 679 (s. Test-
    VollStr.), 742 (s. TestVollStr.), 811, 947, 970
    [Osanna, s. Fr. 947 (Wwe.), 970 (Wwe.)]

Borlyn /Burlyn, Laurentius: 540, 541, 855, 922, 923, 966, 967, 975, 976, 977, 1078 [Margareta, s. Fr. 540 (T. v. *Claus Phundes*), 541, 976, 977 (*Margareta Pherdis*)]

Borneman:
– , Curt: 112
– , Hans: 1051

Botcher:
– , Drewes: 245, 361, 517, 553, 567
– , Herman: 318
– , Tile: 823

Bote, Claus: 619

Boze, Albrecht: 169

Bracstede:
– , Bartolomeus: 546
– , Hans: 1, 756 (Br. v. *Sander* u. *Heyne*)
– , Heyne: 96, 756, 940
– , Sander: 20, 114, 238, 257, 352, 590, 756, 791, 877, 878, 896

Brande, Peter: 440, 632, 1010

Brandenberg:
– , Nicolaus / Claus: 237, 591 (Vormund v. *Claus Rennaw*), 658 (Vormund v. *Hans Arnsteyn von Kalbe*), 678 (Vormund v. *Matheus Strubing*), 721 (Bevollm. v. *Dr. Volkmar Koyan*), 769 (Vormund v. *Curt Endeman*), 770 (Vormund v. *Hans Lyndaw*), 828 (Vormund v. *Matheus Kluke*), 832 (Vormund v. *her Johan Kloth*), 839 (Vormund v. *Hans Polelicz, Augustin Treiße, Johan von Hayne, Bernt Jacobs*), 855 (Vormund v. *her Jacob Goltsmed*), 856 (Vormund v. *Katherina, Claus Phunds* Wwe.), 875 (Vormund v. *Curd Endeman*), 903 (Vormund v. *Matheus Belling*), 906, 907 (Vormund v. *Katherina, Claus Phunds* Wwe.), 922 (Vormund v. *her Jacob Goltsmed*), 923 (Vormund v. *her Jacob Goltsmed*), 925, 941 (Vormund v. *Hans Popeliz, Hans vom Hayne, Augustin Treiße, Bernt Jacobs*), 947 (Vormund v. *Osanna, Mathias Bolzens* Wwe.), 953, 954, 966 (Vormund v. *Jacob Goltsmed*), 967 (Vormund v. *Jacob Goltsmed*), 968 (Vormund v. *Hans Eckard*), 970 (Vormund v. *Osanna, Mathias Bolzens* Wwe.), 1025 (Vormund v. *Mathias*

Belling), 1051 (Vormund v. *Hans Borneman*), 1078 (Vormund v. *Jacob Goltsmed*), 1088 (Vormund v. *Peter von Glogaw*), 1094 (Vormund v. *Jacob Goltsmed, Drothea Goltsmed, Hans Morung*), 1128 (Vormund v. *Clemen Reckeleder*), 1196 (Vormund v. *Allexius Herffart*)
– , Ilse: 996

Branz, Jan: 136, 756, 835, 1026 (Vormund v. *Hans Bunge*s Kinder)

Brendel, Mathias: 1049, 1166

Brengeczu:
– , Baltazar: 649 [Katherina, s. Fr. 649]
– , Hans, von Walwitz: 728

Breßlow, Pauwel: 234, 264

Bretsnyder, Michel: 526

Brigitte / Brigide:
– , Frau von Nickel Frauwenstein: 614
– , – Nickel Klingener: 616

Brizschune, Mertin: 430

Bruderson:
– , Kersten: 475
– , Pauwel: 475 (Br. v. *Kersten*)

Brüher / Bruere:
– , Mathias (Br. v. *Claus*): 320, 795, 844, 1045
– , Claus (Br. v. *Mathias*): 844, 1045
– , Heinrich: 1045

Brun:
– , Jacob: 959 (Vormund v. *Nickel Wele*)
– , Moritz: 93, 1081, 1146, 1154

Brunstorff:
– , Kersten: 103, 141, 593
– , Hans: 593

Bruser:
– , Frederich: 488 (Vormund v. *Pauwel Wedeman*)
– , Hans: 334, 540, 541, 1089, 1090

Brust, Hans: 528 [Katherina, s. Fr. 528]

Bruwer, Curt: 628

Buch, Peter: 955

Bulen, Nicolaus: 1138

Bunge:
– , Hans: 1026 (†; s. Kinder)
– , Jacob: 1167
– , Marcus: 524, 660 (s. Fr.), 663, 745, 846 (s. Haus), 989, 1030 (S. v. *Otte Bunge* u. *Elisa-*

beth), 1072 (s. Haus), 1074 (s. Frau) [Margareta, s. Fr. 660 (*bungynne*), 989, 1030, 1074]

– , Otte: 1030 (†) [Elisabeth, s. Fr. 1030 (Wwe.)]

Bunaw, Moritz: 916, 958 [Margareta, s. Fr. 916, 958]

die Bunaweynne, Moritz: 916 (*bunynne*), 958

Buring, Peter: 1038 (s. Fr.) [Anna, s. Fr. 1038]

Burlyn → Borlyn

Buße:

  – , Ulrich: 157, 716 (V. v. *Sander*), 778

  – , Hans: 786

  – , Herman: 8, 695, 724, 1070 (*altir lute*)

  – , Sander: 273, 598, 716, 778

Büteler, Mertin: 790 [Katherina, s. Fr. 790]

C vgl. auch K u. Z

Cecilia / Cille / Zille etc.:

  – , Frau von Glorius Bandow: 17, 34, 58, 751

  – , – Jacoff Zimmerman: 910

Ciliacus, Hans: 221

Claus (*gast*): 43

Cordula:

  – , Frau von Clemen Wolff: 126

Cunze, Jacoff: 167

Curdis:

  – , Kone: 600

  – , Peter: 1084 [Ilse, s. Fr. 1084]

Curßo, Hans: 251, 326, 513 [Katherina, s. Fr. 251, 326]

Curt, Peter: 1036

D

Dam, Hans: 349

von Delzsch, Libarius: 784, 820 [Margareta, s. Fr. 784]

Dippolt, Allexius: 79, 312, 545, 561, 1159 [Anna, s. Fr. 79]

Dirgaw, Herman: 315

von Dißkow, Karls: 161

Dizsch / Ditzsch:

  – , Claus: 187, 736, 740, 1093, 1107

  – , Hans: 920, 938

  – , Peter: 1054

von Denstede, Hans: 491

Dobel, Claus: 285 [Margareta, s. Fr. 285], 433 [Ger-

trud, s. Mutter 433]

Domizsch, Bastian: 70, 242

Donzsch:

  – , Claus: 89, 683, 877 [Margareta, s. Fr. 683]

  – , Jacoff: 408

Dorchard, Peter: 473 (mit s. Fr.)

Doring:

  – , Pawel: 207 [Juliane, s. Fr. 207]

  – , Peter: 230 (†) [Gutte, s. Fr. 230 (Wwe.)]

  – , Valentin (Sohn v. Peter): 230

Dorle, Herman: 14

Dorothea:

  – , Frau von Pawel Behme: 1130

  – , – Curt Hake: 95

  – , – Nickel Missener: 533

  – , – Mertin Schildaw: 1105

  – , – Hans Schrappelaw: 214 (Wwe.)

  – , – Ciliacus Tettaw: 1124

  – , – Hans Zscheley: 563

  – , Zimmermann: 401

Drogen / Dragen, Mewes: 40, 677 [Anna, s. Fr. 677]

die Drogenynne, Mewes: 654, 1166

Drakensted:

  – , Hans: 300 (s. Haus), 505, 834 (s. Haus)

  – , Deynhart: 631 [Anna, s. Fr. 631]

von Dreßen, Hans: 110, 121, 173 (Vormund v. *Konne, Jacoff Lebichun*s Wwe.), 507, 508, 824, 866, 953, 990, 991

Duderstadt, Buße: 140 [Katherina, s. Fr. 140]

Dugaw:

  – , Borchard (Sohn v. *Lorenz Dugaw* u. *Margareta*): 870, 871, 872

  – , Herman: 136, 158 , 159, 413, 1097, 1162, 1164 [Gertrud, s. Fr. 158]

  – , Lorenz (†): 870, 871 [Margareta, s. Fr., jetzt Fr. v. *Mertin Kaldenborn* 870, 871]

  – , Thomas: 1164

  – , Helena / Lehene (Tochter v. Lorenz): 870, 871, 872

  – , Lucia (Tochter v. Lorenz): 870, 871, 872

Ducker, Nickel: 5 (*dunker?*)

Dunckel, Hanse: 333, 358

Durckorn, Symon: 637 [Gutte, s. Fr. 637]

Durle, Peter: 559 [Anna, s. Fr. 559]

E

Ebel, Michel: 981

Ebirhart:
- , Matthias: 383, 440, 929, 1021, 1059, 1122 [Katherina, s. Fr. 1122]
- , Michel: 409, 443
- , Pawel: 693

Eckhard:
- , Hans (aus Magdeburg): 845, 902, 968, 1025
- , Thomas: 68, 86, 341, 427, 854, 1062

Eghen, Borchart: 170

Eynharne: 519 (s. Haus)

Eldiste:
- , Borchart: 913
- , Gurge: 307, 1052
- , Hans: 111, 183

die Eldistynne, Gurge: 1052

Elisabeth / Else / Elze → Ilse

Elzschen, Heiyne: 185 (s. Haus)

Endeman, Curt: 201, 769, 875

Engel, Johannes, Apotheker: 304 [Gertrud, s. Fr. 304], 1156

vom Ende, Hans: 909

by der Erde, Matias: 428 [Katherina, s. Fr. 428]

Erich, Hans: 37 [Dorothea, s. Fr. 37]

Erlawen, Hans: 856, 907, 924

Errentanz, Nickel: 191, 700

Erwißmann, Claus: 288, 289 [Margareta, s. Fr. 289]

Esel, Symon: 710

Eva:
- , Nichte von Rudiger Smed: 707
- , Rudiger: 897, 898

F

vgl. auch V Falysen, Nicolaus: 688

Farre, Ciliacus: 644, 973 [Gertrud, s. Fr. 644, 973]

Fatter / Vatter, Pawel: 409, 443

Fedeler, Jeronimus: 93, 533 (Sohn v. *Dorothea Missener*), 534 [Anna, s. Fr. 534]

Ferger, Nickel: 98

Ferkele, Benedictus: 729

Fincke, Mewes: 363, 364, 979

Fischer:
- , Hans: 12, 517, 521, 553, 567, 885
- , Heinrich: 275, 360, 463, 582, 732, 848
- , Nickel: 115, 203 [Anna, s. Fr. 203], 215

Flechtner, Thitze: 1145

Fleming, Sander: 377 [Anna, s. Fr. 377], 1182

die Fleßynne: 652 (ihr Haus)

Florencius, prior zu den Pewelern: 681

Folsche, Borchart: 147 (Werker v. *Jacob Serwitz*), 899

Forne, Peter: 442

Francke:
- , Albrecht: 290 (s. Haus)
- , Hans: 150, 155, 908 (*der rotgießer*) [Anna, s. Fr. 908]
- , Nicolaus: 1132

Franckeleve / Franklebe, Hans: 128, 129, 496, 708 (Vormund v. *Matheus Finsterwalt*) [Ilse, s. Fr. 128, 129]

Frauwenstein, Nickel: 614 [Brigide, s. Fr. 614]

Fredeberg, Lorenz: 318

von Fredeberg, Cunze: 620 (ehel. Vormund), 621, 622, 623 [Sophia, s. Fr., früh. Fr. v. *Henze Kleinepeter* 620, 622]

Frydel, Friedrich: 747 (†) [Agnes, s. Fr. 747 (Wwe.), 831]

die Frydelynne: 831

Fryher / Frier:
- , Kersten: 499, 500, 766, 767, 1134, 1147
- , Gurgen: 550, 1047

Frilant, Otte: 535

Fryse, Busse: 1187

Frizsche, Thomas: 260

Froberg:
- , Hans: 793, 843, 912
- , Philippus: 835

Frolich:
- , Peter: 59 (Vormund v. *Nicolaus Jhene*s Kinder)
- , Heyne: 725 (Vormund v. *Hans Gerwig*s Erben)

Frone:
- , Mutter von Rule u. Claus Rudolffs: 752

Früweoff, Drewes: 44, 45

Furman:

– , Claus: 156 (s. Haus)

– , Hampel: 595

– , Matthis: 736

– , Steffan: 736

G

Ganß:

– , Curt (Br. v. Hans): 1003

– , Friedrich (Br. v. Hans): 1003 (†) [Isolde, s. Fr. 1003 (Wwe.)]

– , Hans: 1003

Garun, Peter: 586

Gayge, Michel: 702

Gawe, Mathewes: 648

Geynz, Claus: 933

Gellewitz, Caspar: 22, 48, 75, 125 (s. Haus), 143, 144, 165, 202, 257, 320, 331, 332, 518, 942 (Oheim v. *Blasius Steckenberg*), 974, 1070 [Anna, s. Fr. 143, 144]

Gercke, Bartolomeus: 119 [Margareta, s. Fr. 119]

Gerhart, Franz: 151, 314

Gerdrud:

– , Magd von Jacoff Nering: 189

– , Frau von Hans Abecht: 709

– , – Herman Dugaw: 158

– , – Johannes Engel: 304

– , – Ciliacus Farre: 644, 973

– , – Nickel Gorenz: 723

– , – Hans Henzschelman: 344

– , – Claus Hinze: 231

– , – Hans von Kassel: 972, 1039

– , – Hans Koch, alias Abech: 1129

– , – Mertin Koch: 746

– , – Kilian Koch: 292, 1065, 1069, 1073

– , – Kune Krig: 1116

– , – Hans Leiche: 47

– , – Hans Nythener: 884

– , – Hans Plan: 423

– , – Nickel Sanhofer: 689

– , – Fritzsche Schulte: 549

– , – Heynze Strich: 204

– , – Cunze Wach: 808

– , Mutter von Claus Dobel: 433

– , Tochter von Henze Kleinepeter u. Sophie:

620, 623

– , Wrigen: 1181

– , Herman: 278

Gerwe, Hans: 339

Gerwig / Gerwich:

– , Hans[1]: 23, 121, 267 (mit s. Fr.), 327, 578, 725 (†), 731 [Agnes, s. Fr. 267]

– , Hans[2]: 753

Gese:

– , Frau von Hans Herbistloube: 22

– , – Oßwalt Lodewich: 1190

– , – Kersten Wulle: 672

Giseke, Hans: 96, 807

Gisele:

– , Frau von Hans Knuppel: 459

Giseler, Hans: 199, 239, 259, 295, 394 [Ilse, s. Fr. 239, 259, 295]

Gynow: 198

– , Caspar: 243 (s. Haus)

– , Claus: 192, 213, 219, 223, 246, 247, 250

Gladeheynen, Claus: 526

Glaser, Hans: 900 [Clara, s. Fr. 900]

Glesyne:

– , Matthias: 90 (Gesandtschaft d. Rates), 198 (Vormund v. *Frederich Smeds* Kinder)

– , Syverde: 76, 93, 94, 286

Glinne, Nickel (Knecht v. Peter Bere): 391, 405

Glyne, Matthias: 629 (ehel. Vormund) [Anna, s. Fr. 629]

Glocke:

– , Claus: 372, 387

– , Heynricus (Stiefvater v. Ilsebeth Sulze): 560, 698, 953, 1074 [Anna, s. Fr. 560 (Mutter v. Ilse)]

von Glogaw, Peter: 1088

Glum → Glinne

Golthanen, Meynharde: 678 [U., s. Schwester 678], 746, 781

Goltsmed:

– , Anthonius: 310, 617, 706 [Agnes, s. Fr. 706], 794, 1157, 1172

– , Hans: 1078 (†) [Dorothea, s. Fr. 975 (Mutter v. *Jacob*), 976 (Mutter v. *Jacob*), 1078 (Wwe.)]

– , Jacob, her: 855, 922, 923, 966, 967, 975, 976

(s. Mutter), 1078 (*her*), 1094 (mit s. Mutter) [Dorothea s. Mutter →Hans]

– , Reynhart: 91

Golis:

– , Peter (Br. v. Wenze): 701

– , Sander (Br. v. Wenze u. Peter): 701 (†), 736

– , Wenze (Br. v. Peter): 701

Goye:

– , Michael: 4, 1150, 1159

– , Pawel: 92 (s. Haus), 111, 183, 221, 255

Gordan, Kersten: 188

Gorenz, Nickel: 723 [Gertrud, s. Fr. 723]

Goringe, Herman: 184

Graßmus, Hans: 494

Grawele, Mertin: 1053

Grefe / Grefen / Greve:

– , Hans: 708

– , Peter: 184 [Wolbrecht, s. Fr. 184]

– , Steffan: 1, 194, 406, 456 [Ursula, s. Fr. 406]

– , Margareta (Tochter v. Hans): 708 (Halbschwester v. *Matheus Vinsterwald*)

Greffendorf:

– , Fritzsche: 167, 676, 703, 735

– , Hans: 531

Grellen, Thomas: 684

Grieffen, Severin: 381, 805, 806, 934 [Anna, s. Fr. 805, 806]

Grieffenhayn: 92 (s. Haus)

– , Hans: 417

Grieffenhause, Hans: 483 [Barbara, s. Fr. 483]

Grymme, Glorius: 99, 100, 321, 880, 914 [Konigunt, s. Fr. 99]

von Grymme:

– , Hans: 275 (Bürge v. s. Magd), 360 (s. Magd)

– , Jurgen: 467

Groß, Kersten: 238 (s. Haus)

Grosse, Hans: 409, 443

Großkop, Valentin: 12

Grosschen, Franz: 348

Grundeling: 130 (Kinder)

– , Hans: 787, 1118 (ehel. Vormund; Schwiegersohn v. *Nicolaus Rode*) [Ursula, s. Fr. 787, 1118 (Tochter v. *Nicolaus Rode*]

– , Kerstine (Schwester v. Mette): 97

– , Mette (Schwester v. Kerstine): 97

Gruneheyden:

– , Bastian: 93

– , Lorenz: 59 (s. Haus), 60 (s. Haus), 116, 1064 [Margareta, s. Fr. 1064]

Grüning:

– , Ditterich: 1175

– , Hans: 319, 837, 948, 1071 (mit s. Fr.)

– , Mertin: 276, 858 [Hedwig, s. Fr. 858]

Grünewald, Drewes: 1082, 1125

Gruwel, Peter: 1031, 1109, 1110 [Margareta, s. Fr. 1109, 1110]

Gruzemecher, Hans: 544

Gruzsch, Claus: 826

Gudenberge, Jan: 499, 668, 1039, 1152

Guldenfuß, Hans: 439 (†) [Ursula, s. Fr. 439 (*guldenfußynne*)]

Gumprecht, Drewes: 801, 943

Gunter:

– , Curt: 441 [Margareta, s. Fr. 441]

– , Nickel: 965

Gusaw, Baltazar: 782

Guterbock, Nicolaus: 670, 675, 714

Gutjar, Drewes: 56 [Ilse, s. Fr. 56]

Gutte / Gütte / Jutta / Jutte:

– , Frau von Steffan Blotze: 647

– , – Peter Doring: 230 (Wwe.)

– , – Symon Durckorn: 637

– , – Claus Heydenrich: 479

– , – Nickel Kluke: 750, 1075

– , – Heinrich Maltitz: 1119

– , – Claus Vochs: 217

– , – Peter Wedemar: 917

H

Habich, Claus: 135, 284 [Katherina, s. Fr. 284], 531, 532

Hadaritz, Peter: 814

Hafer, Ulrich: 949 [Katherina, s. Fr. 949]

Haferbeck, Herman: 1061 (Vormund v. *Hans von Bernten*), 1068 (Vormund v. *Hans von Bernten*), 1073 (Vormund v. *Hans von Bernten*), 1095 (Vormund v. *Hans von Bernten*)

Hake:

– , Curt: 95, 334, 540, 541, 630, 1089, 1090 [Dorothea, s. Fr. 95]

– , Hans: 62 , 102, 495, 847 [Adelheit / Alheit (vgl. → Lockner), s. Fr. 62]

– , Henning: 997 (s. Haus)

– , Lodewich: 102 (†) [Dorothea, s. Fr. 102]

– , Helena (Schwester v. Hans): 102

Haldunge, Hans (aus Mühlhausen): 324

von Halle, Marx: 504 [Barbara, s. Fr. 504]

Haneman, Hans: 460 [Ilse, s. Fr. 460]

Hardolffe, Vester: 433

Hardung:

– , Claus: 268, 276

– , Jacoff: 538

Hase:

– , Hans: 85, 316, 453, 546, 602, 765, 776, 777 [Barbara, s. Fr. 85, 453]

– , Jan: 209 (s. Haus), 776 (Br. v. *Hans*), 777 [Dorothea, s. Fr. 776, 777]

– , Vincentius: 1108, 1112, 1123

vom Hayne:

– , Hans: 941

– , Johanse: 332, 839

– , Mathias: 919

Hawenschild, Margareta: 955

die Hauenschildynne: 515

Hecht, Thomas: 538

Hedirslebe:

– , Augustin: 19 (mit s. Br. *Pauwel*), 537 (Lehenherr v. *Lucia Marggrauen*), 755

– , Bertram: 979 (S. v. *Pawel*), 1042 (S. v. *Pawel*), 1043, 1044

– , Hans[1]: 54, 156, 373, 988

– , Hans[2]: 979 (S. v. *Pawel*), 1106 (S. v. *Pawel*)

– , Heinrich: 979, 991 (S. v. *Pawel*), 1002 (S. v. *Pawel*), 1029, 1042 (S. v. *Pawel*), 1043, 1044

– , Heiße: 4, 261, 315, 617, 803, 1157

– , Niclaus: 877 (s. Haus)

– , Pawel: 19 (mit s. Br. *Augustin*), 646, 755 (Br. v. *Augustin*), 979, 990, 1002 (V. v. *Heinrich*), 1042, 1043, 1044, 1106, 1137 (s. S.)

Hedwig:

– , Frau von Mertin Grüning: 858

Heyde, Clemen: 639 [Anna, s. Fr. 639]

Heydeke:

– , Benedictus: 774 [Ursula, s. Fr. 774]

– , Claus: 116, 330 (s. S.), 1020 [Lenen, s. Fr. 1020]

– , Heiße (Sohn v. *Claus*): 330

Heidenrich:

– , Matthias: 244 (s. Gut), 269, 273, 274 (Br. v. *Claus*), 456, 496, 598, 1021, 1163 [Dorothea, s. Fr. 274 (Schwägerin v. *Claus* u. *Mattis Heydenrich*)

– , Claus: 274, 479 [Gutte, s. Fr. 479], 600 (s. Knecht), 1017, 1024 [Juliana, s. Fr. 1024], 1036

Heynrichs:

– , Hans: 372, 387, 804, 859 [Margareta, s. Fr. 859], 1016, 1017

– , Vincentius: 715 [Elene, s. Fr. 715], 1142, 1182, 1184

Heyneman, Mewes: 482 [Lenen, s. Fr. 482]

Helena / Elene / Lena / Lenen etc.:

– , Frau von Claus Heydeke: 1020

– , – Vincentius Heynrichs: 715

– , – Mewes Heyneman: 482

– , Schwester von Matthis Bolzen: 811

– , – Hans Hake: 102

– , Tochter von Lorenz Dugaw u. Margareta: 870, 871, 872

Hennel, Heinrich: 115, 215, 625, 1148 [Ilse, s. Fr. 1148]

Hennenberg:

– , Andreas / Drewes: 237, 547 [Anna, s. Fr. 237, 547]

– , Hans (Sohn v. Andreas): 237, 519

Henzendorf, Lucas: 515 (Vormund v. d. *Hauwenschildynne*), 564 (Vormund v. *Nicolaus von Jhenes* Kinder), 565 (Vormund v. *Claus* u. *Margareta, Nicolaus von Jhenes* Kinder)

Herbistloube, Hans: 22 [Gese, s. Fr. 22]

Hercus, Hans: 7 [Ilse, s. Fr. 7]

Henzschelman, Hans: 344 [Gertrud, s. Fr. 344]

Herffard / Herffart:

– , Allexius: 1027 (s. Hof), 1028 (s. Hof), 1196

– , Drewes: 705 [Anna, s. Fr. 705]

– , Heyne: 1, 527 [Ostirhilde, s. Fr. 527]

Herman, Gerdrut: 278

Hertel:

– , Nickel: 758 [Lucia, s. Fr. 758]

– , Segemunt: 411, 915, 1037

– , Urban: 470, 544, 587, 592

Herwich /Herwig:

– , Caspar, her: 972

– , Hans: 450 [Anna, s. Fr. 450], 764, 1042

– , Herman: 134, 260, 491, 554, 575, 658, 722, 956, 1012

die Herwigynne: 689

Hesse:

– , Curde: 722

– , Kilian: 789 [Margareta, s. Schwester 789] [Dorothea, s. Schwester 789]

– , Herman: 38

Hinze:

– , Claus: 75, 231 [Gertrud, s. Fr. 231], 320 (Schwager v. *Caspar Gellewitz*)

– , Lucas: 26 [Anna, s. Fr. 26]

Hynne, Bertolt: 75

Hodanz:

– , Jacob: 51 [Hedewig, s. Fr. 51]

– , Mertin: 256 [Ilse, s. Fr. 256], 558

Hok, Peter: 182

die Hokynne, Peter: 182

Holzschumecher, Fritzsch (aus Naumburg): 317

Holzward, Livin: 148, 1044

Holzwert, Hans: 36

Hoppenner, Nickel: 59 (s. Haus), 60 (s. Haus)

Horing, Claus: 367

Horne:

– , Heinrich: 142, 180

– , Cunze: 142 (Br. v. *Heinrich* ggf. Br. v. *Matthias Bolze*), 180

Hose:

– , Hans: 42

– , Briccius: 669, 679 (TestVollStr. v. *Mathias Bolze*), 742, 811 (TestVollStr. v. *Mathias Bolze*), 1026, 1070 (*altir lute*), 1103 (Vormund v. *Andrewes von Sayda*), 1179 (Vormund), 1180

Houwer, Valentin: 24

Huffenleben, Hans: 880

Hugele, Peter: 174, 797, 802

Hund, Hans: 1055

Huter, Lorenz: 785

Hutemecher, Heyne: 933

die Hutemecherynne, Heyne: 933

Huzsche, Jan: 288 [Margareta, s. Fr. 288]

I

Ileburg, Hans: 747

Ilse / Else / Elisabeth / Ilsabeth:

– , Frau von Hans Baserne: 104

– , – Anthonius Behme: 737

– , – Jacob Besem: 1195

– , – Hencze Bock: 901

– , – Nicolaus Bodendorf: 438

– , – Otte Bunge: 1030 (Wwe.)

– , – Peter Curdis: 1084

– , – Hans Franckeleve: 128, 129

– , – Hans Giseler: 239, 259, 295

– , – Hans Haneman: 460

– , – Heinrich Hennel: 1148

– , – Hans Hercus: 7

– , – Mertin Hodanz: 256

– , – Valentin Kitzing: 771, 772, 773

– , – Rammolt Klizman: 1070 (Wwe.)

– , – Hans Kluke: 426

– , – Ulrich Koch: 73

– , – Vit Kostewitz: 904

– , – Donat Lamazsch: 392

– , – Heyne Ludeke: 382

– , – Herman Maschwitz: 480

– , – Hans Meister: 1060

– , – Nickel von Merseburg: 331 (Wwe.)

– , – Hemple Pegow: 46

– , – Seuerin Pentzel: 399

– , – Hans Pessener: 224

– , – Claus Picht: 640

– , – Eberhard Plunzer: 739 (Wwe.) 746 († *die Eberhart Plunczerynne*)

– , – Hans Rasin: 421

– , – Tileman Riche: 771 (Wwe.)

– , – Brosius von Rydeburg: 576, 841, 887 (*Rideborgynne*)

– , – Pawel Ripaw: 69

– , – Pawel von Sayda: 1192 (Wwe.)

– , – Hans Scheyder: 287

– , – Ciriacus Schönenberg: 615
– , – Heinrich Silbersack: 100
– , – Johannes Smed: 81, 82
– , – Nickel Snecke: 2
– , – Hans Starckenaw: 492
– , – Bartolomeus Stoye: 810
– , – Brant Sulze: 560
– , – Bastian Thir: 996
– , – Hans Vit: 359
– , – Hans Vogel: 356
– , – Steffen Vogel (vgl. Surbir): 357, 366
– , – Mertin Wilhelm: 175, 176
– , – Mewes Winkel: 692
– , – Niclaus Zoymer: 29
– , – Hans Zolner: 228
– , Schwester von Rule u. Claus Rudollfs: 752
– , Hans Smed (vgl. Riche u. Kitzing): 771, 772
– , Hans Surbir (vgl. → Vogel): 357, 366
– , Tochter von Claus Walen: 1192
– , Stieftochter von Heinricus Glogaw: 560
– , Brandenberg: 996
– , Zcotemantel: 1169, 1178
Isolde:
– , Frau von Friedrich Ganß: 1003 (Wwe.)

J

Jacobs, Bernde: 86, 109, 222, 839, 941
Jacoff, Hans: 15
Jagen, Pawel: 368
Jagentufel:
– , Cunze: 294
– , Curt: 749, 817, 825, 860, 864, 882 (s. Haus),
906, 925, 927 (mit s. Fr.), 954, 959, 1091 (mit
s. Fr.), 1136, 1145
Jane:
– , Casper: 108, 115, 157, 215 (s. Haus), 517, 521
– , Zipper: 1102
Jans:
– , Caspar: 553, 567
– , Hans: 45, 299 (s. Fr.)
Janeken, Claus: 70 (Stiefsohn v. *Bastian Domizsch*)
Jax, Jacoff: 189 (s. Magd, *Lucia*)
von Jhene:
– , Anne: 564 (Muter, wohl Wwe.), 565

– , Nicolaus: 59 (s. Kinder), 116 (s. Fleischscher-
ne), 564 (†), 565 (†) [Margareta, s. Tochter
564, 565]
– , Claus (Sohn v. Nicolaus): 564, 565
Jenichen / Jenecke:
– , Matthias: 72 [Ursula, s. Fr. 72], 239, 849, 850,
905, 1121
– , Peter: 498, 523
die Jenekynne, Peter: 585
Julia / Juliane:
– , Frau von Pawel Doring: 207
– , – Claus Heynrizi: 1024
– , – Peter Meffer: 87
Jurgen (Knecht v. Claus Heidenrich): 600
Jutta / Jutte → Gutte etc.

K

Katze, Curt: 160
Katzsch, Nickel: 757, 1007
Kaland, Hans: 4 (s. Hof)
Kalbe, Anthonius: 92
Kaldenborne, Mertin: 870 (ehel. Vormund), 872,
873 [Margareta, s. Fr. 870 (i. Kinder → Dugaw),
871, 872, 873]
Kaldyse, Claus: 584, 761, 984
Kule:
– , Frederich: 117 (†), 123 (†)
– , Symon: 642 [Margareta, s. Fr. 642]
– , Lucia (Mutter v. Pawel): 754
Kaltzendorff, Claus: 1011, 1165
Kannengiesser:
– , Hans: 506, 822
–, Thomas: 455
die Kannengisserynne, Thomas: 455
Kapehorn, Curt: 322
von Kassel, Hans: 972, 1039 [Gertrud, s. Fr. 972,
1039]
Katherina / Katharina / Kethe etc.:
– , Frau von Vester Bake: 579
– , – Baltazar Brengenzu: 649
– , – Hans Brust: 528
– , – Mertin Büteler: 790
– , – Hans Curßo: 251, 326
– , – Bussze Duderstadt: 140

– , – Mathias Ebirhart: 1122
– , – Matias by der Erde: 428
– , – Claus Habich: 284
– , – Ulrich Hafer: 949
– , – Sander Louchstet: 75
– , – Claus Parborn: 999
– , – Claus Phund: 334 (Wwe.), 541, 578, 731, 856, 907, 924, 1089, 1090
– , – Heynze Richart: 138
– , – Peter Selle (vgl. → Heinrich Krippe): 130, 454
– , – Hans Seuer: 834
– , – Andreas Slanlach: 626
– , – Hans Strich (vgl. → Claus Zoberitz): 353 (Wwe.)
– , – Philippus Stulpener: 283
– , – Hans Wege: 209
– , – Caspar Weddersade: 447
– , Schwester von Heinrich Krippe (vgl. → Peter Selle): 454
– , Tochter von Ilse von Merseburg: 331
– , – Claus Zoberitz (vgl. → Hans Strich): 353
– , Uderiz: 277
– , Stiefmutter von Hans Kumme: 67
– , Magd von Hans von Grymmen: 275, 360
– , – Curt Mußhard: 463 (*kete*), 582, 732
Keling, Claus: 725
Kelle:
– , Ewalt (Vater v. Hans u. Sophia): 1007 (†)
– , Hans: 1007
– , Sophia (Tochter v. Ewalt): 1007
Kelner, Henze: 125, 155 (†) [Anna, s. Fr. 155 (Wwe.)]
Kemerer, Hans: 195 [Anna, s. Fr. 195]
Kemmeniz, Nickel: 992 (†)
Kersten, her (Prior zu den Pewelern): 227
Kerstens:
– , Groß: 238 (s. Haus)
– , Simon: 152, 153, 154
– , Valentin: 139, 153 (Br. v. *Simon*), 154, 603, 1083
Kerstine:
– , Frau von Claus Krym: 664
– , – Hans Kruse: 660, 1023
– , – Conradus Kunze: 300 (Wwe.)
– , – Rule Maschwitz: 172, 648

– , – Thomas Roiz: 379
– , – Hans Subach: 539
– , – Hans Vochs: 792 (Wwe.)
– , – Hans Voss: 307 (Wwe.), 602
– , Schwester von Mette Grundeling: 97
Ketz:
– , Gurge: 765
– , Hans (†): 604, 659
– , Lamprecht: 1177, 1194
– , Valentin: 404
– , Sophie (Tochter v. Hans): 604, 659
Ketzendorff, Peter: 1139
Kiplande, Hans: 48
Kiwitz, Erhard: 34
Kitzing, Valentin: 771 (ehel. Vormund), 772, 773 [Ilsebethe, s. Fr. 771, 772, 773]
Kleynepeter:
– , Ciriacus: 620 (Sohn v. *Hencze* u. *Sophia*), 623
– , Heynrich: 620 (Sohn v. *Henze* u. *Sophia*), 623
– , Henze: 620 (†), 623 (†) [Sophia, s. Fr., jetzt Fr. v. *Cunze von Fredeberg*]
– , Clara (Tochter v. Henze): 620, 623
– , Gertrud (Tochter v. Henzeo: 620, 623
– , Margareta (Tochter v. Henze): 620, 623
Kleinsmede, Hans: 353 (Vormund v. *Katherina, Hans Strichs* Wwe.), 409 (Bevollm. v. *Michel Ebirhart* et al.), 582 (Vormund v. *Kethe*), 595 (Vormund v. *Hampel Furman*), 732
Klingener, Nickel: 616 [Brigide, s. Fr. 616], 719, 849, 1085
Klyngenhayn, Claus: 258
Klyngensmed, Claus: 696 [Margareta, s. Fr. 696]
die Clyngeroßynne: 462
Klitzman, Rammolt: 1070 (†) [Ilse, s. Fr. 1070 (Wwe.)]
Kloth, Johan, her: 832
Klotze, Claus: 269
Kluke:
– , Drewes: 395 (†) [Konigund, s. Fr. 395 (Wwe.)]
– , Hans: 229, 426 [Ilse, s. Fr. 426], 690 [Anna, s. Fr. 690]
– , Matthias: 828, 962, 1075, 1076
– , Nickel / Nikolaus: 109, 113, 132, 133, 242, 342, 345, 346, 609, 610, 750, 828, 1033, 1075, 1076

[Gutte, s. Fr. 750, 1075]

Knapendorff, Heynrich (†): 507, 508 [Katherina, s
Fr., jetzt Fr. v. *Benedictus Kolzk* 507 (Wwe.)]

Knoydenrich, Pawel: 155

Knuppel, Hans: 459 [Gisele, s. Fr. 459]

Kober, Glorius: 763, 1066, 1103 (Vormund v. *And-
rewes von Sayda*), 1179 (Vormund v. *Andrewes von
Sayda*), 1180 (Vormund v. *Andrewes von Sayda*)

Koch / Koche:
 – , Claus: 318 (Stadt Vogt)
 – , Curde: 147
 – , Curt: 983, 1172
 – , Hans: 68, 113, 192 (Vormund v. *Thomas Ny-
   pener*), 250, 322, 323, 340, 341, 342, 369, 427,
   437, 609, 610, 635, 636, 860, 899, 963 [Mar-
   gareta, s. Fr. 635, 636]
 – , Hans, anders genannt Abech: 1129 [Gertrud,
   s. Fr. 1129]
 – , Henze: 97 (Kramer), 651, 655, 837
 – , Mertin (Bürger v. Naumburg): 739, 746 (ehel.
   Vormund) [Gertrud, s. Fr. 746]
 – , Philius: 9, 30
 – , Ulrich: 73 [Ilsebethe, s. Fr. 73]
 – , Urban: 555

die Kochynne, Curt: 249, 376

Kochele, Hans: 523

Kogele, Ludeke: 956

Kolbe / Kolfe:
 – , Kilian: 292, 574, 685, 711, 757, 760, 794, 801,
   820, 845, 857, 902, 903, 919, 926, 929, 946,
   951, 968, 986, 1014, 1025, 1061 (mit s. Fr.),
   1065, 1066, 1068 (s. Haus), 1069, 1073, 1095
   (mit s. Fr.), 1111 [Gertrud, s. Fr. 292, 1065,
   1069, 1073]
 – , Bartolomeus: 1025, 1067

Kolz / Kolzk:
 – , Wenze: 168, 210, 252, 253, 862, 863
 – , Benedictus: 490, 507, 508, 509, 797 [Katheri-
   na, s. Fr. 507, 509 (früh. Fr. v. *Heinrich Kna-
   pendorf*, Schwester v. *Margareta Seteler*]

Koler, Herman: 543, 577

Kollenbay, Hans: 267, 589

Kolman, Ditterich: 266 [Anna, s. Fr. 266]

Kolstock, Nickel: 981

die Kolstockynne, Nickel: 981

Kone, Neffe von Margareta Luchtenberg: 1173

Kone / Konne:
 – , Frau von Jacoff Lebichun: 173 (Wwe.)
 – , – Mathias Phoel: 208
 – , – Cune Roding: 296

Koningnen:
 – , Frau von Vester Voit: 216

Koning / Konig:
 – , Hans: 341, 427, 437, 461, 674, 724 (*snyder*),
   779, 795, 1013, 1034, 1106, 1140, 1141, 1151
 – , Jacob / Jacoffe: 253, 348, 570, 585, 862, 863,
   992 [Margareta, s. Fr. 992], 1085
 – , Jan: 220 [Agnete, s. Fr. 220]
 – , Tile: 11 [Mechthilde, s. Fr. 11]

die Koningynne, Tile: 606

Koningistal, Michel: 950

Konstorf, Albert: 24 (*ersamen*, Vormund v. *Claus
u. Moritz Serwitz*)

Kopzk, Claus: 59, 218

Koppe, Joden: 232

Korner, Nickel: 629

Korsener, Symon: 89

Kosewitze:
 – , Martina: 136 → Martina
 – , Vit: 904 [Ilse, s. Fr. 904]

Kotzen, Herman: 103 (Lehnherr)

Koyan, Volkmar, Dr. iur. utr.: 669, 679, 721, 738,
   742, 811 (TestVollStr. v. *Mathias Bolze*)

Koyke, Heyne: 232, 263

Koyme, Claus: 686

Koyner:
 – , Hans: 412, 431, 530
 – , Nickel: 325

Kouffman, Hans: 986

Kperland, Hans: 303

Kraptzk, Curt (Prior v. Kl. Neuwerk): 130

Krawele, Mertin: 1053

Krawinckel, Claus: 1096

Kremer, Curt: 430

Krig:
 – , Blasius: 763
 – , Kune: 1116 [Gertrud, s. Fr. 1116]

Krym:

– , Claus: 664 [Kerstine, s. Fr. 664]

– , Hans: 1055 (†) [Margareta, s. Fr. 1055]

Kryne, Chlauße: 317

Krippe, Heynrich: 249, 454, 722, 783 [Katherina, s. Schwester 454 (Wwe. v. *Peter Sellen*)]

Krisschaw:

– , Andrewes: 333, 358

– , Jacob: 994

Krobelin, Hans: 1086

Krölewize, Jacoff: 513

Krugk, Hans: 40 [Katherina, s. Fr. 40], 928 [Margareta, s. Fr. 928]

Kruger:

– , Hans: 500, 997

– , Jacoff: 409, 443, 861 [Anna, s. Fr. 861]

– , Jan: 148, 448 [Sophie, s. Fr. 448]

– , Oswald: 812

Krusen, Hans: 660, 1023 [Kerstine, s. Fr. 660, 1023]

Kruzberg, Hans: 953, 954

Cruzman:

– , Michel: 987, 1000 [Anna, s. Fr. 911 (*die michel cruczmaninne*), 987, 1000]

– , Oßwalt: 1185

die Kruczmanninne, Michael: 911

Kuchenswyne, Ditterich: 257, 464, 466, 510, 669, 679, 742, 811 (TestVollStr. v. *Mathias Bolze*), 1026, 1070 (*altir lute*), 1167

Kule, Pawel: 754 [Lucia, s. Mutter (vgl. → Starkenberg) 754]

Kunecke, Ciliacus: 728

Kunne:

– , Hans: 67, 301 (†) [Lucia, s. Fr. 301, 302]

– , Kunz: 1070

– , Sophie (Tochter v. Hans): 301, 302 (Fr. v. *Mertin Steckenberg*)

Kunpan:

– , Jan: 93

– , Lucas: 1007 (Vormund v. *Sophia, Hans Kelle*s Schwester)

Kunze:

– , Conradus: 300 (†) [Kerstine, s. Fr. 300 (Wwe.)

– , Jacoff: 300 (S. v. *Conradus* u. *Kerstine*), 669,

676, 679, 703, 735, 742, 811 (TestVollStr. v. *Mathias Bolze*), 1186

Kuschborg, Jurge: 1183

Kuttener, Cune: 55 (†) [Margareta, s. Fr. (Wwe.) 55 (Schwester v. *Kunne Bergman*]

L

Lamazsch, Donat: 392 [Ilse, s. Fr. 392], 516, 529, 596

Lam / Lamme:

– , Hans: 694, 945, 1109

– , Lamprecht: 1099, 1127, 1189

Lange, Pauwel: 308 [Anna, s. Fr. 308]

Langenaw, Albert: 590 (Bürger v. Oschatz)

Law / Lawe, Caspar: 554

Lebichun, Jacoff: 173 (†) [Konne, s. Fr. 173]

Lechener: 383

Ledir:

– , Hans: 299 (†) [Saffe, s. Fr. 299 (Wwe.)]

– , Heinrich: 5

– , Herman: 386 [Margareta, s. Fr. 386]

Leich:

– , Andrewes / Drewes: 155, 830, 972 (s. Haus), 1114

– , Hans: 47 [Gertrud, s. Fr. 47]

Leluken, Nickel: 109

Leman, Nickel: 93

Lemke, Herman: 272

Lena / Lene → Helena

Letzsch, Claus: 270

Lewe, Caspar: 1158 [Anna, s. Fr. 1158]

Libenow, Kersten / Kerstianus: 857, 946, 951

von Lymporg, Hennel: 620 (Vormund v. *Henze Kleiynepeter*s nachgel. K.)

Lindaw / Lyndaw:

– , Gurgen: 167, 703

– , Hans: 770, 1067 (*junchen*)

Lindener / Lyndener:

– , Michel: 311

– , Thomas: 1008, 1053

– , Titze: 1180

Lyngener, Thomas: 497

Lynow, Lodewich: 809 [Margareta, s. Fr. 809]

Lipese / Lipps, Lodewig: 222, 818 [Ursula, s. Fr.

818]

von Lipzk, Hans: 455
Lissaw:
– , Allexius: 186 [Margareta, s. Fr. 186]
– , Hans: 412, 530
Liste:
– , Frau von Peter Beddirman: 673
Lobeniz, Mathewes: 436 [Agatha, s. Fr. 436]
Loborg, Herman: 98 (†) [Sanne, s. Fr. 98 (Wwe.)]
Lockner, Mathias: 61 (†, Vater v. *Barbara Witten-
berg*), 847 (s. Haus) [Adelheit, s. Fr. 61 (Wwe.),
62 (Fr. v. *Hans Hake*)]
Lodewich:
– , Oßwalt: 1190, 1191 [Gese, s. Fr. 1190]
–, Margareta (Schwester v. Oswalt): 1191
Lorenz:
– , Bastian: 1033
– , Hans (von Schuditz): 588
– , Mertin: 248 [Margareta, s. Fr. 248]
– , Peter: 335 [Margareta, s. Fr. 335]
von der Loube, Hans: 347, 934
Louchstete, Sander: 75 [Katherina, s. Fr. 75]
Lucas, Clemen: 14 (s. Hof), 24, 82 (s. Hof) [Mar-
gareta, s. Fr. 24]
Luchtenberg, Margareta: 1173 (rechte Erbe v. *Jan
Meliz*)
Lucia / Lucie:
– , Frau von Pawel Behme: 511
– , – Nickel Hertel: 758
– , – Hans Kunnen: 301 (Wwe.), 302
– , – Hans Marggraven: 537 (Wwe.)
– , – Hans Meynhard: 194, 632, 1010
– , – Hans Ritter: 443 (Wwe.)
– , – Nickel Strackenberg (vgl. → Kule): 892
– , – Curt Twintich: 71
– , Mutter von Pawel Kule (vgl. → Starkenberg):
754
– , Tochter von Lorenz Dugaw u. Margareta:
870, 871, 872
– , Magd von Jacoff Jax: 189
Ludeke:
– , Jurge: 973
– , Heyne: 382 [Ilse, s. Fr. 382]
– , Lorenz: 372, 387 (s. Haus)

– , Matheus: 318
– , Magnus: 814, 815
die Ludekynne, Jurge: 973
Luder:
– , Heyne: 517
– , Pawel[1]: 521, 522
– , Pawel[2]: 811 [Anna, s. Mutter 811]
die Luderynne (Schwester v. Mathias Bolze): 669,
679, 742, 811 (Anne genannt, Schwester v. *Hele-
na* u. *Matthias Bolze*)
Lump, Peter: 1132
Lutmariz, Steffan: 1035

M

Maler, Steffen: 1150 (mit s. Fr.), 1156, 1177 (mit s.
Fr.), 1194 (mit s. Fr.)
Malzmecher, Erasmus: 89
Maltiz, Heinrich / Heine: 115, 215, 743, 744, 1119
[Gutte, s. Fr. 1119]
Margareta:
– , Frau von Brosius Behme (früh. Frau von
Heinrich Beyer): 143, 144
– , – Hans Benne: 458, 1149
– , – Henze Blanckenhayn: 384, 601
– , – Hans Bode: 1127, 1189
– , – Laurentius Borlyn (vgl. → Claus Phundes):
540, 541, 976, 977
– , – Marcus Bunge: 660 (*bungynne*), 989, 1030,
1074
– , – Moritz Bunaw: 916 (*dy moricz bunynne*),
958 (*dy moricz bunaweynne*)
– , – Claus Donzsch: 683
– , – Libarius von Delzsch: 784
– , – Claus Dobel: 285
– , – Lorenz Dugaw (vgl. → Kaldenborn): 870,
871
– , – Claus Erwißman: 289
– , – Bartolomeus Gercke: 119
– , – Lorenz Grüneheyde: 1064
– , – Peter Gruwel: 1109, 1110
– , – Curt Gunter: 441
– , – Hans Heynrichs: 859
– , – Jan Huzsch: 288
– , – Mertin Kaldenborn (früh. Frau v. *Lorenz*

Dugaw): 870 (i. K. → Dugaw), 871, 872, 873
– , – Symon Kale: 642
– , – Claus Klyngensmed: 696
– , – Hans Koch: 635, 636
– , – Jacob Koning: 992
– , – Hans Krym: 1055 (Wwe.)
– , – Hans Krugk: 928
– , – Cunen Kuttener: 55 (Wwe.; Schwester v. *Kunne Bergman*)
– , – Herman Ledir: 386
– , – Lodewich Lynow: 809
– , – Allexius Lissaw: 186
– , – Mertin Lorenz: 248
– , – Peter Lorenz: 335
– , – Clemen Lucas: 24
– , – Pawel Marx: 349, 468
– , – Mertin Memer: 435
– , – Nickel Mönch: 993
– , – Curt Mißhard (vgl. → Appollonia Schroter): 66
– , – Vester Oswald: 101
– , – Valentin Politz: 662
– , – Bastian Quanz: 520
– , – Heinrich Richart: 127
– , – Nicolaus Rode: 836
– , – Pawel Roytz: 378 (Wwe.)
– , – Claus Runge: 1092
– , – Borchart Sachße: 80, 223
– , – Friczsche Schaff: 638
– , – Drewes Schenckel: 145, 146
– , – Hans Schindeler: 422
– , – Valentin Schreier: 667
– , – Heinrich Schuler: 196, 197
– , – Jurge Selle (vgl. → Sophie Nummerheyn): 1173
– , – Peter Senderman: 465
– , – Hans Smed: 88
– , – Rudiger Smed: 52
– , – Hans von Smollen: 1079
– , – Erhard Spittendorff: 39 (Wwe.)
– , – Drewes Stock: 236
– , – Heinrich von Studen: 955 (†)
– , – Peter Subach: 143 (Wwe.), 144
– , – Michel Thannenberg: 1176

– , – Hans Vester: 446, 1126 (*Vesterynne*)
– , – Peter Wachaw: 1009
– , – Bartolomeus Wele: 1022
– , – Jacobus Werbeck: 775
– , – Mertin Widenrade: 3
– , – Pawel Winckel: 883
– , – Hans Zahn: 49
– , – Claus Zoberitz: 305, 389, 390, 680
– , – Sander Zoch: 137 (Wwe.)
– , Tochter von Sophie Nummerheym (vgl. → Jurge Selle): 1173
– , – Hans Grefen (vgl. → Thomas Vinsterwald): 240, 708
– , – Nicolaus von Jhene: 564, 565
– , – Henze Kleinepeter u. Sophie: 620, 623
– , – Jan Meliz: 581
– , – Claus Phund (vgl. → Lamentius Borlyn): 334, 540, 541
– , Stieftochter von Thomas Vinsterwald (vgl. → Hans Grefen): 240, 708
– , Schwester von Kilian Hesse: 789
– , – Katherina (Fr. v. *Benedictus Kolzsch*): 507
– , – Gesen Lodewich: 1191
– , – Appollonia Schroter (vgl. → Curt Mißhard): 66
– , – Hans Weger: 869
– , Hawenschild: 955
– , Luchtenberg: 1173 (rechte Erbe v. *Jan Melicz*)
– , Pherdis: 977
– , Rennepagen: 1134
Marggrauen, Hans: 537 (†) [Lucia, s. Fr. 537]
Margwart, Hans: 515 (Vormund v. d. *Hauwenschildynne*)
Martina, Kosewitze: 136
Marx, Pawel: 349, 468, 1052 [Margareta, s. Fr. 349, 468]
Maschwitz:
– , Herman: 268, 362, 480 [Ilse, s. Fr. 480], 1151
– , Rule: 23, 172 (†), 319, 648 [Kerstine, s. Fr. 172 (Wwe.), 648 (Wwe.)]
Mazelek → Mozelik
Mechtilde:
– , Mette, Frau von Franz Ramme: 997, 998
– , Schwester von Kerstine Grundeling: 97

Meffer, Peter: 60, 87 [Juliane, s. Fr. 87]

Meydeburgis, Claus: 93

Meyer, Hans: 473

Meynhard:

 – , Hans: 194 (s. Frau), 287 (s. Haus), 632 (ehel. Vormund), 712 (s. Fr. *Trudmaninne*), 1010 (s. Frau), 1174 [Lucia, s. Fr. 194, 632, 1010]

 – , Niclaus: 740, 741

die Meynhardynne: 1002 (i. Hof)

Meysen, Heinrich: 193, 200

Meister, Hans: 1060 [Ilse, s. Fr. 1060]

Meliz:

 – , Jan: 581 (†), 1173 (s. rechte Erbe) [Margareta, s. Fr. 581]

 – , Kone (Sohn v. Jan): 581

Memer, Mertin: 435 [Margareta, s. Fr. 435]

Merizsch, Hans: 151, 314, 525, 627, 978, 1080, 1135, 1154

Merllerwitz, Vit: 880, 993 (wohl s. Haus)

von Merseburg:

 – , Nickel: 331 (†) [Ilse, s. Fr. 331 (Wwe.)]

 – , Katherina (Tochter v. Nickel): 331

Messer, Peter: 238 (s. Haus)

Messersmed, Steffen: 160

von Metern, Thomas: 652 [Agathe, s. Tochter 652]

Mette → Mechtilde

Mettener, Hans: 185

Mewes:

 – , Curt: 557

 – , Glorius: 21

die Mewesynne, Glorius: 996 (†)

Metzman, Urban: 270, 821, 1035

Missener / Myssener, Nickel / Nicolaus: 150, 533 (†), 744 [Dorothea, s. Fr. 533 (Wwe.)]

Mißhard → Mußhard

Mittag:

 – , Hans: 86

 – , Steffan: 30, 143, 144, 619, 661, 1114

Mittenzwey, Glorius: 316

Mode, Gurge: 321, 323, 671

Moderaken: 661

 – , Matias: 298, 476, 522, 586, 624 (mit s. Schwester), 816, 874, 889, 934, 960, 980 (s. Schwager *Nickel*), 1059

die Molkynne: 985, 988

Molle:

 – , Hans: 48, 202 (*metekumpane*), 974 (wohl †)

 – , Lodewich: 481, 786, 788, 910

Moysen, Arnd: 96, 424

die Moysynne, Arnd: 424

Monffe, Steffan: 116

Mönch, Nickel: 993 [Margareta, s. Fr. 993]

Monzke / Munzk:

 – , Hans: 1054, 1188

 – , Pawel: 964, 1054, 1188

 – , Thomas: 932

Moritz:

 – , Caspar: 471, 481, 599, 1113, 1143 [Anna, s. Fr. 599, 1113]

 – , Hans: 370, 502, 571, 734 (Vormund v. *Hans Tufel*)

Morunge, Hans: 1078, 1094

Mozeligk / Mazelek, Bastian: 321, 368

von Muchel, Hans: 36

Mule, Mathewes: 211, 697, 726

Muller / Müller:

 – , Franz: 890

 – , Hans: 106, 277, 328, 363, 364, 416, 1067, 1068

Murer, Vester: 198 (Vormund v. *Frederich Smed*s Kinder)

Musschaw, Thomas: 685

Musschele:

 – , Hans: 1173

 – , Heinrich: 1173

die Musschelynne: 401

Mußhard, Curt: 66 [Margareta, s. Fr. 66 (Schwester v. *Appollonia Schroter*)], 229, 463 (s. Magd), 704 [Alheit, s. Fr. 704]

Mußhard's Magd, Kethe → Katherina

Muter, Albrecht: 536

N

Nayl:

 – , Cosmas: 1027

 – , Gurge (Br. v. Cosmas): 1027

 – , Hinrik: 473

Nasenberge, Bartolomeus: 1083, 1135

Neldener, Claus: 91, 170

Neyman, Peter: 122, 165, 202 [Barbara, s. Fr. 122, 165, 202]

die Nyemanynne, Peter: 202

Nehusen, Andreas: 457, 1153

Nering, Jacoff: 189 (s. Magd, *Gertrud*)

Nyzschman, Jacoff: 369, 445

Nypener, Thomas: 192, 250

Nythener, Hans: 884 [Gertrud, s. Fr. 884]

Noyten, Claus: 1110 (s. Fr.)

Northusen, Curt: 756, 974

Numborg, Syverde: 396

von der Numburg, lange Herman: 607

Nummerheym:
- , Claus: 542 [Sophia, s. Fr. 542]
- , Vester: 542 [Sophia, s. Mutter 542, 1173 (Mutter v. *Margareta Luchtenberg*)]

Nußeler, Nickel: 718

O

Abech → Koch, Hans, anders genannt Abech

Olrich:
- , Mathias: 1018
- , Nickel: 1121

Oltop / Olthoph: 187
- , Hans: 156 (s. Haus), 568, 891, 931, 1046

Olzsch:
- , Heyne: 181
- , Lorenz: 182, 262 [Sabine, s. Fr. 262]
- , Rudolf: 501, 853

Omizsch, Urban: 969 [Anna, s. Fr. 365, 969]

die Omizsch, Urban: 365

Orke, Abe: 978

Osanne / Osanna:
- , Frau von Mathias Bolze: 947 (Wwe.), 970
- , – Nickel Penzel: 838
- , – Claus Schaff: 1006

Oseltreger, Hans: 388, 503, 650

Ostirhilde:
- , Frau von Heyne Herffart: 527

Ostirtage, Nicolaus / Claus: 452, 842, 854

Ostraw:
- , Glorius: 225, 226, 971, 1087 [Anna, s. Fr. 225, 226]
- , Ulrich: 969, 1005

die Ostrawynne, Ulrich: 969, 1005

Oswald:
- , Rudolf: 599
- , Vester: 101 [Margareta, s. Fr. 101], 350, 403, 562, 580, 607

P

Pack, Volkmar: 93

Palborn:
- , Claus (vgl. auch Parborn): 368, 413
- , Hans: 254, 402, 926

Pale, Claus: 812

Papenmeyer:
- , Hans: 1191 (Br. v. *Henning* u. *Gese Lodewich*)
- , Henning: 1191 (Br. v. *Hans* u. *Gese Lodewich*)

Parborn, Claus: 999 [Katherina, s. Fr. 999]

Pardemanne, Hans: 566, 869

Partir / Partine , Volkmar: 168, 213 (Vormund v. *er Johannes Rule*), 243 (Vormund v. *her Johannes Rule*), 252, 708 (Vormund v. *Matheus Finsterwalt*)

Paßleven, Baltazar: 699 (mit s. Fr.), 830

Patzel:
- , Hans: 842
- , Sander: 193

Pegaw / Pegow:
- , Hempel: 46, 116 (s. Fleischscherne) [Ilsebethe, s. Fr. 46]
- , Nickel: 39, 131, 132, 133, 345, 346, 610

Peyne, Heynrich: 686

Penz, Hans: 5

Penzele: 129 (s. Haus)
- , Nickel: 838 [Osanne, s. Fr. 838]
- , Severin: 399 [Ilse, s. Fr. 399]

Penewitz, Hans: 205, 937

Pessener, Hans: 224 [Ilsebeth, s. Fr. 224]

Peter:
- , Claus: 61
- , Schone: 736

Petuppe:
- , Claus (Br. v. Hans): 871
- , Hans (Br. v. Claus): 871

Petziechen, Hans: 557, 657

Pezsch:

– , Hans: 1183
– , Peter: 290, 291 (Vormund v. *Ulrich Pezsch*), 350, 403, 474, 562, 580
– , Ulrich (Br. v. Peter): 290, 291 [Anna, s. Fr. 291]
Petzold / Petzschalt, Ulrich: 628, 817, 882
Pfansmed / Pansmed, Hans: 22, 518
Pheffer, Hans: 657
Pherdis, Margareta: 977
Phund / Phind:
– , Claus (†): 334, 540, 578, 731, 856, 907, 924, 1089 [Katherina, s. Fr. 334 (Wwe.), 541 (Wwe.), 578 (Wwe.), 731 (Wwe.), 856 (Wwe.), 907, 924, 1089 (Wwe.), 1090]
– , Margareta (Tochter v. Claus): 334, 540 (Fr. v. *Lamentius Borlyn*), 541
die Phundynne: 747 (wohl *Katherina*), 995 (ihr Haus)
Phoel:
– , Mathias: 208, 889 [Kone, s. Fr. 208]
Phortener:
– , Jacoff: 604, 659
– , Glorius: 218
Picht:
– , Claus: 640, 1013 [Ilse, s. Fr. 640]
– , Heynrich: 645
Piritze, Rudolff: 97 (Vormund v. *Mette* u. *Kerstine*, *Grundeling*s Tochter)
Pistor, Fritzsche: 698 (*der Norenberg*)
Plan:
– , Hans: 423, 645 [Gertrud, s. Fr. 423]
– , Lorenz: 411, 437, 467, 718, 977, 1112, 1113
Planeke, Hans: 68
Plogel, Peter: 162
Plunzer, Eberhard: 739 (†) [Ilse, s. Fr. 739, 746 (†)]
die Plunzerynne, Eberhard: 746 (†)
Pock, Nickel: 931, 1046
Pogen, Hermann: 18
Pole, Mertin (Gast): 43
Poliz, Valentin: 662 [Margareta, s. Fr. 662]
Polke, Niclaus, her: 989
Poye:
– , Mertin: 823, 1104, 1120
– , Sander: 293 [Saffe, s. Fr. 293]

Popelitz, Hans: 1, 92, 430, 668, 839, 941
Pötelitz, Valentin: 944
Pötenitz, Valentin: 720
Prage, Hans: 93, 329 [Dorothea, s. Fr. 329]
Pragenitz, Heinrich: 410, 819, 994, 1027, 1028, 1091
Prellen, Joste, von Schmalkalden: 1187
Prellewitz, Lonrez: 400, 493, 583, 670, 712, 713, 714, 745, 846, 1008, 1034, 1072, 1080
Prentyns, Nicolaus (Probst v. Kl. Neuwerk): 130
Pritzsche, Hans: 556
Promptyn, Andreas: 943, 944
Prirße, Hans: 895 [Anna, s. Fr. 895]
Pruße, Niclaus, her: 894
Puchel, Mertin: 1093, 1107
Pusten, Nickel: 50

Q

Quanz, Bastian: 520 [Margareta, s. Fr. 520]
von Quernfforde, Hans: 620, 621, 663, 936

R

Rademan, Hans (vgl. Rodeman): 10, 75
Rademecher, Heinrich, Schultheiß: 477 (*schultisse*), 564, 565
die Rademecherynne, Heinrich: 844 (†)
Ramme:
– , Franz: 997, 998 [Mette, s. Fr. 997, 998]
– , Jacoff: 4
Rammeler / Rommeler, Mathias: 918, 1168
Ranyß, Thomas: 1101
Rappe:
– , Bernt: 486
– , Bertolt: 63 [Kunne, s. Fr. 63]
Rasin, Hans: 421 [Ilse, s. Fr. 421]
Rasteberg, Hans: 468 (s. Haus)
Ratmarsstorff, Frederich: 407
Reckeleder, Clemen: 1128
Rennaw, Claus: 591
Renneman, Claus: 55 (ehel. Vormund) [Anna, s. Fr. 55]
Rennepagen, Margareta: 1134
Richart:
– , Heinrich / Heinze: 106, 127 [Margareta, s. Fr. 127], 138 [Katherina, s. Fr. 138], 328, 1111, 1131

– , Martinus: 160

Riche, Tileman: 771 (wohl †)

Richtenhayn, Nickel: 93

Rydeburg / von Rydeburg, Brosius: 576, 739, 841, 851, 887 [Ilse, s. Fr. 576, 841, 887]

die Rideborgynne, Brosius: 887

Ridincler, Matheus: 45

Ringk, Peter: 318

Ripaw, Pauwel: 69 [Elisabeth, s. Fr. 69]

Ritter:
– , Hans: 376, 409 (†), 443 (†) [Lucia, s. Fr. 443 (Wwe.)]
– , Wolbrecht (Tochter v. Hans): 443

Rizsch, Curt: 309 [Anna, s. Fr. 309], 310, 352, 617, 1157

Rode:
– , Glorius: 278
– , Nicolaus: 836 , 1118, 1129 (Wwr.) [Margareta, s. Fr. 836, 1129 (wohl †, i. Tochter *Gertrud*) → Koch, Hans, anders genannt Abech]
– , Ursula (Tochter v. Nicolaus): 1118 (→ Grundeling)

von Rode, Sixtus: 1062 (s. Haus)

Rodeman, Hans: 343, 483, 730

Roding, Cune: 296 [Cune, s. Fr. 296], 768, 780, 939

Royle, Peter (vgl. Rule): 594

Roytz / Roitz / Roicz etc.:
– , Hanze (Br. v. Pawel²): 505, 558
– , Pawel¹: 378 (†) [Margareta, s. Fr. 378]
– , Pawel² (Br. v. Hanze): 505, 558
– , Thomas (Sohn v. Pawel¹ u. Margareta): 378, 379 [Kerstina, s. Fr. 379]

Römer, Claus: 1072

Rose, Hans: 36

Rost:
– , Heyne: 1043 (s. Haus)
– , Jorge / Jurge: 1014, 1015, 1161 , 1170 [Anna, s. Fr. 1014, 1015, 1161, 1170]

Rothe, Lorenz: 693 (*der huter*)

von Ruden:
– , Albrecht: 57, 303, 370, 502, 515, 571 [Alheit, s. Fr. 57]
– , Caspar: 1, 16, 17, 34

– , Lorenz: 1196

Rudiger:
– , Eva: 897, 898
– , Thomas: 1102
– , Rüdiger (Br. v. Thomas): 1102

Rudolfs / Rudolffs / Rudolf:
– , Claus: 752 [Frone, s. Mutter 752 (i. Kinder *Claus, Ilse, Glorius, Michel* u. *Rule*]
– , Glorius: 556, 752 (Br. v. *Rule, Michel* u. *Claus*)
– , Michel: 752 (Br. v. *Rule, Glorius* u. *Claus*)
– , Rule: 752 (Br. v. *Claus, Glorius,* u. *Michel*)

Rule:
– , Galle: 843, 912
– , Claus (Vater v. Johannes): 168, 246
– , Jacob: 1185
– , Johannes, *her*: 168, 213, 243, 252
– , Peter: 9, 10, 54, 110 (*schepkenlecker*), 275 (Bürge v. *Katherina, Hans von Grymmen*'s Magd), 388, 572, 594 (*royle*)

Rummeler, Matheus: 44

Runge:
– , Claus: 605, 643, 1092 [Margareta, s. Fr. 1092]
– , Hans: 133, 135, 345, 610

Rupzk, Hans: 543, 577

Rüßen, Jurgen / Gurgen: 90, 155, 387, 822

S

Sabine:
– , Frau von Lorenz Olzsch: 262

Sachße, Borchart: 80, 219, 223, 246, 247, 1050 [Margareta, s. Fr. 80, 223]

Salpussch, Claus: 572, 592, 594

die Salpusschynne, Claus: 572, 592, 594

von Sayda:
– , Pawel: 134, 153, 154, 210, 311, 325, 327, 339, 340, 369, 374, 375, 415, 416, 452, 464, 584, 674, 697, 726, 749, 760, 761, 762, 874, 960, 983, 984, 985, 1038, 1103 (wohl †), 1179 (†), 1180 (†), 1192 (†) [Ilse, s. Fr. 1192 (Tochter v. *Claus Walen*)]
– , Andrewes / Drewes (Sohn v. Pawel): 1103, 1179, 1180, 1192 (†)

von Salfelt, Kunze: 404

Sanhofer, Nickel: 689 [Gerturd, s. Fr.689]

Sanne / Susanne:

–, Frau von Herman Loborg: 98 (Wwe.)

Schaden, Erhart: 93, 181, 329, 338, 1153

Schaff:

–, Claus: 699, 1006 [Osanne, s. Fr. 1006]

–, Fritzsche: 638 [Margareta, s. Fr. 638]

Schaffenrade, Nickel: 257

Schapaw, Peter: 867 [Sophie, s. Fr. 867]

Scheffer, Claus / Nickel: 68, 168 (s. Haus), 341, 427, 611

Scheff, Rule: 916, 958

die Scheffynne, Rule: 916, 958

Scheyderiß, Mathias: 92 (s. Haus)

Scheyder:

–, Franz: 367 [N., s. Fr. 367], 1002 (s. Haus)

–, Hans: 286, 287 [Ilsebeth, s. Fr. 287]

–, Nickel: 996

–, Peter: 199 [N., s. Fr. 199]

die Scheyderynne, Nickel: 996

Schellenberge, Mattis: 730

Scheller, Besius: 751

Schenke, Hans: 551, 561, 813

Schenckel:

–, Drewes: 145, 146, 375, 400, 407, 1116 (s. Haus) [Margareta, s. Fr. 145, 146]

–, Mathias: 241

Schenen, Mertin: 489

Schenewitz, Claus: 799

Schepkenberker, Peter: 503 (s. Haus), 516, 529, 596

Scherer:

–, Bode → Bode, Hans, *scherer*

–, Henze: 5

Scherffinge, Levin: 727

Schernenmeister / Schernemeister:

–, Franz: 469, 911, 987, 1000

–, Hans: 394

–, Nickel: 920, 921, 938, 1077 [Anna, s. Fr. 921, 1077]

Scherenz, Peter: 398, 425

Schirplate, Hans (Vorfahren v. *Lorenz Olzsche*): 182 (†)

Schildaw:

–, Bastian: 613 [Alheit, s. Fr. 613]

–, Mertin: 1105 [Dorothea, s. Fr. 1105]

Schindeler, Hans: 422 [Margareta, s. Fr. 422]

Schobel, Kilian: 123

Schokel, Kilian: 200

Schonebrote, Hans: 1088

Schonefelt / Schönefelt:

–, Ciriacus: 404

–, Nicolaus: 254, 1169, 1178

Schönenberg:

–, Ciriacus: 615 [Ilse, s. Fr. 615]

–, Sixtus: 105, 691 [Sophie, s. Fr. 691]

Schopaw, Peter: 169 (mit s. Fr.)

Schraplow, Hans: 42

Schopp, Gurge: 733 [Ursula, s. Fr. 733]

Schrappelaw, Hans: 214 (†) [Dorothea, s. Fr. 214]

Schreyer / Schreier:

–, Hans: 393, 434, 957, 1096 [Anna, s. Fr. 434, 957]

–, Valentin: 667 [Margareta, s. Fr. 667]

Schreter, Allexius: 1080

Schriber:

–, Ditterich: 161

–, Hans: 1, 116

–, Heynrich (Br. v. Segemunt): 238

–, Segemunt (Br. v. Heinrich): 156, 238, 633

Schroter, Claus: 64 (ehel. Vormund), 65, 66 [Appollonia, s. Fr. 64, 65, 66 (i. Schwester *Margareta*, Fr. v. *Curt Mißhard*)]

die Schroterynne: 299 (i. Haus)

Schuemeister, Franz: 191

Schuerplate, Allexius: 1120

Schuler:

–, Borchart: 802, 909

–, Heynrich: 196, 197, 485, 612, 755 [Margareta, s. Fr. 196, 197]

Schulte / Schultis / Schultesen etc.:

–, Fritzsche / Friedrich: 163, 164, 237, 271, 279, 397, 432 [Ursula, s. Fr. 432], 519, 547, 548, 549 [Gertrud, s. Fr. 549], 550, 555, 729, 767, 1047, 1051

–, Claus[1]: 167

–, Claus[2] (wohnhaftig in Calbe): 676, 703, 735

–, Jorgen (Sohn v. Claus[1]): 167

–, Petrus: 131

–, Anna (Tochter v. Friedrich, vgl. → Hennenberg): 279, 548

die Schultynne, Frizsche: 397
– , Petrus: 131
Schuman, Gurge: 502 (Vormund v. *Hans Moritz*),
793
Schutze:
– , Frederich: 719, 720, 796 [Ursula, s. Fr. 796],
1048, 1049
– , Hans: 349, 468
– , Simon: 188
– , Sixtus: 1083
Schutzmeister, Urban: 343, 354 [Ursula, s. Fr. 343,
354]
Schwarze → Swarze
Seber, Michael: 24
Sedelers, Lamprecht: 93
Selle:
– , Hans: 897 (Vormund v. *Eva Rudiger*), 1173
(Br. v. *Jurge*)
– , Jurge: 1173 (ehel. Vormund) [Margareta, s. Fr.
1173 (Tochter v. *Sphie Nummerheyn*)]
– , Nickel: 898
– , Peter: 130 (†), 454 (†) [Katherina, s. Fr. 130
(Wwe.), 454 (Schwester v. *Heinrich Krippe*)]
Seyler:
– , Drewes: 778 (Br. v. Peter)
– , Peter: 108, 778
Senderman, Peter: 465 [Margareta, s. Fr. 465]
Seuer, Hans: 505 (s. Haus), 834 [Katherina, s. Fr.
834]
Serkow, Symon: 512 [Dorothea, s. Fr. 512]
Serwitz:
– , Claus: 24, 76, 93, 118
– , Hans: 1184
– , Jacob: 147
– , Mauritius (Sohn v. Claus): 24, 76, 93
Seteler, Margareta (Schwester v. Katherina Kolz-
sche): 507
Silbersack, Heinrich: 99, 100, 354 [Ilse, s. Fr. 100]
Simon, Nickel: 588, 710
Slagel, Peter: 249
die Slagelynne, Peter: 249
Slanlach, Andreas: 626, 1071, 1160 [Katherina, s.
Fr. 624]
Slechtner, Thitze: 1145

Slewitz, Glorius: 1016 (mit s. Fr.)
Slichthar, Nicolaus: 78, 133, 345, 610 [Anna, s. Fr.
78]
Smed:
– , Claus (aus Querfurt): 324
– , Drewes (Br. v. Jacob): 1062
– , Frederich: 198 (s. Kinder)
– , Glorius: 5, 8, 33
– , Johannes / Hans[1]: 81, 82 [Ilse, s. Fr. 81, 82]
– , Hans[2]: 88 [Margareta, s. Fr. 88], 310, 381 (Vor-
mund v. *Peter Wilhelm*), 424, 514 [s. Fr. Anna
514], 542, 581, 617, 618, 624, 771 [Ilsebeth, s.
Schwester 771], 772, 930, 1005, 1040, 1090 (s.
Haus), 1157, 1173
– , Heinrich: 171 [Agnethe, s. Fr. 171]
– , Heyne (von Staßfurt): 792
– , Jacob (Br. v. Drewes): 1062
– , Mertin: 93
– , Peter: 373
– , Rudiger: 52 [Margareta, s. Fr. 52], 707 [Eva,
s. Nichte 707], 897, 1102
– , Tile: 542 (V. v. Hans[2]), 581
– , Ilsebeth (Schwester von Hans[2]): 771 (früh. Fr.
v. *Tileman Richen*, jetzt Fr. v. *Valentin Kit-
zing*), 772
Smerkeler, Hans: 86
von Smollen, Hans: 1079 [Margareta, s. Fr. 1079]
Snabel, Michel: 298, 525, 574, 798, 868 [Agata, s.
Fr. 868]
Snecke, Nickel: 2 [Ilse, s. Fr. 2], 404, 665, 1002 (s.
Haus)
Snyder: 92 (s. Haus)
Sommer, Claus: 1056
Sophie / Sophia / Saffe etc.:
– , Frau von Cuncze von Fredeberg (vgl. → Hen-
ze Kleinepeter): 620, 622
– , – Kleynepeter, Sophie (vgl. → Cunze von
Fredeberg): 620
– , – Jan Kruger: 448
– , – Hans Ledir: 299 (Wwe.; *saffe*)
– , – Sander Poye: 293 (*saffe*)
– , – Peter Schapaw: 867
– , – Sixtus Schonenberg: 691
– , – Mertin Steckenberg: 301, 302

– , Schwester von Hans Kelle: 1007

– , Tochoter von Hans Ketz: 604, 659

– , – Hans Kunne u. Lucie: 301, 302

Sorge, Ulrich: 891

Spangenberg, Benedictus: 739 (Stiefsohn v. *Mertin Koch*)

Sperling:

   – , Hans: 779, 881

   – , Peter: 444 [Clara, s. Fr. 444]

Spigel, Hans: 15

Spieße, Peter: 124

Spitendorff, Erhard: 39 (†) [Margareta, s. Fr. 39 (Wwe.)]

Stacius, Thomas: 1, 31, 653

Stadtschreiber: 89

Stalboum, Symon: 198, 206 [Ursula, s. Fr. 206]

Stal, Drewes: 768, 780, 934

Stammer, Thomas: 50

Starckenaw, Hans: 492 [Ilse, s. Fr. 492]

Starckenbergk:

   – , Nickel: 754, 892 [Lucia, s. Fr. 892]

   – , Blasius (Sohn v. Mertin): 942

   – , Borchart: 84 [Dorothea, s. Fr. 84]

   – , Mertin (Vater v. Blasius): 302, 462, 942 (†) [Sophie, s. Fr. 302, 462 (*Saffen*)]

Steffanie:

   – , Frau von Caspar Stegmesser: 945, 1155

Stegeler, Lorenz: 1040

Stegmesser, Caspar: 945, 1155 [Steffanie, s. Fr. 945, 1155]

die Stegkmesserynne: 347, 393, 413, 418, 445

Steyger, Peter: 655

Steyn, Claus: 139, 152, 603, 694, 803, 841, 906, 925, 953

vom Steyn, Clemen: 1171

Steynmetz, Nickel: 652

Stellmecher:

   – , Bestian: 813, 826, 1041, 1086, 1141

   – , Jurge: 890

   – , Oswald: 173, 433

   – , Sixtus: 961

die Stellmecherynne, Oßwalt: 173 (†), 433 (†)

von Stendal, Hans: 1090 (s. Haus)

Stock, Drewes: 48, 202 (*metekumpane*), 236, 303,

851, 887, 961, 974 [Margareta, s. Fr. 236]

die Stoybynne: 1169

Stoyen:

   – , Bartolomewes: 743, 810 [Ilse, s. Fr. 810], 1001

   – , Thomas: 687, 1098 [Anna, s. Fr. 1098]

Stoppel, Herman: 107 [Barbara, s. Fr. 107], 174, 562, 580, 666, 1002

Storre, Blasius: 627, 829

Stouben, Wentze: 59, 60

Strich:

   – , Hans: 353 (†) [Katherina, s. Fr. 353 (Wwe., T. v. *Claus Zoberitz*)]

   – , Heinze: 204 [Gertrud, s. Fr. 204]

Strubing, Matheus: 678, 746

Stucke, Vester: 971

Strumen, Herman: 1031

Strune, Peter: 608 [Affra, s. Fr. 608], 1108

Strußberg, Hans: 552 [Anna, s. Fr. 552]

von Studen, Heinrich: 955 (†) [Margareta, s. Fr. 955 (Wwe.)]

Studener, Peter: 1082, 1125

Studerman, Peter: 755

Stulpener, Philippus: 283 [Katherina, s. Fr. 283]

Subach:

   – , Hans: 539 [Kerstina, s. Fr. 539]

   – , Peter (†): 143, 144 [Margareta, s. Fr. 143 (Wwe.), 144 (Wwe.)]

Sulze:

   – , Brant (von Magdeburg): 560 [Ilse, s. Fr. 560]

   – , Lodewich: 178, 179 [Sophie, s. Fr. 179], 411

Surbir, Hans: 355 (Schwager v. *Stefan Vogel*), 385, 506, 1026 (s. Haus)

Swarze, Gurge / Jurge: 48, 122, 165, 172, 185, 202, 294, 487, 488, 700, 783, 785, 974

Sweyme, Hans: 675, 1045, 1099

Sweyne, Heynrich: 442, 498, 523, 1128

Swemmeler, Hans: 115, 215, 517, 521, 553, 567

Sweseltasschen, Hans: 205

Swinchen, Jacoff (Sohn v. Kunne Bergman): 55

T

Tacherwitz, Mathias: 103, 105, 141

Tame, Claus: 1 [Christina, s. Fr. 1]

Tettaw, Ciliacus: 1124 [Dorothea, s. Fr. 1124]

Thannenberg, Michel: 1176 [Margareta, s. Fr. 1176]

Thegel, Lorenz: 1147

Thir, Bastian: 996 [Ilse, s. Fr. 996]

Thonaw:
- – , Fritzsche: 1126 (mit s. Fr.)
- – , Lamprecht: 827
- – , Sixtus: 532, 819

Thunzschebir, Hans: 687

Tizen, Claus: 36 (s. Haus)

Tolbe, Gurge: 297, 489 [Bynsen, s. Fr. 297]

von Tor, Asmus: 93

Treffan, Heinricus: 163, 164, 211, 212, 271, 279, 340 (s. Haus), 369, 397, 1142

Trefart, Heinricus: 935

Treiße:
- – , Austin / Augustin: 5, 310, 617, 676, 703, 735, 839, 941, 1157
- – , Claus: 368, 681
- – , Hans: 5, 402, 575, 617, 681, 701, 736, 748, 807, 839, 932, 937, 941, 1054, 1097, 1162, 1188
- – , Pawel: 1115 [Anna, s. Fr. 1115]

Trepze:
- – , Anyß: 741
- – , Pawel: 90 (Gesandtschaft d. Rates)

Trinckus / Trinckuße:
- – , Borchart: 1063
- – , Lorenz: 476

Triskowe, Caspar: 816, 865

Trizschyn, Hans: 656

Trummel, Heyne: 1176 (s. Fr.)

Trutman, Dionisius: 1163

die Trutmaninne: 712 (Fr. v. *Hans Meynhard*)

Tufel:
- – , Hans: 35, 439, 734
- – , Steffen: 235 [Barbara, s. Fr. 235], 1152

Tunzscheberge, Hans: 633, 634

Tusscher:
- – , Ciriacus: 74, 420 [Anna, s. Fr. 74, 420]
- – , Mertin: 77 [Agnete, s. Fr. 77], 404

Twintich, Curt: 71 [Lucia, s. Fr. 71]

U

Uderitz, Katherina: 277

Umizsch, Urban: 365

die Umizschynne, Urban: 365 (vgl. → Omizsch)

Uling, Hans: 952 [Barbara, s. Fr. 952]

Urbach, Steffan: 96 (s. Haus)

Ursula:
- – , Frau von Steffen Greffe: 406
- – , – Hans Grundeling (vgl. → Nicolaus Rode): 787, 1118
- – , – Hans Guldenfuß: 439 (Wwe.)
- – , – Benedictus Heideke: 774
- – , – Mathias Jenichen: 72
- – , – Lodewich Lipps: 818
- – , – Gurge Schopp: 733
- – , – Friedrich Schultze: 432
- – , – Friedrich Schutze: 796
- – , – Urban Schutzmeister: 343, 354
- – , – Symon Stalboum: 206
- – , Tochter von Nicolaus Rode (vgl. → Grundeling): 787, 1118

Ulrich, Nickel: 727

V vgl. F

Valysern, Claus: 893 [Anna, s. Fr. 893]

Valkfelde, Bode: 212

Venden, Hans: 187

Vester:
- – , Hans: 446, 1126 [Margareta, s. Fr. 446, 1126]
- – , Philippus: 717, 748, 930
- – , Segemunde (Sohn v. Philippus): 717, 748, 930

die Vesterynne, Hans: 1126

Vinsterwald / Vinsterwalt / Finsterwald etc.:
- – , Thomas: 28 [Agnes, s. Fr. 28 (Mutter v. *Matheus*)], 240, 351, 472, 576 [Margareta, s. Stieftochter 240, 708 (Halbschwester v. *Matheus Vinsterwald*, Tochter v. *Hans Grefen*)]
- – , Matheus: 708 [Agnes, s. Mutter 708]

Uit, Hans: 13, 359 [Ilse, s. Fr. 359]

Vochs / Voss:
- – , Claus: 217 [Gutte, s. Fr. 271], 430
- – , Hans (†): 307, 602, 792 [Kerstine, s. Fr. 307 (Wwe.), 602 (Wwe.), 792 (Wwe.)]

Vochshols, Heinrich: 408 (†) [Anna, s. Fr. 408 (Wwe.)]

Vogel / Fogil:
- – , Hans: 61, 112, 330, 356 [Ilse, s. Fr. 356], 815

– , Steffen: 355 (Schwager v. *Hans Sinbir*), 356 (Sohn v. Hans u. Ilse), 357, 366, 524, 688, 1155 [Ilse, s. Fr., Schwester v. *Hans Surbir* 357, 366]

Vogeman, Claus: 451 (†) [Anna, s. Fr. 451]

Voit / Voite / Voyde:
– , Hans: 13, 35
– , Vester: 166, 216 [Koningnen, s. Fr. 216], 313, 323, 350, 403, 562, 580

Volkfelt, Bode: 915, 1138

Voss → Vochs

W

Wach, Cunze: 808 [Gertrud, s. Fr. 808]

Wachen, Peter: 1181

Wachaw, Peter: 671, 821, 881, 1009 [Margareta, s. Fr. 1009], 1057, 1139, 1140, 1143, 1160, 1168

Wagaw, Heinrich: 14, 82, 1029, 1062

Wage:
– , Glorius: 1001
– , Mertin: 710

Walden, Drewes: 244, 245, 361

Waldorff / Valdorffe, Michel: 1047

Waltpach, Herman: 5, 666

Wale:
– , Claus / Nickel (Vater v. *Ilse*): 684, 1011, 1192 (Vormund v. *Ilse*), 1193 (Vormund v. *Ilse*)
– , Ilse (Tochter v. Claus): 1192, 1193 (Fr. v. *Pawel von Sayda*)

Walpurg:
– , Frau von Ulrich Altirman: 371, 380

Walter, Mertin: 611

Waltheym, Hans: 833 [Dorothea, s. Fr. 833]

Walwitz, Uit: 103, 141

Watenberge, Pawel: 495 (auch s. Schwiegermutter)

Wedeman, Pauwel: 487, 488

Wedemar:
– , Lucas: 604 (Vormund v. *Sophie Ketz*), 659
– , Nicasius: 1087, 1100
– , Peter: 21, 917 [Jutte, s. Fr. 917]

Wege, Hans: 209 [Katherina, s. Fr. 209]

Weger / Wegher, Hans: 566, 869 [Margareta, s. Fr. 869]

Weißbach, Cleme: 326 (mit s. Fr.)

Weißenfels, Claus: 39

Weitkorn, Steffen: 190

Wele:
– , Bartolomewes: 241, 653, 788, 1022, 1133 [Margareta, s. Fr. 1022]
– , Nickel: 824, 825, 864, 959, 1165

Welker, Hans: 466, 477, 656, 762, 1111, 1131

Wende, Pawel: 1186

Werbeck, Jacobus: 775 [Margareta, s. Fr. 775], 927, 953

Wernicke, Wenze: 136

Wersto, Heinrich: 1117

Wertchen, Nickel: 238 (s. Haus)

Wenne, Herman: 756 [Agathe, s. Fr. 756]

Wesenitz, Jacob: 804

Westfal, Jacob: 5, 396, 652, 852, 980

Weddersarde / Weddirsat, Caspar: 169, 447 [Katherina, s. Fr. 447], 910 (s. Haus)

Wibolde, Vester: 641, 840, 948, 1007 (Vormund v. *Sophia*, Schwester v. *Hans Kelle*)

Widdirstorffe:
– , Glorius: 1060 (s. Haus)
– , Nicasius: 97 (Vormund v. *Mette* u. *Kerstine Gründeling*), 130

Widelinge, Peter: 764, 798, 827, 840, 850, 905, 1032, 1048

Widenrade, Mertin: 3 [Margareta, s. Fr. 3], 43 (Vormund v. *Claus* (Gast))

Wilant:
– , Claus: 478 [Barbara, s. Fr. 478]
– , Curt: 182
– , Mattis: 848

Wilde, Hans (Schultheiß): 18, 36

Wilhelm:
– , Mertin: 175 (†), 176 (†) [Ilse, s. Fr. 175 (Wwe.), 176 (Wwe.)]
– , Peter: 381

Wilhelm von Sachsen, Herzog: 698 (wohl Wilhelm III.)

Wilken, Thomas: 630

Winckel:
– , Asmus: 93
– , Hans (aus Soben): 1083
– , Mewes: 692 [Ilse, s. Fr. 692]

− , Peter: 337, 1037

− , Pawel: 883 [Margareta, s. Fr. 883], 1002 (s. Haus)

Wynmeister:

− , Hans: 86, 414, 415, 494, 510, 536, 702, 713

− , Jacoff (Br. v. Hans): 702, 1103, 1179, 1193

Wiprecht, Heinrich: 1063 (†) [Anna, s. Fr. 1063 (Wwe.)]

Wißgerwer, Ditterich: 64, 65, 83 [Alheit, s. Fr. 83], 1175

Witchen, Nickel: 650

Wittich, Nickel: 1043

Wittenberg, Pawel: 61 (ehel. Vormund), 62, 280, 281, 847, 1043 (s. Haus) [Barbara, s. Fr. 61, 62, 280, 281]

von Witzleben / Witzleibin, Frederich, er: 630

Woche, Peter: 852, 865

Wolff, Clemen: 125, 126 [Cordula, s. Fr. 126]

Wragawen / Wragen, Eschwin: 856, 907, 924

Wrigen, Gertrud: 1181

Wulle, Kersten: 672 [Gese, s. Fr. 672]

Wunder, Borchart: 1004, 1019

X

Y

Yman / Ymen, Hans: 599, 879 [Alheid, s. Fr. 879]

Z

Zan, Hans: 49 [Margareta, s. Fr. 49]

Zeye / Czheye / Czscheye / Czweye etc., Pawel: 201, 230, 312, 321, 493, 545, 561, 570, 769, 800, 875, 1004, 1019

Zeyer, Hans: 176, 177

Zeil, Borchard: 53 [Anna, s. Fr. 53]

Zelder, Peter: 982 [Anne, s. Fr. 982]

Zeley / Zceleye etc.:

− , Borchard: 6

− , Curde: 55

− , Ditterich: 472, 763, 950

− , Hans: 588

− , Mathias: 103, 133, 141, 345, 610

− , Kunne (Schwester v. Curde): 55 (Fr. v. *Hans Bergman*)

Zickerer, Claus: 385, 1133

Zyl / Ziel etc.:

− , Claus: 6, 15, 40

− , Hans: 255

Zimmerman:

− , Jacoff: 910 [Zille, s. Fr. 910]

− , Dorothea: 401

Zyneman, Hans (†): 542, 581, 1173

Ziring:

− , Gurge / Jurgen: 175, 832

− , Hans: 310

Zoberitz:

− , Claus: 170, 305, 353, 389, 390, 417, 418, 419, 429, 569, 680, 759, 799, 800 [Margareta, s. Fr. 305, 389, 390, 680]

− , Thomas: 32, 33, 337, 338, 365

− , Ulrich: 177, 178, 240, 351, 352, 497, 569, 695, 759, 791, 853 (mit s. Fr.), 878 (s. Haus), 888, 896

− , Katherina (Tochter v. Claus): 353 (Fr. v. *Hans Strich*)

die Zoberitzynne: 106

Zoch / Zcoch:

− , Sander: 137 (†) [Margareta, s. Fr. 137 (Wwe.)]

− , Bartholomeus (Sohn v. Sander u. Margareta): 137, 143, 144, 1026 (Vormund v. *Hans Bunge*s nachgel. K.)

Zoymer, Niclaus: 29 [Ilse, s. Fr. 29], 782 (†) [Kone, s. Fr. 782]

Zocke / Zcoke:

− , Kune / Cune: 419, 429, 725 (Vormund v. *Hans Gerwig*s Erben), 940

− , Drewes: 481, 943, 962, 1128 (s. Haus)

Zolner / Zcolner:

− , Hans: 228 (*der smed*) [Ilse, s. Fr. 228], 558, 634, 665, 716 (*smed*), 740, 741, 1174

− , Pawel: 368

− , Peter (Vater v. Hans): 665

Zorbaw / Zcorbaw, Hans: 535

Zotemantel, Ilse: 1169, 1178

Zscheley, Hans: 563 [Dorothea, s. Fr. 563]

Zschune, Fritzsche: 597, 605, 643, 722

Zschuter, Thomas : 965

Zune, Fritzsche: 913, 1018

Zulroden, Nicolaus: 744, 766

Zweyen, Pawel → Zeye / Zscheye, Paul

Zwenzig:

– , Drewes: 597

– , Hans: 1104, 1120

Topographisches Register

A

B

Baldewins Breite: 20

Bär, schwarzer: 648

Barfußen, hinter den: 646, 647

Barfußerkirchhof: 972

Barfußstraße: 238, 248

Behmenhof: 230

Berlin: 54, 168, 185, 223, 243, 246, 247, 250, 252, 253, 373, 637, 638, 862, 863, 1075

Bracsteder Tor: 871

Brunoswarte (Brunswort): 93, 94, 533, 993, 997

C

Calbe bei Magdeburg: 658, 676, 703

Claussstraße: 290, 300, 426, 507, 508, 593

– , kleine: 91, 98, 505

Claustor: 565

Christoffel: 710 (*vor der mole*), 869 (*zum kerstoffele*)

D

Deutscher Born: 1, 5, 57, 82, 101, 236, 631, 775, 1119

Dortmund: 676, 703

E

Ecke: 260, 593, 615

Eynhorn: 519, 564

Eisleben: 318

F

Fischershof: 115

Fischmarkt: 22, 130, 259

Fleischschern: 633

Frauen, Unser Lieben Fr. Kirche: 1070

– , Kirchhof: 751

Freudenplan: 96, 1116

G

Galgtor: 239, 1098

Galgstraße: 129, 230, 267, 312, 527, 750, 1089

Gerpstede: 48 (*probist von gerpstede*)

St. Gertruden: 92, 331, 1070

Gropenmarkt: 746

St. Gurgen: 641 (Abtissin)

H

Halle: 92, 304, 593, 739, 1173

Henne, schwarze: 547, 550, 729, 1047

I

J

Joden: 115, 166, 312

K

Kelnershof: 299

Kleinschmieden: 64, 65, 66, 67, 280, 519, 547, 550, 564, 1042, 1043, 1047, 1070

Knochenhauerstraße: 92, 1062

Könige, heilige drei: 1002 (*kegen den dreen königen*)

Kornmarkt: 648

Kreme, hohe: 197, 341, 437, 560, 650, 1043

L

Leipzig: 676

Leuchte, goldne: 518 (*guldenen lichte*)

Linkeloube: 20

Löwe:

– , roter: 90 (*zcum roten lawen*)

– , weiße: 620 (*zcu deme wießen lawen*), 621

Topographisches Register

M

Magdeburg: 167, 560, 845, 902, 907

Mansfeld: 318

Markt: 75, 518, 755

  – , alter: 5, 124, 190, 754, 833, 1119

Martinsberg vor Halle: 156, 568

Merkelstraße: 48, 51, 57, 131, 236, 292, 705, 974, 1065, 1066

St. Michael, Kapelle: 48, 305, 389, 390, 833, 974

St. Moritz, Kloster u. Kirche: 425

Minden: 923

Molgasse: 382, 844, 1045

Mole: 580, 710

Mücheln: 1003 (*muchele*)

Mühlhausen: 324

N

Naumburg (Numborg): 317, 739

Neue Brüder: 99, 100, 527, 545

Neuer Tor: 130

Neuer Turm: 603 (*nuwe thorme*)

Neues Haus: 320

Neue Kirche: 431

Neuwerk-Kloster: 130

St. Nicolaus-Kapelle: 288, 632

O

Oschatz: 590

P

St. Paulus-Kloster / Peweller / Prediger: 227 (*prior zcu den pewelern*), 256 (*sente pawele*), 408 (*vor den predigern*)

Petersberg: 20

Pflug, schwarzer: 774

Pruffenstraße: 256, 627, 641, 665

Q

Querfurt: 324

R

Rathaus: 420, 542, 563, 581, 618, 1090, 1173

Rinkeleben: 20 (*hofe an dem Petersberge gnant Rinkelouben*)

Rodenberg: 85, 403

Rodewelsche Straße: 118, 604, 659, 707, 897 (*rodewesschenstraße*), 898

Rose, weiße: 155

Roßmarkt: 90

S

Sandberg: 89, 877, 950

Scharren, roter: 50 (*zcum roten schar*)

Schild, roter: 259 (*zcu rothen schilde*)

Schlamm: 280, 558, 722

Schmalkalden: 1187

Schon- / Schen- / Schenenstraße: 272, 752 , 989, 1007, 1030, 1063

Schuhhof: 36, 155, 369, 615, 652

Schuhscharren: 96 (*yn den schusschern*)

Schule: 208

Schulershof: 629, 751, 1002, 1094

Slippe: 355, 366

Smerstraße: 55, 103, 155, 372, 387, 620, 621, 652, 706, 755, 771, 772, 790, 1149

Steg / Stieg: 171

  – , hoher: 288

Steinstraße: 70, 82, 240, 351, 352, 1128

Steintor: 4, 20, 32, 61, 62, 76, 225, 356, 357, 475, 847

Stern, schwarzer: 50

Strauß: 706 (*struße*)

Staßfurt: 792 (*staschforde*)

Strohhof: 12, 361, 517, 553, 582, 848, 918, 1161

T

Tal: 666

Topfmarkt / *topmarkte*: 17, 34, 781, 1057

U

St. Ulrichskirche: 101, 107 (*sente Ulrichz pharre*)

Ulrichstraße: 24

  – , zwischen beiden: 175 → Weiste

  – , große: 102, 136, 137, 143, 144, 566, 774, 776, 869, 910, 1044

  – , kleine: 117, 123, 148, 489, 992

V

170 Die Hallischen Schöffenbücher. V. Buch.

W

Weiste (zwischen beiden Ulrichstr.): 175
Winckel: 650

X

Y

Z

Sach- und Wortregister

A

Abend: 36 (*dez heiligin Cristis abende*)
aberklagen: 20 (*abirclait*)
  → erstehen
aberstehen / *abirsten* → erstehen
  – u. erklagen: 732, 735, 1078
Äbtissin: 641 (St. Gurgen)
Acker: 1133 (*feltkouffs*)
Altarleute: 1070 (Frauenkirche u. St. Gertrud)
An-/Abwesenheit: 942
Anzahl: 953
Abzicht (vgl. → Verzicht): 700, 955, 995, 1118, 1129
Anefang:
  - Pferd: 410, 590, 595
anersterben / *anirstorbin*: 55, 61, 67, 89, 168, 173,
    290, 433, 475, 505, 507, 540, 560, 564, 565, 566,
    604, 620, 679, 701 (v. Br.), 1118
Ansprache: 102, 182, 1129
anweisen → weisen
Apotheker:
  - Johannes Engel: 304, 1156
Armbrust / *armbrost*: 43, 936, 1137, 1175
aufbieten:
  - Fronung: 12, 103 (verpfandete Erbe), 183, 215,
    243, 246, 272, 314, 340, 341, 242, 345, 346,
    403, 486(*kethene*), 502, 503, 533, 582, 587, 591,
    596, 598, 618, 731, 769, 846, 875, 878, 882, 902,
    958, 959, 963, 967, 987 1046, 1146, 1161, 1162
  - Pfand: 17, 43, 103, 114, 490, 543, 573, 583, 601,
    606, 651, 721, 738, 829, 885, 886, 935, 936, 947,

970, 1071, 1123, 1137, 1175
- rechte Were:
  - Hof: 618
  - Erbe: 568, 580
  - Eigen: 659
  - Haus u. Hof: 131
  - Haus: 844
  - Gut: 741, 781
  - Gerade: 831
Ausläufte, jährlicher (Ertrag der Salzsole):
  - Deutscher Born: 1, 5, 1119
ausweisen[1] / *ußwisen* → beweisen: 489 (mit Brief)
ausweisen[2] → ein- u. ausweisen

B

Bade:
  –kappe: 1071
  –stule: 565 (*badestole*)
Bann: 334
Becken: 1189 (*eyn becken*)
Bekenntnis: 243
bendechen (*n*.): 625
Besaß: 90, 160, 237, 275, 318, 537, 588, 698, 736, 746,
    839
bescheiden: 106, 189, 327, 401, 419, 447, 768, 1077,
    1096
Bescheid / *bescheyde* (vgl. → Unterschied): 533, 863,
    872, 892, 901, 950, 1024, 1037, 1057
besetzen:
  - Erchfel: 698
  - Fahrnis: 924

Sach- und Wortregister

- Geld: 161, 397, 404, 430, 554, 617, 676, 703, 735, 740, 763, 1102
- Geräte / Hausgeräte: 299, 747
- Gewand: 1083
- Gut: 360
- Haffer: 316
- Hase: 316
- Haus: 906
- Mantel: 612
- Pferd: 39, 385, 481, 577
- Rock: 1169
- Salpeter: 693
- Schwein: 159
- Wagen: 1093

Besserung: 108, 123, 165, 172, 202, 250, 255, 303, 312, 321, 415, 437, 610, 612, 848, 1061, 1068

Bevollmächtigung
- schriftlich: 170, 845, 1003
- vor gehegtem Ding: 409, 942
- Bevollmächtigter:
  - Claus Zoberitz: 170
  - Hans Kleinsmede: 409
  - Mathias Belling: 845 (für Magdeburger)
  - Caspar Gellewitz: 942
  - Hans Ganß: 1003 (für Müchelner)

beweisen (vgl. → ausweisen / erweisen): 1187
- mit Brief: 167, 334 (officiales), 537, 593, 789, 845, 1003
- mit Zeuge: 484

Beweis / *bewisunge*: 324, 789

erweisen: 182 (mit Instrument)

Bier: 6 (*vier amen biers*), 40 (*eyn halb fudir biers*), 99 (*bire*), 367 (*drie amen birs*), 653 (*vor eyner amen birs*), 1050 (*czwu kufen birs*)

bieten: 269 (ist gebote v.G.w.), 732 (sich both zu fulkommen), 938 (*eyt vorboth emprochen ist*)

Born (Salzwerk): 99, 171, 280, 593, 956, 1042
- , Deutscher: 1, 5, 57, 101, 236, 292, 631, 775, 1119

Bot / *bod* / *both* usw.:
- Zahlrungsbefehl: 19, 39, 115, 221, 212, 493, 496, 497, 510, 513, 570, 572, 576, 585, 628, 660, 661, 694, 697, 748, 848, 1157
- Angebot: 269

Bote: 425

Brand: 21

Branderbe: 397

Brauhaus: 21, 99, 100, 425

Breite: 20 (*Baldewins breite*)

Brief: 517, 599, 735
- , besiegelter: 16, 167, 169 (zu getreuer Hand), 317, 318, 489, 507, 517, 599, 716, 721, 735, 832, 941, 1173
- , offener besiegelter: 54, 76, 93, 116, 118, 125, 130, 139, 155, 156, 170, 175, 230, 334, 373, 518, 537 (*lehen hern*), 542, 581, 590, 593, 641, 646, 652, 739, 755, 756, 845, 894, 1003, 1030, 1196
- Hauptbrief: 48
- Kaufbrief: 230
- Rat: 116, 125, 542
  - Halle: 581, 593, 739
  - Magdeburg: 845
  - Oschatz: 590
- Kloster Neuwerk: 130 (Probst *Johannes*), 334
- Official v. Magdeburg: 167
- Richter: 317
- Freigraf (Veme): 617, 676
- Lehnherr: 789

Bude / *garbude*: 22, 97, 130

Buch → Pfarrbuch

Bürge / *borge*: 167, 275

Bürgschaft / *borgeschaft*: 590

Bürger
- Eisleben: 318
- Naumburg: 739

Bürgermeister: 590 (Oschatz)

Buße: 688, 907

C

D

dekene / Bettdecke: 935

Diebstahl / *dieblich*: 232, 233, 234

Ding:
- , echtes: 5, 1003
- , drittes: 24, 437, 485
- , viertes: 8, 12, 17, 19, 39, 91, 103, 105, 114, 117, 122, 123, 131, 147, 151, 154, 161, 165, 166, 183, 215, 219, 223, 229, 243, 247, 255, 267, 272,

299, 312, 314, 316, 321, 340, 341, 345, 346, 349, 350, 360, 362, 368, 383, 385, 393, 394, 397, 403, 404, 413, 414, 415, 490, 491, 503, 516, 532, 536, 543, 553, 555, 568, 573, 575, 577, 580, 582, 587, 595, 596, 598, 600, 601, 606, 607, 612, 617, 618, 651, 659, 674, 676, 693, 697, 699, 703, 717, 731, 736, 738, 740, 741, 742, 747, 759, 763, 781, 782, 792, 800, 814, 815, 822, 829, 831, 846, 875, 878, 880, 882, 885, 886, 902, 906, 907, 923, 935, 936, 958, 959, 963, 966, 970, 987, 1054, 1071, 1083, 1093, 1102, 1111, 1123, 1137, 1146, 1161, 1175

– , nächstes: 540, 541

Doktor / *doctor*: 676 (*dy doctores zcu Lipczk*)

- Volkmar Koyan, Dr. iur. utr.: 721, 738, 811

Drei Vierzehntage → Vierzehntage

E

Ehegeld: 451 (*eegeldis*)

Ehestiftung / *eestifftunge*: 519, 625

Eid: 198, 495, 655, 669, 722, 938, 981, 1120, 1138, 1167

  – , nicht eingehaltener: 189

  – auf den Heiligen: 324, 542, 669, 921

Eigenschaft / *eigenschafft*: 24, 50, 54, 89, 92, 93, 94, 96, 125, 185, 194, 468

Eimer (Maßeinheit für Flüssigkeiten): 150, 1187

Einsprache / *inprache*: 568, 742

einsprechen / *insprechen*: 844

einsetzen / *insetzen* / *ynsetzen*:

  - Haus: 17, 91, 213, 243, 246, 340, 341, 413, 427, 517, 550, 591, 629, 1057, 1128

  - Hof: 553

  - Gerechtigkeit: 86

  - Erbe: 103

  - Mantel: 573

  - Pferd: 383

  vgl. → Pfand; verpfänden; setzen

ein- u. ausweisen / *in*- u. *ußwisen*: 580, 582, 587, 968, 976, 1170

Einweisung / *inwisunge* (vgl. → ein- u. ausweisen → weisen): 1025

Elle (Längenmaß): 181, 829

emprochen / entbrechen: 554, 666, 702, 918, 938, 977, 981, 1096

endis dingis / *ende des dingis*: 319, 491, 498, 702, 748, 759, 762

entfremden (vgl. → Diebstahl): 232, 233, 234

gescheiden: 1007

Erbe: 116, 955

  – , leiblicher: 705, 1191

Erbe, väterlicher: 1167

Erbteilung: 789 (*erbeteilunge*)

Erbguter / *erbgutere*: 581

erbieten / *irbieten*: 106, 274, 669, 725

erchfel (weißgegerbtes Leder): 698

Erbelaubwille (*mit erbeloube willen*): 390, 581, 1002

erklagen: 215 (*irclait*), 896, 924

erstehen / *irstehen*: 105, 117, 122, 123, 147, 161, 163, 164, 165, 166, 189, 242, 247, 267, 268, 312, 316, 333, 349, 350, 360, 361, 368, 385, 393, 394, 404, 414, 415, 419, 437, 516, 532, 536, 545, 555, 575, 577, 585, 595, 600, 653, 693, 697, 703, 725, 736, 740, 741, 747, 759, 763, 768, 771, 782, 792, 800, 814, 815, 822, 880, 906, 907, 912, 923, 1037, 1053, 1054, 1068, 1083, 1093, 1102

erstehen u. erklagen: 4, 14, 32, 34, 36, 44, 45, 370, 558, 562, 567, 576, 580, 609, 610, 703, 732, 791, 896, 924, 925, 954, 964, 975, 1025, 1072, 1107, 1154

  → aberstehen

erweisen vgl. → beweisen: 182 (mit Instrument)

Evangelien: 669 (*uff dy heiligen ewangelia gesworn*)

F

Fest- u. Feiertage:

  - Drei Könige: 1002

  - Michaelstag: 1128

  - Ostern: 222

  - Paulstag seiner Bekehrung: 627

  - Pfingsten: 240

Fiktion, juristische: 581, 666, 721, 942

Fleischscherne / -schranne / -scharrre (vgl. → Schern): 59, 60, 116, 255, 320, 355, 366, 687, 1060

Forderung / *forderunge*: 1026

Frauenmantel (vgl. → Mantel): 573, 738, 885, 1071

Frauenrock: 114, 886

frei vgl. → ledig

Freistuhl: 617, 735

Sach- und Wortregister   173

- Dortmund: 676, 703

Freigraf: 617

Freiheit / *fryhete*: 638

Freies Heim: 617

Fremde vor Gericht: 324

Freundschaft / *fruntschafft*: 24

fronen:

- Besserung: 202 (*dy gewere der besserunge synes huses*), 303 (*die besserunge syner gewere*)
- Gerechtigkeit: 219 (*gerechtikeit*)
- Haus: 12, 183, 314, 345, 346, 403, 503, 596, 598, 731, 769, 875, 878, 882, 902, 958, 959, 963, 966, 967, 987, 1046, 1146, 1154, 1161, 1162
- Scherne: 688 (*scherne*)
- Were: 9, 30, 31, 38, 42, 105, 108, 109, 110, 111, 112, 113, 115, 121, 132, 133, 151, 165, 166, 172, 174, 181, 184, 193, 200, 201, 210, 221, 263, 264, 265, 271, 273, 278, 294, 298, 315, 329, 338, 339, 348, 350, 358, 365, 368, 370, 374, 375, 388, 400, 407, 429, 440, 452, 456, 457, 461, 463, 464, 466, 470, 472, 476, 487, 488, 496, 497, 499, 501, 502, 506, 515, 521, 522, 524, 525, 529, 546, 551, 556, 561, 569, 574, 578, 584, 586, 589, 597, 602, 605, 624, 645, 656, 663, 668, 670, 671, 674, 675, 684, 685, 695, 700, 711, 720, 724, 743, 745, 749, 753, 757, 760, 761, 762, 764, 765, 767, 780, 786, 788, 791, 794, 795, 798, 801, 803, 804, 807, 813, 816, 817, 820, 821, 822, 824, 825, 826, 827, 845, 852, 853, 854, 857, 860, 864, 865, 865, 874, 881, 888, 889, 891, 916, 919, 922, 923, 931, 934, 937, 939, 940, 941, 943, 953, 962, 965, 971, 978, 979, 983, 984, 991, 1008, 1011, 1015, 1021, 1029, 1032, 1033, 1034, 1036, 1039, 1041, 1058, 1061, 1080, 1086, 1087, 1097, 1101, 1103, 1131, 1135, 1139, 1140, 1141, 1142, 1143, 1144, 1151, 1152, 1153, 1157, 1160, 1163, 1164, 1165, 1168, 1172, 1174, 1179, 1180, 1181, 1182, 1184, 1185, 1093

Fronung / *fronunge*: 488, 502

Fuder (Maßeinheit): 40 (*eyn halb fudir biers*)

Fulbort (vgl. → Willen u. Fulbort): 5, 61, 302, 507, 540, 564, 629, 632, 669, 755, 776, 870, 897, 957, 1007, 1027, 1030, 1042, 1043, 1044

fulfordern: 213, 502, 591

fulkommen / volkommen: 729, 732

- mit wissentlichen Leute: 44
- mit Nachbarn: 232
- selbdritt: 398, 669
- mit Zeugen: 187, 554, 890, 950
- mit Testamentsvollstrecker: 669 (selbdritt)

fulkommunge: 149, 669

fulmechtig → Bevollmächtigung

Furcht: 921 (*vor forchte wegen*)

Fürsorge für Kinder: 872 (*dry jar in der koste halden vnde sy mit schuen vnde cleydern besorgen*)

G

Garbude: → Bude

Gast: 43

Geheiß: 130

Gelobnis / *gelobedis*: 48, 275, 588, 630, 1120

geloben (vgl → vorgeloben): 163, 189, 198, 223, 229, 237, 242, 268, 276, 277, 396, 542, 847, 880, 912, 995, 1138, 1159

- mit gesamter Hand: 153, 154, 198

Gerade (vgl. → Gerät): 106, 328, 408, 747, 831, 907, 1129

geraten: 223

Gerät: 24 (*cleider vnde gerete*), 548, 601 (*andere gerete mehir*)

Gerätschaft: 257

Gerechtigkeit / *gerechtikeit*: 1, 4, 14, 32, 45, 55, 57, 61, 64, 65, 66, 67, 75, 82, 86, 102, 118, 122, 124, 136, 137, 143, 145, 155, 156, 168, 214, 219, 223, 238, 247, 252, 267, 286, 288, 299, 300, 302, 311, 312, 320, 349, 351, 378, 385, 387, 394, 433, 437, 475, 505, 507, 508, 516, 518, 519, 540, 541 (*gerichtkeit*), 542, 547, 548, 558, 560, 562, 571, 575, 595, 600, 603, 604, 617, 620, 641, 665, 676, 679, 701, 703, 740, 741, 742, 747, 752, 754, 756, 759, 782, 792, 800, 811, 814, 815, 822, 847, 870, 896, 906, 907, 942, 954, 955, 974, 975, 996, 997, 1003, 1025, 1026, 1042, 1045, 1047, 1065, 1066, 1067, 1068, 1072, 1075, 1076, 1078, 1089, 1118, 1129, 1173, 1187

Gericht: 5, 10, 24, 106, 139, 142, 160, 167, 169, 182, 189, 237, 269, 278, 317, 319, 327, 328, 364, 367, 419, 425, 430, 439, 443, 455, 477, 581, 590, 593, 595, 599, 620, 676, 688, 722, 725, 734, 748, 755, 756, 768, 782, 789, 792, 848, 882, 890, 989, 1138,

1173
- i. S. v. Gerichtsbezierk: 279 (*allis daz her hat in dissem gerichte*)
- i. S. v. Gerechtigkeit: 20
von −s wegen: 269, 443
von −s halben: 725
– , weltl. / geistl.: 139, 160, 1173
Schultheißen−: 430
– , freies (→ Feme): 676
gerichten: 24, 44
Gerichtsbank: 311 (*uor dy banck gewiset were*)
Gerichtsbarkeit, geistl.: 130, 160, 334, 430, 1173
Gerichtsbezirk: 279, 590, 734
Gerichtskosten: 676 (*gerichtis kost vude zcerunge*)
Gesinde: 21
Gespann: 590
Getreide: 1133
    vgl. → Hafer, Korn, Roggen, Weizen
gewähren: 239, 267, 425
gewaldigen: 593, 848
Gewand: 829, 1083
Gewandkammer: 139, 154, 331, 332, 811, 1167
Gewere (vgl. → Were): 130, 165, 166, 172, 202, 303, 1170
Gewette: 18

H

Hafer: 38, 244, 316, 829, 930, 939
Halle: 283, 287, 1002
Hand: 1070 (*zu der ... pharkirichen hant*)
    auf die rechte −: 615
    mit gesamter − (vgl. → geloben): 153, 154, 198
    nach toter −: 725
    zu getreuer −: 169, 907
Haar: 666 (*vor wießen harris*)
Haartuch: 181 (*sobin ellen hartuchs*)
Hase: 316 (*zcwene hasen*)
Hauptgeld: 1025 (*haubtgeldis*)
Hauptgut: 1054 (*hauptgutis*)
Hausgeräte: 299, 408, 533, 789
Heergewäte: 484, 1003
Heimlichkeit: 171 (*heymelicheit*)
Heringe: 325 (*zcwei thunen heringen*), 1120 (*eyne thune heringis*)

Herzog:
- Wilhelm von Sachsen: 698
Holzwirt: 36 (*holczwertin*)
Hohn, Schaden u. Schmachheit: 24, 856, 907
Hopfen: 10 (*hoppen*)
Hose: 317

I

Instrument / *instrumentum*: 122, 182, 257, 540

J

Jahr: 1128 (*bynnen uier jaren*)
Jahreszins: 1128
jope / Jacke: 317 (*mantels jopen*)
Juden: 166, 312 (*alz daz yn den joden stehit*)
Jungherr / *juncher* (unmündiger Lehnsherr):
- Hans von Bernten: 1061, 1068, 1073, 1095
- Hans Lindaw: 1067

K

Kapitel: 130, 641 (St. Gurgen)
Kapphahn / *kaphanen*: 54 (*eynen kaphanen*)
Kaufbrief: 230
Keller: 299 (*kelre*)
Kerzenstab: 947, 970
Kette, eiserne: 486, 829
kiesen: 834
- zum Vormund: 97, 173, 192, 213, 353, 381, 488, 502, 591, 658, 678, 734, 769, 770, 828, 832, 839, 855, 856, 903, 947, 1051, 1088
Kinderteil: 2, 3, 3, 37, 72, 145, 203, 204, 304, 344, 423, 444, 459, 460, 465, 492, 504, 520, 626, 642, 649, 662, 672, 673, 677, 737, 784, 787, 806, 873, 982, 1105
Klage / *clage*: 97, 237, 477, 839, 856, 890, 1026
Kleidung: 24, 1118, 1123
Kloster:
- Neuwerk: 130
- Peweller (Paulus-Kl.): 227
Knecht: 391
Kompromiß / *compromiß*: 676
kore / Kur: 834
Korn: 38, 255, 839
korsene (Kleidungsstück von Pelzwerk): 996

Sach- und Wortregister

Kost: 617 (*koste unde zerunge*)

koth / Salzkote: 16

  –zins 1159 (*kotczinß*)

Kraft: 669

  – u. Macht: 581, 593, 666

Kram: 739 (*syden kram*), 755 (*krame*)

Krämer:

  - Hanze Koch: 97

Kumpan: 202 (*metekumpane*)

L

laut / *lute* → Wortlaut

ledig:

  – u. frei: 1, 5, 48, 68, 70, 101, 219, 236, 240, 253, 352, 550, 627, 629, 632, 754, 863, 872, 898, 1057, 1119, 1128

  – u. los: 106, 130, 150, 160, 167, 169, 180, 182, 187, 198, 239, 274, 275, 276, 317, 318, 324, 391, 401, 425, 430, 442, 455, 481, 495, 565, 588, 590, 599, 625, 630, 655, 698, 710, 716, 722, 746, 778, 1120, 1133, 1159, 1167

Lehen: 118, 267 (*mit samptir lehen*)

  – u. Gewere: 710

  – u. Zins: 24, 32, 89, 92, 93, 94, 96, 155, 156, 185, 238, 286, 349, 755, 877, 1002, 1043, 1044

Lehnherr: 103, 243, 246, 537, 789, 848, 1094

Leinenwandt: 455

Leipzucht / *lipczucht*: 100, 101, 102, 107, 129, 143, 171, 197, 208, 209, 225, 236, 248, 261, 291, 292, 420, 426, 534, 541, 615, 631, 637, 638, 647, 705, 750, 775, 833, 834, 870, 972, 1075, 1089, 1090, 1098, 1119

Leilachen / *lilachen*: 1071 (*eyn par lilachen*)

Lohn, verdienter: 24, 44, 164, 391, 700

los vgl. → frei: 149, 159, 890

M

Macht (vgl. → Kraft u. Macht): 1077

mächtig: 892, 901

mächtiglich: 62

  → Bevollmächtigung

Mantel: 485, 490, 573, 583, 612, 651, 721, 1123

  Frauen–: 573, 738, 885, 1071

  –s Jacke: 317

Magd: 189, 261, 275, 360, 732

Mauer / *mure*: 750, 1075

Medeban / *medeban*: 6, 13, 15, 18, 33, 41, 134, 135, 152, 153, 157, 188, 191, 199, 205, 218, 241, 249, 254, 258, 260, 270, 307, 310, 313, 330, 337, 343, 354, 395, 402, 411, 412, 416, 417, 431, 467, 469, 471, 474, 483, 523, 526, 530, 531, 535, 538, 544, 592, 594, 619, 643, 686, 713, 714, 718, 719, 726, 730, 732, 744, 766, 783, 785, 793, 797, 799, 802, 819, 823, 830, 841, 843, 849, 887, 899, 905, 911, 913, 915, 926, 927, 960, 985, 988, 994, 1000, 1004, 1016, 1017, 1035, 1040, 1048, 1052, 1085, 1095, 1100, 1106, 1111, 1125, 1147, 1186

Miethaus: 24, 571

Misshandlung / *missehandeluge*: 727

Mitgabe: 848 (*metegabe*)

Mitgift: 237, 739 (*by orem lebene zcu metogift*)

Mitkumpan → Kumpan

möglich: 116 (*möglichen*), 1094

Mole: 580

N

Nachbarn / *nackeburn*: 232, 233, 234

Nichterscheinen vor Gericht: 319

Notrecht: 669

Not, echte: 1187

O

Offizial:

  - Magdeburg: 167

  - Kloster Neuwerk: 334

Ohm / *ame* (Maßeinheit für Flüssigkeiten): 6, 367, 653

Oheim: 942

P

Partei: 24, 676

Pelz: 996 (*korsene*), 698 (*erchfel*)

Person: 892, 901

Pfand, williges:

  - Armborst: 43, 936, 1137, 1175

  - Badekappe: 1071

  - Becken: 1189

  - *dekene*: 935

176 Die Hallischen Schöffenbücher. V. Buch.

- Erbe: 103
- Haus: 68, 91, 213, 340, 413, 427, 550, 591, 629, 1057, 1128
- Haus u. Hof: 168, 517, 553
- Kerzenstab: 947, 970
- Kette: 486
- *lilachen*: 1071
- Mantel: 485, 490, 573, 583, 651, 721, 738, 885, 1071, 1123
- Pferd: 383, 481, 543, 829
- Ring: 601
- Rock: 114, 601, 606, 886, 1123
Pfanne (Salinenanteil):
- Deutscher Born: 1, 5, 57, 101, 236, 292, 631, 775, 1119
Pfänner / *phenner*: 431
Pfarr / *pharre*: 107, 331
-buch / *pharebuche*: 107, 332
- St. Gertrud: 331, 1070
-haus: 92
-kirche: 1070
Pferd / *pert* / *pherde*: 39, 62, 253, 316, 322, 362, 383, 385, 410, 481, 543, 546, 554, 577, 588, 590, 595, 655, 701, 728, 782, 792, 822, 829, 839
– , wandelbarer: 554
– mit Wagen: 588, 701
pflichtig: 162, 334
Pflug: 1133
Prior: 681 (Pewelern)
Probst / *probist*: 48, 130, 425
Procurator: 676

Q

R

Rad: 316 (*mit dreen raden*)
Rangfolge der Gläubiger: 108, 122, 202, 303, 415, 437, 610, 1061, 1068
Rat:
- Halle: 90, 94, 116, 125, 542, 581, 593, 676, 739
- Magdeburg: 845
- Mücheln: 1003
- Oschatz: 590
Rathaus: 420, 563, 1090, 1173

Ratsherr / -mann / -leute:
- Oschatz: 590
- Halle: 1173
räumen: 139
Rechenschaft: 463, 467, 1111
Recht: 319, 1012, 1037
Richte: 541 (i. S. v. Gericht)
Richter: 897
– , weltl.: 334
- Oschatz: 590
Ring: 601
Roggen: 244, 888, 1059
Rock: 114, 401, 601, 606, 886, 1123, 1169, 1178
Rotgießer: 908

S

Sache: 44, 167, 170, 173, 192, 324, 328, 353, 381, 409, 430, 439, 455, 488, 495, 502, 591, 676, 678, 734, 839, 855, 903, 947, 1051, 1088, 1120
weres –: 204, 251, 1024
Salpeter: 693
Salzproduktion → Brunnen; Pfanne
Sammenung / *samenunge* (Versammlung): 227
setzen: 938, 1051, 1159
als Pfand: vgl. → Pfand; verpfänden; einsetzen
- Armbrust: 43, 936, 1137, 1175
- Badekappe: 1071
- Becken: 1189
- Gewand: 829
- Hof: 168
- Kerzenstab: 947, 970
- Kette: 486, 829
- Mantel: 485, 490, 583, 651, 721, 738, 885, 1123
- Pferd: 543, 729
- Rock: 114, 601, 606, 886, 1123
Schadegeld: 822, 1025, 1133
Scheffel: 38, 244, 255, 316, 768, 780, 829, 888, 930, 939, 1059
Scheltwort / Schimpfwort: 727 (*schelt wort*)
schepkenlecker: 110 (*Peter Rule*)
Schern (vgl. → Fleischscherne): 355, 603, 633, 634, 687, 688
Schernstett: 154
Scheune: 1027, 1028, 1063

Schöffe: 439

Schrift: 698, 924

Schroter: 4

Schule: 208

Schulhof: 125

Schultheiß: 848, 1187
- Hans Wilde: 18, 36
- Heinrich Rademecher: 477, 564, 565, 848, 1187

Schultheißengericht: 430

Schultheißenhof / *schultissen hofe*: 40, 163, 164, 279 (*uff der kammer*), 311, 365, 493, 557, 1187

Schwein: 159, 655

Schwertmagen: 484

Seelgerät: 704 (*testament vnde selgerete*)

selbdritte: 398, 669
- mit Nachbarn: 232, 233, 234

Seidenkram: 739

Schleier / *slayer*: 189

Schmachheit / *smaheit* → Hohn

Sorgepflicht: 533

Speck: 255

Spruch (gelehrte Rechtsprechung): 676 (*doctores*, Leipzig)

Stadtschreiber: 89

Stadtvogt: 318.

Stroh: 38 (*stro*)

Stübchen / *stobichen*: 36 (*eyn halb stobichen wyn des besten*)

Stuhl, freier → Freistuhl

Summe: 934 (*houpt summe*)

T

Tagezeit: 222

Testament / *testamentum*: 334, 669, 704 (*testament vnde selgerete*)

testamentarien / Testamentsvollstrecker: 669, 679, 742, 811
- Briccius Hose: 669, 679, 742, 811
- Dr. Volkmar Koyan: 669, 679, 742, 811
- Dietrich Kuchenschwein: 669, 679, 742, 811
- Jacob Kunze: 669, 679, 742, 811

Tuch: 181 (*hartuch*), 666 (*eyne grunen leidisschen tuche*), 719 (*eyn graw tuch*)

U

Ungarischen Gulden: 43

Ungehorsam: 334

unschädlich: 1, 519, 754, 882, 925, 941, 1187

Unterschied / *undirscheide* (vgl. → Bescheid): 62, 171, 398, 447, 638, 704, 708, 920, 1077, 1191

unterziehen: 996

Urlaub: 391 (*orlaup gegebin*)

Urteil: 678 (*mit rechten orteiln*)

V

Vater, natürlicher: 581

Verfügung von Todes wegen:
- unter Ehegatten: 7, 11, 26, 28, 40, 47, 53, 62, 69, 72, 74, 77, 78, 79, 84, 85, 87, 88, 95, 101, 119, 120, 127, 128, 138, 140, 146, 158, 179, 186, 195, 196, 203, 204, 206, 207, 217, 220, 224, 226, 228, 231, 256, 257, 259, 280, 281, 282, 283, 285, 287, 289, 296, 297, 305, 308, 309, 335, 336, 357, 359, 366, 371, 377, 379, 382, 399, 406, 422, 423, 432, 434, 435, 438, 441, 448, 450, 453, 458, 479, 480, 482, 514, 527, 539, 549, 559, 563, 614, 616, 622, 631, 636, 644, 664, 667, 680, 682, 691, 692, 696, 705, 706, 709, 715, 733, 751, 758, 774, 787, 790, 796, 806, 808, 810, 818, 833, 834, 836, 838, 858, 859, 861, 879, 883, 884, 893, 895, 900, 910, 928, 989, 992, 993, 1006, 1009, 1020, 1022, 1023, 1060, 1064, 1069, 1079, 1084, 1092, 1098, 1105, 1115, 1116, 1122, 1130, 1148, 1149, 1158, 1190, 1195
- von Fr. für Mann: 62 (mit Bescheid)
- mit gemeinsamen Kinder: 72, 203, 423, 705, 806, 1105
- Leibzucht: 101, 705
- mit Bescheid: 257 (Instrument)
- unter sonstigen Verwandten:
  - von Mann für Schwiegermutter: 190
  - von Onkel für Nichte: 707
  - von Wwe. für Tochter: 301
  - von Wwe. für Neffe (Schwestersohn): 408 (mit Bescheid)
  - von Mutter für Sohn, mit Sorgepflicht: 533
  - für Schwester: 454

- für Halbschwester: 708 (mit Bescheid)
- für Schwager / Schwägerin: 1191 (mit Bescheid)

Verfügung von Todes wegen, gegenseitige:
- unter Ehegatten: 29, 46, 49, 52, 56, 58, 63, 71, 73, 80, 81, 83, 104, 126, 216, 235, 262, 266, 284, 293, 295, 380, 384, 386, 392, 428, 436, 446, 449, 478, 509, 511, 512, 528, 552, 562, 579, 613, 639, 640, 683, 690, 809, 866, 867, 868, 904, 908, 917, 949, 952, 998, 999, 1124
- mit gemeinsamen Kinder: 2, 3, 37, 251, 304, 344, 444, 459, 460, 465, 492, 504, 520, 608, 626, 642, 649, 662, 672, 673, 677, 723, 737, 784, 873, 982, 1024
- mit Bescheid: 421, 447, 704 (Testament, Seelgerete), 892, 901, 1077

Verzicht / *vorzicht* (vgl. Abzicht): 102, 137, 155, 156

Vierzehn Tage: 139, 735, 779, 950
– , drei: 554, 729, 732, 779, 918, 977

Vierzehn Nächte, drei: 232, 233, 234, 702

volkommen → fulkommen
→ volkommunge → *fulkommunge*

vorgeloben (vgl. → geloben): 153, 154, 164, 187, 241, 311, 368, 402, 419, 653, 782, 1012, 1013

vollmächtig → Bevollmächtigung

Vormund:
– , gekorener:
- Matheus Belling: 902, 1025, 1067
- Claus Benne: 144
- Nicolaus Brandenberge: 591, 658, 678, 769, 770, 828, 832, 855, 856, 875, 903, 907, 922, 923, 941, 947, 966, 967, 968, 970, 1051, 1078, 1088, 1094, 1128, 1196
- Jan Branze: 1026
- Jacob Brun: 959
- Frederich Bruser: 488
- Hans Cleynsmed: 582, 595
- Hans von Dreßen: 173
- Hans Franclebin: 708
- Heyne Frolich: 725
- Mathias Glesyne: 198
- Herman Haferbeck: 1061, 1068, 1073, 1095
- Lucas Henzendorf: 515, 564, 565
- Briccius Hose: 1103, 1179, 1180
- Glorius Kober: 1103, 1179, 1180
- Hans Koch: 192
- Albertus Konstorf: 24,
- Claus Kopzk: 59
- Lucas Kunpan: 1007
- Hennel von Lymporg: 620
- Hans Margwart: 515
- Hans Moritz: 734
- Volkmar Partir: 213, 243, 708
- Rudolf Pritze: 97
- Heinrich Rademecher: 564, 565
- Gurge Schuman: 502
- Hans Selle: 897
- Hans Smed: 381
- Symon Stalboum: 198
- Claus Wale: 1192
- Lucas Wedemar: 604, 659
- Vester Wibolde: 1007
- Nicasius Widdirstorf: 97, 130
- Mertin Widenrade: 43
- Claus Zoberitz: 353
- Bartolomeus Zoch: 1026
- Coen Zoke: 725
- Furbolt des –es: 55, 61, 144, 302, 507, 540, 560, 564, 565, 629, 632, 776, 870, 957, 1007

Vormundschaft: 59, 61, 62, 64, 97, 130, 144, 173, 192, 198, 213, 243 , 291, 302, 334, 353, 381, 488, 502, 507, 515, 540, 541, 560, 564, 565, 582, 591, 595, 604, 620, 629, 632, 658, 659, 678, 700, 708, 725, 734, 769, 770, 776, 828, 832, 839, 855, 856, 870, 875, 897, 902, 903, 907, 922, 923, 941, 947, 957, 959, 966, 967, 968, 970, 1007, 1025, 1026, 1051, 1061, 1062, 1067, 1068, 1073, 1078, 1088, 1094, 1095, 1096, 1103, 1118, 1128, 1179, 1180, 1192, 1196
– , eheliche: 55, 61, 62, 64, 144, 302, 334, 507, 540, 541, 560, 629, 632, 700, 776, 870, 957, 1096, 1118
- über Gäste: 43 (Gast), 902 (Magdeburger)
- über Bruder: 291
- über Juncher: 1061, 1068, 1073, 1095
- über Töchter: 1192 (Vater)
- über Minderjährige: 59, 564, 565, 1103, 1179, 1180
- Beendigung der –: 565

Vorschreibung / *vorschreibunge*: 118
vorsetzen:
- Armbrust: 43, 936, 1137, 1175
- Badekappe: 1071
- Becken: 1189
- Erbe: 103
- Fahrnis: 924, 951, 1019, 1194
- Gut: 361, 942
- Haus: 12, 17, 91, 141, 183, 215, 243, 246, 314, 340, 341, 342, 345, 346, 403, 413, 503, 519, 545, 596, 598, 731, 846, 875, 878, 882, 902, 906, 925, 958, 959, 963, 966, 987, 1046, 1094, 1146, 1161, 1162
- Hof: 519, 553
- Kerzenstab: 970
- Kette: 485
- *lilachen*: 1071
- Mantel: 490, 573, 583, 612, 651, 738, 885, 1071, 1123
- Pferd: 362, 383, 543, 782, 792, 829, 839
- *dekene*: 935
- Ring: 601
- Rock: 114, 601, 606, 886, 1123, 1178
- Wagen: 362, 914, 1107
vortragen: 24, 139, 328 (*gutlichen unde wol*), 439 (*gutlich vnde wol*), 722, 778, 907, 1096

W

Wagen / *wayn*: 316, 322, 362, 588, 701, 880, 890, 914, 1093, 1107
Wandelkauf: 729
Weg (Zugänglichkeit): 171
Wein: 36, 150, 779 (*branten wyn*), 839, 1187
weisen / *wisen*:
- Besserung: 123, 255, 312, 437, 610, 612
- Fahrnis: 8, 35, 39, 211, 212, 347, 363, 364, 367, 376, 393, 394, 414, 415, 418, 424, 445, 462, 473, 491, 493, 494, 498, 500, 513, 532, 536, 557, 570, 572, 575, 576, 585, 611, 628, 654, 657 , 660, 660, 661, 689, 694, 697, 699, 717, 748, 759, 812, 814, 815, 835, 837, 840, 842, 850, 851, 909, 929, 930, 932, 933, 941, 944, 945, 946, 948, 951, 961, 964, 969, 973, 979, 980, 986, 990, 1001, 1005, 1014, 1018, 1019, 1031, 1038, 1049, 1055, 1056, 1059, 1073, 1074, 1080, 1082, 1091,

1099, 1104, 1108, 1109, 1110, 1112, 1113, 1114, 1121, 1126, 1127, 1132, 1134, 1136, 1145, 1150, 1155, 1156, 1166, 1171, 1176, 1177, 1183, 1188
- Geld: 117, 161, 404, 555 , 600, 607, 676, 725, 736, 740, 741, 763, 880, 907, 1054, 1083
- Gerade: 831
- Gerechtigkeit: 223, 267, 679, 703
- Getreide: 244, 316
- Gut: 19, 122, 147, 154, 229, 245, 247, 255, 321, 323, 617, 693, 747, 906
- Haus: 123, 141, 427, 567, 580, 582, 587, 968, 976, 1025, 1154, 1170
- Hof: 609, 610
- Lehen / Zins: 349
- Lohn , verdienter: 44
- Pferd: 385, 577, 595, 782
- Rock: 1169, 1178
- Wagen: 914, 1093
Weizen: 316, 768, 780, 939
Were / *were* / *gewere*: 21, 105, 108, 109, 110, 111, 112, 113, 115, 121, 131, 133, 151, 174, 181, 184, 193, 200, 201, 210, 221, 263, 264, 271, 272, 273, 278, 292, 298, 315, 329, 338, 339, 348, 358, 365, 368, 370, 374, 375, 388, 407, 429, 440, 452, 456, 457, 463, 464, 466, 470, 472, 476, 487, 497, 499, 501, 506, 515, 521, 522, 524, 525, 529, 542, 546, 556, 568, 569, 574, 578, 590, 584, 586, 589, 597, 602, 605, 618, 624, 645, 659, 670, 674, 675, 684, 685, 695, 700, 711, 720, 724, 742, 743, 745, 749, 753, 757, 760, 761, 762, 764, 765, 767, 780, 781, 786, 788, 791, 794, 795, 798, 801, 803, 804, 807, 813, 816, 817, 820, 821, 822, 824, 825, 826, 827, 831, 844, 845, 852, 853, 854, 857, 860, 864, 865, 866, 874, 881, 888, 889, 891, 916, 919, 922, 923, 931, 934, 937, 939, 940, 941, 943, 953, 962, 965, 971, 978, 979, 983, 984, 991, 995, 1008, 1011, 1015, 1021, 1029, 1032, 1033, 1034, 1036, 1041, 1058, 1080, 1086, 1087, 1101, 1103, 1131, 1135, 1139, 1140, 1141, 1142, 1143, 1144, 1151, 1152, 1153, 1157, 1160, 1163, 1164, 1165, 1168, 1172, 1174, 1179, 1180, 1181, 1182, 1185, 1093
- , rechte: 131, 272, 568, 618, 659, 742, 781, 831, 844, 995
werschaft: 590

Were (Leistung der Gewähr): 542 (*nach der were*)

Werkstatt: 139

widersagen: 920 (*weddirczusagen*)

widersprechen: 704, 892, 901

Wiedergabe: 86, 118, 136, 143, 145, 351, 352, 372, 389, 550, 629, 805, 863, 957, 1057, 1089

Wiederkauf: 352, 489, 571, 627, 632, 863, 950

Wiederstattung: 623

wilkoren: 669

Wille: 669, 955

  – , letzte: 540

Willen u. Fulbort: 62, 64, 116, 288, 291, 541, 641, 708, 754, 871, 921, 1173

wissentliche Leute: 44, 333, 669, 779, 918

Wissenschaft / *wissentschaft*: 918, 920

Wort: 727 (*schelt wort*)

Wortlaut (nach Laut):

  - Brief: 16, 48, 139, 317, 489, 839, 941

  - Compromiß: 676

  - Freistuhls Gerichtsbrief: 676

  - Instrument: 540, 669

  - gelehrter Rechtsspruch: 676 (*doctores* zu Leipzig)

X

Y

ytagis: 669, 679

Z

Zeit: 44, 920

Zeuge / Zeugnis: 106, 187, 410, 455, 484, 554, 625, 669, 702, 722, 890, 950, 977, 1187

Zins: 20, 24, 36, 48, 89, 92, 96, 185, 194, 238, 267, 349, 352, 373, 627, 632, 646, 652, 755, 839, 863, 877, 896, 1002, 1042, 1043, 1159

Zuwendung zu frommen Zwecken: 439, 669

Zwietracht: 139 (*schelinge unde zcweytracht*)

SECHSTES SCHÖFFENBUCH.
[1456–1460.]

Vorrede

fol. 1r

IN gotes namen. Amen. Nach Cristi vnnsers herren geburt, viertczehenhundert yar, darnach ym deme sechsvndefunfftzigesten jare, bey des allerheiligesten in got vaters vnde herren, herren Kalistus des dritten babistes des heyligen Romischen stules, unde keyser Ffrederichs von Osterreich, vnde des Ertzebischoff von Magdeburg herren Ffriderichs von Bichelinghen, vnd des burggrauen herczogen Ffriderichs von Sachßen vnde marcgrauen zu Miessen des anderen, vnde des schultissen Hinrich Rademechers zcu Halle geczeiten, wart dis buch angehaben, vnde do woren an deme schepphen ammachte zcu Halle, disse die hirnach geschreben stehn, als bey namen: Merten Hoetancz, Hans Leyche, Casper Gelwitcz, Benedictus Polke, Bertram Qweicz, Clawes Schopstede, Sander Brachstede, Hans von Stendel, Jocoff Koncze, Hans Zcolner vnde Bartholomeus Zcoch. Den allen lebenden addir todt, helffe got vß aller nodt. Amen.

Nᴀᴄʜ Cristi gebort tusent vierhundert vnde darnach indeme sechs vnde funfczigesten jare am mantage Ffelias et Adaucti hat der ersame herran Maschwicz schultisse zcu Halle sin erste ding gehabt.

fol. 2r
30. Aug.
1456

1. **[1]** Hans von Kassel vade Gerdrut, syne eliche husfrawe, sint gekommen vor gehegit ding vnde habin ⟨wider⟩¹ gegeben er Caspar Herwige daz huß uff deme Barfußen kirchofe allir nehist bie Dreweße Leichen huß gelegen, mit alleme rechtin, alß her on daz gegebin hatte.²

2. Er Caspar Herwich ist gekommen vor gehegit ding vnde hat gegeben Hanse von Kassel vnde Gerdruden, ßiner elichin husfrawen, drittehalb alt schog grosschen an deme selben huse, die sie jerlichen dar ane haben sullen, zcu orer beyder liebe vnde nicht lenger.³

3. **[2]** Hans Koch ist gekommen vor gehegit ding vnde hat gegeben Curt Koche, synem vettern, die garbude an deme nuwen thorme gelegen mit alleme rechten, als her daz von Claus Ostirtage vnnd Glorius Schonen gehat hat vnde ome gegebin ist.⁴

4. Vrban Marx ist gekomen vor gehegit ding vnde hat gegebin Gerdruden, syner elichen husfrawen, czwenczig alde schog grosschen an alle synen besten guter, die er hat addir immer gewynnet, daz sie an eygene, an erbe, an farnde habe addir wur an daz sy, nach syme tode darmite zcu thune vnde zcu lassene.

5. Pauwel Fleischauwer ist gekommen vor gehegit ding vnnd hat gegeben Margareten, syner eliche husfrawen, sechczig alde schog grosschin an alle synen besten gutern, die er hat addir ummer gewynnet, daz sie an eygene, an erbe, an farnde habe addir wur ane daz sy, nach syme thode dar methe zcu thune vnde zcu lassene.

6. **[3]** Gurge von der Heyde ist gekommen vor gehegit ding vnde hat gegebin Drewes Starke synen garten uor deme Steynthor kegen der müre gelegen mit alleme rechten, alse der sin waß.

7. Claus Schacz vnde Anne, syne eliche husfrowe, sint gekommen vor gehegit ding vnde habin sich begiftigit vnde begabet ‖ vndir eynander mit allen gutern, die sie habin adder vmmer gewyn-nen, daz sie an eygene, an erbe, an farnder habe addur war ane daz sy. Welch or ehir abegeheet von todiß wegen, so sal daz andere die gutere behalden, dar mete zcu thune hade zcu laßene. Were aber daz sie kindere mit eynander gewinnen, so sal dy frawe kinderteil dar an haben.

fol. 2v

8. **[4]** Dreweß Steyger ist gekommen vor gehegit ding vnde hat gegeben mit erbelaube etc. ut patet in dem phar buche.

---

¹ Über der Zeile.
² Vgl. Buch V 972 [**2364**]; Nr. 2.
³ Vgl. Buch V 972 [**2364**]; Nr. 1 [**1**].
⁴ Vgl. Hertel, Theil II, V [**660**], [**659**], [**699**], [**700**].

186   Die Hallischen Schöffenbücher. VI. Buch.

9. Mertin Bule ist gekommen vor gehegit ding vnde ist von Heyne Meyche ledig vnde loß geteilt, deß eydes, dar her mete ir halden sulde, daz daß halbe schog malczes, dar her on umme schuldegete sin were, vnde on deß eydes vortrugk.

10. Nickel Kaldicz ist gekommen vor gehegit ding vnde hat Pawel Fredriche vmme anderhalb alt schog umme eyns grosschen vnde waz dar schade uff geet, sin were fronen laßin, alz recht ist.

11. Nicolaus Slichthar ist gekommen vor gehegit ding vnd hat metegebracht Baltizar Hosanges vorsigilten brieff, dar inne er bekant vnde ⟨on⟩⁵ gewert hat, eyner halbin hufe kornß, dy her ome vorkouft hat, alse daz Slichthare vor gerichte geteilt wart. Dar uff wart gefunden, her were von Peter Lyssawen der sache ledig vnde loß, dar vmme, daz her synen werman adder brieff nicht gebracht hat.

12. Doctor Volkmarus Koyen hat gesant synen brief vorsegilt in gerichte, dar inne er Nicolaus Brandenberge gancze macht hat gegeben, uffczubiten eynen rock, uff den her umme Gotis willen czwene gulden gelegen hat, dar ane zcu thune, als er selbist thun solde, ab her keginwertig were.⁶

13. Margareta, Hans Heinrichs seligen wetewe, ist gekommen vor gehegit ding vnde hat Nicolaus Brandenberge gekorn zcu eyneme vormunden, sulche sache vnde cleyde, dy sie zcu Vincenciuße, o̊rem sone, vor gerichte getan hat, zcu forderne, biß uff daz recht zcu gebene vnde zcu nemene.⁷

14. Hans Gru̇ndeling ist gekommen vor gehegit ding vnde ome wart gefunden vnde geteilt, man sulde on vmme czehen nuwe grosschen vnde waz dar schade uff gheet, an Dreweß Monchmechers farnde habe wisen, vnde ist dar an gewist, alz ⟨recht ist⟩⁸.⁹

15. Hans Popelicz ist gekommen vor gehegit ding vnde ome wart gefunden vnde geteilt, man sulde on umme acht alde schog ‖ grosschen vnde waz dar schade uff gheet, an Segemunt Hertels farnde habe wisen, vnde ist dar an gewiset, alz recht ist.¹⁰

fol. 3r

16. Osanna ist gekommen vor geheg [...]¹¹

[5] Osanna, Meves Dideken nachgelaßenen wetewe, ist gekommen vor gehegit ding vnde hat gegebin Ilsen vnde Gerdruden, oren tochtern or huß in den Kleynsmeden by der Wießpachynne gelegen vnde alle o̊r gut, daz sie hat addir ummer gewynnet, daz sie an eygene, an erbe, an farnder habe addir wur ane daz sy, dar mete zcu thune vnde zcu laßen.

17. Segemunt Schriber ist gekommen vor gehegit ding vnde ome wart gefunden vnde ge-

---

⁵ Über der Zeile.
⁶ Vgl. Nr. 35.
⁷ Vgl. Nr. 57, 58, 59, 98.
⁸ [recht ist] am Rand links.
⁹ Vgl. Nr. 33.
¹⁰ Vgl. Nr. 55.
¹¹ Satz abgebrochen.

teilt, man sulde on umme eyn alt schog grosschen vnde waz dar schade uff gheet, an der Pawel
Hedirslebynne farnde habe wisen, vnde ist dar an gewiset, alse recht ist.

18. Caspar von Wurczen ist gekommen vor gehegit ding vnde hat Michel Snabele umme vier
alde schog grosschen vnde waz dar schade uff gheet, syne were fronen laßen, alz recht ist.

19. Peter Rŭle ist gekommen vor gehegit ding vnde ome wart gefunden vnde geteilt, man sulde
on umme sechz nuwe grosschen vnde waz dar schade uff gheet, an Kersten Beckers farnde habe
wisen, vnde ist dar an gewist, alz recht ist.[12]

20. Lorencz Prellewicz ist gekommen vor gehegit ding vnde ome wart gefunden vnde geteilt,
her hette syne gerechtikeit zcu Hanse Koninge irsten umme dry alde schogk grosschen unde vier
alde grosschen vnde waz dar schade uff gheet, von deßwegen, daz er sin recht uor gerichte nicht
enthat, alz ome bescheyden waz.[13]

21. Lorencz Prellewicz ist gekommen vor gehegit ding vnde ŏme wart gefunden vnde geteilt,
man sulde Hanse Kŏninge umme dry alde schog vnde uier alde grosschen vnde was dar schade
uff gheet, sine were fronen, unde ist ŏm gefrŏnt, alse recht ist.[14]

22. [6] Caspar Gellewicz, gemechtiget von Hanse Steckenberge vor deme ersamen rathe zcu
Halle vnde von Blasio Steckenberge vor disseme gerichte, ist gekommen vor gehegit ding vnde
hat gegebin Benedictus Firckene alle gerechtikeit, die den genanten Hanse vnde Blasio uon oreme
vater Mertin Steckenberge seligen anirstorben ist, es sie an erbe, eygene, farnder habe addir ‖
wur ane daz sie, nemelichen an deme eygene gelegen in Mercklinstraßen genant zcu den dren
herßen, doch vßgesloßen waz Hanse vnde Blasio obgenanten zcu abesunderunge beteidingit ist,
das sullen sie behalden, nemelichen czechczig schog aldir grosschen, die ŏn Benedictus Fercken
vß den obeneberurten gutern gereichet vnde beczalt had, vnde den sydenkram, den Johannes
Steckenberg gereyt in lehin hadt, sal her auch behalden, vnde sich mit syneme brudere Blasio
dar umme vortragen, vnde Benedictus Fercken sal alle schulde beczalen, die Mertin Steckenberg
seliger nach syme tode schuldig geblebin ist, vnde in disse gabe hat gewillet vnde gefulbortet frawe
Sophia, des obgenanten Benedictus Ferckens eliche husfrawe, von Matheus, Annen, Ursulen, ŏrer
kindere, vnde ores selbist wegen.[15]

fol. 3v

23. Claus Wale ist gekommen vor gehegit ding vnde hat Drewes Schenckele von formunde-
schaft wegen syner tochter, der Pawelynnen von Sayda, vmme sechs alde schog grosschen vnde
waz dar schade uff gheet, syne were frŏnen laßen, alz recht ist.[16]

24. [7] Henrich, Ciriacus vnde Clara, mit fulbort Claus Ploten ores elichen wertis, sint ge-

---

[12] Vgl. Nr. 48.
[13] Vgl. Nr. 21; vgl. auch Buch V 1034.
[14] Vgl. Nr. 20; vgl. auch Buch V 1034.
[15] Vgl. Buch V 942.
[16] Vgl. Buch V 1193.

188 Die Hallischen Schöffenbücher. VI. Buch.

kommen vor gehegit ding, vnde haben gegeken (!) Curde von Fredeberg, oreme stieffatere, sulche gerechtikeit, alse on an deme erbe in der Smerstraßen gelegen zcu deme wießen lawen genant unde an synen gutern gegeben waß, nemelichen funffvndeczwenczig alde schog grosschen, die orer iczlich der abgenanten kindere dar ane hat, mit alleme rechtin, alz on die dar ane gegebin waren.[17]

25. Curt von Fredeberg ist gekommen vor gehegit ding vnde hat gegebin Sophien, syner elichen husfrawen, vierczig alde schog grosschen an alle synen besten gutern, die er hat addir ummer gewynnet, daz sie an eygene, an erbe, an farnder habe addir wur ane daz sy, zcu der gabe, die er or vorgegebin hat, nach syme tode dar methe czu thune vnde czu lassene.[18]

26. Hans Voyt vnde Margareta, syne eliche husfrawe, sint gekommen vor gehegit ding vnde habin sich begiftigit vnde begabit vnder aynandir mit allen gutern, dy ‖ sie habin addir ummer gewynnen, daz an eygene, an erbe, an farnder habe addir wur ane daz sy. Welch ôr ehir abegheet von todis wegen, so sal daz andere die gutere behalden, da mete zcu thune vnde zcu lassene. Were abir daz sie kindere gewunnen, so sal dy frawe kinteil (!) dar ane habin.

27. Hans von Smôllen vnde Margareta, sine eliche husfrawe, sint gekommen vor gehegit ding vnde habin sich begiftigit vnde begabit vnder eynandir mit allen gutern, die sie habin addir ummer gewynnen, daz sy an eigene, an erbe, an farnder habe addir wur ane daz sy. Welch ôr ehir abegheet von todis wegen, so sal daz andere die gutere behalden, do mete zcu thune vnde zcu lassene.

28. Mewes Fyncke ist gekommen vor gehegit ding vnde ôme wart gefunden vnde geteilt, man sulde ôn umme sobendehalb alt schog grosschen vnde waz dar schade uf gheet, an Curt Bodentals farnde habe wiesen, vnde ist dar an gewieset, also recht ist.

29. Hans Nyczschman ist gekommen vor gehegit ding vnde hat Gunther Becker umme sechstehalb alt schog grosschen unde waz die schade uff ghet, in den medeban genommen, alz recht ist.

30. Peter Kocher ist gekommen vor gehegit ding vnde ome wart gefunden vnde geteilt, man sulde on umme achtczehen nuwe grosschen ane czwene phenninge vnde was dar schaden uff gheet, an Segemunt Hertels farnde habe wiesin, vnde ist dar an gewiset, alze recht ist.

31. [8] Hans Grießgrube vnnd Anne, syne eliche husfrowe, sin gekommen vor gehegit ding, vnnd habin ingesaczt Steffin Spulsborn or huß in der Steynstraßen gelegen zcu eynem willigen phande vor hundirt vnde funfvndevirczig alde schog grosschen in sulchir wiese, wenn sie ome sulch vorberurt gelt wedder gebin, so sal on or huß wedder fry vnde ledig uolgen.

32. [9] Anisius Trutman ist gekommen vor gehegit ding vnde ist von Hanse Henczschele

---

[17] Vgl. Nr. 25; vgl. auch Buch V 620, 621, 622, 623.
[18] Vgl. Nr. 24; vgl. auch Buch V 620, 621, 622, 623.

umme eynen krůk, dar umme her on anlangete von hergewetis wegen, ledig vnde loß geteilt, dar umme, daz er on des eydes vortrugk, den her daruor both zcu thune. ||

33. Hans Grundeling ist gekommen vor gehegit ding vnde hat Drewes Monchemecher umme czehin nuwe grosschin vnde waz dar schade vff gheet, in den medeban genommen, alse recht ist.[19]

34. Hans Czschiel ist gekommen vor gehegit ding vnde ome wart gefunden vnde geteilt, daz her uff Gurgen Kuschberge vier alde schog grosschen irstehen hette, sintdemmal daz er sin recht vor gerichte dar ǒme hene (!) bescheyden waz, nicht gethin hadt.

35. Nicolaus Brandenberg ist gekommen vor gehegit ding vnde hat uffgeboten von vormunde- schaft wegen doctor Volkmarus Koyan eynen swarczen leydisschen frowen rock, der ome zcu eyneme willigen phande gesaczt waz, dry ding. Do wart gefunden vnde geteilt, her mochte den vorsetczin vor sin gelt, ab er konde. Konde her deß nicht vorsetzen, so mochte her den vorkouffen vnde daz obirleie reichen deme, der dar recht zcǔ hette, vnde nemelichen dy czwene gulden, dy er dar uff gelegen hette, vnde waz dar schade uff geghen were zcǔuor dar vß nemen.[20]

36. Sander Buße ist gekommen vor gehegit ding vnde hat gegebin Nicolaus Brandenberge alle syne gerechtikeit, die er hatte an Mathias Heydenrichs huß, nemelichen achtczendehalb schog grosschen, dar er ome syne were umme hat, fronen lassen, mit alleme rechtin, alz er ⟨dy⟩[21] dar ane gehabt ⟨hat⟩[22], dar mete zcu thune vnde zcu lassene vnde nummer mehir dar vmme anczuteidingene.[23]

37. Hans Nopel ist gekommen vor gehegit ding vnde hat Nicolaus Brandenberge zcu vormun- den gekorn, sulche cleyde vnde uffbitunge, die er zcu Hanse Smede gethan hat, zcu forderne, biß uff daz recht zcu gebene vnde zcu nemene.[24]

38. [10] Pawel Hedirslebe hat gesandt synen offene vorsegilten breff in gehegit ding, dar inne her gegebin hat mit willen vnde fulbort syner sǒne, mit namen Heinrichs, Bertrams, Hanßes, Jurgen vnde Criacus, Hanse Yman syne eygenschaft, die her hat an syme huse in der Prufenstras- sen gelegen czwisschen Hans Zcolners vnde Hans Merczsches husern, nemelichen eyn schog aldir grosschen vnde czwene kaphanen mit lehin vnde zcinße, mit alleme rechten, alz daz sin were.[25] ||

39. Hans Muller ist gekommen vor geheigt ding vnde hat gegeben Lucien, syner elichin husfrowen hundert alde schog grosschin an alle sinen besten gutern, die er hat addir ummer gewynnet, daz sie an eygene, an erbe, an farnder habe addir wer ane daz sie, nach syme tode dar

---

[19] Vgl. Nr. 14.
[20] Vgl. Nr. 12.
[21] Über der Zeile.
[22] Über der Zeile.
[23] Vgl. Nr. 50, 299, 417; vgl. auch Buch V 273, 598.
[24] Vgl. Nr. 126, 183, 272.
[25] Vgl. Nr. 62.

190 Die Hallischen Schöffenbücher. VI. Buch.

mete zcu thune vnde zcu lassene vnde darczu sin eygen gelegen in der Merckelstraßen an der ecke kegen Nickel Pegawen zcu eyner rechten lipczucht.

40. Ciriacus Tusscher vnde Anne, syne eliche husfrowe sint gekommen vor gehegit ding vnde haben sich begiftiget vnde begabit vndir eynandir mit allen gutern die sie habin addir ummer gewynnen daz sy an eygene, an erbe, an farnder habe addir addir (!) wur ane daz sie. Welcher őr ehir abegheet von todes wegen, so sal daz andere die gutere behalden, dar mete zcu thune vnde zcu lassene. Were abir daz sie kindere mit eynander gewunnen, so sal dy frowe kinderteil dar ane haben, unschedelich den gabin, dy der frowen vorgegebin sint.[26]

41. Claus Zcobericz vnde Margareta, sine eliche husfrowe, sint gekommen vor gehegit ding vnde haben sich begiftiget vnde begabit vndir eynandir mit allen gutern, dy sie habin addir ummer gewynnen, daz sie an eygene, an erbe, an farnder habe addir wur ane daz sie. Welch őr ehir abegheet von todis wegen, so sal daz andere die gutere behaldin, da mete zcu thune vnde zcu lassene. Were abir daz sie kindere mit eynander gewinnen, so sal die frowe kinderteil dar ane habin.

42. Nickel Vettere vnde Anne, syne eliche husfrowe sint gekommen vor gehegit ding vnde habin sich begiftiget vnde begabit vndir eynandir mit allen gutern, dy sie habin addir ummer gewynnen, daz sie an eigene, an erbe, an farnder habe addir wer ane daz sy. Welch őr ehir abegheet von todes wegen, so sal daz andere dy gutere behaldin, do mete zcu thune vnde czu laßene. Were abir daz sie kindere mit eynander gewinnen, so sal die frawe kinderteil dar ane haben.

43. Caspar Moricz ist gekommen vor gehegit ding vnde hat Peter Weger vmme eyn nuwe schog grosschin vnde waz dar schade uff ghet, sine were frőnen lassen, alz recht ist. ‖

fol. 5v

44. Claus Habich ist gekommen vor gehigit ding vnde hat Glorius Wage umme dry alde schog grosschen vnde waz dar schade uff gheet, syne were frőnen lassen, alze recht ist.

45. Bartolomeus[27] Kolbe ist gekommen vor gehegit ding vnde hat Hanse Ditolde umme nunczehen alde schog grosschen vnde waz dar schade uff gheet, syne were fronen lassen, alse recht ist.

46. [11] Wencze Kolczk ist gekommen vor gehegit ding vnde hat bekant, daz er Thomas Stoyene vorkouft hat eyn bruwehuß, mit allem bruwegescherre vnde so vil, als her darczu bedarff, vnde eynen czugangk zcu deme bornen wasser zcu czihen vnde des zcugebruchen, so vil ome des not ist, vude hat ome daz gegebin, mit allem rechten alse daz sin was, doch hat ome Thomas vorgnant in deme kouffe sulche gunst gethan, daz er daz bynnen funff jaren uor czwey sechzig (!) vnde acht alde schog grosschen wedder kouffen magk, dy er ome dar uorgegeben hat.

47. Hans Czschiel ist gekommen vor gehegit ding unde ome wart gefunden vnde geteilt, man

---

[26] Vgl. Buch V 74, 420 [**2293**].
[27] Danach [*wagk*] gestirchen.

1456–1457

sulde on vmme uier alde schog grosschen vnde waz dar schade uff gheet, an Gurgen Kußbergis farnde habe wiesen, vnde ist dar an gewieset, alse recht ist.

48. Peter Rŭle ist gekommen vor gehegit ding vnde hat Kersten Becker umme sechs nuwe grosschen vnde waz dar schade uff gheet, in den medeban genommen, alse recht ist.[28]

49. Glorius Mewes ist gekommen vor gehegit ding vnde hat gegeben Annen, syner elichen husfrowen czweyhundert alde schog grosschen an alle synen besten gutern, die er hat addir ummer gewynnet, daz sie an eygen an erbe an farnder habe addir wer ane daz sy, nach syme tode dar methe zcu thune vnde lassene, mit sulchen vndirscheide, wenne her or zcwe phann im dutzschen bornen lihen lesßet, so sal die gabe machteloß sin.

50. [12] Nicolaus Brandenberg ist gekommen vor gehegit ding vnde hat weddir gegebin Sander Bußen sulche gerechtikeit, die her ome gegebin hatte an Mathias Heydenrichs huse uff deme Berlyne gelegen, mit alleme rechten, alse er ome die dar ane gegebin hatte.[29] ‖

51. Steffan Smed ist gekommen vor gehegit ding vnde ome wart gefunden vnde geteilt, man sulde on umme ⟨sechs⟩[30] schog unde sobin nuwe grosschin vnde waz dar schade uff gheet, an Mathias Kycz farnde habe wisen, vnde ist dar an gewiset, alsz recht ist.[31]

52. Drewes Anedarm ist gekommen vor geheget ding vnde ome wart gefunden vnde geteilt, man solde on vmme achtczehen nŭwe grosschin vnde waz dar schade uff gheet, an Curt Badendorffs farnde habe wiesen, vnde ist dar an gewieset, alse recht ist.

53. Vincencius Hase ist gekommen vor gehegit ding vnde hat Hanse Moren vmme eyn alt schog grosschen vnde waz dar schade uff gheet, syne were frônen laßen, alze recht ist.

54. Vincencius Hase ist gekommen vor gehegit ding vnde hat geclait zcu Pawel Pesßene vnde zcu deme gelde, daz er besaczt hat vnder Drewes Czwenczige, vmme czwenczig alde schog grosschen vnde waz dar schade uff gheet, dry ding. Czum virden dinge wart gefunden vnde geteilt, her hette sin gelt irstehin, man sulde on an sin gut wisen endis dingis vnde ist dar an gewieset, alse recht ist, namenlichen an daz gelt, daz Czwenczig vudir sich hat.[32]

55. Hans Popelicz ist gekommen vor gehegit ding vnde ome wart gefunden vnde geteilt, her mag daz pherd, das her Segemunt Hertele abeirclait hat, vorsetczin vor sin gelt, ab her kan. Kan her des nicht vorsetczin, so mag er daz vorkauffen vnde daz obirley reichen deme, der daz recht zcu hat (!).[33]

56. Peter Lyssawe ist gekommen vor gehegit ding vnde hat gegebin Ilsen, syner elichen husfrowen, sin huß halb uff deme Berlyne gelegen mit deme halben bruwe huse vnde aller czube-

---

[28] Vgl. Nr. 19.
[29] Vgl. Nr. 36, 299, 417.
[30] [sechs] am Rand rechts, mit Einschubzeichen.
[31] Vgl. Nr. 164.
[32] Vgl. Nr. 192.
[33] Vgl. Nr. 15.

192   Die Hallischen Schöffenbücher. VI. Buch.

horunge zcu eyner rechten lipczucht, darczu czwenczig alte schog grosschen an alle synen besten gutern, dy her hat addir ummer gewynnet, daz sy an eygene, an erbe, an farnder habe addir wur ane daz sy, nach syme tode dar methe czu thune vnde zcu lassene.

57. Margareta, Hans Hernrichs seligen wetewe, ist gekomen vor gehegit ding vnde hat geclait zcu Vincencius Heynrichz, oreme sone, vnde zcu alle synen gutern, dar umme, daz her on vorhelt kindirteil an allen gutern, dy er Hans Heinrich seliger gegeben hat in gehegetem dinge, dez sy ‖ mit den schepphen buche zcu fulkomen geboten hat, unde hat or daz vorgehalden mit eygener gewalt zcu hone, smaheit vnde schaden, welchen hon vnde schaden sy gewirdert hat, boben (!) dy gegebenen gutern uff czwey hundert gulden dry ding. Czum virden dinge wart gefunden vnde geteilt, sie mochte gehen in ŏrer gegebin gutere unde umme den schaden sal man sy wiesen an syne gutere, doch vnschedelichen der gerechtikeit, die Vincencius Heinrichs frowen dar ane gegeben sint, vnde ist dar an gewiset, alse recht ist.[34]

58. Margareta, Hans Heynrichs seligen wetewe, ist gekommen vor gehegit ding vnde hat geclait zcu Uincencius Heynriche, oreme sone, vnde zcu alle synen gutern, dar umme, daz her or vorhelt ore gerade nach der stad wilkor vnde thut daz mit eygener gewalt, or zcu hone, smaheit vnde schaden, welchen hon vnde schaden sy gewerdirt hat, uff vierczig gulden, dry ding. Czum virden dinge wart gefunden vnde geteilt, man sal sie wiesen an syne gutere, doch unschedelichen der gerichtekeit, die Uincencius Heynrichs frowen dar ane gegebin sint, vnde ist dar an gewieset, alse recht ist, nemelich an dy stucke, dy benant sin.[35]

59. Margareta, Hans Heinrichs seligen wetewe, ist gekommen vor gehegit ding vnde hat geclait zcu Vincencius Heinriche, oreme sone, vnde zcu allen synen gutern, dar umme, daz her sy vorsaczt hat, vor nuen alde schog grosschen kegen itzliche gebŭer zcu Honstete, dar sie vmme zcu banne gekommen ist vnde sich selber dar uß hat lŏsen muße, vnde hat or daz getan zcu hone, smaheit vnde schaden, welchen hon vnde schaden sie werdirt uff czwenczig alde schog grosschen drys ding. Czum virden dinge wart gefunden vnde geteilt, sie hette ore gerechtikeit irstehen, man sulde sy an syne gutere wiesen, doch vnschedelichen der gerechtikeit, dy Vincencius Heinrich frowen dar ane gegebin sint, vnde ist daz an gewiset, alz recht ist.[36]

60. Heinrich Hase ist gekommen vor gehegit ding unde hat Moricz Brune umme achtehalben nuwen grosschen ‖ vnde waz dar schade uff gheet, syne were fronen lassen, alse recht ist.

61. Drewes Hofeman ist gekommen vor gehegit ding unde hat Ulrich Ostrawen umme funff nuwe grosschen vnde was dar schade uff ghet, syne were frŏnen lassen, alz recht ist.

62. [13] Pawel Hedirslebe hat gesandt synen offene vorsegilten brieff in gehegit ding, dar inne her gegebin hat mit willen unde fulbort syner sone mit namen Herichs, Bertrams, Hanses, Gur-

---

[34] Vgl. Nr. 13, 58, 59, 98; vgl. auch Buch V 715, 859.
[35] Vgl. Nr. 13, 57, 59, 98; vgl. auch Buch V 715.
[36] Vgl. Nr. 13, 57, 58, 98; vgl. auch Buch V 715.

1456–1457

gen vnde Ciriacus, Benedictus Polken[37], syne eygenschaft die her hat an Mertin Haldenbornen
huße in der Scheenstraßen zcwisschen Sander Bracsteden vnde Jacobus Werbecken husern ge-
legen, nemelichen funffvndevirczig alde grosschen, vnde an Andreas Slanlachs huse uff deme
schuhofe nehest am swarczen bocke gelegen nundehalbin alde grosschen lehens vnde jerlichs
zcinßes, mit alleme rechten, alse daz sin waß vnde on von syneme vatere anirstarbin ist.[38]

63. Urban Herteil ist gekommen vor gehegit ding vnde hat Hanse Ditolde vmme sechstehalb
alt schog grosschen vnde sechs alde grosschen vnde waz dar schade uff gheet, syne were frönen
lassen, alse recht ist.

64. [14] Margareta, Caspar Trißkowen eliche husfrowe, vnde Anne, Hans Haken seligen we-
tewe, sint gekommen vor gehegitt ding vnde habin gegebin mit erbelauben willen, nemelichen
Agnesen des genantin Hans Haken tochter, Caspar Trißkowen ore eygenschaft mit namen eynen
smalen uirdung lehins vnde jerlichs zcinßes an Mathias Bieder erde huß gensyt by der weiste
gelegen, mit alleme rechten, als sy das von oreme vatere anirstorben waz.

65. Anthonis Goltsmed, Augustin Treiße vnde Curt Riczsch sint gekommen vor gehegit ding
vnde habin Gǔrgen Cziringe vmme ffunffvndesobenczig alde schog grosschen unde was dar scha-
de uff gheet, in den medeban genommen, alse recht ist, dar vmme, daz her an sulchen vor genant
gelt zcu vorborgen gelobit hat unde dez nicht getan hat.[39]

66. Clemen Heyde ist gekommen vor gehegit ding vnde hat Hanse Ditolde umme dry alde
schog grosschen vnde was dar schade uff gheet, syne were frönen laßen, alse recht ist. ‖

67. Peter Kocher ist gekommen vor gehegit ding vnde hat Hanse Czoymer vmme dryvnde-
czwenczig nuwe grosschen unde waz dar schade uff gheet, syne were fronen lassen, alse recht
ist.

68. Hans Stoyen ist gekommen vor gehegit ding vnde hat Mathias Heydenriche umme andir-
halb alt schog grosschen unde waz dar schade uff gheet, syne were fronen laßen, alß recht ist.

69. Hans Dolczk ist gekommen vor gehegit ding vnde hat Bastian Stellemecher umme acht
alde schog mynre achtehalben alden grosschen syne were fronen lassen, alse recht ist.

70. Claus Dobel ist gekommen vor gehegit ding vnde hat Bastian Stellemecher umme nǔn
mandel grosschen vnde waz dar schade uff gheet, syne were fronen laßen, alse recht ist.

71. Claus Dobel ist gekommen vor gehegit ding vnde ome wart gefunden vnde geteilt, man
sulde on umme eyn alt schog vnde czwenczig grosschen unde umme eynen scheffel rocken an
der Nickel Klukynne farnde habe wiesen, vnde ist dar an gewieset, alse recht ist.

72. Kilian Schoybel ist gekommen vor gehegit ding vnde hat Peter Durlen umme andirhalb
alt schog grosschen vnde waz dar schade uff gheet, syne were frönen lassen, alse recht ist.

fol. 7v

---

[37] [benedictus polcke] am Rand rechts.
[38] Vgl. Nr. 38.
[39] Vgl. Nr. 113.

194　　　　　　　　　Die Hallischen Schöffenbücher. VI. Buch.

73. Hans Zcolner ist gekommen vor gehegit ding vnde ome wart gefunden vnde geteilt, man sulde on vmme eyn nuwe schogk grosschen vnde waz dar schade uff gheet, an Gurgen Tesscheners farnde habe wiesen, vnde ist dar an gewiset, alze recht ist.

74. Mathias Ebirhart ist gekommen vor gehegit ding vnde hadt Gurgen Schûmanne vmme czweyvndeczwenczig nûwe grosschen vnde waz dar schade uff gheet, in den medeban genommen, alse recht ist.

75. Mathias Czymmerman ist gekommen vor gehegit ding vnde ome wart gefunden vnde geteilt, man sulde Hanse Ditolde umme acht alde schog grosschen vnde waz dar schade uff gheet, syne were fronen, alse recht ist, vnde ist on gefrônt, alse recht ist.

76. Hans Smed ist gekommen vor gehegit ding vnde hat gegeben Hanse Nopele czweyhundirt alde schog vnde nunczehen alde schog grosschen an ale synen besten gutern, die her hat addir ummir gewynnet, daz sie an eygene, an erbe, an ‖ farnder habe addir wer ane daz sy, in sulchir wiese, daz er ome dar umme vßrichtunge thun ⟨sal⟩[40] zcwisschen hir vnde den nehistkommenden phingisten. Geschege abir des nicht, so sulde man ôme dar zcu helfffen, in allir maße, alz ab her die irstanden vnde irclait hette.

fol. 8r

77. **[15]** Pawel Hedirslebe hat gesandt synen offene vorsegilten brieff in gehegit ding, dar inne her gegebin hat mit willen unde fulbort syner sone, mit namen Henrichs, Bertrams, Hanses, Gurgen vnde Ciracus, Cûnen Leßkowen syne eygenschaft, die her hat, nemelichen an Peter Petzsches huse in der Claus straßen kegen deme bôrnchen gelegen funffvndevierczig alde grosschen, vnde an Gloriuß Rorbachs huse uff deme Mertins berge vor der stadt Halle gelegen uirczehen hunre lehins vnde jerlichs zcinßes mit alleme rechtin als dy sin waren vnde on von syne vatere anirstorben sin.

78. Andrewes Krisschawe ist gekommen vor gehegit ding vnde hat geclait zcu Herman Puluermechers elichne husfrawen von Mûchele vnde zcu sechs lot silbers, dy her besatczt hat vudir Hanse Lamme, umme dry schog alder grosschen ⟨j ort⟩[41], die sie ome schuldig ist, vnde waz dar schade uff gheet, dry ding. Czum virden dinge wart gefunden vnde geteilt, her hette sin gelt irstehen, man sulde on dar an wiesen, vnde ist dar an gewieset, alze recht ist.

Hans [...][42]

79. **[16]** Nickel Dûnckel ist gekommen vor gehegit ding vnde hat gegebin Hanse Beyenrode sin huß halb in der Smerstrassen gelegen an der sieten an Prellwitz huse gelegen biß an der malczhuß dar zcu eynen weck zcu deme bornen vnde eynen fleck in deme hofe glich der bornsule vnde des bornen zcu gebruchene glich ome, wo sin des not sin wirt, da mete zcu thune vnde zcu laßene.

80. Lorencz Forster vnde Ilse, syne eliche husfrawe, sint gekommen vor gehegit ding vnde

---

[40] Über der Zeile.

[41] [j ort] am Rand links, mit Einschubzeichen.

[42] Satz abgebrochen und gestrichen.

1456–1457   195

habin sich begiftiget vnde begabit vnndir eynandir mit allen gutern, die sie haben adder ummer gewynnen, daz sie an eygene, an erbe, an farnder habe addir wur ane daz sy. Welch or ehir abegheet von todis wegen, so sal daz andere dy gutere behalden, do mete zcu thune vnde zcu lassene[43]. Were abir daz sie kindere ließen, so sulde dy frowe kindirteil dar an haben. ‖

81. Peter Weghe ist gekommen vor gehegit ding vnde hat Hanse Ditolde vmme drittehalb alt   fol. 8v
schog grosschen vnde waz dar schade uff gheet, sine were fronen lassen, alse recht ist.

82. Ilse, Hans Mullers elichen husfrowe, ist gekommen vor gehegit ding vnde or wart gefunden vnde geteilt, man sulde ⟨sie⟩[44] umme eyn[45] alt schog grosschen vnde waz dar schade uff gheet, an Mathias Ditterichs vnde syner elichen husfrawen farnde habe wiesen, vnde ist dar an gewieset, alse recht ist, unde auch umme sechczehen nuwe grosschen.[46]

83. [17] Thomas Bolting, Ffrone, Margareta, Ostirhilt, Agneta ⟨vnde Kerstine⟩[47], syne swestern, sint gekommen vor geheget ding unde haben gegebin mit willen vnde fulbort Annen, orer muter, vnde Hans Boltinges[48], ores gebornen vormunden, Jacob Bome ôr eygen uff der weyst hinder Caspar Trißkowen gelegen, mit alleme rechten, als sie das von oreme vater anirstorbin ist.[49]

84. Jacob Bom ist gekommen vor gehegit ding vnde hat gegebin Annen, syner elichin husfrowen, sechczig alde schog grosschen an alle syne besten gutern, die her hat addir umme gewynnet, daz sie an eygene, an erbe, an farnder habe addir wur ane daz sie, unde nemelichen an deme huse, daz ome uon oren kindern gegeben ist, nach syme tode dar mete zcu thune vnde zcu lassene.[50]

85. Dorethea, die Clemenynne, ist gekommen vor gehegit ding vnde or wart gefunden vnde geteilt, man sulde sie uon Augustin Kreles wegen, ores sons, umme achtvndeczwenczig alde groschen vnde waz dar schade uff gheet, an Hans Bysacks farnde habe wiesin, vnde ist dar an gewesit, alse recht ist.

86. Heinricus Blankenberg ist gekommen vor gehegit ding vnde hat gegeben Lucien, syner elichin husfrowen, sechczig rinsche gulden an alle synen besten gutern, die er hat addir ummer gewynnet, daz sie an eygene, an erbe, an farnder habe addir wur ane daz sy, nach syme tode dar mete zcu thune unde zcu lassene.

87. Anne, die Nicolaynne von Jhene, ist gekommen vor gehegit ding unde ist von Hanse

---

[43] [thun] gestrichen und durch [lassen] ersetzt.

[44] Über der Zeile.

[45] [j] gestrichen und durch [eyn] ersetzt.

[46] Vgl. Nr. 167.

[47] [vnde Kerstine] über der Zeile.

[48] Vgl. Buch V 682.

[49] Vgl. Nr. 84.

[50] Vgl. Nr. 83.

Die Hallischen Schöffenbücher. VI. Buch.

fol. 9r

Schonbesseyle von sulchir schult wegen, dar her sie umme geschuldiget hat vnde dar sie den eyt vor ‖ thun sulde, ledig vnde laß geteilt, von des wegen, daz her deß eydes vor gerichte nicht gewartet hat, alz ome bescheyden waz vnde auch syne echte not darczu nicht bewiset hat.

88. Peter Peczsche ist gekommen vor gehegit ding vnde hat Hanse Popelitcze umme czwelff alde schog grosschin vnde waz dar schade uff gheet, syne were fronen lassen, alse recht ist.

89. Hans Petzschalt ist gekommen vor gehegit ding vnde hat geclait zcu Mertin Grunynge vnde zcu eynvudedrissgisten hallen aldeschock grosschen, die her under ome von siner elichen husfrawen wegen besaczt hat unde sie vor oreme uater Nickel Ppergere seligen anirstorben sint, dar sie denne Vincencius, oren bruder, ouch zcu haben uorboten lassen, dry ding. Czum virden dinge wart gefunden vnde geteilt, her hette sin gelt irstehen, man sulde on an gerechtikeit, die syne srowe anirstorben ist, ⟨wisen⟩[51] vnde ist dar an gewieset, alse recht ist.

90. Claus Habich ist gekommen vor gehegit ding vnde ome wart gefunden vnde geteilt, man sulde on umme dry alde schog grosschen vnde waz dar schade uff gheet, an der Moricz Brunynne farnde habe wisen, vnde ist dar an gewiset, alse recht ist.

91. Nickel Wele ist gekommen vor gehegit ding vnde ome wart gefunden vnde geteilt, man sulde on umme nunvndeczwencig nuenvndeczwencig (!) nuwe grosschen vnde waz dar schade uff gheet, an Hans von Berge farnde habe wiesin, vnde ist dar an gewiesit, alse recht ist.

92. Nickel Wele ist gekommen vor gehegit ding vnde ome wart gefunden vnde geteilt, man sulde on vmme achtvndeczwencig nuwe grosschen vnde waz dar schade uff ghet, an Austin Frederichs farnde habe wiesen, vnde ist dar an gewieset, alze recht ist.[52]

93. Hans Schencke ist gekommen vor gehegit ding vnde ome wart gefunden vnde geteilt, man sulde on umme ffunff alde schog gr. mynre eyns ortis an Vincencius Heynrichs farnde habe wisin, vnde ist dar an gewieset, alse recht ist.[53]

94. Hans Schencke ist gekommen vor gehegit ding vnde ome wart gefunden vnde geteilt, her hette syne schult, nemelichen czwelff nuwe grosschen vnde waz dar schade uff gheet, uff Mathias Tyschere gewunnen, sintdemmal daz her sin recht, dar her mete vor gerichte gewiset wart, nicht getan hat.

fol. 9v

95. Thomas Krawinckel ist gekommen vor gehegit ding vnde hat Valentin Erengropen umme czwelff alde schog grosschen ‖ vnde waz dar schade uff gheet, sine were fronen lassen, alz recht ist.

96. Thomas Krawnickel ist gekomen vor gehegit ding vnde ome wart gefunden vnde geteilt, man sulde Erhart Schaden ume dry alde schog grosschen vnde waz dar schade uff gheet, syne were fronen, vnde ist ome gefront, alse recht ist.

---

[51] [wisen] über die Zeile.
[52] Vgl. Nr. 114.
[53] Vgl. Nr. 124.

1456–1457

97. Hans Pheffer ist gekommen vor gehegit ding vnde hat Kilian Kolben umme czwelff nuwe grosschen vnde waz dar schade uff gheet, syne were fronen lassen, alse recht ist, unde ab her der were nicht enhette, so sal man on an sine farnde habe wisen.[54]

98. Margareta, Hans Heinrichs seligen seligen (!) wetewe, ist gekommen vor gehegit ding vnde or wart gefunden vnde geteilt, sie môcht die gutere, die sie zcu oreme sone, Hanse[55] Heinrich, irclait hat, vorsetczin vor or gelt, ab sie kan. Konde sie der nicht vorsetczen, so machte sie dy vorkouffen vor or gelt, unschedelichen der gerechtikeit, dy[56] Vincencius Heinrichs frowe an den gutern hat unde or gegeben sint.[57]

99. Lucia, Herman Kogelmans eliche husfrowe, ist gekommen vor gehegit ding vnde or wart gefunden vnde geteilt, man sulde sie umme eyn alt schog grosschen vnde was dar schade uff gheet, an Hans Kemerers farnde habe wiesen, vnde ist dar an gewieset, alse recht ist.

100. Ffrederich Bruser ist gekommen vor gehegit ding vnde hat von vormundeschaft wegen Hans von Sluchten seligen wetewe Peter Wachauwen umme acht nuwe grosschen vnde waz dar schade uff gheet, sine were frônen lassen, alz recht ist.

101. **[18]** Anne Beyers, closterjuncfrowe zcu Egilen, hat gesandt oren offene versegilten brieff in gehegit ding, dar inne sy myt willen vnde fulbort der eptisschynne vnde des genczen capittels des vorgenanten closters gegeben hat Brosius Bemen alle ôre gerechtikeit, die sy hatte an dem huse vnde hofe hinder deme rathuse kegen Hanse Smede gelegen, mit alleme rechten, alse daz sie daz vom oreme vatere, Heinrich Beyere seligen, anirstorben ist, vnde in dy gabe hat Margareta, ôre muter, kegenwerterlichen gefulbort.[58]

102. Margareta, Brosius Bemen eliche husfrowe, ist gekommen vor gehegit ding vnde hat gegeben mit willen vnde fulbort, dez genantin ôres elichen vormunden alle ore gerechtikeit an deme vorgenanten huse vnde hofe ‖ hinder deme rathuse kegen Hanse Smede gelegen, nemelichen daz kindirteil, daz or von Heinrich Beyere seligen orem elichen werte dar ane gegeben, vnde czweyer kinderteil, die or von czween oren kindern dar ane anirstorben waren, Ditteriche Kûchenswine mit alleme rechten, alz die or dar ane gegeben vnde anirstorben ist.[59]

103. Brosius Beme ist gekommen vor gehegit ding vnde hat gegeben Margaretan, syner elichen husfrowen, synen hoff halb hinder deme rathuse kegen Hanse Smede gelegen, nach syme tode dar methe zcu thune vnde czu laßene.[60]

fol. 10r

---

[54] Vgl. Nr. 165.

[55] *sic.* Hier muss es inhaltlich jedoch [*Vincentius*] heißen. Aßerdem heißt es weiter unten [*Vincentius*], zuerst versehentlich mit [*H*] am Anfang, was allerdings korrigiert ist.

[56] Danach [*h*] gestrichen.

[57] Vgl. Nr. 13, 57, 58, 59; vgl. auch Buch V 715.

[58] Vgl. Hertel, Theil II, V [**2006**], Buch VI 102, 103.

[59] Vgl. Hertel, Theil II, V [**2006**]; Buch VI 101, 103.

[60] Vgl. Hertel, Theil II, V [**2006**]; Buch VI 101, 102.

Die Hallischen Schöffenbücher. VI. Buch.

104. Osanna, Mathias Halczen seligen wetewe, ist gekommen vor gehegit ding vnde hat gegeben Jan Russchenberge alle or gut, daz sie hat addir vmmer gewynnet, daz sie an eygen, an erbe, an farnder habe addir wur ane daz sie, nach ŏrem thode dar mete zcu thune vnde zcu laßene.

105. Hans Gůnter ist gekommen vor gehegit ding vnde hat gegebin Barbaran, siner elichen husfrowen, alle sin gut halb, daz her hat addir ummer gewynnet, daz sy an eygene, an erbe, an farnder habe addyr wur ane daz sie, nach syme thode dar methe zcu thune vnde zcu lassene.

106. Valentin Ludeke ist gekommen vor gehegit ding vnde hat gegebin sinen stiffkindern, mit namen Jacobe, Peter vnde Agathen, an syme huse, daz sie ŏme gegeben haben jglicheme driessig alde schog grosschen, die her on reichen vnde geben sal, wenne sie zcu oren jaren kommen sint. Dar zcu sal her Jacoffe, den aldesten son, in der koste halben uier jar vnde die andern son, Peter, acht jar vnde Agathen, ore swestir, czwelff jar, des sal her sie ouch alle bekleyden vnde beschuwen, alle die wile, her sulche vorberurten summen geldis inne vnde die nicht von sich gegebin hat.[61]

107. [19] Valentin Ludeke ist gekommen vor gehegit ding vnde hat gegebin Margareten, siner elichin husfrowe, sobenczig alde schog grosschen an alle sinen besten gutern, die her hat addir ummer gewynnet, daz sie an eygen, an erbe, an farnder habe addir wur ane daz sy, nach syme tode dar mete zcu thune vnde czu laßen.[62]

108. Peter Studener ist gekommen vor gehegit ding vnde ome wart gefunden vnde geteilt, man sulde on ‖ umme eyn halb alt schog grosschen vnde waz dar schade uff gheet, an Nicolaus Bulen farnde habe wiesen, vnde ist dar an gewieset, alse recht ist.

109. Mathias Kost ist gekommen vor gehegit dingk unde hat gegebin Gerdruden, sinen elichen husfrowen, sechczig alde schog grosschen an alle synen bestin gutern, die her hat addir ummer gewynnet, daz sie an eygen, an erbe, an farnder habe addir wur ane daz sy, nach syme thode dar methe zcu thune vnde zcu lassene.

110. Caspar Gorisch ist gekommen vor gehegit ding unde hat gegeben Lucien, syner elichin husfrowen, czweysechczig (!) alde schog grosschen an alle synen besten gutern, die her hat addir ummer gewynnet, daz sie an eygene, an erbe, an farnder habe addir wur ane daz sy, nach syme tode darmete czu thun unnd czu laßen.

111. Hans Koch ist gekommen vor gehegit ding unde ist von Heinrich Treffan umme drissig alde schog grosschen unde vmme ffunffvndeczwencig alde schog grosschen vnde umme uirdehalb alt schog grosschen vorwerter schult gekommen, mit rechte also daz her ome recht dar uor geworden ist, vnde ist dar vmme uon ome ledig vnde loß geteilt.

112. Claus Zcobericz ist gekomen vor gehegit ding vnde ome wart gefunden vnde geteilt,

fol. 10v

---

[61] Vgl. Nr. 107.
[62] Vgl. Nr. 106.

1456–1457   199

man sulde on umme uirdehalb alt schog grosschin vnde waz dar schade uff gheet, an der Peter Gruwelynne farnde habe wiesen, vnde ist dar an gewieset, alse recht ist.

113. Anthonius Goltsmed, Augustin Treiße vnde Curt Riczsche sint gekommen vor gehegit ding vnde habin Hanse Zciringe umme czehen alde schog grosschen unde waz dar schade uff gheet, in den medeban genommen, alse recht ist.[63]

114. Nickel Wele ist gekommen vor gehegit ding vnde hat Augustin Frederichs umme acht-vndeczwenczig nuwe grosschen vnde waz dar schade uff gheet, in den medeban genommen, alse recht ist.[64]

115. Peter Petczsch ist gekommen vor gehegit ding vnde ome wart gefunden vnde geteilt, man sulde on vmme ‖ czwelff nuwe grosschen vnde waz dar schade uff gheet, an Nicolaus Bulen farnde habe wiesen, vnde ist dar an gewieset, alse recht ist.

fol. 11r

116. Michahel Goye ist gekommen vor gehegit ding vnde hat Valentin Dippolde umme czwelff alde schog grosschen unde waz dar schade uff gheet, sine were fronen lassen, alse recht ist.

117. Peter Beddirman ist gekommen vor geheget ding vnde ome wart gefunden vnde geteilt, man sulde on umme uier alde schog grosschen mynre eyns ortis vnde waz dar schade uff gheet, an der Caspar Stekmesserynne farnde habe wisen, unde ist dar an gewieset, alse recht ist.

118. Jacob Brunn ist gekommen vor gehegit ding vnde hat uffgeboten eyn willich phant, nemelich eynen frowenmantel, dy ome gesaczt ist vor sechs alde schog grosschen, dry ding, vnde ome wart gefunden vnde geteilt, her mochte daz vorsetczin vor sin gelt, ab her konde. Konde her deß nicht vorsetczin, so mochte er daz vorkouffen vnde daz obirley reichin deme, der dar recht zcu hette.

119. Andreas Slanlach ist gekommen vor gehegit ding vnde hat Hanse von deme Berge vmme drittehalb alt schog grosschen unde waz dar schade uff gheet, in den medeban genommen, alse recht ist.

120. Andreas Slanlach ist gekommen vor gehegit ding vnde hat Hanse Bisacke umme acht-czehen nuwe grosschen unde waz dar schade uff gheet, in den medeban genommen, alze recht ist.

121. Borchart Koch ist gekommen vor gehegit ding vnde hat Hinrik Mandelkernen umme nůen alde schogk grosschen vnde waz dar schade uff gheet, sine were fronen lassen, alse recht ist.

122. Lorencz Gotschelicz ist gekommen vor gehegit ding vnde hat uffgebotin eyn willich phant, namelich eynen frouwen mantel vnde eynen frowen rocke, die ome gesatzt sint vor eyne nuwe schog vnde soben nuwe grosschen, dry ding, vnde ome wart gefunden vnde geteilt, her

---

[63] Vgl. Nr. 65.
[64] Vgl. Nr. 92.

200 Die Hallischen Schöffenbücher. VI. Buch.

mochte daz vorsetczen vor sin gelt, ab er konde. Konde er das nicht vorsetczen, so mochte er daz vorkouffen vnde daz obirley reichen deme, der dar recht zcu hette. ‖

fol. 11v   123. Blesins Lubiczsch ist gekommen vor gehegit ding vnde hat Hanse Mericzsche umme uier alde schog grosschen vnde waz dar schade uff gheet, sine were fronen laßen, alze recht ist.

124. Hans Schencke ist gekommen vor gehegit ding unde hat Uincencius Heinrichs umme funff alde schog grosschen mynre eyns ortes vnde waz dar schade uff gheet, in den medeban genommen, alse recht ist.[65]

125. Hans Drakenstede ist gekommen vor gehegit ding vnde hatt uffgeboten eyn phert, daz ome gesaczt ist zcu eynem willigen phande von Asums Furmanne vor soben alde schog grosschen. Desse sache zcu forderne hat her Nicolaus Brandenberge zcu vormunden gekorn, alse recht ist.

126. Nicolaus Brandenberg ist gekommen vor gehegit dingk vnde hat uffgeboten eyn willich phant von vormundeschaft wegen Hans Nopels, nemelich eyn silberyne gortel, daz Hans Smedis sin sal, daz er ome gesaczt hat vor czwenczig rinsche gulden, dry ding, vnde ome wart gefunden vnde geteilt, her mochte daz vorsetczen vor sin gelt, ab er konde. Konde er daz nicht vorsetczin, so machte her daz vorkouffen vnde daz obirley reichen deme, der dar recht zcu hette.[66]

Anno etc. lvij° primus post pasca

127. [20] Herman Buße ist gekommen vor gehetig ding vnde hat gegebing Gurgen Hynnen gancze fullmacht, drissig alde schok grosschen zcu irmanen von eyme genanten Lippold Fincker, dar ane zcu thune vnde zcu lassene in allirmaße, als ab her selbir kegenwartig were, namelichen der zcu Franckenforde gesessen.

128. Caspar More vnde Cordula, syne eliche husfrowe, sint gekommen vor gehegit ding vnde haben sich begiftiget unde begabit vndir eynandir mit allen gutern, die sie habin addir ummer gewynnen, daz sie an eygene, an erbe, an farnder habe addir wur ane daz sy. Welch or ehir abegheet von todes wegen, sol (!) sal daz andere dy gutere behalden, do mete zcu thun vnde zcu laßene. Were abir daz sie kindere mit eynandir gewinnen, so sal dy frowe kinderteil dar ane habin.

129. Gebert Bicheling ist gekommen vor gehegit ding vnde hat Lamprecht Lamme umme fol. 12r   drittehalb alt schog grosschen ‖ vnde waz dar schade uff gheet, in den medeban genommen, alse recht ist.

130. Jacob Baltazar ist gekommen mit Margareten, syner elichen husfrowen, vor gehegit ding vnde habin sich begeftiget vnde begabet vndir eynandir mit allen gutern, die sie habin addir ummer gewynnen, daz sie an eygene, an erbe, an farnder habe addir wur ane daz sy, welch or

---

[65] Vgl. Nr. 93.
[66] Vgl. Nr. 37, 183, 272, 302.

ehir abegheet von todis wegen, so sal daz andere die gutere behalden, do mete zcu thune vnde zcu laßene.

131. Anne, Peter Furen eliche husfrowe, ist gekommen vor hegeding (!) vnde hat gegebin myt fulbort desselbeten genanten ores elichen vormunden vnde mit erbnemen, nemelichen Claus Vochßes ores vaters willen, Peter Spieße alle gutere, alze huß vnde hoff vnde waz sie der von oreme kinde anirstorben ist, an farnder habe addir wur ane daz sy, mit allem rechten, alse sie die anstorben sint.[67]

132. Peter Spies ist gekommen vor gehegit ding vnde hat weder gegebin Peter Furen daz selbete huß vnde hoff in der Clausstraßen gelegen mit andern gutern, die ome gegeben sint, mit alleme rechten, als ome dy gegebin sint.[68]

133. Peter Fure vnde Anne, sine eliche husfrowe, sint gekommen vor geheit ding vnde habin sich begifftiget vnde begabit vndir eynandir mit allen gutern, dy sie haben addir ummer gewynnen, daz sie an eygene, an erbe, an farnder habe addir wur ane daz sie. Welch or ehir abegheet von todis wegen, so sal daz andere die gutere behalden, do mete zcu thune vnde zcu laßene. Weres abir daz sie kindere gewunnen mit eynandir, so sal die frowe hundert alde schog grosschen zcuuoruß unde kinderteil dar ane habin.[69]

134. Nickel Knobelich ist gekommen vor gehegit ding vnde hat gegebin Annen, siner elichen husfrowen, driessig rinsche gulden an alle synen besten gutern, die her hat addir ummer gewynnet, daz sie an eygene, an erbe, an farnder habe addir wur ane daz sie, nach syme tode dar methe zcu thune vnde zcu lassene.

135. Hans Uit ist gekommen vor gehegit ding vnde hat ingesaczt mit fulbort Glorius Strelen synenteil deß huseß, nemelichen die helfte, daz on uon Mußharde || beydirsiet gegebin ist, Hanse Nytener, Hinrik Mandelkernen, Peter Wachauwen vnde Glorius Waghe zcu eyneme willigen phande vor sechßvndefirczig alde schog, vnde wenne her sie sulches geldis benommen hat, so sal daz huß weddir ledig vnde fry sin.[70]

136. Glorius Strele ist gekommen vor gehegit ding vnde hat ingesaczt mit fulbort Hans Vites synenteil deß huses, nemelichen die helfte, daz on von Curdt Mußharde beydersiet gegebin ist, Herman Herwige vnde Peter Petzsche czu eyneme willigen phande vor sechßvndefunffczig alde schog, vnde wenne her sie sulches geldis benommen had, so sal daz huß weddir fry vnde ledig sin.[71]

137. Hans Vit, sachwalde, Hans Nytener, Hinrik Mandelkerne, Peter Wachawe vnde Glorius

fol. 12v

---

[67] Vgl. Nr. 132, 133.
[68] Vgl. Nr. 131, 133.
[69] Vgl. Nr. 131, 132.
[70] Vgl. Nr. 136, 137.
[71] Vgl. Nr. 135, 137.

202 Die Hallischen Schöffenbücher. VI. Buch.

Wach, sine bůrgen, Glorius Strele, sachwalde, Herman Herwich vnde Peter Petzsch, sine burgen, sint alle gekommen vor gehegit ding vnde haben bekant, daz sie sulche summen geldis alz in den nehisten obenbenanten schriften berurt sint, Curde Mûßharde uff sulche tageczyt, als sie sich beydirsiet in deme kouffe vortragen habin, eyn jowelch parth sinen teil beczalen sullen, mit sulchir muncze, alz denne genge vnde gebe sin wirt.[72]

138. Michel Lyndener ist gekommen vor gehegit ding vnde hat gegebin Katherinen, syner elichen husfrowen, alle syne gutere halb, die her hat addir ummer gewynnet, daz sy an eygene, an erbe, an farnder habe addir wur ane daz sie, nach syme tode dar mete zcu thune vnde zcu lassene.

139. Thomas Lyndener ist gekommen vor gehegit ding vnde hat gegebin Annen, siner elichen husfrowen, sechczig alde schog grosschen an alle sinen besten gutern, die er hat addir ummer gewynnet, daz sie an eigene, an erbe, an farnde habe addir wur ane daz sy, nach syme tode dar mete zcu thune vnde czu laßene.

140. Albrecht Voit ist gekommen vor gehegit ding vnde hatt Hanse Bisacke umme czwelff nůwe grosschen vnde was dar schade uff gheet, in den medeban genommen, alse recht ist.

141. Symon Vogeler vnde Margareta, sine eliche husfrowe, sint gekommen vor gehegit ding vnde habin sich begiftiget vnde begabet vndir eynandir mit allen gutern, die sie haben addir ummer gewynnen, daz sie an eygene, an erbe, an farnder habe ‖ addir wur ane daz sie. Welch or ehir abegheet von todiß wegen, so sal daz andere dy gutere behalden, dor methe zcu thune vnde zcu lassene.

fol. 13r

142. Drewes Schenckel ist gekommen vor gehegit ding vnde hat gegeben Annen, siner elichen husfrowen, drissig alde schog großschen (!) an alle synen bestin gutern, die her hat addir vmmer gewynnet, daz sie an eygene, an erbe, an farnder habe addir wur ane daz sie, nach syme thode dar mete zcu thune vnde czu lasene.[73]

143. Kersten Fryher ist gekommen vor gehegit ding vnde hadt gegebin Annen, siner elichen husfrowen, hundirt alde schog grosschen an alle sinen besten gutern, die er hat addir ummer gewynnet, daz sie an eygene, an erbe, an farnder habe adir wur ane daz sie, nach syme tode darmete zcu thune vnde zcu laßene.

144. Claus Wale ist gekommen vor gehegit ding vnde hat Hanse Welkere vor nunvndedrißig alde schog groschen vnde waz dar schade uff gheet, syne were frônen laßen, alze recht ist.[74]

145. Hinrik Beyer ist gekommen vor gehegit ding vnde hat hat (!) Hanse Hasen umme eyn halb schog scheffel hafer vnde waß dar schade uff gheet, sine were fronen laßin, alse recht ist.

146. Mewes Fincke ist gekommen vor gehegit ding vnde ome wart gefunden vnde geteilt, man

---

[72] Vgl. Nr. 135, 136.
[73] Vgl. Hertel, Theil II, V [1620]; Buch V 145, 146.
[74] Vgl. Nr. 253.

1457–1458   203

sulde on umme virdehalb alt schog grosschen vnde waz dar schade uff gheet, an der Gudenber-
gynne farnde habe wisen, vnde ist dar an gewiset, alse recht ist.

147. Dy Borchart Sachsynne ist gekommen vor gehegit ding vnde hat Hanse Sperlinge umme
sobenczehen alde schog grosschen unde waz dar schade uff gheet, sine were frônen laßen, alz
recht ist.[75]

148. Lamprecht Sedeler ist gekommen vor gehegit ding unde ome wart gefunden vnde geteilt,
man sulde on umme dry alde schog grosschen vnde waz dar schade ufft (!) gheet, an Jurgen
Myleyen farnde habe wisen, vnde ist dar an gewiset, alz recht ist, unde ouch ume sechs alde
grosschen.

149. Volkmar Pock ist gekommen vor gehegit ding vnde om wart gefunden vnde geteilt, man
sulde on umme acht amen birs unde nůn scheffel sommer gersten an Vincencius Henrichs farnde
habe wisen, vnde ist dar an gewiset, alse recht ist.[76]

150. Gůrge Růße ist gekommen vor gehegit ding vnde ome wart gefunden vnde geteilt, man
sulde on umme eylff ‖ alde schog grosschen vnde waz dar schaden uff gheet, an Pawel Hedirslebin   fol. 13v
vnde siner frowen farnde habe wisen, unde ist dar an gewieset, alse recht ist.[77]

151. Heyne Spilwisch ist gekommen vor gehegit ding vnde gegebin Katherinen, siner elichen
husfrowen, drissig alde schog grosschen an alle sinen besten gutern, dy er hat addir ummer
gewynnet, daz sie an eigene, an erbe, an farnder habe addir wur ane daz sie, nach syme tode dar
mete zcu thune unde zcu lassene.

152. Tile Koch vnde Erhart Koch gebruder sint gekommen vor gehegit ding vnde habin Ni-
kolaus Brandenberge zcu vormunden gekorn, sulche schult vnde kleyde, alß sy zcu Otten Rômer
gesaczt habin, zcu forderne, biß uff das Recht zcu gebene vnde zcu nemene.

153. Jacob Brun ist gekommen vor gehegit ding vnde hat gegeben Gerdruden, syner elichin
husfrowen, hundert alde schog grosschen an alle sinen bestin gutern, die er hat addir ummer
gewynnet, daz sie an eygene, an erbe, an farnder habe addir wur ane daz sie, nach syme thode
dar methe zcu thune vnde zcu lassene.

154. Claus Scheffer vnde Vrsula, sine eliche husfrowe, sint gekommen vor gehegit ding vnde
habin sich begiftiget vnde begabit vndir eynander mit allen gutern, die sie habin addir ummer
gewynnen, daz sie an eygene, an erbe, an farnder habe addir wur ame daz sy. Welch or ehir
abegheet von todis wegen, so sal daz andere die gutere behalden, do methe zcu thune vnde zcu
laßene. Weres abir daz sie kindere ließen, so sal dy frowe kinderteil dar an haben.

155. Symon Encke ist gekomen vor gehegit ding vnde om wart gefunden vnde geteilt, man

---

[75] Vgl. Nr. 213, 248.
[76] Vgl. Nr. 280, 441, 538.
[77] Vgl. Nr. 185.

204 Die Hallischen Schöffenbücher. VI. Buch.

sulde on umme czwenczig scheffel[78] korns vnde czwene scheffel weißes vnde acht scheffel haffern vnde waz dar schade uff ghet, an der Valentin Ludekynne farnde habe wiesen, vnde ist dar an gewieset, alse recht ist.

156. Hans Scharffenberg vnde Katherina, sine eliche husfrowe, sint gekommen vor gehegit ding vnde habin sich begiftiget vnde begabit vndir eynander mit allen gútern, die sie habin addir ummer gewynnen, daz sie an eygene, an erbe, an farnder habe addir wur ane daz sy. Welch ‖ or ehir abegheet von todis wegen, so sal daz andere dy gutere behalden, do mete zcu thune vnde zcu lassene. Weres abir daz sie kindere ließen, so sal dy frowe kinderteil dar ane habin.

157. **[21]** Vor gehegit ding sint gekommen Hans Kersten, der hat gegebin mit willen Kerstinen, siner tochtir, vnde Kûne Heninges, der hat gegebin mit willen Annen vnde Brigiden, syner swestern, vnde Agatha, Thomas Eckardis eliche husfrow, die hat gegebin mit willen Hanses, Lodewiges, Mathewess, Ilsen vnde Lenen, orer kindere, mit fulbort des genanten Thomas Erkardes, ores elichen vormunden vnde der genanten kindere vateres, vnde Anna, Heynrich Nuwemans eliche husfrowe, die hat gegebin mit willen Levius, Kilians, Clauß, Hinrichs vnde Annen, oren kindere, mit fulbort des genanten Heynrich Nuwemans, ores elichen foramunden vnde der genanten kindere vaters, vnde Brigida, Hans Haken eliche husfrowe, die hat gegeben mit willen Matheweses, Annen vnde Margareten, orer kindere, mit fulbort des genantin Hans Haken, ores elichin vormunden der genantin kindere vaters, vnde Anne, Jacob Kôninges eliche husfrowe, hat gegebin mit willen Hanses, Jans vnde Lenen, orer kindere, mit fulbort des genanten Jacob Kôninges, ores elichen vormunden vnde der genantin kindere vaters, vnde Dorothea, Lodewich Haken nachgelassen wetewe, hat gegebin mit willen Agaten vnde Annen, orer swester, diße vorberurten, myt willen vnde fulbort der obenegemeltin, habin gegebin Clauße Rudolffe alle ôre gerechtikeiten, dy sie gehabt habin an deme huse gelegin in der Steynstraßen, daz Heydeken Rabils seligen gewest ist, vnde an dy genantin personen irstorbin ist, vnde alle andere gerechtikeit, die sy von allen andern gutern, dy der genante Heydeke Rabil nach syme tode gelassen hat, anirstorben ist, mit alleme rechten, als die sie anirstorbin sint.[79]

158. **[22]** Agatha, Claus Rudolffs eliche husfrowe, ist gekommen vor gehegit ding vnde hat gegeben mit willen Sandcrs, Ursulen vnde Agathen, orer kindere, mit fulbort des gegenantin (!) Claus Rudolffs, ôres elichen formunden vnde der genantin kindere vaters, Heynriche Pragenitcze ore ge‖rechtikeit an oreme huse gelegin in der Steynstraßen, daz Heydeken Rabils seligen gewest ist vnde von om an sie irstorbin ist, mit allir anderer gerechtikeit, die sie von den andern synen nachgelassen gutern anirstorbin ist, mit alleme rechten, als sie or angestorben sint.[80]

159. Heynrich Pragenitcz ist gekommen vor gehegit ding vnde hat gegebin Clauße Rudolffe

---

[78] Danach [*weiße*] gestrichen.
[79] Vgl. Nr. 158, 159, 160.
[80] Vgl. Nr. 157, 159, 160.

1457–1458 205

sulche gerechtikeyde, die ome Agatha, des selbeten Claus Rudolffs eliche husfrowe, an eynem huse gelegen in der Steynstraßen vnde andern gutern, die sy von Heydeken Rabele anirstorbin sint, gegebin hat, mit alleme rechten, als sie die ome gegebin hat.[81]

160. Claus Rudolffs ist gekommen vor gehegit ding vnde hat gegebin Agathen, siner elichen husfrowen, daz solbete huß, daz ome Heinrich Pragenicz hir vor gegebin hat, mit alleme rechten, als her ome daz gegebin hat, nach syme thode darmethe zcu thune vnde zcu laßene, vnde hat or auch gegebin alle andere gerechtekeit an deme selbeten huse, die ome alle andere obeneberurten personen dar ane gegebin habin, mit alleme rechten, alse die ore was, nach syme tode darmete zcu thune vnde zcu laßene.[82]

161. Hans Wert ist gekommen vor gehegit ding vnde hat Hanse Meynharde in der Melkel-straßen umme acht alde schog vnde czwelff nuwe grosschen vnde waz dar schade uff gheet, sine were fronen laßen, alze recht ist.

162. Lucas Wedemar ist gekommen vor gehegit ding vnde om wart gefunden vnde geteil, man sulde on umme sechs scheffel hopphen vnde czwey alde schog grosschen vnde waz dar schade uff gheet, an Vincencius Heynriches farnde habe wisen, vnde ist dar an gewiset, alze recht ist.[83]

163. Steffen Smed ist gekommen vor gehegit ding vnde hat Nickel Schröter umme dry alde schog grosschen vnde waz dar schade uff gheet, in den medeban genommen, alz recht ist.

164. Steffan Smed ist gekommen vor gehegit ding vnde hat Mathias Kritcze umme soben alde schog mynre seben nuwe grosschen vnde was dar schade uff gheet, in den medeban genommen, alse recht ist.[84]

165. Hans Pheffer ist gekommen vor gehegit dingk vnde ‖ hat Kilian Kolben vmme czwelff nuwe grosschen vnde was dar schade uff gheet, in den medeban genommen alz recht ist.[85]

166. Mertin Burmeister ist gekommen vor gehegit ding vnde hat Sander Plenunge umme uirdehalff alt schog grosschen vnde waz dar schade uff gheet, sine were were (!) frönen laßen, alse recht ist.

167. Ilse, Hans Müllers eliche husfrowe, ist gekommen vor gehegit ding vnde hat Mathias Titteriche vnde sine frowen umme funfvndeczwencig nuwe grosschen vnde waz dar schade uff gheet, in den medeban genommen, alse recht ist.[86]

168. Thomas Stoyen ist gekommen vor gehegit ding vnde ome wart gefunden vnde geteilt, so als ome Jûrge Storre recht zcu thune gelobit hette vor virczehen amen birs vnde des rechten nicht enthat, so hette her schult uff ôn irstehen.

---

[81] Vgl. Nr. 157, 158, 160
[82] Vgl. Nr. 157, 158, 159.
[83] Vgl. Nr. 355.
[84] Vgl. Nr. 51.
[85] Vgl. Nr. 97.
[86] Vgl. Nr. 82.

206   Die Hallischen Schöffenbücher. VI. Buch.

169. Margareta, Claus Kaldis eliche husfrowe, ist gekommen vor gehegit ding vnde or wart gefunden vnde geteilt, so als or Jacoff Wesener recht zcu thune gelobit hatte uor andirhalb schog grosschen vnde des nicht enthatt, alz ȏme bescheiden waz, so hette sy sulch gelt uff ȏn irstehen.

170. Hans Giseler ist gekommen vor gehegit ding vnde hat gegebin Katherinen, siner elichen husfrowen sechizig rinische gulden an alle sinen besten gutern, die er hat addir ummer gewynnet, daz sie an eygene, an erbe, an farnder habe addir wur daz sie, nach syme thode dar methe zcu thune vnde zcu laßene.

171. Hans Giseler ist gekommen vor gehegit ding vnde om wart gefunden vnde geteilt, so alz er mit Curde Bodendale vor gehegit ding gewiset were, umme funf alde schog grosschen ȏme recht daruor zcu thune. Qweme er nicht die wile daz ding werte vnde sin recht dar vor tete, so hette her solch gelt uff ȏn irsten.[87]

172. Margareta Lonewicz ist gekommen vor gehegit ding unde ist uon Peter Wachauwen umme sulch schidgelt, dar her sine clage umme zcu or gesaczt hette, nemelich dry marg, die er deme rate uor sy sulde gegeben haben, ledig vnde loß geteilt. ‖

fol. 15v   173. Moricz Widdirstorff ist gekommen vor gehegit ding unde ome wart gefunden vnde geteilt, man sulde ȏn umme nȗen alde schog grosschen vnde waz dar schade uff gheet, an Ffriczschen Thȗnawen farnde habe wiesen, vnde ist dar an gewieset, alse recht ist, unde eyn ort.

174. Jan Hase ist gekommen vor gehegit ding vnde ist uon Peter Pragenicze von eyns ferckens wegen, dar her on umme geschuldiget hatte, daz er ome daz irfaren sulde haben, dar er sin recht vorczuthune geboten hatt, ledig vnde loß geteilt, sintdemmal daz Peter vorgenant daz recht uon ome nicht gefordert hat.

175. Ffrederich Schȗtcze ist gekommen vor gehegit ding vnde hat Hanse Hedirsleben, Pawels sone, umme dry alde schog unde czwenczig alde groschen vude waz dar schade uff gheet, in den medeban genommen, alze recht ist.

176. Nickel Koyner ist gekommen vor gehegit ding unde hat Hanse Bocke umme dry alde schogk unde dry nuwe grosschen vnde waz dar schade uff gheet, syne were fronen lassen, alse recht ist.[88]

177. Benedictus Ferckel ist gekommen vor gehegit ding unde ome wart gefunden vnde geteilt, man sulde on umme eynvndeczwenczig nuwe grosschen vnde waz dar schade uff gheet, an der Ulrich Osterauwynne farnde habe wisen, vnde ist dar an gewieset, alse recht ist.

178. Nicasius Wedemar ist gekommen vor gehegit ding vnde hat Heynrich Meysen umme funftehalb alt schog grosschen vnde waz dar schade uff gheet, sine were fronen alze recht ist.[89]

179. Lorencz Prellewicz ist gekommen vor gehegit ding unde ome wart gefunden vnde geteilt,

---
[87] Vgl. Nr. 208.
[88] Vgl. Nr. 305.
[89] Vgl. Nr. 227.

man sulde on umme dry vnde funfczig alde grosschen vnde waz dar schade uff gheet, an Hans Lams farnde habe wisen, vnde ist dar an gewiset, alse recht ist.

180. Gerdrut, Drewes Glocken seligen wetewe, ist gekommen vor gehegit ding vnde ôr wart gefunden vnde geteilt, man sulde sie czehen alde grosschen vnde waz dar schade uff gheet, an Peter Winckels farnde habe wisen, unde ist dar an gewiset, alse recht ist.

181. Albrecht Uoyt ist gekommen vor gehegit ding vnde hat Hanse Sebere umme czwelff alde schog grosschen vnde ‖ waz dar schade uff gheet, sine were fronen laßen, alz recht ist.

182. **[23]** Katherina, Sander Louchsteten eliche fusfrowe, ist gekommen vor gehegit ding vnde hat gegebin mit willen vnde fulbort desselbeten Sander Louchsteten, ores elichen vormunden, Caspar Gellewitcze, ôreme brudere, ôre gerechtikeit, die sie hat an deme krame gelegen in der Smerstraßen kegen deme rathuse zcwusschin Mertin Tusschers vnde Bartolomewes Welen kremen mit alleme rechten, als sie dar an hatte, dar methe zcu thune vnde zcu laßene.[90]

183. Hans Nopel ist gekommen vor gehegit ding unde hat Hanße Smede umme zcweyhundert vnde nunczehen alde schog grosschen syne were fronen laßen, alse recht ist, uff sulche gabe, alz er ome zcuuor ⟨an⟩[91] alle synen gutern, die er zcuuor gegeben hat, gethan hat.[92]

184. **[24]** Hencze Roicz vnde Pawel, sin bruder, sint gekommen vor gehegit ding vnde haben gegebin mit erblauben willen, nemelichen Katherinen der Drakenstedynne, die denne Sandere, ôrem son, dar yn von orer wegen zcu fulborten vor gerichte gesandt hadt, Hanse Sebere eyne schûne vnde den hoff an Nickel von Aldenberges huse gelegen uff deme Slamme darczu ore eygenschaft, alze eyme margk geldis lehen unde zcinße mit alleme rechten, alse daz von oreme vatere seligen an sie gekommen ist, mit namen an dem selben itczundt genanten huse.[93]

185. Gurge Rûße ist gekommen vor gehegit ding vnde hat Pawel Hedirsleben vnde syne frowen umme eylff alde schog grosschen vnde waz dar schade uff gheet, in den medeban ghenommen, alse recht ist.[94]

186. **[25]** Hans Prûße vnde Heynricus Geylingk sint gekommen vor gehegit ding vnde habin gegebin mit willen vnde fulbort Sixtus Schutczen vnde Ffrederichs, syns bruder, in formundeschaft Bastians, Hans Schutczen nachgelaßenen kindes, ffrowen Pristen, Johannes Rômers elichen hußfrowen, eyn huß gelegen in der Großen Vlrichsstraßen, daz Hans Schûtczen seligen gewest ist, vnde alle gerechtikeit, die daz selbete kint von hußgerete vnde ingethome von syneme vatere anirstorben ist, mit alleme rechten, alse daz sin waß.[95] ‖

187. Prista, Hans Rômers eliche husfrowe, ist gekommen vor gehegit ding vnde hat gegeben

---

[90] Vgl. Buch V 75 [**2207**].
[91] Über der Zeile.
[92] Vgl. Nr. 37, 126, 272.
[93] Vgl. Buch V 505 [**2299**], 558 [**2309**], 834 [**2357**].
[94] Vgl. Nr. 150.
[95] Vgl. Nr. 187, 188, 189, 190. vgl. auch Nr. 419.

208 Die Hallischen Schöffenbücher. VI. Buch.

mit fulbort deß selbetin genantin ôres elichen formunden Clemen Wißbache das selbete huß, daz or von Hans Prûßen vnde Heinricus Geylinge, vor formundeschaft wegen Bastians, Hans Schutczen seligen kindes, gegebin ist, mit alleme rechtin, alse ôr daz gegebin ist.[96]

188. Clemen Wißbach ist gekommen vor gehegit dingk vnde hat gegebin Johanse Rômer dasselbere jtczunt genante huß, daz ome frowe Prista vorgenant gegebin hat, mit alleme rechten, alse ome daz gegebin ist.[97]

189. Johannes Rômer ist gekommen vor gehegit ding vnde hat gegebin Pristan, siner elichen husfrouwen, daz vilgenante huß nach syme thode dor methe zcu thune vnde zcu lassene.[98]

190. Johans Rômer vnde Prista, sine eliche husfrowe, sint gekommen vor gehegit ding vnde habin gegeben Bastiane Schutczen, synem stiffkinde, czwenczigk alde schog grosschen an dem selbin husen vnde eynhalb alt schog grosschim an deme kleynen huse dar bie gelegen lehin vnde zcinses, vnde sie sollen daz selbete kint, soben jar in der kost halden, beschuwen vnde cleyden nach lute vnde inhalde der ußgesneten zcedelen, die sie uff beyden teilen dar obir habin, unde sie sullen auch die selbeten czwenczig schog vorschoßen als die selbeten zcedelen, daz eigintlichen vswisen.[99]

191. Jacob Phortener ist gekomen vor gehegit ding vnde hat gegebin Gerdruden, siner elichin husfrowen, sechzig alde schogk grosschin an alle synen besten gutern, die her hat addir ummer gewynnet, daz sie an eygene, an erbe, an farnde habe addir wur an daz sie, nach syme thode dar mete zcu thune vnde zcu laßene.

192. Vincencius Hase ist gekommen vor gehegit dingk vund hat Drewes Czwenczige vmme czwenczig alde schog großschin vnde waz dar schade uff gheet, syne were fronen lassen, alse recht ist.[100]

193. Sixtus Schûtcze ist gekommen vor gehegit ding vnde om wart gefunden vnde geteilt, man sulde an umme czwelff nuwe grosschen vnde waz dar schade uff gheet, an der ‖ Mathias Klukynne farnde habe wiesin, vnde ist dar an gewieset, alse recht ist.

194. Ditterich Schulcze ist gekommen vor gehegit ding vnde ôme wart gefunden vnde geteilt, man sulde on umme dritczen alde grosschin vnde waz dar schade uff gheet, an der Moritczynne, der Rennepagynne tochter, farnde habe wiesen, vnde ist dar an gewiset, alze recht ist.[101]

195. Nicolaus Bule ist gekommen vor gehegit ding vnde om wart gefunden vnde geteilt, sintdemmal daz Hanß vom Ende vor gerichte gewiset were, ôme recht czu thune, vnde des nicht

---

[96] Vgl. Nr. 186, 188, 189, 190.
[97] Vgl. Nr. 186, 187, 189, 190.
[98] Vgl. Nr. 186, 187, 188, 190.
[99] Vgl. Nr. 186, 187, 188, 189.
[100] Vgl. Nr. 54.
[101] Vgl. Nr. 368.

gethan hat, als ome bescheiden waz, so hette Nicolaus sine gerechtigkeit zcu ôme irstehin, ne-
melichin nûn nuwe grosschen unde waz da schade uf ginge.

196. Hans Schonbesseil ist gekommen vor gehegit ding vnde unde (!) ôme wart gefunden vnde
geteilt, man sulde on umme eyn alt schog grosschen vnde waz dar schade uff gheet, an Claus
Kleynsmedis anders genant Messersmed farnde habe wisen, vnde ist dar an gewiset, alz recht ist.

197. Lucie, Hans Dresschers eliche husfrowe, ist gekommen vor gehegit ding vnde hat uffge-
boten eyn willich phant, nemelichen eyn panczer, daz or Lamprecht Lam gesaczt hat, dry ding.
Do wart gefunden vnde geteilt, sie mochte daz uor or gelt alse vor gerichts kost vorsetczin, ab sie
konde. Konde sie des nicht vorsetczen, so môchte sie daz vorkoyffen, vnde daz obirleye reichen
deme, der dar recht zcu hette.

198. Drewes Bôsingk vnde Margareta, sine eliche fusfrowe, sint gekommen vor gehegit ding
vnde habin sich begiftiget vnde begabit vndir eynandir mit allen gutern, die sie habin addir
ummer gewynnen, daz sie an eygene, an erbe, an farnder habe addir wur ane daz sy. Welch ôr
ehir abegheet von thodis wegen, so sal daz andere die gutere behalden, do mete zcu thune vnde
czu laßene.

199. Hencze Schôuwentôbel unde Ilse, sine eliche husfrowe, sint gekommen vor gehegit ding
vnde habin sich begifftiget vnde begabit vndir eynandir mit allen gutern, die sy haben addir
ummer gewynnen, daz sie an eygene, an erbe, an farnder habe addir wur ane daz sie. Welchs ôr
ehir abegheet von todis wegen, so sal daz an die gutere behalden, ‖ do methe zcu thune vnde zcu   fol. 17v
lassene.

200. Dyonisius Trutman ist gekommen vor gehegit dingk vnde hat uffgeboten die frônunge
an der Mathias Heydenrichynne huß dry ding. Do wart gefunden vnde geteilt, her môchte daz
vorsetczin vor sin gelt, ab her kônde. Kônde er des nicht vorsetczin, so mochte her daz vorkôuffen
vnde daz obirleie rechen deme, der dar recht zcu hette.[102]

201. Hans Herßlebe ist gekommen vor gehegit ding vnde ome wart gefunden vnde geteilt,
man sulde Claus Stapele umme czwelff alde schog grosschen vnde waz dar schade ufft (!) gheet,
sine were frônen, vnde man sal one umme deß selbin gheldis willen an Valentin Kerstens farnde
habe wiesin, vnde ist daz an gewiset, alse recht ist.[103]

202. Gûrge Scherff ist gekommen vor gehegit ding vnde hat Peter Wachawen umme dryvnde-
czwenczig alde schogk grosschen vnde waz dar schade uff gheet, sine were frônen lassen, alse
recht ist.[104]

203. [26] Pawel Hedirsleibe hat gesandt sinen offene vorsegilten brieff in gehegit ding, dar
inne her gegebin hat mit willen vnde fulbort siner sone, mit namen Heinrichs, Bertrams, Hanses,

---

[102] Vgl. Nr. 321.
[103] Vgl. Nr. 232.
[104] Vgl. Nr. 287, 288, 295, 527; vgl. auch Buch V 1009.

210   Die Hallischen Schöffenbücher. VI. Buch.

Gurgen vnde Ciriarus, Hanße Rodemanne syne eigenschaft, die er hadt an syme huse vnde hofe in der Galkstraßen an der Taubengaßße kegen Hanse Behemen hofe gelegen, nemelichin sechß-vndefunfczig alde grosschen lehens vnde jerlichs zcinßes, mit alleme rechten, als an dy von syneme vatere vnde brudern seligen anirstorbin ist.

204. Andreas Slanlach ist gekommen vor gehegit dingk vnde hat Peter Wachaůwen vmme funff alde schog mynre eyns alde grosschen vnde waz dar schade uff gheet, syne were fronen laßen, alse recht ist.[105]

205. Steffan Vrbach ist gekommen vor gehegit ding vnde hat gegebin Kerstinen, siner elichen husfrouwen, hundert alde schog grosschen an alle synen besten gutern, die her hat addir ummer gewynnet, daz sie an eygene, an erbe, an varnder habe addir wur ane das sie, nach syme thode dar methe zcu thune vnde zcu laßene.

fol. 18r   206. Heinrich Sweyme ist gekommen vor gehegit ding vnde ‖ ỏme wart gefunden vnde geteilt, man sulde on vnde czwey alde schog vnde sechs alde grosschin vnde waß dar schade uff gheet, an Hans Smedes farnde habe wisen, vnde ist dar an gewieset, alse recht ist.

207. [27] Hans Nagel ist gekommen vor gehegit ding vnde hat Michahel Goygen umme dry mandel gehufeter scheffel haffern vnde was dar schade uff gheet, syme were frỏnen laßen, alse recht ist.

208. Hans Giseler ist gekommen vor gehegit ding vnde ỏme wart gefunden vnde geteilt, man sulde on umme acht alde schog grosschen vnde waz dar schade uff gheet, an Curt Bodendals farnde habe wiesen, vnde ist das an gewieset, alse recht ist.[106]

209. Mathias Ebirhard ist gekommen vor gehegit dingk vnde ome wart gefunden vnde geteilt, man sulde on umme czehen alde schogk grosschen vnde waz dar schade uff gheet, an Mathias Mỏderaken farnde habe wiesen, vnde ist dar an gewieset, alse recht ist.[107]

210. Mathias Ebirhard ist gekommen vor gehegit dingk vnde ỏme wart gefunden vnde geteilt, man sulde on vmme eyn nůwe schogk grosschen schade geldis vnde waz dar fordir schade uff gheet, an Mathias Mỏderaken farnde habe wiesen, vnde ist dar an gewieset, alze recht ist.[108]

211. Hans Nyczschman ist gekommen vor gehegit ding vnde ome wart gefunden vnde getheilt, man sulde ỏn umme eyn alte schogk grosschen unde was dar schade uff gheet, an Hans Kỏyners farnde habe wiesen.[109]

212. Jacob Doncz ist gekommen vor gehegit ding [...][110]

[28] Jacob Donczsch hat gesandt sinen offen vorsegelten brieff in gehegit ding, dar inne er

---

[105] Vgl. Nr. 291, 311.

[106] Vgl. Nr. 171.

[107] Vgl. Nr. 210, 258; vgl. auch Buch V 1059.

[108] Vgl. Nr. 209, 258; vgl. auch Buch V 1059.

[109] Vgl. Nr. 220.

[110] Satz abgebrochen.

1457–1458

gegebin hat mit willen vnde fulbort Moricz Donczsches, sines bruders, Bartolomeus Zczoche syne eygenschaft, die er hat an Mathias Brůers vnde an Claus Scheffers husern vnde hofen in der Průfenstraßen kegen Jacoff Wynmeisters hofe gelegen, nemlichen eyn alt schok unde sechsvndedrießig alde grosschen lehens vnde jerlichs zcinßes, mit allem rechten, alze om die von der Voßholynne, siner momen seligen, gegebin ist.[111]

213. Margareta, Borchart Sachßen seligen wetewe, ist gekomen vor gehegit ding vnde hat uffgebotin die frŏnunge an || an (!) Hans Sperlinges huse dry ding. Do wart gefunden vnde geteilt, sie mochte daz vorsetczin vor or gelt, ab sie konde. Konde sie des nicht vorsetczin, so mochte sie daz vorkouffen vnde daz obirleye reichen deme, der dor recht zcu hette.[112]

214. Peter Spieß ist gekomen vor gehegit ding vnde hat uffgeboten eynen roten mantel vnde frenckisch gelt, daz ŏme gesaczt ist zcu eyneme willigen phande vor ⟨nun⟩czehen alde schog dry ding. Do wart gefunden vnde geteilt, her mochte daz vorsetczin vor sin gelt, ab er konde. Konde er des nicht vorsetczin, so mochte er daz vorkouffen vnde daz obirleie reichen deme, der dar recht zcu hette.

215. Caspar Trißkowe ist gekomen vor gehegit dingk vnde hat geclait zcu Pawel Peßene umme ffunff alde schog grosschen vnde waz dar schade uff gheet vnde nemelichen zcu gelde, daz er besatzt hat under Claus Palbornen, dry ding. Czum uierden dinge wart gefunden vnde gefunden (!) vnde geteilt, man sulde on an daz gelt wisen endis dinges.

216. Hans Giseke ist gekomen vor gehegit ding vnde ome wart gefunden vnde geteilt, man sulde on umme uier alde schok grosschen vnde waz dar schade uff geet, an Peter Wachawen vnde siner frewen farnde habe wiesen, vnde ist dar an gewieset, alze recht ist.[113]

217. Claus Weßmar ist gekomen vor gehegit ding vnde hat Hans Koyner umme acht alde schog ane eynen ort vnde waz dar schade uff gheet, in den medeban genommen, alze recht ist.

218. Margareta, Steffen Richardis eliche husfrowe, ist gekomen vor gehegit ding vnde hat ingesaczt Deynhart Drakensteden vnde Hanse Koche ffunffczehen alde schok grosschen, die sie hat an deme huse, dar sie inne waret, vnde uier alde schog an orer farnden habe vnde orer gerade, mit alleme rechten, alze die ore sint.[114]

219. Lodewig Sůlcze ist gekomen vor gehegit ding vnde ŏme wart gefunden vnde geteilt, man salde on umme czwelff alde schog grosschen vnde waz dar schade uff gheet, an Hans Ditoldis farnde habe wiesen, unde ist daran gewist, alz recht ist.[115] ||

220. Hans Nyczschman ist gekomen vor gehegit ding vnde hat Hans Kŏynere umme eyn alte

---

[111] Vgl. Buch V 408 [**2291**].
[112] Vgl. Nr. 147, 248.
[113] Vgl. Nr. 228.
[114] Vgl. Nr. 491.
[115] Vgl. Nr. 235.

212   Die Hallischen Schöffenbücher. VI. Buch.

schog grosschen unde waz dar schade uff gheet, in den medeban genommen, alze recht ist.[116]

221. Lucia, Andrewes Wißbachs seligen wetewe, hat gesandt ŏren offenen vorsegilten brieff in gehegit ding, dar inne sie oren vormunden gekoren vnde fulmechtig gemacht hat Nicolaus Brandenberge, sulche schult, die Clemen Wißbach uor gerichte zcu ŏr gesaczt hat, zcu uorantwortene, biß uff daz recht zcu gebene vnde zcu nemene.[117]

222. Andreas Slanlach ist gekommen vor gehegit ding vnde ŏm wart gefunden vnde geteilt, man sulde on umme sechsvndeczwenczig nuwe grosschen vnde waz dar schade uff gheet an Hans Sperlingis farnde habe wiesen.[118]

223. Hans Kriczschin ist gekommen vor gehegit ding vnde hat Gurgen Myley umme czwey schog ane eynen ort vnde waz dar schade uff gheet in den medeban genommen, alz recht ist.

224. Wenczelaw Koch ist gekommen vor gehegit ding vnde hat gegebin Agnesen, siner elichen husfrowen, czweysechczig schog grosschen an alle sinen besten gutern, die er hat addir ummer gewynnet, daz sie an eygene, an erbe, an farnder habe addir wur ane daz sie, nach syme thode dar methe zcu thune vnde zcu laßene.

225. Peter Beddirman ist gekommen vor gehegit ding vnde hat Gūrgen Myley umme sechs alde schog grosschen vnde waz dar schade uff gheet, in den medeban genommen, alse recht ist.

226. Hans Herßlebe ist gekommen vor gehegit ding vnde ist mit sinen tedingisluten fulkommen, daz sulche sache, dar umme Hans Smed sine cleyde zcu Guntere, synne sone, uor gerichte gesaczt hatte, gruntlichen gesŏnet vnde wol gerichtet ist, vnde ome wart gefunden vnde geteilt, daz er sulcher schult von ŏme gancz emprochen were.

227. Nicasius Wedemar ist gekommen vor gehegit ding vnde ome wart gefunden vnde geteilt, man sulde on umme funftehalb alt schog grosschen vnde waz dar schade uff gheet, an Heinrich Meysen farnde habe wisen.[119]

228. Hans Giseke ist gekommen vor gehegit ding vnde hat Peter Wachawen umme vier alde schog grosschen vnde waz dar schade uff gheet, in den medeban genommen, alse recht ist.[120] ‖

fol. 19v   229. Allexius Herffart ist gekommen vor gehegit ding vnde hat gegeben Ilsen, syner swester, vnde Asmus Schindele, oreme sone, syneme oheme, sin huß vnde hoff in der Smerstraßen gelegen halb, dar methe zcu thune vnde zcu laßene, vßgeslossen die schûne, die hindene an deme selbeten vorbenumeten hofe gelegen ist.[121]

230. Hans Greffenhayn ist gekommen vor gehegit ding vnde ome wart gefunden vnde geteilt,

---

[116] Vgl. Nr. 211.
[117] Vgl. Nr. 334.
[118] Vgl. Nr. 239.
[119] Vgl. Nr. 178.
[120] Vgl. Nr. 216.
[121] Vgl. Nr. 359, 360.

1457–1458

man sulde on umme eyn alt schog grosschen vnde waz dar schade uff gheet, an der Gůrgen Eldistynne farnde habe wiesen.[122]

231. Segemunt Schriber ist gekommen vor gehegit ding vnde hat gegebin Kůnen Leßkowen achtvndeczwenczig alde grosschen lehens vnde jerlichs zcinßes an vier hofen uff deme Mertins-berge gelegen, nemelichen czehen alde grosschen an Clemen Furmans hofe, an Ôltopphs hofe uier alde grosschen, an Rode Jůrgen hofe czehen alde grosschen vnde vier alde grosschen an Herman Hardunges hofe, mit alleme rechten, alse dy sin gewest sint.

232. Hans Herßleue ist gekommen vor gehegit dingk vnde ome wart gefunden vnde geteilt, her mag Valentin Kerstens mantel, der om von gerichtis wegen geantwort ist, vorsetczin vor sin gelt, ab er kan. Kan er dez nicht vorsetczin, so mag er den vorkouffen vnde daz obirleie reichen deme, der dar recht zcu hat, sintdemmal daz er dem irstehen vnde irclait hat vnde dar an gewiset ist, alz recht ist.[123]

233. Herman Buße ist gekommen vor gehegit ding vnd hat geclait zcu Herman Kôler vnde zcu czween pherden, die er besaczt hat, die sin sint, umme soben alde schog grosschen vnde waz dar schade uff gheet, dry ding. Czum virden dinge wart gefunden vnde geteilt, her hette sine gerechtikeit zcu ôme irstehen, man sulde ôn an die habe wiesen, vnde ist dar an geweset, alze recht ist.

Item ist ôme gefunden vnde geteilt, her mag die silbete habe vorsetczin vor sin gelt, ab er kan. Kan er der nicht vorsetczin, so mag er die vorkouffen vnde daz obirleye reichen deme, der dar recht zcu hette.

234. Matheus Lobenicz ist gekommen vor gehegit ding vnde hat geclait czu Ilsen Zcotemantels vnde zcu eynem brůnen rocke, den er besaczt hat vndir der Glockynne umme eyn ‖ alt schog unde sechs nůwe grosschen vnde waz dar schade uff gheet, dry ding. Czum virden dinge wart gefunden vnde geteilt, her hette sine gerechtikeit zcu or irstehen, man sulde on an den rock wiesen, vnde ist dar ⟨an gewiset etc.⟩[124].[125]

fol. 20r

235. Lodewig Sulcze ist gekommen vor gehegit ding vnde hat Hanse Ditolde umme czwelff alde schog grosschen vnde waz dar schade uff gheet, in den medeban genommen, alse recht ist.[126]

236. Claus Wale ist gekommen vor gehegit ding vnde hat gclait zcu Curt Koche vnde zcu syme gute umme dryundeczwenczig alde schog grosschen vnde waz dar schade uff gheet, dry ding. Czum virden dinge wart gefunden vnde geteilt, her hette sine gerechtikeit zcu ome irsten unde man sulde ôme syne were frônen.

---

[122] Vgl. Nr. 268.
[123] Vgl. Nr. 201.
[124] [*an gewiset etc.*] am Rand rechts.
[125] Vgl. Nr. 254.
[126] Vgl. Nr. 219.

214   Die Hallischen Schöffenbücher. VI. Buch.

237. Peter Beddirman ist gekommen vor gehegit ding vnde hat geclait zcu Henrich Hedirslebin vnde zcu syme gute vmme sechstehalb alt schog grosschen vnde waz dar schade uff gheet, dry ding. Czum virden dinge wart gefunden vnde geteilt, her hette sine gerechtikeit zcu óm irstehin vnde man sulde óme sine were frónen, vnde ist gefront, alz recht ist.

238. Briccius Dorman ist gekommen vor gehegit ding vnde hat Ffritzschen Thonawen vmme achtehalb alt schog grosschen vnde waz dar schade uff gheet, in den medeban genommen, alz recht ist.

239. Andreas Slanlach ist gekommen vor gehegit ding vnde hat Hans Sperlinge vmme sechßvndeczwencig núwe grosschen vnde waz dar schade uff gheet, in den medeban genommen, alse recht ist.[127]

240. Hans Kriczschin ist gekommen vor gehegit ding vnde hat Nickel Urbane vnde syne frowe vnde die Pichtynne, der selben frowen muter, vmme núnvndeczwencig alde schog grosschen vnde waz dar schade uff gheet, in den medeban genommen, alze recht ist.

241. Gútte, Nickel Kluken eliche husfrowe, ist gekommen vor gehegit ding vnde ór wart gefunden vnde geteilt, man sulde sie an der Tile Schútzmeisterynne farnde habe wisen, dar vmme, daz sie ór or gerethe, daz sie ór zcu eyneme willigen phande gesaczt hatte, dez sie in gerichte bekant hat, nicht hat willen zcu lósene geben, sintdemmal daz or doch alle rechte bod geschen sin.[128] ‖

fol. 20v   242. Nickel Hartman ist gekommen vor gehegit dingk vnde óme wart gefunden vnde geteilt, man sulde on vmme andirhalb alt schog grosschen vnde waz dar schade uff gheet, an Hans vom Berga farnde habe wiesen, sintdemmal daz óme alle rechte bod geschen sint.[129]

243. Claus Steyn ist gekommen vor gehegit ding vnde ome wart gefunden vnde geteilt, man sulde on vmme funftehalb alt schog grosschen vnde waz dar schade uff ⟨geet⟩[130] an Anne (!) Czotemantels rock wiesen, den her under der Glockynne besaczt hat, nemelich an dy besserunge nach Matheus Lobenitcze.[131]

244. Benedictus Ferckel ist gekommen vor gehegit ding vnde óme wart gefunden vnde geteilt, man sulde on vmme drittehalb alt schog grosschen vnde was dar schade uff gheet, an Hans vom Berga farnde habe wiesen.

245. Albrecht Voit ist gekommen vor gehegit ding vnde ist von Mertin Phluge zcu Lochawe, der antwert kegen ome, ledig vnde loß geteilt, sintdemmal daz er synen geweren gebracht hat.

246. Peter Solpusch ist gekommen vor gehegit dingk vnde óme wart gefunden vnde geteilt,

---

[127] Vgl. Nr. 222.
[128] Vgl. Nr. 275.
[129] Vgl. Nr. 308.
[130] Über der Zeile.
[131] Vgl. Nr. 234, 254, 282.

man sulde on umme dry alde schog grosschen vnde dry nuwe grosschen vnde waz dar schade uff gheet, an Gurge Schůmans farnde habe wiesen.

247. Hans Dolczsch ist gekommen vor gehegit ding vnde hat uff uffgeboten (!) die frŏnunge an Bestian Stellemechers huß dry ding. Do wart gefunden vnde gereteilt, her mochte daz vorsetczin vor sin gelt, ab her konde. Kŏnde er dez nicht vorsetczin, so mŏchte er daz vorkouffen vnde daz ŏbirleye reichen deme, der dar recht zcu hette.[132]

248. Margareta, Borchart Sachßen seligen wetewe, ist gekommen vor gehegit ding, vnde or wart gefunden vnde geteilt, man sulde Hans Sperlinge vß syme huße wiesen vnde sie dar yn.[133]

249. Nickel ⟨Borner⟩[134] ist gekommen vor gehegit ding vnde hat Heinrich Hedirßlebin umme uier alde schog vnde ‖ czwenczig alde grosschen mynre drier helre vnde waz dar schade uff gheet, sine were fronen laßen, alse recht ist.

250. Nickel Symon ist gekommen vor gehegit ding vnde hat gegeben Annen, syner elichen husfrowen, sechczig rinsche gulden an alle synen besten gutern, die er hat addir ummer gewynnet, daz sie an eygene, an erbe, an farnder habe addir wur ane daz sy, nach syme thode dar methe czu thune vnde czu laßene.

251. Nicolaus Brandenberg ist gekommen vor gehegit ding vnde hat geclait von formundeschaft wegen Claus Heyms zcu Hanse Smede vnde zcu synen gutern umme sechs alde schog grosschen vnde waz dar schade uff gheet, dry ding, dar umme, daz er des pherdis, daz er von Nickel Mockawen wegen ußgeborgit hatte, nicht weddir yn gestalt hat. Czum virden dinge wart gefunden vnde geteilt, her hette sin gelt irstehen, man sulde ome syne were frŏnen.

252. Katherina, Peter Sellen seligen wetewe, ist gekommen vor gehegit ding vnde hat gegeben Laurencio Holczappele alle ŏre gerechtikeit, die or von Heinrich Krippen an huse an hofe vnde an alle synen bereiczten vnde besten gůtern gegebin sint, mit alleme rechten, alze die ŏr gegebin sin, mit namen Herinrich Krippen, oreme brudere.[135]

253. Claus Wale ist gekommen vor gehegit ding vnde ome wart gefunden vnde geteilt, man sulde ŏn umme achtczehen alde schog grosschen vnde was dar schade uff gheet, Hanse Welker syne were frŏnen, sint er des bekant hat vnde ŏme alle rechte bod geschen sint.[136]

254. Mathewes Lobenicz ist gekommen vor gehegit dingk vnde ome wart gefunden vnde geteilt, her mŏchte Ilse Czotemantels rock vorsetcze uor sin gelt, ab her konde. Konde er des nicht vorsetczin, so mŏchte er den vorkouffen, vnde daz obirleie rechen (!) deme, der dar recht czu hette, sintdemmal daz er dar an gewieset ist, alz recht ist.[137]

---

[132] Vgl. Nr. 309, 546.
[133] Vgl. Nr. 147, 213.
[134] Über der Zeile.
[135] Vgl. Nr. 465, 541; vgl. auch Buch V 454.
[136] Vgl. Nr. 144.
[137] Vgl. Nr. 234.

216   Die Hallischen Schöffenbücher. VI. Buch.

255. Drewes Bŏumgarte ist gekommen vor gehegit ding unde hat geclait zcu Gurgen Myleye

fol. 21v   umme sechstehalb alt ‖ schog grosschen vnde waz dar schade uff gheet, dry ding. Czum virden

dinge wart gefunden vnde geteilt, her hette sin gelt irstehin, man sulde an sin gut, nemelichen

an sine farnde habe wiesen.[138]

256. Ciliacus (!) Tŭsscher ist gekommen vor gehegit ding vnde hatt Peter Petczsche umme

fŭnff alde schog grosschen vnde waz dar schade uff gheet, sine were fronen laßen, alse recht ist,

sintdemmal daz ome alle rechte bod geschen sint.

257. Ciriacus (!) Tŭscher ist gekommen vor gehegit ding vnde ome wart gefunden vnde geteilt,

man sulde om umme uier alde schog grosschen ane eynen ort vnde waz dar schade uff gheet, an

der Nickerl Becherynne farnde habe wiesen.

258. Mathias Ebirhart ist gekommen vor gehegit ding vnde hat Mathias Mŏderaken umme

deß willen, daz er ome syne farnde habe zcu reichene geweigert hat, alz ome gefunden vnde

geteilt, in den medeban genommen, alze recht ist.[139]

259. Hans Haneman ist gekommen vor gehegit ding vnde hat gegebin Agathen, siner elichin

husfrowen, hundert alde schog grosschen an alle sinen besten gutern, die er hat addir ummer

gewynnet, daz sie an eigene, an erbe, an farnder habe addir wur an daz sie, nach syme thode dar

methe czu thune vnde zcu lassene.

260. Nickel Errentancz ist gekommen vor gehegit ding vnde ome wart gefunden vnde geteilt,

man sulde on umme eylff nŭwe grosschen vnde waz dar schade uff gheet, an Hans Lammes

farnde habe wiesin.

261. Lorencz Banczsch ist gekommen vor gehegit ding vnde hat Heinrich Hedirsleben umme

czwey alde schog grosschen vnde eynen nŭwen grosschen vnde waz dar schade uff gheet, syne

were fronen laßen, alze recht ist.

262. Hans Gerwich ist gekommen vor gehegit ding vnde ŏme wart gefunden vnde geteilt, man

sulde Jacob Wynmeister umme eylff alde schog grosschen vnde waz dar schade uff gheet, sine

were frŏnen.

263. Hans Gerwich ist gekommen vor gehegit ding vnde ŏme wart gefunden vnde geteilt, man

sulde Hanse Ditolde umme czwey alde schog gr. vnde waz dar schade uff gheet, sine were frŏnen.

fol. 22r   264. Nickel Wettich ist gekommen vor gehegit ding unde ‖ hat Heinrich Hedirßleben umme

dryvndeczwenczig nŭwe grosschen vnde waz dar schade uff gheet, syne were frŏnen lassen, alse

recht ist.

265. Hans von der Loybe ist gekommen vor gehegit ding unde hat Hanse Meynharde in der

---

[138] Vgl. Nr. 301.
[139] Vgl. Nr. 209, 210; vgl. auch Buch V 1059.

1457–1458   217

Merckelstraßen umme sechs alde schog grosschen vnde waz dar schade uff gheet, syne were fronen laßen, alze recht ist.

266. Caspar Gorische ist gekommen vor gehegit ding vnde hat geclait zcu der Nickel Becherynne umme uirdehalb alt schog grosschen vnde waz dar schade uff gheet, dry ding. Czum uirden dinge wart gefunden vnde geteilt, man sulde on an ôre farnde habe wisen.[140]

267. Caspar Beyer ist gekommen vor gehegit ding vnde hadt geclait zcu Hans Cziringe umme acht alde schog grosschen unde waz dar schade uff gheet, dry ding. Czum virden dinge wart gefunden vnde geteilt, her hette sin gelt irsten unde man sulde on an sine farnde habe wisen.

268. Hans Greffenhayn ist gekommen vor gehegit ding vnde hat die Gurge Eldistynne umme des willen, daz sie ome ore farnde habe zcu reichene geweigert had, alz ome gefunden unde geteilt ist, in den medeban genommen, alze recht ist.[141]

269. Mertin Czhatan ist gekommen vor gehegit ding vnde had Hans von deme Berge umme eyn nuwe schog grosschen unde waz dar schade uff gheet, in den medeban, alz recht ist.

270. Claus Habich ist gekommen vor gehegit ding vnde hat Nickel Becherere umme dry gúlden vnde waz dar schade uff gheet, syne were frônen laßen, alse recht ist.

271. Gúrge Storre ist gekommen vor gehegit ding vnde hadt Ulrich Ostrawen umme sobenczehen nûwe grosschen unde umme sechs scheffel korns vnde waz dar schade uff gheet, syne were frônen laßen, alse recht ist.

272. Hans Nopel vnde Nicolaus Brandenberg von vormundeschaft sint gekommen vor gehegit ding vnde haben uffgebothen die frônunge an Hans Smedes huse vnde hofe dry dingk. Do wart gefunden vnde geteilt, sie mochten daz vorsetczin vor sulch gelt, dar vor daz ingesaczt ist, ab sie konden. Konden sie des nicht vorsetczin, so môchten sie daz vorkouffen vnde daz obirleie reichen deme, der dar recht zcu hette.[142] ‖

273. Lorencz Dilnowe ist gekommen vor gehegit ding vnde hat geclait zcu Nicolaus Bolen   fol. 22v
umme eyn nuwe schog grosschen mynre eyns ordes vnde waz dar schade uff gheet, sin irste clage sulche schult vnde sache zcu forderne hat her Glorius Mûrere zcu uormunden gekorn, biß uff daz recht zcu gebene vnde zcu nemene.

274. [29] Paûwel Hedirßlebe hat gesandt synen offene uorsigilten breff in gehegit dingk vnde hat gegebin mit willen vnde fulbort Heinrichs, Hanßes, Bertrams vnde Ciriacus, syner sone vnde rechten erbin, in deme selben briue Claûße Vochße sin eygenthom, alze nemelichen vier grulden lehens vnde jerlichir zcinße, die her hatt an syme huse vnde hofe zcum swarczen sternen genantt in der Steynstraßen gelegen, mit alleme rechten, alß dy sin waren.

---

[140] Vgl. Nr. 357.
[141] Vgl. Nr. 230.
[142] Vgl. Nr. 37, 126, 183, 302.

218 Die Hallischen Schöffenbücher. VI. Buch.

275. Gûtte, Tile Schutzmeisters eliche husfrowe, ist gekommen vor gehegit daz [...].[143]

Gûtte, Nickel Kluken eliche husfrowe, ist gekommen uor gehegit ding vude hat die Tile Schûtzmeisterynne in den medeban genommen, alze recht ist dar umme, daz sie ôr ohere farnde habe nicht hat antwertin willen, alze ôr zcu rechte gefunden vnde geteilt wart.[144]

276. Claus Lodewich ist gekommen vor gehegit ding vnde hat geclait zcu Vit Schônen dar umme, daz er ome dinst gelobit hatte vnde ome des nicht gehalden hat, sundern dar vß gegangen ist, weddir sinen willen, des her sechs alde schog grosschen zcu schaden hat, dry ding. Czum uirden dinge wart gefunden vnde gelt (!), her hette sulch gelt zcu ôme irstehen, man sulde ôn an sine farnde habe wisen.

277. [30] Claus Plote ist gekommen vor gehegit ding vnde hat ingesaczt Michel Ualdorffe sin eygen in den Kleynsmeden gelegen zcu der swarczen Hennen genant vor hundert unde czehen alde schog grosschen, die er ome beczalen sol uff den nesten zcu kommenden sente Michels tag. Tete her des nicht, so sulde man ohem darczu helffen, in allermaße, als ab her daz irstehin vnde irclait hette.

278. Anyß Bote ist gekommen vor gehegit ding vnde hat geclait zcu Vite Walwitcze dar umme, daz er ome gerett vnde gelobit hat, willen zcu machen vor dry schog czinse des jars addir also uil geldis, dar man sulche czinße ‖ methe machen konde, vnde waz dar schade uff gheet, dry ding. Czum virden dinge wart ome gefunden vnde geteilt, her hette sine gerechtikeit zcu ome irstehin unde man sulde ôm sine were fronen.

279. Mathewes Kriczschin ist gekommen vor gehegit ding vnde hat gegebin Kerstinen, syner elichen husfrowen, virczig alde schog grosschen an alle sinen bestin gutern, die er hat addir ummer gewynnet, daz sie an eigene, an erbe, an farnder habe addir wur ane daz sie nach syme thode dar methe zcu thune vnde czu laßene.

280. Volkmar Poeck ist gekommen vor gehegit ding vnde hat uffgeboten eynen ysenhut, eyne jacke vnde eynen schilt, die er irstanden vnde irclait hat vnde dar an gewiset ist, dry ding. Do wart gefunden vnde geteilt, her môchte daz vorsetczin vor sin gelt, ab er konde. Konde er des nicht vorsetczin, so mochte er daz vorkouffen vnde daz obirleye reichen deme, der dar recht czu hette.[145]

281. Albrecht Francke ist gekommen vor gehegit ding vnde ome wart gefunden vnde geteilt, man sulde on umme fûnff nuwe grosschen vnde waz dar schade uff gheet, an Claus Otten farnde habe wiesin.[146]

282. Claus Steyn ist gekommen vor gehegit ding vnde ôme wart gefunden vnde geteilt, her

---

[143] Satz abgebrochen.
[144] Vgl. Nr. 241.
[145] Vgl. Nr. 149, 441, 538.
[146] Vgl. Nr. 304.

mŏchte Ilse Czothemantels rock vorsetczin vor sin gelt, ab her konde. Konde er des nicht vor-
setczin, so mŏchte her den vorkuffen unde daz obirleye reichin deme, der dar recht zcu hette.[147]

283. Glorius Roßbach ist gekommen vor gehegit ding vnde ome wart gefunden vnde geteilt,
man sulde ⟨on⟩[148] an Pawel Wendes farnde habe wiesin, umme acht nuwe grosschen vnde waz
dar schade ŭff gheet.

284. Peter Winckel ist gekommen vor gehegit ding vnde ome wart gefunden vnde geteilt, man
sulde on umme czehen nuwe grosschin vnde waz dar schade uff gheet, an Caspar Becheres farnde
habe wisen.

285. Claus Wale ist gekommen vor gehegit ding vnde hadt geclait zcŭ Titczen Wullenwebere
umme viervndedrißig alde schog vnde czwelff nŭwe grosschen vnde waz dar schade uff gheet, dry
ding, vnde ome sint alle ‖ rechte bod gescheen. Czum virden dinge wart ome ghefunden vnde
geteilt, man sulde ome sine were fronen.

286. Symon Stalbom ist gekommen vor gehegit ding vnde hat geclait zcu Peter Hofemeistere
vnde zcu eynem wayne, den er besaczt hat vor eyn alt schog grosschen vnde vor vier schog korns,
vnde waz dar schade uff gheet, drie ding. Czum virden dinge wart gefunden vnde geteilt, her
hette sine gerechtikeit zcu ome irstehen, man sulde her an den wayn wisen.

287. Gurge Scherff ist gekommen vor gehegit ding vnde hat uffgeboten dy frŏnunge an Peter
Wachawen huß dry ding. Do wart gefunden vnde geteilt, her mochte daz vorsetczin vor sin gelt,
ab er konde. Konde er des nicht vorsetczin, so mŏchte er daz vorkouffen vnde daz obirley reichen
deme, der dar recht zcu hette.[149]

288. Gurge Scherff ist gekommen vor gehegit ding vnde hat gegebin Thomas Lindener syne
gerechtikeit, die her an Peter Wachawen huse irstehen vnde irclait had, dar methe zcu thune vnde
czu laßene vnde on nummer mehir dar umme anczuthedingen, mit alleme rechten, alz er die dar
ane irstehen vnde irclait hadt.[150]

289. Kerstine, Nickel Henczhels seligen wetewe, ist gekommen vor gehegit ding vnde hat
Dionisius Trutmane umme drießig alde schog grosschen vnde dry scheffel korns vnde waz dar
schade uff gheet, sine were frŏnen laßen, sint ŏme alle rechte bod geschen sint.

290. Albrecht Voit ist gekommen vor gehegit ding vnde ome wart gefunden vnde geteilt, man
sulde on umme czwey schog vnde sobin alde grosschen vnde waz dar schade uff gheet, an Caspar
Becherers farnde habe wisen.

291. Andreas Slanlach ist gekommen vor gehegit ding vnde hat uffgebotin die fronunge an
Peter Wachawen huß dry ding. Do wart gefundin vnde geteilt, her mochte daz vor setczin vor sin

---

[147] Vgl. Nr. 234, 243, 254.
[148] Über der Zeile.
[149] Vgl. Nr. 202, 288, 295, 527; vgl. auch Buch V 1009.
[150] Vgl. Nr. 202, 287, 295, 527; vgl. auch Buch V 1009.

220 Die Hallischen Schöffenbücher. VI. Buch.

gelt, ab er konde. Konde er dez nicht vorsetczin, so mochte her daz vorkoůffen vnde daz obirleie reichen deme, der dar recht zcu hette.[151]

292. Bartolomeus Zcoch ist gekommen vor gehegit ding vnde hat geclait zcu Mathias Mo-

fol. 24r

deraken umme sechßczendehalb alde schog grosschen ‖ vnde waz dar schade uff gheet, dry ding. Czum virden dinge wart gefunden vnde geteilt, hette sin gelt zcu ôme irstehen, man sulde ôn an sine farnde habe wiesen.

293. Michel Goye ist gekommen vor gehegti ding vnde hat geclait zcu Ffranczen Schernemeistere umme dry adle schog grosschen unde umme czwene nuwe grosschen vnde waz dar schade uff ghet, dry ding. Czum virden dinge wart gefunden vnde geteilt, er hette sin gelt irstehen mit (!) sulde on an syne farnde habe wisin.[152]

294. Helena, Mertin Schônenickels seligen wetewe, ist gekommen vor gehegit ding vnde ist mit orem geczuge kegen Nickel Schonen umme drießig alde schog grosschen fulkommen, dar umme, daz des geczuges nicht wartende gewest ist vor gerichte, alz zcu rechte gefunden vnde geteilt wart, daz sy dar methe in dreen virczentagen fulkommen sulde, deme sie nu also gethan hat, dar uff wart ôr gefunden vnde geteilt, daz sie sulcher schult von ôme emprochen[153] were.

295. Thomas Lyndener ist gekommen vor gehegit ding vnde ome wart gefunden vnde geteilt, man sulde on in Peter Wachawen huß vnde den genantin Peter dar vß wiesin uon sulcher gerechtikeit wegen, die ome Gůrge Scherff, siner frawen vater, dar ane gegebin hat.[154]

296. Thomas Dugawe ist gekommen vor gehegit ding vnde ôm wart gefunden vnde geteilt, man sulde ôm umme czndehalb alt schog grosschen vnde waz dar schade uff gheet, Hanse Meynharde sine were fronen.

297. Augustin Treiße ist gekommen vor gehegit ding vnde hat gegebin Clemene, Margareten, Katherinen vnde Barbaran, Segemunt Kôrseners seligen kindern, Steffan Myttage vnde Hans Kurßho, der selbeten kindere vormunden, addir den, dy nach an den kindern zcu formunden gekorn worden, sin huß hinder dem rathuß nehist by Allexius Raspen gelegen uor hundert vnde drießig schog grosschen uff eynen weddirkouff in sulchir wiese, wenne Augustin uorgenant den genantin kindern addir ôren formunden sulch gelt weddirgibbet, so sal ôme sin huß denne fry vnde ledig volgen.

298. Heinricus Schernemeistern ist gekommen vor gehegit ding unde hat geclait zců Peter

fol. 24v

Gruwele umme sechs alde schog grosschen vnde waz dar schade uff gheet, dry ding. ‖ Czum virden dinge wart gefunden vnde geteilt, her si (!) hette sin gelt zcu om irstehin, man sulde on an syne farnde habe wiesen.

---

[151] Vgl. Nr. 204, 311.

[152] Darunter ist noch eine Leerzeile.

[153] Danach [ist] gestrichen.

[154] Vgl. Nr. 202, 287, 288, 527; vgl. auch Buch V 1009.

1457–1458   221

299. Sander Buße ist gekommen vor gehegit ding vnde ŏme wart gefunden vnde geteilt, daz
er der nehiste were zcu Mathias Heydenrichs huß vor Hanse deme Badere vor der halle, der daz
in die lehin genommen hat, sintdemmal daz er[155] mit der schepphen buche des fulkommen ist,
daz her daz ehir irstenden vnde irclait hat ehir, daz Hans Bader in dy lehen genommen hadt.[156]

300. Mertin Kaldenborne ist gekommen vor gehegit ding vnde hat gegebin Borcharde, Hele-
nen vnde Sophien, Lorencz Wedemars seligen kindern, sin huß in der Scheenstrassen gelegen,
mit alleme rechtin, alse ŏme dy kindere daz vorgegeben haben.[157]

301. Drewes Bŏumgarte ist gekommen vor gehegit ding vnde hat Gŭrgen Myley umme sech-
stehalb alt schog grosschen unde waz dar schade uff gheet, sintdemmal daz her ome der farnden
habe zcu reichene geweigert hat, in den medeban genommen, alse recht ist.[158]

302. Nicolaus Brandenberg ist gekommen vor gehegit ding unde ome wart gefunden vnde
geteilt, von formundeschaft wegen Hans Nopels, daz man den selbeten Hanse Nopele in Hans
Smedes huß vnde hoff vnde ŏn dar vß wiesin sal.[159]

303. Caspar Beyer ist gekommen vor gehegit ding vnde hat geclait zcu Segemunt Hertele
umme eyn alt schog grosschen unde waz dar schade uff gheet dry ding. Czum uirden dinge wart
gefunden vnde geteilt, her hette sin gelt irstehen, man sulde on an sin gut, nemelich an daz gelt,
daz her undir meistere Clause deme arczte besaczt hat, wisen.

304. Albrecht Francke ist gekommen vor gehegit ding unde hat Claus Otten umme funff nuwe
grosschen vnde waz dar schade uff gheet, in den medeban genommen, alze recht ist.[160]

305. Nickel Koyner ist gekommen vor gehegit ding unde hat uffgeboten eynen frowen mantel,
der ome vor vier alde schog grosschen zcu eyneme phande gesaczt ist, dry ding. Do wart gefunden
vnde geteilt, her mochte den uorsetczin uor sin gelt, ab her kŏnde. Konde er des nicht vorsetczin,
so mochte er daz uorkouffen vnde daz obirleye reichen deme, der dar recht zcu hette.[161] ‖

306. Hans Petzsch ist gekommen vor gehegit dingk vnde om wart gefunden vnde geteilt, man   fol. 25r
sulde on an der Ualentin Ludekynne farnde habe wiesin, umme funfftehalben scheffel rocken
vnde eynen scheffel haffern unde czwenczig bunt strohes, eynen halbin scheffel klyen unde uier
sparren unde waz dar schade uff gheet.

307. Drewes Monchemechir ist gekommen vor gehegit ding unde ome wart gefunden vnde
geteilt, her hette sin gelt, nemelichen czehen alde grosschen, vnde waz dar schade uff gheet, uff

---

[155] Danach [daz] gestrichen.
[156] Vgl. Nr. 36, 50, 417.
[157] „Sophie“ und „Wedemar“ wohl falsch. vgl. Buch V 870, 871, 872, 873.
[158] Vgl. Nr. 255.
[159] Vgl. Nr. 37, 126, 183, 272.
[160] Vgl. Nr. 281.
[161] Vgl. Nr. 176.

222   Die Hallischen Schöffenbücher. VI. Buch.

Hans Gotishulfe irstehen, sintdemmal daz her om recht dar uor nicht gethan hat, alz er gelobit hatte.

308. Nickel Hartman ist gekomen vor gehegit ding vnde hat Hanse von deme Berge umme anderthalb alt schogk grosschen vnde waz dar schade uff gheet, in den medeban genomen, alze recht ist, sintdemmal daz her ome der farnden habe zcu reichene geweigert hat.[162]

309. Hans Dolczsch ist gekommen vor gehegit ding vnde ome wart gefunden vnde geteilt, man sulde or in Bestian Stellemechers huß unde den selbeten Bestiane dar uß wiesen, uor sin irclayte gelt.[163]

310. Mertin Pflug ist gekomen vor gehegit ding vnde om wart gefunden vnde geteilt, man sulde on an Vincencius Heynrichs farnde habe wiesen, dar umme, daz er nicht fulkommen konde, daz er ome daz phert mit synes selbishant geantwert hette, daz her mit rechte on gesprochen hatte.

311. Andreas Slanlach ist gekommen vor geheget ding vnde om wart gefunden vnde geteilt, man solde Peter Wachawen uß syme huse vnde on daryn wiesen vor sulche gerechtikeit, alß her dar ane irstehin vnde irclait hadt.[164]

312. Andreas Slanlach ist gekommen vor gehegit ding vnde hadt Besius Winckele umme uirhundeczwenczig nuwe grosschen unde waz dar schade uff gheet, in den medeban genommen, alse recht ist.

313. Peter Rŭle ist gekommen vor gehegit ding vnde hat Per (!) Beren ume eyn fuderholcz uor anderhalb schog grosschen vnde czwene amen birs vnde waz dar schade uff gheet, sine were fronen laßen, alz recht ist.

314. Thomas Stoyen ist gekommen vor gehegit dingk unde hat gefragit nach rechte, so alz her in deß ‖ schulteißen hofe gehabt hat, Nickel Rißken, Nickel Pegawen, Hans Koche vnde Hanße Busenlebende unde hat sie beschuldiget umme viervndefirczig alde schogk grosschen, alse ginge vnde gebe weren, unde umme eyn schog scheffel weißes, dar uff ome denne Nickel Rischke hundirt alde schogk grosschen uon orer aller wegen uff eyne rechenschaft bekant hadt, dar uff ome alle both geschen sint, do uff wart gefunden vnde geteilt, man sulde on óre were fronen.

315. [31] Pauwel Hedirßlebe hadt gesandt synen offene vorsegilten brieff in gehegit ding, dar inne her gegebin hat mit willen vnde fulbort siner sone, mit namen Heinrichs, Bertrams, Hanses, Gurgen vnde Ciriacus, Nickel Visscher syne eygenschafft, dy her hat an syner bude an deme Vischmarckte an deme steynen gebele gelegen gehabt hat, nemelichen eyn halb breyt schogk alder crucz grosschen lehens unde jerliches zcinßes, mit alleme rechten, als on die uon syneme vater vnde brudern seligen anirsterbin ist.

fol. 25v

---

[162] Vgl. Nr. 242.
[163] Vgl. Nr. 247, 546.
[164] Vgl. Nr. 204, 291.

1457–1458   223

316. Claus Habich ist gekommen vor gehegit dingk unde hat gegebin Margareten, siner eli-
chin husfrouwen, hundert rinsche gulden an alle sinen besten gutern, die er hat addir ummer
gewynnet, daz sie an eygene, an erbe, an farnder habe addir wur daz sy, nach syme tode dar methe
zcu (!) vnde czu laßene.

317. Hans Franckleue ist gekommen vor gehegit ding unde hat Wencze Kolczke umme czwey
alde schog unde czwene nůwe grosschen vnde waz dar schade uff gheet, syne were frônen laßen,
alse recht ist.

318. Hans Franckleue ist gekommen vor gehegit ding unde ôme wart gefunden vnde geteilt,
man sulde on umme czwelff nůwe grosschen vnde waz dar schade uff gheet, an Nickel[165] Schro-
ders farnde habe wiesen.

319. Hans Grieffenhayn waz mit Nickel Symon gewiset vor gehegit ding, deme genantin Grif-
fenhayne recht zcu thune uor eyn alt schog grosschin, dar her on umme geschuldiget hatte, unde
Nickel Symon ‖ qwam vor gerichte nicht vnde that ouch deß rechten nicht, alz ome bescheiden   fol. 26r
waz. Do wart gefunden unde geteilt, her hette sine gerechtikeit irstehen.[166]

320. Nickel Hartman ist gekommen vor gehegit ding unde ome wart gefunden vnde geteilt,
man sulde Thomas Krawinckele sine were frônen, dar umme, daz her ome sulchen gerethe, daz
syns wiebiß muter anirstorbin ist unde undir sich hat, nicht antwerten wil, so alz her doch daz
von vormundeschaft wegen irstanden unde irclait hat.

321. Dionisius Trutman ist gekommen vor gehegit dingk unde hat uffgeboten die fronunge an
Mathias Heydenrichs huß dry dingk. Do wart gefunden vnde geteilt, her mochte daz vorsetczin
vor sin gelt, abe her konde. Konde her des nicht vorsetczin, so mochte er daß vorkouffen vnde
daz obirley reichen deme, der daz recht zcu hette, unschedelich den die daz vor ome irstanden
vnde irclait haben.[167]

322. Hans Gůnther ist gekommen vor gehegit ding vnde hat geclait zcu Curdt Herwige umme
soben alde schog unde sôbin nuwe grosschen vnde waz dar schade uff gheet, dry ding. Czum
virden dinge wart gefunden unde geteilt, her hette sin gelt czu ome irstehen, man sulde ome
sine were fronen.

323. Hans Schoff ist gekommen vor gehegit ding vnde hat Hanße Vocke vor funfczehin nuwe
grosschen vnde was dar schade uff gheet, syne were fronen laßen, alze recht ist.

324. Vester Stůcke ist gekommen vor gehegit ding vnde hat Nickel Kluken umme czwey schog
vnde achtvndevirczig grosschen vnde waz dar schade uff gheet, syne wehere (!) fronen lassen, alse
recht ist.

325. Benedictus Heydeke ist gekommen vor gehegit ding unde ome wart gefunden vnde geteilt,

---
[165] [Hans] gestrichen und durch [Nickel] ersetzt.
[166] Vgl. Nr. 340.
[167] Vgl. Buch V 1163.

224   Die Hallischen Schöffenbücher. VI. Buch.

man sulde ôn umme uier alde schog grosschen vnde waz dar schade uff gheet, an Heinrich Meysen
unde siner frouwen farnde habe wiesen.

326. Hans Houpt ist gekommen vor gehegit ding vnde hat Hanße Tůsschere uff dem Strohofe
umme vier alde schog grosschen vnde waz dar schade uff gheet, syne were frônen laßen, alse
recht ist.[168] ‖

fol. 26v   327. Valentin Kerstens ist gekommen vor gehegit ding vnde hat Mathias Kluken umme funfte-
halbe elle rinschs tuchs vnde waz dar schade uff gheet, syne were fronen laßen, alze recht ist.

328. Hans Curt ist gekommen vor gehegit dingk vnde ome wart gefunden vnde geteilt, man
sal on umme achtczehen nůwe grosschen vnde waz dar schade uff gheet, an Peter Wachawen
farnde habe wiesen.

329. Nickel Pegawe ist gekommen vor gehegit ding unde hat Claus Uochße umme virczig
schog ryß unde was dar schade uff gheet, syne were fronen laßen, alse recht ist.

330. Benedictus Kolczk ist von Peter Beddirmanne umme funfvndeczwenczig alde grosschen
ledig vnde loß geteilt, sint her sin recht dar vor zcu thune gelobit hatte vnde nymant dar waz,
der daz von ôme nemen wolde.

331. Claus Snydewint ist gekommen vor gehegit ding unde ist mit synen geczugen kegen
Nickel Symon fulkomen, daz ⟨Rudolff⟩[169] uon Belcz daz gelt, daz undir Steffan Uogele besaczt
waz, uon Claus Snydewindes wegen uor der besaße gelobit waz.

332. Bartolomeus Gerke ist gekommen vor gehegit ding unde hat Heinricze Schernemeister
umme soben alde schog grosschen vnde waz dar schade uff gheet, sine were fronen laßen, alse
recht ist.

333. Authonis Goltsmed ist gekommen vor gehegit ding unde ome wart gefunden vnde geteilt,
man sulde on umme czweyvndedrißig nuwe grosschen vnde waz dar schade uff gheet, an der
Olrich Ostrawynne farnde habe wiesen.[170]

334. Lucia, Andreas Wispachs seligen wetewe, hat gesant oren offene vorsegilten brieff in
gehegit ding unde hat dar inne fulmechtig gemacht Nicolaus Brandenberge sulche schult, dy sie
hat zcu Clemen Wisbache, zcu forderne, biß uff daz recht zcu gebene vnde zcu nemene.[171]

335. Wolbrecht, Agneße Kogelwagynne tochter, ist gekommen vor gehegit ding vnde or wart
gefunden vnde geteilt, man sulde sie umme czwey alde schog grosschen vnde waz dar schade uff
gheet, an der Steffan Richardynne farnde habe wiesen.

fol. 27r   336. Nicolaus Brandenberg von formundeschaft wegen Steffen ‖ Spulßbornen ist gekommen
vor gehegit dingk vnde ome wart gefunden vnde geteilt, man sulde on umme czehen alde schogk

---

[168] Vgl. Nr. 446.
[169] [Peter] gestrichen und durch [Rudolff] ersetzt.
[170] Vgl. Nr. 401.
[171] Vgl. Nr. 221.

grosschen vnde czehin scheffel weyß unde waz dar schade uff gheet, an Mathias Heydenrichs nachgelassen wetewen farnde habe wiesen.[172]

337. Mathewes Lobenicz ist gekommen vor gehegit dingk vnde ỏm wart gefunden vnde geteilt, man sulde on umme czehin alde schogk grosschin vnde waz dar schade uff gheet, an Michel Goyen farnde habe wiesen.

338. Bartholomeus Wele ist gekommen vor gehegit ding vnde hat geclait zcu Hanße vom Berghe vnde zcu syme gute, das her besaczt, nemelichen soben phar schuwen vnde czwey schog par leisten umme dry alde schog vnde acht nuwe grosschen vnde waz dar schade uff gheet, dry dingk. Czum virden dinge wart gefunden vnde geteilt, her hette sulch gelt uff ỏn irstehen vnde her mochte daz, sintdemmal daz her das in synen geweren hette, vorsetczen vor sin gelt, ab er konde. Konde er des nicht vorsetczin, so mochte er daz vorkouffen unde daz obirleye reichen deme, der dar recht zcu hette.

339. Hans Ileborg ist gekommen vor gehegit ding vnde hat Thomas Vlmanne umme acht alde schog vnde virvndeczwenczigk alde grosschen vnde waz dar schade uff gheet, syne were frỏnen lassen, alse recht ist.

340. Hans Greffenhayn ist gekommen vor gehegit ding vnde hat Nickel Symon umme eyn alt schogk grosschen vnde waz dar schade uff gheet, sine were fronen laßen, alze recht ist.[173]

341. Curt Koch vnde Lene, sine eliche husfrowe, sint gekommen vor gehegit dingk vnde habin sich begiftiget unde begabit vndir eynandir mit allen gutern, die sie habin addir ummer gewynnen, daz sie an eygene, an erbe, an farnder habe addir wur ane daz sy. Welch ỏr ehir abegheet von thodis wegen, so sal daz andere die gůtere behalden, do methe zcu thune vnde zcu lassene.

342. [32] Hannes Hase ist gekommen vor gehegit dingk unde hat gegebin Dorothean, siner elichen husfrowen, sin huß in der großen Ulrichstraßen hinder Pawel Werners hofe gelegen, nach syme thode dar methe zcu thune vnde zcu lassene. ‖

343. Hans Pheffer ist gekommen vor gehegit ding vnde hat ⟨sich an⟩[174] Vincencius Hasen, umme vier gulden vnde waz dar schade uff gheet, farnde habe wiesen laßen, als ome gefunden vnde geteilt waß.[175]

344. Peter Kort ist gekommen vor gehegit dingk vnde ỏme wart gefunden vnde geteilt, man sulde on umme czwene scheffel weiße vnde czwene scheffel rocken vnde waz dar schade uff gheet, an der Drewes Stelynne farnde habe wiesen.

---

[172] Vgl. Nr. 402.
[173] Vgl. Nr. 319.
[174] Über der Zeile.
[175] Vgl. Nr. 403.

226   Die Hallischen Schöffenbücher. VI. Buch.

345. Heynrich Mandelkerne ist gekommen vor gehegit ding vnde ⟨hat⟩[176] Hanße Mericzsche umme funff alde schog grosschen vnde waz dar schade uff gheet, sine were fornen lassen, alse recht ist.

346. Heinrich Mandelkerne ist gekommen vor gehegit dingk vnde hat Gůrge Myley umme vier schog vnde funff vndefirczig alde grosschin vnde was dar schade uff geet, in den medeban genommen, alze recht ist.

347. Drewes Anedarm ist gekommen vor gehegit ding vnde hat Peter Beren umme dry alde schog grosschen vnde waz dar schade uff gheet, sine were fronen laßen, alze recht ist.

348. Drewes Anedarm ist gekommen vor gehegit ding unde hat Mathias Moderaken umme nunczehin alde schogk grosschin vnde waz dar schade uff gheet, sine were frônen lassen, alze recht ist.[177]

349. Drewes Anedarm ist gekommen vor gehegit ding vnde ome wart gefunden vnde geteilt, man sulde on umme die selbeten itczunt genantin nůnczehen alde schog grosschen vnde waz dar schade uff gheet, an Mathias Moderaken swester farnde habe wiesen.[178]

350. Drewes Anedarm ist gekommen vor gehegit dingk ding (!) unde hat Vlrich Osstrauwen umme nuen alde schog grosschen vnde waz dar schade uff gheet, syne wehere fronen lassen, alse recht ist.

351. Peter Hodancz ist gekommen vor gehegit dingk unde ôm wart gefunden vnde geteilt, man sulde ôn umme czwey alde schog grosschen vnde waz dar schade uff gheet, an der Mathias Heydenrichynne farnde habe wiesen.

352. Kersten Wôlle ist gekommen vor gehegit ding, vnde ôme wart gefunden vnde geteilt, man sulde on umme sech‖czehen nuwe grosschen vnde waz dar schade uff gheet, an der Vlrich Osstraweynne farnde habe wiesen.

353. Jacob Tolle ist gekommen vor gehegit dingk vnde hat geclait zcu Hanße Surbire umme soben alde schog grosschen ane eynen ort vnde waz dar schade uff gheet, dry dingk. Czum virden dinge wart gefunden vnde geteilt, her hette sin gelt irstehen, man sulde ome sine were fronen.

354. Brosius von Gera ist gekommen vor gehegit ding vnde hat uffgeboten eyn willich phandt, nemelichen eynen blawen frowen rock vnde eynen rothen harrasch mantel, dy ôme gesaczt sin, vor funfvndeczwencig nuwe grosschen, dry ding. Do wart gefunden vnde geteilt, her môchte daz vorsetczin vor sin gelt, ab her konde. Konde her des nicht vorsetczen, so mochte her daz vorkôuffen vnde daz obirleye reichen deme, der dar recht zcu hette.

355. Lucas Wedemar ist gekommen vor gehegit ding vnde hat Uincencius Heinrich umme

---

[176] Über der Zeile.
[177] Vgl. Nr. 349.
[178] Vgl. Nr. 348.

fol. 28r

czwey alde schog grosschen unde umme sechs scheffel hopphen vnde waz dar schade uff gheet, in den medeban genommen, alze recht ist.[179]

356. Peter Kocher ist gekommen vor gehegit dingk vnde hat gegebin Dorothean, siner elichin husfrowen, sechczig rinsche gûlden an alle sinen bestin gûtern, die er hat addir ummer gewynnet, daz sie an eygene, an erbe, an farnder habe addir wur ane das sy, nach syme tode dar methe zcu thune vnde czu laßene.

357. Caspar Gorisch ist gekommen vor gehegit dingk vnde hat uffgeboten eyn willich phandt, nemelichen eynen kessel, eynen blawen frowen rogk, eynen grunen mans mantel vnde likachen, daz ome gesaczt ist uor virdehalb alt schogk grosschen unde waz dar schade uff gheet. Do wart gefunden vnde geteilt, her môchte daz vorsetczin vor sin gelt, ab er konde. Konde er des nicht vorsetczin, so môchte er daz vorkouffen vnde daz ôbirley reichen deme, der dar recht czu hette.[180]

358. Caspar Beyer ist gekommen vor gehegit dingk vnde hat Donat Messersmed umme virdehalb alt schogk mynre eyns nuwen grosschin vnde waz dar schade uff gheet, syne were fronen lassen, alse recht ist.[181] ‖

Anno domini mcccclviij° primus post pascha

a. H.
fol. 28v
3. Apr.
1458

359. [33] Ilße, Drewes Schindels eliche hußfrowe, vnde Asmus Schindel, or son, sint gekommen vor gehegit dingk vnde habin wedder gegebin Allexius Herffarde den halben hoff in der Smerstrassen gelegin mit aller gerechtikit, alse her on den gegebin hatte.[182]

360. Allexius Herffart ist gekommen vor gehegit dingk vnde had gegebin Ilsen, syner swester, vnde Asmus Schindel, orem sone, den hoff halff in der Smerstrassen gelegen mit der schûne dar ane gelegin vnde mit aller gerechtikit, alse her on gehabit had, doch also das Allexius der schûne gebruchin sol, zcu syneme libe vnde nicht lenger.[183]

361. Hans Kurßho ist gekommen vor gehegit dingk vnde ohm wart gefunden vnde geteilt, man sulde ohn vmme j ald schog vnde was dar schade uff gehit, an der Hans Hasynne farnde habe wiesin.

362. Hans Treyße ist gekommen vor gehegit dingk vnde had gegebin Gerdruden, syner elichen hußfrawen, sechczig rinsche gulden an alle synen besten gutern, die er had adder ummer gewynnet, das sie an eygen an erbe an farnde habe adder wur ane das sie, nach synem tode dar methe zcu thune vnde zcu lassene.

---

[179] Vgl. Nr. 162.
[180] Vgl. Nr. 266.
[181] Darunter sind noch zwei Leerzeilen.
[182] Vgl. Nr. 229, 360.
[183] Vgl. Nr. 229, 359.

228 Die Hallischen Schöffenbücher. VI. Buch.

363. Hans Stoyen vnde Walburg, syne eliche hußfrawe, sint gekommen vor gehegit dingk vnde habin sich begiftiget vnde begabet vnder eynander mit allen gutern, die sie habin adder ummer gewynnet, das sie an eygen an erbe an farnder habe adder wur ane das sie. Welch orer ehir vorstirbit, zo sal das ander die gutere behalden, do methe zcu thune vnde zcu lassene.

364. Ditterich Kûchenswyn ist gekommen vor gehegit dingk vnde had Hanße Ditolde vmme eynvndeczwenczigistehalb schogk vnde was dar schade uff gehit, syne were frônen lassen, alse recht ist.

365. Hans Asmûs ist gekomen vor gehegit dingk vnde had gegebin Margareten, syner elichen hußfrowen, alle sin gûth halb, das er had adder vmmer gewynnet, das sie an eygen, an erbe, an farnder habe adder wur ane das sie, nach syme tode do methe zcu thûne vnde zcu lassene.

366. Pawel Hedirsleibe had gesant synen offenen vorsegilten brieff in gehegit dingk, dar inne er gegebin had mit willen vnde fulbort Heynrichs, Bertrams, Hanßes, Gurgen vnde Ciriacus, syner sone vnde rechten erbin, Mertin Poyden sin eygenthom, nemelichin eyn breyt halb schogk alder crûcz grosschin lehens ‖ vnde jerlichs zcinßes, die er gehabit had an syner bude an deme Fischmargte an deme steynene gebele gelegin, mit alleme rechten, alse das sin gewest ist.

367. Hans Birboum ist gekommen vor gehegit dingk vnde had sich uß der festinge geczogen, mit synes selbes hant uff den heiligen, alse recht ist, dar on Claus Flassche in gebracht had, alse had er vorborget dry dingk, ab ymant uff on clagen wolde zcu rechter antwert zcu stehene.[184]

368. Ditterich Schultisse ist gekommen vor gehegit dingk vnde ohm wart gefunden vnde geteilt. er mochte das bette, dar er an gewieset ist von gerichte vorsetczen vor sin gelt, ab er konde. Konde er das nicht vorsetczen, so mochte er das vorkouffen vnde das oberleye reichen deme, der do recht zcu hette.[185]

369. Andreas Nehusen ist gekommen vor gehegit dingk vnde had Vlriche Ostrawen umme czwey ß vnde sechczehin alde grosschin vnde was dar schade uff gehit, syne were fronen lassen, alse recht ist.

370. Seuerin Haûwel ist gekomen vor gehegit dingk vnde had Lucas Wedemar umme czwelff alde schogk vnde was dar schade uff gehit, syne were frônen lassen, alse recht ist.

371. [34] Curt Czwenczig ist gekommen vor gehegit dingk vnde had gegebin Steffen Thammer funffczehin nuwe grosschin lehens vnde jerlichs zcinßes, die er an syneme huße in der Steynstrassen vor deme roten schare gelegin gehabit had, mit alleme rechte, alse das sin gewest ist.

372. Anna, Vlrich Peiczsch eliche hußfrowe, ist gekommen vor gehegit dingk vnde had gegebin mit fulbort orers elichen wertis vor genant Martin Smede, oreme brudere, alle gerechtikeit, die

---

[184] Vgl. Nr. 383.
[185] Vgl. Nr. 194.

1458–1459

sie von oreme vatere Heynrich Smede seligin anirstorbin ist, das sie an eygen, an erbe, an farnder habe adder wur ane das sie, do methe zcu thune vnde zcu lassene.

373. Hans Belag ist gekommen vor gehegit dingk vnde had Petere Bogeman umme iiij alde schogk vnde was dar schade uff gehit, syne were fronen lassen, alse recht ist.

374. Drewes Brůn ist gekommen vor gehegit dingk vnde had gegebin Annan, syner elichen hußfrowen, hundert alde ß an alle synen besten gutern, die er had adder ummer gewynnet, das sie an eygen, an erbe, an farnder habe adder wur one das sie, nach synem tode do methe zcu thune vnde zcu lassene.

375. Dy Drewes Kesselerynne ist gekomen vor gehegit dingk vnde or ist gefunden vnde geteilt, man sal sie umme achtczehin ‖ nuwe grosschin vnde dry phennige vnde was dar schade uff gehit, an Hans Krippen farnde habe wiesin.

fol. 29v

376. Margareta, Hans Smalians eliche hußfrawe, ist gekomen vor gehegit dingk vnde had gegebin, mit fulbort ores elichen mannes vorgenant, Hanße Voit driessigk rinsche gulden an oreme huße, mit aller gerechtikeit, die sie dar ane gehabin mochte.[186]

377. Hans Voit ist gekommen vor gehegit dingk vnde had gegebin Hanße[187] Smalians das selbige gelt, nemlich driessig rinsche gulden, mit aller gerechtikeit, die ohm mit deme gelde an deme hůße gegebin ist.[188]

378. Gerdrůt, Jacob Phortenere [...][189]

Gerdrůt, Hans Phorteners seligen wetewe, ist gekommen vor gehegit dingk vnde had gekorn Jacoff Phortener, oren son, zcu eyneme rechten vormunden, die sache zcu vorhegene, von der guter wegin, die von Lucian, Andrewes Wispachs nachgelassene wetewen, ⟨sie⟩[190] mochten anirstorbin sin, biß uff das recht zcu gebene vnde zcu nemene.[191]

379. Pawel Luder ist gekommen vor gehegit dingk vnde ohm ist gefunden vnde geteilt, man sulde on umme sechczehin alde grosschin vnde was dar schade uff gehit, an Kerstens ⟨Beckers⟩[192] farnde habin wiesin.

380. Andreas Slanlach ist gekommen vor gehegit dingk vnde had Nicolaum Brandenburg gekorn zcu eyneme vormunden, sulchen schuld zcu fulfurene, die er zcu Matheus Strůfinge gesaczt had, bis uff das recht zcu gebene vnde zcu nemene.

381. Gurge Ludeke ist gekomen vor vormundeschaft Tilen von Trote vor gehegit dingk vnde

---

[186] Vgl. Nr. 377.
[187] Danach [*Voit*] gestrichen.
[188] Vgl. Nr. 376
[189] Satz abgebrochen.
[190] Über der Zeile.
[191] Vgl. Nr. 442.
[192] [*beckers*] am Rand links, mit Einschubzeichen.

had Segemund Hertel vmme sobin alde schog grosschin vnde was dar schade uff gehit, in den medeban genommen, alse recht ist.

382. Hans Fisscher ist gekommen vor gehegit dingk vnde had gefraget orteils nach rechte. So alse Claus Heideken vom dem schultissen in synem hofe bescheiden ist, recht zcu thun vor gerichte vmme die schult, dar er ohn vmme geschuldiget had, nemlich sobinvndeczwenczig alde schog, dar vor er Tilen von Trote vor on gelobit had, dar kegin er om an synem hofe sulche genante summe gewis vor dem lehin hern weddir insetczen sulde, do er nicht enquam vnde das recht thad, als er gelobit hatte. Do wart gefunden vnde geteilt, er hette die schult uff on irstehin vnde ‖ man sal ohm syne were fronen.

383. Hans Bierboum ist gekomen vor gehegit ding vnde ist von Claus Flasschen von sulcher sache wegin, do er on in die festunge genommen hatte, ledig vnde loß geteilt, mit Thomas Olman syneme borgen.[193]

384. Nickel Katczk ist gekomen vor gehegit dingk vnde had gegebin Elizabett, syner elichen hußfrowen, sechczig alde schog grosschin an alle synen besten gutern, die er had ader ummer gewynnet, das sie an eygene, an erbe, an farnde habe adder wur ane das sie, nach syme tode dar methe zcu thune vnde zcu lassene.

385. Jan Kunpan ist gekommen vor gehegit dingk vnde had gegebin Annan, syner elichen hußfrawen, andirhalbsechczig schog grosschin an alle synen besten gutern, die er had adder ummer gewynnet, das sie an eygene, an erbe, an farnder habe adder wur ane das sie, nach synem tode do mete zcu thune vnde zcu lassene.

386. Breßlaw Krig ist gekomen vor gehegit ding vnde had Mattis Eberhade umme uierczig alde grosschin vnde was dar schade uff gehit, syne were fronen lassen, alse rech (!) ist.

387. Claus von Meideburg vnde Margareta, syne eliche hußfrowe, sint gekommen vor gehegit dingk vnde habin sich begiftiget vnde begabet vnder eynander mit allen gutern, die habin adder ummer gewynnen, das sie an eygene, an erbe, an farnde habe adder wur ane das sie. Welch orer ehir vor storbit, so sal das andere die gutere behalden, do mete zcu thune vnde zcu lassene. Sundern weres das sie erbin gewunnen, so sal die frawe kinderteyl habin an allen synen gutern.

388. Hans Kannengiesser ist gekommen vor gehegit ding vnde had gegebin Margareten, syner elichen hußfrawen, czweyhundert alde schog grosschin an alle synen besten gutern, die er had adder ummer gewynnet, das sie an eygene, an erbe, an farnder habe adder wur ane das sie, nach syneme tode do mete zcu thune vnde zcu lassene.

389. Anna, Moritz Bruns nachgelassene wetewe, ist gekommen vor gehegit dingk vnde or ist gefunden vnde geteilt, man sal sie umme anderhalb ald schog vnde was dar schade uff gehit, an Gurgen Herlich farnde habe wiesin.

---

[193] Vgl. Nr. 367.

1458–1459   231

390. Anna, Moritz Bruns nachgelassene wetewe, ist gekommen vor gehegit dingk vnde or ist gefunden vnde geteilt, man sal ‖ sie vmme sobin mandel alder grosschin vnde was dar schade uff gehit, an Oswaldis Lachen farnde habe wiesin.[194]

391. Claus Anedarm ist gekommen vor gehegit dingk vnde om ist gefunden vnde geteilt, man sal on vmme nuenczehin alde schog grosschen vnde was dar schade uff gehit, an Mathias Mederaken ⟨vnde syner swestere⟩[195] farnde habe wiesin.

392. [35] Thomas Stoyen ist gekommen vor gehegit dingk vnde had gegebin Drewes Zcoken syne fleischscherne bie Hans Kluken scherne gelegin, mit allem rechte, alse die sin was.

393. Hans Franckeleue ist gekommen vor gehegit ding vnde had Mattis Kluken umme vier alde schog gr. vnde eyn ort vnde was dar schade uff gehit, syne were fronen lassen, alse recht ist.

394. Annysius Aldenberg ist gekommen vor gehegit ding vnde had Pawel Erharde umme eyn ald schog vnde was dar schade uff gehit, syne were fronen lassen, alse recht ist.

395. Vlrich Ostraw ist gekommen vor gehegit dingk vnde had gegebin Valentin Wŭlen eyn ende synes hußes so verne, alse das von synem huße abegescheiden ist, mit alleme rechte, alse das sin was.

396. [36] Hans Smed ist gekommen vor gehegit dingk vnde ist antwertes loß geteilt von sulcher clage wegin, die Anthonius Blawrone, sin swager, uon etlicher gabe wegin vor deme erhaftigen Frederico Karlewitz official zcum Nuwen Wercke geschen, alse recht ist.

397. Bartholomeus Gerke ist gekommen vor gehegit dingk vnde had Jacoff Wynmeistere umme vx alde schogk grosschin vnde was dar schade uff gehit, sin were fronen lassen, alse recht ist.

398. [37] Agneyße, die Salwertynne von der Nunburg, ist gekommen vor gehegit ding vnde ist ledig vnde loß geteilt, mit Peter Bedermanne ⟨ore borgen⟩[196] von Hinrico Treffan vmme schult, nemlichin sechs alde ß, dar sie recht vorbot vnde er des nicht nemen wolde, alse recht ist.

399. Bernt Schenckel ist gekommen vor gehegit ding vnde had Fritzsche Tŭnaw umme ffunff alde ß gr.[197] vnde eyn ort vnde was dar schade uff gehit, in den medeban genommen, alse recht ist.

400. Michel Wechteller ist gekommen vor gehegit dingk vnde ‖ ist von Pawel Treyßen umme schult, nemlichin uierczehin gulden vnde eyn ort, dar er recht vorbot vnde er des nicht nemen wolde, ledig vnde loß geteilt, alse recht ist.

401. Anthonius Goltsmed ist gekommen vor gehegit ding vnde had uffgeboten eyn silberin bendichin, das ohm vor czweyvndedriessig nuwe grosschin zcu eynem willigen phande gesaczt ist, dry ding, vnde ohm wart gefunden vnde geteilt, er mochte das vor setczin vor sin gelt, ab

fol. 30v

fol. 31r

---

[194] Vgl. Nr. 474.

[195] [vnde syner swestere] am Rand links, mit Einschubzeichen.

[196] Über der Zeile.

[197] Danach [vnde was dar] gestrichen.

232   Die Hallischen Schöffenbücher. VI. Buch.

er konde. Konde er des nicht vorsetczen, so mochte er das uorkouffen vnde das oberleye reichen
deme, der do recht zcu hette.[198]

402. Nicolaus Brandenberg von vormundeschaft Steffen Spulsporn ist gekommen vor gehegit
dingk vnde had die Mathias Heydenrichene umme funff schogk gr. vnde czehin scheffel weysse
vnde was dar schade uff gehit, in den medeban genommen, alse recht ist.[199]

403. Hans Pheffer ist gekommen vor gehegit dingk, vnde ohm wart gefunden vnde geteilt,
er mochte sulche farnde habe, die ohm Uincencius Haße von gerichtis wegin geantwert had,
vorsetczen vor sin gelt, ab er konde. Konde er des nicht vorsetczen, so mochte er das vorkouffen
vnde das oberleye reichin deme, der do recht zcu hette.[200]

404. Hans Rodeman ist gekommen vor gehegit dingk vnde ohm wart gefunden vnde geteilt,
man sal ohn umme uierczig alde gr. vnde was dar schade uff gehit, an der Schiltbachynne farnde
habe wiesin.

405. Hans Stellemechir ist gekommen vor gehegit dingk vnde had gegebin Walbrechte, syner
elichin hußfrowen, hundert alde schogk grosschin an alle synere besten gutern, die er had adder
ummer gewynnet, das sie an eygene, an erbe, an farnde habe adder wur ane das sie, nach syme
tode do methe czu thune vnde zcu lassene.

406. Symon Blotz ist gekommen vor gehegit dingk vnde had gegebin Ortyen, syner elichin
hußfrowen, hundert alde schogk grosschin an alle synen besten gutern, die er had adder ummer
gewynnet, das sie an eygene, an erbe, an farnder habe adder wur ane das sy, nach syneme tode
dar methe zcu thune vnde zcu lassene.

407. Glorius Kober ist gekommen vor gehegit dingk vnde had Vlrich Ostrawen vmme czehin
alde schogk grosschin vnde was dar schade uff gehit, syne were fronen lassen, alse recht ist.

fol. 31v   408. **[38]** Peter Winckel ist gekommen von syner vnde synes bruder kindere ‖ wegin vor
gehegit dingk vnde had vß der festunge gelassen Hanßen Arnde von des thotslagis wegin, den er
an Asmus Winckel, der genanten kinder vater vnde syneme brudere, begangen had, mit alleme
rechten, als er dar in gekommen ist.

409. Jacob Neringk ist gekommen vor gehegit dingk vnde had geclait zcu Fritzsche Tůnaw
vnde zcu syme gute, das er in Hans Grißguben huße besaczt had, umme czwey alde schog vnde
secks nuwe gr. vnde was dar schade uff gehit, dry dingk. Czum vierden dinge wart gefunden vnde
geteilt, er hette syne phennige irstehin vnde man sulde on dar an wiesin.

410. Donat Trebichin ist gekommen vor gehegit dingk vnde om wart gefunden vnde geteilt,
man sulde ohn umme eyn schog vnde acht alde grosschin vnde was dar schade uff gehit, an
Thomas Hůn farnde habe wiesin.

---

[198] Vgl. Nr. 333.
[199] Vgl. Nr. 336.
[200] Vgl. Nr. 343.

1458–1459   233

411. Claus Wesmar ist gekommen vor gehegit dingk vnde had Steffan Vogele vmme dry alde
schog grosschin vnde was dar schade uff gheet, in den medeban genommen, alse recht ist.

412. Claus Wale ist gekommen vor gehegit dingk vnde had Drewes Leichen vmme czehin alde
schogk grosschin vnde was dar schade uff gehit syne were fronen lassen alse recht ist.

413. Hans Schencke ist gekommen vor gehegit dingk vnde had uffgeboten eynen rock, der
ohm zcu eyneme willigen phande vor acht alde schog grosschin gesaczt ist, dry dingk, vnde om
wart gefunden vnde geteilt, er mochte das vorsetzen vor sin gelt, ab er konde. Konde er des nicht
vorsetczen, zo mochte er das vorkouffen vnde das obirleye reichen deme, der dar recht zcu hette.

414. Johan Lutcze ist gekommen vor gehegit dingk vnde had Erhard Schaden umme eyn alde
schog vnde achtczchin alde grosschin vnde was dar schade uff gehit, sine were fornen lassen, alse
recht ist.

415. Annysius Bothe ist gekommen vor gehegit dingk vnde had Erhard Schaden umme dry
alde schogk vnde czwelff alde gr. vnde was dar schade uff gehit, syne were fronen lassen, alse
recht ist.

416. Claus Zcoberitz ist gekommen uor gehegit dingk vnde had uffgeboten eyne fronunge an
Vlrich Zcoberitz huße dry ding, vnde om wart gefunden vnde geteilt, er mochte das uorsetzen
uor sin geld, ab er konde. Konde er des nicht uorsetczen, so mochte er das uor kouffen vnde das
obirley reichin deme, der do recht zcu hette.

417. Mattis Heydenrichs nachgelassen wetewe ist gekommen uor gehegit dingk vnde had   fol. 32r
sich ⟨dar⟩[201] uor willet, das sie Sander Bussen acht‖czchendehalb ald schog, die er uff Mattis
Heydenrichs ores wertis erbe irstanden vnde irclaget had, czwisschen trinitatis vnde den nehist
komenden winachten beczalen wil, vnde wie sie des in der genanten czyt nicht en tete, so sal sie
nach den vorgengenen winachten das erbe, das sie Bartholomeus Stoyen abegebutet had, rŭmen
vnde deme genanten Sander Bussen das zcu staten zcu vorsetczen adder zcu vorkouffen uor sin
geld, in aller maße, als er das irstanden vnde irclaget hette, vnde disse vorwillunge ist geschen
anno etc. lviij⁰ 2ᵃ feria post trinitatis.[202]   29. Mai
                                                                                        1458
418. Drewes Zcoke ist gekommen vor gehegit dingk ⟨unde⟩[203] had Uit Walewitz umme dries-
sigk alde schog grosschin vnde was dar schade uff gehit, syne were fronen lassen, alse recht ist.

419. Hans Prŭße vnde Hinricus Geiling in vormundeschaft Hans Schutczen nachgelassen
kindere ⟨sint gekomen uor gehegit ding⟩[204] vnde sint sucher schult nemlich czwenczig alde schog

---

[201] Über der Zeile.
[202] Vgl. Nr. 36, 50, 299.
[203] Über der Zeile.
[204] [*sint gekomen uor gehegit*| *ding*] am Rand rechts, mit Einschubzeichen.

234   Die Hallischen Schöffenbücher. VI. Buch.

grosschin, die Frederich Schutcze mit wissentschaft zcu on brengen wolde vnde des in rechter czyt nicht en thad, ledig vnde loß geteilt, alse recht ist.[205]

420. Claus Zcoymer ist gekommen vor gehegit ding vnde had Hinrick Hedirsleibin vmme czwey alde schog vnde czwelff alde grosschin vnde was dar schade uff gehit, syne were fronen lassen, alse recht ist.

421. Peter Wentcze ist gekommen vor gehegit ding vnde had Erhard Schaden umme czwenczig alde grosschin vnde was dar schade uff gehit, syne were fronen lassen, alse recht ist.

422. Hans Sparuit ist gekommen vor gehegit dingk vnde ohm wart gefunden vnde geteilt, man sulde on vmme czwelff alde grosschin unde was dar schade uff gehit, an Hans Bisacks farnde habe wiesin.

423. [39] Drewes Czwenczig ist gekommen vor gehegit dingk vnde had gegebin Caspar Patczel eynen huß czwisschen Nickel Paeck vnde Claus Scheffere in der Prúfenstraße gelegin, mit alleme rechte, alse das sin was.[206]

424. Caspar Patczel ist gekommen vor gehegit dingk vnde had gegebin Claus Bobiste das selbe nechist uorgeschrebene huß, mit alleme rechte, alse das sin was.[207]

425. Hans Hobúrg ist gekomen vor gehegit dingk vnde had Hanße Hasen umme dry alde schog grosschin vnde eyn ort vnde was dar schade uff gehit, syne were fronen lassen, alse recht ist.

426. Albrecht von Ruden ist gekommen vor gehegit ding unde ohm wart gefunden vnde geteilt, man sulde on umme anderhalb ald schog grosschin vnde was dar schade uff gehit an der ‖ Steffan Richardynne farnde habe wiesin.[208]

427. Hans Kannengiesser ist gekomen vor gehegit dingk vnde om wart gefunden vnde geteilt, man sulde on an Mertin Walters farnde habe wiesin, umme dry alde schog ane eyn ort, die er vnder Peter Waynwitze besaczt had.

428. Ilse, Pawel Ripawen nachgelassene wetewe, ist gekomen vor gehegit ⟨ding⟩[209] vnde had Hanße Subache, oren bruder, czu eynem vormunden gekorn, sulche schult, nemlich hundert alde schog, die sie zcu Levin Ripawen gesaczt had, zcu forderne, biß uff das recht zcu gebene vnde zcu nemene.[210]

429. [40] Lorentz Lissaw ist gekommen vor gehegit dingk vnde had gebracht eynen offenen vorsegilten brieff, dar inne er bewiesete, das er vor er Gurgen Dorns⟨tete⟩[211], vorstender der

---

[205] Vgl. Nr. 186.
[206] Vgl. Nr. 424.
[207] Vgl. Nr. 423.
[208] Vgl. Nr. 447.
[209] Über der Zeile.
[210] Vgl. Nr. 544.
[211] [tage] gestrichen und durch [tete] ersetzt.

cappellen sente Jacoffs zcu Halle, synes lehin hern, Julianen, syner elichin hußfrawen, driessig vnde hundert alde schog an syneme huße gegebin habe in der Galkstrassen gelegin, nach syme tode dar methe zcu thune vnde zcu lassene, unde das er auch an deme ergenanten huße had begift Claus Lissowen, synes fettern tochter, ouch genant Juliana, funffczehin alde schog nach syme tode mit sulcher wiese vnde vnderscheit, weres sache ab die genante Juliana, des ergenanten Claus Lißowen tochter, von todiß wegin abeginge, das got gnediclichin fuge, er sie zcu deme elichin lebene beraten wolde, so sullin sulche obene geschrebenen funffczehin alde schog uon deme genanten huße ouch komen vnde folgen an die uilgenante Julianan, Lorentzs Lissawen eliche wertynne, zcu besserunge orer lipczucht, die er denne ouch dar methe begiftiget had, alse der selbete brieff von worte zcu worte clerlichin inheldet, vnde liß fragen orteils nach rechte, ab die gabe so gute craft vnde macht hette, als sie vor gerichte geschen were. Dar uff wart gefunden vnde geteilt, es hette gute craft vnde macht.[212]

430. Lorentz Lissow ist gekommen vor gehegit dingk vnde had gegebin Julianan, syner elichin hußfrowen, alle syne farnde habe, die er had addir ummer gewynnet, nach syme tode dar mete zcu thune vnde zcu lassene.[213]

431. Hans Steffen vnde Margareta, syne eliche hußfrawe, sint gekomen vor gehegit ding vnde habin sich begiftiget vnde begabet under eynander mit allen gutern, die sie habin adder ummer gewynnen, das sie an eygene, an erbe, an farnder ‖ habe adder wur ane das sie. Welch orer ehir vorstorbit, so sal das ander die gutere behalden, dar mete zcu thune vnde zcu lassene.

fol. 33r

432. Herman Busse ist gekomen vor gehegit ding vnde had gefraget orteils nach rechte, so als Hans Smede von dem schultissen in synem hofe recht zcu thune vor achtczehindehalb schog, die er om dar vor neynte vor gerichte bescheiden were vnde nicht en qweme, wes man om forder helffen mochte. Dar uff wart gefunden vnde geteilt, qweme er nicht wiele, das ding werte, so hette er syne phennige uff on irstehin.[214]

433. Hans Richard vnde Vrsula, syne eliche hußfrawe, sint gekomen vor gehegit ding vnde habin sich begiftiget vnde begabet vnder eynander mit allen gutern, die sie habin adder vmmer gewynnen, das sie an eygene, an erbe, an farnder habe adder wur ane das sie. Welch orer ehir vorstirbet, so sal das ander die gutere behalden, dar methe zcu thune vnde zcu lassene. Gewunnen sie aber kindere, so sal die frawe kinder teyl habin an allen synen gutern.

434. Hans Kersten ist gekomen vor gehegit ding vnde had gegebin Margareten, syner elichin hußfrawen, czwey hundert alde schog gr. an alle synen besten gutern, die er had adder vmmer gewynnet, das sie an eygene, an erbe, an farnder habe adder wur ane das sie, nach syme tode dar methe zcu thune vnde zcu lassene.

---

[212] Vgl. Nr. 430.
[213] Vgl. Nr. 429.
[214] Vgl. Nr. 457.

236 Die Hallischen Schöffenbücher. VI. Buch.

435. Thomas Frederich ist gekomen vor gehegit ding vnde om wart gefunden vnde geteilt, man sulde on umme sobin alde schog grosschen vnde was dar schade uff gehit, an der Peter Wynkelynne farnde habe wiesin, dar vmme, das sie om dar vor recht buth (!) von gelobedes wegin orers sons vnde des nicht thun wolde.

436. Thomas Krawinckel ist gekommen vor gehegit ding vnde had ingesaczt zcu eynem willigen phande Hanße Bemen, Nickel Symon vnde Peter Peitzsche syn huß in der Clauweßstraßen bie sente Niclaus gelegin vor hundert alde schog umme gelobedeß willen, das sie vor on kegin Hanße von Koyne getan habin, vnde wen er sie sulches gelobedes benymmet, so sal om sin huß wedder fry vnde ledig folgen.

437. Peter Forcheym ist gekomen vor gehegit ding vnde had der Hans Heyrichynne umme dry alde schog vnde eyn schog stro vnde was dar schade uff gehit, ore were fronen lassen, alse recht ist.[215]

438. Thomas Olman ist gekomen vor gehegit ding vnde om wart gefunden vnde geteilt, man sulde on umme nuen alde schog gr. ane czwenczig alde gr. vnde was dar schade uff gehit, an Hans ‖ Ditoldes farnde habe wiesin.

439. Erhard Trepcz ist gekomen vor gehegit dingk vnde had uffgeboten eynen mantel vnde eynen rogk, die om vor funff alde ß grosschin vnde eyn ort vnde was dar schade uff gehit zcu eynem willigen phande gesaczt sin, dry ding. Do wart gefunden vnde geteilt, er mochte das vorsetczen vor sin geld, ab er konde. Konde er des nicht vorsetczen, so mochte er das vorkouffen vnde das obirley reichin deme, der do recht zcu hette.

440. Elle ist gekomen vor gehegit dingk, nemlich Hans Salczburges eliche hußfrawe, vnde had geclait zcu Lucas vom Steyne adder Kuttenregel genant vnde zcu dem gelde, das sie vnder Clemen synem bruder besaczt had, dry dingk. Czum vierden dinge wart gefunden, man sulde sie umme eyn ort vnde czwey schog an das selbe geld wiesin, vnde was dar schade uff gehit.[216]

441. Volkmar Poeck ist gekomen vor gehegit ding vnde had Vincencius Heynriche vmme eyn ald schog gr. vnde czwenczig alde gr. vnde was dar schade uff gehit, syne were fronen lassen, alß recht ist.[217]

442. Gebert Bicheling ist gekommen vor gehegit ding vnde ist sulcher schuld, die Jacoff Phortener in vormundeschaft syner muter, nemlich das er mit freuele in der Andreweß Wißbachynne seligin huße in den Cleynsmeden gelegin sulle gesessen habin, zcu ohm gesaczt had, das er denne mit willen der testamentarien getan hatte vnde sich des mit den selbin zcu fulkomene irbôt, do[218]

---

[215] Vgl. Nr. 568.
[216] Vgl. Nr. 519.
[217] Vgl. Nr. 149, 280, 538.
[218] Danach [sie] gestrichen.

fol. 33v

er nicht enqwam vnde das geczugnisse nam, da wart er sulcher schuld von ohm emprochin.[219]

443. Er Niclaus Wynman, Lucas Hentczendorff vnde Gebert Bicheling, testamentarien der Clemen Wißpachynne, sint gekommen vor gehegit dingk vnde ohn ist gefunden vnde geteilt, welch or kommet vor gerichte sulche schuld, die sie zcu Clemen Wißpache gesaczt habin, zcu forderne, dar sal sulche macht habin, als ab sie alle dry keginwertig weren, biß uff das recht zcu gebene vnde zcu nemene.[220]

444. Clemen Eldiste ist gekomen vor gehegit ding vnde had Glorius Strelawen vmme drittehalb ald schog gr. vnde was dar schade uff gehit, syne were fronen lassen, alse recht ist.

445. Jacob Rule ist gekomen vor gehegit ding vnde had Hanße Grißgrůben vnde syner elichin hußfrawen vmme czwenczig alde schogk grosschin vnde was dar schade uff gehit, ore were fronen lassen, alse recht ist.[221] ‖

446. Hans Houbt ist gekomen vor gehegit dingk vnde had uffgeboten eyne fronunge an Hans Tusschers huße, die er dar ane gehabt, dry ding. Do wart gefunden vnde geteilt, er mochte das vorsetzten vor sin geld, ab er konde. Konde er des nicht vorsetczen, zo mochte er das vorkouffen vnde das obirley reichen deme, der do recht zcu hette.[222]

447. Albrecht von Ruden ist gekomen vor gehegit dingk vnde had dy Steffen Richardynne umme anderhalb ald schogk grosschin vnde was dar schade uff gehit, in den medeban genommen, alse recht ist.[223]

448. Frantcze Mertin ist gekomen vor gehegit dingk vnde had Glorius Kobere vnde Hinrick Mettener vmme czehin alde schog gr. vnde was dar schade uff gehit, ore weren fronen lassen, alse recht ist.

449. Hinrick Leder ist gekomen vor gehegit ding vnde om ist gefunden vnde geteilt, man sal on vmme sobindehalb ald schog gr. vnde acht alde gr. vnde was dar schade uff gehit, an Peter Winckels farnde habe wiesin.

450. Hans Baltaczar ist gekommen vor gehegit dingk vnde had gegebin Jacoff Baltaczar, syme sone, al sin guth, das er had adder vmmer gewynnet, das sie an eigen, an erbe, an farnder habe adder wur ane das sie, dar methe zcu thune vnde zcu lassene.

451. Michel Snabel ist gekomen vor gehegit dingk vnde had Thomas Krawinckel vmme dry-czehin alde schog gr. ane eyn ort vnde was dar schade uff gehit, syne were fronen lassen, alse recht ist.

452. [41] Mertin Smed ist gekomen vor gehegit dingk vnde had gegebin Gutten, syner elichin

---

[219] Vgl. Nr. 378.
[220] Vgl. Nr. 477, 518.
[221] Vgl. Nr. 524, 562.
[222] Vgl. Nr. 326.
[223] Vgl. Nr. 426.

238 Die Hallischen Schöffenbücher. VI. Buch.

hußfrawen, eyn huß hinder sente Gerdruden an syme hofe bie Hentcze Koche gelegin zcu oreme libe vnde hundert alde schog grosschin zcu allen synen besten gutern, die er had adder vmmer gewynnet, das sie an eygen, an erbe, an farnder habe adder wur ane das sie, nach syme tode dar mete zcu thune vnde czu lassene.

453. Claus Engeler ist gekomen vor gehegit dingk vnde had Nicasio Munth vmme dry nuwe grosschin vnde was dar schade uff gehit, syne were fronen lassen, alse recht ist.

454. Anthonius Blawrongk ist gekomen vor gehegit dingk vnde om ist gefunden vnde geteild, man sal on vmme achtvndedriessig alde gr. vnde was dar schade uff gehit, an der Vlrich Oßtrawynne farnde habe wiesen.[224]

455. Baltasar Aldenburg ist gekomen vor gehegit dingk vnde had gewart der czugnisse, die Nickel Hartman von des wegin, das er om das heymliche gemach, dar sie vmme schelhaftig waren, thun sulde, als er also mit den geczugen nicht fulkam, wart Hartman der sache halbin ‖ fellig geteilt vnde Baltazar Aldenburge eyne rechte gewere dar ane zcugeteild vnde om den zcugangk wedder offenen vnde stihen.[225]

456. Nickel Lichte ist gekomen vor gehegit ding vnde ist von Michel Goyen sulcher schuld, nemlich sechstehalb ald schog, die er mit geczugen zcu om gesaczt hatte vnde ⟨das⟩[226] mit den geczugen also nicht fulqwam, ledigk vnde loß geteild.

457. Herman Buße ist gekomen vor gehegit dingk vnde had Hanße Smede umme achtczehundehalb ald schogk gr. vnde was dar schade uff gehit, syne were fronen lassen, alse recht ist.[227]

458. Herman Haferbeck ist gekomen vor gehegit dingk vnde had Peter Drachen zcu eyme formunden gekorn sulchen schulde, die er zcu Hanße Smede, nemlich vmme eynvndevierczigk ald schog gr. vnde eyne thunen heringis gesaczt had, zcu vordern, biß uff das recht zcu gebene vnde zcu nemene.

459. Margareta, Ditzsche Bemen eliche hußfrawe, ist gekomen vor gehegit dingk vnde or ist gefunden vnde geteilt, man sal sie vmme sobin nuwe gr. vnde was dar schade uff gehit, an Claus Großes farnde habe wiesin.

460. Mewes Heyneman ist gekomen vor gehegit dingk vnde had Drewes Leichen vmme sechs alde schog gr. vnde was dar schade uff gehit, syne were fronen lassen, alse recht ist.

461. Allexius Kaldys ist gekomen vor gehegit dingk vnde om wart gefunden vnde geteilt, man sulde on vmme czehindehalb ald schog gr. vnde was dar schade uff gehit, an Hans von Lobben farnde habe wiesin.

fol. 34v

---

[224] Vgl. Nr. 478.
[225] Vgl. Nr. 511.
[226] Über der Zeile.
[227] Vgl. Nr. 432.

1458–1459   239

462. Lorentz Prellewitz ist gekomen vor gehegit dingk vnde om wart gefunden vnde geteild, man sal on vmme funff alde schog vnde eyn ort vnde was dar schade uff gehit, an der Nickel Bechererynne farnde habe wiesein.[228]

463. Lorentz Prellewitz ist gekomen vor gehegit ding vnde om wart gefunden vnde geteild, man sulde on vmme sechßvndeczwenczig nuwe gr. vnde was dar schade uff gehit, an Erhard Schaden farnde habe wießin.[229]

464. Agnyße Beckers ist gekomen vor gehegit ding vnde had Nickel Hartman gekorn zcu eymen (!) vormunden sulchen schuld zcu fulfurene, die sie zcu Hedewigen, Andrewes Spittendorffs tochter, gesaczt had, nemlich vmme gerade, das sie or freuelich vorheld, biß uff das recht zcu gebene vnde zcu nemene.

465. Lorentz Holczappel ist gekomen vor gehegit dingk vnde had Katherinen, Peter Sellen nachgelassene hußfrawe, umme vierdehalbhundert alde schog grosschin, die sie in gerechte bekant had, vnde was dar ‖ schade uff gehit, ore were fronen lassen, alse recht ist.[230]   fol. 35r

466. Glorius Kober vnde Hinrick Mettener sint gekomen vor gehegit dingk vnde habin Vincencius Heynriche vnde syner mŭter vmme czehin alde schog gr. vnde was dar schade uff gehit, ore were fronen lassen, alse recht ist.[231]

467. Claus Habich ist gekomen vor gehegit dingk vnde ohm ist gefunden vnde geteild, man sal on umme czwelff nuwe grosschin vnde was dar schade uff gehit, an Erhart Schaden farnde habe wiesin.

468. Dy Stontczynne ist gekomen vor gehegit dingk vnde had Hinrico Treffan vmme czwelff alde schogk gr. vnde was dar schade uff gehit, syne were fronen lassen, alse recht ist.[232]

469. Lodewig Molle ist gekomen vor gehegit dingk vnde had Hanße Moritz zcu eyneme vormunden gekorn sulchene schuld, die er zcu Hans Tiffense, nemelich umme achtvndedriessig alde schog gesaczt had, zcu forderne, biß uff das recht zcu gebene vnde zcu nemene.

470. Hans Gerwich ist gekomen vor gehegit dingk vnde had gegebin Agneysen, syner elichin hußfrawen, sechczig rinsche gulden an allen synen besten gutern, die er had adder vmmer gewynnet, das sie an eygen, an erbe, an farnder habe adder wur ane das sie, nach syme thode dar methe zcu thune vnde zcu lassene.

471. Hans Gerwich ist gekomen vor gehegit dingk vnde had die Steffen Richardynne vmme sobindehalb ald schogk gr. vnde was dar schade uff gehit, in den medeban genommen, alse recht ist.

---

[228] Vgl. Nr. 483
[229] Vgl. Nr. 555.
[230] Vgl. Nr. 252, 541.
[231] Vgl. Nr. 534, 565; vgl. auch Buch V 715.
[232] Vgl. Nr. 561.

240 Die Hallischen Schöffenbücher. VI. Buch.

472. Jacoff Wiessagk ist gekomen vor gehegit dingk vnde om ist gefunden vnde geteilt, man sal on vmme sobinczehin nuwe gr. vnde was dar schade uff gehit, an Peter Wochawen farnde habe wiesin.[233]

473. Dy Moritz Brůnene ist gekomen vor gehegit ding vnde or ist gefunden vnde geteild, man sal sie umme czwelff nuwe gr. vnde was dar schade uff gehit, an Vincencius Heynrichs farnde habe wiesin.

474. Dy Moritz Brůnene ist gekomen vor gehegit dingk vnde had Oßwalt Lachen umme funffvndeczwenczigk nuwe gr. vnde was dar schade uff gehit, in den medeban genommen, alse recht ist.[234]

475. Dy Moritz Brůnen ist gekomen vor gehegit dingk vnde or ist gefunden vnde geteilt, das sie oren czinß an Cuntcze Gerckes farnde habe nehir ist, czu irforderne, den Hanß Petzsch or den an der selbin farnde habe abeirstehin vnde irclagen moghe.

476. Mertin Kaldenborne ist gekomen vor gehegit dingk vnde ist von Hans Asmus von des wegin, das er om die syner schunen dry viertel sulle vor myt habin vnde on an der myte gehindert, dar er neyn zcu sprach, ‖ ledigk vnde loß geteilt.[235]

fol. 35v

477. Lucas Hintczendorff vnde Gebert Bichelingk sint gekomen vor gehegit dingk vnde sint von Clemen Wißpache sulcher schuld, nemlich das sie om syne schrifliche (!) schuld, die er zcu der Andrewes Wißpachynne seligin gesaczt hatte, mit freuele vor gehalden hette, das sie dem vor gerichte vorneynten vnde or recht dar vor zcu thune geboten, das Clemen von ohn nicht nemen wolde, ledigk vnde loß geteild.[236]

478. Anthonius Blawronch ist gekomen vor gehegit dingk vnde om ist gefunden vnde geteilt, er magk sulchen phant, nemlich der Vlrich Ostrawynne dar er an gewiesit was, vor setczen vor sin geld, ab er kan. Konde er des nicht vorsetczen, so mochte er das vorkouffen vnde das obirley reichen deme, der dar recht zcu hette.[237]

479. [42] Pauwel Hedirsleibe had gesant synen offenen vorsegilten brieff in gehegit dingk, da inne her Lucas Kunnpan mit willen vnde fulbort Heynrichs, Bertram, Hanßes, Gurgen vnde Ciriacus, syner sone vnde rechtin erbin, gegebin had syne eygenschaft, nemlich czwey smale schogk grosschin lehins vnde jerlichs erbczinßes, die er an syneme huße an deme sacke bie der Rodewelschenstraßen gelegin, mit aller gerechtikeit, alse on die von syneme vater vnde brudern seligen anirstorbin ist.

480. Wentczclaw Seber ist gekomen vor gehegit dingk vnde had die Steffen Richardynne vmme

---

[233] Vgl. Nr. 486.
[234] Vgl. Nr. 390.
[235] Vgl. Nr. 553.
[236] Vgl. Nr. 442, 443, 518
[237] Vgl. Nr. 454.

czwey alde schog grosschin vnde was dar schade uff gehit, in den medeban genommen, alse recht ist.

481. Mathias Wagk ist gekomen vor gehegit dingk vnde had Glorius Strelen vmme funfftehalb alde schog gr. vnde was dar schade uff gehit, syne were fronen lassen, alse recht ist.

482. Mathias Phoel ist gekomen vor gehegit dingk vnde had Jacoff Wynmeister umme czwene rinsche gulden vnde nuhenczehin alde gr. vnde was dar schade uff gehit, syne were fronen lassen, alse recht ist.

483. Lorentz Prellewitz ist gekomen vor gehegit dingk vnde had die Nickel Bechererynne vmme funff alde schog gr. vnde was dar schade uff gehit, in den medeban genommen, alse recht ist.[238]

484. Werner Holtzschůmecher ist gekomen vor gehegit ding vnde had Jacoff Wynmeistere vmme sechßvndeczwentzigistehalb schogk gr. vnde was dar schade uff gehit, syne were fronen lassen, alse recht ist.

485. Werner Holczschumecher ist gekomen vor gehegit dingk vnde om ist gefunden vnde geteild, man sal on vmme solbin alde schog gr. vnde waß dar schade uff gehit an der Nickel Bechererynne farnde habe wiesein.

486. Jacoff Wiessagk ist gekomen vor gehegit dingk vnde had Peter Wachawen vmme sobinczehin nuwe grosschin vnde was dar schade uff gehit, ‖ in den medeban genommen, alse recht ist.[239]

fol. 36r

487. Caspar Goris ist gekomen vor gehegit dingk vnde om ist gefunden vnde vnde (!) geteild, man sal on vmme czwey alde schog gr. ane acht alde gr. vnde was dar schade uff gehit, an Drewes Grunewaldes farnde habe wiesin.[240]

488. Herman Fisscher ist gekomen vor gehegit dingk vnde ist von Peter Wegen sulcher schuld, nemlich das er ohm sulle vor czwey alde schog bier abegekouft habin, dar er neyn zcu sprach vnde sin recht dar vor thun wolde, des Peter nicht nemen wolde, ledigk vnde loß geteild.

489. Andreas Slanlach ist gekomen vor gehegit dingk vnde had Clemen Eldisten vmme czweyvndedriessigk nuwe grosschin vnde was dar schade uff gehit, syne were fronen lassen, alse recht ist.

490. Bertold Drewes ist gekomen vor gehegit dingk vnde had gegebin Gerdruden, syner elichin hußfrawen, czwenczig alde schogk gr. an allen synen besten gutern, die er had adder vmmer gewynnet, das sie an eygene, an erbe, an farnder habe adder wur ⟨ane⟩[241] das sie, nach syme tode dar mete czu thune vnde zcu lassene.

---

[238] Vgl. Nr. 462.
[239] Vgl. Nr. 472.
[240] Vgl. Nr. 514.
[241] Über der Zeile.

Die Hallischen Schöffenbücher. VI. Buch.

491. Deynhard Drakenstede vnde Hans Koch sint gekomen vor gehegit dingk vnde habin gegebin Niclaus Fallyser ore gerechtikeit, die sie an der Steffen Richardynne huße vor der mole gelegin gehabit habin, mit aller gerechtikeit, also on die gegebin was.[242]

492. Valentin Rosentred ist gekomen vor gehegit dingk vnde om ist gefunden vnde geteild, man sal on vmme czweyvndeczwenczig alde gr. vnde was dar schade uff gehit, an Hans Bisacks farnde habe wiesin.

493. Nicolaus Rode vnde Margareta, syne eliche hußfrawe, sint gekomen vor gehegit dingk vnde habin sich begiftigit vnde begabit undir eynander mit allen gutern, die sie habin addir vmmer gewynnen, das sie an eygene, an erbe, an farnder habe adder wur ane das sie. Welch or ehir vorstorbit, so sal das andere die gutere behaldin, dar methe zcu thune vnde zcu lassene.[243]

494. Hinrick Mettener ist gekomen vor gehegit dingk vnde had der Hans Heynrichynne vnde Lenen, Vincencius Heynrichs wiebe, vmme funffczig alde schog, czwene amen birs vnde sechs schog schindels vnde was dar schade uff gehit, ore were fronen lassen, alse recht ist.[244]

495. Hinrick Mettner ist gekomen vor gehegit ding vnde ohm ist gefunden vnde geteild, man sal on umme sulch nehist vor geschrebenen gelt, bier vnde schindel an Vincencius Heynrichs farnde habe wiesin.[245]

496. Hans Gerwich ist gekomen vor gehegit ding vnde had die Nickel Becherenynne vmme dry alde schog gr. vnde was dar schade uff gehit, in den medeban genommen, alse recht ist. ‖

fol. 36v

497. Bastian Gruneheide ist gekomen vor gehegit dingk vnde om ist gefunden vnde geteilt, man sal on vmme funffvndefunffczigk alde schogk gr. vnde vier nuwe gr. vnde was dar schade uff gehit, an Hans Brusers farnde habe wiesin.[246]

498. Bastian Gruneheide ist gekomen vor gehegit dingk vnde om ist gefunden vnde geteilt, man sal on vmme dry aldeschog gr. vnde was dar schade uff gehit, an der Steffen Richardynne farnde habe wiesin.[247]

499. Pauwel Marx ist gekomen vor gehegit dingk vnde had Hans Grißgrůben vnde syner elichin hußfrawen vmme sechs alde schog gr. vnde was dar schade uff gehit, ore were fronen lassen, alse recht ist.

500. Claus Ritze vnde Katherina, syne můter, sint gekomen vor gehegit dingk vnde sint von Friderico Schuman vmme der wunde willen, dar er sie umme schuldigkete, dar sie or recht vor thun wolde, vnde er des nicht nemen wolde, ledig vnde loß geteild.

501. Thomas Frederich ist gekomen vor gehegit ding vnde om ist gefunden vnde geteild, man

---

[242] Vgl. Nr. 218.
[243] Vgl. Buch V 836.
[244] Vgl. Nr. 495, 516, 533, 564.
[245] Vgl. Nr. 494, 516, 533, 564.
[246] Vgl. Nr. 548.
[247] Vgl. Nr. 525.

1458–1459

sal on vmme eyn ald schog vnde was dar schade uff gehit, in Blasius Winckels gut, das er vnder syner mûter besaczt had, wiesin.[248]

502. Thomas Frederich ist gekomen vor gehegit dingk vnde om ist gefunden vnde geteild, man sal on vmme virdehalb ald schog gr. was dar schade uff gehit an Blasius Winckels farnde habe wiesin.[249]

503. Michel von Czwickow ist gekomen vor gehegit dingk vnde had Nicolaum Brandenberge czu eyneme vormunden gekorn, sulchen schult, die er czu Hans Czwenczige gesaczt had, zcu forderne, biß uff das recht zcu gebene vnde zcu nemene.[250]

504. Nickel Wele ist gekomen vor gehegit dingk vnde ist von Frederich Schutczen sulcher schult, nemlich vmme die gerade, dar er sin recht vor thun wolde vnde er des nicht nemen wolde, ledigk vnde loß geteilt.[251]

505. Peter Bederman ist gekommen vor gehegit dingk vnde had Jacoff Wynmeistere vmme funffvndeczwenczigk nuwe grosschin vnde eyn scheffel hafere vnde was dar schade uff gehit, syne were fronen lassen, alse recht ist.

506. Peter Bederman ist gekommen vor gehegit dingk vnde had Jacoff Wynmeister vmme sechczehin nuwe grosschin vnde was dar schade uff gehit, syne were fronen lassen, alse recht ist.

507. Hans Profyth ist gekommen vor gehegit dingk vnde had Hans Bisacke vmme vier nuwe gr. vnde was dar schade uff gehit, in den medeban genommen, alse recht ist.

508. Hans Peytzsche ist gekomen vor gehegit dingk vnde om ist gefunden vnde geteild, man sal on vmme czehindehalb ald schog gr. vnde was dar schade uff gehit, an Kuntcze Beckers vnde syner elichin frawen guth ‖ wiesin, das er vnder der Moritz Brûnen besaczt had, nemlichin zcu der besserunghe.

fol. 37r

509. Symon Willeboltcze ist gekomen vor gehegit dingk vnde had Nicolaum Brandenberghe zcu eyneme vormunden gekorn, sulchen schult, die er zcu Hanße Czwenczige, nemlich umme viervndeczwenczig alde schog vnde was dar schade uff gehit gesaczt had, zcu forderne, biß uff das recht zcu gebene vnde zcu nemene.[252]

510. Hans Lakenscherer ist gekomen vor gehegit dingk vnde om ist gefunden vnde geteilt, man sal on vmme czweyvndeczwenczig nuwe gr. vnde was dar schade uff gehit, an Hinrick Stoyens farnde habe wiesin.[253]

511. Baltazar Aldenburgk ist gekomen vor gehegit dingk vnde had Nickel Hartman vmme der

---

[248] Vgl. Nr. 522.
[249] Vgl. Nr. 523.
[250] Vgl. Nr. 574, 586.
[251] Vgl. Nr. 566.
[252] Vgl. Nr. 581.
[253] Vgl. Nr. 517.

244 Die Hallischen Schöffenbücher. VI. Buch.

bûße willen, die er om mit rechte abegewunnen had, nicht gebin wil, syne were fronen lassen, alse recht ist.[254]

512. Glorius Pordeman ist gekomen vor gehegit dingk vnde om ist gefunden vnde geteild, man sal on vmme eyn nuwe schog gr. vnde was dar schade uff gehit, an Jacoff Weseners farnde habe wiesin.

513. Benedictus Jans ist gekomen vor gehegit dingk vnde om ist gefunden vnde geteild, man sal on vmme achtvndevierczig alde gr. vnde was dar schade uff gehit, an Peter Kûritz gut wiesin, das er vnder Frederich Schutzcen besaczt had.

514. Caspar Goris ist gekomen vor gehegit dingk vnde had Drewes Grunewalde vmme czwey alde schogk gr. ane acht alde gr. vnde was dar schade uff gehit, in den medeban genommen, alse recht ist.[255]

515. Curdt Bodental had gesant synen offenen vorsegilten brieff in gehegit dingk, dar inne er Herman Busse, Hinriche Ledere an schult, nemlich funffczig alde schogk gr., die er on schuldig geblebin ist, gegebin had, alle syne gutere, bewegelich adder vnbewegelich, glaß, farnde habe vnde ander ingethûme, wur er das had keyn ußgeslossen, darmethe zcu thune vnde zcu lassene.[256]

516. Hinrick Mettener ist gekomen vor gehegit dingk vnde had Vincencius Heynriche vmme funffczigk alde schog gr., czwene amen bier, sechs schog schindels vnde was dar schade uff gehit, in den medeban genommen alse recht ist.[257]

517. Hans Lakenscherer ist gekomen vor gehegit dingk vnde om ist gefunden vnde geteild, er magk sulche farnde habe, nemlich Heynrich Stoyens dar er an gewiesit was, vorsetczin vor sin geld, ab er konde. Konde er der nicht vorsetczin, so mochte er die vorkouffin vnde das obirley reichin deme, der dar recht zcu hette.[258]

518. Clemen Wißpach ist gekomen vor gehegit dingk vnde ist ⟨von⟩[259] Gebert Bichelinge vnde Lucas Hintczendorffe sulcher schulde, die sie alse testementarien ‖ der Andrewes Wißpachyne zcu om gesaczt hattin, nemlich umme ⟨xiiij⟩[260] jar craem zcinß, eyne czehenene flassche vnde sechs elle lihenene tuch, dar er sin recht vor thun wolde vnde sie des von om nicht nemen woldin, ledigk vnde loß geteild.[261]

519. Elle, Hans Salczburges eliche hußfrawe, ist gekomen vor gehegit dingk vnde had Clemen

fol. 37v

---

[254] Vgl. Nr. 455.
[255] Vgl. Nr. 487.
[256] Vgl. Nr. 532.
[257] Vgl. Nr. 494, 495.
[258] Vgl. Nr. 510.
[259] Über der Zeile.
[260] [sobin] gestrichen und durch [viiij] ersetzt.
[261] Vgl. Nr. 378, 442, 443, 477.

1458–1459   245

Kuttenregele dar vmme, das er sulchen geld, das sie uff Lucas, syneme brudere, irstehin had, nicht wil uß gebin, als om gebotin ist, syne were fronen lassen, alse recht ist.[262]

520. Andreas Slanlach ist gekomen vor gehegit dingk vnde om ist gefunden vnde geteilt. Man sal on vmme vierczehin nuwe gr. vnde was dar schade uff gehit, an Erhart Schaden farnde habe wiesin.

521. Vrban Tůfel ist gekomen vor gehegit dingk vnde om ist gefunden vnde geteild, das er sulchene schult, nemlich funffczigk alde schogk gr., die er mit geczugen uff Steffen Tůfele, syneme vatere, brengen wolde, deme er also that vnde sin vater nicht enqwam vnde das geczugnisse von om nam, irstehin.[263]

522. Thomas Frederich ist gekomen vor gehegit dingk vnde had Blasius Winckele vmme eyn ald schogk gr. vnde was dar schade uff gehit, in den medeban genommen, alse recht ist.[264]

523. Thomas Fraderich ist gekomen vor gehegit dingk vnde had Blasius Winkele umme virde-halb alt schog gr. vnde was dar schade uff gehit, in den medeban genommen, alse recht ist.[265]

524. Jacoff Rŭle ist gekomen vor gehegit dingk vnde om ist gefunden vnde geteilt, Hans Grißgroube sal om synen willen machin in vierczehin tagen vmme schult, nemlich achtczehin alde schog vnde schade gelt, adder on die swyn antwertin. Thut er des nicht, so sal man ohm syne were fronen, alse vor gefunden vnde geteilt ist.[266]

525. Bastian Gruneheide ist gekomen vor gehegit ding vnde had die Steffen Richardynne vmme dry alde schog vnde was dar schade uff gehit, in den medeban genommen, alse recht ist.[267]

526. Hans Fryer ist gekomen vor gehegit dingk vnde had Jan Gudenberge vnde syner frawen vmme sechs alde schog gr. vnde was dar schade uff gehit, ore were fronen lassen alse recht ist.

527. Thomas Lindener ist gekomen vor gehegit dingk vnde om wart gefunden vnde geteild, man sulde Peter Wochawen elichin wiebe gebietin, das huß zcu rŭmene in xiiij taghin, also doch das sie die sechczig alde schog in der scheppin buch geschrebin, die or dar ane gegebin sint, behalden ⟨sal⟩[268], nach ores mannes tode.[269]

528. Thomas Kuntcze ist gekomen vor gehegit dingk vnde om ist gefunden vnde ‖ geteilt,   fol. 38r
man sal vmme acht nuwe gr. vnde was dar schade uff gehit, an der Peter Gruwelynne farnde habe wiesin.

529. Nicolaus Schonefelt ist gekomen vor gehegit dingk vnde had Hanße Ditolde vmme czwey

---

[262] Vgl. Nr. 440.
[263] Vgl. Nr. 535.
[264] Vgl. Nr. 501.
[265] Vgl. Nr. 502.
[266] Vgl. Nr. 445, 562.
[267] Vgl. Nr. 498.
[268] [sal] am Rand rechts.
[269] Vgl. Nr. 202, 287, 288, 295; vgl. auch Buch V 1009.

246 Die Hallischen Schöffenbücher. VI. Buch.

alde schogk vnde czwenczig alde gr. vnde was dar schade uff gehit, syne were fornen lassen, alse recht ist.

530. Hans Eichert ist gekomen vor gehegit dingk vnde om ist gefunden vnde geteilt, man sal on vmme drittehalb alde schog gr. vnde was dar schade uff gehit an Hans Grieffenhayns farnde habe wiesin.[270]

531. Nicolaus Brandenburg ist gekomen vor gehegit dingk vnde hadt Hanße Mertzsche vmme eylff nuwe gr. vnde was dar schade uff gehit, syne were fornen lassen, alse recht ist.[271]

532. Herman Buße vnde Hinrick Leder sint gekomen vor gehegit dingk vnde on ist gefunden vnde geteilt, das on Jacoff Wynmeistere sulche gutere, nemlichin glaß vnde andere farnde habe, die Curdt Bodentals sint, die er vnder sich had, gebin vnde reichin sal, ane weddirsprache.[272]

533. Hinrick Mettener ist gekomen vor gehegit dingk vnde had uffgeboten dy fronunge an Vincencius Heynrichs můter vnde synes wiebis huße dry dingk. Do wart gefunden vnde geteilt, er mochte das vorsetczen vor sin gelt, ab er konde. Konde er des nicht vorsetczin, so das vorkouffen vnde das obirley reichin deme, der dar recht zcu hette.[273]

534. Glorius Kober vnde Hinrick Mettener sint gekomen vor gehegit dingk vnde habin uffgeboten die fronunge an Vincencius Heynrichs vnde syner muter huße dry dingk. Do wart gefunden vnde geteilt, sie mochten das vorsetczin vor or gelt, ab sie konden. Konden sie des nicht vorsetzen, so mochtin sie das vorkouffin vnde das obirley reichin deme, der dar recht zcu hette.[274]

535. Vrban Tůfel ist gekomen vor gehegit ding vnde had Steffen Tufel vmme funffczig alde ß gr. vnde was dar schade uff gehit, syne were fronen lassen, alse recht ist.[275]

536. Peter Schopßkop ist gekomen vor gehegit dingk vnde had Hanße Cwenczige vmme vier alde schog gr. vnde was dar schade uff gehit, syne were fronen lassen, alse recht ist.

537. Hans Lissow ist gekomen vor gehegit dingk vnde had Hanße Czwenczige umme nůenvndeczwenczigk nuwe gr. vnde was dar schade uff gehit, syne were fronen lassen, alse recht ist.

538. Volkmar Pock ist gekomen vor gehegit dingk vnde had uffgeboten dy fronunge an Vincencius Heynrichs huße dry ding. Do wart gefunden vnde geteilt, er mochte das vorsetczin vor sin gelt, ab er konde. Konde er des nicht vorsetczin, so mochte er das vorkouffen vnde das obirley reichen deme, der do recht zcu hette.[276] ‖

fol. 38v   539 Gebert Bichelingk gekomen vor gehegit dingk vnde om ist gefunden vnde geteilt, man

---

[270] Vgl. Nr. 547.
[271] Vgl. Nr. 582, 583.
[272] Vgl. Nr. 515.
[273] Vgl. Nr. 494, 495, 516, 564.
[274] Vgl. Nr. 466, 565; vgl. auch Buch V 715.
[275] Vgl. Nr. 521.
[276] Vgl. Nr. 149, 280, 441.

sal on vmme czwelff nuwe gr. vnde was dar schade uff gehit, an Frantcze Schernemeisters farnde habe wiesin.

540. Heyne Olczsche ist gekomen vor gehegit dingk vnde om ist gefunden vnde geteilt, man sal on vmme ⟨xvj⟩[277] nuwe gr. vnde czwey alde schog vnde was dar schade uff gehit, an Herman Hessen farnde habe wiesin.

541. Laurencius Holczappel ist gekomen vor gehegit dingk vnde had uffgeboten dy fronunge an der Peter Sellynne huße dry dingk. Do wart gefunden vnde geteilt, er mochte das vmme das obirley, das er an der farnde habe gebruch hette, vorsetczin vor sin geld, ab er konde. Konde er des nicht vorsetczin, so mochte er das vor kouffin vnde das obirley reichin deme, der dar recht zcu hette.[278]

542. Claus Gloye ist gekomen vor gehegit dingk vnde om ist gefunden vnde geteilt, man sal on vmme sechczehin nuwe gr. vnde czwey alde ß vnde was dar schade uff gehit, an Hans Bisacks vnde synes wiebes farnde habe wiesin.[279]

543. Valentin Zcaten ist gekomen vor gehegit dingk vnde had gegebin Julian, syner elichin hußfrawen, sobinczig alde ß gr. an allen synen besten gutern, die er had adder vmmer gewynnet, das sie an eygen, an erbe, an farnder habe adder wur ane das sie, nach syme tode dar mete zcu thune vnde zcu lassene.

544. Hans Subach in vormundeschaft Ilsen, syner swester, ist gekomen vor gehegit dingk vnde had Leuine Ripawen vmme hundert alde ß gr. vnde was dar schade uff gehit, syne were fronen lassen, alse recht ist.[280]

545. Nickel Koner ist gekomen vor gehegit dingk vnde om ist gefunden vnde geteilt, man sal on vmme czwey alde schogk gr. vnde was dar schade uff gehit, an Hans Ditoldis farnde habe wiesin.

546. Hans Dolczschk ist gekomen vor gehegit ding vnde om ist gefunden vnde geteilt, man sal on vmme sechs alde schog gr. vnde was dar schade uff gehit, an Bastian Stellemechers farnde habe wiesin.[281]

547. Hans Eichert ist gekomen vor gehegit ding vnde om ist gefunden vnde geteilt, er mag sulche farnde habe Hans Grieffenhayns, die om von gerichtis wegen geantwert ist, vorsetczin vor sin gelt, ab er kan. Kan er des nicht vor setczin, so mag er das vor kouffin vnde das obirley reichin deme, der dar recht zcu hette.[282]

548. Bastian Grúneheide ist gekomen vor gehegit dingk vnde om ist gefunden vnde geteilt,

---

[277] [acht] gestrichen und durch [xvj] ersetzt.
[278] Vgl. Nr. 252, 465.
[279] Vgl. Nr. 551.
[280] Vgl. Nr. 428.
[281] Vgl. Nr. 247, 309.
[282] Vgl. Nr. 530.

248   Die Hallischen Schöffenbücher. VI. Buch.

er mag den salpeter, der om von Hanße Bruser czu eyneme willigen phande gesaczt ist, vor⟨set-
czin⟩[283] vor sin gelt, ab er kan. Kan er den nicht vorsetczin, so mag er die vorkouffin vnde das

fol. 39r   obirley ‖ reichin deme, der dar recht zcu had.[284]

549. Tile Knobel ist gekomen vor gehegit dingk vnde had Nicolaum Brandenberge zcu eyneme
vormunden sulchene schult, die er zcu Arnt Kroppe gesaczt had, zcu forderne, gekorn, biß uff
das recht zcu gebene vnde zcu nemene.

550. Lorentz Prewellitz ist gekomen vor gehegit dingk vnde om ist gefunden vnde geteilt,
er mag sulche farnde habe der Peter Grůwelynne, dar er von gerichtis wegin an gewiesit was,
vorsetczin vor sin gelt, ab er kan. Kan er der nicht vorsetczin, so mag er die vorkouffin vnde das
obirley reichin deme, der dar recht zcu had.

551. Claus Gloye ist gekomen vor gehegit dingk vnde had Hanße Bisacke vnde syne eliche
hußfrawe vmme czwey alde schogk vnde sechczehin nuwe gr. vnde was da schade uff gehit, in
den medeban genommen, alse recht ist.[285]

552. Hans Pheffer ist gekomen vor gehegit dingk vnde om ist gefunden vnde geteilt, man sal
ohn vmme sobin alde schog gr. vnde was dar schade uff gehit, an Herman Strunen vnde syner
elichin hußfrawen farnde habe wiesin.

553. Hans Asmus ist gekomen vor gehegit dingk vnde om ist gefunden vnde geteild, sint-
demmal das er recht mit rechte gefordirt hette, so wer er Mertin Kaldenbornen vmme sulchen
schaden, nemlich das er nicht uß zcihin konde vnde syne wulle vorkouffen nicht pflichtigk.[286]

554. Borchart Hoyuff ist gekomen vor gehegit dingk vnde had Hanße Czwenczige vmme sobin
alde schogk gr. vnde was dar schade uff gehit, syne were fronen lassen, alse recht ist.

555. Lorentz Prellewitz ist gekomen vor gehegit dingk vnde had Erhart Schaden vmme eyn
ald schog vnde sechsvndeczwenczig alde gr. vnde was dar schade uff gehit, in den medeban ge-
nommen, alse recht ist.[287]

556. Lorentz Prellewitz ist gekomen vor gehegit dingk vnde had Wentcze Kolczk vmme dritte-
halb ald ß gr. was dar schade uff gehit, syne were fronen lassen, alse recht ist.

557. Lorenz Prellewitz ist gekomen vor gehegit dingk vnde om ist gefunden unde geteild, man
sal on vmme dry alde schog gr. vnde was dar schade uff gehit an Hans Tiffensehe farnde habe
wiesin.

558. Lorentz Prellewitz ist gekomen vor gehegit dingk vnde had Jacoff Wynmestere vmme
dryczehin alde gr. vnde was dar schade uff gehit, syne were fronen lassen, alse recht ist.

---

[283] [kouffin] gestrichen und [setczin] ersetzt.
[284] Vgl. Nr. 497.
[285] Vgl. Nr. 542.
[286] Vgl. Nr. 476.
[287] Vgl. Nr. 463.

1458–1459

559. Lorentz Prellewitz ist gekomen vor gehegit dingk vnde om ist gefunden vnde geteilt, man sal on vmme eyn halb ald schog gr. vnde was dar schade uff gehit, an Casius Munth frarnde habe wiesin. ‖

560. Lorentz Prellewitz ist gekomen vor gehegit dingk vnde om ist gefunden vnde geteilt, man sal ohn vmme vierczehin nuwe gr. vnde was dar schade uff gehit, an Hans Fisschers farnde habe wiesin.

fol. 39v

561. Anna dy Stonczschynne ist gekomen vor gehegit dingk vnde had uffgeboten dy fronunge an Hinricus Treffans huße dry dingk. Do wart gefunden vnde geteilt, sy mochte das vorsetczin vor or geld, ob sie konde. Konde sie des nicht vorsetczin, so mochte sie das vorkouffin vnde das obirley reichin deme, der dar recht zcu hette.[288]

562. Jacoff Rûle ist gekomen vor gehegit dingk vnde had Hans Grißgroben mit syner elichin hußfrawen vmme sobinczehin alde schog gr. vnde was dar schade uff gehit, in den medeban genommen alß recht ist.[289]

563. Andrewes Uolke in vormundeschaft H. Schopißsehe von der Numburg ist gekomen vor gehegit ding vnde had Claus Kleynßmede vmme eyn alt schog gr. vnde was dar schade uff gehit, in den medeban genommen, alse recht (!).

564. Hinrick Mettener ist gekomen vor gehegit dingk vnde om ist gefunden vnde geteilt, man sulde Vincencius Heynrichs mûter vnde syner elichin hußfrawen gebieten, das huß zcu rûmeine, vnde sie dar uß wiesin, also doch das Vincencius Heynrichs eliche hußfrawen or lipczucht dar ane bekomen moge vnde Hinrick Mettener dar in wiesin.[290]

565. Glorius Kober vnde Hinrick Mettener sint gekomen vor gehegit ding vnde on ist gefunden vnde geteilt, man sal Vincencius Heynriche vnde syne mûter uß dem hofe wiesin vnde Glorius Kober vnde Hinrick Mettener dar in wiesin, vnschedelich Vincencius Heynrich wiebe an ore liptzucht.[291]

566. Nickel Wele ist gekomen vor gehegit dingk vnde ist von Frederich Schutczen sulcher schult, nemlich vmme drittehalbe margk, die er mit wissentschaft uff on brengen wolde, vnde des nicht enthat, ledig vnde loß geteilt.[292]

567. Hans Fisscher ist gekomen vor gehegit dingk vnde had Hanße Hinricke vmme eyn halb nuwe schog gr. vnde was dar schade uff gehit, syne were fornen lassen, alse recht ist.

568. Peter Farchheym ist gekomen vor gehegit dingk vnde had uffgeboten dy fronunge an Vincencius Heynrichs mûter ⟨huße⟩[293] dry dingk. Do wart gefunden vnde geteild, er mochte das

---

[288] Vgl. Nr. 468.
[289] Vgl. Nr. 445, 524.
[290] Vgl. Nr. 494, 495, 516, 533; vgl. auch Buch V 715.
[291] Vgl. Nr. 466, 534; vgl. auch Buch V 715.
[292] Vgl. Nr. 504.
[293] Über der Zeile.

250   Die Hallischen Schöffenbücher. VI. Buch.

vorsetczin vor sin geld, ab er konde. Konde er des nicht vorsetczin, so mochte er das vorkouffen vnde das obirley reichin deme, der dar recht zcu hette, vnschedelich [...]²⁹⁴ ‖

*** *** ***

fol. 40r   569. [...] nemen wolde, ledigk vnde loß geteild.²⁹⁵
a. H.
            [43] Bartholomeus Bracstede ist gekomen vor gehegit dingk vnde had Hans Libinwerte, Ho-
            gebels knechte, bekant virvndefunfczig gulden zcu beczalene uff dry tageczyt, nemlich sechß-
29. Jun.   czehin gulden uff den nehist sente Peters vnde Pauwels tagk vnde dar nach abir sechßczehin
            gulden uff dy selbe czyt obir eyn jar vnde dar nach das andere abir obir eyn jar uff sente Peters
            vnde Pauwels tagk, doch mit sulchem bescheide, das das gut, das er vnder Ditterich Kuchen-
Mai   swyne vnde Claus Steyne besaczt had, in besaße blibe. Das ist geschen anno etc. lix° im irstin
1459   dinge nach phingistin.

            570. Kersten Frygere ist gekomen vor gehegit dingk vnde had Segemunt Herdel vmme vir-
            vndeczwenczig nuwe grosschin vnde was dar schade uff gehit, in den medeban genommen, alse
            recht ist.

            571. Asmus vom Thore ist gekomen vor gehegit dingk vnde had uffgeboten dy fronunge an
            Hans Czwencziges huße dry dingk. Do wart gefunden vnde geteilt, er mochte das vorsetczin vor
            sin geld, ab er konde. Konde er des nicht vorsetczin, so mochte er das vorkouffin vnde das obirley
            reichin dem, der do recht zcu hette.

            572. Peter Drache ist gekomen vor gehegit dingk vnde had Moritz Bůnawen mit syner elichin
            hußfrawen vmme sechs alde schogk gr. ane eyn ort vnde was dar schade uff gehit, in den medeban
            genommen, alse recht ist.

            573. Kunne Furmans ist gekomen vor gehegit dingk vnde ist von Jacoff Wynmeister sulcher
            schult, dar er sie vor gerichte vmme beschuldigete, dar sie or recht vorzcuthune gebot vnde er
            des nicht nemen wolde, ledig vnde loß geteilt.

            574. Michel von Czwickow ist gekomen vor gehegit dingk vnde had uffgeboten dy fronunge
            an Hans Czwencziges huße dry dingk. Do wart gefunden vnde geteilt, er mochte das vorsetczein
            vor sin geld, ab er konde. Konde er des nicht vor setzzin, so mochte er das vorkouffin vnde das
            obirley reichin deme, der dar recht czu hette.²⁹⁶

            575. Gutte, Steffen Plotz nachgelassenne wetewe, mit Ursulen, orer tochter, sint gekomen vor
            gehegit dingk vnde had gegebin mit erbeloibe willen Lorentz Gůrges eyn huseken in oreme hofe
            mit eyner schunen vor sechczig alde schog grosschin, mit sulchen bescheide, wen om die frawe

---

²⁹⁴ Satz abgebrochen. Vgl. Nr. 437.
²⁹⁵ Vgl. Einleitung, 2.2.
²⁹⁶ Vgl. Nr. 503, 586.

1459–1460 251

addir das kint sulche summe geldes wedder gibit, so sal on or huß vnde schůne wedder fry vnde ledigk volgin, nemlich mit Symon Blotz, des kindes vater brudere.

576. Claus Habich in vormundeschaft Nickel Smed ist gekomen vor gehegit dingk vnde had uffgeboten dy fronunge an Hans Czwencziges huße dry dingk. Do wart gefunden vnde geteilt, er mochte das vorsetczin vor sin geld, ab er konde. Konde er des nicht vorsetczin, do mochte er das vorkouffin vnde das obirley reichin deme, der dar recht zcu hette.

577. Claus Habich in vormundeschaft Pauwel Heyßen ist gekomen vor gehegit ‖ dingk vnde   fol. 40v
had uffgeboten dy fronunge an Hans Czwencziges huße dry ding. Do wart gefunden vnde geteilt, er mochte das vorsetczin vor sin geld, ab er konde. Konde er des nicht vorsetczin, zo mochte er das vorkouffin vnde das obirley reichin deme, der dar recht zcu hette.

578. Lorentz von Kemmitz ist gekomen vor gehegit dingk vnde had Heynrich Treffan vmme funfftehalb ald schogk grosschin vnde was dar schade uff gehit, syne were fornen lassen, alse recht ist.

579. Kersten Frygere ist gekomen vor gehegit dingk vnde om ist gefunden vnde geteilt, man sal on vmme acht alde schog gr. vnde was dar schade uff gehit, an Glorius Kunitz farnde habe wiesin.

580. Nickel Pegaw in vormundeschaft Sophien der Lederynne ist gekomen vor gehegit dingk vnde had Peter Bedermanne vmme funfftehalb ald schog gr. vnde was dar schade uff gehit, syne were fronen lassen, alse recht ist.

581. Symon Willebolt ist gekomen vor gehegit dingk vnde had uffgeboten dy fronunge an Hans Czwencziges huße dry dingk. Do wart gefunden vnde geteild, er mochte das vorsetczin vor sin geld, ab er konde. Konde er des nicht vorsetczin, so mochte er das vorkouffin vnde das obirley reichin deme, der do recht zcu hette.[297]

582. Lorentz Fůrster ist gekomen vor gehegit dingk vnde had gefragit orteils nach rechte, so alse Nicolaus Brandenberg dem got gnade dy fronunge an Hans Mertzsches huße czwey dingk uffgeboten hette, ab er icht dorch recht in vormundeschaft Ilsen, syner elichin hußfrawen, der fronunge volgen vnde dy fordern sulde. Do wart gefunden vnde geteilt, er mochte das mit rechte wol thun.[298]

583. Lorentz Furster in vormundeschaft Ilsen syner elichin hußfrawen ist gekomen vor gehegit dingk vnde had uffgeboten dy fronunge an Hans Mertzschs huße dry dingk. Do wart gefunden vnde geteilt, er mochte das vorsetzin vor sin geld, ab er konde. Konde er des nicht vorsetzin, zo mochte er das vorkouffin vnde das obirley reichin deme, der dar recht zcu hette.[299]

584. Gurge Span in vormundeschaft Borchard Heringes ist gekomen vor gehegit ding vnde

---

[297] Vgl. Nr. 509.
[298] Vgl. Nr. 531, 583.
[299] Vgl. Nr. 531, 582.

252 Die Hallischen Schöffenbücher. VI. Buch.

om ist gefunden vnde geteilt, man sal on vmme czweyvndevirczig gulden an golde vnde was dar schade uff gehit, an das gut wiesin, nemlich an dy fische, die er in Drakinsteden hofe besaczt had.

585. Margareta, Peter von Hallen eliche hußfrawe, ist gekomen vor gehegit dingk vnde had Hanße Bisacke vmme dryvndeczwenczig alde gr. vnde was dar schade uff gehit, in den medeban genommen, alse recht ist.

586. Michel von Czwickow ist gekomen vor gehegit dingk vnde om ist gefunden vnde geteilt, wen er Hans Czwencziges huß vorsaczt adder vorkoufft had, eyme der eyn burger ist, so sal man den denne in das selbe huß ‖ wiesin, alse recht ist, vnde genanten dar vß.[300]

fol. 41r

587. Caspar Riman had gesant eynen offenen vorsegiltin brieff in gehit dingk, dar mete er Gotharde von Dornborgk zcu eynem vormunden sulchenne schult, die er zcu Claus Steyne vnde syneme sone gesaczt had, vor gerichte zcu forderne, gekorn, biß vff das recht zcu gebenne vnde zcu nemene. Dar vff ist gefunden, es had so gute crafft vnde macht, als ab er selbir keginwertig were.

588. Mertin Vogel von Numburg ist gekomen vor gehegit dingk vnde had Tile Großkoppe gegebin alle syne gerechtigkeit, die er an Hans Czwenczigis gutern vor gerichte gefordirt vnde irclait had, vnde die nach forder zcu irforderne, dar mete zcu thune vnde zcu lassenne.

589. Kersten von Wellen ist gekomen vor gehegit dingk in vormundeschaft der Valentin Wipoldynne von Wetelitz vnde ist von der Claus Lodewigynne sucher (!) schult, nemlich vmme den krantz, ringe vnde ander gerethe, das vnder der Bogemannynne besaczt was, das sie selb sobinde fullkomen sulde, des sie nicht thad, ledigk vnde loß geteilt vnde sal den selbin Kersten dar an wiesin, alse recht ist.

590. Hentcze Koch in vormundeschaft Hans Czwencziges ist gekomen vor gehegit dingk vnde om ist gefunden vnde geteilt, nachdemal er fulkomen wolde selb sobinde, das Hans Czwenczigk mit syneme vatere in gesampten gûtern gesessin hette, ⟨bis an seinem toth⟩[301], uff den heiligen, des on denne syne halbe swestere dy Lonewitczynne obir hoûb. Do were er der gutere nehir zcu behaldenne, denne on die selbe syne halbe swester dar von gedrungen mochte.

591. Jacoff Zschûch ist gekomen vor gehegit dingk vnde had Hanße Gerwige vmme sechs alde schogk sobin nuwe gr. vnde was dar schade vff gehit, syne were fornen lassen, alse recht ist.

592. Caspar Kam ist gekomen vor gehegit dingk vnde had Glorius Hoppentrange vmme nûhenczehn nuwe grosschin vnde was dar schade uff gehit, in den medeban genommen, alse recht ist.

593. Gurge Kytz ist gekomen vor gehegit dingk vnde had Glorius Ostrawen vmme dry alde

---

[300] Vgl. Nr. 503, 574.
[301] Über der Zeile.

schog vnde funffvndevirczigk alde gr. vnde was dar schade uff gehit, syne were fronen lassen, alse recht ist.

594. Gurge Kytz ist gekomen vor gehegit dingk vnde had Vlrich Ostrawen vmme funffvndeczwenczigk nuwe gr. vnde was dar schade uff gehit, syne were fronen lassen, alse recht ist.

595. Hans Haße ist gekomen vor gehegit dingk vnde ist von Lodewige Mollen von eyns pherdis wegin, das in Hasen stalle ane syne vorwar ⟨so⟩[302] lunghe gestorbin was, das er vor rechtin welde vnde er on des eydes vorsagk gekomen, alse recht ist.

596. Glorius Winckel ist gekomen vor gehegit dingk vnde had Mewes Drogen ‖ vnde syner elichin frawen vmme czehin alde schogk gr. vnde was dar uff schade gehit, ore were fronen lassen, alse recht ist.

fol. 41v

597. Hans Asmus ist gekomen vor gehegit dingk vnde had Claus Ostertage vmme czwey alde schogk grosschin vnde was dar schade uff gehit, syne were fronen lassen, alse recht ist.

598. Drewes Anedarm ist gekomen vor gehegit dingk vnde had Hanße Kalyß vmme funffczehin scheffel gersten vnde was dar schade uff gehit, syne were fronen lassen, alse recht ist.

599. **[44]** Mertin Schildaw, Wentczelaw Stoyne vnde Peter Meffer sint gekomen vor gehegit dingk vnde habin Pauwel Erharde wedder gegebin sulchen gerechtikeit, nemlich sechczig alde schogk gr., die sie an synem huße hatten hinder der schule gelegin, mit alleme rechten, alse on die dar ane gegebin warn.

600. Vrban Metzschman vnde Kone, syne eliche hußfrawe, sint gekomen vor gehegit dingk vnde habin sich begifftigit vnnde begabit vnder eynander mit allen gutern, die sie habin adder vmmer gewynnen, das sie an eygen, an erbe, an farnder habe adder wur ane das sie, welch ore ehir vorstorbit, zo sal das andere die gutere behalden, zcu thune vnde zcu lassene.

601. Borchard Hoyuff ist gekomen vor gehegit dingk vnde had gegebin Otilien, syner elichin fußfrawen, sechczig alde schog gr. an alle synen bestin gutern, die er had adder vmmer gewynnet, es sie an eygin, an erbe, an farnder habe adder wur ane das sie, nach syme tode dar mete zcu thune vnde zcu lassenne.

602. Gurge Rûße ist gekomen vor gehegit dingk vnde had dy Mewes Drogenynne vmme sechs alde schogk vnde virczehn nuwe gr. vnde was dar schade uff gehit, in den medeban genommen, alse recht ist.

603. Gurge Kytz ist gekomen vor gehegit dingk vnde had Jacoff Moczeligk vmme sechßvndedriessigk nuwe gr. vnde was dar schade uff gehit, syne were fornen lassen, alse recht ist.

604. Bartold Prûße ist gekomen vor gehegit dingk vnde om ist gefunden vnde geteild, man sal on vmme sechczehin nuwe gr. vnde was dar schade uff gehit, an Borchard Solczschk farnde habe wiesin.

---

[302] Über der Zeile.

254 Die Hallischen Schöffenbücher. VI. Buch.

605. Nickel Katzschk ist gekomen vor gehegit dingk vnde om ist gefunden vnde geteild, man sal on vmme virvndeczwenczigk nuwe gr. vnde was dar schade uff gehit, an Erhard Schaden farnde habe wiesin.

606. Lorentz Prellewitz ist gekomen vor gehegit dingk vnde had Hanße Sůrbier vmme sobindehalb schog alder gr. vnde was dar schade uff gehit, syne were fronen lassen, alse recht ist.

607. Helena, Vincencius Heynrichs nachgelassenne wetewe, ist gekomen vor gehegit dingk vnde or ist gefunden vnde geteild, man sal sie vmme [...]³⁰³ ‖

*** *** ***

fol. 42r

608. Peter Wentze ist gekomen vor gehegit dingk vnde om ist gefunden vnde geteild, man sal vmme czwey alde schogk gr. vnde eyn ort vnde was dar schade uff gehit, an Segemunt Hertels gut wiesin, nemlich eyn wayn, den er vnder sich selbir besaczt had.

609. Nickel Scheider vnde Anna, syne eliche hußfrawe, ist gekomen vor gehegit dingk vnde habin sich begiftigit vnde begabit vnder eynander mit allen gutern, die sie habin adder vmmer gewynnen. Welch or vorstorbit, zo sal das andere die gutere behalden, zcu thune vnde czu lassenne, mit sulcheme vnderscheide, left er kindere nach syneme tode, so sal die frawe kinderteil habin an allen gutern.

610. Agatha, Hans Poyderwayns nachgelassenn wetebe (!), ist gekomen vor gehegit dingk vnde or ist gefunden vnde geteild, man sal sie vmme eyn nuwe schogk vnde acht nuwe gr. vnde was dar schade uff gehit, an Glorius Phansmedis farnde habe wiesin.

611. Ilße, Hans Starckennawen eliche hußfrawe, ist gekomen vor gehegit dingk vnde had gefulburd in sulche gabe, die or eliche vormunde vorgenant Hanße Herwige an syneme huße gegebin had, nemlich in die funffvndevirczigk alde schogk.

612. Claus Kaldiß vnde Margareta, syne eliche hußfrawe, sint gekomen vor gehegit dingk vnde habin sich begifftigit vnde begabit vnder eynander mit allen gutern, die sie habin adder vmmer gewynnen, das sie an eyngen, an erbe, an farnde habe adder wur ane das sie. Welch or ehr vorstirbit, so sal das andere die gutere behalden, zcu thune vnde zcu lassenne.

613. Drewes Schenckel ist gekomen vor gehegit dingk vnde om ist gefunden vnde geteild, man sal on vmme sechs alde schog gr. vnde was dar schade uff gehit, an Hinrick Meyßen farnde habe wießen.

614. Jan Haße ist gekomen vor gehegit dingk vnde had Heynrich Treffan vmme achtczehin nuwe gr. vnde was dar schade uff gehit, syne were fronen lassen, alse recht ist.

615. Mathias Wagk ist gekomen vor gehegit dingk vnde had der Mathias Heydenrichynne vmme czwelff nuwe gr. vnde was dar schade uff gehit ore were fronen lassen, alse recht ist.

---

³⁰³ Satz abgebrochen.

1459–1460

616. Brosius Krafft ist gekomen vor gehegit dingk vnde had Glorius Strelen vmme funff alde schog vnde acht nuwe gr. vnde was dar schade uff gehit, syne were fronen lassen, alse recht ist.

617. Lorentz Prellewitz ist gekomen vor gehegit dingk vnde om ist gefunden vnde geteild, man sal on vmme acht alde schogk gr. vnde was dar schade uff gehit, an Thomas Stederichs farnde habe wiesin. ‖

618. Kersten Brůnsstorff ist gekomen vor gehegit dingk vnde om ist gefunden vnde geteild, man sal on vmme sechs scheffel gerste vnde was dar schade uff gehit, an Wentcze Sedelers gut wiesen, nemlich sechs alde schogk gr., die er vnder Thomas Frederiche besaczt had.

fol. 42v

619. Donat Lonntzsche vnde Ilße, syne eliche hußfrawe, sint gekommen vor gehegit dingk vnde habin sich begifftigit vnde begabit vnder eynander mit allen gutern, die sie habin adder vmmer gewynnen, es sie an eygen, an erbe, an farnder habe adder wur ane das sie. Welch orer ehr vorstirbit, zo sal das andere die gutere behalden, zcu thune vnde zcu lassenne.

620. Andreas Slanlach ist gekomen vor gehegit dingk vnde om ist gefunden vnde geteild, man sal on vmme czwey alde schogk vnde czweyvndevirczig alde gr. vnde was dar schade uff gehit, an Wentcze Sedelers gut wiesin, nemlich sechs alde schogk gr., die er vnder Thomas Frederiche besaczt had.

621. Peter Lissaw ist gekomen vor gehegit dingk vnde om ist gefunden vnde geteild, man sal on vmme eyn vas bier vnde czwene amen bier vnde was dar schade uff gehit, an Nickel Schroders farnde habe wiesin.

622. Lorentsz Becherere ist gekomen vor gehegit dingk vnde had Drewes Nolken vmme anderhalb ald schogk gr. vnde was dar schade uff gehit, in den medeban genommen, alse recht ist.

Anno etc. lx° primus post pasca.

623. Hans Rûle ist gekomen vor gehegit dingk vnde om ist gefunden vnde geteild, man sal ohn vmme viervndeczwenczigk nůwe gr. vnde was dar schade uff gehit, an Hans Hußknechts farnde habe wiesin.[304]

624. [45] Volkmar Pock ist gekomen vor gehiegit dingk vnde had gegebin Peter Sendermann sechßvndedriessigk alde schogk gr. an synem huße uff der Brunßword bie Henrich Visschers gartin gelegin, mit sulcheme bescheide, wenne er ohm die sechßvndedriessigk alde schogk gr. wedder gegebin had, so sal ohm sin huß wedder fry vnde ledigk volgen.

625. Jan Kumpan ist gekomen vor gehegidt dingk vnde om ist gefunden vnde geteild, man sal on vmme czwey alde schogk gr. vnde eyn ort vnde was dar schade uff gehit, an Blasius Scheiden geld wiesin, das er vnder Valentin Dipolde besaczt had.

---

[304] Eine Hand mit ausgestrecktem Zeigefinger am Rand links.

256   Die Hallischen Schöffenbücher. VI. Buch.

626. Abe Orcke ist gekomen vor gehegit dingk vnde had gegebin Ilßen, syner elichin huß-
frawen, sechczig alde schogk gr. an alle synen besten gutern, die er had adder vmmer gewynnet,
es sy an eygen, an erbe, an farnder [...][305].

---

[305] Satz abgebrochen. Vgl. die Einleitung 2. 2.

Register

Namensregister

A

Agathe:
- , Frau von Thomas Eckard: 157
- , – Hans Gerwich: 470
- , – Hans Haneman: 259
- , – Hans Poyderwayn: 610 (Witwe)
- , – Claus Rudolf: 158, 159, 160
- , Tochter von Claus Rudolf u. Agathe: 158
- , Stieftochter von Valentin Ludecke: 106
- , Schwester von Dorotha Hake: 157

Agnes, Agnyße, Frau von Wenczelaw Koch: 224
- , Tochter von Hans Hake: 64
- , Schwester von Thomas Bolting: 83
- , – Margareta Ostirhilt: 83
- – Becker: 464
- – von Kersten: 83
- , die Kogelwagynne →Wolbrecht
- , die Salwertynne, von der Nunburg: 398

Aldenberg:
- , Annysius: 394
- , Baltasar: 455, 511
- , Nickel von: 184 (s. Haus)

Anedarm:
- , Claus: 391
- , Drewes: 52, 347, 348, 349, 350, 598

Anna:
- , Frau von Thomas Bolting (†): 84 (Wwe.)
- , – Jacob Bom: 84 (früh. Fr. v. *Thomas Bolting* (†))
- , – Drewes Brun: 374
- , – Moritz Brun: 90, 389, 390, 473, 474, 475, 508
- , – Hans Grießgrube: 31, 499, 562
- , – Hans Hake: 64 (Wwe.)
- , – Nickel Knobelich: 134
- , – Jacob Koninge: 157

- , – Jan Kunpan: 385
- , – Glorius Mewes: 49
- , – Heinrich Nuweman: 157
- , – Ulrich Peizsch (Schwester v. *Martin Smede*, Tochter v. *Heinrich Smed*): 372
- , – Nickel Scheider: 609
- , – Nickel Symon: 250
- , Mutter von Margareta, Ostirhilt, Agneta u. Kerstine: 83
- , – Thomas Bolting: 83
- , Schwester von Brigid u. Kune Heninges: 157
- , – Dorothea Haken u. Agate: 157
- , – Martin Smed: 372
- , Tochter von Sophia Fercke: 22
- , – Hans Hake u. Brigida: 157
- , – Heinrich Nuweman u. Anna: 157
- , – Heinrich Smed: 372
- – von Jhene: 87
- , die Stotzynne: 468, 561

Arnde, Hans: 408

Arzt, Claus, meister: 303.

Asmus, Hans: 365, 476, 553, 597 [Margareta, s. Fr. 365]

B

Badendorff, Curt: 52

Bader, Hans: 299

Baltazar:
- , Jacob: 130 [Margareta, s. Fr. 130]
- , Hans: 450 (mit s. S.)
- , Jacoff (Sohn v. Hans): 450

Banzsch, Lorenz: 261

Barbara:
- , Frau von Hans Gunter: 105
- , Tochter von Segemnt Korsener: 297

Becher / Becherer
- , Caspar: 284, 290

– , Lorenz: 622

– , Nickel: 270

die Becherynne, Nickel: 257, 266, 462, 483, 485, 496

Becker:

– , Gunther: 29

– , Kersten: 19, 48, 379

– , Kuntze: 508 (mit s. Fr.)

– , Agnyße: 464

Beddirman, Peter: 117, 225, 237, 330, 398 (Bürge v. *Agneyße Salwertynne*), 505, 506, 580

Belag, Hans: 373

von Belz, Rudolff: 331

Beme / Behme:

– , Blosius: 101, 102, 103 [Margareta, s. Fr. 102, 103, früh. Fr. v. *Heinrich Beyer*]

– , Ditzsche: 459 [Margareta, s. Fr.]

– , Hans: 203 (s. Haus), 436

Bere, Peter: 313 (*per beren*), 347

Berge, Hans von: 91, 119 (*von deme berge*), 242, 244, 269, 308, 338

Bertram, Heinrich: 38, 62, 77

Beyenrode, Hans: 79

Beyer:

– , Caspar: 267, 303, 358

– , Heinrich (†): 101, 102 [Margareta, s. Fr. 101, 102 (Wwe., jetzt Fr. v. *Brosius Beme*)] [Anne, s. T. 101 (Nonne)]

– , Hinrik: 145

Bicheling, Gebert: 129, 442, 443 (TestVollStr. v. d. *Clemen Wißpachynne*), 477, 518, 539

Bieder, Mathias: 64

Birboum, Hans: 367, 383

Bisack / Bysack, Hans: 85, 120, 140, 422, 492, 507, 542 (mit s. Fr.), 551 (mit s. Fr.), 585

Blankenberg, Heinrich: 86 [Lucia, s. Fr. 86]

Blawron / Blawrongk, Anthonius: 396 (Schwager v. *Hans Smed*), 454, 478

Blotz:

– , Simon: 406, 575 [Ortyen, s. Fr. 406]

– , Steffen (Br. v. Simon): 575 (†) [Gutte, s. Fr. 575 (Wwe.)]

– , Ursula (T. v. Steffen): 575

Bobiste, Claus: 424

Bocke, Hans: 176

Bodendale / Bodental, Curde: 28, 171, 208, 515, 532

Bogeman, Peter: 373

die Bogemannynne: 589

Bolen → Bulen

Bolting:

– , Thomas: 83 [Anna, s. Mutter 83]

– , Agnete (Schwester v. Thomas): 83

– , Frone (Schwester v. Thomas): 83

– , Kerstine (Schwester v. Thomas): 83

– , Margareta (Schwester v. Thomas): 83

– , Ostirhilt (Schwester v. Thomas): 83

– , Hans: 83 (Vormund v. *Thomas Bolting* u. s. Schwestern)

Bome, Jacob: 83, 84 [Anna, s. Fr. 84 (→ *Hans Bolting*)]

Boumgarte, Drewes: 255, 301

Borner, Nickel: 249

Bosingk, Drewes: 198 [Margareta, s. Fr. 198]

Bote, Anyß / Anysius: 278, 415

Bracstede:

– , Bartholomeus: 569

– , Sander: 62 (s. Haus)

Brandenberge, Nicolaus: 12 (Bevollm. v. *Dr. iur. utr. Volkmar Koyan*), 13 (Vormund v. *Margareta, Hans Heinrichs* Wwe.), 35 (Vormund v. *Dr. Volkmar Koyan*), 36, 37 (Vormund v. *Hans Nopel*), 50, 125 (Vormund v. *Hans Drakenstede*), 126, 152 (Vormund v. *Tile* u. *Erhart Koch*), 221 (Vormund v. *Lucia, Wißbachs* Wwe.), 251 (Vormund v. *Claus Heym*), 272 (Vormund v. *Hans Nopel*), 302 (Vormund v. *Hans Nopel*), 334 (Bevollm. v. *Lucia, Wispachs* Wwe.), 336 (Vormund), 380 (Vormund v. *Andreas Slanlach*), 402 (Vormund v. *Steffen Spulsporn*), 503 (Vormund v. *Michael von Zwickau*), 509 (Vormund v. *Simon Willeboltze*), 531 (wohl Vormund), 549 (Vormund v. *Tile Knobel*), 582 († *got gnade*)

Brigiden:

– , Frau von Hans Hake: 157 (Schwester v. *Kune Henning* u. *Anna*)

Brüer, Mathias: 212

Brun:

– , Jacob: 118, 153 [Gerdrud, s. Fr. 153]

Namensregister

– , Drewes: 374 [Anna, s. Fr. 374]

– , Moritz: 60, [Anna, s. Fr. 90 (Wwe.), 389 (Wwe.), 390 (Wwe.), 473 (Wwe.), 474 (Wwe.), 475 (Wwe.), 508 (Wwe.)]

die Brunynne, Moritz / Anna (Wwe. v. Moritz Brun): 90, 389, 390, 473, 474, 475, 508

Brunsstorff, Kersten: 618

Bruser:

– , Frederich: 100

– , Hans: 497, 548

Bule:

– , Mertin: 9

– , Nicolaus: 108, 115, 195, 273

Bunaw, Moritz: 572 (mit s. Fr.)

Burmeister, Mertin: 166

Buße:

– , Herman: 127, 233, 432, 457, 515, 532

– , Sander: 36, 50, 299, 417

Busenlebende, Hans: 314

C

Clara:

– , Frau von Claus Plote: 24

Claus, meister Clause der Arzt: 303

Clemen: 440 (Br. v. *Elle Salzburg*)

die Clemenynne, Dorothea: 85

Cordula:

– , Frau von Caspar More: 128

Curt, Hans: 328

D

Didecke:

– , Mewes: 16 (†) [Osanna s. Fr. 16]

– , Ilse (Tochoter v. Mewes): 16

– , Gertrud (Tochter v. Mewes: 16

Dilnow, Lorenz: 273

Dippolde, Valentin: 116, 625

Ditolde, Hans: 45, 63, 66, 75, 81, 219, 235, 263, 364, 438, 529, 545

Ditterich, Mathias: 82 (mit s. Fr.), 167

Dobel, Claus: 70, 71

Dolzk, Hans: 69

Dolzsch, Hans: 247, 309, 546

Donczsch:

– , Jacob: 212

– , Moritz (Br. v. Jacob): 212

Dorman, Briccius: 238

Dornborgk, Gotharde von: 587 (Vormund v. *Caspar Riman*)

Dornstete, Gurten, er: 429 (Vorsteher Cappelle St. Jacobi zu Halle)

Dorothea:

– , Witwe von Lodewich Hake: 157

– , die Clemenynne: 85 (M. v. *Augusitin Krel*)

Drache, Peter: 458 (Vormund v. *Herman Haferbeck*), 572

Drakenstede / Drachstedt:

– , Deynhart: 218, 491

– , Hans: 125

– , Sander / Alexander: 184 [Katherina, s. M. 184]

die Drakenstedynne, Katherina: 184

Dresscher, Hans: 197 [Lucia, s. Fr. 197]

Drewes, Bertold: 490 [Gerdrud, s. Fr. 490]

Drogen, Mewes: 596, 602 [s. Fr. 596, 602]

die Drogenynne, Mewes: 596, 602

Duckel, Nickel: 79

Dugaw, Thomas: 296

Durlen, Peter: 72

E

Ebirhart / Eberhart, Mathias: 74, 209, 210, 258, 386

Eckard:

– , Thomas: 157 [Agatha, s. Fr. 157]

– , Ilse (Tochter v. Thomas): 157

– , Lene (Tochter v. Thomas): 157

– , Hans (Sohn v. Thomas): 157

– , Lodewig (Sohn v. Thomas): 157

– , Mathewes (Sohn v. Thomas): 157

Eichard, Hans: 530, 547

Eldiste:

– , Clemen: 444, 489

– , Gurge: 230, 268

die Eldistynne, Gurge: 230, 268

Encke, Simon: 155

von Ende, Hans: 195

Engeler, Claus: 453

Erengropen, Valentin: 95

Erharde, Pawel: 394, 599

Errentanz, Nickel: 260

F

Fallyser, Niclaus: 491

Forcheym / Farchheym, Peter: 437, 568

Ferckel, Benedictus: 177, 244

Fercken:
- , Benedictus: 22 [Sophia, s. Fr. 22]
- , Matheus (Sohn v. Sophia): 22
- , Anna (Tochter v. Sophia): 22
- , Ursula (Tochter v. Sophia): 22

Fyncke, Mewes: 28, 146

Fincker, Lippold: 127

Fischer / Visscher:
- , Hans: 382, 560, 567
- , Heinrich: 624 (s. Garten)
- , Herman: 488
- , Nickel: 315

Flassche, Claus: 367, 383

Fleischauer, Pauel: 5 [Margareta, s. Fr. 5]

Forster / Furster, Lorenz: 80 [Ilse¹, s. Fr. 80], 582, 583 [Ilse², s. Fr. 582, 583]

Francke, Albrecht: 281, 304

Franckleue, Hans: 317, 318, 393

von Fredeberg:
- , Curd: 24, 25 [Sophia, s. Fr. 25]
- , Ciriacus (s. Stiefsohn): 24
- , Heinrich (s. Stiefsohn): 24
- , Clara (s. Stieftochter): 24

Friedrich:
- , Pauel: 10
- , Austin / Augustin: 92, 114
- , Thomas: 435, 501, 502, 522, 523, 618, 620

Fryer, Hans: 526

Fryger, Kersten: 570, 579

Fryher, Kersten: 143 [Anne, s. Fr. 143]

Frone → Vrone

Furen, Peter: 131, 132, 133 [Anne, s. Fr. 131, 133]

Furman:
- , Asmus: 125
- , Clemen: 231 (s. Hof)

Furmans, Kunne: 573

Furster → Forster

G

Gellewitz, Caspar: 22 (Bevollm. v. *Hans Steckenberg* u. *Blasius Steckenberg*), 182 (Br. v. *Katherina Louchstete*)

Gera, Brosius von: 354

Gerke, Bartolomeus: 332, 397

Gercke, Cuntz: 475

Gertrud:
- , Frau von Bertold Drewes: 490
- , – Drewes Glocke: 180 (Wwe.)
- , – Hans Kassel: 1, 2
- , – Mathias Kost: 109
- , – Urban Marx: 4
- , – Hans Phortener: 378 (Wwe.)
- , – Jacob Phortener: 191
- , – Hans Treiße: 362
- , Tochter von Osanna Didecke: 16

Gerwich, Hans: 262, 263, 470 [Angneysen, s. Fr.], 471, 496, 591

Geylingk, Heynricus: 186, 187 (Vormund v. *Bastian Schutze*), 419 (Vormund v. *Hans Schutzes* nachgel. K.)

Giseke, Hans: 216, 228

Giseler, Hans: 170 [Katherina, s. Fr.], 171, 208

Glocken, Drewes: 180 (†) [Gertrud, s. Fr. 180 (Wwe.)]

die Glockynne: 234, 243

Gloye, Claus: 542, 551

Goldsmed, Anthonis: 65, 113, 333, 401

Gorisch / Goris, Caspar: 110, 266, 357, 487, 514 [Lucia, s. Fr. 110]

Gotishulfe, Hans: 307

Gotscheliz, Lorenz: 122

Goye / Goyge, Michael: 116, 207, 293, 337, 456

Greffenhayn, Hans: 230, 268, 319, 340, 530, 547

Grießgrube, Hans: 31, 409 (s. Haus), 445, 499, 524, 562 [Anna, s. Fr. 31, 499, 562]

Groß, Claus: 459

Großkoppe, Tile: 588

Gründeling, Hans: 14, 33

Gruneheide, Bastian: 497, 498, 525, 548

Grunewald, Drewes: 487, 514

Grunynge, Mertin: 89

Gruwel, Peter: 298

die Gruwelynne, Peter: 112, 528, 550

Gudenberge, Jan: 526 (mit s. Fr.)

die Gudenbergynne: 146

Gunter, Hans: 105, 322 [Barbara, s. Fr. 105]

Gurge:

– , Hans: 62, 77

– , Lorenz: 575

Gutte:

– , Frau von Steffen Boltz: 575 (Wwe.)

H

Habich, Claus: 44, 90, 270, 316, 467, 576 (Vormund v. *Nickel Smed*), 577 (Vormund v. *Paul Heyß*) [Margareta, s. Fr. 316]

Haferbeck, Herman: 458

Haken:

– , Hans[1]: 64 (†) [Anna, s. Fr. 64 (Wwe.)]

– , Agnes (Tochter v. Hans[1]): 64

– , Hans[2]: 157 (ehel. Vormund) [Brigida, s. Fr. 157]

– , Anna (Tochter v. Hans[2]): 157

– , Margareta (Tochter v. Hans[2]): 157

– , Mathewes (Sohn v. Hans[2]): 157

– , Lodewich: 157 (†) [Dorothea, s. Fr. 157 (Wwe.)]

Haldenborn, Mertin: 62 (s. Haus)

von Hallen, Peter: 585 [Margareta, s. Fr. 585]

Haneman, Hans: 259 [Agathe, s. Fr. 259]

Hardung, Herman: 231 (s. Hof)

Hartman, Nickel: 242, 308, 320 (Vormund), 455, 464 (Vormund v. *Agnyß Beckers*), 511

Hase:

– , Hans / Hannes: 145, 342, 425, 595 [Dorothea, s. Fr. 342]

– , Heinrich: 60

– , Jan: 174, 614

– , Vincencius: 53, 54, 192, 343, 403

die Hasynne, Hans: 361

Hauwel, Severin: 370

Hedewich:

– , Tochter von Andrewes Spittendorf: 464

Hedirsleben:

– , Paul / Pawel: 17 (s. Frau), 38, 62, 77, 150 (mit

s. Fr.), 185 (mit s. Fr.), 203, 274 (mit s. Sne.), 315 (s. verstorb. V. u. Br.), 366 (mit s. Sne.), 479 (mit s. Sne.)

– , Bertram (Sohn v. Paul): 38, 62, 203, 274, 315, 366, 479

– , Ciriacus (Sohn v. Paul): 38, 62, 77, 274, 315, 366, 479

– , Gurge: 315 (Sohn v. Paul), 366, 479

– , Hans (Sohn v. Paul): 38, 62, 175, 203, 274, 315, 366, 479

– , Heinrich[1] (Sohn v. Paul): 38, 62

– , Heinrich[2]: 203 (Sohn v. Paul), 237, 249, 261, 264, 274, 315, 366, 420, 479

– , Jurgen (Sohn v. Paul): 38, 62

von der Heide, Gurge: 6

Heyde, Clemen: 66

Heideke:

– , Claus: 382

– , Benedictus: 325

Heydenrich, Mathias: 36, 50, 68, 299, 321, 336 († s. Fr.), 402, 417 (†)

die Heydenrichynne, Mathias: 200, 336 (Wwe.), 351, 417 (Wwe.), 615

Heym, Claus: 251

Heyneman, Mewes: 460

Heinrich:

– , Hans[1] (†): 13, 57, 58, 59, 98 [Margareta, s. Fr. 13 (Wwe.), 57 (Wwe.), 58 (Wwe.), 59 (Wwe.), 98 (Wwe.), 466 (Wwe.)]

– , Hans[2] (Sohn v. Hans[1] u. Margareta): 98, 567

– , Vincentius (Sohn v. Hans[1] u. Margareta): 13, 57, 58, 59, 93, 124, 149, 162, 310, 355, 441, 466 (mit s. M.), 473, 495, 516, 533 [Margareta, s. M.], 534 (mit s. M.), 538, 564 [s. M. u. s. Fr.], 565 (mit s. M. u. s. Fr.), 568 [s. M.], 607 (†) [Helena / Lenen, s. Fr. 494, 564, 565, 607]

die Heinrichynne, Hans (→ Heinrich[1], Margareta): 437, 494

Vincentius Heinrichs Frau: 57, 58, 59, 98

Heyße, Pauwel: 577

Helena / Lena:

– , Frau von Vincencius Heinrich: 494, 564, 565, 607 (Wwe.)

– , – Mertin Schonenickel: 294 (Wwe.)

−, Tochoter von Thomas Eckard u. Agatha: 157
−, − Lorenz Wedemar: 300
Henninges, Kune: 157
  −, Anne (Schwester v. Kune): 157
  −, Brigitte (Schwester v. Kune): 157
Henzel / Hentzschel:
  −, Hans: 32
  −, Nickel: 289 (†) [Kerstina, s. Fr. 289]
Hentzendorff, Lucas: 443 (Testamentsvollstrecker), 477, 518
Herffart, Allexius: 229 (Neffe v. *Asmus Schindele*), 359, 360
Hering, Borchard: 584
Herlich, Gurge: 389
Herßlebe, Hans: 201, 226, 232
Hertel / Herdel, Sigimund: 15, 30, 55, 303, 381, 570, 608
Herteil, Urban: 63
Herwig:
  −, Caspar: 1, 2
  −, Curdt: 322
  −, Hans: 611
  −, Herman: 136, 137
Hesse, Herman: 540
Hoburg, Hans: 425
Hodanz, Peter: 351
Hofeman, Drewes: 61
Hofemeister, Peter: 286
Holze, Mathias: 104 (†) [Osanna, s. Fr. 104]
Holzappele, Laurencius: 252, 465, 541
Holzschumecher, Werner: 484, 485
Hoppentrange, Glorius: 592
Hosang, Baltazar: 11 (s. Brief)
Houpt, Hans: 326, 446
Hoyuff, Borchart: 554, 601 [Otilie, s. Fr. 601]
Hun, Thomas: 410
Hußknecht, Hans: 623
Hynnen, Gurgen: 127 (Bevollm. v. *Herman Buße*)

I

In den Bergynne: 146
Ileborg, Hans: 339
Ilse / Else:
  −, Frau von Lorenz Forster: 80

−, − Lorenz Furster: 582, 583
−, − Peter Lissaw: 56
−, − Donat Lonntzsch: 619
−, − Hans Müller: 82, 167
−, − Abe Orcke: 626
−, − Pawel Ripaw: 428 (Wwe.)
−, − Drewes Schindel: 229, 359, 360
−, − Henze Schouwentobel: 199
−, Schwester von Hans Subach: 428, 544
−, − Allexius Herffart: 229, 359, 360
−, Mutter von Asmus Schindele: 229, 359, 360
−, Tochter von Osanna Didecke: 16
−, − Thomas Eckard u. Agatha: 157
− Zotemantel: 234, 254, 282

J

Jans, Benedictus: 513
von Jhene:
  −, Nicolaus: 87
  −, Anna: 87
Jurgen:
  −, Hans: 38
  −, Rode: 231 (s. Hof)
Jutta → Gutte

K

Kaldenborne, Mertin: 300, 476, 553
Kaldis / Kolditz:
  −, Allexius: 461
  −, Claus / Nickel: 10, 169, 612 [Margareta, s. Fr. 169, 612]
Kallistus III., Papst: Vorrede
Kalyß, Hans: 598
Kam, Caspar: 592
Kannengiesser, Hans: 388, 427 [Margareta, s. Fr. 388]
Karlewitz, Frederich (Offizial v. Kl. Neuwerk): 396
von Kassel, Hans: 1, 2 [Gertrud, s. Fr. 1, 2]
Katzk / Katzschk, Nickel: 384, 605 [Elisabeth, s. Fr. 384]
Katherina:
  −, Frau von Hans Giseler: 170
  −, − Sander Louchstete: 182
  −, − Hans Scharffenburg: 156

Namensregister   263

– , – Peter Selle / die Peter Sellynne: 252, 465,
   541
– , – Heyne Spilwisch: 151
– , Mutter von Claus Ritze: 500
– , Schwester von Caspar Gellewitz: 182
– , – Heinrich Krippe: 252, 465, 541
– , Tochter von Segemunt Korsener: 297
Kemerer, Hans: 99
Kemmitz, Lorenz von: 578
Kersten:
– , Hans: 157, 434 [Margareta, s. Fr.]
– , Kerstine (Tochter v. Hans): 157
– , Valentin: 201, 232, 327
die Kesselerynne, Drewes: 375
Keynere, Hans: 220
Kytz:
– , Mathias → Krycze
– , Gurge: 593, 594, 603
Kleynsmed / Messersmed, Claus: 196, 563
Klucken:
– , Hans: 392 (s. Fleischscharne)
– , Nickel: 241, 275, 324 [Gutte, s. Fr. 241, 275]
– , Mathias: 327, 393
die Klukynne:
– , Mathias: 193
– , Nickel: 71
Knobel, Tile: 549
Knobelich, Nickel: 134 [Anna, s. Fr. 134]
Kober, Glorius: 407, 448, 466, 534, 565
Koch:
– , Borchart: 121
– , Erhart (Br. v. Tile): 152
– , Hans: 3, 111, 218, 314, 491
– , Henz: 452 (s. Haus), 590 (Vormund)
– , Kurt (Vetter v. Hans): 3, 236, 341 [Lene, s.
   Fr. 341]
– , Tile (Br. v. Erhart): 152
– , Wenzelaw: 224 [Agnes, s. Fr. 224]
Kocher, Peter: 30, 67, 356 [Dorothea, s. Fr. 356]
Kogelman, Herman: 99 [Lucia, s. Fr. 99]
die Kogelwagynne → Agneße → Wolbrecht
Koyen, Volkmar, Dr. iur. utr.: 12, 35
von Koyne, Hans: 436
Koyner:

– , Hans: 211, 217
– , Nickel: 176, 305
Kolbe:
– , Bartolomeus: 45
– , Kilian: 97, 165
Kolzk:
– , Benedictus: 330
– , Wenze: 46, 317, 556
Kolditz → Kaldis
Kôler, Herman: 233
Koner, Nickel: 545
Koninge:
– , Hans: 20, 21
– , Jacob: 157 (ehel. Vormund) [Anna, s. Fr. 157]
– , Jan (Sohn v. Jacob): 157
– , Hans (Sohn v. Jacob): 157
– , Lene (Tochter v. Jacob): 157
Korsener:
– , Segemunt: 297 (†)
– , Clemen (Sohn v. Segemunt): 297
– , Margareta (Tochter v. Segemunt): 297
– , Katherina (Tochter v. Segemunt): 297
– , Barbara (Tochter v. Segemunt): 297
Kort, Peter: 344
Kost, Mathias: 109 [Gertrud, s. Fr. 109]
Krafft, Brosius: 616
Krawinckel, Thomas: 95, 96, 320, 436, 451
Kreles, Augustin: 85 (Sohn v. *Dorethea, der Cleme-
   nynne*)
Christina / Kerstine:
– , Frau von Nickel Henczhel: 289 (Wwe.)
– , – Mathewes Kricyschin: 279
– , – Steffan Urbach: 205
– , Schwester von Thomas Bolting: 83
– , – Hans Kersten: 157
Krippen, Heinrich: 252 [Katherina, s. Schwester,
   → Selle]
Krippen, Hans: 375
Krig, Breßlaw: 386
Kritze, Mathias: 51 (*Kycz*), 164
Kritzschin:
– , Hans: 223, 240
– , Mathewes: 279 [Kerstina, s. Fr. 279]
Krisschaw, Andrewes: 78

Kroppe, Arnt: 549

Küchenschwein, Ditterich: 102, 364, 569

Kunitz, Glorius: 579

Kunpan:

– , Jan: 385 [Anna, s. Fr. 385], 625

– , Lucas: 479

Kunze, Thomas: 528

Kuritz, Peter: 513

Kurßho, Hans: 297 (Vormund v. *Segemunt Korseners* nachgel. K.), 361

Kuschberge, Gurge: 34, 47

Kuttenregel: → vom Steyne

– , Clemen (Br. v. Lucas): 440, 519

– , Lucas (Br. v. Clemen): 440, 519

L

Lachen, Oswald: 390; 474

Lakenscherer, Hans: 510, 517

Lam:

– , Hans: 78, 179, 260

– , Lamprecht: 129, 197

Leder, Heinrich: 449, 515, 532

die Lederynne, Sophia: 580

Leiche, Drewes: 1 (s. Haus), 412, 460

Lena / Lene → Helena

Leßkow, Cune / Kune: 77, 231

Libinwerte, Hans, Hogebels knechte: 569

Lichte, Nickel: 456

Lyndener:

– , Michel: 138 [Katharina, s. Fr. 138]

– , Thomas: 139 [Anne, s. Fr. 139], 295 (SchwiegerS. v. *Gurge Scherff*), 288, 527

Lissaw:

– , Claus (Vetter v. Lorenz): 429

– , Hans: 537

– , Lorenz (Vetter v. Claus): 429, 430 [Juliane, s. Fr. 429, 430]

– , Peter: 11, 56 [Ilse, s. Fr. 56], 621

– , Juliana (Tochter v. Claus): 429

von Lobben, Hans: 461

Lobenitz, Matheus: 234, 243, 254, 337

Lodewich, Claus: 276

die Lodewigynne, Claus: 589

Lonewitz, Margareta: 172

die Lonewitzynne: 590 (Halbschwester v. *Hans Zwenzig*)

Lonnzsche, Donat: 619 [Ilse, s. Fr. 619]

Louchstete, Sander: 182 (ehel. Vormund; Schwager v. *Caspar Gellewitz*) [Katherina, s. Fr., 182]

von der Loybe, Hans: 265

Lubizsch, Blesius: 123

Lucia:

– , Ehefrau von Hans Dresscher: 197

– , – Caspar Gorisch: 110

– , – Herman Kogelman: 99

– , – Hans Müller: 39

– , – Andrewes Wißbach / die Andrewes Wißbachynne: 221 (Wwe.), 334, 378, 442 (†), 477 (†), 518 (†)

Ludecke:

– , Gurge: 381 (Vormund v. *Tile von Trote*)

– , Valentin: 106, 107 [Margareta, s. Fr. 107, 155 (wohl)]

– , Jakob (Stiefsohn v. Valentin): 106

– , Peter (Stiefsohn v. Valentin): 106

– , Agathe (Stieftochter v. Valentin): 106

die Ludekynne, Valentin: 155, 306

Ludentalb, Curt: 28

Luder, Pawel: 379

Lutze, Johan: 414

M

Mandelkerne, Hinrick: 121, 135, 136, 137, 345, 346

Margareta:

– , Frau von Jacob Baltazar: 130

– , – Heinrich Beyer: 102 (Wwe. → Beme)

– , – Blosius Beme (→ Beyer): 102, 103

– , – Ditzsche Beme: 459

– , – Drewes Bosingk: 198

– , – Pauel Fleischauer: 5

– , – Claus Habich: 316

– , – Peter von Halle: 585

– , – Hans Heinrich: 13 (Wwe.), 57, 58, 59, 98, 466

– , – Claus Kaldis: 169, 612

– , – Hans Kannengiesser: 388

– , – Hans Kersten: 434

– , – Valentin Ludecke: 107, 155 (wohl)

Namensregister   265

– , – Claus von Meideburg: 387
– , – Steffen Richard, die Richardynne: 218, 335,
    426, 447, 471, 480, 491, 498, 525
– , – Nicolaus Rode: 493
– , – Borchard Sachs, die Sachsynne: 147, 213
    (Wwe.), 248 (Wwe.)
– , – Hans Smalian: 376
– , – Hans von Smöllen: 27
– , – Hans Steffan: 431
– , – Caspar Trißkow: 64
– , – Simon Vogeler: 141
– , – Hans Voyt: 26
– , – Claus Zoberitz: 41
– , Schwester von Thomas Bolting: 83
– , Tochter von Hans Hake u. Brigida: 157
– , – Segemunt Korsener: 297
– , Lonewitz: 172
Maschwitz, Schultheiß: Vorrede
Marx:
– , Pauwel: 499
– , Urban: 4 [Gertrud, s. Fr. 4]
Meffer, Peter: 599
von Meideburg, Claus: 387 [Margareta, s. Fr. 387]
Meyche, Heine: 9
Meynhard:
– , Hans, in der Melkelstraßen: 161, 265
– , Hans: 296
Meysen, Heinrich: 178, 227, 325 (mit s. Fr.), 613
Merzsch / Mericzsche, Hans: 38 (s. Haus), 123, 345,
    531, 582, 583
Mewes, Glorius: 49 [Anna, s. Fr. 49]
Messersmed / Kleynsmed:
– , Claus: 196
– , Donat: 358
Mertin, Frantze: 448
Metzschman, Urban: 600 [Kone, s. Fr. 600]
Mettener, Heinrich: 448, 466, 494, 495, 516, 533,
    534, 564, 565
Myley, Jurgen / Gurge: 148, 223, 225, 255, 301, 346
Mittag, Steffan: 297 (Vormund v. *Segemund Kor-
    sener*s nachgel. K.)
Mockaw, Nickel: 251
Moderaken, Mathias: 209, 210, 258, 292, 348, 349
    (s. Schwester), 391 (mit s. Schwester)

Molle, Lodewig: 469, 595
Monchmecher, Drewes: 14, 33, 307
More:
– , Hans: 53
– , Caspar: 128 [Cordula, s. Fr. 128]
Moritz:
– , Caspar: 43
– , Hans: 469 (Vormund v. *Lodewig Molle*)
die Moritzynne (Tochter v. der Rennepagynne):
    194
Motzeligk, Jacoff: 603
Müller, Hans: 39 [Lucia, s. Fr. 39], 82, 167 [Ilse, s.
    Fr. 82, 167]
Munth, Nicasius / Casius: 453, 559
Murer, Glorius: 273 (Vormund v. *Lorenz Dilnow*)
Mußhard, Curt: 135, 136, 137

N

Nagel, Hans: 207
Nopel, Hans: 37, 76, 126, 183, 272, 302
Nehusen, Andreas: 369
Neringk, Jacob: 409
Nolke, Drewes: 622
Nuweman, Heinrich: 157 [Anna, s. Fr. 157]
– , Levius (Sohn v. Heinrich): 157
– , Kilian (Sohn v. Heinrich): 157
– , Claus (Sohn v. Heinrich): 157
– , Anna (Tochter v. Heinrich): 157
Nytener, Hans: 135, 137
Nytzschman, Hans: 29, 211, 220

O

Olman, Thomas: 383 (Bürge), 438
Oltopphs: 231 (s. Hof)
Olzsche, Heyne: 540
Orcke, Abe: 626 [Ilse, s. Fr. 626]
Orethe, Orethie: → vgl. Dorothea
– , Frau von Simon Blotz: 406
Osanna / Sanna:
– , Frau von Mewes Didecke: 16 (Wwe.)
– , – Mathias Holze: 104 (Wwe.)
Ostertag, Claus: 3, 597
Ostirhilt:
– , Schwester von Thomas Bolting: 83

Ostraw:

– , Glorius: 593

– , Ulrich: 61, 271, 350, 369, 395, 407, 594

die Ostrawynne, Ulrich: 177, 333, 352, 454, 478

Otte, Claus: 281, 304

P

Paeck, Nickel: 423 (s. Haus)

Palbornen, Claus: 215

Patzel, Caspar: 423, 424

Pegaw, Nickel: 39 (s. Haus), 314, 329, 580 (Vormund v. *Sophie, der Lederynne*)

Peitzsch / Peytzsch:

– , Hans: 508

– , Peter: 436

– , Ulrich: 372 [Anna, s. Fr. 372]

Pergere / Ppergere:

– , Nickel: 89 (†, SchwiegerV. v. *Hans Petzschalt*)

– , Vincentius: 89 (Schwager v. *Hans Petzschalt*)

Peßen, Pawel: 54, 215

Petzsch:

– , Hans: 306, 475

– , Peter: 77 (s. Haus), 88, 115, 136, 137, 256

Petzschalt, Hans: 89

Phansmed, Glorius: 610

Pheffer, Hans: 97, 165, 343, 403, 552

Phluge, Mertin, zcu Lochawe: 245

Pflug, Mertin: 310

Phoel, Mathias: 482

Phortener:

– , Hans: 378 (†) [Gertrud, s. Fr. 378 (Wwe.)]

– , Jacoff (Sohn v. Hans): 191 [Gertrud, s. Fr. 191], 378 (Vormund v. *Gertrud*, s. Mutter), 442

die Pichtynne: 240 (SchwiegerM. v. *Nickel Urbane*)

Plenunge, Sander: 166

Plote, Claus: 24 [Clara, s. Fr. 24], 277

Plotz → Blotz

Pock / Pack, Volkmar: 149, 280, 441, 538, 624

Poyden, Mertin: 366

Poyderwayn, Hans: 610 (†) [Agatha, s. Fr. 610 (Wwe.)]

Polcke, Benedictus: 62

Popelitz, Hans: 15, 55, 88

Pordeman, Glorius: 512

Pragenitz:

– , Heinrich: 158, 159

– , Peter: 174

Prellwitz: 79 (s. Haus)

– , Lorenz: 20, 21, 179, 462, 463, 483, 550, 555, 556, 557, 558, 559, 560, 606, 617

Prista:

– , Frau von Johannes Romer: 186, 187, 188, 189, 190 (früh. Fr. v. †*Hans Schutz*)

Profyth, Hans: 507

Pruße:

– , Hans: 186 (Vormund v. *Bastian Schutz*), 187, 419 (Vormund v. *Hans Schutze*s nachgel. K.)

– , Bartold: 604

Pulvermecher, Hermann, von Muchel: 78 [s. Fr.]

Q

R

Rabil, Heidecke (†): 157 (s. Haus), 158 (s. Haus), 159 (s. Haus)

Raspen, Allexius: 297 (s. Haus)

die Rennepagynne: → die Moritzynne

Richard:

– , Hans: 433 [Ursula, s. Fr. 433]

– , Steffan: 218 [Margareta, s. Fr.]

die Richardynne, Steffan / Richardis, Margareta: 218, 335, 426, 447, 471, 480, 491, 498, 525

Riman, Caspar: 587

Ripaw:

– , Levin: 428, 544

– , Pawel: 428 (†, Schwager v. *Hans Subach*) [Ilse, s. Fr. 428 (Wwe.)]

Rißken / Rischke, Nickel: 314

Ritze, Claus: 500 [Katherina, s. Mutter 500]

Ritzsch, Curt: 65, 113

Rode, Nicolaus: 493 [Margareta, s. Fr. 493]

Rodeman, Hans: 404

Roitz:

– , Henze (Br. v. Pawel): 184

– , Pawel (Br. v. Henze): 184

Romer:

– , Hans / Johannes / Johanse: 186, 187 (ehel.

Vormund), 188, 189, 190 (Stiefvater v. *Bastian Schutz*) [Prista, s. Fr. 186, 187, 188, 189, 190 (früh. Fr. v. *Hans Schutz*)]

– , Otten: 152

Rorbach, Glorius: 77

Rosentred, Valentin: 492

Roßbach, Glorius: 283

von Ruden, Albrecht: 426, 447

Rudolf:

– , Claus: 157 (ehel. Vormund), 159, 160 [Agatha, s. Fr. 158, 159, 160]

– , Sander (Sohn v. Claus): 158

– , Agatha (Tochter v. Claus): 158

– , Ursula (Tochter v. Claus): 158

Rule:

– , Hans: 623

– , Jacob: 445, 524, 562

– , Peter: 19, 48, 313

Ruße, Gurge: 150, 185, 602

Russchenberg, Jan: 104

S

Sachse, Borchart: 213 (†), 248 (†) [Margareta, s. Fr. 147, 213, 248]

die Sachsynne → Sachse, Borchart

die Salwertynne, Agneyße, von der Nunburg: 398

Salzburger, Hans: 440, 519 [Elle, s. Fr. 440, 519]

von Sayda, Paul: 23 (SchwiegerS. v. *Claus Wale*) [s. Fr. 23]

Schaden, Erhart: 96, 414, 415, 421, 463, 467, 520, 555, 605

Scharffenberg, Hans: 156 [Katherina, s. Fr. 156]

Schatz, Claus: 7 [Anne, s. Fr. 7]

Scheffer, Claus: 154 [Ursula, s. Fr. 154], 212, 423 (s. Haus)

Scheiden, Blasius: 625

Scheider, Nickel: 609 [Anna, s. Fr. 609]

Schencke, Hans: 93, 94, 124, 413

Schenckel:

– , Bernt: 399

– , Drewes: 23, 142, 613 [Anne, s. Fr. 142]

Scherff, Gurge: 202, 287, 288, 295 (Schwiegergroß-vater v. *Thomas Lyndener*)

Schernemeister:

– , Franz: 293, 539

– , Heinricus: 298, 332

Schildaw, Mertin: 599

die Schiltbachynne: 404

Schindele:

– , Asmus : 229 (Oheim v. *Allexius Herffart*) [Il-se, s. Mutter 229], 359, 360

– , Drewes: 359 [Ilse, s. Fr. 229, 359, 360]

Schoff, Hans: 323

Schoybel, Kilian: 72

Schonefelt, Nicolaus: 529

Schone:

– , Vit: 276

– , Nickel: 294

– , Glorius: 3

Schonbesseyle, Hans: 87, 196

Schonenickel, Mertin: 294 (†) [Helena, s. Fr. 294 (Wwe.)]

Schopßkop, Peter: 536

Schopißsehe, H., von der Naumburg: 563

Schouwentobel, Henze: 199 [Ilse, s. Fr. 199]

Schriber, Sigimund: 17, 231

Schroter / Schroder, Nickel: 163, 318, 621

Schultisse / Schulze, Ditterich: 194, 368

Schumann:

– , Gurge: 74, 246

– , Friedrich: 500

Schutze / Schutzsche:

– , Bastian (Sohn v. Hans): 186, 187, 190 (Stief-kinder v. *Johannes Romer*)

– , Frederich (Br. v. Sixtus): 175, 186 (Vormund v. *Bastian Schutz*), 419, 504, 513, 566

– , Hans (†): 186 (s. Haus), 187 (s. Haus), 190 (†) [Prista, s. Fr. 190 (Wwe.)], 419 (s. nachgel. K.)

– , Sixtus (Br. v. Frederich): 186 (Vormund v. *Bastian Schutz*), 193

Schutzmeister, Tile: 241, 275 [Gutte, s. Fr. 275]

die Schutzmeisterynne, Tile: 241

Seber:

– , Hans: 181, 184

– , Wenzlaw: 480

Sedeler:

– , Lamprecht: 148

– , Wentze: 618, 620
Selle, Peter: 252 (†, Schwager v. *Heinrich Krippen*)
  [Katherina, s. Fr. 252 (Wwe.), 465, 541 (*Peter Sellynne*)]
Senderman, Peter: 624
Symon, Nickel: 250 [Anna, s. Fr. 250], 319, 331, 340, 436
Slanlach, Andreas: 62, 119, 120, 204, 222, 239, 291, 311, 312, 380, 489, 520, 620
Slichthar, Nicolaus: 11
von Sluchten, Hans: 100 (†, s. Fr. (Wwe.)]
Smalian, Hans: 376 [Margareta, s. Fr. 376], 377
Smed / Smede:
  – , Gunter (Sohn v. Hans): 226
  – , Hans: 37, 76, 101 (s. Haus), 102 (s. Haus), 103 (s. Haus), 126, 183, 206, 226, 251, 272, 302, 396 (Schwager v. *Anthonius Blawronck*), 432, 457, 458
  – , Heinrich (Vater v. Martin): 372 (†, SchwiegerV. v. *Ulrich Peitzsch*)
  – , Martin (Sohn v. Heinrich): 372, 452 [Gutte, s. Fr. 452]
  – , Nickel: 576
  – , Steffan: 51, 163, 164
  – , Anna (Tochter v. Heinrich): 372 (Schwester v. *Martin*)
von Smöllen, Hans: 27 [Margareta, s. Fr. 27]
Snabele, Michael: 18, 451
Snydewint, Claus: 331
Solzschk, Borchard: 604
Solpusch, Peter: 246
Sophie / Sophia:
  – , Frau von Benedictus Fercke: 22
  – , Tochter von Lorenz Wedemar: 300
  – von Fredeberg: 25
  – , die Lederynne: 580
Span, Gurge: 584 (Vormund v. *Borchard Hering*)
Sparuit, Hans: 422
Spieße, Peter: 131, 132, 214
Sperling, Hans: 147, 213, 222, 239, 248
Spilwisch, Heyne: 151 [Katherina, s. Fr. 151]
Spittendorf:
  – , Andrewes: 464
  – , Hedewig (Tochter v. Andrewes): 464

Spulsborn / Spulsporn, Steffan: 31, 336, 402
Stalbom, Symon: 286
Stapele, Claus: 201
Starke, Drewes: 6
Starckennaw, Hans: 611 (ehel. Vormund) [Ilse, s. Fr. 611]
Steckenberg:
  – , Mertin: 22 (†)
  – , Blasius (Sohn v. Mertin): 22
  – , Johannes / Hans (Sohn v. Mertin): 22
Steckmesser, Caspar: 117 [s. Fr. 117 (*die Steckmesserynne*)]
Stederich, Thomas: 617
Steffen, Hans: 431 [Margareta, s. Fr. 431]
Steiger, Drewes: 8
Stel, Drewes: 344
die Stelynne, Drewes: 344
Stellemecher:
  – , Bastian: 69, 70, 247, 309, 546
  – , Hans: 405 [Walbrechte, s. Fr. 405]
Steyn, Claus: 243, 282, 569, 587 (mit s. Sohn)
vom Steyne, Lucas → Kuttenregel, Lucas
die Stontzynne, Anna: 468, 561
Stoyen:
  – , Bartholomeus: 417
  – , Heinrich: 510, 517
  – , Hans: 68, 363 [Walburg, s. Fr. 363]
  – , Thomas: 46, 168, 314, 392
Stoyne, Wenzlaw: 599
Storre, Jurgen / Gurge: 168, 271
Strele, Glorius: 135, 136, 137, 481, 616
Strelaw, Glorius: 444
Strunen, Herman: 552 (mit s. Fr.)
Stucke, Vester: 324
Studener, Peter: 108
Strufinge, Matheus: 380
Subach:
  – , Hans (Schwager v. *Pawel Ripaw*): 428 (Vormund v. *Ilse*, s. Schwester), 544 (Vormund v. *Ilse*, s. Schwester)
  – , Ilse (Schwester v. Hans): 428, 544
Sulze, Lodewig: 219, 235
Surbier, Hans: 353, 606
Sweyme, Heinrich: 206

Namensregister

T

Thammer, Steffen: 371

Tesschener, Gurge: 73

Thor, Asmus vom: 571

Thunaw / Thonaw, Fritzsche: 173, 238, 399, 409

Tiffense, Hans: 469, 557.

Titterich → Ditterich

Tolle, Jacob: 353

Trebichin, Donat: 410

Treffan, Heinrich: 111, 398, 468, 561, 578, 614

Treiße:

   – , Augustin: 65, 113, 297

   – , Hans: 362 [Gertrud, s. Fr. 362]

   – , Pawel: 400

Trißkow, Caspar: 64 [Margareta, s. Fr. 64], 83 (s. Haus), 215

Trepz, Erhard: 439

von Trote, Tile: 381, 382

Trutman, Anisius / Dyonisus: 32, 200, 289, 321

Tufel, Steffen: 521, 535

   – , Urban (Sohn v. Steffen): 521, 535

Tusscher:

   – Ciriacus / Ciliacus: 40 [Anna, s. Fr. 40], 256, 257

   – , Hans: 326 (*auf dem Strohhof*), 446

   – , Mertin: 182 (s. Haus)

Tyschere, Mathias: 94

U

Ulmann, Thomas: 339

Urbach, Steffan: 205 [Kerstina, s. Fr. 205]

Urbane, Nickel: 240 (mit s. Fr. u. Schwiegermutter)

Ursula:

   – , Frau von Hans Richard: 433

   – , – Claus Scheffer: 154

   – , Tochter von Gutte Boltz: 575

   – , – Sophia Fercke: 22

   – , – Claus Rudolf u. Agatha: 158

V

Valdolffe, Michael: 277

Vetter, Nickel: 42 [Anna, s. Fr. 42]

Vit, Hans: 135, 136, 137

Vochs:

   – , Claus: 131 (Schwiegervater v. *Peter Fur*), 273, 329

   – , Anna (Tochter v. Claus): 131

Vocke, Hans: 323

Vogel, Mertin, von Naumburg: 588

Vogele, Steffan: 331, 411

Vogeler, Simon: 141 [Margareta, s. Fr. 141]

Voit / Voyt:

   – , Albrecht: 140, 181, 245, 290

   – , Hans: 26 [Margareta, s. Fr. 26], 376, 377

Volke, Andrewes: 563

Vorgunt, Thomas: 46

die Voßholynne: 212 († Muhme v. *Jacob Donz*)

Vrone

   – , Schwester von Thomas Bolting: 83

W

Wachau / Wachauw, Peter: 100 (Vormund v. *Hans von Sluchten*s Wwe.), 135, 137, 172, 202, 204, 216 (mit s. Fr.), 228, 287, 288, 291, 295, 311, 328, 472, 486, 527 [s. Fr.]

Wage / Wach, Glorius: 44, 135, 137

Wagk, Mathias: 481, 615

Walburg:

   – , Frau von Hans Stoyen: 363

Wale, Claus (Schwiegervater v. *Pawel von Sayda*): 23 (Vormund v. *der Pawelynne von Sayda*), 144, 236, 253, 285, 412

Walter, Mertin: 427

Walwitze, Vite: 278, 418

Waynwitze, Peter: 427

Wechteller, Michel: 400

Wedemar:

   – , Lucas: 162, 355, 370

   – , Lorenz: 300 (†)

   – , Borchard (Sohn v. Lorenz): 300

   – , Nicasius: 178, 227

   – , Helena (Tochter v. Lorenz): 300

   – , Sophie (Tochter v. Lorenz): 300

Wele, Bartolomewes: 182, 338

   – , Nickel: 91, 92, 114, 504, 566

Welker, Hans: 144, 253

von Welle, Kersten: 589 (Vormund v. d.*Valentin Wipoldynne*)

Weger, Peter: 43

Weghe, Peter: 81, 488

Wende, Pawel: 283

Wentze, Peter: 421, 608

Werbecken, Jacobus: 62

Werner, Pawel: 342 (s. Hof)

Wert, Hans: 161

Wesener, Jacoff: 169, 512

Weßmar, Claus: 217, 411

Wettich, Nickel: 264

Widdirsdorf, Moritz: 173

Wiessagk, Jacoff: 472, 486

Willebolt / Willeboltze, Simon: 509, 581

Wynman, Niclaus, Er: 443 (TestVollStr. v. d. *Clemen Wißpachynne*)

Wynmeister, Jacoff: 212 (s. Hof), 262, 397, 482, 484, 505, 506, 532, 558, 573

Winckel:
  – , Asmus (Br. v. Peter): 408 († getötet v. *Hans Arnd*)
  – , Blasius / Besius: 312, 501, 502, 522, 523
  – , Glorius: 596
  – , Peter (Br. v. Asmus): 180, 284, 408, 435 [s. Fr. 435], 449

die Wickelynne, Peter: 435

Wipold, Valentin, von Wetelitz: 589 [s. Fr. 589]

Wißbach:
  – , Andreas: 334 (†), 378 (†)
  – , Lucia / die Wißbachynne, Andrewes (Wwe. v. Andrewes): 221, 334, 378, 442 (†), 477 (†), 518 (†)
  – , Clemen: 187, 188, 221, 334, 443 [s. Fr.], 477, 518

die Wießbachynne: 16 (ihr Haus)
  – , Andrewes: 221, 334, 378, 442 (†), 477, 518
  – , Clemen: 443

Wolbrecht:

– , Tochter von Agnes, der Kogelwagynne: 335 → die Kogelwagynne

Wolle, Kersten: 352

Wule, Valentin: 395

Wullenweber, Titzen: 285

Wurzen, Caspar: 18

X

Y

Yman, Hans: 38

Z

Zatan / Zcaten / Czhatan:
  – , Mertin: 269
  – , Valentin: 543 [Julia, s. Fr. 543]

Ziring:
  – , Gurge: 65
  – , Hans: 113, 267

Zimmerman, Mathias: 75

Zoberitz:
  – , Claus: 41 [Margareta, s. Fr. 41], 112, 416
  – , Ulrich: 416

Zoch, Bartolomeus: 212, 292

Zocke, Drewes: 392, 418

Zolner, Hans: 38 (s. Haus), 73

Zoymer:
  – , Claus: 420
  – , Hans: 67

Zotemantel:
  – , Anne: 243
  – , Ilse: 234, 254, 282

Zschuch, Jacoff: 591

Zschiel, Hans: 34, 47

Zwenzig:
  – , Curt: 371
  – , Drewes: 54, 192, 423
  – , Hans: 503, 509, 536, 537, 554, 571, 574, 576, 577, 581, 586, 588, 590 (mit s. verstorb. Vater)

von Zwickau, Michael: 503, 574, 586

Topographisches Register

A

B

Barfußer Kirchhof: 1
Berlin: 50, 56
Bock, schwarzer: 62
Brunßword: 624

C

Clausstraße: 77, 132, 436

D

Deutscher born: 49
Drakinstedenhof: 584

E

Kloster St. Egilen: 101 (Nonnenkl. zu Egilen)

F

Fischmarkt: 315, 366
Frankfurt: 127

G

Galk-, Galgstraße: 203, 429
St. Gertrudenkirche: 452

H

Halle: 22
Henne, schwarze: 277
Herzen, drei: 22
Honstete: 59

I

J

Cappelle St. Jacob zu Halle: 429

K

Kleinschmieden: 16, 277, 442

L

Lawe, weißer: 24

Lochaw: 245

M

Mercklin-, Melkel-, Merckelstraße: 22 (*merck-lin-*), 161 (*melkel-*), 39 (*merckel-*)
Mertinsberg vor der Stadt Halle: 77, 231
Mühle: 491 (*mole*)

N

Neuer Turm: 3
Kloster Neuwerk: 396
St. Niclaus: 436
Naumburg: 398 (*Nunburg*), 588

O

P

Prufenstraße: 38, 212, 423

Q

R

Rathaus:
   – , hinter dem: 101, 102, 103, 297
   – , gegen dem: 182
Rodewelschenstraße: 479

S

Sacke, an den: 479
Scharren, roter : 371
Schenstraße: 62, 300
Schlamm: 184 (*slamme*)
Schuhofe: 62
Schule, hinter der: 599
Smerstraße: 24, 79, 182, 229, 359, 360
Gebele, steine: 315 (*an deme steynen gebele gelegen*), 366 (*an deme steynen gebele*)
Steinstraße: 31, 157, 158, 159, 273, 371
Steintor: 6
Stern, schwarzer: 273
Strohhof: 326

T

Taubengasse: 203

U

Urlichstraße, große: 186, 342

V

W

Weist / Weydest (zw. beiden Ulrichstr.): 64 (*gensyt by der weiste*), 83 (*uff der weyst*)

X

Y

Z

Sach- und Wortregister

A

aberklagen: 55

Ableugnung mit Eid: 595

Absonderung: 22

Abtissin: 101

amen → ohm

anersterben: 22, 62, 64, 77, 89, 101, 102, 131 (*ansterben*), 157, 186, 203, 320, 372, 378

antworten / *antwerten*: 245, 310, 320, 367, 396, 403, 547

Arzt: 303 (*meister clause dem arczte*)

aufbieten:
- Pfand: 12, 35, 37, 118, 122, 125, 126, 197, 214, 280, 305, 354, 357, 401, 413, 439
- Fronung: 200, 213, 247 272, 287, 291, 321, 416 , 446, 533, 534, 538, 541, 561, 568, 571, 574, 576, 577, 581, 582, 583

B

Bann: 59 (*banne*)

bendichin: 401 (*bendichin*)

bescheiden: 20, 34, 87, 169, 195, 319, 382, 432

Bescheid / *bescheide*: 569, 575, 624

vgl. → Unterschied / *undirscheide*

Besaß: 331, 569

besetzen: 54, 78, 89, 215, 233, 234, 243, 286, 303, 331, 338, 409, 440, 501, 508, 513, 569, 584, 589, 608, 618, 625

Besserung / *besserunge*: 243, 429, 508

Bett: 368

Bevollmächtigung:
- vor gehegtem Ding: 22, 127
- vor Rat: 22
- schriftlich: 12, 221, 334
- Bevollmächtigter:
  - Nicolaus Brandenberg: 12, 221, 334
  - Caspar Gellewitz: 22
  - Gurge Hynne: 127

beweisen: 87, 429

vgl. → fulkommen

Bier: 149, 168, 313, 488, 494, 495, 516, 621

Born: 46 (*bornen wasser*), 49, 79

–säule: 79 (*bornsule*)

bot: 32, 314

– , rechte: 241, 242, 253, 256, 285

boten / geboten: 174, 435, 477, 519, 573

Brauhaus: 46, 56

Braugeräte: 46 (*bruwegescherre*)

Brief:
- , versiegelter: 11, 12
- , offener besiegelter: 38, 62, 77, 101, 203, 212, 221, 274, 315, 334, 366, 429, 479, 515, 587

Buch:

- Pfarrbuch: 8
- Schöffenbuch: 57, 299, 527
Bude: 315, 366
Bürge: 137, 383, 398
Buße: 511

C vgl. K

D

Ding:
  - , zwei: 582 (*czwey dingk*)
  - , drei: 54, 57, 58, 59, 78, 89, 122, 126, 197, 200,
    213, 214, 215, 233, 234, 236, 237, 247, 251,
    255, 266, 267, 272, 276, 278, 280, 285, 286,
    287, 291, 292, 293, 298, 303, 305, 321, 322,
    338, 353, 354, 367, 409, 413, 439, 440, 446,
    533, 534, 538, 541, 561, 568, 571, 576, 577, 581,
    583
  - , vier: 54, 57, 58, 59, 78, 89, 215, 233, 234, 236,
    237, 251, 255, 266, 267, 276, 278, 285, 286,
    292, 293, 298, 303, 322, 338, 353, 409, 440
Dienst: 276
Doctor:
  - Volkmar Koyen: 12

E

Eid: 9, 32, 87
  - auf den Heiligen: 367, 590
  - Selbsiebende: 590
Eigenschaft / *eygenschaft*: 38, 62, 64, 77, 184, 203,
    212, 315, 479
Eigentum / *ingethome* / *eygenthom* etc.: 186, 274,
    366, 515
einsetzen: 31, 135, 136, 218, 272, 277, 436
ein- u. ausweisen: 248, 295, 302, 309, 311, 564, 586
Eisenhut: 280 (*ysenhut*)
Elle: 327, 518
entbrechen / *emprochen*: 226, 294, 442
endis dingis: 54, 215
Erbe (n.): 24
Erbe, rechter: 366, 387, 479
Erbenlaub / *ervenlôf*: 8, 38, 64, 77, 83, 184, 203, 274,
    366, 479, 575
erbieten: 442 (*irbot*)

Erbzins: 479 (*jerlichs erbczinßes*)
Erdhaus: 64 (*erde huß*)
erstehen / *irsten*: 20, 34, 54, 59, 76, 78, 89, 168, 169,
    195, 232, 233, 234, 236, 237, 251, 255, 267, 276,
    278, 280, 286, 288, 292, 293, 298, 299, 303, 307,
    311, 319, 320, 321, 322, 338, 353, 382, 409, 417, 432,
    519, 521

F

Fass: 621 (*eyn vas bier*)
Fest- u. Feiertage:
  - Michaelstag: 277
  - Peter und Paulus Tag: 569
  - Pfingsten: 76
  - Trinitatis: 417
  - Weihnachten: 417
Festung / *vestung*: 367, 383, 408
Ferkel: 174 (*von eyns ferckens wegen*)
Fiktion, juristische: 12, 76, 127, 429, 443, 587
Fisch: 584 (*an dy fische*)
Flasche: 518 (*eyne czehenen flassche*)
Fleck: 79 (*eynen fleck in deme hofe*)
Fleischscherne: 392 (*fleischscherne*)
Frauenmantel → Mantel
Frauenrock → Rock
frei u. ledig: 136, 436, 575, 624
Frevel: 442, 464, 477
fronen:
  - Haus: 200, 213, 247, 321, 416, 582
  - Haus u. Hof: 272
  - Were: 10, 18, 21, 23, 36, 43, 44, 45, 53, 60, 61,
    63, 66, 67, 68, 69, 70, 72, 75, 81, 88, 95, 96, 97,
    100, 116, 121, 123, 144, 145, 147, 161, 166, 176,
    178, 181, 183, 192, 201, 202, 204, 207, 236, 237,
    249, 251, 253, 256, 261, 262, 263, 264, 265,
    270, 271, 278, 285, 289, 296, 313, 314, 317, 320,
    322, 323, 324, 326, 327, 329, 332, 339, 340, 345,
    347, 348, 350, 353, 358, 364, 369, 370, 373, 382,
    386, 393, 394, 397, 407, 412, 414, 415, 418, 420,
    421, 425, 437, 441, 444, 445, 448, 451, 453, 457,
    460, 465, 466, 468, 481, 482, 484, 489, 494,
    499, 505, 506, 511, 519, 524, 526, 529, 531, 535,
    536, 537, 544, 554, 556, 558, 567, 578, 580, 591,
    593, 594, 596, 597, 598, 603, 606, 614, 615, 616

fulborten: 101, 611
- willen u. –: 22
Fulbort: 131, 135, 136, 376
- Willen u. –: 38, 62, 77, 101, 102, 182, 186, 203,
212, 274, 315, 366, 479
fulkommen (gerichtlich beweisen):
- mit Schöffenbuch: 57, 299
- mit Tedingsleute: 226
- mit Selbsiebende: 589, 590
- mit Zeuge: 294, 331, 455, 456
- mit Testamentsvollstrecker: 442
fulmacht → Bevollmächtigung
fulmechtig → Bevollmächtigung
Fürsorge /Sorge(-pflicht): 190

G

Garbude: 3
Garten: 6
Gegenwärtigkeit: 12, 101, 127, 587
Geld, fränkisches: 214 (*frenckisch gelt*)
geloben: 65, 168, 169, 276, 278, 307, 330, 331, 382
gereden u. –: 278
Gelübde: 435, 436
Gemach: 455 (*das heymliche gemach*)
Gerade / *gerethe*: 58, 218, 241, 320, 464, 504, 589
Gerechtigkeit: 20, 22, 24, 36, 50, 58, 59, 98, 101,
102, 157, 158, 159, 182, 195, 233, 234, 236, 237,
252, 278, 286, 288, 295, 311, 319, 359, 360, 372,
376, 377, 479, 491, 588, 599
Gericht: 573, 587, 588
- Gerichtskosten: 197
von –s wegen: 232, 547, 550
Gerste: 149, 598, 618
gesamthänderisches Miteigentum: 135, 136
Gewalt: 57, 58
Gewere (vgl. → Were): 338 (*in synen geweren hette*)
Glas: 515, 532
Gold: 584
Gottes Will: 12 (*umme gotis willen*)
Gunst: 46
Gürtel: 126 (*eyn silberyne gortel*)

H

Hafer: 145, 155, 207, 306, 505

Halle (Siedehaus): 299
Hand: 310, 367
Hausgerät: 186 (*hußgerete*)
Häuschen: 575 (*huseken*)
Hering: 458 (*eyne thunen heringis*)
Hohn, Schmachheit u. Schaden: 57, 58
Hopfen: 162, 355
Heergewäte: 32 (*hergewetis*)

I

insetzen → einsetzen
in- u. ußwisen → ein- u. ausweisen

J

Jacke: 280 (*jacke*)

K

Kapphan: 38 (*kaphanen*)
Kapitel: 101 (*capittels des … closters*)
Kapelle:
- St. Jacob zu Halle: 429
Kessel: 357 (*eynen kessel*)
Kinderteil: 7, 26, 40, 41, 42, 80, 102, 128, 133, 154,
156, 387, 433, 609
Kleie / *kleye*: 306 (*eynen halbin scheffel klyen*)
Kleidung: 13, 37, 106, 118, 122, 126, 152, 190, 226
Kloster:
- Nonnenkl. zu Egilen: 101
- Kl. Neuwerk: 396
Korn: 11, 155, 271, 286, 289
Kost: 197 (*gerichts kost*)
Kraft u. Macht: 429, 587
Krame: 22 (*sydenkram*), 182, 518 (*craem zcinß*)
Kranz: 589
Krug: 32

L

Leibzucht: 2, 39, 56, 429, 452, 564, 565
ledig u. los: 9, 11, 32, 87, 111, 135, 172, 174, 245, 297,
330, 383, 396, 398, 400, 419, 456, 476, 477, 488,
500, 504, 518, 566, 568, 573, 589
Lehen: 22, 38, 62, 64, 77, 184, 190, 203, 212, 231,
273, 299, 315, 366, 371, 479
-Lehensherr: 382, 429
Leiste: 338 (*czwey schog par leisten*)

Sach- und Wortregister

leihen: 49
Leilachen / *lilachen*: 357

M

Malz: 9
Malzhaus: 79
Mantel: 214, 232, 439
  - Frauenmantel: 118, 122, 305
  - Mannesmantel: 357
  - Harrasmantel: 354
Mauer: 6
medeban: 29, 33, 48, 65, 74, 113, 114, 119, 120, 124,
  129, 140, 163, 164, 165, 167, 175, 185, 217, 220,
  223, 225, 228, 235, 238, 239, 240, 258, 268, 269,
  275, 301, 304, 308, 312 , 346, 355, 381, 399, 402,
  411, 447, 471, 474, 480, 483, 486, 496, 507, 514,
  516, 522, 523, 525, 551, 555, 562, 563, 570, 572, 585,
  592, 602, 622
  - wegen Nichteinhaltung der Gelübde: 65
  - wegen Verweigerung der Pfandübergabe: 258,
    268, 275, 301, 308
Mühle: 491 (*mole*)
Muhme / *momen*: 212 (*momen*)
Münze, gängige: 137

N

Nonne: 101 (*closterjuncfrowe*)
Not, echte: 87
Nutzungsrecht, lebenslängliche: 360 (*zcu syner libe
  vnde nicht lenger*)

O

Offizial:
  - Kloster Neuwerk: 396
Ohm / *ame* (Maßeinheit für Flüssigkeiten): 149,
  168, 313, 494 516 621
ôm (Schwestersohn): 229 (*ohem*)

P

Panzer: 197
Person: 157, 160
Pfand: 478
  - , williges:
    - Haus: 31, 135, 136, 436
    - *bendichin*, silbern (wohl Schmuckstück): 401

- Geld, fränkisches: 214
- Geräte: 241
- Gürtel, silberner: 126
- Kessel: 357
- Mantel: 118, 122, 214, 305, 354
- Panzer: 197
- Pferd: 125
- Rock: 35, 354, 357, 413, 439
- Salpeter: 548
Pfanne (Salinenanteil):
  - Deutscher Born: 49
Pfarrbuch: 8
Pferd: 55, 125, 233, 251, 310, 595

Q

R

Rangfolge der Gläubiger: 243, 508
Rat: 22 (Halle)
  - Rathaus: 101, 297
  - Ratsherr: 203 (*rademanne*)
räumen:
  - Erbe: 417
  - Haus: 527, 564
Rechenschaft: 314
Reis: 329 (*ryß*)
Rock: 12, 234, 243, 254, 282, 413, 439
  - Frauenrock: 35, 122, 354, 357
Roggen (Getreide): 71, 306, 344
Ringe: 589 (*krantz ringe*)

S

Sachwalt: 137 (*sachwalde*)
Sache: 11, 13, 125, 226, 273, 378, 383, 429, 455
Salpeter: 548
setzen:
  - zum Pfand: 35, 118, 122, 125, 126, 152, 197, 214,
    215, 221, 241, 354, 357, 380, 428, 439, 442, 443,
    456, 458, 464, 469, 477, 503, 509, 518, 548, 549,
    587
  vgl. → Pfand
Schadengeld: 210
Scharne (Verkaufsstätte): 392
Scheffel (Maßeinheit): 71, 145, 149, 155, 162, 207,

271, 289, 306, 314, 336, 344, 355, 402, 505, 598, 618

schelhaftig: 455

Schenkung → Verfügung

Scheune: 184, 229, 360, 476, 575

Schild: 280 (*schilt*)

Schindel: 494, 495, 516

Schöffe: Vorrede

Schöffenbuch: 57, 299, 527

Schrift: 137

Schuhe: 338 (*soben phar schuwen*)

Schuld, nachgelassener: 22

Schultheiß: vor 1, 382, 432

   Schultheißenhof: 314, 382, 432

Schwein: 524

Schwiegermuter: 320 (*syns wiebiß muter*)

selbsiebt / *selbsobinde*: 589, 590

Selbsthant: 310, 367

Siedenkram: 22 (*sydenkram*)

Sparr: 306 (*vier sparren*)

Stall: 595 (*stalle*)

Stiefverwandtschaft

  - Stiefkinder: 106, 190

  - Stiefsohn: 106

  - Stiefvater: 24

Stroh: 306, 437

Summe: 106, 382, 575

T

Tageszeit: 137

Tedingsleute: 226 (*tedingisluten*)

Testamentsvollstrecker / *testamentarien*: 442, 443, 518

Totschlag: 408 (*von des thot slagis wegin*)

Tuch: 327, 518

U

unschädlich: 40, 57, 58, 59, 98, 321, 565, 568

Unterscheid / *undirscheide*: 49, 429

  vgl. → Beschied

Urteil: 382, 429, 432, 582

ut patet: 8

V

Verfügung unter Lebenden: 16 (M. → T.), 450 (V. →S.)

Verfügung von Todes wegen, einseitige: 104, 429

  - unter Ehegatten: 4, 5, 25, 39, 49, 56, 84, 86, 103, 105, 107, 109, 110, 134, 138, 139, 142, 143, 151, 153, 160, 170, 189, 191, 205, 224, 250, 259, 279, 316, 342, 356, 362, 365, 374, 384, 385, 388, 405, 406, 429, 430, 434, 452, 470, 490, 543, 601, 626 (wohl)

  - mit Leibzucht: 39, 56

  - Haus bzw. Hof: 84, 103, 160, 189, 342, 452

  - mit Unterscheid: 49, 429

  - nur Fahrnis: 430

Verfügung von Todes wegen, gegenseitige:

  - unter Ehegatten: 27, 130, 141, 198, 199, 341, 363, 431, 493, 600, 612, 619

  - mit gemeinsamem Kind: 7, 26, 40, 41, 42, 80, 128, 133, 154, 156, 387, 433, 609

Vierding: 64 (*mit namen eynen smalen uirdung*)

Vierzehn Tage: 524, 527

– , drei: 294

Volljährigkeit: 106

volkomen → fulkommen

Vollmacht / vollmächtig → Bevollmächtigung

verantworten: 221

vorborgen: 65

vorboten: 89, 398, 400

Vormundschaft: 13, 23, 35, 37, 83, 100, 102, 125, 152, 157, 182, 186, 187, 221, 251, 272, 273, 297, 302, 320, 336, 378, 380, 381, 402, 419, 428, 442, 458, 464, 469, 503, 509, 544, 549, 563, 576, 577, 580, 582, 583, 584, 587, 589, 590, 611

– , eheliche: 102, 157, 182, 187, 582, 583, 611

  - über Frau: 580, 589

  - über Gast: 563, 589

  - über Geschwister: 428, 544

  - über Minderjährige: 186, 297, 419

  - über Witwe: 428

Vormund:

– , geborener:

  - Bolting, Hans: 83

– , gekorener:

Sach- und Wortregister

- Bruser, Frederich: 100
- von Dornborgk, Gotharde: 587
- Drachen, Peter: 458
- Geiling, Hinricus: 419
- Habich, Claus: 576, 577
- Hartman, Nickel: 320, 464
- Koch, Henze: 590
- Moritz, Hans: 469
- Murer, Glorius: 273
- Nicolaus Brandenberge: 13, 35, 37, 125, 152, 221, 251, 272, 302, 336, 380, 402, 503, 509, 549
- Pegaw, Nickel: 580
- Phortener, Jacob: 378, 442 (für s. M.)
- Pruße, Hans: 419
- Span, Gurge: 584
- Subach, Hans
- Subach, Hans: 428 (für s. Schwester)
- Trote, Tilen von: 381
- Volke, Andrewes: 563
- Wale, Claus: 23 (für s. verw. T.)
- Fulbord des Vormundes: 102, 157, 182, 187
- Bestellung:
  - vor gehegtem Ding: 13, 37, 125, 152, 273, 297, 378, 380, 428, 458, 464, 469, 503, 509, 549
  - schriftlich: 221, 587
vorsetzen: 35, 55, 98, 118, 122, 125, 126, 197, 200, 213, 214, 232, 233, 247, 254, 272, 280, 282, 287, 291, 305, 321, 338, 354, 357, 368, 401, 403, 413, 416, 417, 439, 446, 478, 517, 533, 534, 538, 541, 547, 548, 550, 561, 568, 571, 574, 576, 577, 581, 583, 586
Vorsteher: 429 (*vorstender*)
vortragen: 22, 32, 137
Vorwillung (Einwilligung): 417 (*vorwillunge*)

W

Wagen / *wayn*: 286, 608
wartend: 294 (*des geczuges nicht wartende gewest ist vorgericht*)
wisen / weisen:
- zuerkennen: 14, 15, 17, 19, 28, 30, 47, 51, 52, 54, 57, 58, 59, 71, 73, 78, 82, 85, 90, 91, 92, 93, 97, 99, 108, 112, 115, 117, 146, 148, 149, 150, 155, 162, 173, 177, 179, 180, 193, 194, 196, 201, 206,

208, 209, 210, 211, 215, 216, 219, 222, 227, 230, 232, 233, 234, 241, 242, 243, 244, 246, 254, 255, 257, 260, 266, 267, 276, 280, 281, 283, 284, 286, 290, 292, 293, 298, 303, 306, 306, 310, 318, 325, 328, 333, 335, 336, 337, 343, 344, 349, 351, 352, 361, 375, 379, 389, 390, 391, 404, 409, 410, 422, 426, 427, 435, 438, 440, 449, 454, 459, 461, 462, 467, 472, 473, 478, 487, 492, 495, 497, 498, 501, 508, 510, 512, 513, 517, 520, 528, 530, 539, 540, 542, 545, 546, 550, 552, 557, 560, 579, 584, 589, 604, 605, 608, 610, 613, 618, 620, 621, 623, 625
- ein- u. ausweisen: 248, 295, 302, 309, 311, 564, 586
- hinweisen: 171, 195
Weizen: 155, 314, 336, 344, 402
Weg: 79
Were / *were* / *gewere*: 10, 18, 21, 23, 36, 43, 44, 45, 63, 66, 67, 68, 69, 70, 75, 88, 95, 96, 97, 100, 121, 123, 144, 145, 147, 161, 166, 176, 178, 181, 183, 192, 201, 202, 204, 207, 245 (*geweren*), 251, 253, 256, 261, 263, 264, 265, 270, 271, 278, 285, 289, 296, 313, 317, 322, 323, 324 (*weher*), 326, 327, 329, 332, 340, 345, 348, 350 (*wehere*), 353, 358, 364, 369, 370, 373, 386, 393, 394, 397, 407, 414, 418, 420, 421, 425, 437, 441, 444, 445, 448, 451, 453, 455, 457, 460, 465, 466, 468, 482, 489, 494, 511, 519, 524, 526, 529, 535, 536, 537, 544, 554, 556, 558, 567, 578, 580, 591, 594, 596, 597, 598, 603, 606, 614, 615, 616
– , rechte: 455
werman (Gewährsmann): 11
Wert (Ehemann): 24, 372, 417
Widerspruch: 532 (*ane weddirsprache*)
Wiedergabe: 1, 599
Wieder- bzw. Rückgabe: 359, 599, 624
Wiederkauf: 46, 297
Wilkür: 58 (*nach der stad wilkor*)
Willen: 241, 524
Wissenschaft (Kenntnis): 419, 566
Wortlaut: 190 (*nach lute vnde inhalde*), 429 (*von worte zuc worte clerlichin in heldet*)
Wunde: 500

X

Y

Z

Zeit: 417, 419, 569
Zettel: 190
Zeuge: 294, 331, 455, 456, 521

Zeugnis: 442, 455, 521
Zins: 38, 184, 190, 475, 518
– , jährlicher: 62, 64, 77, 203, 212, 231, 273, 278, 315, 366, 371, 479
- Erbzins: 479
Zubehörung: 56 (*czubehorunge*),
Zugang: 46

SIEBTES SCHÖFFENBUCH.
[1484–1504, 1542]

NACH gots geburd tusint vier hunderd im viervndeachtczigisten jaren vff montagk nach sant Pauels tagk syner bekerunge ist das ander dingk gehalden nach Winachtin.

fol. 2r
26. Jan.
1484

1. Ilße, Ciriacus Eldesten nachgelassennen wetewe, ist gekomen vor gehegit dingk vnde had Volkmar Pocke fulmechtigk gemacht allir sachen, die sie zcu thune gehabin magk, es sie zcu klagen adder zcu antwerten, byß vffs recht zcu geben vnde zcu nehmen, vnde mit sulcheme bescheide, das er vort eynen andern mechtigen magk.

2. Hans Barme unde Anna, syne eliche hußfrawe, sint gekomen vor gehegit dingk vnde habin sich begifftiget vnde begabit vnder eynander mit allen gutern, die sie habin adder vmmer gewynnen, es sie an eygene, an erbe, an farnder habe adder wur ane das sie. Weleh or ehrer vorstirbet, zo sal das andere die gutere behalden, do mit zcu thune vnde zcu lassene. Mit sulcheme bescheide: ließe er liebiß erbin, zo sulde die frawe kinderteyl habin an alle synen gutern, zcu thune vnde zcu lassene.

3. Johannes Trinckuß ist gekomen vor gehegit dingk vnnde had begebin Appolonien, syner elichin hußfrawen, sechczig rinsche gulden an alle synen besten gutern, die er had adder vmmer gewynnet, es sie an eygene, an erbe, an farnder habe adder wur ane das sy, nach syneme thode dar met zcu thune vnde zcu lassene.

4. Gurge Beyer ist gekomen vor gehegit dingk vnde had gegebin Margareten, syner elichin hußfrawe, sobinczig rinsche gulden an syneme huße in den Kleynsmeden gelegin zcum wißßen engel genant, nach syneme thode dar mit zcu thune vnde zcu lassene.

5. Hans von Dißkow had Gurge Nagel fulmechtigk gemacht vor deme schulteißen, syner sache kegin Hans Mollen zcu furen, byß vffs recht zcu gebene vnde zcu nemene, vnde dar vff ist gefunden vor recht, es hette zo gute krafft vnde macht, als ab das vor gehegeteme dinge geschen were.[1]

6. Michel Klaß ist gekomen vor gehegit dingk vnde had gegeben Sophien, syner elichin hußfrawen, funffczig rinsche gulden an synen huße in den Klensmeden gelegin genant zcu der swarczen henne, nach syneme thode dar mit zcu thune vnde zcu lassene.

7. Hans Pauel ist gekomen vor gehegit dingk vnde had gegebin Annen, syner elichin hußfrawen, eyne bude am Fischmarckte an der ‖ ecken bie Hans Eldesten gelegin, nach syneme thode dar mit zcu thune vnde zcu lassene.[2]

fol. 2v

8. Hans Pauel ist gekomen vor gehegit dingk vnde hadt gegebin Annen, syner elichin hußfrawen, hunderd rinsche gulden zcu der gabe obgenant an alle synen besetin gutern, die er had adder vmmer gewynnet, nach syneme thode dar mit zcu thune vnde zcu lassenne.[3]

---

[1] Vgl. Nr. 81.
[2] Vgl. Nr. 8.
[3] Vgl. Nr. 7.

282   Die Hallischen Schöffenbücher. VII. Buch.

9. Peter Retlich ist gekomen vor gehegit dingk vnde had selb dritte geczugit, als recht ist, gegen den schulteißen, das Hans Retlichs vater vnde sin vater zcweyer rechter bruder kinth gewest sint.

10. Claus Hintcze vnde Anna, syne eliche hußfrawe, sint gekomen vor gehegit dingk vnde habin sich begifftiget vnde begabit vnder eynander mit allen gutern, die sie habin adder vmmer gewynnen, keynerleye vßgeslossin. Welch or ehir vorstirbet, zo sal das andere die gutere behalden, do mit zcu thune vnde zcu lassenne, mit sulchem bescheide, ließe er liebiß erbin, zo sulde die frawe kinderteil habin, zcu thune vnde zcu lassenne.

11. Claus Hintcze ist gekomen vor gehegit dingk vnde om ist gefunden vor recht, man sal ohn vmme zcwenczigk alde ß vnde was dar schade vff gehit, an Borchard Schemels gutere wiesen, die er besaczt had.[4]

12. Gerdrud Doringes ist gekomen vor gehegit dingk vnde hadt Vrban Abe, vmme das er farnde habe geweigert had, in den metheban genommen, alse recht ist.

13. Briccius Bode ist gekomen vor gehegit dingk vnde ist von Claus Schoybe sulchir schult, das er om etzlich holcz zcu schaden sulde geladen habin, dar er sin recht vorboyth vnde Claus des nicht nemen wolde, ledigk vnde loß geteilt.

14. Borchard Schemel ist gekomen vor gehegit dingk vnde had om ist gefunden vor recht, man sal on vmme eyn ald ß gr. vnde was dar schade vff gehit, an Pauel Czeschwitz farnde habe wiesin.

15. Anna, Symon Emden nachgelassenne wetewe, ist gekomen vor gehegit dingk vnde ist vor Gerdrud Smedes sulcher schult, nemlich sechs rinsche gulden, dor sie or recht vorboit vnde Gerdrud des nicht nemen wolde, ledig vnde loß geteilt.

16. Lucas Kilhen ist gekomen vor gehegit dingk vnde doselbist had om Volkmar Pock die sache abegesagit, dar vmme er on ‖ vor deme schulteißen beclagit hadt.

17. Kuntcze Riche ist gekomen vor gehegit dingk vnde had Clauwes von Ruden vmme virder-halben rinsche gulden vnde was dar schade vff gehit, syne were fronen lassen, als recht ist.

18. Peter Pfeffer ist gekomen vor gehegit dingk vnde hadt gegebin Walpurgen, syner elichin hußfrawen, zcwey hunderd rinsche gulden an alle synen besten gutern, die er had adder vmmer gewynnet, keynerleye vßgeslossin, nach syneme thode dar met zcu thune vnde zcu lassenne.

19. Margareta, Hans Winckels nachgelassenne wetewe, ist gekomen vor gehegit dingk vnde had die Clemen Bandawynne, vmme das sie pfant geweigert had, in den metheban genommen, als recht ist.

20. Kuntcze Seteler ist gekomen vor gehegit dingk vnnde had Pauel Czeschwitze, vmme das er pfant geweigert had, in den metheban genommen, alse recht ist.

21. Hans Furster ist gekomen vor gehegit dingk vnde om ist gefunden vor recht, man sul om

___

[4] Vgl. Nr. 46.

vmme funfftehalbin rinsche gulden vnde was dar schade vff gehit, an Nickel Plessen farnde habe wießin.[5]

22. Peter Wynter ist gekomen vor gehegit dingk vnde om ist gefunden vor recht, man sal on vmme funff rinsche gulden vnde was dar schade vff gehit, an Borchard Schemels farnde habe wiesin.[6]

23. Hans Pauel ist gekomen vor gehegit ding vnde ist von Hans Furster vmme den schunen zcinß, dar er sin recht vorboith vnde Furster des nicht nemen wolde, ledigk vnde loß geteilt.

24. Qitcze Mertin ist gekomen vor gehegit dingk vnde hadt Mertin Olczschen vmme eylff rinsch gulden vnde was dar schade vff gehit, syne were fronen lassen, alse recht ist.

25. Lorentz Benne ist gekomen vor gehegit dingk vnde had Mertin Olczschen vmme ij alde ß vnde xv ⟨alden⟩[7] gr. mittel muntcze vorsessein zcinß vnde was dar schade vff gehit, syne were fronen lassen, alse recht ist.

26. Sixtus Ostirfelt in fulmacht der Steffen Mittagynne ist gekomen vor gehegit dingk vnde om ist gefunden vor recht, nachdemmal Valentin Engel vnde Hans Hufener ire schriffte zcu rechtir zcyt nicht ingelegit hetten, zo weren sie der ‖ sachen kegin ohn vorlustigk vnde die besaß were machtloß.

fol. 3v

27. Gerdrud Smedes had Sixtum Ostirfelt fulmechtig gemacht vor deme schulteißen aller sachen, die sie zcu thune gehabin mochte vor gerichte, vnde dar vff ist gefunden vor recht, es hette zo gute krafft vnde macht, als ab das vor gehegetem dinge geschen were.

28. Maximus Schoib ist gekomen vor gehegit dingk vnde had vffgebotin dy fronunge an Busse Cunen huße dry dingk. Do ward gefunden vor recht, er mochte das vorsetczin vor sin gelt, ab er konde. Konde er des nicht vorsetczin, zo mochte er das vorkouffin vnde das obirley reichen.

29. Wentzlaw Koch ist gekomen vor gehegit dingk in fulmacht syner frawen vnde had der frawen mageschafft gegen den schulteißen vff der Petern von Eger gutere selb dritte bewiesit, alse recht ist.

30. Symon Kuster ist gekomen vor gehegit dingk vnde had Jacoff Koche vmme funff rinsche gulden vnde was dar schade vff gehit, syne were fronen lassen, als recht ist.[8]

31. Ludewigk Sulcze ist gekomen vor gehegit dingk vnde had vffgebothin eyn willigk pfant, das ohm von der Wilke Meßynne nach luthe des gerichtis buchs gesaczt ist, dry dingk. Do wart gefunden vor recht, er machte das vorsetczin vor sin gelt, ab er konde. Konde er des nicht vorsetczin, zo machte er das vorkauffin vnde das obirleye reichen deme, der dar recht zcu hadt.

---

[5] Vgl. Nr. 42.
[6] Vgl. Nr. 40.
[7] Über der Zeile.
[8] Vgl. Nr. 101, 114.

284 Die Hallischen Schöffenbücher. VII. Buch.

32. Lorentz Prellewitz ist gekomen vor gehegit dingk vnde had die Ciriacus Hofemannin, vmme das sie pfant geweigert had, in den meteban, alse recht ist, genommen.

9. Aug.
1484

Secundum judicium
2ᵃ feria vigilia Laurencij

33. Hans Visscher ist gekomen vor gehegit dingk vnde ist von Heyne Luder sulcher schult, nemlich virczigk silber gr., dar er sin recht vorboyth vnde Luder des nicht nemen wolde, ledigk vnde loß geteilt.

34. Heynrich Greffe ist gekomen vor gehegit dingk vnde had Volkmar Pocke fulmechtigk gemacht, syne schult vff Thomas Zcoberitz nachgelassenne gutere zcu fordern, byß vffs recht zcu geben vnnd zcu nemene.

fol. 4r

35. Mertin Lorentz ist gekomen vor gehegit dingk vnde had gegebin ‖ Margareten, syner elichin hußfrawen, sin huß in der Knochenhawerstraße by Matheus Eckardy gelegin, nach syneme thode dar mit zcu thune vnde zcu lassenne.

36. Frantcze Partir ist gekomen vor gehegit dingk vnde had Jacoff Ketczindorffe vmme virczigk rinsche gulden vnde was dar schade vff gehit, syne were fronen laßen, als recht ist.

37. Mattis Stoyen ist gekomen vor gehegit dingk vnde hadt Claus von Ruden vmme virczehn rinsche gulden vnde was dar schade vff gehit, syne were fornen lasßin, als recht ist.

38. Balczer Schabendij ist gekomen vor gehegit dingk vnde had vffgebotin dy fronunge an Drewes Smedes huße dry dingk. Do ward gefunden vor recht, er mochte das vorsetczin vor sin gelt, ab er konde. Konde er des nicht vorsetczin, zo mochte er das vorkauffen vnde das obirley reichen deme, der dar recht zcu hadt.

39. Gerdrud Czympels ist gekomen vor gehegit dingk vnde had Gurge Schuster vmme dryczehn rinsch gulden vnde was dar schade vff geht, syne were fronen lassen, alse recht ist.

40. Peter Wynter ist gekomen vor gehegit dingk vnde had Borchard Schemel, vmme das er farnde habe geweigert had, in den metheban genommen, als recht ist.[9]

41. Claus Kuntzman ist gekomen vor gehegit dingk vnde om ist gefunden vor recht, man sal ore (!) vmme vier silber gr. vnde was dar schade vff gehit, an der Gurge Schroterynne farnde habe wiesin.

42. Hans Furster ist gekomen vor gehegit dingk vnde had Nickel Plessen, vmme das er farnde habe geweigert had, in den metheban genomen, alse recht ist.[10]

43. Jacoff Leonhard ist gekommen vor gehegit dingk vnde ist von Nickel Kutzsche von wegen

---

[9] Vgl. Nr. 22
[10] Vgl. Nr. 21.

syner hußfrawen sulcher schult, nemlich zcwenczigk jar kostgelt yhe des jars funffczehin rinsche gulden, dar er sin recht vor thud, ledigk vnde loß geteilt.[11]

44. Jacoff Lenhard ist gekomen vor gehegit dingk vnde ist von Nickel Kutzsche von wegin syner hußfrawen, als vmme hafer gelegin gelt, grawe tuch vnde zcwey fuder halb vnde was des, was dar er sin recht vorboith vnde Kutzsch des nicht nemen wolde, lodig vnde loß geteilt.[12]

45. Gerdrud, die Drewes Bodene ist gekomen vor gehegit dingk vnde had Mattis Muhrere vmme virdehalb ald ß gr. vnde was dar schade vff gehit, syne were fronen lassen, alse recht ist. ‖

46. Claus Hintcze ist gekomen vor gehegit dingk vnde had Borchard Schemel, vmme das er   fol. 4v
farnde habe geweigert had, in den metheban genomen, alse recht ist.[13]

47. Heinrich Nytener vnde Anne, syne eliche hußfrawe, sint gekomen vor gehegit dingk vnde habin sich begifftiget vnde begabit vnder eynander mit allen gutern, die sie habin adder vmmer gewynnen, es sie an eygene, an erbe, an farnde habe adder wur ane das sie. Welch or ehir vorstirbit, zo sal das andere die gutere behalden, do mit zcu thune vnde zcu lassenne, mit sulchem bescheide, ließe er libeß erbin, zo sulde die frawe kinderteyl habin an allin gutern.

48. Peter Loch ist gekomen vor gehegit dingk vnde had Cuntze Gercke vmme zcwene r. gulden vnde was dar schade vff gehit, synere were fronen lasßen, alse recht ist.

49. Hans Gotzsche ist gekomen vor gehegit dingk vnde had gegeben Annen, syner elichin hußfrawen funffvndedriessigk rinsche gulden an alle synen bestin gutern, die er had adder vmmer gewynnet, keynerleye vßgeslossen, nach syneme thode do mit zcu thune vnde zcu lassene.

50. Drewes Hofeman ist gekomen vor gehegit dingk vnde om ist gefunden vor recht, man sal on vmme sechs silbir gr. vnde was dar schade vff gehit, an Vrban Aben farunde habe wiesin.

51. Bartholomeus Stoyen ist gekomen vor gehegit dingk vnde ist vor Sixtus Ostirfelde in fuller macht der Steffen Mittagynne, vmme das schadegelt, das er Sixtus gegebin hat, des er sich an sinen gewissen zcangk vnde Sixtus sich des nicht vsßern wolde, ledigk vnde loß geteilt.[14]

52. Peter Schryber ist gekomen vor gehegit dingk vnde had Mertin Belacke vmme dreissigk silber gr. vnde was dar schade vff gehit, syne were fronen lasßen, alse recht ist.

53. Lorentz Prellewitz ist gekomen vor gehegit dingk vnde om ist gefunden vor recht, man sal on vmme dry rinsch gulden xxv silber gr. vnde was dar schade vff gehit, an Hans Dragen farnde habe wiesin.

54. Lorentz Prellewitz ist gekomen vor gehegit dingk vnde om ist gefunden vor recht, man sal om vmme acht silber gr. vnde was dar schade vff gehit, an Vrban Aben farnde habe wiesin.

55. Lorentz Prellewitz ist gekomen vor gehegit dingk vnde om ist gefunden vor recht, man sal

---

[11] Vgl. Nr. 44.
[12] Vgl. Nr. 43
[13] Vgl. Nr. 11.
[14] Vgl. Nr. 117.

286   Die Hallischen Schöffenbücher. VII. Buch.

on vmme dry alde ß mynre zcwene silber gr. vnde was dar schade vff gehit, an Borchard Schemels farnde habe wiesin. ‖

fol. 5r   56. Lorentz Prellewitz ist gekomen vor gehegit dingk vnde hadt Fritzsche Glitzschman vmme eynen rinschen gulden vnnde xxix vierttel gr. vnde was dar schade vff gehit, syne were fornen lasßen, alse recht ist.[15]

57. Heyne Luder ist gekomen vor gehigit dingk vnde om ist gefunden vor recht, man sal on vmme sechs amen hellisch bier, den amen vmme zcehen swert gr. vnde was dar schade vff gehit, an Mattias Gernegroß frawen farnde habe wiesin.[16]

58. Heyne Luder ist gekomen vor gehegit dingk vnde om ist gefunden vnde geteilt, man sal on vmme xx silber gr. vor vier amen helsch bier vnde was dar schade vff gehit, an Heyner Grůnczers vnde syner frawen farnde habe wiesin.

59. Nickel Becker ist gekomen vor gehegit dingk vnde om ist gefunden vor recht, man sal on vmme xvij silber gr. vnde was dar schade vff gehit, an Hans Kunaths farnde habe wießin.

60. Ludewigk Sulcze ist gekomen vor gehegit dingk vnde had Frantze Smollin, vmme das er pfant geweigert had, in den metheban genomen, alße recht ist.

23. Aug.   *Tercium judicium*
1484   *2ᵃ feria vigilia Bartholomei*

61. Hans Kouffman ist gekommen vor gehegit dingk vnde had Mattias Koßelitcze vmme so-binczehn silber gr. vnde was dar schade vff gehit, syne were fronen lasßen, alse recht ist.

62. Ilße, Nickel Katzsch eliche hußfrawe, ist gekomen vor gehegit dingk vnde ist von Jacoff Lenharde sulchir schult, nemlich hundert rinsch gulden, dar sie or recht vor thad, ledigk vnde loß geteilt.

63. Ilße, Nickel Katzsch eliche hußfrawe, ist gekomen vor gehegit dingk vnde ist von Jacoff Lenharde der schult, nemlich drießigk rinsch gulden, die er sulde vorbuwet habin, dar die frawe or recht vorboith vnde Jacoff des nicht nemen wolde, ledigk vnde loß geteilt.

64. Ilße, Nickel Katzsch eliche hußfrawe, ist gekomen vor gehegit dingk vnde or ist gefunden vor recht, nachdemmal sie Jacoff Lenhard vmme zcwenczigk gulden anlangete, der sie om nicht von xviij bekante, die sie om von stant antwerte, vnde die anderen zcwene vormeynte vnde or recht dar vor boyt, des Jacoff nicht nemen wolde, zo were sie der schult von Jacoffe als der zcweyer gulden wegen emprochin. ‖

fol. 5v   65. Vlrich Schafsteden ist gekommen vor gehegit dingk vnde ohm ist gefunden vor recht, nachdemmal ohm Valentin Nitzschman des kouffs der halbin phannen im dutzschin bornnen,

---

[15] Vgl. Nr. 94, 121.
[16] Vgl. Nr. 72.

die er ohm vorkouft hette, bekant hette vnde Vlrich die albereit in der gwere hette, zo sulde er om die ouch in die lehn schicken.

66. Hans Phasold ist gekomen vor gehegit dingk vnde om ist gefunden vor recht, das er sulche farnde habe Hans Zcymmermans, dar er an gewiesit ist, vorsetczin ⟨mag⟩[17] vor sin gelt, ab er kan. Kan er der nicht vor setczin, zo magk er die vorkouffin vnde das obirleye reichen deme, der dar recht zcu had.

67. Hans Schaff ist gekomen vor gehegit dingk vnde om ist gefunden vor recht, nachdemmal om Heinrich Gerlingk gestůnde had, er ohm eyne phanne im dutzschen bornnen zcugesagit hette vnde ohn nicht hette gewern konnen, zo were er ohm synen schaden, dar in er der suchen gefallin ist, zcu gelden vorpflicht.

68. Kersten Griefft ist gekomen vor gehegit dingk vnde hadt Valentin Volmar abeczicht gethan, alle der gerechtikeid, dy er hette habin mogen vnde gehabt an syneme vetirlichen erbe in der Rodewelschenstraße am thor gelegin, mit allen rechtin, als er die dar ane gehabt had vnde wil ohm guth sin vor allir ansprache.

69. Jacoff Rentzsch ist gekomen vor gehegit dingk vnde om ist gefunden vor recht, das die insaße, die om von Hans Kegel vor dem schulteißen geschen were, zo guthe krafft vnde macht hette, als ab die vor gehegeteme dinge geschen were.[18]

70. Johannnes Trinckuß ist gekomen vor gehegit dingk vnde om ist gefunden vor recht, man sal ohn an Wilkinus des Kusters vnde syner hußfrawen gut wiesin, das er besaczt had.[19]

71. Hans Pauel ist gekomen vor gehegit dingk vnde had Pauwel Czeschwitz, vmme das er farnde habe gewegert had, in den meteban genomen, als recht ist.

72. Heyne Luder ist gekomen vor gehegit dingk vnde had Ilßen, die Mattias Gernegroßynne, vmme das sie farnde habe geweigert had, in den metheban genomen, alse recht ist.[20]

73. Ludewigk Sulcze ist gekomen vor gehegit dingk vnde had vffgebothin dy fronunge an Heinrice Beckers vnde syner hußfrawen huße dry dingk. Do wart gefunden, er mochte das vorsetczen vor sin gelt, ab er konde. Konde er des nicht vorsetczin, zo mochte er das vorkouffin ‖ vnde das obirleye reichen deme, der dar recht zcu hadt.[21]

fol. 6r

74. Nickel Schiltpergk ist gekomen vor gehegit dingk vnde ohm ist gefunden vnde geteilt, man sal om vmme dry rinsch gulden vnde was dar schade vff gehit, an Jacoff Balczers farnde habe wiesin.

75. Lorentz Prellewitz ist gekommen vor gehegit dingk vnde om ist gefunden vor recht, man

---

[17] Über der Zeile.
[18] Vgl. Nr. 86.
[19] Vgl. Nr. 93.
[20] Vgl. Nr. 57.
[21] Vgl. Nr. 90.

288   Die Hallischen Schöffenbücher. VII. Buch.

sal ohn vmme virdehalbin r. gulden vnde was da schade vff gehit, an Hans Zcymmermans farnde habe wiesin.

6. Sept.
1484

Quartum judicium
2ª feria post Egidij

76. Glorius Schernmeister ist gekomen vor gehegit dingk vnnde ist vß der vestunge, dar ohn Hans Dresscher ingebracht hatte, gelassen, als recht ist, nachdem er sich mit om vortragen hette.

77. Peter Nuweman ist gekomen vor gehegit dingk vnde om ist gefunden vor recht, das sulch kauff, als er Casper Thurkorne des hußes halben, das er Hans Mûliche mit rechte abirstanden vnde irclait hette[22], gethan hette vnde dry dingk vffgebotin, krafft vnde macht gabin sulde.

78. Michel Schuman vnde Hans Setczer, vorsteher der Kirchen sant Michels, sint gekomen vor gehegit dingk vnde habin vffgeboten dy fronunge an Hans Dragens huße dry dingk. Do ward gefunden vor recht, sie mochten das vorsetczin vor or geld, ob sie konden. Konden sie des nicht vorsetczin, zo mochten sie dis vorkouffen vnde das obirleye reichen deme, der dar recht zcu hette.

79. Hans Barme ist gekomen vor gehegit dingk vnde ist gefunden vor recht, nachdemmal er bewiest hette, das Andreus Jagentufel die xxxij rinsche gulden, die er wegkzcugebene gerid vnde globit hette, nicht wegk gegebin hette, zo were er syner bewiesunge gnuglich fulkomen vnde er hette syne schult vff sy gewinnen, als vff syne muter.

80. Gurge Nagel ist gekomen vor gehegit dingk vnde had Hans Mollen vmme xxxj r. gulden vnde was dar schade vff gehit, syne were fronen lasßen, alse recht ist.[23]

81. Gurge Nagel von wegin der closter junckfrawen zcu sant Gurgen ist gekomen vor gehegit dingk vnde om ist gefunden vor recht, das sulch vorwillunge, als Peter Palczer vor deme schulteißen deme probiste ‖ er Johannes Arnoldi des obgenantin closters gethan hette, nach inhalde des schulteißen registers, zo gute krafft vnde macht hette, als die vor gehegeteme dinge geschen were, vnde man sal ohm vmme xiiȷ r. gulden vnde was dar schade vff gehit, syne were fronen, als recht ist.

fol. 6v

82. Claus Olman ist gekomen vor gehegit dingk vnde had vffgeboten dy fronunge an Hans Appelmans huße dry dingk. Do ward gefunden, er mochte das vorsetczin vor syn gelt, ab er konde. Konde er des nicht vorsetczin, zo mochte er das vorkouffin vnde das obirley reichen deme, der dar recht zcu hadt.

83. Katherine Grieffynne ist gekomen vor gehegit dingk vnde had Mattis Koßelitze vmme xij alde pfennige vnde was dar schade vff gehit, syne were fornen lassen, als recht ist.

84. Gurge Gotzschen ist gekomen vor gehegit dingk vnde ist von Herman Duder vmme funff

---

[22] [*hette*] unterstrichen.
[23] Vgl. Nr. 5.

1484 289

rinsch gulden, die er om sulde zcugesagit habin von Nickel Plessen wegin, dar er sin recht vorboithen vnnde Hermann des nicht nemen wolde, ledig vnde loß geteilt.

85. Kilian Burmeister ist gekomen vor gehegit dingk vnde om ist gefunden vor recht, nach-demmal die Glorius Menchen, als recht ist, nicht bewiesit hette, das die funff genße or weren vnde or entflogin, zo were sy der sache felligk vnde Burmeister behilde dy genße bilch.

86. Jacoff Rontzssch ist gekomen vor gehegit dingk vnde had Hans Kegel vmme nuhenczigk rinsche gulden vnde was dar schade vff gehit, syne were fronen lasßen, als recht ist.[24]

87. Gerdrud Czympels ist gekomen vor gehegit dingk vnde ist von Andres Czympel sulchir schult, nemlich sechs rinsch gulden, dar sie or recht vor thad, ledigk vnde loß geteilt.

88. Glorius Blome vnde Katherine, syne eliche hußfrawe, sint gekomen vor gehegit dingk vnde habin sich begifftiget vnde begabit vnder eynander mit allen gutern, die sie habin adder vmmer gewynnen, es sie an eygene, an erbe, an farnder habe adder wur ane das sy. Welch or ehir vorstirbet, zo sal das andere die gutere behalden, zcu thune vnde zcu lassene, mit sulcheme bescheide: ließe er liebiß erbin, zo sulde dy frawe kinderteyl habin an salbe synen gutern. ‖

89. Claus Schiltpergk ist gekomen vor gehegit dingk vnde om ist gefunden vor recht, nach-demmal sich Bastian Gruneheide vor den schulteißen vorwillet hette, das er om xix r. gulden vff ostern gebin welde glicherweyß, als er die irstanden vnde irclait hette, zo hette das zo gute krafft vnde macht, als ob das vor gehegeteme dinge geschen were.

fol. 7r

90. Ludewicgk Sulcze ist gekomen vor gehegit dingk vnde om ist gefunden vor recht, man sal ohm in Heinrice Beckers huß wießin vnde die, dy dar inn sint, dar vß, zo er des zcu vorkouffen gemechtiget ist, als recht ist.[25]

91. Vlrich Gruneheide ist gekomen vor gehegit dingk vnde had sich vß der vestunge geczogen, als recht ist, dar er von deß raths wegin zcu Halle ingekomen ist vnde vorburgit mit syneme vater Bastian Gruneheide vnde Bertolt Schencke dry dingk, zcur antwurd zcu stehene, ab on ymand der sachen halbin, dar vmme er vorfestet ist, beclagen welde.[26]

92. Lorentz Prellewitz ist gekomen vor gehegit dingk vnde hadt Glorius Bracken vmme vij rinsch gulden vnde was dar schade vff gehit, syne were fronen lasßen, als recht ist.

Quintum judicium
2ᵃ feria vigilia Mathei

20. Sept.
1484

93. Lorentz Prellewitz ist gekomen vor gehegit dingk vnde om ist gefunden vor recht, man sal

---

[24] Vgl. Nr. 69.
[25] Vgl. Nr. 73.
[26] Vgl. Nr. 108, 110.

290 Die Hallischen Schöffenbücher. VII. Buch.

on vmme xx rinsche gulden vnde was das schade vff gehit, an der Wilkinnßynne gutere wiesin, die Johannes Trinckuß irstanden vnde irclait had, nemlich an dy besserunge.[27]

94. Lorentz Prellewitz ist gekomen vor gehegit dingk vnde had vffgebothin dy fronunge an Fritzsche Glitzschmans huße dry dingk. Do ward gefunden vor recht, er mochte das vorsetczin vor sin gelt, ab er konde. Konde er des nicht vorsetczin, zo mochte er das vorkouffen vnde das obirley reichen deme, der dar recht zcu had.[28]

95. Lorentz Prellewitz ist gekomen vor gehegit dingk vnde om ist gefunden vor recht, man sal ohn an Gurge Letzken gutere wiesin, vmme vier rinsche gulden vnde was dar schade vff geht, die er vnder Maximus Scheibe besaczt had.

fol. 7v

96. Lorentz Prellwitz ist gekomen vor gehegit dingk vnde om ist ‖ gefunden vor recht, man sal on vmme dry rinsche gulden vnnde was dar schade vff gehit, an Cuntcze Butelers gutere wiesin, die er gelassen had vnde die er besaczt had.[29]

97. Claus Funffczehn ist gekomen vor geheget dingk vnde om ist gefunden vor recht, das die insaße, die om Hentcze Grunewalt vor deme schulteißen gethan hette, zo gute krafft vnde macht hette, als ab dy vor gehegeteme dinge geschen were.

98. Valentin Siuert ist gekomen vor gehegit dingk vnde om ist gefunden vor recht, man sal on vmme dry silber gr. vnde was dar schade vff gehit, an der Symon Fußynne farnde habe wiesin.[30]

99. Bartholomeus Naßenbergk ist gekomen vor gehegit dingk vnde om ist gefunden vor recht, man sal on vmme dry rinsch gulden vnde was dar schade vff gehit, an Hans Schulczen vnde syner hußfrawen huß vnde hoff wiesin, das er besaczt had.

100. Peter Heiligman ist gekomen vor gehegit dingk vnde had Steffen Lißawen vmme nuhendehalb silber ß zcwene silber gr. vnde was dar schade vff gehit, syne were fornen lasßen, alse recht ist.

101. Symon Kuster ist gekomen vor gehegit dingk vnde had vffgebothin dy fronunge an Jacoff Kochs huße dry dingk. Do ward gefunden, er mochte das vorsetczin vor sin gelt, ab er konde. Konde er des nicht vorsetczin, zo mochte er das vorkouffin vnde das obirley reichen deme, der dar recht zcu hadt.[31]

102. Hans Barme ist gekomen vor gehegit dingk vnde had der Curd Jagentufelynne vmme zcweyvndedriessigk r. gulden vnde was dar schade vff gehit, ore were fronen lasßen, alse recht ist.

103. Caspar Thurkorn ist gekomen vor gehegit dingk vnde om ist gefunden vor recht, man sal

---

[27] Vgl. Nr. 70.
[28] Vgl. Nr. 56, 121.
[29] Vgl. Nr. 122.
[30] Vgl. Nr. 111.
[31] Vgl. Nr. 30, 114.

on funffczehndehalbin silber gr. vnde was dar schade vff gehit, an Hans Bildensnytczers farnde habe wiesin.

104. Hans Ade ist gekomen vor gehegit dingk vnde om ist gefunden vor recht, nachdemmal er vff den heiligen vor rechtin welde, das er keyn gelt mehr vnder ohm hette, das Hanße Hartmann gebetin mochte, vnde Hartman das von om nicht nemen welde, zo were er der schult von Hanße Hartmann emprochin. ‖

105. Peter Pfeffer ist gekomen vor gehegit dingk vnde om ist gefunden vor recht, man sal ohm vmme dry rinsche gulden vnde was dar schade vff gehit, an Sigemundes des Kannengießers guth wiesin, das er besaczt hadt.

fol. 8r

106. Maximus Schoyb ist gekomen vor gehegit dingk vnde om ist gefunden vor recht, man sal ohn in Busse Großecunen huß wießin vnde on dar vß, als recht ist.

107. Ewalt Schulcze ist gekomen vor gehegit dingk vnde hadt gegebin Margareten, syner elichin hußfrawen, virczig rinsche gulden an alle synen bestin guter, die er had adder vmmer gewynnet, es sie an eygene, an erbe, an farnder habe adder wur ane das sy, nach syneme thode dar mit zcu thune vnde zcu lassene.

Sextum judicium

3ᵃ feria post Francisti

5. Okt.

108. Peter Mewes vnde Nickel Ißenberger, glidmaß des erßame raths zcu Halle, sint gekanten vor gehegit dingk vnde on ist gefunden vor recht, nachdemmal sich Vlrich Gruneheide vß der vestunge geczogen, dar er von des erbar raths wegen in gekomen was vnde dar methe, als recht ist, nicht gebaret hette, vnde sulde man on widder in die vestunge nemen, vnde ist also vorfestet, als recht ist.[32]

109. Claus Eldeste ist gekomen vor gehetig dingk vnde hadt Heyne Linder vmme eynen rinschen gulden vnde was dar schade vff gehit, syne were fronen lasßen, alse recht ist.

110. Bastian Gruneheide vnde Bertolt Schencke ist gekomen vor gehegit dingk vnde on ist gefunden vor recht, nachdemmal Vlrich Gruneheide anderwert vorvestet were, der sachen halbin, dar vmme sie vor ohn burge geworden weren, zo er dar meth, als recht ist, nicht gebaret hette, zo weren sie der burgeschafft loß.[33]

111. Valentin Siuert ist gekomen vor gehegit dingk vnde hadt dy Symon Fußynne, vmme das sie pfant geweigert had, in den meteban genomen, als recht ist.[34]

112. Gurge Fogel ist gekomen vor gehegit dingk vnde om ist geeygent eyne fleischschern bie

---

[32] Vgl. Nr. 91, 110.

[33] Vgl. Nr. 91, 108.

[34] Vgl. Nr. 98.

der Klukynne scherne gelegin, mit alleme rechtin, als on die von Hanße Suerbire anirsterben ist.[35]

113. Gurge Vogel ist gekomen vor gehegit dingk vnde had gegebin Caspar Knoken die selbe fleischscherne, mit alleme rechtin, als ‖ ohm die geeygent ist.[36]

114. Symon Kuster ist gekomen vor gehegit dingk vnde om ist gefunden vor recht, man sal on in Jacoff Kochs huß wiesin vnde on dar vß, alse recht ist.[37]

115. Gurge Picht ist gekomen vor gehegit dingk vnde om ist gefunden vor recht, man sal on vmme xiiij silber gr. vnde was dar schade vff gehit, an der Claus Katzschwitczynne farnde habe wiesin.

116. Hans Curd ist gekomen vor gehegit dingk vnde had Cuntcze Gercken vmme xxiiij silber gr. vnde was dar schade vff gehit, syne were fornen lasßen, alse recht ist.

117. Sixtus Ostirfelt ist gekomen vor gehegit dingk vnde om ist gefunden vor recht, nachdemmal er mit geczugen bewiesit hette, das er Bartholomeus Stoyen die gerichtiß kost beczalit hette, zo were er der schult von om einprochin.[38]

118. Ilse Mathuselheyms ist gekomen vor gehegit dingk vnde or ist gefunden vor recht, man sal sie vmme funffczehn silber gr. vnde was dar schade vff gehit, an der Frantze Lullehaßynne farnde habe wiesin.

119. Thomas Krage ist gekomen vor gehegit dingk vnde om ist gefunden vor recht, man sal ohn vmme funff rinsche gulden vnde was dar schade vff gehit, an Blasius von Numburgk farnde habe wiesin.

120. Er Mertin, procurator des closters sant Moritzs zcu Halle, ist gekomen vor gehegit dingk vnde had abeczicht gethan von des probytes vnde ganczen sampungen wegin des abgenantin closters Katherinen Musschawynnen aller gerechtikeidt, die das obgenante closter an den huße am alden margkte gelegin genant czum grunen lawen gehabin mochte, dar ane forder keyne forderunge zcu thune.

121. Lorentz Prellewitz ist gekomen vor gehegit dingk vnde om ist gefunden vor recht, man sal on in Fritzsche Glitzschmans huß wiesin vnde on dar vß, als recht ist.[39]

122. Lorentz Prellewitz ist gekomen vor gehegit dingk vnde om ist gefunden vor recht, er magk Cuntcze Butelers huß, dar er an gewiesit ist vorsetczin, ab er kan, vor sin gelt. Kan er des nicht vorsetczen, zo magk er das vor kouffin vnde das obirley reichen deme, der dar recht zcu had.[40]

---

[35] Vgl. Nr. 113.
[36] Vgl. Nr. 112.
[37] Vgl. Nr. 30, 101.
[38] Vgl. Nr. 51.
[39] Vgl. Nr. 56, 94.
[40] Vgl. Nr. 96.

1501   293

123. Johana, Peter Schoybes nachgelassenne wetewe, ist gekomen vor gehegid dingk vnde had gegebin mit willen vnde fulburd Thomas Smedes, ires liplichin vaters, Maximus Schoibe alle dy [...].[41] ‖

*** *** ***

124. Nickel Sule vnde Sander Snewber sindt gekomen vor geheget dingk vnd vnn ist gefunden vor recht, do sie yr gelt an Jacoff Katzschynne erstanden vnd erclaget haben vmbe xij gr. vordynet lohne vnd allen schaden, man sal im die gewehr fronen lassen, als recht ist.

fol. 9r
a. H.

125. Symon Rode ist gekomen vor gehegit dingk, im ist gefunden vor recht, man sal on vmbe sein erstanden gelt, als nemlich x gulden, vnd allen schaden, an Mertin Hewcken hawß, so vff eyne besaß geclagat, dar an weisen, als recht ist.

126. Die Hanß Twnczelinne ist gekomen vor gehegt dingk vnd ohr ist gefunden, das Veith Bolcze billich yre vormund ist vnd auch, als wie recht ist, gegeben.[42]

127. Veith Bolcze in vormundtschaff der gemelten frawen ist gekomen vor geheget ding vnd hat abeczycht gethane aller yrerer gerechttigken vnd freiheit, die sie an dem hawse in Kornßgasse hynder Jurgen Sander gelegin, an dem keine syn ffreche czu haben vnd der wegen nymanden czu beschedigen, dar selbige vnwidderrufflich czu halden, sie geredt vnd gelobet.[43]

128. Wilbelt Bergerstorfer ist gekomen vor geheyget dingk, im ist gefunden vor recht, do er eyn willig pfandt, als nemlichen iij par hesen vmbe ij r. gulden, die im eyn gerberknecht schuldig ist, wie recht ist, vffgeboten hat, sal er das selbige pfandt, als vor sein gelt vorsetzen, ab er kan. Wu er nicht magk, er das vorkawffen vnd das vberleyhe reichen der, do recht dar czu hat.

Judicium 2ᵃ feria ipse die Cecillie
anno etc. qingentesimo primo

22. Nov.
1501

129. Clemen Michael vnd Leuius Schuler ynn vormundtschafft Querhammerß seligen kyndern sindt gekomen vor geheget dingk, on ist gefunden vor recht, so sie an Lodewigk Wolckmarß smeiden hawße, dar czu sie vff eyne besaß geclaget habenn, wie recht geweiset seyndt, szo mogen sie nu solch hawß, ab sie konnenn, vorsetzenn. Wo aber nicht, mogene sie das vorkouffene vnd daß vberleyhe her auß reichenn vnd gebenn, dem jhenigen, der do recht dar czu hat.[44] ‖

130. Hans Stoyhe ist gekomen vor gehegt dingk vnd hat eyne offin schrifft von wegen seyns

fol. 9v

---

[41] Vgl. Einleitung, 2.3.1.

[42] Vgl. Nr. 127.

[43] Vgl. Nr. 126.

[44] Vgl. Nr. 143. *Wolkmar Smed* (1471 neu als Bürger eingetragen. „*Senatus Halleinsis*" fol. 72r: *Volckmar Schmedt*). *Lodewig Wolkmar* (1475 neu als Bürger eingetragen. „*Senatus Hallensis*" fol. 76r: *Volckmar Ludowig*, 1485 Ratsherr).

294   Die Hallischen Schöffenbücher. VII. Buch.

swagers, hern Symon Rennen, eyns begeben hern des conuentus der Marien knechte czu Halle, dar inne er seyne gerechtigkeit an seynns vaters hawß czum lewborte in der Smerßstrasse gelegen abeczycht gethan. Welche schrifft ist also inn gehegetem dinge wie recht gewaldiget.[45]

131. Hans Syfert vnd Hans von Berge sindt gekomen vor gehegt dingk vnnd haben in vormundt eynes kindiß Hans Schesem genant, abegesaget vnd abeczeith gethan, aller gerechtigkeit, die das vorbemelte kyndt ann dem hawß czum levberte etwann Mattias Bennen gewest, gehaben mochte, dar ane keynerleyhe ansprache czu haben.[46]

132. Blasius Mennichen ist gekomen vor gehegt dingk, im ist gefunden vor recht, man sal Valtin Hocker vmbe xxxiiij gulden sampt ergangenen schaden seyn hawß fronen lassin, als recht ist.[47]

133. Hans Lauchstete ist gekomen vor gehegt dingk, im ist gefunden vor recht, man sal Kontze Stogke vmbe xxij fl. sampt ergangenen schaden seyn hawß fronen lassin, als recht ist.[48]

134. Ilße Patzels ist gekomen vor geheget dingk vnndt hat vmbe Jacobum Fhuren als czu yren vormunden czu geben gebetten, in sachen eyner gaben halben, die sie Hansen Schermeister in vormundtschafft seiner ehelichen haußfrawenn vnd gedachter Elsen naturliche leipliche tochter, so sie frysch vnd gesundt gehen vnd stehen, vff das mal kunde offintlich geben wil, vff solliche gaben der hern scheppen erkant, das genanter Jacobus Fuhr billich vnd von rechtes wegen gedachter Elßen czu eynem vormunden gegeben wirdt, als dan auch durch den richter sulche vormundtschafft bestetiget ist wurden.[49] ‖

fol. 10r   135. Vff sulchs hat gedachter Jacoff Fuhr in vormundtschafft wie oben angeczeiget gedachtem Hanße Schermeister inn vormundetschafft seyns eheweybes, auch seyner eheweibe vor sich selbest, alle guter, sie sindt bewechlich vnnd vnbewechlich, eygen, erbe, farhende habe ader wur ane die sein, ader nahmen gehaben mogen, keynerleyhe vßgeslossen, dar vmbe, das gnanter Schermeister sampt seyner ehelichen hawßfrawen, gedachtte Ilße Patzcels, in schw vnd kleidunge, aller notdurfft yres leybes, mit essen vnd tringken, nach mochlicheyt vorsorgen vnd halten sollen, wie recht ist, gegeben.[50]

136. Hans Kegel ist gekomen vor gehegt dingk, im ist gefunden vor recht, man sal ohn vmb seynn erstanden gelt ix gr. mit sampt allem schaden, an Hans Webers fahrende habe weysen, als recht ist.[51]

---

[45] Vgl. Nr. 131, 141, 142.
[46] Vgl. Nr. 130, 140, 141.
[47] Vgl. Nr. 152.
[48] Vgl. Nr. 155.
[49] Vgl. Nr. 135.
[50] Vgl. Nr. 134.
[51] Vgl. Nr. 138.

1502 295

Judicium 2ᵃ feria post Trium Regum   10. Jan.
anno quingentesimo secundo   1502

137. Merten Czorne ist gekomen vor geheget dingk, im ist gefunden vor recht, man sal ohn vmb sein irstanden gelt, als nemlich iiij schogk czusampt allem dar vff ergangen schaden, ann sie besaß weysen, das Andres Palmen czugehorigk vnder Kersten Begker, als recht ist.

138. Hans Kegel ist gekomen vor gehegt dingk vnnd had Hans Weber, vmmb das er phandt gewegert, in den mitteban genehmen (!), als recht ist.[52] ‖

139. Vdalricus Voygk, licenciatus vnd saltzgreue czu Halle, ist komen vor gehegt dingk vnd hat   fol. 10v
inn der aller besten form, weyse vnd maß, des rechten, wie sich geburet, mit hande vnd munde substituirt, Bartholomeum Lam in aller maß, wie seine volmacht vßweyset, dar er von Baltazar Konicz constituirt ist, nach notdurfft, der sachen czu antwurten vnd defendiren, als recht ist.

140. Lodewigk Sultze ist gekomen vor gehegt dingk, im ist gefunden vor recht, man sal yn vmb ij gulden vnd allen schaden dar vff irgangen, an Seuerins Scheyders fharende habe geweyset, als recht ist.

141. Hans Stoyhe ist komen vor geheget dingk vnd hat die vorczycht vnd gerechtigkeit, ßo Ambrosius Benne von wegen seyns vor dem schultissen gethan hat, gewaldigen lassen, wie recht ist.[53]

142. Dar vff hat gnanter Hans Stoyhe vff solche vnd andere seyner sweger vnd frundtschafft vortzycht vnd gerechtigkeit, hauß vnd hoff in der Smerstrasse neben doctori Schantz vnd Claus von Hawsen czum leborte genanth gelegen, Glorius Schermeister, wie recht ist, mit aller gerechtigkeit, so es an ohn vnd seyne frundtschafft von Mattias Bennen gekomen ist, gegeben.[54]

143. Die vormundere Querhammers kynder sindt gekomen vor gehegt dingk, ohn ist gefunden vor recht, so sie haus vnd hoff Wolgkmar Smeden an dem alden marthe (!) gelegen gewest, habe yn den kyrchen lassen lassen (!) vffbitten vnd ohn dar vber vorhinderunge geschith, sal man sie in sulch hawß vnd hoff, wie recht ist, weysen vnd die vorhynderung thun herauß.[55] ‖

144. Jacobus Fuhr als eyn vulmechtiger Busse Hackenbornns neben dem wurdigen hern ernn   fol. 11r
Hermann Anthonij sindt gekomen vor geheget dingk vnd haben eyns hawßes vff dem slamme neben Ambrosio Busen torwege vnd Jacoff Czygkeler gelegen, wie sie das vnd sunderlich der procurator vnd anwalt mit aller yrer gerechtigkeit erstanden vnd erclaget haben, wie recht ist, vorczycht gethann.[56]

145. Dar vff ist gefunden vor recht, so gnanter procurator vnd anwalt sulch hauß vnd hoff

---

[52] Vgl. Nr. 136.
[53] Vgl. Nr. 130, 131, 142.
[54] Vgl. Nr. 130, 131, 141.
[55] Vgl. Nr. 129.
[56] Vgl. Nr. 145.

296 Die Hallischen Schöffenbücher. VII. Buch.

Hannßen Tylen vor dreyssigk rennsche gulden, vff yre irstanden gerechtigkeit, vorkoufft haben, so sal man gnantem Hansen Tilen in sulch seyn gekoufft gut, wie recht ist, weysen. Benannte vorkouffer sollen auch des sein volstendiger gewehr seyn.[57]

24. Jan.
1502

Judicium 2ᵃ [feria] post Fabiani et Sebastiani
anno xvᶜij

146. Jurge Grosse ist gekomen vor gehegt dingk vnd hat Adam Swartzenn vmb das, das er ohn in seynem eygen hawße czwne kampfer wunden in seyn houbt gehawen, in die festunge genehmen (!), als recht ist.

147. Hans Clemen ist gekomen vor gehegt (!) vnnd hat Claren, seyner ehelichen hawßfrawen, drey hundert rennsche an seynen besten gutheren, die er hat ader vmmer mehr gewynnet, es sei an eigen, an erben, an fahrende habe ader wur ane das sei[58], nach seynen tode do mitte czu thune vnd czu lassene gegeben, als recht ist. ‖

fol. 11v

148. Wentzelaw Kurrebuch ist gekomen vor gehegt dingk vnd hat Hans Krakawen eyn fa[...].[59]

149. Hans Kragkaw ist gekomen vor geheget ding vnd hat Gertruden, seyner ehelichen hawßfrawenn, funffczig rennsche gulden an allen seyne besten gutern, die er hat ader vmmer mehr gewynnet, es sei ane erbe, ane fahrende habe ader wur ane das sey, vnd sunderlich an dem hawße neben dem tawren vnd steyne brawehawß in der grossen Vlrichstrassen gelegen, nach seynem tode do mitte czu thune vnd czu lassene, gelegen vnd domit sal die vorige gabe, die der frawenn geschenne, machtloß seyn.

150. Valtin Muller ist gekomen vor gehegt dingk, im ist gefunden zw recht, man sal in vmb x schogk vij gr. minus iij ₰ vnd allen schaden dar vff gegangen, an Mertin Hewcken hawße vnd ⟨an der⟩[60] gutere im gerichte gelegen czu besserunge weysen, als recht ist.

151. Jurge Arntht ist gekomen vor gehegt ding, im ist gefunden vor recht, ßo er seyn gelt als vmbe ij gulden sampt allem schaden an der Jacoff Smedine hawße erstanden vnd erclaget hat, so sal man or die gewehr fronen lassenn, als recht ist.

152. Blasius Menchen ist gekomen vor geheygt dingk vnd im ist gefunden vor recht, so die fronunge an Valtin Hackers hawße dreymals vffgeboten hat, so sal gnanter Blasius Menchen solchs hawß vnd hoff, ab er kan, vor sein gelt vorsetzen. Wo nicht so, magk er das vorkouffen vnd das vberleihe her auß reichen dem, der do recht dor czu hat.[61] ‖

fol. 12r

153. Jhann Ruschenbergk ist komen vor geheget ding vnd im ist gefunden vor recht, so er seyn

---

[57] Vgl. Nr. 144.
[58] Danach [*gelegen*] unterstrichen und gestrichen.
[59] Satz abgebrochen und gestrichen.
[60] Über der Zeile.
[61] Vgl. Nr. 132.

1502

gelt am Wentzelaw Sebemechers hawße erstanden vnd erclaget hat, vmb eyn alt schogk sampt allen schaden, so sal man ohm seyn gewehr fronen lassen, als recht ist.[62]

154. Reynhart von Puch ist gekomen vor gehegt dingk vnd hat Mertin Schantzen begaben lehn vnd czynnße an Ambrosius Ericken hawß vnd hoffe inn der backerdyege (!) gelegen, als nemlich alle jare jerlich xv alden gr. czynß, des recht ist, inn gegenwertigkeit Ambrosii Eriken, der das vorwilliget hat.

Judicium 3ᵃ [feria] post Valentini
anno domini etc. quingentesimo secundo

15. Feb.
1502

155. Hans Lauchstete ist gekomen vor gehegt ding vnd im ist gefunden vor recht, so die fronunge an Kuntze Stogken hawße dreymals vffgeboten hat, so sal gnanter Hans Lauchstete solchs hawß vnd hoff, ab er kann, vor sein gelt vorsetzen. Wu nicht, so magk er das vorkouffen vnd das vberleige (!) her awß reichen dem, der do recht dorczu hat.[63]

156. Nickel Welff ist gekomen vor gehegt ding vnd hat Margarethen, seyner ehelichen hawßfrawen, sechßtzig vnd hundert gulden an seynen besten gutern, die er hat ader vmmer mehr gewynnet, es sei an eygen, an erbe, an fahrendere habe ader wur ane das sei, nach seinem tode do mitte czu thune vnd czu lasse, gegeben, als recht ist. ‖

157. Der Hans Harstellerrynne sindt alle bot geschehenn ynn dem schultissen hofe dar vmb, ßo sal man Erharth Nopel vmbe funffvnddreyssig gr. mit sampt irgangem schaden, an die fahrende habe weysenn, als recht ist.

fol. 12v

Judicium 3ᵃ [feria] post Oculi
anno vᶜ secundo

1. März
1502

158. Jacoff Oltze ist gekomenn vor gehegt dingk vnd hat sich mit Gertruden, seynen ehelichen hawßfrawen, begifftiget vnd begabet mit allen seynen gutern, die er hat ader vmmer mehr gewynnet, wie die nahmen haben mogen, wer des andern tode erlebet, sal behalden, was da ist, mit dem bescheide, das die gnante frawe vierczig fl. nicht habe czu bescheyden, nach yrem wolgefallen vnd nach yrer selen seylikeit, als recht ist.

159. Claus vom Ende sein alle bot geschn ynn dem schultissenn hofe, dar vmb, so sal man Nicolaus Schiltberge vmbe iiij gulden xiij gr. iij ₰ mit sampt irgangen schaden, an die fahrende habe weysen, als rehct ist.[64]

160. Nicolaus Schiltbergk ist gekomen vor geheget dingk, im ist gefunden vor recht, man sal

---

[62] Vgl. Nr. 168.

[63] Vgl. Nr. 133.

[64] Vgl. Nr. 190.

298   Die Hallischen Schöffenbücher. VII. Buch.

ym vmb iij gulden vij gr. iij ₰ vnd der schade der dor vffgegangen, Blasius Strwnen seyne geweher fronen lassen, als recht ist. ‖

fol. 13r   161. Margaretha von der Lowchaw ist gekomen vor geheget ding vnd yr ist gefunden vor recht, man sal Bartlot vnd Bertram die Schencken gebruder vmb außleuffte ader czynnse, so vil eynne pfanne in dem dewtzschenn bornne, diß in gelaffen (!) hat, mit sampt allem schaden, yr gewehr fronen lassen, wie recht ist.

5. Apr.   *Judicium 3ᵃ [feria] post Quasimodogeniti*
1502   *anno vᶜ secundo*

     162. Michael Weytkorn ist gekomen vor geheget dingk vnd im ist gefunden vor recht, man sal ym vmbe ij fl. vngeferlich mit sampt allem schaden dar vff gegangen, Drewes Bawhme seyne gewehre fronen lassen, als recht ist.

     163. Ffrantze Gerhardt ist gekomen vor geheget dingk vnd hat sich mit Magdelenen, seiner ehelichen hawßfrawen, begifftiget vnd begabet mit allen seinen gutern, die er hat ader vmmer mehr gewynnet, wie die nahmen gehaben mogen, wer des anderen todt irlebet, sal behalten, was da ist, czu thune vnd tzu lassene. Doch mit dem bescheyde, wu sie mit erben befilen, sal gnante frawe kynderteyl behalden.[65] ‖

fol. 13v   164. Johannes Fende ist gekomen vor geheget dingk, im ist gefunden vor recht, so er sein gelt an Anthonius Debils gutern erstanden vnd erclaget hat, als nemlich iiij (!) fl. mit sampt allem schaden, sal man on an die guter weysen, als recht ist.

     165. Donat Trebikaw ist gekomen vor geheget dingk vnd hat Agneßen, seyner ehelichenn hawßfrawen, dreysigk r. fl. czu den wirtzigen, die or vormals vor macht an seynen besten gutern, die er hat ader vmmer mehr gewynnet, es sei an eygen, an erbe, an fahrende habe ader wur ane das sey, nach seynem tode domitte czu thune vnd czu lassene, gegebene, als recht ist.

     166. Hans Cluder ist gekomen vor geheget dingk vnd hat ⟨sich mit⟩[66] Schemen, seyner ehelichen hawß frawen, begifftiget vnd begabet mit allen seynen gutern, die er hat ader vmmer mehr gewynnet, wie die nahmen gehaben mogen, wer des andern todt erlebet, sal behalden alles, was

fol. 14r   da ist, czu thune vnd czu ‖ lassenne, mit der vnderscheydt, das gnanter Hans Cluder x fl. macht sal haben, czu vorgeben nach seynem volgefallen. Wu sie auch mit kyndern befylen, sal gedachte frawe kynder teyl behalden.

     167. Anthonius Bernd ist gekomen vor geheget dingk, im ist gefunden vor recht, man sal yn vmbe iiiɉ alt schogk vnd allen der dar vff irgangen, an der Jacoff Katzschynne fharende habe weysen, als recht ist.

---

[65] Vgl. Nr. 377.
[66] Über der Zeile.

1502 299

168. Jhan Ruschenberg ist gekomen vor geheget dingk vnd im ist gefunden vor recht, so er die fronunge an Wentzelaw Prisßenitz hawße dreymals vffgebotten hat, so sal gnanter Jhan Ruschen-bergk solchs hawß, ab er kan, vor sein gelt vorsetzenn. Wo nicht, ßo magk er das vorkouffen vnd das vberleyhe der awß reichen dem, der do recht dar czu hat.[67]

169. Azmus Widerhacke ist gekomen vor geheget dingk vnd im ist gefunden vor recht, man sal Hansen Reyniken vmbe x gr. czu sampt allen schaden dar vff ergangen, sein geweher fronen lassenne, als recht ist. ‖

170. Jacoff Czygkeler ist gekomen vor gehegt dingk, im ist gefunden vor recht, man sal inn vmbe iij schogk vnd allem schaden dar vff irgangen, an der Hoppynne fahrende habe weysen, als recht ist.

fol. 14v

171. Die Baltazar Vrbachynne ist gekomen vor geheget dingk vnd yr ist gefunden vor recht, man sal vmbe ij fl. sampt allem schaden, Pollicius Schonhern die gewher fronen, als recht ist.

172. Idem ist gefunden vor recht, man sal vmbe xx gr. sampt allem schaden Ambrosius Got-schalke die geweher fronen, als recht ist.

Judicium 3ᵃ [feria] post Jubilate
anno etc. xvᶜ secundo

19. Apr.
1502

173. Bastian Kunat ist gekomen vor geheget vnd hat Gertruden, seyner ehelichen hawß frawen, hundert r. gulden an seynen besten gutern, die er hat ader vmmer mehr gewinnet, es sei an eygen, an erbe, ann fahrender habe, ader wur an das sei, nach seinem tode do mitte czu thune vnnd czu lassen, gegeben, als recht ist. ‖

174. Johannes Fende ist gekomen vor gehegt dingk, im ist gefunden vor recht, das solliche vor-willunge, die in dem schulteysenn hofe durch Hansen Eysenberge geschenn, mit allen clauselen vnd gleich als es vor gehegetem dinge geschehn were.

fol. 15r

175. Mattias Erbißman ist gekomen vor geheget dingk, im ist gefundenn vor recht, das solliche vorwilligunge, die in dem schulteysenn hofe durch die Jurge Stugkynne geschen, mit allem inhalt, so gute crafft vnd macht habe, gleich als es vor gehegten dinge geschehnn were.

176. Symon Rode ist gekomen vor gehegt dingk im ist gefunden vor recht, man sal yn vmbe iij gulden vnd allem schaden dar vff irgangen, an Symon Petzels fahrende habe weysen, als recht ist.[68]

Judicium tercia feria post Exaudi
anno xvᶜ secundo

a. H.
10. Mai
1502

---

[67] Vgl. Nr. 153.
[68] Vgl. Nr. 179.

300 Die Hallischen Schöffenbücher. VII. Buch.

177. Caspar Moller ist kommen vor geheget ding vnd hadt Peter Meynaw, ratzmeyster, eyn garten vff dem Sentperg zcwischen Wintblers hawß vnd der Schonbergerin garten gelegen, wy recht ist, gegeben mit aller gerechtickeyt, alß er des gemelten Casper Mollers gewest ist. ‖

fol. 15v

178. Heze Hederßlewb ist kommen vor geheget ding vnd hadt Niclaus Schiltpergk alß eynem patron der cappellen sancto Maria Magdalene vor dem Clawßthor, eyn stete von seynem hoff, do seyn abgebrante schewn gestanden, gegen dem hospital Cirian gelegen, frey vnd vnbeschwerdt, wy recht ist, gegeben, ßo das gnanter Heze Hederßlewb alle dy geburde von der selbigen stete auff steynem hawße vnd hoffe, daß er selbs besitzet, behalde vnd jherlich da von reichen vnd gelden solle.

179. Simon Rode ist kommen vor geheget ding vnd hadt Simon Petzalt, eynenn korßner, vmb daß er pfandt geweigert, in den mitpan genomen, alß recht ist.[69]

24. Mai
1502

Judicium tertia feria post Trinitatis
anno etc. xvᶜ ijᵒ

180. Andres Lawchstedt ist kommen vor geheget dingk, im ist ztu recht gefunden, das dy volmacht ym durch Gorge Sellen in kegenwertikeyt eynes schoppen vnd fronboth geschehen, ßo volle krafft vnd macht gab, ap sy vor gehegetem ding geschehen wer.

181. Nicolaus Schilbergk ist kommen vor geheget dinck vnd ym ist eyn vortracht vnd vor-willigung ztwischen ym vnd Elizabethen, Jacoff Pyßkers selge nachgelaßne witwe, gescheen, gewaldiget, das dy selbige ßo woll krafft vnd macht soll haben, gleich ap sy vor gehegetem dinge geschehen werde, welcher vortracht von wort ztu wort lawtende ist, wy hernach volget.[70]

kleinere
Schrift

182. Vff hewte freitags nach misericordia domini, der do was der xv tag des monats septem-ber anno domini xvᶜ secundo haben dy achtbarenn hochgebortte gestrenger er Johann Schantz, beyder rechten doctor, vnd Sigimundt vonn Brandensteyn, hewptman zum Gebichensteyn, in gotvaters irleuchten hochgebornen fursten vnd herren herren Ernsts, ertzbischoues zu Magde-burgk, primaten in Germanien vnd administratoren des stiffts zw Halberstadt, hertzogen zw Sachsen etc., meins gnedigisten herren befehll inn irrigen sachen, so ettwan lang im Talge-richt ‖ ztwischen dem erßamen Niclaus Schilberg als cleger eins vnd den tugentsamenn frawen Elisabeth, Jacoff Pyßkers seligin nachgelassenn wittwen, andersteils gehangen, erlicher schulde halben, nemlich hundert vnd dreyßick gulden reynische, dye sie inhaltes des Talgerichtsbuch zw betzalen bewilliget vnd zugesegit, dar vff auch entlich erkandt irer bewilligung nach die zw betzalenn etc. Darzw obernante hewptmann vnd doctor mich Vlichenn Vogkt, licentiaten, saltz-greven etc., auch geztogen, nach genugsamer der sachen vorhorunge vnd vilgehabter muhe, mit

fol. 16r

---

[69] Vgl. Nr. 176.
[70] Vgl. Nr. 182.

beyde obberurter parthien wissen vnd willigunge vnd fulbordt, in der gute besprochen vnd betei-
dinget, das gedachter Schiltbergk itzt von den achtzick guldin, so der erßame rath ztw Halle, der
Pyßkerin an dem hawß vnd hofe, den sie von yr gekawfft, funfftzick guldin heben, vnd dreyßick
guldin der frwen folgen lassen vnd dy fraw solle nu hinforder von yrer leyptzucht anderhalbe
pfanne im dewtzschenn bornen Schiltberge jerlichs folgen lassen. Dorvon die awßlewffte vffztw-
nemen vnd tzu empfangen, so lang biß er vff die funfftzick guldin der gantzen summa hunderth
vnnd dreyßick guldin, full vnd alle vorgnuget vnnd betzalet wirdet. Alßo das itzt in dißem jare
magister Boße Blume, der, der frawen gutern besatzt, mit den awßlewfftenn von anderhalben
pfannen, was die renthen werden, an Schiltbergk geweyset, ym die awff weynachten schirsten, so
das gut verschlegen tzu betzalen, vnd vff das zukunfftig xv^c drey jar vnd hinforder biß ztu foller
betzalunge mack Schiltbergk anderhalbe pfanne tzuuor sieden, wehm er wolle, an vorhinderung
der frawen vßthun, vnd ßo obbestimpte summa, dar von betzalt vnd awßgericht ader loßge-
lawffen, soll alß dan vil gemelter Schiltbergk sein erben adir wem, er das befolhen, der frawen
solche anderhalbe pfanne ane alle hinderniße ire wage vnd ir niß widder in ire gewehre folgen
vnd heym gehnn lassen. Dar ztw soll vil ernante fraw zw mehr sicherheydt, ob Got obir sie odir
obir yre sone vor foller betzalung gebuthe, das sie todes halben abgehn wurden, das Got der
almechtigk nach seinem gotlichenn willen vorwahren wolle, yr hawß in der gassen hinder den
Paulern gelegen, vor eyn vnterpfandt vor dem Rolande, wie sich eigent einsetzen, dar an was er
in dem falle an den talgutern nicht erlangen mochte, ztu bekommen, vnd solchs alles vor beiden
gerichten gewaldigen vnd schreyben lassen.

Domit ‖ sollen sie dißer sachenn gentzlich vorsoneth, entscheidenn vnd vertragin sein, vnd   fol. 16v
keines das ander dar obir nicht mehr anlangen noch betheidingen in kein weyße noch wege. Es
sollen auch hirmit alle gerichts kost, expenß vnd scheden allenthalbin, dar vff ergangen kegen
einander vffgehoben, abe vnd compensirt sein. Das beide obgenante teill gutwilligklich ange-
nommen, vheste vnd stete zw haldin zwgesagt vnd gelobet haben.

Geschehen vff dem newhen schloße ztw Halle am tag vnnd jhare obenbestimpt in beyweßens
der erßamen Lucas Beyer, Pawel Weyßber vnd Peter Wolff.

Judicium tertia feria post Bonifatij   7. Jun.
anno etc. xv^c secundo   1502

183. Jacoff Vintz ist kommen vor geheget dinck vnd hat seyner elichen frawen, Vrsulen, ztw
yrem leyb, wie recht ist, gegeben, eyn haws ztwischen Peter von der Tawenburgk vnd Valtin
Gleßer in der Galgenstraße gelegen, des dy wey sy lebt, an ydermannes eynrede ztw genyßen
vnd ztw gebrawchen, vnd so sie todes halben abgheen wyrdt, so soll das selbig haws an seyn kinder
adir nehsten erben widder vallen, doch mit solchem bescheyde, das gemelter Jacoff Vintz ym dy
macht behalde, das er bey seynem leben von solchem haws virtzick reynsche gulden in testamentz

302   Die Hallischen Schöffenbücher. VII. Buch.

weyße in gotz ere, wo ym das hyngelybet an alle insprach seyner kinder addir erben bescheyden moghe, wem den solch haws nach seynem tode ztw erbteyl geborn wirdt, der soll solich obberurdt gelt von sich reichen vnd geben, wu hyn es bescheyden ist, nach lawt seynes testamentz.[71]

184. Der selbige Jacoff Vintz hadt ztw dem male auch der egemelten Vrsulen, seyner elichen hawßfraw, eyn ⟨anderthalb⟩[72] hundert reynisch gulden addir ßo vil muntz an seynen besten gutern, dy er hat addir immer mehr gewint, es sey an eygen, erb, farender hab adir wor an das sey vnd sunderlich an dem vorberurten haws gegeben, nach seynem tode do mit, wy recht ist, ztw thoen vnd ztw lasßen. Der gulden in dyser andern gab sindt anderthalbhundert, der vmb ratificir ich hie dy ztwstotzung des wortes anderthalb neben in margine vor dem wort hundert, awß vnfleyß awßgelaßen vnd das bey einendirt.[73]

185. Vff Solche ztwugabunge des hawß vnd anderthalb hundert gulden obenberurdt hat dy vorbemeldt ‖ frawe Vrsula vmb eyn vormundt yr ztu geben gebethen. Do ist yr baccalarius Jacobus Fure ztw yrem rechten vormunde, dy herren richter vnd schoppin gegeben vnd bestetiget, der sie nach yres elichen mans tode ztw recht soll hanthaben, schutzen vnd vorteydingen in vorberurten sachen.[74]

186. Dominicus Brews ist kommen vor geheget dingk vnd ym ist gefunden ztw recht, das dy volle macht ym durch Seuerin Wolfer in sachen widder Blasius Seyfart, in des her schulthes hofe geschehen, so gute craff (!) vnd macht hab, ab sy vor gehegtem ding geschehen wer, vnd ist do mit, wy recht ist, gewaldigt vnd bestetiget.

187. Niclaws Schade, der frone, ist kommen vor gehegt dingk vnd hat eyn procuratorem in form eyns offenbaren instrumets durch Dominico Brews notaren confitirt yn gericht eyngelegt, das ist ym yn gericht lawts des selbigen instruments wy recht gewaldiget vnd bestetiget.

188. Niclaws Schade in voller macht Claws Tylichen hat Affran, des gnanten Tilichen elichen hawßfrawen, gegeben funfftzik reynisch gulden an allen seynen besten gutern, es sey an eygen, erbe, farnde hab adir wor an das sey, dy er hat adir immer mer gewint, nach seynem tode do mit ztw thon vnd ztw lasßen, wy recht ist.

189. Cirsten Becker ist kommen vor gehegt dingk vnd hat Gerdruden, seyner elichen hawß-frawen, gegeben tzweyhundert reynisch gulden an seynen besten gutern, dy er hat adir ymmer mehr gewint, es sey an eygen, erb, farn hab adir woran das sey, vnd sonderlich an dem hawß in der Clawsstrasße ztwischen Niclaws Tzschelschen vnd Hans Magnus hewßern gelegen, nach seynem tode do mit ztw thon vnd ztw lasßen, doch vnschedlich den funfftzik reynisch gulden hewbtsumme vnd dreysßigk gulden vorsessen tzynß, ongeuerlich dy doctor Johannes Schantz

---

[71] Vgl. Nr. 184, 185.
[72] [andert|halb] am Rand links, mit Einschubzeichen. Vgl. Einleitung, 2.3.
[73] Vgl. Nr. 183, 185.
[74] Vgl. Nr. 183, 184.

vnd Mertin Schenitz in vormundtschafft ‖ yrer frawen, dy sie ztuuor an solchen hawß haben   fol. 17v
gehabt vnd noch haben.

190. Niclaus Schiltpergk ist kommen vor gehegt dingk vnd hat Claws vom Ende, den be-
cker, ßo er vmb vier addir funff gulden ongeuerlich pfandt pfant (!) gewegert, in den mitban
genommen, wie recht ist.[75]

Judicium feria tertia post Viti   21. Jun.
anno etc. xv^c secundo   1502

191. Glorius Schtzeye ist kommen vor gehegt ding vnnd hadt Bartholomeum Klotzsch vmb   a. H.
tzwey alde schock ztw sampt ergangen schaden, seyn gwere fronen laßen, wy recht ist.

192. Anna Wolmerstetin ist kommen vor geheget ding vnd hadt do selbst erwelt ztw yrem
rechten vormunde baccalaureum Jacobum Fuer mit wissen vnd willen yres sons, Hannsen. Der
selbige Jacobus Fuer ist fawen Annen obirbemelt durch dy herrn vnd richter vnd scheffen, alßo
dyßmal wy sich rechtlich geborth, ztw eynen rechten vormunden gegeben, gebaldiget (!) vnd
bestetiget, durch den sie yrer leyptzucht, wie itzt hernach volget, abtzycht vnd abtretung gethan
hadt.[76]

193. Anna, Hans Wolmerstetin ⟨nach gelaßne witwe⟩[77] ist kommen vor gehegt ding vnd hadt
mit auff geracktin fingern an eydes stadt in kegenwertickeyt yrs sons Hannßen durch bacca-
laureum Fuer, yren gegeben formunden, abgetreten vnd abetzeycht gethon, yrer leypztucht vnd
gerechtikeit, nemlich hundert alde schock alder were, dye sie an eynem haws ztwischen Boße
Kuen vnd Hanßen Forstern hwßern in der Steynstraß gelegen gehabt hadt.[78]

194. Dar vff hadt Jacobus Fuer alß eyn gegebener vormundt gnanter frawen vnd mit wissen
vnd willen yres sones Hanns Wolmerstet solch abgenant hawß vnd hoff mit aller gerechtickeyt,
wy es an sie gekomen ist, Peter Haßeler, wy recht ist, gegeben.[79]

195. Jacoff Cammenhayn ist kommen vor gehegt ding vnd hadt Ambrosium Gotschalck vmb
xxxiiij gr. ztusampt ergangen schaden, seyn gwere fronen lasßen, wy recht ist. ‖

Judicium tertia feria post Vdalrici   fol. 18r
anno xv^c secundo   5. Jul.
    1502

196. Cordula, Hans Pawls seligen nachgelaßen tochter vnd itzt Gorg Reicher eliches hawßfraw,
ist kommen vor gehegt dingk vnd yr syndt ztu rechten vormunden, wy recht ist, gegeben Jacoff

---

[75] Vgl. Nr. 159.
[76] Vgl. Nr. 193, 194.
[77] Über der Zeile.
[78] Vgl. Nr. 192, 194.
[79] Vgl. Nr. 192, 193.

304   Die Hallischen Schöffenbücher. VII. Buch.

Fuhr vnd Matthes Rentzsch vnd auch gewaldiget vnd bestetiget, durch welche sie eyn haws nach
tode yres vaters an sy geuallen bemeltem Jorg Reichern, yrem elichen manne, geeygent hadt vnd
dy vormundtschafft belanget nicht forder dan ztw itzt gedachten sachen.[80]

197. Anna, Matthes Mewlyn, ist kommen vor geheget ding vnd ir ist ztw eynem rechten
vormunde gegeben Veyt Baltz, in sachen ztwischen yr vnd Jacoff Krolbitz vor gericht hangen-
de sie ztu uortreten, vnd aldo gewaldiget vnd bestetiget, den Jacoff Fur in vormuntschafft des
widerparths aldo ztugelaßen hat, mit sampt der ersten, andern vnd dritten clag durch bemelte
frawen geschehen, alßo das dy selbigen ßo volstendig seyn sollen, wy sie durch eynen vormunden
geschehen werden.

198. Vrsula, Jacoff Vintz eliche hawßfraw, ist kommen vor geheget dingk vnd hadt widerrufen
dy vormundtschafft Jacoff Fuhr yrenthalben, durch dy herrn schultheys vnd schoppen, sie in yrem
rechten etzlicher gabung nach tode yres mans handt ztu haben vnd ztu schutzen gegeben, des
gleichen hadt Jacoff Fur do selbs kegenwertigk sulcher vormundtschafft wy recht abgetreten vnd
abzticht gethon, welchs als dy herren alßo ztugelaßen haben.[81]

5. Sept.   *Judicium secunda feria post Egidij*
1502   *anno domini xv^c secundo*

a. H.   199. Gerhard von Teyer ist kommen vor gehegt ding, vnd had sich auß der vestung, so er
von wegin des[82] erbaren rats dar im gebracht vnd sich des, als er berichtung gethan, mit ⟨dem
gerichte⟩[83] ⟨vnd⟩[84] seynem widerpartt vertragen, als recht ist, getzogenn. ‖

fol. 18v   200. Thomas Herden ist kommen vor gehegt dingk vnd hadt aldo Osannen, seyner elichen
a. H.   hawsfrawen, hundert vnd tzwentzigk reynische gulden an allen seynen besten guthernn, dy er hadt
adir ymmer mer gewynnet, es sey an eygenn, erbe, farnder habe adir war an das sey, gegeben,
damit nach seynem dode ztu thuen vnd ztu laßen.

201. Dy Thomas Romeryn ist kommen vor gehegt dingk vnd yr ist gefunden vor recht, man
soll sie vmb dreyssigk grosch vnd was schaden dor vff gegangen ist, an der Hans Harstallyn farnde
habe, wie recht ist, weyßen.

202. Jobst Höfer ist kommen vor gehegt dingk vnd hadt volmechtig gemacht Bartholome-
um Lamb inn sachen, ßo er widder Brosius Fußen, Niclas Ztygenmargk vnd Michael Hoffman
vff sechtzigk gulden hoch vnd alle scheden inhaltz der clag angetragen hat, welches alßo nach
gewonheyt gewaldigt vnd bestetigt ist.

---

[80] Vgl. Nr. 490, 491, 492, 493.
[81] Vgl. Nr. 183, 184, 185.
[82] Danach [*Rats*] gestrichen.
[83] [*dem gerichte*] am Rand rechts.
[84] [*vnd*] am Rand links.

1502

203. Jobst Höfer vnd Anna, seyn eliche hawsfraw, syndt kommen vor gehegt dingk vnd haben sich mit eynander begifftiget vnd begabt mit allenn guthern, beweglich vnd vnbeweglichen, dy sie haben adir ymmer mer gewynnen, es sey an eigen, erbe, farnder habe adir wor an das sey, wer des andernn tode erlebt, der soll dy nachgelaßen guthere do mit ztu thun vnd ztu laßen, alß recht ist, bahalden.

204. Matthes Stortz vnd Glorius Speck in vormuntschafft der vnmundigen kyndere Thomas Wincklers seligen syndt kommen vor gehegt dingk vnd yn ist geeygent eyn haws in der Knochenhawrstraße nehst bey Wentzel Raben vff der Ecken gelegen, mit aller gerechticet (!), alß das vormalß yres vaters gewest vnd nach seynem tode an sie kommen ist.[85]

205. Dy itztgnanten vormunden haben das selbige haws vorbestymbt vorr an gegeben Caspar Doringk mit allem rechten, alß yn das in vormuntschafft Thomas Winckles seligen kyndere geeygent vnd, alß recht ist, gegeben.[86] ‖

206. Caspar Deringk ist kommen vor gehegt dingk vnd hadt Annen, seyner elichen hawßfrawen, ztwenztygk reynisch gulden an seynen besten gutern, dy er hadt adir ymmer mer gewynnet, es sey an eygen, erbe, farnder habe adir war an das sey, gegeben, nach seynem tode domit ztu thuen vnd ztu laßen, alß recht ist.[87]

fol. 19r

207. Hans Hohental vnd Gerdrudt, seyn eliche hawßfraw, synt kommen vor gehegt dingk vnd haben sich mit eynander begabet mit allen yrenn guthern, beweglich vnd vnbeweglich, dy sie haben adir ymmer mer gewynnen, es sey an eygen, erbe adir farender habe adir war an das sey, wer des andern tode erlebet, der sol dy nachgelaßen guthere, domit ztu thun vnd ztu laßen, alß recht ist, behalden.

208. Peter von Muchel ist kommen vor gehegt dingk vnd im ist gefunden vor recht, man soll yn vnde angeclagte schulde nach awßweysung des schultheys registers vnd was schaden dor vff gangen ist, Johannes Weysensehs haws in der Schmerstraße gelegen gewerhe fronen laßen, alß recht ist.[88]

209. Her Heynrich Einbeck vnd Jacoff Fuhr in anwaltschaff (!) der herrn vnd capitels sancti Sebastiani ztu Magdburgk synt kommen vor gehegt dingk vnd haben eyn volmacht durch den vorsichtigen Johanns Schoman notarium, als durch eyn offentlich instrument von ym gegeben, wy recht ist, gewaldigen laßen. Dar vff erkant, es hab alß guthe macht vnd crafft, alß vor gehegtem ding geschehen were.[89]

210. In solicher anwaltschafft gnante procuratores haben laßen eyn contract in der schoppin

---

[85] Vgl. Nr. 205, 206.
[86] Vgl. Nr. 204, 206.
[87] Vgl. Nr. 204, 205.
[88] Vgl. Nr. 296.
[89] Vgl. Nr. 210.

306 Die Hallischen Schöffenbücher. VII. Buch.

buch sch (!) libro recessuum, wy durch Hans von Dyßkaw von wegen Geyßlers, seynes vetters, dar inn beschriben befunden wirdet, wy recht ist, gewaldigen laßen. Dar vff ist gefunden vor recht, es hab als vil macht vnd crafft, alß vor gehegtem ding geschehen were.[90] ‖

fol. 19v

211. Margaretha, Lorentz Eyßenbergks eliche hawßfraw, durch yr bethe willen ztu dyßen nach geschriben handel ist yr durch richter vnd schoppin der erßam Leuius Schuler als eyn vormundt neben yrem echtem vormundt, wy recht ist, gegeben vnd solchs wy recht gewaldiget. Dor vff auch was gnanter vormunde thuen wurde, neben dem elichen vormunde bestetiget vnd beuestiget solchs ztu halden.

212. Dar vff hadt gnanter Leuius Schuler awß angetzeygter vormuntschafft alß vnd von wegen gnanter Margarethen, gedachts Lorentz Eyßenbergs eliche hawßfrawen, ap sie gerechtickeyt vnd erbfall halben etwas an haws vnd hofe yres vaters gotseligen gehabt solt haben adir hette, vortzicht der selbigenn gerechticket, wy recht ist, gethon vnd abgesagt, solchs auch, wy recht ist, gewaldiget.

213. Balthazar Ludwick in anwaltschafft des herrn abts von der Ztynne vnd herrn Jorgen Werbicks thumbherrn ztu Magdeburgk ist gefunden vor recht vor gehegtem dingk, nach dem ztwischen ym in abberurter anwaltschafft vnd Johan Fenden durch richter vnd schoppen eyn gutlich eynung geschehen, des geldes halben, das bemelter Johan Fende Veyt Schultheyßen se-

29. Jun.

ligen vorpflicht vff Petri vnd Paulj, als itzt vorschynnen vßtzurichten vnd ztu betzalen vnd ßo er des fellig wurde, sich bewilliget Balthazar Ludwigk obgemeltem anwalten, alß dan ztu seinem guthern forderlichen ztu helfen in aller maße, ap sie mit allen dinglichen rechten erclagt vnd erstanden weren. Dar vff ist erkant, das man yn an seyn farnde habe, ßo er vff vorberurte tag tzeyt nicht willen gemacht, weysen sall, alß recht ist.

19. Sept.
1502

Judicium feria secunda post Lamperti
anno etc. xv^{c}ij°

fol. 20r

214. Magister Bosso Drachtete ist kommen vor geheget dingk vnd ym ist gefunden vor recht, man soll yn vmb iij gulden vff rechnung erstanden gelt vnd alle scheden ‖ dar vff ergangen, an der Elßen Harstallyn farnde hab, wie recht ist, weyßen.

215. Allexius Drachstadt ist kommen vor gehegt dingk vnd ym ist gefunden vor recht, man soll yn vmb iij flor. vnd iiij gr. erstanden geldt vnd alle schaden dor vff ergangen, an Claws vom Endes farnde hab, wie recht ist, weyßen.[91]

von gleicher
Hand wie
Nr. 199.

216. Martin Schiltperg ist kommen vor gehegt ding vnnd hat sich auß der vestung, so er durch Mertin Lenhard von Merßburg dar inn gebracht vnd sich auch des mit ym vnd dem gerichte

[90] Vgl. Nr. 209.
[91] Vgl. Nr. 223.

1502 307

gnuglich vertragen, als recht ist, gewurcht vnd getzogen, frey, ledig vnd vnbeschulden, der wegen zu bleiben.

217. Dy Mertyn Grefynn ist kommen vor gehegt dingk vnd yr ist gefunden vor recht, man soll yn vmb eyn gulden erstanden vnd alle scheden dor vff ergangen, an Barbara Lumbitzsch farnde habe, wie recht ist, weyßen.

Judicium feria secunda post Dyonisij
anno etc. xv^c secundo

a. .H.

10. Okt.
1502

218. Bartholomes Grawert vnd Agnes, seyne eliche hawsfraw, sindt kommen vor geheget dingk vnd yn ist vff yre bethe dy vormacht, ßo vff dinstag nach nativitatis Marie im xv^c vnd andern jhar ztwuschen in vnd Jacoff Jeronimus den widerbecken vnd vnd (!) in vormunthschafft ires bruders Thomas des hawßes halben in der Clawßstrasßen gelegen, dar vmb sie irrige geweßen, ratificiret vnd wy recht gewaldiget, welchs vormachts lawt vnd inhalt in der schultheßen hoffregister ist beschriben.

8. Sept.
1502

219. Es hadt auch obgemelt Agnes durch Bartholomeum Lams als yren vom gericht gegeben vormundt, an eydes stadt vortszicht aller yrer gerechtickeyt von gedachten hawß gethoen vnd saget, das sie durch yren elichen eheman an andern gutern genugßam vorsehen vnnd vorsorget were, dar vmb Hanßen Lemb, dem solch haws vorkewfft, seyn erben vnd ymands, dem er das haws vorgeben vnd vorkewffen mocht, nymmer mehr ztw beteydingen noch eyncherley eynspruch ztu thon geredt vnd gelobet. ||

220. Jacobus Fuhr ist kommen vor geheget dingk vnd ym ist gefunden vor recht, ßo Claws von Jhene nicht ytags willen gemacht hadt vnd gnanter Jacobus ztu eyner gewantkammer im gericht ligende gedachtem Clawßen von Jhen gehorende vnd alßo vff eyn besaß erstanden vnd erclaget, ßo soll man gedachten Jacobum an dy gedachten beßaße, wy recht ist, weyßen.

fol. 20v

221. Caspar Lymme ist kommen vor geheget dingk vnd hadt Vlrichen Breyßen vnd Andreßen Oltschenn dor vmb, das sie pfandt gewegerth, yn den mitpann, wy recht ist, genommen.

222. Balthazar Ludwick vnd Lucas Beyer in vormuntschafft Lorentz Hyrßen nachgelaßen kindere syndt kommen vor geheget ding vnd haben frawen Cordulen, nachgelaßen witwenn des gnanten Lorentz Hyrßen, anderthalbhundert gulden an der gnanten kindere haws vnnd hofe vnd allen yren besten guthern, alß dann in der ehestifftung beteydingt ist, wy recht ist, gegeben vnd awffgelaßen.

223. Allexius Drachstadt ist kommen vor gehegt ding vnd hadt Claws von Ende dor vmb, das er pfandt gewegert, in mitbann, wie recht ist, genommen.[92]

224. Matthes Wechter ist kommen vor gehegt ding vnd im ist gefunden vor recht, man sol in

---

[92] Vgl. Nr. 215.

308   Die Hallischen Schöffenbücher. VII. Buch.

an die farnde habe Fabian Wilhelms dar vmb, das er seyner willigung nicht nach kommenn ist, wy recht ist, weyßen.

225. Veit Boltʒe in voller macht vnd vormuntschafft seyns angebens der Drewis Mulyn ist kommen vor gehegt ding vnd ßo er seyn virde clage vff eyn beßaß vnter Jorg Keyder, Jacoff Krolwitz belangende gethan hat, ist ym gefunden vor recht, man soll yn an die beßaß weyßen, wy recht ist.

226. Mertyn Brun ist kommen vor gehegt dingk vnd hadt Margarethen, seyner elichen hawßfrawen, gegeben eyn frey eygen in der Galgenstraße ztwyschen Polten vnd Matthes Stoyens brawhawße gelegen, mit aller gerechtickeyt, nach seynem tode damitte, wie recht ist, ztw thuen vnd ztu lasßen. ‖

fol. 21r
a. H.
24. Okt.
1502

Judicium [feria] 2ᵃ post Vndecim Mille Virginum
anno etc. xvᶜ secundo

227. Hans von Dißkaw von Gropptzig ist gekomen vor gehegt dingk, im ist gefunden vor recht, das die volmacht, die er Hanßen Naweman im schultissen hoffe gegeben hat, wider Nickel Welffen vnd allen anderen, die er in schulden vormeynt czu haben, habe so gute krafft vnd macht, als wer es vor gehegtem dinge geschehen ist.

228. Hans Forster ist, gekomen vor gehegt (!) vnd hat Vrsulenn, seyner ehelichen hawsfrawen, hundert reinische gulden an allen seynen besten gutern, die er hat ader vmmer mehr gewinnet, es sei an eigen, an erbe, an farender habe ader wur ane das sei, nichts vßgeslossen, nach seinem tode domitte czu thune vnd czu lassen, gegeben, als recht ist.

229. Vrsula, Benedictus Heidicken nachgelassen witwe, ist gekomen vor gehegt ding vnd hat denn hern schult[heiß] vmmb eynen vormunden eynes hawses halben czu uerlassen gebetten. Vff sulche czymliche bette der her schult[heiß] yr Bartholomeum Lam czu eynem vormunden gegeben, bestetiget vnd gewaldiget, als recht ist.⁹³

230. Bartholomeus Lam als gegebener vormunder Vrsulen, Benedictus Heydicken nachgelassen witwen, ist gekomen vor geheget ding vnd hat⁹⁴ vortracht, die czwuschen der frawen vnd Dominicus Prûsen geschehen, des hawses halben in der grossen Vlrichstrassen czu dem swartzen pfloge, in gerichte nidergeleget vnd gebetten die selbige tzu gewaldigen. Die dann also gewaldiget, als recht ist, vnd furder in vnser reteß buch geschriebenn.⁹⁵ ‖

fol. 21v   231. Dominicus Pruse ist gekomen vor gehegt ding vnd hat Margareten, seyner ehelichen hawß frawen, sechßtzig rinsche gulden an seinen hawse tzu dem swartzen pfloge vnder grossen

---

⁹³ Vgl. Nr. 230.
⁹⁴ Danach [abeczycht gethan mit vffgerichten fingern an eydes stadt] gestrichen.
⁹⁵ Vgl. Nr. 229, 231.

Vlrichstrassen neben Nickel Olczen vnd Lucas Formanne gelegen, nach seinem tode domitte tzu thune vnd tzu lassen, gegeben, als recht ist.[96]

232. Hans Knust ist gekomen vor gehegt dingk vnd hat eyne volmacht eyngelegt von Hans Robins wegen des elderen burgers tzu Magd[eburg] seyns kegen vnd wider Hansen Fenden bittet, die czu gewaldigen, das dann also geschehen, als recht ist.[97]

Judicium [feria] 3ᵃ post Leonhardj
anno etc. xvᶜ secundo

8. Nov.
1502

233. Heinrich Keil ist gekomen vor gehegt dingk vnd hat Magdalenen, seyner ehelichen hawßfrawen, achtczig rinische gulden an seyner besten gutern, die er hat ader vmmer mehr gewynnet, es sei an eigen, an erbe, an farende habe ader wur ane das sei, nach seynem tode do mitte czu thune vnd czu lassen, begeben, als recht ist.

234. Nicolaus Schiltbergk ist gekomen vor gehegt dingk, im ist gefunden vor recht, man sol Jacoff Gerintz vmb x fl. xviij gr. mit sampt den ergangen schaden, sein gewehr fronen, als recht ist.

235. Idem ist gekommen vor gehegt dingk, im ist gefunden vor recht, das die vorwilligung, die in des hern schult[heißen] hoffe geschehen, czwuschen im vnd Johannes Weisensehe, habe so gute krafft vnd macht, als wehr sie vor gehegtem dinge gescheen. ‖

Judicium [feria] 3ᵃ post presentationem Marie
anno etc. xvᶜ secundo

fol. 22r
22. Nov.
1502

236. Claus vom Ende ist gekomen vor gehegt dingk vnd hat Margarethen, seiner ehelichen hawßfrawen, czwentzig gulden an seinen besten gutern, die er hat adder vmmer mehr gewynnet, es sei an eigen, an erbe, an fahrende habe ader wur an das sei, nach seynem tode do mitthe czu thune vnd czu lassen, begeben, als recht ist.

237. Valtin Hocker ist gekomen vor gehegt dingk vnd im ist gefunden vor recht, das die fulle macht, die in des hernn schulteysen hoffe durch Peter Pafke geschen wider Gallen Hennigk, habe so gute krafft vnd macht, als wehr es vor gehegtem dinge geschen.

238. Blasius Syferth sin alle bot geschehen inn dem schultheysen hofe dar vmbe, so sal man Hansen Windiß vmb xxxiij gr. mit sampt irgangen schaden, an die fahrende habe weysen, als recht ist.

Judicium [feria] 2ᵃ post Trium Regum
anno etc. xvᶜ tercio

8. Jan.
1503

---

[96] Vgl. Nr. 230.
[97] Vgl. Nr. 248, 269.

310 Die Hallischen Schöffenbücher. VII. Buch.

239. Hans Kardigk ist gekomen vor gehegt dingk vnd im ist gefunden vor recht, man sal Caspar Hewcken vmbe ij fl. sampt allem ergangen schaden, sein hawß vnd hof fronen, wie recht ist.[98]

240. Veit Boltze in fuller macht der Hans Pawellinne ist gekomen vor geheget dingk vnd im ist gefunden vor recht, man sal yn vmbe xvj fl. vnd xviiij gr. vnd allen schaden dar vff irgangen, an der Clemen Hewckynne fharnde habe weysen, als recht ist. ‖

fol. 22v 241. Jurge Picht ist gekomen vor geheget dingk vnd hat [...][99]

242. Idem[100] in fuller macht ist gekomen vor gehgt dingk im ist gefunden vor recht, mann sal yn vmmb viiij fl. vnd iij gr. vnd allen schaden dar vff irgangen, an der Hans Reiniken fharnde habe weysen, als recht ist.

243. Ciriacus Eckerhard ist gekomen vor geheget dingk vnd hat Elißabet, seyner ehelichen hawßfrawen, lx gulden czu den vorigen hundert gulden, die er vormals hyrinne vorschryben ann seynen besten guthern, die er hat ader vmmer mehr gewynnet, es sey an eygen, an erbe, an fahrnder habe ader wur ane das sei, nach seynem tode do mitte tzu thune vnd czu lassen, gegeben, als recht ist.

244. Jurge Kurbach ist gekomen vor geheget dingk hat Barbaren, seyner ehelichen hawßfrawen, virczigk rinsche gulden an seynen besten guthern, die er hat adder vmmber mehr gewynnet, es sey an eygen, an erbe, an fahrender habe ader wur ane das sei, nach seynem tode domitte czu thune vnd czu lassen, gegeben, als recht ist.

24. Jan. 1503
Judicium [feria] 3ᵃ post Fabiani et Sebastiani
anno etc. xvᶜ tercio

245. Sander Konat ist gekomen vor geheget dingk vnd im ist gefunden vor recht, man sal yn vmbe ij fl. mit sampt ergangen schaden, an der Hoppynne fharende habe weysen, als recht ist. ‖

fol. 23r 246. Bastian Welckawe ist gekomen vor geheget dingk vnd im ist gefunden vor recht, man sal yn vmbe seyn erclagete gelt mit sampt ergangen schaden, an Caspar Lymen fahrende habe weisen, als recht ist, vnd ist geschehen montagen nach trium regum.[101]

9. Jan. 1503
247. Bastian Welckawe ist gekomen vor gehegt dingk vnd im ist gefunden vor recht, so Caspar Lymme willich pfandt gewegert, sal man in den mitteban nehmen, als recht ist.[102]

248. Hans Knust in fuller macht Hans Robeyns ist gekomen vor geheget dingk, im ist gefunden vor recht, man sal yn an die besaß des gelden mit sampt irgangen schaden vnder Frebianus

---

[98] Vgl. Nr. 308.
[99] Satz abgebrochen und gestrichen.
[100] i.e. *Veit Boltge.*
[101] Vgl. Nr. 247.
[102] Vgl. Nr. 246.

Wilhelm besatzt, das Hansen Fenden angehorende, wie recht ist, weysen, so ferne sich Fabianus Wilhelm mit seyner exceptio nicht behelffen magk, die er in drey xiiij tagen sal einlegen.[103]

249. Prista, Caspar Czygenmarthis eheliche haußfrawe, ist gekomen vor gehegt ding vnd hat den schultheyß vmbe eynen vormunden yr czu geben gebetten. Do ist yr Bartholomeus Lam czu dissem her nach geschreben thun, czu eynem vormunden wie recht von gerichttes wegen gegeben vnd bestehiget.[104]

250. Bartholomeus Lam in vormundtschaff (!) frawe Prissen, Casper Czygenmarthten eheliche haußfrawe, hat abeczycht gethan, der selbigen hundert gulden an Nicolaus Czygenmarthis hause czu der grunen thannen, die yr dar ane geligen gewest seyn, doch das Casper Czygenmarth wider vmbe hundert gulden an seynen hauße gebe.[105] ‖

251. Caspar Czygenmarthe ist gekomen vor geheget ding vnd hat Pristan, seyner ehelichenn hawßfrawen, hundert r. gulden an seinen hawse vnd hoffe in der Clausstrasse kegen sancte Nicolase vber gelegen, nach seinem tode domitte czu thune vnd czu lassene, vnschedelich der vorigen gabe, gegeben, wie recht ist.[106]

Judicium [feria] 3ᵃ post Dorothee Virginis
anno etc. xvᶜ tertio

7. Feb.
1503

252. Hans Selle ist gekomen vor gehegt ding vnd im ist gefunden vor recht, man sal on an Sixtus Schutzmeisters fahrende habe weysen, alsus viiij gr., als recht ist.[107]

253. Baltazar Lodewicz ist gekomen vor geheget dingk, im ist gefunden vor recht, man sal ym vmb j fl. vnd der schaden der dar vff erget, Rosigen dem smeide seyne gewehre fronen lassen, als recht ist.

254. Mattias Wechtter ist gekomen vor geheget ding vnd hat Kerstenen, seyner ehelichen hawßfrawen, lx gulden an seyne besten gutern, die er hat ader vmmber mehr gewynet, es sei an eygen, an erbe, an fahrender habe ader wur ane das sei, nach seinem tode do mitte czu thune vnd czu lassen, gegeben, als recht ist.

255. Mertin Muterloß ist gekomen vor gehegt ding vnd im ist gefunden vor recht, das die vorwilligunge, die durch Jacoff Seruitz in dem schultissen hoffen vor sancter Jacoff in dem xvᶜ secundo geschehen habe, so gute crafft vnd macht, als es vor gehegetem dinge geschehen were, das dann also gewaldiget, wie recht ist. ‖

25. Jul.
1502

256. Peter von Jhene vnd Mattias Belagk sindt gekomen vor geheget dingk vnd yn ist gefunden

fol. 24r

---

[103] Vgl. Nr. 232, 269.
[104] Vgl. Nr. 250, 251.
[105] Vgl. Nr. 249, 251.
[106] Vgl. Nr. 249, 250.
[107] Vgl. Nr. 313.

312 Die Hallischen Schöffenbücher. VII. Buch.

vor recht, das die vortracht, so durch sie beide in dem schultissen hoffe im dem xv^c vnd im dritten jare geschehen, habe so gute crafft vnd macht, alß es vor gehegetem dinge geschehen were. Dar neben hat Peter von Jhene belangke den heubtbriff vberantwurth, vff das sie beide also sulen entscheiden nach lauth des receß.

1503

Judicium [feria] 3^a post Juliane Virginis
anno etc. xv^c tercio

21. Feb. 1503

257. Bartel Koch ist gekomen vor gehegt ding vnd im ist gefunden vor recht, man sal ohn an der Kuntze Kochynne vmb iij gr. mit sampt ergangen schaden, an die fahrende habe weysen, als recht ist.

258. Oswalt Wolff ist gekomen vor gehegt dingk vnd hat Annen, seyner ehelichen hawßfrawen, czwentzigk r. gulden an seinen besten gutern, die er hat ader vmmber mehr gewynnet, es sei an eygen, an erbe, an fharender habe ader wur ane das sei, nach seinem tode do mitte zu thune vnd czu lassen, gegeben, als recht ist.

259. Hans Kempfe ist gekomen vor gehegt ding, im ist gefunden vor recht, man sal der Mattias Vlrichynne vmbe xxv gr. mit sampt ergangen schade, yre gewehre fronen, als recht ist. ‖

fol. 24v

260. Nicolaus Schiltperg ist gekomen vor gehegt ding, im ist gefunden vor recht, das die vorwillunge, die durch Jhan Ruschenberge, die in dem schultheysen hoffe mitwoche nach Anthonij anno etc. xv^c tercio geschehen, habe so gute crafft vnnd macht, als es vor gehegetem dinge geschehen were. Das dann also gewaldiget, als recht ist.

18. Jan. 1503

261. Idem ist gekomen vor geheget ding, im ist gefunden vor recht, das die vorwilligunge, die durch die Mertin Heffterynne mit sampt Jurgen, yrem ⟨sone⟩[108], montag nach Lucie anno etc. xv^c ij geschehen in dem schultheysen hoffe, habe so gute crafft vnd macht, als es vor gehegetem dinge geschen were. Das dann also gewaldiget, als recht ist.

19. Dez. 1502

262. Idem ist gefunden, das die vorwilligunge, die durch Heinriche Wilkenrode in dem schult-[heißen] hoffe freytage nach natiuitatis Marie in dem xcv (!) geschehen habe, so gute crafft vnd macht, als es vor gehegtem dinge geschehen were. Das dann also gewaldiget, als recht ist.

11. Sept. 1500

Judicium [feria] 3^a post Inuocauit
anno etc. xv^c tercio

7. März 1503

263. Johannes Nwman in fuller macht Hans von Dißkawn ist gekomen vor gehegt dingk vnd im ist gefunden vor recht, so er seyn gelt Fabianus Wilhelm erstanden vnd erclaget hat, ßo sal man Fabian Wilhelm seyn gewehr fronen lassen, als recht ist.[109] ‖

---

[108] Über der Zeile.
[109] Vgl. Nr. 294.

1503

264. Jhann Ruschenbergk ist gekomen vor gehegt dingk, im ist gefunden vor recht, man sal on vmbe sein irstanden gelt mit sampt irgangem schaden, yn das hawß czum weisen bragken neben Jurgen Beier in den Kleinsmeden gelegen, einweisen vnd Gabriel Aldenberger hauß (!), als recht ist.

265. Symon Roden sindt alle bot geschehen yn des schulthisen hoffe dar vmbe, so sal man von Matthias Kẘbelers wegen vmb xviiij gr. mit sampt ergangen schaden, seine gewehre fornen, als recht ist.

266. Wenczelaw Muller ist gekomen vor gehegt dingk, im ist gefunden vor recht, man (!) yn vmbe xiiiij alt schogk mit sampt allem ergangen schaden, an Claus vom Enden ſharende habe weysen, als recht ist.[110]

267. Facius Hermanne sindt alle bot geschehen in dem schultissen hoffe dar vmbe, so sal man von Hanß Fyssers wegenn vmb xxiiij fl. mit sampt irgangem schaden, seine gewehre fronen, als recht ist.

268. Symon Fogeler sindt alle bot vor gerichtte (!) geschehnn dar vmbe, so sal man von Augustinß Fellerdorffs wegen vmb j fl. vnd vij gr. mit sampt irgangem schaden, seine gewehre fronen, als recht ist.

269. Hans Knust in fuller macht Hans Robinß ist gekomen vor geheget dingk, im ist gefunden vor recht, man sol ohn vmbe sein irstanden gelt mit sampt irgangem schaden, an das gelt an Fabianus Wilhelm hawß weysen, als ein recht ist, vnschedelich Baltazarn Lodewigk rechtlicher huffe vnd anweisunge, die im czu furne vor gericht czu erkandt ist.[111] ‖

270. Jurge Sichhardt ist gekomen vor geheget dingk, im ist gefunden vor recht, so er sein gelt ane Fabianus Wilhelm erstanden vnd erclaget, als nemelich v gulden vnd allen schaden, der dar vff ergehet, sal man ohm seyn geweher fronen, als recht ist.

271. Idem ist gefunden, so er sein gelt an Bertolt Schencken erstanden, so sal man ohme seine gewehr fronen, als recht ist, vmb iiij fl. xiiij gr. mit sampt irgangem schaden.

272. Clemen Didicke vnd Margaretha, sein eheliche hauß frawe, sindt gekomen vor geheget dingk vnd haben alle yre gutere, die sie haben ader vmmber mehr gewinnen, eyngesatzt vnd ypociret dem erßamen Mertin Schenitz vor xiij^c fl. nach inhalt eyns vorsigilten briues den gedachten Clemen mit sampt seiner hawfrawen (!) gemelten Schenitz vor gerichte obegeben vnd gewaldigen lassen, vnd gemalte Margaretha hat vor gerichte mit offgerichten fingern an eydes stad im sulchen briff mit frolichem angesichte bwilligt (!) vnd alle ore freyheit, kegin gemelten Mertin Schenitz vnd sein erbin gantz abegetreten, nach innehalde des selbigen briues, der also gewaldiget ist, welcher von worte czu worte inn vnsern receß buch beschriben.

---

[110] Vgl. Nr. 274.
[111] Vgl. Nr. 232, 248.

314 Die Hallischen Schöffenbücher. VII. Buch.

273. Glorius Schwler ist gekomen vor gehegt dingk, im ist gefunden vor recht, man sal ohn in den bekummerten wagen, der Glorius Smeden gewest ist, vmbe ij fl. v gr. weisen, als recht ist. ‖

fol. 26r
21. März
1503

Judicium [feria] 3ᵃ post Oculj
anno domini etc. xvᶜ tercio

274. Wentzelaw Moller ist gekomen vorgehegt ding vnd hat Claus vom Enden, vmb das er pfhandt gewegert, in den mitteban genohmen, als recht ist.[112]

275. Berteldus Schencken sein alle gebot geschehnn in dem schultissen hofe dar vmbe, so sal man ome seine gewehre fronen, von magister Bussen Blumen wegen, vmbe lxxxiiij fl. mit fampt ergangem schaden, als recht ist.

276. Symon Sandaw ist gekomen vor gehegt ding, im ist gefunden vor recht, so er seyn gelt an Veit Meisen erstanden vnd erclaget hat, so sal man, ohme seyn gewehr fronen lassen, als recht ist, vmb ij fl. vj gr.

277. Idem ist gekomen vor gehegt dingk, im ist gefunden zw recht, man sal ynn vmb ij fl. vij gr. vnd allen schaden dar vff irgangen, an Valtin Schwmans fahrende habe weisen, als recht ist.[113]

278. Nickel Muller ist gekomen vor gehegt ding vnd hat Gertruden, seyner ehelichen hawß-frawen, funffczigk rinsche gulden an seinen besten gutern, die er hat ader vmer mehr gewynnet, es sei an eigen, an erbe, an fahrender habe ader wur ane das sei, nach seynem tode demitte czu thune vnd czu lassen, dar czu eyn kleyne hawß hinder der schulle auf dem hoffe gebawet czu yrer leipczucht gegeben, als recht ist, vnd nach tode der bemelten frawen sal sulch mithe hawß wider an den hoff fallen.

279. Wilbolt Pergerstorffer ist gekomen vor geheg dingk, im ist gefunden, man sal yn vmbe v fl. vnd viiij gr. vnd allen schaden, den der Fabian Wilhelmynne fahrende habe weysen, als recht ist.[114] ‖

fol. 26v

280. Hans Reßgen ist gekomen vor gehegt dingk, im ist gefunden, so er sein gelt, als nemelich vmbe xxxvj gr., mit sampt irgangen schaden an Caspar Hewken erstanden vnd erclaget, so sal man ohm seyn gewehr fronen lassen vff sein teil, als recht ist.

281. Ffabian Wilhelm sein alle gebot geschehnn yn dem schultissen hofe dar vmbe, so sal man ime seine gewehre fronen, von der Valtin Bornnerynne wegen, vmb ij fl. mit sampt ergangem schaden, als recht ist.[115]

---

[112] Vgl. Nr. 266.
[113] Vgl. Nr. 285.
[114] Vgl. Nr. 283.
[115] Vgl. Nr. 304, 329.

1503

315

Judicium tercia feria post Misericordia Domini

anno etc. xv^c tercio

ab hier v. gleich. H. wie Nr. 199, 216 2. Mai 1503

282. Mertin Law ist komen vor gehegt ding vnd hat magistro Busse Blumen ein hawß auff dem Sandberge zwuschen Jeronimus Nopell vnd der roßmölen gelegin auffgelasenn, vnd ⟨yr⟩[116] ym vereygent, mit aller gerechtikeit vnd zubehörung, wie das vorgemelten Mertin Lawes gewest ist, von rechts wegin.

283. Wilbolt Bergerstorffer ist kommen vor geheget ding vnnd hat Dorothean, Fabian Wilhelms ehliche hausfraw, vmb v fl. vnnd etliche gr. vngeuerlich zusampt ergangen schaden, so sie pfant zu geben gewegert, in den mitteban genommen, als recht ist.[117]

284. Jheronimus Nopel ist kommen vor geheget ding vnnd im ist gefunden vor recht, so er sein geld an Hentze Beyer erstanden vnnd erclaget hat, so sal man ym dar vmb zusampt allen schaden dar auff gegangenn, sein gewere frönen lassen, als recht ist.

285. Simon Sandow ist kommen vor geheget ding vnnd hat Valtin Schuman vmb iiɟ fl. vngeuerlich zusampt allem ergangenem schaden, so er phant der wegen zu geben gewegert, in den mitteban genommen, als recht ist.[118] ‖

Judicium tercia feria post Cantate

anno domini xv^c tercio

fol. 27r 16. Mai 1503

286. Margareta, die Denstetyn, ist kommen vor geheget dingk vnd hat fulmechtigk gemacht vnnd zu einem kreyges vormunden gesaczt, Hansen Voyt, yren tochterman, yre sache etzlicher schulde halben gegen Jacoff Vogel auß zu furen, biß auff das recht zu nemen vnnd zu geben. Der selbige Hanß Voyt ist yr also von gerichts wegen zu einem kreyges vormunden wie recht gegeben vnnd bestetiget.[119]

287. Michel Weytkorn in voller macht Steffans, seines sons, ist kommen vor gehegt ding vnd hat dozumal bemelten seinen son, auß der vestunge, so yn Hanns Engel, der alde apotheker, von wegin Valentin Tryfuß gotseligen dar inne gebracht, gewurcht vnd geczogen. Darauff er auch also, nach einer gutlichen vertracht, allenthalben furgenommen, frey vnd ledig geteylet wurden, wie recht ist, doch mit dem bescheide, das der wilkor disser stat Halle, in dem keyn abbruch geschee an alle gefer.

288. Anthonius Tryfuß ist komen vor geheget dingk, man sal yn vmb vier frol. vnd allen schaden dar auff gegangen, an der Hůtteryn am Vlrichstore farende habe weissen, alß recht ist.

---

[116] Über der Zeile.
[117] Vgl. Nr. 279.
[118] Vgl. Nr. 277.
[119] Vgl. Nr. 344.

316   Die Hallischen Schöffenbücher. VII. Buch.

289. Bartholomeus Lam ist kommen vor geheget dingk, ym ist zu recht gefunden, das die vulmacht durch Dominicum Aldenburgk ym in schulczen houe geschen, habe gleich so wol krafft vnd macht, als ab sie vor gehegetym dingk geschehen were.[120]

290. Idem ist kommen vor geheget dingk, ym ist zw recht gefunden, das solcher contract vnd beredung zcwuschen Dominicus Aldenburgk an einen vnd magister Busso Blumen in bey-wesen Elisabet, seiner ehelichen hausfrawen, fritags nach dem sontag oculi in des schulczen houe geschen, mit allen clauselen lawts yres inhalts, so gute krafft vnnd macht habe, als ob es vor gehegeten ding geschen were, vnnd ist also zu recht von gerichts wegen gewaldiget vnnd bestethiget.[121]

24. März
1503

30. Mai   *Judicium tercia feria post Exaudi*
1503   *anno domini xv^c tercio*‖

fol. 27v   291. Margareta, Hanß Bawrmeisters seligen nach gelaßen witwe, ist kommen vor geheget ding. Der selbigen ist auff yre bete baccalaureus Jacobus Fuher zu dissem hir nach geschrieben thun, zu eynem vormunden wie recht gegeben, vnnd dar zu also von gerichts wegen gewaldiget vnnd bestetiget.[122]

292. Idem ist kommen vor geheget ding vnnd hat mit aufgerackten fingern an eydes stat, durch baccalaureum Fuher, yrem gekornem vnd vor gericht gegebenem vormunden, wie recht abczichtung getan, yrer leibczucht, nemlich l r. gulden, die sie am abgemelten Hanß Bawrmeisters hause in der grossen Vlrichstraßen bey Orben Schuczen hauße gelegen, lawtes eyns versigelten briues, von hern Eraßmo Berndes ⟨etwan⟩[123] probste zu dem Newen Werck gotseligen, alßo bisher gehabt hat.[124]

293. Idem ist kommen vor geheget ding vnd hat doczwmal, durch den selbigen yren vormun-den Jacobum Fuher, Hansen Bawrmeister, yrem leiblichenn son, gegeben, sulche vorberurte l r. gulden, yr an dem vorgedachten Hanße, lauts eyns versigiltenn briues, zur leibczucht gehabt, damit nach seinen gefallen mechticklich zu handel vnd zu wandeln, mit sulchem bescheyde, das er sein mutter obenbemelt, mit essen[125], trincken, schw vnd czymlicher kleidung, nach notdurfft versehen vnd besorgen sal.[126]

294. Johannes Nawman in vuller macht Hanßen von Dißkaw ist kommen vor geheget ding, im ist gefunden vor recht, so er die fronng an Fabian Wilhelms hawße dreymals auffgeboten hat,

---

[120] Vgl. Nr. 290.
[121] Vgl. Nr. 289.
[122] Vgl. Nr. 292, 293.
[123] Über der Zeile.
[124] Vgl. Nr. 291, 293.
[125] Danach [*vnd*] unterstrichen und gestrichen.
[126] Vgl. Nr. 291, 292.

1503   317

so sal gnanter Nawman sulch hawß vnd hoff, ob er kan, vor sein gelt versetzen. Wo nicht, so mag er das verkowffen vnd das ůberichge her hauß reichen dem, der do recht dar zu hat.[127] ‖

Judicium tercia feria post Trinitatem
anno xv^c tercio

fol. 28r
13. Jun.
1503

295. Jacoff Czykler ist kommen vor geheget ding vnnd ym ist vor recht gefunden, man sal Hanß Brandis vmb xiiɉ gr. zusampt allem schaden dar auff ergangen, sein gewehre fronen lasen, als recht ist.

Judicium tercia feria post Johannis babtiste
anno xv^c tercio

27. Jun.
1503

296. Peter von Můchel ist kommen vor geheget ding, im ist gefunden vnnd geteilt vor recht, man sal yn vmb sein erstanden gerechtickeit in Johannis Weisenseß hawß vnnd yn darauß, alß recht ist, weysen.[128]

297. Nickel Moller ist kommen vor gehegt ding. ym ist vor recht gefunden, man sal die Mertin Brůynn bei dem Galchentor vmb viiɉ gulden vngeferlich zusampt allem schaden darauf erjangen (!), yre gewer fronen lassen.

298. Kontz Geryke vnd Luccia, sein eliche hawßfraw, sint kommen vor gehegt ding vnd haben sich begifftiget vnnd begabet, mit alle den erbgutern, die sie haben ader ymmer mehir gewinnen, es sey hawß ader hoff, erbe ader eygen, farende habe, beweglich ader vnbewecklich, wie daß moge gnant werden, keinerley außgeslossen. Welch das andern tod erlebet, des sal die guter behalden, darmit zu thun vnd zu lassen.

299. Hanß Forster vnnd Anna, seine eheliche hawßfrawe, sint kommen vor gehegt ding vnnd haben sich begifftiget vnd begabet, mit alle den erbgutern, die sie haben ader ymmer mehir gewinnen, es sey hawß ader hoff, erbe ader eygen, farende habe, beweglich ader vnbeweglich, wie daß moge gnant werden, keinerley außgeslossen. Welch das andern tod erlebet, der sal die guter behalden, darmit zu thun vnd zu lassen.

300. Die Michel Stengyn ist kommen vor gehegt ding, yr ist gefunden vor recht, man sal sie vmb xvj silber gr. vnd allen schaden darauf gegangen, an der Hanß Fenstermecheryn farende ⟨habe⟩[129] weyßen, alß recht ist. ‖

301. Busse Kůnne ist kommen vor gehegt ding vnnd had baccalaureum Jacobum Fauhir in der allerbesten form, weiße vnd maß, des rechten, wie sich geburet, mit hande vnd munde gemechtiget, sein angefallenne gerechtigeit, nach abgenge der Michel Marßschalckyn, seiner swester got

fol. 28v

---

[127] Vgl. Nr. 262.
[128] Vgl. Nr. 208.
[129] Über der Zeile.

318 Die Hallischen Schöffenbücher. VII. Buch.

seligen, zu fordern zu ermanen vnnd zu uortreten, biß auffs recht zu geben vnd zu nemen, mit
sollichem bescheide, das er ander neben sich, so offt ym daß not seyn wirdet, furder mechtigen
vnd subtituiren moge.[130]

302. Grôtte, Heyne Dragstetyn eliche hawßfrawe, ist kommen vor gehegt ding. Der selbigen ist
auff yre bete baccalaureus Jacobus Fuhir zu eynem kreygeßchym vormûnden wie recht gegeben,
vnd dar zu also von gerichts wegen gewaldiget vnd bestetiget, yre angefallenne gerechtigeit, wie
oben beruret, neben Busse Konen zu fordern zu ermanen vnd zu uortreten, diß auff das recht
zu geben vnnd zu nemen, auch mit dem bescheyde, das er ander neben sich, so offt ym daß not
seyn wirdet, furder mechtiguen vnd substituiren moge.[131]

303. Burkard Stock ist kommen vor gehegt ding, im ist vor recht gefunden, so er sein gelt,
nemlich viij schok zusampt allem schaden dar auff gegangen, an Glorius Smed ersanden vnd
erclaget hat, so sal man yn an die besaß, dar auff er rechtlich geclaget, wie recht wiesen.

11. Jul.
1503

Judicium tercia feria post Kiliani
anno domini xv^c tercio

304. Margareta, Valentin Bôrners eheliche hawsfrawe, ist kommen vor gehegt ding vnnd yr ist
gefunden vor recht, so sie die fronung an Fabian Wilhelms hawß dreymals auffgeboten had, so
sal gnante Margareta solch hawß vnnd hoff, ob sie kan, vor yre gelt vorsetzen. Wo nicht, so mag
sie das verkewffen, vnnd das vberige herawß reichen dem, der das recht dar zu hat.[132]

305. Heinrich Vinczsch ist kommen vor gehegt ding vnnd ym ist gefunden vor recht, so er
sein gelt nemlich ix flor. an Hanß Kempffen ⟨hawß⟩[133] erstanden vnnd erclaget hat, so sal man
dar vmb yn, zusampt allem schaden darauff ergangen, sein gewer fronen lassen, alß recht ist.

306. Nickel Schiltberg ist kommen vor gehegt ding, im ist gefunden vor recht, so er eyn willick

fol. 29r

pfant, nemlich eyn gûlden vorspan vnd eyn rock mit eynem gesticke, Brosio ‖ Gotschalck vnnd
seiner frawen angehorende, dreimals auffgeboten, sal gnanter Nickolaus Schiltberg solch willig
pfand vor sin gelt, ab er kan, vorsetzen. Wo nicht, mag er das verkewffen vnd das v̂berige her auß
geben dem, der da recht dar zu had.

307. Peter von der Lawenberg ist kommen vor gehegt ding, im ist gefunden vor recht, so er
sein gelt, nemlich j fl., an der Mertin Brûnyn erstanden vnd erclaget had, so sal man sie dar vmb
zusambt allem schaden darvff ergangen, yre gewere fronen lassenn, alß recht ist.

308. Hanß Kardyck ist kommen vor gehegt ding, im ist gefunden vor recht, so er die fronung
an Caspar Hoycken hawß dreymals auffgeboten had, so sal gnanter Kardyck solch hawß vnnd

---

[130] Vgl. Nr. 302.
[131] Vgl. Nr. 301.
[132] Vgl. Nr. 281, 329.
[133] [*hawß*] am Rand links.

1503   319

hoff, ob er kan, vor sein gelt versetzenn. Wo nicht, so mag er das verkewffen vnd das vberige her

auß reichen dem, der dar recht darzu hat.[134]

Judicium 3ᵃ feria post Egidij   5. Sept.
anno domini xvᶜ tercio   1503

309. Anna, Kosmans Nayls nachgelaßen witwe, ist kommen vor gehegt ding. Der selbigen ist
auff yre bete Clemen Michel zu eynem kreigischen furmůnden wie recht gegeben vnnd dar zu
also von gerichts wegen gewaldiget vnnd bestetiget, in sachen George Dragstetyn.[135]

310. Steffan Lorencz ist gekommen vor gehegt ding vnnd hat heren Clemen Lorencz,
seynem sone, seyn hawß vnnd erbe zwuschen Andrews Drawer vnnd jungffraw Margareten
Kŏllers hewsern auff schulers hoffe gelegen, mit aller freyet (!) vnnd gerechtickeit, alß das, des
obbemelten seyns vaters gewest ist, gegeben.

311. Jacof Fyntz ist komen vor gehegt vnd hat Vrban Syferde eyn frey eygen auf dem Berlin
zwuschen Vester Stůcken vnd Caspar Hoyken hewßern gelegen, mit aller freiheyt vnd gerechti-
keyt, als das des obbemelten Jacoff Fyntzes gewest ist, gegeben.[136]

312. Vrban Syferd ist komen vor gehegt ding vnd hat Otten Smyde das selbige frey eygen fort
an gegeben, mit aller freiheit vnd gerechtikeit, als das an yn kommen ist.[137] ‖

313. Hanß Selle ist kommen vor gehegt ding vnd hat Sixtus Schuczmeißter vmb 9 (!) gr.   fol. 29v
zusambt allem ergangenem schaden, so er pfand derwegen zu geben geweygert, in den mitteban
genommen, alß recht ist.[138]

314. Jacoff Krolwycz ist kommen vor gehegt ding vnnd had George Keyder eynen frey eygen,
hawß vnd hoff in der großen Vlrichstrase zwyschen Hanß Zochge (!) vnd Blesius Kolsch hewßern
gelegen, mit aller freyet (!) vnd gerechtickeyt, alß das gemelten Krolwycz gewest ist, gegeben.

315. Claws Mertin ist kommen vor gehegt ding vnd ym ist gefunden vor recht, man sal Hanß
Rŏsichen vmb vij frol. zusambt allem ergangen schaden, seyne gewere fronen lasen, als recht ist.

316. Mattews Erwißman ist kommen vor gehegt ding vnd ym ist gefunden vor recht, so er
seyn geldt, nemlich iiij frol. vnnd x gr. an Fabian Wilhelm erstanden vnd erclayt hat, so sal man
yn darvmb zusambt allem schaden darauff ergangen, seyn gewer frŏnen lasenn, alß recht ist.[139]

317. Dominicus Prewß alß volmechtiger vnsers herrn von Magdeburgs vnnd der Thomas
Romeryn ist gekommen vor gehegt (!) vnd ym ist vor recht gefunden, so er seyn ⟨geldt⟩[140] vmb

---

[134] Vgl. Nr. 239.
[135] Vgl. Nr. 501, 502.
[136] Vgl. Nr. 312.
[137] Vgl. Nr. 311.
[138] Vgl. Nr. 252.
[139] Vgl. Nr. 340.
[140] Über der Zeile.

320   Die Hallischen Schöffenbücher. VII. Buch.

angeclaget wetten an Claws vom Ende, alias Markolffus[141], vnd Simon Roden rechtlich erstanden vnd erclagt hat, so man ym in abberurter anwaltchhafft zu yren gutern pfandes[142] helffen, alß recht ist.

318. Caspar Sommer ist kommen vor gehegt ding vnd ym ist gefunden vor recht, so er eyn willik pfand, nemlich eyn frawen rock eyn parr sechß wochen tŭcher vnd eyn sommer hawben Brosio Gotschalck vnd seyner frawen angehŏrende, dreimals auffgebotten had, so sal gnanter Sommer solch pfandt, ob er kan, vor seyn gelt vorsetzen. Wo nicht, so mag er das verkewffen vnd das vberige herauß reichen dem, der da recht dar zu had.

319. Pauel Teich ist kommen vor gehegt ding vnd ym gefunden vor recht, so er seyn gelt,
fol. 30r   nemlich xxvȷ gr. an Simon Roden ‖ erstanden vnd erclagt hat, so sal man ym darwmb zusambt allen schaden darauff ergangen, seyn gewehr frŏnen lassen, alß recht ist.

320. Idem ist kommen vor gehegt ding, ym ist gefunden vor recht, man sal yn vmb iij fl. minus vij gr. vnd allen schaden darauff ergangen, an baccalaureum Vockmaren frawen farende habe zu weisen, alß recht ist.[143]

321. Wilbod Bergerßdorffer ist kommen vor gehegt ding vnd ym ist gefunden vor recht, so er seyn gelt, nemlich vij flor. vnd xiiiȷ gr. an Erharde Nopel erstanden vnd erclagt hat, so sal man ym darvmb zusambt allen schaden darauff ergangen, seyn gewehr frŏnen lasen, alß recht ist.

19. Sept.   *Judicium tercia feria post Lamperti*
1503   *anno vx^c tercio*

322. Nickel Moller ist kommen vor gehegt ding vnnd im ist vor recht gefunden, nach dem er seinen wehermann Glorius Hammer eins hawßes vnnd houes auff dem strohoue gelegen ym abgekaufft, auff hewt dinstag, als im rechtlich zu erkant vorgestalt hat, so ist abgemelter Nickel Moller der angestaltten schult ⟨Veyt Bolczen⟩[144] frey vnd losß geteylt[145], von rechts wegen.[146]

323. Hanß Furhman ist kommen vor gehegt ding vnd had sich mit seiner ehelichen hawß frawen Katarinen, mit allen gŭtern, die sie haben ader ymmer mehir erwerben, wie de namen gehaben mŏgen, es sey an eygen, erbe, fahrende habe ader woran das sey, vnder einander begifftigit vnd begabet, also ⟨wer⟩[147] das andern tod erleben wirdt, sall die selbigen gutere gebrawchen, zu thun vnnd zu lassen.

324. Peter von der Lawenburg ist kommen vor gehegt ding vnnd hatt Annen, seiner elichen

---

[141] [*Claws*] unterstrichen.

[142] Danach wohl [*meister*] gestrichen.

[143] Vgl. Nr. 342.

[144] [*veyt bolczen*] am Rand links, mit Einschubzeichen.

[145] Danach [*worden*] gestrichen.

[146] Vgl. Nr. 359.

[147] Über der Zeile.

hawßfrawen, lxx r. gulden, an allen feinen besten gûtern, die er hat ader ummer mehr gewinnet, es sey an ⟨eygen⟩[148], erben, farende habe ader wur an das sey, sunderlich an hawße vnnd houe in der Galkstrasßen zwuschen Rolen gegen ‖ den newen brwdern gelegen, nach seinem tode damit zu thun vnd zu lassen, gegeben.

fol. 30v

325. George Synge ist kommen vor gehegt ding vnd hat Illßen, seiner elichen hawßfrawen, hundert r. gulden an allen seinen besten gutern, die er hat ader ymmer mehir gewinnet, es sey an eygen, erben, farende habe ader wuran das sey, sunderlich am hawße vnd houe zur schwarczen ecken gnant in der Galgenstrasse gelegen, nach seinem tode damitt zu thun vnd zu lassen, gegeben.

326. Mertin Geyr ist kommen vor gehegt ding vnd ym ist gefunden vor recht, man sal Caspar Hewken vmb viiɟ gulden minus iiɟ gr. zusambt allen ergangen schaden, sein gewehr frônen lassen, als recht ist.[149]

327. Idem ist kommen vor gehegt (!) ym ist gefunden vor recht, man sall yn vmb iiɟ alde ß vnd was schade darauff gegangen, an Erhard Furhman vor dem Galgenthore wonende farende habe weißen, als recht ist.[150]

Judicium tercia feria post Michaelis
anno xvᶜ tercio

3. Okt.
1503

328. Arnth Sispach ist kommen vor gehegt ding, ym ist gefunden vor recht, man sall yn vmb v gulden vnd vij gr. vnnd allen schaden darauff gegangen, an die Hentze Grônwaldin farende habe weyßen, als recht ist.

329. Die Valtin Bôrneryn ist kommen vor gehegt ding, yr ist gefunden vor recht, so sie die frônnung an Fabian Wilhelms ⟨hwße⟩[151] ⟨dreymalß auffgeboten had, so sall gnante Borneryn sôlch⟩[152] hawße vnnd hoff vor yr gelt, ob sie kan, vorsetzen. Wo nicht, so mag sie das verkeuffen vnd das vberige herauß reichen dem, der recht hat darzu hat.[153]

330. Peter Nôrenber ist kommen vor gehegt ding vnd had gegeben Ilßen, seiner elichen hawßfrawen, xx r. gulden an allen seinen ‖ besten gûtern, die er hat ader ymmer meher gewynnet, es sey an eygen, erben, farende habe ader wur an das sey, nach seinem tode damitte zu thun vnnd zu lassen.

fol. 31r

331. Die Simon Hûndyn ist kommen vor gehegt ding vnnd hat Thomaße Sloß vnnd Andrews

---

[148] Über der Zeile.
[149] Vgl. Nr. 352, 355.
[150] Vgl. Nr. 333.
[151] [*hwße*] am Rand rechts, mit Einschubzeichen.
[152] [*dreymalß auffge\boten had so sall gnante borneryn sôlch*] mit Einschubzeichen (#), am Ende dieses Eintrags nachgetragen.
[153] Vgl. Nr. 281, 304.

Sloß, einem jungen knaben, all yre gůter, beweglich ader vnbeweglich, wie die gnant mogen werden, gegeben, damit nach yrem tode von yder mennicklich vnd vngehindert zu thun vnd zu laßen, mit solchem bescheide, das gnanter Thomas Sloß, die ob gedachte Simon Hůndyn bey sich in seiner behwßunge, die weyl sie leibt vnd lebet, halden vnd mit esßen vnd trincken notdorfftiglich versorgen sall.

332. Heinrich Fintzsch ist kommen vor gehegt ding, ym ist gefunden vor recht, man sall Hentzen Kempen vmb viij gulden zusambt allenn ergangen schaden, sein gewehr frônen lassen, als recht ist.

333. Mertin Gair ist kommen vor gehegt ding vnnd hat Erhard Furrman vor dem Galgenthor vmb iiij ß zu sambt ergangenen schaden, so er pfandt derwegen zu geben gewegert, in den mittebann genommen, als recht ist.[154]

334. Simon Sandaw ist kommen vor gehegt ding, ym ist gefunden vor recht, das solliche vorwilgung vnd beredung, der schůlde halben, die ym Fabian Wilhelm schuldig ist, ⟨nemlich ij r. gulden⟩[155] als in des schultheißen buche verschrieben stehit, so gute krafft vnnd macht hat, als ob es vor gehegtem dinge gescheen were, vnnd ist also zu rechte von gerichts wegen gewaldigit vnd bestetigt.[156]

335. Wentzel Rabe ist kommen vor gehegt ding vnnd ym ist vor recht gefunden, so er sein gelt, nemlich viij alde ß an Merten Czyngeler erstanden vnd erclagt hat, so sall man yn darvmb zusambt allen schaden darauff ergangen, sein gewehr fronen lassen, als recht ist.[157]

336. Idem ist kommen vor gehegt ding, ym ist gefunden vor recht, man sal yn vmb iiij gulden vnd was schadens darauff gegangen, an Mattes Wedderhacke farende habe weißen, als recht ist.[158] ‖

337. Hanß Gericke im vuller macht Syuert Flemynck vnd Claws Fincken ⟨vnd yren geselschafften⟩[159] ist kommen vor gehegt ding, ym ist gefunden zu recht, das sôllicher verwilligung vnd contract zwuschen yn vnnd Wilbold Bergerßdorffer sambt Annen seiner elichen hawßfrawen im schultheisen houe montags nach Michaelis gescheen, alß in seinem buche verschrieben stehet, so gute crafft vnd macht hat, als ab es vor gehegtem ding gescheen were, vnd ist also zu rechte von gerichts wegen gewaldigt vnnd bestetigt, von rechts wegen.

338. Mertin Byntzsche von Mußkewitz ist kommen vor gehegt ding vnd hat Veyt Boltzen in der allerbesten form, weiße vnd masße des rechten wie sich gebůret, mit hande vnd můnde gemechtigt, eynes pferdes halben, das ym sontags nehist vor xiiij tagen auß der weyde im felde

---

[154] Vgl. Nr. 327.
[155] [nemlich ij r. gulden] am Rand links, mit Einschubzeichen (#).
[156] Vgl. Nr. 529.
[157] Vgl. Nr. 367, 402.
[158] Vgl. Nr. 397.
[159] [vnd yren| geselschafften] am Rand links, mit Einschubzeichen.

1503   323

schiren am abende, entfremdet vnd genommen worden, das selbige er dann ytzt hier zu Halle in Peter Wentzen behawßůng vor dem Galgthoren ankommen ist, sollich genommen pferd Veyt Boltze vorgnant, an seiner stad, mit rechte zu erfördern, biß auffs recht zu nemen vnd zu gebin, vnd dasselbige pferd seyen zu machen, als recht ist, mit sollichem bescheide, das er anderen neben sich, so offt ym das nöt sein wirdet, fůrder mechtigen vnd substytuiren moge.

Judicium tercia feria post Galli   17. Okt.
anno xv꜀ 3°   1503

339. Michael Weytkorn ist kommen vor gehegt ding, ym ist zu recht gefunden, man sall ynn vmb xxxj gulden vnd allen schadenn darauff ergangen, an Anthonius Meynert farende habe weyßen, als recht ist.

340. Mattes Erwißman ist kommen vor gehegt ding vnnd ym ist gefunden vor recht, so er die fronung an Fabian Wilhelms hawße dreymals auffgeboten hat, so sall gnanter Erwißman söllich hawß vnd hoff, ob er kan, vor sein gelt vorsetzen. Wo nicht, so mag er das verkewffen vnnd das vberge herauß reichen dem, der dar recht darzu hat.[160]

341. Mattes Erwißman ist kommen vor gehegt ding vnd ym ist gefunden vor recht, das solliche vorwilligung durch die alde born schreiberyn gegen Mattews Erwißman czeweyr (!) gulden vnnd vij gr. halben in des schultzen houe gescheen, lawts yrer verczeyung so gute crafft vnnd macht habe, als ob es vor gehegtem ding gescheen were, vnd ist also von gerichts wegen zu rechte gewaldiget.[161] ‖

342. Die Pawel Teichyn ist kommen vor gehegt ding, yr ist gefunden vor recht, so sie yr gelt,   fol. 32r
nemlich xiiij gulden vnd ix gr. an baccalaureum Volkmaren erstanden vnnd erclagt hat, so sal man ynn darvmb zusambt allen schaden darauff ergangen, sein geweher frönen lasßen, als recht ist.[162]

343. Mertin Geyr ist kommen vor gehegt ding vnnd hat sich des eydes inn der sachen, so ym von wegen Lwdwigs Fischers, seins widderteyles, auffgelegt ist, rechtlich ledigen wollen vnnd dafur recht zu werdenn, so had gemelter Lwdwig yn des sollicher schulde halben, nemlich des leyhens halben des pferdes, darumb er ynn angeczogen, durch gottes willen erlassen, vnnd ⟨ist⟩[163] also damit der sachen von ym gentzlich entbrochen, von rechts wegen.

344. Jacoff Vogel ist kommen vor gehegt ding vnd hat sich des eydes in der sachen, so von ym von wegen der alden Denstetyn, seines widderteyls, auffgelegt ist, rechtlichnn[164] ledigen wollen

---

[160] Vgl. Nr. 316.
[161] Vgl. Nr. 382.
[162] Vgl. Nr. 320.
[163] Über der Zeile.
[164] Danach [*wollen laſßen*] unterstrichen und gestrichen.

324   Die Hallischen Schöffenbücher. VII. Buch.

vnnd dafur recht zu werden, da hat die gemelte Denstetyn, ynn des, sollicher seinem vater[165] xxx gulden geligen vnd tzewne gulden vor haw schuldig bleben soldt sein, darvmb er von der vorgnanten Denstetyn vor gericht angetzogen, durch gottes willen erlaßen, vnnd ist also damitt der sachen von yr ganczlichen entbrochen vnnd loß gesagt, von rechts wegen.[166]

345. Bartholomews Lam ist kommen vor gehegt ding vnnd ym ist gefunden vor recht, das sollíche volmacht zw schulczenn houe ym durch George Sichart gescheen, so volkommene crafft vnnd macht habe, als ob die vor gehegtem dinge gescheen were, vnnd ist auch also von gerichts wegen zu rechte gewaldigt.

3. Nov.
1503

Judicium tercia feria post vigilia Omnium Sanctorum
anno xv^c 3°

346. Johannes Schultze als ein vulmechtiger sindicus 〈durch〉[167] des wirdigenn hern probistes prioris, senioris vnnd ganczen sammenng des closters sancti Mauricii zu Halle ist kommen vor gehegt ding, ym ist zu recht gefunden, nachdem er seinen widderpart, Hannßen Pólner, auff hewt vor gehegter banck hat heyschenn lasßenn, zu sehen vnd hóren ein vulmacht, durch ym inngelegt, vnd der also nicht furkommen ist in seynen vngehorßam, die selbige vulmacht gerichts halben, sovill sich zu rechte geburet, gewaldiget vnnd bestetiget, von rechts wegen.

347. Erhard Nopel ist kommen vor gehegt ding vnnd ym ist vor recht gefundenn, so er sein gelt[168] eines ringes halben, darvmb er Hanß Hwanff rechtlich angeclagt erstandet hat, so sall mann ‖ ynn darvmb zusambt allen schaden darauff ergangen, sein gewehr fronen laßen, als recht ist.

fol. 32v

Magister Busso Blume ist kommen vor gehegt ding vnnd hat [...].[169]

348. Schone Mattis ist kommen vor gehegt ding, ym ist gefunden vor recht, man sal yn vmb einen gulden vnd was schade darauff gegangen, an Cilliacus Malers farende habe weyßen, von rechts wegen.

349. Thomas Kost vnnd Gertrud, seine eliche hawsfrawe, sint kommen vor gehegt ding vnnd haben sich begifftiget vnnd begabet mit allen gutern, die sie haben ader ymmer mer gewynnen, es sey ann eygen, erbe, farende habe ader wur an das sey, keynerley außgeschlossen. Welch daß andern tod erlebet, sal die guter behalden, damit zu thun vnnd zu laßen, vnschedlich den kindern, die er 〈ein teils〉[170] wol versorget vnnd noch fórder die vnberaten sein, woll vorsorgen will.

350. Lucas Koßenberg ist kommen vor gehegt ding, ym ist zu recht gefunden, man sal ynn

---

[165] Danach [*geligen*] gestrichen.
[166] Vgl. Nr. 286.
[167] Über der Zeile.
[168] Danach [*nen*] unterstrichen und gestrichen.
[169] [*Magister ...*] Satz abgebrochen und gestrichen.
[170] Über der Zeile.

vmb xiiij gr. vnnd was schade darauff gegangen, ann Ciliacus Mallers farende habe[171] weyßen, als recht ist.

351. Bartholomeus Lam inn vormundschafft Feronice Lewders, durch den hern schulczen darzu gegeben, ist kommen vor gehegt ding vnnd hat gefragt, ob die vortracht zwuschen ym in berurter vormundschafft vnnd Hanßen Brŭckner im schulczen hoffe gescheen, in beyweßen aller part, so gute crafft vnnd macht haben solde, als die vor gehegtem ding gescheen were, ist gefunden vor recht, so die vormundschafft von dem schultzen in seinem hoffe bemelten jungffrawen gegeben vnnd auch die vortracht gewaldiget wŭrden, so hette auch solliche vormŭndschafft vnnd vortracht so gute crafft vnd macht, ob sie vor gehegtem ding gescheen weren, vnnd ist darauff also gewaldigt vnnd bestetiget. ‖

352. Mertin Geyr ist kommen vor gehegt ding vnd ym ist gefunden vor recht, so er die fronung an Caspar Hewcken hawße dreymals auffgebotten hat, so sal gnanter Mertin Geyr solliche hawß vnd hoff, ob er kan, vor sein gelt vorsetzen. Wo nicht, so mag er das verkewffen vnnd das vberge herauß reichen dem, der da recht dar zu hat.[172]

fol. 33r

353. Mattews Erwißman ist kommen vor gehegt ding, ym ist gefunden vor recht, man sall yn vmb iiiɉ gulden vnd was schade darauff gegangen, an Caspar Lymmens farende habe weyßen, als recht ist.[173]

Judicium tercia feria post Martini
anno xv^c 3°

14. Nov. 1503

354. George Picht ist kommen vor gehegt ding vnnd ym ist gefunden vor recht, so er sein gelt, nemlich viɉ gulden, an George Keyder erstanden vnnd erclagt hat, so sal man yn darvmb zusambt allen schaden darauff ergangen, sein geweher frŏnen laßen, als recht ist.

355. Mertin Geyr ist kommen vor gehegt ding, ym ist gefunden vor recht, man sall yn vmb sein erstanden gelt, nemlich viiiɉ gulden, zusambt allem darauff ergangenen schaden, in Caspar Hewken hawß auff dem Berlyn bey Oßwald Nayel vnd Mertin Palenten hewßern gelegen, innweyßen vnnd yn herauß, als recht ist.[174]

356. Hanß Lucas ist kommen vor gehegt ding, ym ist gefunden vor recht, so er sein gelt, nemlich iiij alde schock, an George Keyder erstanden vnnd erclagt hat, so sal man yn darvmb zusambt allen schaden darauff ergangen, sein geweher fronen laßen, als recht ist.[175]

357. Brosius Rost ist kommen vor gehegt ding, ym ist gefunden vor recht, man sall yn vmb

---

[171] Danach [*zu*] gestrichen.
[172] Vgl. Nr. 326, 355.
[173] Vgl. Nr. 368.
[174] Vgl. Nr. 326, 352.
[175] Vgl. Nr. 420.

326 Die Hallischen Schöffenbücher. VII. Buch.

xxx gr. vnnd allen schaden darauff ergangen, an die beßaß Mertin Tischers weyßen, als recht ist. ‖

fol. 33v
28. Nov.
1503

Judicium tercia feria post Katharine
anno xv^c 3°

358. Ciliacus Gůnter vnnd Peter Sydenßwantz inn anwaltschafft des erbarn rats alhie zu Halle synd kommen vor geheg ding, yr ist gefunden vor recht, so sie yr pfenninge ann Hannß Polners hawße, hoffe, vnnd andern beweglichen vnnd vnbeweglichenn gůtern in seinem vngehorßam rechtlich erstanden vnnd erfördert haben, so allen schaden darauff ergangen, an die selbige besaße weyßen, vnnd der gewaldigen, als recht ist, doch vnschedlich, der innrede der Polneryn, důrch yren son, den baccalaureum, yrenthalben vor gericht gescheen.

359. Glorius Hammer ist kommen vor gehegt dingk vnd ym ist dorzumal auff sein ansynnen ein schrifftliche versigilte kuntschafft widder Veyt Bolczen von dem wurdigen hern probiste zu sunct Moritz erlanget ingelegt. Die ist ym *in quantum de jure* gewaldigt, doch vnschedlich Veyt Bolczen an seiner gerechtickeit.[176]

360. Baccalaureus Volkmarus ist kommen vor gehegt ding vnnd hat gegeben Cristinan, seiner ehlichen hawsfrawen, hundert r. gulden, an allen seinen besten gutern, die er hat ader ymmer meher gewynnet, es sey an eygen, erbe, farende habe ader wur an das sey, nach seynem tode, damitte zu thun, vnnd zu laßen.

361. Elißabet, magistri Busso Blumen eheliche hawßfrawe, ist kommen vor gehegt ding. Der selbigen ist auff yr bete Jacobus Fwher zu dißem hirnachgeschriben thun zu einem vormůnden wie recht gegeben vnd darzu alßo von gerichts wegen gewaldigt vnnd bestetigt.[177][178] ‖

fol. 34r

362. Greger Sneyder ist kommen vor gehegt ding, ym ist gefunden vor recht, man sall yn vmb xv gr. vnnd allen schaden darauff ergangen, an Caspar Lymmen farende habe weyßen, als recht ist.[179]

363. Elißabet, magistri Bussonis Blumen eliche haußfrawen, ist kommen vor gehegt ding vnd hat durch baccalaureum Jacobum Fuher yren gekornen vnnd vor gericht gegebenen vormunden in geinwertickeyt mit wißen vnd wollen, gedachts magistri Blumen, yres elichen mannes, vnnd auch also beyde sampt verlaßen vnnd abgetreten etzliche lehen vnnd erbczynßen an dißen hirnach geschriben gůtern, nemlich Bastian[180] Doffer czinßet viij alde gr. von seinem hawß auff dem Berlynn, Kilian Hynne iiij alde gr. von seiner schewnen daselbist auff dem Berlyn, Orban

---

[176] Vgl. Nr. 322.
[177] Vgl. Nr. 363.
[178] Nach diesem Eintrag gab es noch einen weiteren, der aber wegradiert ist.
[179] Vgl. Nr. 371.
[180] Danach [*gutern*] unterstrichen und gestrichen.

1503

Bernwald xj alde gr. von seinem hawße auff Schuler houe, Hanß Bantzsch czynßet viij alde gr. von seinem brawhawße auff dem Berlynn, Mattias Heller xv silber gr. von seinem hawße, Glorius Speck auch xv silbern gr. von seinem hawße, beyde in der Pruffelsstraßen gelegen, Caspar Steynbache zynßet xv silber gr. von seinem hawße in der Radelvelschenstraßen, das ist itzund Joste des ratts außreyter verkaufft, George Fůtterers tochter czynßet viiɉ silber gr. vnd iij ß von einem acker hinder sanct Mertens kyrgen gelegen, Jacoff Rudeloff viiɉ silber gr. von seinem hawße auff dem Berlyn, das hat icztund gekaufft des ratsmeister seligen Bennen son der steinmecze, Simon Vogeler viiɉ silber gr. von seinem hawße auff dem schlamme, Lucas Beyer zynßet vj silber gr. von seinem hawße in der Galckstrasßen bey dem borne gelegen, das hat iczund der junge [Do]fer[181] deß vorsprechen son, gekaufft, Peter Belack iiij silber gr. von seinem hawße auff dem Berlyn im sacke gelegen, Hanß vnd Mertin gebruder die Stoyen gnant zynßen iiij silber gr. von yrem hawße auff dem Berlyn, die Peter Nawmannyn iiij silber gr. von dem braw hawße auff dem Berlyn, das yrer bruders Caspar Tewrkons gewest ist, die Bretsneyderyn Stalbawms tochter iij silber gr. von yrem hawße auff dem Berlyn bey dem borne im Wynckel gelegen, Jorge Nagel ein becker iij silber gr. von seinem hawße auch auff dem Berlynn im wynckel bey dem borne gelegen, die Pulczkynn ‖ iij silber gr. auff dem Berlyn von yrem hawße, Balter Steynbach iɉ silber gr. von seinem hawße in der Radewelchßenstraßen gelegen. Die vorberurten gutern sie dem bemelten ratthe zu Halle vor lxxxv flor. r. auff einem rechten widderkauff vorkaufft, daran dann ehegemelter magister Blume, vor sich sein hawsfrawe vnnd erben, den widderkauff, als widderkauffs recht behalden halben, welchen lehen vnd erbczynße alß hewt vor gericht den erßamen Ciliaco Gunter vnd Peter Sydenschwancze, an stad des erbaren ratts hie zu Halle, auff widderkauffs weyße, wie uorberuet vereygent vnd gewaldiget sein, mit aller freyet zubehorung vnd gerechtickeit, als die vormals yr gewest vnd an sie kommen, doch den widderkauff, an solchen vorberurten gutern vnd erbczynßen wie vor gedacht daran beheltlich vnd den widerkauff dem rat ein viertel jars zuuor zu vorkundigen vngeuerlich.[182]

Judicium tercia feria post Concepcionis Marie
anno xvᶜ 3°

364. Magdalena, Hanß Sandermans nachgelaßen witwen, ist kommen vor gehegt ding. Der selbigen ist auff yr bete Heynricus Schlůßer zu dißem hirnach geschriben thun, zu eynem vormunden wie recht gegeben vnd darzu also von gerichts wegen gewaldiget vnd bestetiget.

365. Die selbige Magdalena, Hanß Sandermans nachgelaßen witwen, ist kommen vor gehegt ding vnd hat vngezwungen vnnd vnbenotiget mit frolichem angesichte durch yren gekornen

---

[181] Vgl. obengenannten *Bastian Doffer*.
[182] Vgl. Nr. 361.

328   Die Hallischen Schöffenbücher. VII. Buch.

vnd vor gericht gegebenen vormunden Heinrichen Schlewßer wie recht abczichtung gethan, ⟨hundert flor.⟩[183], die sie vormals an gedachten Hanßen Sandermans yres elichen mannes hawße, hoffe vnd an allen bereytzten gûtern zur leypczucht gehabt, welche hunder[184] gulden yr der kinder vormunder, nemlich Heinrich Ochß, meister Johann Babtista, eyns vnd Wilhelm Vncze vnd Jorge Beyer anders teyls, gnugßamlich mit kramwercke vergnuger vnd entricht haben, der selbigen hundert gulden abgedachte frawe, den vormunden von wegen Sandermans kyndern, sie deßmals auch qwidt, ledig vnd loß gesagt hat.[185] ‖

fol. 35r   366. Die Drews Mewlyn ist kommen vor gehegt ding, yr ist gefunden vor recht, man sal sie vmb yre angestalte schult vnnd was schade darauff gegangen, an Jacoff Krolwytz farende habe weyßen, als recht ist.[186]

367. Wenczelaw Raben ist kommen vor gehegt ding vnd ym ist gefunden vor recht, so er die fronung an Mertin Czyndelers hawße drey mals auffgebotten hat, so sal gnanter Wenczellaw Rabe solch hawß vnd hoff vor sein gelt, ob er kan, vorseczen. Wo nicht, so mag er das verkeuffen vnd das vberge herauß reichen dem, der da recht darzu hat.[187]

368. Mathews Erwißman ist kommen vor gehegt ding[188] vnd hat Caspar Lymmen vmb iiiɉ gulden zusambt ergangenem schaden, so er pfand der wegen zu geben gewegert, in den metban genommen, als recht ist.[189]

9. Jan.
1504

Judicium tercia feria post Epiphanie Domini
anno xv^c iiij^o

369. Jorge Holtzappel ist kommen vor gehegt ding vnnd had Margarethan, seiner ehelichen hawsfrawen, lx r. gûlden an allen seinen besten gutern, die er had ader ymmer mer gewynnet, es sey an erben, eygen, farende habe ader wur an das sey, nach seinem tode damit zu thun vnnd zu laßen, wie recht ist, gegeben.

370. Hanß Czoch ist kommen vor gehegt ding, ym ist gefunden vor recht, man sal ⟨yn⟩[190] vmb iij gulden zusambt ergangenem schaden, an Mattes Mederhacken farende habe weyßen, als recht ist.[191]

371. Meister Greger ist kommen vor gehegt ding vnd hat Caspar Lymmen vmb xv gr. zusambt

---

[183] [*hundert flor.*] am Rand links, mit Einschubzeichen.
[184] Danach [*hundert*] unterstrichen und gestrichen.
[185] Nach diesem Eintrag gab es noch einen weiteren, der aber wegradiert ist.
[186] Vgl. Nr. 376.
[187] Vgl. Nr. 335, 402.
[188] Danach [*ym ist gefunden vor recht*] unterstrichen und gestrichen.
[189] Vgl. Nr. 353.
[190] Unter der Zeile.
[191] Vgl. Nr. 379.

allem ergangenem schaden, so er pfand der wegen zu geben gewegert, in den mitban genommen als recht ist.[192]

372. Lucas Ranyß ist kommen vor gehegt ding, ym ist gefunden vor recht, so er sein gelt, nemlich v gulden an Hanß von Dißkawen erstanden vnd erclagt hat, so sal man ym darvmb zusambt allen schaden darauf ergangen, sein gewehr frönen lasßen, als recht ist. ‖

373. Simon Ribitz ist kommen vor mir Peter Oßmůnden Schultheis in gerichts stad in gegenwertigkeit des gerichtsschreibers vnd fronen, mitwochs sante Cecilie xvᶜ 3°, vnd hat aldo vor sich vnd seine erben dem erhafftigen ern Johan Loß probiste deß jungfraw closters zu sanct Jorgen vor Leipczk an stad derselbigen sampnung, mit gutem freyem willen abegetreten vnd in gots ere gegeben ijᶜ r. fl., die gnanter Reibitz auff dem hawße zum blawen hwße gnant am Kornmarckte gelegen hat vnd haben sal, nach dem er sie mit rechte darauff erstanden vnd erlangt, auch wie nach lawt eines receß, vor dem probiste zu sanct Moritz ⟨zu Hall⟩[193] geschen, welchs gedachter probist ⟨von Leipczk⟩[194] von wegen der jungfrawen angenommen vnd fort von Vogel auch von Reybitze, mit mit hand gelobter traw also zu halden angenommen vnd bewilligt, ein sollichs wie vorberurt auff hewt dinstag nach trium regum vor gehegtem gericht gewaldigt vnd bestetigt ist, mit solcher pflicht vnd gerechtigkeit, wie Rybitz zuuor daran gebabt had.

Judicium tercia feria post Vincencij
anno xvᶜ quarto

374. Valentin Hacker ist kommen vor gehegt ding vnnd ym ist gefunden vor recht, man sal Peter Hacker vmb xxij gr. zusambt allen ergangen schaden, sein gewehre fronen lasßen, als recht ist.

375. Mertin Lawe ist kommen vor gehegt ding vnnd ym ist gefunden vor recht, man sall die Pawel Meinartyn, witwe, vmb xviij gr. zusambt allen ergangen schaden, yre gewehre fronen lasßen, als recht ist.

376. Die Andreas Mewlynne ist kommen vor gehegt ding[195] vnnd hat Jacoff Krölwytz vmb x gr. schade geldes vnnd was nu förder hernach darauff ergangen ist, so er pfand der wegen zu geben gewegert, inn den mitban genommen, als recht ist.[196]

377. Frantze Gehart[197] vnnd Dorothea, sein eheliche hawßfrawe, synd kommen vor gehegt ding vnd haben sich begyfftigt vnnd begabet vnder einander mit allen gutern, die sie haben ader ymmer mehir gewynnen, es sey an eygenne, erbe, farende habe ader wur an daß sey. Welchs

---

[192] Vgl. Nr. 362.
[193] [*zu hall*] am Rand links, mit Einschubzeichen.
[194] Über der Zeile.
[195] Danach [*yr ist gefunden vor recht*] unterstrichen und gestrichen.
[196] Vgl. Nr. 366.
[197] Danach [*ist kommen vor gehegt ding*] unterstrichen und gestrichen.

330   Die Hallischen Schöffenbücher. VII. Buch.

őr ehir verstyrbet, so sal das ander die gůtere behalden, zu thune vnd zu laßen. Wer es aber das gnanter Frantze todes halben abegynge vnd kynder lysse, so sal die frawe kynder teyl daran haben.[198] ‖

fol. 36r   378. Aßmus Mederhacke ist kommen vor gehegt ding vnd ym ist gefunden vor recht, man sal Reynycken, den born knecht, vmb etzlich schadegelt vnd hewbtsumme ym vorpflicht vnd was nu főrder hernach darauff erganghen ist, sein gewehr frőnen laßen, als recht ist.

379. Hanß Czoch ist gekommen vor gehegt ding vnd hat Mattias Mederhacken vmb iiij ß zusambt ergangenem schaden, so er pfandt derwegen zu geben gewegert, in den mittban genommen, als recht ist.[199]

380. Cristina, Hanß Engelers nachgelaßene witwe, ist kommen vor gehegt ding. Der selbigen ist auff yre bete Veit Boltze zu disßem hirnach geschriben thune zu einem vormunden wie recht gegeben vnnd darzu also von gerichts wegen gewaldigt vnd bestetigt.[200]

381. Die selbige Cristina ist kommen vor gehegt ding vnd dŭrch yren gekornenn vnd vor gericht gegebenen vormŭnden Veyt Boltzen vnbeczwngen vnd vnbenőtiget mit frőlichem angesichte yre leypczucht, nemlich xxxiiij gulden, die sie an yres elichenn mannes hawße vnnd hoffs vnd an allen seynen besten gŭtern vormals gehabt had, vnwiderrŭfflich stete vnnd veste zu halden, an alle geferre, wie recht ist, abeczichtung gethan.[201]

382. Mattes Erwißman ist kommen vor gehegt ding vnd ym ist gefunden vor recht, man sal die alde bornschreyberynne, witwe, vmb xiiij gr. zusambt allen[202] schaden darauff ergangen, yre gewehr frőnen laßen, als recht ist, so sie der vorwilligung gegen Erwißman geschen nicht nach kommen ist.[203]

13. Feb.   *Judicium tercia feria in vigilia Valentini*
1504   *anno xv^c quarto*

383. Die Brosius Schőnbergynn ist kommen vor gehegt ding vnnd yr ist gefunden vor recht, man sal die Brosius Gotschalkyn vmb xv gr. zusampt allen ergangen schaden, yre gewehre frőnen lasßen, als recht ist.

384. Grommus Pysßynck ist kommen vor gehegt ding, ym ist gefunden vor recht, ,man sall die Hoycken vmb iiiɉ fl. zusampt allen ergangen schaden, yre gewehre fronen lasßen, als recht ist.

---

[198] Vgl. Nr. 163.
[199] Vgl. Nr. 370.
[200] Vgl. Nr. 381.
[201] Vgl. Nr. 380.
[202] Danach [*ergangen*] unterstrichen und gestrichen.
[203] Vgl. Nr. 341.

1504

385. Die Balcer Beyeryn ist kommen vor gehegt ding, ⟨yr ist gefunden vor recht⟩[204], so sie ein willig pfandt, nemelich ein rock, der Michael Drescheryn angehorende, dreymals auffgeboten hat, sal gnante Beyeryn sollig willig pfandt vor yre gelt, ob sie kan, versetzen. Wo nicht, mag sie dar verkewffen vnd das vberge herauß geben dem, der da recht darzu had. ‖

386. Michael Werkorn ist kommen vor gehegt ding, ym ist gefunden vor recht, man sal Appelman vmb ij fl. zusampt allen ergangen schaden, sein gewehr fronen lasßen, als recht ist.

fol. 36v

387. Magister Busso Blume ist kommen vor gehegt ding, ym ist gefunden vor recht, man sal die Meynartyn vmb xj fl. zu sampt allen schaden darauff ergangen, yre gewehr fronen lasßen, als recht ist.

388. Elißabet, Jacoff Pyßckers gotseligen nachgelaßene witwe, ist komen vor gehegt ding. Derselbigen ist auff yre bete der herr licenciat, der saltzgreffe, vnnd Lucas Beyer zu disßem hirnach geschriben thun zu vormünden wie recht gegeben vnd darzu von gerichts wegen gewaldigt vnd bestetigt.[205]

389. Die selbige Elißabet, Jacoff Pyßckers nachgelaßene witwe, ist kommen vor gehegt ding vnd had dozumal durch die obbemelten gekorne vnd vor gericht gegebene vormünden verlasßen vnd abegetreten wie recht disße hiernach geschriebene zinße, die sie dem erbarn rate hirzu Halle recht vnd redelich verkaufft, nemlich in der Smerstrasßen, Clemen Didicke xxviij alde groschen von einem hofe, Nickel Wolff xlvij alde gr. von einem hofe, Blasius Strüne xxiiij alde gr. von einem hofe, Cuntz Gladewyer xxxvj alde gr. von einem hofe, Peter Twtelewben xxxvj alde gr. von einem hofe in der Steynstrasße, Simon Sander xj alde gr. ij ₰ von einem hoffe, Mathews Erwißman xj alde gr. ij ₰ von einem hofe, idem von einem hofe hinder yn gelegen xj alde gr. ij ₰, Hannß von Felde xxiij alde gr. von einem hofe in der Knochenhawerstrasßen, Clawes Stolberg xxiij gr. von einem hofe in der Lieboldesstrasse, Simon Gotzsche xxiij alde gr. von einem hofe in der Knochenhawerstrasße vor dem Galgthore, Bartel Schnyder von einem hofe vj alde gr., Adam Grenewitz von einem hofe vj alde gr. vnd ij hanen, Hanß Netzsche von einem hofe xj alde gr. ij hanen, Simon Kotzsche von einem hofe ix alde gr. ij hanen, Hanß Wichart von einem hofe vj alde gr., Bernhard Stuerman von einem hofe xvj ₰ einen hanen, Peter Nickel von einem hofe xx alde gr. ij hanen, Blesius Poppe von einem hofe x alde gr. vnd einen hanen, Hanß Lange von einem hofe vj alde gr., George gesinde von einer schewnen vj alde gr. vnd einen hanen, Jacoff Cammenhaynn von einem hoffe vj alde gr. Welche czinße als hewt vor gericht, den erßamen Clemen Michael kemmerer vnd George Sichart an stadt des erbarn raths hirzu Halle

---

[204] [*yr ist gefunden vor recht*] über der Zeile, mit Einschubzeichen.
[205] Vgl. Nr. 389.

332   Die Hallischen Schöffenbücher. VII. Buch.

vereygent vnd gewaldiget sein, mit aller freyhet zubehorung vnd gerechtigkeit, als die vormals[206] der abbemelten frawen Pysckeryn gewest sein.[207] ‖

fol. 37r
27. Feb.
1504

Judicium tercia feria post Inuocauit

anno xviiij°

390. Johan Schewrlyn ist kommen vor gehegt ding, ym ist gefunden vor recht, man sall Busso Kŏnen vmb iij fl. zusampt allen erganngen schaden, sein gewehr frŏnen lasßen, als recht ist.

391. Peter Groß ist kommen vor gehegt ding, ym ist gefunden vor recht, man sal yn vmb ij gulden vnd allen schaden darauff ergangen, an der Junge Gelyng farende habe weyßen, als recht ist.

392. Meister Nickel der Schneyder ist kommen vor gehegt ding, ym ist gefunden vor recht, man sall Ciliacuße Romer vmb j gulden vnd v gr. vnd allen schaden darauff ergangen, sein gewehr fronen lasßen, als recht ist.

393. Clawes Bode ist komen vor gehegt ding, ym ist gefunden vor recht, man sall yn vmb ij alde ß vnd allen schaden darauff ergangen, an Meister Simon ⟨Kŏchler⟩[208] vor dem Galchenthore farende habe weyßen, als recht ist.

394. Die Drews Hoffmanyn ist kommen vor gehegt ding, yr ist gefunden vor recht, man sal sie vmb iĳ gr. vnd allen schaden darauff ergangen, an der Cuntz Kochyn fahrende habe weyßen, als recht ist.

395. Dominicus Prewß ist kommen vor gehegt ding, ym ist gefunden vor recht, das die vulmacht ym dŭrch Borckard Lam in schultheyßen hofe geschen, habe gleich so wol crafft vnd macht, als ob sie vor gehegtem dinge gescheen were.

396. Hanß Schuster ist kommen vor gehegt ding, ym ist gefunden vor recht, man sall yn vmb xv gr. vnd allen schaden darauff ergangen, an Brosius Sanders farende habe weyßen, als recht ist.[209]

397. Wenczel Rabe ist kommen vor gehegt ding vnd had Mattias Mederhacken vmb iiij fl. vngeferlich vnd allen schaden darauff ergangen, so er pfandt der wegen der wegen (!) zu geben gewegert, in den mitban genommen, als recht ist.[210]

398. Idem ist kommen vor gehegt ding, ym ist gefunden vor recht, man sall yn vmb einen gulden vnd allen schaden darauff ergangen, an der Cuntz Kochynne faren (!) weyßen, als recht ist.

---

[206] Danach [*yr gewest sein*] unterstrichen und gestrichen.
[207] Vgl. Nr. 388.
[208] [*kŏchler*] am Rand links, mit Einschubzeichen.
[209] Vgl. Nr. 432.
[210] Vgl. Nr. 336.

1504   333

Judicium tercia feria post Quasimodogeniti   16. Apr.
anno xv^c iiij°   1504

399. Glorius Zschey ist kommen vor gehegt ding vnd ym ist gefunden vor recht, man sal die Clemen Hoycken vms ij fl. iiij gr. zusampt allen ergangen schaden, yre geweher fronen lasßen, als recht ist. ‖

400. Baccalaureus Jacobus Fuher ist kommen vor gehegt ding vnd had sich mit Barbaran, seiner   fol. 37v
ehelichen hawsfrawen, begyfftigt vnnd begabet mit allen gůtern, die sie hann (!) ader gewynnen, es sey an hawß, hoff, farende habe, beweglich ader vnbeweglichen gutern, wie die nemen gehaben mŏgen. Wer das andern tod erleben wůrde, sal die gnanten vnd nachgelasßene gůtere, damit zu thun vnd zu lasßen behalten, so bescheyden: ab schůlde vnd testament vorhanden vnd vnbeczalt were, das die lebende person, es sey man ader weyb, von solchen gůtern erstlich vnd vor allen[211] dingen beczalen vnd entrichten sal. Wůrde auch gnanter Fuher kynder sampt seiner frawen ehrgnant zur werlt brengen vnd Got sie damit beraten, sal disse gabe, alß vor nicht vnnd tod sein, gnante Bardara, gdachten baccalaures haußfrawe, sal sich alleyn, der fŏrigen gaben ym scheppen buch verschrieben als hundert gulden vnd darzu kynderteyl nach seinem tode, damit zu thun vund zu lasßen, behalten vnnd haben, an ẏdermans vorhinderung.

401. Mertin Geyr ist kommen vor gehegt ding, ym ist gefunden vor recht, man sal ynn vnb xv gulden vnd was schadens darauff ergangen, an Caspar Hoycken farende habe weyßen, als recht ist.

402. Wenczelaw Rabe ist kommen vor gehegt ding vnd ym ist gefunden vor recht, so er die fronung an Mertin Czynderlers hawße dreymals auffgebotten had, so sal gnanter Rabe solch hawß vnd hoff vor sein gelt, ob er kan, vorsetzen. Wo nicht, so mag er das verkewffen vnd das vberge herauß reychen dem, der dar recht darzu had.[212]

403. Marcus Schaffkop ist kommen vor gehegt ding, ym ist gefunden vor recht, man sal Valentin Gleser vmb iiÿ ß vnd allen schaden darauff ergangen, sein gewehr fronen lasßen, als recht ist.

404. Die Drews Ochßynne ist kommen vor gehegt ding, man sal Krackman vmb ẏ gr. vnd allen schaden darauff ergangen, sein gewehr fronen lasßen, als recht ist.

405. Balthasar Lwdwig ist kommen vor gehegt ding, ym ist gefunden vor recht, das solliche verwilligung, czu des schultzen hoffe gescheen durch Hanßen Czoch freitags nach Judica, so   29. März
gute crafft vnnd macht habe, als[213] ob es vor gehegtem dinge gescheen were.   1504

---

[211] Danach [*gůtern*] unterstrichen und gestrichen.
[212] Vgl. Nr. 335, 367.
[213] Danach [*es*] gestrichen.

334 Die Hallischen Schöffenbücher. VII. Buch.

30. Apr.
1504

Judicium tercia feria post Jubilate
anno xv^c quarto ‖

fol. 38r

406. Mattes Erwißman ist kommen vor gehegt ding, ym ist gefunden vor recht, so er ein willig pfandt, nemlich vij schwarcer leydischer mantel der Clemen Hoycken angehorende, dreymahels auffgeboten had, sal gnanter Erwißman sollich willig pfand vor sein gelt, ob er kan, vorsetzen. Wo nicht, mag er das verkewffen vnd das vberge heraußgeben dem, der das recht darzu had.

407. Katharina, Caspar von Stenen nachgelaßene witwe, ist kommen vor gehegt ding vnd had sich des ⟨eydes⟩[214] in der sachen, so yr von wegen Bertold Schencken, yres wider teyls, auffgelegt ist, rechtlich ledigen wollen vnd davor recht werden. Do had gemelter Schencke yr des sollicher schuldehalben, darvmb er sie angeczogen, durch gots willen erlasßen vnd ist also damit der sachen von ym gentzlich entbrochen, von rechts wegen.

408. Anna, Hanß Czscheyen eheliche hawsfrawe, ist kommen vor gehegt ding. Derselbigen ist auff yre bete Pawel Teich zu disßem hiernach geschriebenen thun zu eynem vormunden wie recht gegeben vnd darzu also von gerichts wegen gewaldigt vnd bestetigt.[215]

409. Dieselbige frawe Anna had aldo durch yren gekornen vnd vor gericht gegebenen vormůnden vngeczwungen vnd vnbenotigt mit frömlichem angesichte, mit wisßen vnd willen vnd in gegenwertickeit yres elichen mannes, mit auffgerackten fingern an eydes stad, wie recht ist, abeczichtung gethan, yrer leypczucht, die sie an yres elichen mannes hawße vnd hofe, vormals gehabt had, vnwiderrůfflichen stete feste, ane alle geferde zu halden.[216]

410. Hanß Czeyhe vnd Anna, sein eheliche hawsfrawe, sind kommen vor gehegt ding vnd haben sich begyfftigt vnd begabt mit allen yren gůtern, die sie haben ader ymmer mehir gewynnen, es sey hawß ader hoff, erbe ader farende habe, beweglich ader vnbeweglich, wu das môge gnant werden, keynerley außgeßlosßen. Welch das ander tod erlebet, das sal, die gůter behalden, damit zu thun vnd zu lasßen. So bescheyden, ob gemelter Hanß Czscheye hernachmahels etwas in gotes ere bescheyden vnd wenden wurde, das sal zu seinem gefallen stehen vnd wil ym des, die macht also allerzeit bey ym behalden.[217]

411. Clawes Reynhard ist kommen vor gehegt ding vnd had ⟨gegeben⟩[218] Margarethan, seiner ehelichen hawsfrawen, funffczick r. gulden an allen seinen besten gutern, die er had ader ymmer mehir gewynnet, es sey an eygen, erbe, farende habe ader wur an das sey, nach seinem tode damit zu thun vnd zu lasßen. ‖

fol. 38v

412. Leonhard Meynungen ist kommen vor gehegt ding vnd had sich mit Katharinen, seiner

---

[214] Über der Zeile.
[215] Vgl. Nr. 409, 410.
[216] Vgl. Nr. 408, 410.
[217] Vgl. Nr. 408, 409.
[218] Über der Zeile.

ehelichen hawsfrawen, begyfftigt vnd begabet mit allen yren gútern, die sie haben ader ymmer

mehir gewynnen, es an eygen, ader erbe, farende habe, beweglich ader vnbeweglich, wie das moge

gnant werden, keynerley außgesloßen. Welch das andern tod erlebet, das sal die guter behalden,

damit zu thun vnd zu laßen. Doch mit dem anhange, das ehergemelter Leonhard, mit wißen

vnnd willen seiner obgedachten ehelichen hawsfrawen, ⟨den sie bereyt darzu gegeben had⟩[219] lx

fl., in gotes ere nach seinem gefallen bescheyde vnd wenden moge.

413. Vrsula, Peter Balcers nachgelaßene witwe, ist kommen vor gehegt ding. Derselbigen ist

auff yre bete Bartholomeus Lam zu disßem hier nach geschryben thun zu einen vormunden wie

recht gegeben, bestetigt vnd gewaldigt.[220]

414. Darauff had Bartholomews Lam in obenberurter vormundschafft frawen Vrsulen an eydes

stat vnd sie mit ym yrer leybczucht gabe, nemlich ij hundder (!) alde schok, so sie an dem hawße

an der ecken in der Smerstrasßen kegen dem marckt gelegen erstlich gehabt vnd darnach damitt

an das hawß zum gulden rynge dúrch oren verstorben ehewert Peter Balcers seligen verweyßet,

von beyden hewßern gentzlich vnd gar abegetreten, der wegen, das sie solch geld vnd summe, auß

gúticeit zu entrichtung yres ehelichen verstorben mannes nach gelaßßene schulde had kommen

lassßen, gegeben vnd bewilligt, es had sich auch der vormunde aller freyheit, damit die frawen ym

rechten befreyet, sich an eydes stad, vnd die frawe Vrsula kegenwertig mit ym, gentzlich vnd gar

verczygen vnd renunciret vnd alles vber geben, verczicht gethan.[221]

415. Clawes Smyd, des rats zu Halle steynbrecher, ist kommen vor gehegt ding vnd had do-

selbist offentlich bekant, das er dem erbar hie zu Halle schúldig sey xxx ß vor solche schuld,

er dem erßamen Hanße Schwbenrick vnd meister Hanße Notlich, bawmeistern, an stad des

erbarn rats, sein hawß[222] vnd hoff vnd all seine gúter vnd habe, beweglich ader vnbeweglich, bey

Thomaß vom Hayen vnd Seueryn Brewssel auff dem Petersberge vor der stad gelegen, ingesaczt

vnd ypoteciret had, vor allen andern schúldigern, den vorczock daran zu haben, in aller maß, ob

es mit allem dinglichen rechten erclaget vnd erstanden were. ‖

416. Clawes Ranyes ist in fryschem gesundem leybe, alß er wol had stehen vnd gehen mo-

ge, vor gericht erschynen vnd had doselbist ein hawß vnd hoff zwuschen meister Hanße, dem

rademecher, vnd Hanß Denicke vor dem Steinthore gelegen, dar zu ⟨den⟩[223] acker[224] besahet,

pferde vnd wayen nichts außgeslosßen, Lucas Ranyeß, seinem sone, gegeben, damit zu thun vnd

zu lasßen, doch mit sólchem bescheyde, das vorgnanter Lucas sein son ⟨ader seinem erben⟩[225]

---

[219] [den sie be|reyt darzu| gegeben had] am Rand links, mit Einschubzeichen.

[220] Vgl. Nr. 414.

[221] Vgl. Nr. 413.

[222] Danach [auff dem Peter|] unterstrichen und gestrichen.

[223] Über der Zeile.

[224] Danach [vnd wyßen] unterstrichen und gestrichen.

[225] [ader sein| erben] am Rand links, mit Einschubzeichen.

336 Die Hallischen Schöffenbücher. VII. Buch.

seinem vater ein hwffe landes besahet, die weil er leybt vnd lebet, halden vnd yn darzu mit esßen vnd tryncken notdůrffticklich versorgen, fort sal gnanter ⟨Lucas⟩[226] Margarethan seiner swester xxv fl. vnd ⟨die helffte⟩[227] der koste vnd czymliche kleyder außrichten.

417. Margaretha, Volckmars Lwdwigs nach gelasßene witwe, ist kommen vor gehegt ding. Der selbigen ist auff yre bete Vrban Geylnawher zu disßen hiernach geschrieben thun zu einen vormůnden wie recht gegeben vnd also von gerichts wegen gewaldigt vnd bestetigt.[228]

418. Die selbige Margaretha had aldo durch yren gekornen vnd vor gericht gegebenen vormunden vnd mit auffgetackten fyngern an eydes stadt abecychtung gethan, yrer leypczucht, nemlich lxxx fl., die sie an dem hawße zum schwarczen hyrsche gnant am alden marckt gelegen bißher gehabt, der sie von solcher summe, vermahels xxx vnd hewt auch xxx fl. vnd xiij gr. entpfangen, aber die vbergen xx fl. vnd viij gr. had sie yren schůldigeren gutwilliglich nachgelasßen vnd wil also mit solchem geld, yrer leybczucht gantz vnd gar vergnůgt sein, sich auch hin förder in keiner weyße der freyheit des rechten, damit die frawen begnandet (!) sein, in disßem fall zu behelffen, noch yů ader sein erben zu betedingen, ane alle geferde.[229]

419. Hans Lucas ist kommen vor gehegt ding vnd ym ist gefunden vor recht, man sal Kersten Kersten vms xij gr. vngeferlich zusampt allem ergangen schaden, sein geweher fronen lasßen, als recht ist.

420. Idem ist kommen vor gehegt ding vnd ym ist gefrunden vor recht, man sal Jorge Keyder vmb xxx gr. vnd allen schaden darauff ergangen, sein geweher fronen lasßen, als recht ist.[230] ‖

fol. 39v

421. Facies Nayel ist kommen vor gehegt ding, ym ist gefunden vor recht, man sal Hanß Dragen vmb iij ß vnd vij gr. zusampt allen ergangen schaden, sein geweher fronen lasßen, als recht ist.

422. Hanß Nytzschman ist kommen vor gehegt ding vnd had sich des eydes in der sachen Sander Nawendorffs vnd yn betreffende zu thun erbotten, als ym durch einen rechtlichen sprech zuerkant ist, do had gemelter Nwendorff yn solchs eydes durch gotes willen gutwillig erlasßen.

423. Brosius Guntz ist kommen vor gehegt ding, ym ist gefunden vor recht, man sal yn vmb iij fl. ij gr. vnd allen ergangen schaden, an der Jorge Keyderyn farende habe weyßen, als recht ist.

424. Erhard Wespe ist kommen vor gehegt ding, ym ist gefunden vor recht, das solche vor-willigung von Hanß Herman in dem schultheyßen hofe gescheen, lawts yrer vorczeychung, so gute crafft vnd macht had, alß ob sie vor gehegtem gerichte geschen were.[231]

---

[226] Über der Zeile.
[227] [die helffte] am Rand links.
[228] Vgl. Nr. 418.
[229] Vgl. Nr. 417.
[230] Vgl. Nr. 356.
[231] Vgl. Nr. 425.

1504

425. Idem ist kommen vor gehegt ding, ym ist gefunden vor recht, man sal yn[232] vmb ij ß xiiij gr. zusampt ergangen schaden, an Hanß Hermans farende habe weysen, als recht ist.[233]

426. Simon Koch ist kommen vor gehegt ding, ym ist gefunden vor recht, man sal yn vmb iiij fl. vnd allen schaden darauff ergangen, an Caspar Lymmen farende habe weyßen, als recht ist.

Judicium tercia feria post Exaudi

anno domini xv^c quarto

21. Mai
1504

427. Clawes Kemmerer ist kommen vor gehegt ding, ym ist zu rechte gefunden, das die vulmacht ym důrch Mertin Czeschwitz im schulczen hofe geschen, habe gleich so wol crafft vnd macht, als ob sie vor gehegtem dinge gescheen were.[234]

428. Agatha, Clawes Kemmerers eheliche hawßfrawe, ist kommen vor gehegt ding. Der selbigen ist auff yr bett Viet Bolcze zu dißem hirnach geschrieben thun zu einem vormůnden wie recht gegeben vnd darzu also von gerichts wegen gewaldigt vnd bestetigt.[235]

429. Dieselbige Agatha, Clawes Kemmerers eheliche hawßfrawe, ist kommen vor gehegt ding vnd had durch yren gekoren vnd vor gericht gegeben vormunden Viet Bolczen yrem elichen hawßwirte ein hawß ⟨vnd hoff⟩[236] zum Cristoffel auff dem schlam gelegen neben Mertin Czickler vnd Brosi Bawßen thore, mit aller zubehorung vnd rechtickeit, als das rechts erbfalles an sie gekommen ist, gegeben.[237] ‖

430. Baccalaureus Jacobus Fuher ist kommen vor gehegt ding vnd had die vulmacht ym von Mertin Richter bůrger zu Leipczk im schulczen hofe geschen, wie recht ist, gewaldigen lasßen.[238]

fol. 40r

431. Idem ist kommen vor gehegt ding vnd had in obgenanter vuller macht den contract vnd vorwilligung zwůschen Mertin Richter an eynen, Jörge Blesyng vnd Mertin Bryel bůrgere zu Franckfort andersteyls, wie derselbige lawts des schultheßen buchs, wie recht ist, gewaldigen lasßen.[239]

432. Hanß Schußter ist kommen vor gehegt ding vnd had Brosium Sander vmb xv gr. gr. (!) zusampt ergangenem schaden, so er der wegyn pfandt zu geben gewegert, in mitban genomen, als recht ist.[240]

433. Heinrich Fynczsch ist kommen vor gehegt ding, ym ist gefunden vor recht, man sal Hanß

---

[232] Danach [*an hanß hermans*] unterstrichen und gestrichen.

[233] Vgl. Nr. 425.

[234] Nach diesem Eintrag gab es noch einen weiteren, der aber wegradiert ist.

[235] Vgl. Nr. 429.

[236] [*vnd hoff*] am Rand links, mit Einschubzeichen.

[237] Vgl. Nr. 428.

[238] Vgl. Nr. 431.

[239] Vgl. Nr. 430.

[240] Vgl. Nr. 396.

Roßen vmb die schult lawts des hoffregisters zusampt allen ergangen schaden, sein geweher frönen lasßen, als recht ist.[241]

434. Ignacius Lewder ist kommen vor gehegt ding, ym ist gefunden vor recht, man sal Herman Bawsßen vmb viij fl. vij gr. zusampt allen ergangen schaden, sein gewehr fronen lasßen, als recht ist.

435. Benedictus Krwße ist kommen vor gehegt ding vnd had Claren, seiner ehelichen hawsfrawen, xviij r. fl. an hawß hoff farende habe vnnd an allen seinen besten gůtern gegeben, damit nach seinem tode zu thun vnd zu lasßen.

436. Glorius Czscheye ist kommen vor gehegt ding[242], ym ist gefunden vor recht, man sal Reynicken vmb vȷ fl. vnd allen schaden darauff ergangen, sein gewehr fronen lasßen, als recht ist.

437. Hanß Mackwytz ist kommen vor gehegt ding vnd had Walpurgen, seiner elichen hawsfrawen, gegeben, hawß vnd hoff mit einem brawhawße sampt aller zubehorung, nach seinem tode zur leipczucht, wie leipgedings recht ist, das dieweil sie leibt vnd lebet zu besitzen vnd ab gnante frawe Walpurg ⟨ob⟩gdachten[243] ⟨Hanß⟩[244] Mackwitz, ⟨yres⟩[245] ehelichenn mannes, tod erleben wőrde, alß dann sal sie zu sőllicher gabe xxx r. fl., damit zu thun vnd zu laßßen, haben vnd behalten.

438. Margaretha Panczers ist kommen vor gehegt ding vnd yr ist gefunden vor recht, mal (!) sal[246] Valentin Hacker vmb vj fl. zusampt allen ergangen schaden, sein gewehr fronen lassen, als recht ist.

439. Michel Bodendorff ist kommen vor gehegt ding, ym ist gefunden vor recht, das die vulmacht ym durch Mertin Czeswytz im sultzen hofe gescheen, habe gleich so wol craff (!) vnd macht, als ob sie vor gehegtem dinge geschen were.

440. Ilße Korbytz ist kommen vor gehegt ding vnd yr ist auff yre bete Dominicus Prewß[247] zu einem vormůnden wie recht gegebenn, was sie in vnsers gnedigsten herren gericht zu fordern vnd zu clagen had, derselbige ist also vor gericht gewaldigt vnd bestetigt wie recht. ‖

fol. 40v

441. Anthonius Dreyfuß ist kommen vor gehegt ding, ym ist gefunden vor recht, mann sal Hanß von Dißkawen vmb xxvj fl. vnd allen schaden darauff ergangen, sein gewehr fronen lasßen, als recht ist.

4. Jun.
1504

Judicium tercia feria post Trinitatis
anno domini xv^c quarto

---

[241] Vgl. Nr. 537.

[242] Danach [*vnd had Reznicken*] unterstrichen und gestrichen.

[243] [*ob*] Über der Zeile.

[244] Über der Zeile.

[245] Über der Zeile.

[246] Danach [*sal*] gestrichen.

[247] Danach [*zu dißen hernachgeschryben thune*] gestrichen.

1504   339

442. Die meister Jacoffynn ist kommen vor gehegt ding. Derselbigen ist auff yre bete Jacobus Fuher zu einen vormunden wie recht gegeben vnd von gerichts wegen also bestetigt, den ⟨smyde⟩[248] gewergkczewck vnder Glorius Smyde in der Radenwelschestrasße mit recht bekummert, den yr Vrban Geylawaer, Marcus Seyler vnd Hanß Becker folgen zu lasßen wegern, vnd x fl., die yr meister Jacoff, yr elicher man seliger, bescheyden had, von yn mit rechte zu fordern.

443. Simon Rauschßenberg ist kommen vor gehegt ding vnd had dozumal Jhan Rawschenberge, seinen leiplichen vater, mit gutem freyen willen abegetreten drey hundert fl. r., die er ym vormals vor dem gericht gegeben had, mit dem bescheyd, das gemelter Jhan Rauchschenberg seinem sone Simon hundert fl. r. widervmb vor gericht williglich gegeben, die ym Valentin Meynart, kewffer des hawses zum swarczen sterne in der Steinstraße gelegen, reychen vnd geben sal, auff tageczeit, wie sie sich des kawffs halben allenthalben vertragen haben.

444. Jacoff Cammerchayn ist kommen vor gehegt ding, ym ist gefunden vor recht, man sal yn vmb ij fl. vnd was schade darauff gegangen, an Hentze Kemppen farende habe weyßen, als recht ist.[249]

445. Simon Sandaw ist kommen ⟨etc.⟩[250], ym ist gefunden vor recht, man sal die Mertin Greffyn vmb iij fl. iij gr. vnd allen schaden darauff ergangen, yr gewehr fronen lasßen, als recht ist.

446. Jorge Sichart vnd Bertold Schenck sind kommen vor gehegt ding vnd halben (!) aldo ingebracht ein copey eines vorsigilten briues, die von worte zu worte wie hernach folget, zu gutem gedechtnis auff yr beyderseyt bethe verczeichent wurden ist.[251]

447. Ich, Berthold Schenck burger zu Halle, thu offentlich kunt, in vnd mit disßem meinem offen brieff vor mich mein erben vnd erbnemen allen, die yn sehen ader horen lesßen, vnd beken, das ich mit willen wisßen vnd mit vulbort deß Erbern Peter Oßmunden schultheißen zu Halle, auch mit wolbedachten muthe recht vnd redelich, vff ein vulstendigen widerkauff verkaufft vnnd verkewfft ⟨habe⟩[252], in crafft disses briues, dem erßamen Jorge Sichart ‖ auch burger zu Halle   fol. 41r seinen erben vnnd erbnemen ader den jenigen, die disßen brieff mit seinen ader der seinen gutten willen vnd wisßen in haben czwey r. gůlden ganckhafftiger můntz jerliches zinßes vff die ostern nach dato disser schrifft jerlich vnuerczőglich zu beczalen, an vnd auff meinem wonhawße in der grosßen Vlrichstrasßen zwuschen Francze Partyer vnd Valentin Koch gelegen, vnd an allen meynen geretzten gűtern, die ich hie mitte will ypotecyret vnnd vorpfendet haben, ypotecyr vnd vorpfende, vnd habe ym sőlchen jerlichen czynß vor funffczig r. gulden ganghafftiger můntze,

---

[248] Über der Zeile.
[249] Vgl. Nr. 524.
[250] Über der Zeile.
[251] Vgl. Nr. 446.
[252] Unter der Zeile.

340 Die Hallischen Schöffenbücher. VII. Buch.

die er mir wol vnnd all zu dancke entrich vnd beczalt, vnd ich fort, in mein, meiner erben nutz vnd frommen gekart vnnd gewandt habe, der wegen gerede vnd gelobe ich gnanter Bertold Schencke, vor mich mein erben vnd erbnemen solche ij gulden, dem gemelten Jorge Sichart seine erben vnd erbnemen, ader wie berurt, disßes briues inhabern auff die ostern jerlich vnuerczöglich gůtlich zu geben vnd beczalen. Es had auch ehegemelter Jörge Sichart vor sich vnd die seinen, mir vnnd den meinen sölchen guten willen zugesaget, das, wan mir ader den meinen es ebent vnd bequem sein wirdt, solche ij r. gůlden vor l fl. ganghafftiger můntze yn vnd den seinen wider abekewffen mögen vnd können, doch sollen vnd wollen wie ym ein sollichs, ein vierteil jar zuvor thun verkůndigen, vnd alßdann die hinderstellige czinße sampt der hewbt summen ane verczihen vnnd an alles geferde vnd argelist vnd behelff gůtlich vberreichen vnd entrichten. Es sal auch gedachter Jorge Sichart vnd die seinen sůnderlich erinnert sein, so sichs begebe, das mein wonhawß, davon oben angegeben, durch mich ader die meinen verkaufft verbewtet ader sůst (!) verandert, das als dann in dem vnd von stunt an, ich ader die meinen den widerkauff zu thun, ym vnd den seinen, hiemit wollen angesagt vnd verkůndigt haben, die hewbtsumme vnd die hinderstelligen zinße, so der icht hinderstellig weren, zufőrderst vnd in dem falle daran zu haben vnd zu bekommen, ane alles geferde, argelist, hůlffliche inrede ader hinderlist des zu warem bekentnis, vrkunde vnd stete haldunge, aller stůcke, punct vnd artickel disßes briues, habe ich obgemelter Bertold Schenck vor mich mein erben vnd erbneben (!), mein eygen ingesigil wissentlich an dissen meinen brieff thun hengen.

4. Jun.
1504

Der geben ist, nach cristi vnsers heren geburt thawsent funffhundert vnd im vierden jar am dinstag nach Trinitatis, die also wie recht gewaldigt vnd bestetigt worden ist.[253] ‖

fol. 41v
18. Juni
1504

Judicium tercia feria post Viti
anno domini xv^c iiij^o

448. Die Hanß Parczschyn ist kommen vor gehegt ding, yr ist gefunden vor recht, man sal sie vmb einen fl. vnd allen schaden darauf ergangen, an die Adam Kleppelyn farende habe weyßen, als recht ist.[254]

449. Die Drews Hoffmannyn ist kommen vor gehegt ding. Derselbigen ist auff yre bete Bartholomews Lam zu einem krigischen vormůnden wie recht gegeben vnd darzu von gerichts wegen gewaldigt vnd bestetigt.

450. Mattes Gunter ist kommen vor gehegt ding, ym ist gefunden vor recht, so er ein willig pfandt, nemlich ein mannes rock Mattes Brawn angehorende, dreymals auffgeboten had, sal

---

[253] Vgl. Nr. 446.
[254] Vgl. Nr. 472.

1504

gnanter Mattes Gůnter sollich willig pfandt vor sein gelt, ob er kan, vorsetzen. Wo nicht, mag er das verkewffen vnd das vberge heraußreichen dem, der da recht darzu had.

451. Mertin Schenitz ist kommen vor gehegt (!), ym ist gefunden vor recht, man sal yn vmb xij fl. verseßßen zinß an Jorge Keyder hawß vnd hoff weyßen, als recht ist, die weil er der vorwilgung in der hern scheppen buch verczeichent nicht nachgekommenn ist.[255]

452. Wilbold Bergerßdorff ist kommen vor gehegt ding, ym ist gefunden vor recht, man sal yn vmb vj alde ß vnd allen schaden darauff ergangen, an die Grůnwaldynne farende habe weyßen, als recht ist.

453. Idem ist kommen vor gehegt ding, ym ist gefunden, man sall Blesius Weyßsack vmb x fl. vnd allen schaden darauff ergangen, sein geweher frônen lasßen, als recht ist.

454. Clemen, Balcer Lwdwigs knecht, ist kommen vor gehegt ding, ym ist gefunden vor recht, man sal yn vmb xij fl. vnd allen schaden darauff ergangen, an Glorius Smyde farende habe weyßen, als recht ist.

455. Hanß Vogt ist kommen vor gehegt ding, ym ist gefunden vor recht, man sal yn vmb vier gr. vnd allen schaden darauff ergangen, an der Weyseckyn farende habe weyßen, als recht ist. ‖

456. Anno domini 1504 dinstags nach sancti Viti tage ist vor vns schultheis vnd scheppen des gerichts auff dem Berge etc. zu Halle erschynnen der ersame Bastian Osterland bůrger zu Leiptz (!) vnd had doselbist in der aller besten maß, form vnd weyse, als von rechte geschen mag, gemechtigt vnd gantze vulle macht gegeben, dem vorstendigen Bartholomeo Lam, seine pflicht vnd schůlde auff gethanen rechtlichen kummer, etzlicher ochßen vnd gelde Viet Schachten angehorende, vmb vj hundert fl. vngeferlich ym vorplicht, die zu erfôrdern vnd zu ermanen, allerley gemeyne vnd sůnderliche czymliche eyde in sein sele zu sweren vnd leysten, auffzunemen, die auch zu referiren vnd deferiren, auch hierinn einen ader mehir substituten fôrder beneben vnd vnder sich setzen, vnd die widerruffen, so offt ym das not ist, vnd was also sein vulmechtiger ader fôrder deß volmechtigers substitut, in disser sache rechtlichen ader sůnlichen thun annemen ader lassen werden, sollichs er stete veste vnd vnwiderrůfflichen zu haldenn geretd vnd gelobt, welchs also zu derselbigen zeit vor vns auch gewaldigt werden ist.

fol. 42r
18. Jun.
1504

Judicium tertia feria post Bartholomei
anno xv^ciiij

27. Aug.
1504

457. Francze Parthier ist kommen vor gehegt ding vnd ⟨ist⟩[256] die vulmacht ym vom[257] er Johan von Kanitz probist zum Luterberg vnd von Jacoff vnd Hanßen Patzeln gebruder, von hern

---

[255] Vgl. Nr. 487.

[256] Über der Zeile.

[257] Danach [*probist*] unterstrichen und gestrichen.

342 Die Hallischen Schöffenbücher. VII. Buch.

schultheißen vnd scheppenne gegeben zu gewaldigen, welchs als so gewaldigt vnd wie recht bestetigt ist.[258]

458. Die vormunden Brosius Bawß vnd Balthasar Lwdwig, Nickel Patzels, vnd Frantze Parthier in berurter vulmacht sind kommen vor gehegt ding. Den ist allen nach tode Caspar Patzels das hawß in der großen Vlrichstrassen neben Hotzwirtz hawß gelegen, wie recht ist, mit aller gerechtickeit vnd zubehorung geeygent.[259]

459. Die selbigen vormunden vnd vulmechtiger haben zu stund wider solch abberurt hawß verlaßen, Hanßen Lwbigen, mit aller gerechtickeit vnd zubehorungen, wie das an sie kommen ist.[260]

460. Elißabet, Caspar Patzels nachgelassen witwe, ist kommen vor gehegt ding. Der selbigen ist auff yr bete Hans Czoberitz zu dissen hiernach geschrieben thun zu einem vormunden wie recht gegeben.[261]

461. Die selbige frawe Elisabet ist kommen vor gehegt ding vnd had aldo durch yren gekoren vnd vor gericht gegeben vormunden an eydes stad, wie recht ist, abeczichtung gethan yrer leibzucht, nemlich ij^c fl., die sie an Casparn Patzels seligen hwß vnd hoff gehabt, vnwiderrufflich stete vnd veste zu halden, an geferde.[262] ‖

fol. 42v 462. Simon Koch ist kommen vor gehegt ding, ym is gefunden vor recht, mann sall yn vmb funff schock vnd allen schaden darauff ergangen, an die Hentze Beyeryn farende habe weyßen, als recht ist.

463. Peter Schlesiger ist kommen vor gehegt ding[263] vnd had Blesius Hewter vmb ij fl. vnd ein ort zusampt allen ergangen schaden, so er der wegen pfandt zu gebenn gewegert, in mitban genommen, als recht ist.

464. Hans Koller ist kommen vor gehegt ding, ym ist gefunden vor recht, man sall den alden belacken (!) vmb iiȷ ß iij gr. zusampt allem ergangen schaden, sein gewehr fronen laßen, als recht ist.

465. Walprich, ⟨Pancratius⟩[264] Teychyn ist kommen vor gehegt ding. Derselbigen ist ⟨auch⟩[265] auff yre bete Hans Czschye nach dißen hiernach geschrieben thun zu einem vormunden wie recht gegeben.[266]

---

[258] Vgl. Nr. 458, 459.

[259] Vgl. Nr. 457, 459.

[260] Vgl. Nr. 457, 458.

[261] Vgl. Nr. 461, 519.

[262] Vgl. Nr. 460, 519.

[263] Danach [*ym ist gefunden vor recht*] unterstrichen und gestrichen.

[264] Über der Zeile.

[265] Über der Zeile.

[266] Vgl. Nr. 466, 467, 468.

1504 343

466. Derselbigen ist[267] ein hawß vnd hoff in der kleinen Vlrichstrasßen neben Wenczel Dorings hawß gelegen, mit aller gerechtickeit, wie Jorge Keytze, yr ehelicher man gotseliger, gehabt, wie recht ist, geeygent.[268]

467. Derselbige ⟨vormund⟩[269] had, alßdo das hawß ⟨vnd hoff⟩[270] in berurter vormundschafft Pancracio Teich wie recht fortan gegeben vnd verlassin.[271]

468. Pancracius Teich vnd Walprich, iczt sein eheliche hawsfrawe, sind kommen vor gehegt ding vnd haben sich begyfftigt vnd begabet vnder einander mit allen gutern, die sie haben ader ymmer mehr gewinnen, es sey an eygen ader erben[272] ader farende habe, nach seinem tode damit zu thun vnd zu lasßen, so bescheyden: ließ er kinder nach sich[273], so solde die frawe hundert fl. vnd kinderteyl daran haben. Wo sie ader keine erben mit einander czewgeten vnd er yren tod erlebete, so sal[274] sie hundert fl. zu bescheyden, zu thun vnd zu lasßen, macht[275] haben.[276]

469. Clemen Vntz ist kommen vor gehegt ding vnd[277] had aldo [Vrsulan][278], seiner ehelichen hawsfrawen, l fl. an dem hawße vnd hofe in der grossen Vlrichstrasßen neben Hans Schuman vnd Hwanff hewsern gelegen, zu thun vnd zu lasßen, gegeben.

470. Hans Stoye ist kommen vor gehegt ding vnd had Vrsulan, seiner ehelichen hawsfrawen, l r. fl. an allen seinen besten gûtern, die er had ader ymmer mehr gewynnet, darmit nach seinem tode zu thun vnd zu lasßen, gegeben.

471. Hans Ro[y]e[279] kommen vor gehegt ding vnd ⟨had⟩ aldo baccalaureum Fuher zu seinem rechten anwalden gesatzt vnd geordent, in der aller besten weyse vnd form, wie er zu recht thun kunt vnd mocht, seine sache wider Hanßen Wirt vnd seine hausfrawe vmb berechenter schult xliiij fl. betreffende, biß auffs recht zu geben vnd zu neben (!). ‖

472. Die Hans Bartzschyn ist kommen vor gehegt ding vnd had die Adam Kleppelynn vmb ein gulden zusampt allem ergangen schaden, so sie pfant der halben zu geben gewegert, in mitban genommen, als recht ist.[280]

473. Mattews Erwißman ist kommen vor gehegt ding, ym ist gefunden vor recht, man sall

fol. 43r

---

[267] Danach [auch] unterstrichen und gestrichen.
[268] Vgl. Nr. 465, 467, 468.
[269] Über der Zeile.
[270] Über der Zeile.
[271] Vgl. Nr. 465, 466, 468.
[272] Danach [sunderlich andern] unterstrichen und gestrichen.
[273] Danach [seinem tode] unterstrichen und gestrichen.
[274] Danach [sich] gestrichen.
[275] Über der Zeile.
[276] Vgl. Nr. 465, 466, 467.
[277] [aldo sein hawß vnd hoff in der großen vlrich strassen nebe] unterstrichen und gestrichen.
[278] Urspr. Ursula, aber überschrieben und kaum lesbar.
[279] Wohl so.
[280] Vgl. Nr. 448.

344   Die Hallischen Schöffenbücher. VII. Buch.

yn vmb j fl. vnd allen schaden darauff ergangen, an des Hwters, der in Hans Clemens hewsgen wont, farende habe weyßen, als recht ist.

474. Idem ist kommen vor geheg ding, ym ist gefunden vor recht, man sall Jacobum Serwitz vmb ij f. vnd allen schaden darauff ergangen, sein gewehr fronen, als recht ist.

475. Hans Schermeister ist kommen vor gehegt ding, ym ist gefunden vor recht, man sal ⟨yn⟩[281] vmb iiij fl. minus ein ort vnd allen schaden darauff ergangen, an der Sommeryn farende habe weyßen, als recht ist.

476. Idem ist kommen vor gehegt ding, ym ist gefunden vor recht, man sall yn vmb ij fl. vier gr. vnd allen schaden darauff ergangen, an der Hoyken farende habe weyßen, als recht ist.

477. Idem ist kommen vor gehegt ding ⟨ym ist gefunden⟩[282], man sall yn vmb iiij fl. vnd allen schaden darauff ergangen an Hentze Beyer farende habe weyßen als recht ist.

478. Hans Teynicke ist kommen vor gehegt ding, man sal yn vmb x gr. zusampt allen ergangen schaden, an Casparn Hoyken farende habe weyßen, als recht ist.

479. Anthoniws Dreyfuß ist kommen vor gehegt ding, ym ist gefunden vor recht, man sal Casparn Hoycken vmb ij fl. iiȷ gr. vnd allen schaden darauff ergangen, sein gewehr fronen lassen, als recht ist.

480. Idem ist kommen etc., ym ist gefunden vor recht, man sal die Prymyn vmb v fl. zusampt allem ergangen schaden, yre gewehr fronen lassen, als recht ist.

481. Johannes Luckart ist kommen vor gehegt ding, ym ist gefunden vor recht, man sall ynn vmb vj gr. vnd allen schaden dar auff ergangen, an die Stŭckyn farende habe weyßen, als recht ist.[283]

482. Hans Mackwytz ist kommen vor gehegt ding, ym ist gefunden vor recht, man sal Valentin Nawman vmb iiij ß zusampt allem ergangenem schaden, sein gewehr fronen lassen, als recht ist.

10. Sept.
1504

Judicium 3ᵃ feria post Natiuitatis Marie
anno xvᶜ iiij ‖

fol. 43v

483. Hans Nytzsche ist kommen vor gehegt ding, ym ist gefunden vor recht, man sal yn vmb xij newge gr. vnd was schade darauff gegangen, an Veyt Guntzen farende habe weyßen, als recht ist.

484. Hans Vogt ist kommen vor gehegt ding, ym ist gefunden vor recht, man sal ynn vmb xxxv gr. vnd was schade darauff ergangen, an der Neteryn am alden marckt farende habe weysen, als recht ist.[284]

---

[281] [*die Stommeryn*] unterstrichen und durch [*yn*] ersetzt.
[282] [*ym ist*] gestrichen und durch [*ym ist geꝛc.*] verbessert.
[283] Vgl. Nr. 512.
[284] Vgl. Nr. 528.

1504

345

485. Clawes Becker ist kommen vor gehegt ding vnd had sich auß der vestunge, so yn druch Ŏlsch darin gebracht vnd geczogen, derhalben er auch frey vnd ledig geczalt, wie recht ist.

486. Peter Schlesiger ist kommen vor gehegt ding vnd had Blasius Sywert vmb ij fl. vnd ein ort vnd was schaden darauff ergangen, so er pfand der wegen zu geben gewegert, inn den mitban genommen, als recht ist.

487. Jorge Keyder ist kommen vor gehegt ding vnd had mit gutem freyen willen wie recht abeczichtung gethan des hawß vnd hoffs in der grossen Vlrichsstrassen gelegen, etwan Glorius Krŏlwytz gewest, dem erßamen Mertin Schenitz vor hundert fl. hewbt summe vnd xij fl. versessen zynse, vor allen andern schŭldigern, die ersticket daran zu haben vnd darnach den erhafftigen vicarien im thum zu Merseburg vor ij fl. hewbt summe vnd xiiij alte ß versessen zinße von welchen ij ß beczalt sein mit vber antwortung der slŭssel, die fort den glewbigern zu stund auff vorberurte yr schŭlde behendet sein, dakegen dieselben vicarien geredt vnd zugesagt obbemelten Jorge Keydern der beswerung des bannes zu absoluiren vnd zu entledigen.[285]

488. Anthonius Dreyfuß ist kommen vor gehegt ding etc., man sal Mertin Czyndeler vmb vj fl. zusampt allem ergangen schaden, seine gewehr fronen lassen, als recht ist.

489. Mattes Erwißman ist kommen vor gehegt ding vnd had Blesius Sywer vmb ij fl. vnd was schaden darauff ergangen, so er der wegen pfant zu geben gewegert, in den mitban genommen, als recht ist.

Judicium tercia feria post Mauritij
anno xv[c] iiij

24. Sept. 1504

490. [286]Anna, die nachgelassene witwe Hans Pawel, samppt Curdulan seiner tochter ist kommen vor gehegt ding. Der selbigen ist auff yre bete Jacoff Fuhr zu dissem hiernach geschrieben thun zu einem vormŭnden wie recht gegeben vnd also gewaldigt vnd bestetigt.[287]

491. Anna die Czwenczygen ist kommen vor gehegt ding. Derselbigen ist auff yr bete zu dissem hirnach geschrieben thun, der rats‖meister Kurbauch zu einem vormunden wie recht gegeben vnd also gewaldigt vnd bestetigt.[288]

fol. 44r

492. Hans Hewßner had auff hewt ein volmacht zu dissem hier nach geschrieben thun ym von dem[289] wirdigen hernn ern Nichel, appt deß closters zu Reynstorff, in gericht geantwort vnd zu gewaldigen gebeten, welche also wie recht gewaldigt ist.[290]

493. Hier auff haben bemelte Jacobus Fuhr, der ratsmeister Wenczelaw Kurbawch in obberur-

---

[285] Vgl. Nr. 451.

[286] Davor [*die*] gestrichen.

[287] Vgl. Nr. 196, 491, 492, 493.

[288] Vgl. Nr. 196, 490, 492, 493.

[289] [*appt*] unterstrichen und gestrichen.

[290] Vgl. Nr. 196, 490, 491, 493.

346   Die Hallischen Schöffenbücher. VII. Buch.

ter vormundschafft, Mattis Rentzsch, Symon Koch, in vormundschafft der vnmündigen kynder
Cord Czwentziges von dem erbarn radt gegeben[291], Hans Hewßener in obberurter anwaltschafft,
vnd er Leuyn Schuler vnd Peter Krebiß alß vorstender der[292] sunder segen im hospitall vor Hall,
sich alle semptlich vnd offentlich bekant, ein kauff eins hawses gelegen an dem fysch marckt zum
roten schilde gnant, etwan Cordt Czwenczyge zustendig gewest, volczogen vnd ⟨mit⟩[293] meister
Greger Ockell, vor drittehalb hundert gulden gegebenn, haben auch offentlich ydermenicklich
vor sich seinen anteyl, so vil itzlich am gedachtem hawße gehabt, mit erstatung gnůglicher bec-
zalung, bekentlich gewest. Darauff auch, wie recht ist, verczicht gethan, der beczalung quitirt
vnd gnantem Greger des kawffs, wie offt ym das noit sein werdt, ⟨gewehr⟩[294] zu sein, geredt vnd
gelobt.[295]

494. Er Hans Fetter ist kommen vor gehegt ding vnd had die vulmacht ym durch den achtbarn
vnd wirdigen ern Simon Pistoris, in der arczney doctor, von denn ersamen vnd weisen Veit
Weydman, itzundt richter vnd die geswornen scheppen des stadgerichts zu Leipczk, gegeben,
nach allem yrem inhalt keins ausgeslossen, wie recht ist, gewaldigen lassen.[296]

495. Auff sölliche gewaldigunge ist gnanter Hans Fetter offentlich vor gericht erschynnen, mit
verwilligunge vnd in beywesen Herman Bawssen, had aldo ein contract zwuschen gnantem ern
doctor vnd gedachtem Herman Bawssen vor dem schultzen Peter Osmunden geschen vnd in sein
gerichtsbuch vorczeychent, neben anhangender clawssulen, die hewt in gericht vber antwort ist
worden, vnd durch Herman Bawsßen den vorigen contract anzuhengen offentlich bekant, wie
recht ist, gewaldigt.[297] ‖

fol. 44v   496. Die gabe Busso vom Thore vnd die bekentnis der schult ⟨gegen⟩[298] Clemen Michael
důrch Peter Tytzen vnd Gerdrud sein swester geschen, ist auß vergessenheyt in das pfar buch
verczeychgent vnd von sanct Moritz pfar in dissem gericht befunden wirt.[299]

497. Der her bornmeister Heinrich Ochße ist kommen vor gehegt ding vnd had auß befehl
der frawen Schönbergyn Jacobum Fuhrn, yre schult von Hans Czoche inzumanen wie recht,
gegeben, alß sie auch baccalaureo Fuhrn yre vullmacht zu haben, schrifftlich zugeschickt, die er
auch in gericht offentlich erczeyget had, die dan darauff wie recht gewaldigt ist, nach lawt deß
gesanten brieffs.

---

[291] Danach [vnd] unterstrichen und gestrichen.
[292] [des] gestricehn und durch [der] ersetzt.
[293] Über der Zeile.
[294] [gewehr] am Rand links, mit Einschubzeichen.
[295] Vgl. Nr. 196, 490, 491, 492.
[296] Vgl. Nr. 495
[297] Vgl. Nr. 494.
[298] [gegen] am Rand links.
[299] [B v T| C M| P T| G] am Rand links.

1504

347

Judicium 3ᵃ feria post Francisci
anno xvᶜ iiij

8. Okt.
1504

498. Jorge Czacke ist kommen vor gehegt ding, ym ist gefunden vor recht, man sal yn vmb iiij fl. iiij gr. vnd allen schaden darauff ergangen, an die besaß Jacoff Pewckers auff dem Mertinsberge, als recht ist, weisen.

499. Ciriacus Berwalt ist kommen vor gehegt ding vnd had Vrsulen, seiner ehelichen hawsfrawen, xl gulden r. an allen seinen besten gůtern, die er hat ader ymmer mehr gewinnet, es sey an eygen, erben, farende habe ader wur an das sey, nach seinem tode damit zu thun vnd zu lassen, gegeben.

500. Nickel Dorn ist kommen vor gehegte ding, ym ist gefunden vor recht, so er ein leydeschyn frawen mantel als ein ⟨willig⟩³⁰⁰ pfandt dreymals auffgebotten, der Dragoyn angehorende, sal gnanter Dorn sollich willig pfandt vor sein gelt, ob er kan, vorsetzen. Wo nicht, mag er das verkeuffen vnd das vberige herauß reichen dem, der das recht darzu had.

501. Clemen Michael³⁰¹ in vormundschafft Annen, Coßmas Nayls seligen nachgelaßene witwe, ⟨ist kommen vor gehegt ding⟩³⁰² vnd had, do zumall, wie recht ist, abeczichtung gethan yrere leipczucht, nemlich lxxx fl., die sie an dem ecke hawß neben der Gotzsche von Dyebynne hawse in der Merckerstrasse gelegen ⟨gehabt⟩³⁰³, dar gegen yr im tallgericht gnugsam widerstatung geschen, nach lawt einer vortracht allenthalben gůtlich vertragen haben.³⁰⁴

502. Idem ist kommen vorgehegt ding vnd had in berurter vormundschafft Annen, nachgelassene witwe Coßmas Nayls, Gŏrge Dragsteten [...]³⁰⁵ ³⁰⁶ ‖

503. Vrsula vnd Margaretha, nachgelassene tŏchtere Jacoff Kloßß seligen, sind kommen vor gehegt ding, yn ist nach tode obbemelten yres vateres wie recht geeygent, hawß vnd hoff, in der Steynstrasse neben Mattews Erwißmans haus gelegen, mit aller zubehŏrunge vnd gerechtickeit, als das yres vatern gotseligen gewesen ist.

fol. 45r

504. Johan Hewsener ist kommen vor gehegt ding vnd ym ist gefunden vor recht, so er Nayl vmb xxxix ß holtz ym zu furenn erstanden vnd erclag, so sal man ym darvmb zusampt allen schaden darauff ergangen, sein gewehr frŏnen, als recht ist.

505. Frytzsche Klyczschman vnd Prista, sein eliche hawsfrawe, haben sich begyfftigt vnd begabet mit allen gutern, die sie haben ader ymmer mehr gewynnen, es sey an eygen, erben, farende

---

³⁰⁰ Über der Zeile.
³⁰¹ Danach [*ist*] gestrichen.
³⁰² [*ist kommen vor gehegt ding*] nach dem vorigen Eintrag, mit Einschubzeichen.
³⁰³ [*gehabt*] am Rand links, mit Einschubzeichen.
³⁰⁴ Vgl. Nr. 309.
³⁰⁵ Satz abgebrochen und gestrichen.
³⁰⁶ Vgl. Nr. 309.

348 Die Hallischen Schöffenbücher. VII. Buch.

habe ader wuran das disß sey. Welchs ôr her verstyrbet, so sal das ander die gûter zu thun vnd zu lassen behalden.

506. Claws Frater ist kommen vor gehegt ding vnd had Osterhelt, seiner ehelichen hawsfrawen, hundert gulden r. an allen seinen besten gûtern, die er hat ader ymmer mehr gewynnet, es sey an eygen, erbe, farende habe ader wuran das sey, sûnderlich an haws vnd hofe, nach seinem tode damit zu thun vnd zu lassenn, gegebenn.

507. Hans Czoberitz ist kommen vor gehegt ding vnd had ym[307] hawß vnd hoff in der Prâfelstrasse (!) bey sanct Pawels capell gelegenn, wie recht ist, eygen lassen, mit aller zubehorunge vnd gerechtickeit, als das seines vatern Thomas Czôberitz seligen gewest.

508. Idem ist kommen vor gehegt ding vnd had sôllich vorberurt hawß vnd hoff Busse Grossekûnen, mit aller freyheit vnd gerechtickeit, als das rechts erbfalles an yn nach tode seines vatern kommen, wie recht vffgelassen vnd gegeben.

509. Veyt Boltze in voller macht Hanß Brandiß ist kommen vor gehegt ding vnd hat Hansen Schrôtter vnd Hansen Kleynschreckenberger, vmb das sie ⟨gemelten Hans Brandiß⟩[308] freuelich kampfbar gewundet in die vestung genommen, als recht ist.

510. Nickel Schiltberg ist kommen vor gehegt ding. ym ist gefunden vor recht, man sal yn vmb sein erstanden gelt, als nemlich xx fl. vngeferlich zusampt allem ergangenem schaden, in Lorentz Gelyngs hawß in der Galgenstrassen an der ecke gegen Peter von Mûchel ûber gelegen, vnd yn herauß weisen, als recht ist. ‖

fol. 45v   511. Mattes Erwißman ist kommen vor gehegt ding, ym ist gefunden vor recht, man sal Hentze Koche vmb v gulden xiij gr. zusampt allem schaden darauff ergangen, sein gewehr fronen lassen, als recht ist.

512. Johannes Luckard ist kommen etc. vnd had die ⟨Junge⟩[309] Stûckyn vmb das sie ⟨vmb vj gr.⟩[310] pfant zu geben gewegert, in den mitban genommen, als recht ist.[311]

513. Die Sandermanyn ist kommen vor gehegt ding, yr ist gefunden vor recht, man sal sie vmb vj gr. zusampt ergangenem schaden, an die Neteryn am alden marckt farende habe weisen, als recht ist.[312]

514. Eadem ist kommen etc., yr ist gefunden vor recht, man sal sie vmb ix gr. vnd allen schaden darauff ergangen, an die Cuntz Kôchyn farende habe weisen, als recht ist.[313]

515. Eadem ist kommen etc., ym is gefunden vor recht, man sal Valentin Nawman vmb xj gr.

---

[307] Danach [lassenn eygen] gestrichen.
[308] [gemel|ten hans| brandiß] am Rand links, mit Einschubzeichen.
[309] Über der Zeile.
[310] [vmb| vj gr.] am Rand links, mit Einschubzeichen.
[311] Vgl. Nr. 481.
[312] Vgl. Nr. 543.
[313] Vgl. Nr. 542.

auff rechnung zusampt allen ergangen schaden, sein gewehr fronen lassen, als recht ist.

516. Auff dinstag nach Viti tage anno etc. 1504 sind vor vns richter vnnd scheppenn deß gerichts auff dem berge etc. in gehegtem dinge erschynnen die erßamen Clemen Michaell, Hans Pantzsch vnd Mertin Schiltperg an eynem, vnd Heinricus Gelyng vnd Lorentz sein son anders teyls, alle sampt bůrger hierselbist zu Halle vnd haben dozumall můntlich antragen lasßen, wie sie sich vnder einander yrer gebreche, der sie etwan langezeit irrig gestanden l r. fl. belangende, in der gůte vereyniget vnd entscheydenn haben, in sôllicher maß vnd weyße, das gemelten Heinricus Gelyng vnnd sein son Lorentz, vorgnanten Clemen Michael, Hanße Pantzsche vnnd Mertin Schiltberge xxv r. fl., auff nehistkůnfftigen sanct Mertins tag vnuorczôglich reichen vnd vbergeben sôllen vnd auff ostern nehist darnach abermals xxv r. fl. voll vnd all vergnůgen entrichten sollen vnd wollen, ane allen behelff vnd widerrede, mit dem anhange. Wo die Gelynge, an eynnicher der czweyer tagezeit, mit der beczalung ⟨sewmig⟩[314] funden vnd nicht zu halden wůrden, alßdan sal man die selbigen hawß vnd hoff, so sie bewonen ader an allen andern yren gůtern in dissem gericht lygende, wo sie die haben, nach geschener yrer vorwilligung weisen, in aller maß, ob sie es mit allen dinglichen pflichten vnd rechten erclagt vnd erstanden hetten.

Ein sôllichs die vorbenůmpten Geylinge, dem frone boten an gerichts stad mit handt gebender trewe stete veste vnd vnwiderrůfflich, nachzukommen vnd zu halden, geredt vnd gelobt haben, zu warer vrkunde ist sôlliche vorberurte vereynigte verwilligung, in der hern scheppen buch, zu gutem gedechtnis verczeychent worden, im jare vnd tage obin berurt vnd auch also vor gericht gewaldigt vnd bestetiget worden.

517. Cristoffel Schônbergk ist kommen vor gehegt ding, ym ist gesunden vor recht, das solche volmacht, die er baccalaureo Law [315] vnd Dominico Prewß vor dem schůltheyßen in geinwertickeit deß gerichts notarien vnd fronen seine gerechtigk (!) wider Mertin Richter, bůrgers zu Leipczk, vorzubrengen, gegeben, so volkomene crafft vnd macht habe, als ob die vor gehegtem dinge geschen were, vnd ist auch also von gerichts wegen zu recht gewaldigt. ‖

Judicium 3ᵃ feria post Vndecim Milium Virginum

518. Kersten Kersten ist kommen vor gehegt ding, ym ist gefunden vor recht, man sal Simon Roden vmb ij fl. ij gr. zusampt allen ergangen schaden, sein gewehr fronen lassen, als recht ist.

519. Elisabet, nachgelassene witwe Caspar Patzels, ist kommen vor gehegt ding vnd had Bartholomeum Lam zu einem vormunden annwalden, yre clage vnd schulde von dem nachgelassen erben gedachts Patzels seligen rechtlich zu erfordern gekorn, der yr also auff bettlich ansynnen darzu gegeben vnd wie recht gewaldigt.[316]

---

[314] [*sewmig*] am Rand links, mit Einschubzeichen.
[315] [*Baccfᵒ Law*], wohl Verschreibung für „*Bartolomeo Lam*".
[316] Vgl. Nr. 134, 135; 457, 458, 459, 460, 461.

350   Die Hallischen Schöffenbücher. VII. Buch.

520. Johannes Schuman vnd Valentin Koch syndt kommen vor gehegtem ding, ynn (!) ist gefunden vor recht, so sie yre pfennige an Lorentz Ratzsch hawße erstanden vnnd erclagt haben, sall man sie an die besaße weyßen, als recht ist.

521. Nickel Schiltbergk ist kommen vor gehegt ding, ym ist gefunden vor recht, so er ein willig pfandt, nemlich ein rock vnd silbern hefften Hentze Kennppen angehörende, viermals auffgeboten, sal gnanter Schitberg (!) sóllich willig pfant vor sein gelt, ob er kan, versetzen. Wo nicht, mag er das verkeuffen vnd das v̂berge herauß reychen dem, der da recht darzu had.

5. Nov.   *Judicium 3ᵃ feria post Omnium Sanctorum*
1504   *anno xvͨ iiij*

522. Hanß Schuster ist kommen vor gehegt ding vnnd had verlassenn ein hawß zur engell burg gnant am thopmarckt neben Bartell Koch gelegenn, vnnd daßselbige zustunt ann Busse Kônen vnnd Jacobo Furhn in vormundschafft der Heyne Dragstetyn wie recht geeygent vnd gegeben, mit aller zubehorunge vnd gerechtickeit, alß das Hanße Schusters gewest ist.[317]

523. Auff solliche verlaßung vnnd eygenthum haben gnante Busse Kône vnd Jacobus Fuhr in vormundschafft der Heyne Dragstetyn obgnant erbe Hanße Becker mit aller gerechtickeit vnd zubehórunge, alß das an sie kommen, wie recht ist, verlassen vnd gegeben, nach lawt eines volstendigens[318] kauffs, darvber volczogen, derhalben gnanter Hanß Becker, obgedachte vorkeuffer etzlicher czynße, bey den wirdigen hern dem capittel zu Merseburg, auch dem kalande alhie zu Halle, sie zu benemen vnnd förder auff seinem gekaufften hawße obgnant zu geben jerlichnn offentlich zugesagt vnd die czynse nach lawt der kauff briue zu halden gewilligt, der auch sie förder sóllicher czynße zu gebun quit, ledig vnd loß gesagt.[319] ‖

fol. 46v   524. Jacoff Cammenhaynn ist kommen vor gericht ding (!) vnnd ym ist gefunden vor recht, so er die frônung an Kemppenn hawße viermals auffgeboten had, so sall gnanter Chammenhayn sollich hawß vnd hoff, ob er kann, vor sein gelt vor er kann (!) vorsetzen. Wo nicht, so mag er das verkeuffen vnd das v̂berge herauß reichen dem, der da recht dar zu had.[320]

525. Mertin Sparenberg ist kommen vor gehegt ding, ym ist gefunden vor recht, man sall Hanß Roßen vmb ix gr., zusampt allem ergangenen schaden, sein gewehr fronen lassen, als recht ist.

526. Die Hanß Frantzyn ist kommen vor gehegt ding. Derselbigen ist auff yr bete Bartholomews Lam, zu einem krygischen vormûnden wie recht gegeben vnd darzu also von gerichts wegen also gewaldigt vnd bestetigt.

---

[317] Vgl. Nr. 302, 523.
[318] Danach [*glawbens*] unterstrichen und gestrichen.
[319] Vgl. Nr. 522.
[320] Vgl. Nr. 444.

1504

527. Clawes Bode ist kommen vor gehegt ding, ym ist gefunden vor recht, man sal Krackman vmb j fl. vnd allen schaden darauff ergangen, sein gewehr frônen lassen, als recht ist.

528. Hanß Vogt ist kommen vor gehegt ding[321] vnd had die Neteryn die Adam Kleppelyn gnant, vmb das sie pfant derwegen zu geben gewegert, inn den mitbann genommen, als recht ist.[322]

529. Simon Sandaw ist gefunden vor gehegt ding, ym ist gefunden vor recht, so er seine pfennige an Fabian Wilhelm erstanden nach lawt der vorwilligunge von ym geschen vnd nicht nachkommen, sal man ynn an die gûter gnantes Fabians nach außweyßunge der vorwilliunge (!), als recht ist, weysen.[323]

530. Idem ist kommen vor gehegt ding, ym ist gefunden vor recht, man sall yn vmb ij fl. ij gr. zussampt allem schaden darauff ergangen, an Simon Petzels farende habe weyßen, als recht ist.

Judicium tercia feria in die Elisabet

anno xv^c iiij

19. Nov.
1504

531. Die Peteryn vonn dem Reyne ist kommen vor gehegt ding. Derselbigen ist auff yre bete Bartholomews Lam zu einen krigischen vormunden wie recht gegebenn vnnd also von gerichts wegenn gewaldigt vnnd bestetigt.

532. Hanß Gûnter ist kommen vor gehegt ding, ym ist gefunden vor recht, man sall yn vmb iiĵ ß vnnd v gr. zu sampt allem ergangenem schaden, an die besasse der Kuntz Kôchynn, alß recht ist, weyßen.

533. Die frawe von der Lochynn ist kommen vor gehegt ding vnd yr ist gefunden vor recht, so sie yr gelt, nemlich ij fl. ix gr. vnnd allen schaden darauff ergangen, an der Pauel Meynartyn erstanden vnd erclaget had, so sal mann yr darvmb, yre gewehr frônen lassen, als recht ist. ‖

534. Ilße, Hanß Sellen eheliche hawsfrawe, ist kommen vor gehegt ding. Derselbigen ist auf yre bete Jacobus Fuhr zu dissem hirnach geschriebnn thun ⟨einem vormûnden⟩[324] wie recht gegeben vnd vonn rechts wegenn also gewaldigt vnd bestetigt.[325]

fol. 47r

535. Dieselbige frawe had auff die fart, dûrch yre gekôrnen vnd vor gericht gegebenem vormunden Jacobum Fuhrn, mit willen[326], wissenn vnd in kegenwerticket yres elichen mannes, mit auffgerackten fingern an eydes stat, wie recht ist, abeczichtung gethan yrer leipczucht, nemlich hundert fl., die sie an yres elichenn mannes hawße, gehabt had, vnwidderrûfflich stete vnd ves-

---

[321] Danach [ym ist gefunden vor recht] unterstrichen und gestrichen.

[322] Vgl. Nr. 484.

[323] Vgl. Nr. 334.

[324] [einem| vormûnden] am Rand links, mit Einschubzeichen.

[325] Vgl. Nr. 535.

[326] Danach [vnd] gestrichen.

352 Die Hallischen Schöffenbücher. VII. Buch.

te zu halden, ane alle gefere, dar gegen yr an dem hawße in der Radenwelschenstrassen neben Wulkensteins hawße gelegen, gnugßam widerstatung geschenn ist.[327]

536. Die Jacoff Thunckelyn ist kommen vor gehegt ding, yr ist gefunden vor recht, so sie ein willig pfant, nemlich ein kessel der Blynde Snedyn[328] angehorende, dreymals auffgeboten hat, sall gnante Thuncklyn sóllich pfant vor sein gelt, ob sie kan, vorsetzen. Wo nicht, mag sie das verkeuffen vnd das vberge heraußreichen dem, der da recht darzu had.

10. Dez.
1504

Judicium tercia feria in vigilia Barbare Virginis
anno etc.

537. Heinrich Fyntzsch ist kommen vor gehegt ding vnd ym ist gefunden vor recht, so er die frónung an Hanß Rósen hawße dreymals auffgebot had, so sall gnanter Fyntzsch sollich hawß vmb sein gelt, ob er kann, vorsetzenn. Wo nicht, so mag er das verkeuffen vnnd das vberge herauß reichenn dem, der da recht darzu had.[329]

538. Vrsula, Ciriacus Berwolts nachgelaßene witwe, ist kommen vor gehegt ding. Derselbigen ist auff yre bete Veit Boltze zu dissem hiernach geschriebenem thun zu einem vormunden, wie recht ist, gegeben vnnd von rechts wegen also gewaldigt vnnd bestetigt.[330]

539. Viet Boltze in vormundschafft frawen Vrsulan, Ciriacus Berwalts seligen nachgelassenen witwenn, ist kommen vor gehegt ding vnnd had in berurter vormundschafft vnd in gegenwertickeit yres vaters, mit auffgerackten fingernn an eydes stadt, wie recht ist, ageczichtung (!) gethann yrer leipczucht, nemlich xl fl. r., die sie an yres obgnanten elichen ‖ mannes hawßes vnnd hoffs hinder dem rateßhawße nebenn Hanß Qwetz hawße gelegen, vormals gehabt had.[331]

fol. 47v

540. Vdalricus Focht, licenciat vnd saltzgreffe zu Halle, ist kommen vor gehegt ding vnd had Agnißen, seiner elichen hawßfrawen, hundert r. gúlden[332] an allen seinen besten gutern, súnderlich an hawße vnd hoff hinder dem rathawße neben Steffan Wagawen hawse gelegen, ader farender habe, wur an das sey, sampt allenn ⟨ingethúm deß hawses, außgeslossen bucher, barschafft vnd kleydung⟩[333], nach seinem tode damit zu thun vnd zu lasßenn, wie recht ist, gegeben.

541. Hanß Czschóle ist kommen vor gehegt ding vnnd had Annen, seiner ehelichenn hawsfrawen, ein hawß vnnd hoff auff dem roden berge neben Jorge Arnths hawße gelegen, sampt allem ingethúme wie recht gegeben, so bescheydenn: wo sie mitte einander kynder gewúnnen, so sall sie allein kinder teyl daran haben, alles nach seinem tode damit zu thun vnd zu lasßen.

---

[327] Vgl. Nr. 534.

[328] [*blynde ſnedyn*] wohl Eigenname.

[329] Vgl. Nr. 433.

[330] Vgl. Nr. 539.

[331] Vgl. Nr. 538.

[332] Danach [*an ingethomm des hawses außgeßlosßen búcher kleidung vnd barschafft*] gestrichen.

[333] [*ingethúm| deß hawses| außgeslossen| bucher bar|schafft vnd| kleydung*] am Rand links, mit Einschubzeichen.

542. Die Sandermanyn ist kommen vor gehegt ding vnd had die Kuntz Kochyn vmb ix gr., dieweil sie derwegen pfant zu geben gewegert, inn den mitban genommen, als recht ist.[334]

543. Eadem ist kommen vor gehegt ding vnd had die Adam Klepplyn, vmb das sie pfant zu geben gewegert, inn den mitban genommen, als recht ist.[335]

544. Jorge Synger ist kommen vor gehegt ding, ym ist gefunden vor recht, man sall Krackman vmb xiij gr. zusampt allem ergangen schaden, sein gewehr frönen laßen, als recht ist.

Judicium 3ª post Lucie Virginis 17. Dez.
anno domini xv^c quarto 1504

545. Veit Drötzschel vnnd Walpurg ⟨sein hawsfrawen⟩[336] sind kommen vor gehegt ding vnd haben sich begifftigt vnd begabt mit allen yren gůtern, die sie habenn ader ymmer mehr gewinnen, es sey hawß ader hoff, eygen ader erbe, farende habe, beweglich adder vnbeweglich, wie das möge gnant werden. Welch das andern tod erlebet[337], das sal die gůter behalden, damit zu thun vnd zu lassen, so bescheyden: wo sie kinder gewunnen, so sal gnante Walpurg, seine eheliche hawßfrawe, kindell (!) teyll an allen seinen gůtern, damit zu thun vnd zu lassen, haben. ‖

---

[334] Vgl. Nr. 514.
[335] Vgl. Nr. 513.
[336] Über der Zeile.
[337] Danach [*wůrde*] gestrichen.

354 Die Hallischen Schöffenbücher. VII. Buch.

fol. 48r
a. H.
21. März
1542

Judicium Judicium feria tercia post Letare
anno domini 1542

546. Ruprechten Komerthalers seligen gelassener erben vorordente vormunde, mitt namen Hans Drachstedt vnd Jeronimus Nopel der Junger, seint komen vor geheget dings vnd inen ist vff ire bytte, von wegen ires mundeleins Hansen Komerthalers, das hauss vnd hoff vff dem Rodenbergs gelegen vor seinen antheil vnd auff seine gerechtigkeyt, doch den andern seine mitterben, vnschedlich, als recht ist, geeigent vnd geliehen worden.[338]

20. Jun.
1542

Judicium feria tercia post Viti
anno domini 1542

547. Agnes, Dominicus Michaels, vnd Margretta, Hansen Wegawen eheliche hausfrawen, Bede, Ruprechten Comerthalers seligen gelaßne tochtere, seint kommen vor gehegt dinge vnd inen ist das hause vnd hoff sampt zweien mietheusern vfm Rôdenberge gelegen, vff ir bilich auszimmer, mit aller zubehorung vnd gerechtigkeit, wie das nach abesterben genantes ires vaters vff ße vorerbet vor iren anteil vnd auff ire gerechtigkeit, geeigen vnd geliehen worden, wie recht ist.[339]

548. Paul Remiss ist kommen vor geheget dinge vnd ime ist vff sein bitten vor ßeiner perßon vnd in voller macht seiner brûder, als erben Dominicus Aldenburgs seligen, das hause vnd hoff an der grossen Vlrichsstrassen neben Acharien Drachsteten vnd kegen Ludwig Raben hause vber am ecke gelegen, mit aller freiheit vnd zubehôrunge, wie genanter Aldenburgk vnd seine vorfarn dasselbiger besessen vnd gebraucht haben, wie recht ist, geeigent vnd gelihen. doch vnschedlich Friderichen Aldenburge an seiner angegebenen gerechtigkeit, im falle, das er ßich seinem angeben nach auch einen erben Dominicus Aldenburgs bestendigklichen darthuen vnd erweysen wûrde, douon er dan vor gehegetem dinge protestirte hatt. dasselbige hause vnd hoff hat gemelter Paul Remiß, vor ßich vnd in voller macht seiner brûders, alßbalde, wie recht ist, widerumb vorlassen.[340]

549. Wolff Schûeler ist kommen vor gehegt dinge vnd ime ist auff sein[341] bitlich anßuchen, das obgemelte haus vnd hoff mit aller zubehôrung vnd gerechtigkeit, wie dosselbige Dominicus

fol. 48v

Aldenburgk seliger vnd seine vorfarn innegehabt vnd gebraucht, ‖ vnd Paul Remiß vor ßich vnd in voller macht seiner brûdere dasselbige vorlassen, als deme der es erkaufft hatt, wie recht ist, geeigent vnd geliehen worden.[342]

---

[338] Vgl. Nr. 547.

[339] Vgl. Nr. 546.

[340] Vgl. Nr. 549.

[341] Danach [*vnd ime ist auff sein*] gestrichen.

[342] Vgl. Nr. 548.

*Judicium feria tercia post Mauritij
1542*

26. Sept. 1542

550. Bartel Meyse yn ehelicher vormundeschafft Walpurgen seiner ehelichen hausfrawen, Mathes Pernitius seligen gelassener tochter, auch in voller macht die er vnder des raths insigel zu Delitzsch fürgelegt, ist vor den hern schulteisen vnd scheppen geschienen vnd ime ist das haus vnd hoff am Vlrichsthore, welchs nach abesterben genektes ires vatern Mathesen Perntins vnd des bruder auff vorerber vnd gefallen, mit aller gerechtigkeit vnd zubehörunge, wie recht ist, geeigent vnd gelihen worden, welchs er Hansen Lindener dem becker der dasselbige erkaufft geeigent vnd gelihen worden. Nota: Im wiese buch findet man die quitung vom kauffgelde vnd die gewaldigung, im commun buch[343] Hans Lindener dem becker am Vlrichsthore, ist das obgemelte hauß vnd hoff wie ime des vorlassen, alßbalde geeigent vnd gelihen worden. ‖

---

[343] [*im commun buch*] unterstrichen.

Register

Namensregister

A

Abe, Urban: 12, 50, 54
Ade, Hans: 104
Affra:
  – , Frau von Claus Tylich: 188
Agnes:
  – , Frau von Bartholomeus Grawert: 218, 219
  – , – Dominicus Michael: 547
  – , – Donat Trebikaw: 165
  – , – Ulrich Vogt: 540
Aldenberger, Gabriel: 264 (s. Haus)
Aldenburg, Dominicus: 289, 290, 548 (†), 549 (†)
Aldenburg, Friedrich: Nr. 548
Anna / Anne:
  – , Frau von Hans Barme: 2
  – , – Wilbert Bergerstorfer: 337
  – , – Caspar Doring: 206
  – , – Simon Emden: 15 (Wwe.)
  – , – Hans Forster: 299
  – , – Hans Gotzsche: 49
  – , – Claus Hinze: 10
  – , – Jobst Höfer: 203
  – , – Peter v. d. Lawenberg: 324
  – , – Matths Mewl: 197
  – , – Heinrich Nytener: 47
  – , – Hans Pauel: 7, 8, 490 (Wwe.)
  – , – Kosman Nayl: 309 (Wwe.), 501 (Wwe.), 502 (Wwe.)
  – , – Oswalt Wolff: 258
  – , – Hans Wolmerstedt: 192 (Wwe.), 193 (Wwe.)
  – , – Hans Zschey: 408, 409, 410
  – , – Hans Zschole: 541
  – , die Zwenigen: 491
Anthonii, Hermann, er: 144
Appelman: 386
  – , Hans: 82

Appolonia:
  – , Frau von Johannes Trinckuß: 3
Arnth, Jurge: 151 (*arntht*), 541 (s. Haus)
Arnoldi, Johannes: 81 (propst d. Kl. St. Georgien)

B

Babtista, Johann, meister: 365 (Vormund v. *Hans Sanderman*s Kinder)
Backen, Glorius: 92
Balzer, Jacoff: 74
Balcer, Peter (vgl. → Palzer) (†): 413, 414 [Ursula, s. Fr. 413 (Wwe.), 414 (Wwe.)]
die Bandawynne, Clemen: 19
Bantzsch, Hans: 363
Barbara:
  – , Frau von bacc. Jacoff Fuhr: 400
  – , – Jurge Kurbach: 244
Barbara, Lumbitzsch: 217
die Bartzschyn, Hans: 448, 472
Barme, Hans: 2 [Anna, s. Fr. 2], 79 (auch s. M.), 102
Bawhme, Drewes: 162
Bawrmeister:
  – , Hans¹: 291 (†), 292 (†) [Margareta, s. Fr. 291 (Wwe.), 292 (Wwe.), 293 (Wwe.)]
  – , Hans²: 293 (Sohn v. Hans¹ u. Margareta)
Bawß:
  – , Brosius: 429, 458 (Vormund v. *Franz Parthier*), 459 (Vormund v. *Franz Parthier*)
  – , Hermann: 434, 495
Becker:
  – , Claus: 485
  – , Hans: 442, 523
  – , Heinrich: 73 (mit s. Fr.), 90
  – , Kersten: 137, 189 [Gertrud, s. Fr. 189]
  – , Nickel: 59
Belack:

Namensregister

– , Matthias: 256

– , Mertin: 52

– , Peter: 363

Benne:

– , Ambrosius: 141

– , Lorenz: 25

– , Mattias (1466–75 R, 1478–81 ²Bm, 1484–96 ¹Bm): 131 (*erwaren*), 142, 363 (*ratsmeister*)

von Berge, Hans: 131 (Vormund v. *Hans Schesem*)

Bergerstorfer, Wilbert: 128, 279, 283, 321, 337 [Anna, s. Fr. 337], 452, 453

Bernd, Anthonius: 167

Berndes, Eraßmus (propst Kl. Neuwerk): 292 (†)

Bernwald, Orban: 363

Berwalt, Ciriacus: 499, 538 (†), 539 (†) [Ursula, s. Fr. 499, 538 (Wwe.), 539 (Wwe.)]

Beyer:

– , Balcer: 385 (*die Balcer Beyeryn*)

– , Gurge: 4 [Margareta, s. Fr. 4]

– , Jorg: 365

– , Hentz: 284, 477, 462 (*die Hentze Beyeryn*)

– , Jurgen: 264 (s. Haus)

– , Lucas: 182, 222 (Vormund v. *Lorenz Hyrßes Kinder*), 363, 388 (Vormund v. *Elisabeth Pyßcker*), 389 (Vormund v. *Elisabeth Pyßcker*)

die Beyeryn:

– , Balcer: 385

– , Henze: 462

Bildensnytzer, Hans: 103

Byntzsch, Mertin, von Mußkewitz: 338

Blesyng, Jörg, Bürger von Frankfurt: 431

Blome / Blume:

– , Glorius: 88 [Katherina, s. Fr. 88]

– , Busse, magister: 182, 282, 290, 361, 363, 387 [Elisabeth, s. Fr. 290, 361, 363]

Bode:

– , Briccius: 13

– , Claus: 393, 527

– , Drewes: 45 [Gertrud, s. Fr. 45]

Bodendorff, Michel: 439

Boltze, Veit: 126 (Vormund v. *der Hanß Twnczelinne*), 127 (Vormund v. *der Hans Twnczelinne*), 197 (Vormund v. *Anna Mewl*), 225 (Vormund u. Bevollm. v. *Drewes Mul*s Fr.), 240 (Bevollm. v. d.

Hans Pawellinne), 242 (Bevollm.), 322, 338 (Bevollm. v. *Mertin Bynzsch*), 359, 380 (Vormund v. *Christina Engeler*), 381 (Vormund v. *Christina Engeler*), 428 (Vormund v. *Agatha, Claus Kemmerer*s Fr.), 429 (Vormund v. *Agatha, Claus Kemmerer*s Fr.), 509 (Bevollm. v. *Hans Brand*), 538 (Vormund v. *Ursula Berwolt*), 539 (Vormund v. *Ursula Berwolt*)

Borner, Valentin: 304 [Margareta, s. Fr. 304]

die Bornnerynne, Valtin: 281, 304, 329

die alde Bornschreiberyn: 341 (Wwe.), 382 (Wwe.)

Bracke, Glorius: 92

Brandis, Hans: 295, 509

Brandenstein, Sigimundt von (Hauptman zum Giebichenstein): 182

Brawn, Mattes: 450

Breyß, Ulrich: 221

die Bretsnyderin: 363 (*Stalbaum*s T.)

Brews, Dominicus → Preuß, Dominicus

Brewssel, Seuerin: 415

Brückner, Hans: 351

Brun, Mertin: 226, 297, 307 [Margareta, s. Fr. 226, 297, 307]

die Brunyn, Mertin: 297 (bei der Galgtor), 307

Bryel, Mertin, Bürger von Frankfrut: 431

Burmeister, Kilian: 85

Buse, Ambrosius: 144 (s. Haus)

Buteler, Kunze: 96, 122

C vgl. K

Cammenhayn, Jacoff: 195, 389, 444 (*camerchayn*), 524

Christina / Cristina:

– , Frau von Hans Engeler: 380 (Wwe.), 381 (Wwe.)

– , – bacc. Volkmar: 320, 360

– , – Matthes Wechter: 254

Clara

– , Frau von Hans Clemen: 147

– , – Benedictus Kruße: 435

Clemen:

– , Knecht von Balcer Lwdwig: 454

– , Hans: 147, 473 (s. Haus) [Clara, s. Fr. 147]

Cluder, Hans: 166 [Schemen, s. Fr. 166]

Cordula:

  – , Frau von Lorenz Hyrße: 222 (Wwe.)

  – , – Georg Reicher: 196, 490

  – , Tochter von Hans Pauel: 196, 490

D

Debil, Anthonius: 164

Denstet, Margareta: 286

die alte Denstetyn: 344

Denicke

  – , Clemen: 272, 389 [Margareta, s. Fr. 272]

  – , Hans: 416 (s. Haus)

von Dißkaw / Dißkow:

  – , Hans¹: 5, 210, 263, 294, 372, 441

  – , Geyßler (Vetter v. Hans¹): 210

  – , Hans², von Gropptzig: 227

die Dyebynne, Gotzsche von: 501 (i. Haus)

Doffer, Bastian: 363 (ggf. s. Sohn)

Dorn, Nickel: 500

Doring:

  – , Caspar: 205, 206 [Anna, s. Fr. 206]

  – , Wenzel: 466 (s. Haus)

  – , Gerdrud: 12

Dorothea:

  – , Frau von Franz Gerhardt: 377

  – , – Fabian Wilhelm: 283

Drachstet / Drachsted / Dragstet etc.:

  – , Allexius: 215, 223

  – , Busso, magister: 214 (*magister bosso drachtete*) (vgl. Dreyhaupt II, Beylage sub B, Pfänner u. Talschöffe)

  – , George: 309, 502

  – , Hans: 546 (Vormund v. *Ruprecht Komerthal*s Erbe)

  – , Heyne: 302 [Gröte, s. Fr. 302, 522, 523]

  – , Zacharias: 548 (s. Haus)

die Dragstetyn, Heine: 302, 522, 523

Dragen, Hans: 53, 78, 421

die Dragoyn: 500

Drawer, Andrews: 310 (s. Haus)

Dreyfuß:

  – , Anthonius: 288 (*tryfuß*), 441, 479, 480, 488

  – , Valentin : 287 (†)

Dresscher:

  – , Hans: 76

  – , Michael: 385

die Drescheryn, Michael: 385

Drötzschel, Veit: 545 [Walpurg, s. Fr. 545]

Duder, Hermann: 84

E

Eckardy, Matthias: 35 (s. Haus)

Eckerhard, Ciriacus: 243 [Elisabeth, s. Fr. 243]

Eger, Peter von: 29

Einbeck, Heinrich, her: 209 (Anwalt v. Domkapitel zu Magdeburg), 210 (procurator)

Eisenberg:

  – , Hans: 174

  – , Lorenz: 211 (ehel. Vormund), 212 [Margareta, s. Fr. 211, 212]

Eldesten:

  – , Ciriacus: 1 (†) [Ilse, s. Fr. 1 (Wwe.)]

  – , Claus: 109

  – , Hans: 7 (s. Haus)

Elisabeth / Elizabeth vgl. → Ilse / Else:

  – , Frau von mgr. Busso Blume: 290, 361, 363

  – , – Ciriacus Eckerhard: 243

  – , – Caspar Patzel: 460 (Wwe.), 461, 519

  – , – Jacoff Pyßker: 181 (Wwe.), 182, 388, 389

Emden, Simon: 15 (†) [Anna, s. Fr. 15 (Wwe.)]

vom Ende, Claus (→ Markolffus): 159, 190 (*becker*), 215, 223, 236, 266, 274, 317 (*alias Claws Markolffus*) [Margareta, s. Fr. 236]

Engel:

  – , Hans, der alte Apotheker: 287

  – , Valentin: 26

Engeler, Hans: 380 (†) [Christina, s. Fr. 380 (Wwe.), 381 (Wwe.)]

Erick, Ambrosius: 153

Ernst (Erzbischof v. Magdeburg, Primat Deutschlands, Administrator d. Bistums Halberstadt, Herzog zu Sachsen etc.): 182

Erwißman, Mattews: 175, 316, 340, 341, 353, 368, 382, 389, 406, 473, 474, 489, 503 (s. Haus), 511

F vgl. V

von Felde, Hans: 389

Fellerdorf, Augustin: 268

Namensregister

Fende, Johannes / Hans: 164, 174, 213, 232, 248

Fenstermacher, Hans: 300

die Fenstermacheryn, Hans: 300

Feronice, Lewder, jungfrau: 351 (*jungffrawen*)

Fetter, Hans, er: 494 (Bevollm. v. *Simon Pistoris* u. *Veit Weydman*), 495

Fincken, Claus: 337

Fintz, Jacoff: 311

Fintzsch, Heinrich: 332, 433, 537

Fischer:
  – , Hans: 33, 267 (*fysser*)
  – , Ludwig: 343

Fysser → Fischer

Flemynck, Syvert: 337

Formann, Lucas: 231 (s. Haus)

Forster:
  – , Hans[1]: 193 (s. Haus), 228 [*Ursula, s. Fr.* 228]
  – , Hans[2]: 299 [*Anna, s. Fr.* 299]

Frantz, Hans: 526

die Frantzyn, Hans: 526

Frater, Clawes: 506 [*Osterheld, s. Fr.* 506]

Funfzehn, Glaus: 97

Furster, Hans: 21, 23, 42

Fuß, Simon: 98, 111

die Fußynne, Simon: 98, 111

Fußen, Brosius: 202

Fuhr / Fuhir / Fauhir etc., Jacobus, bacc.: 134 (Vormund v. *Ilse Patzel*), 135 (Vormund v. *Ilse Patzel*), 144 (Bevollm. v. *Busso Hackenborn*), 185 (bacc., Vormund v. *Ursula Vintz*), 192 (bacc., Vormund v. *Anna Wolmerstet*), 193 (bacc., Vormund v. *Anna Wolmerstet*), 194 (Vormund v. *Anna Wolmerstet*), 196 (Vormund v. *Cordula*), 197 (Vormund v. *Jacob Kröllwitz*), 198 (Vormund v. *Ursula Vintz*), 209 (Anwalt v. Domkapitel zu Magdeburg), 210 (*procurator*), 220, 291 (Vormund v. *Margareta, Hans Braumeisters* Wwe.), 292 (Vormund v. *Margareta*), 293 (Vormund v. *Margareta*), 301 (Bevollm. v. *Busso Kune*), 302 (Vormund v. *Grote Dragstet*), 361 (Vormund v. *Elisabeth Blume*), 363 (Vormund v. *Elisabeth Blume*), 400 (mit s. Fr.), 430 (Bevollm. v. *Mertin Richter*), 431 (Bevollm. v. *Mertin Richter*), 442 (Vormund v. d. *meister Jacoffynne*), 471 (Anwalt v.

Hans Roye), 490 (Vormund v. *Anna, Hans Pawels* Wwe.), 493 (Vormund v. *Anna*), 497 (Bevollm. v. d. *Schönbergyn*), 522 (Vormund v. d. *Heyne Dragstetyn*), 523 (Vormund v. d. *Heyne Dragstetyn*), 534 (Vormund v. *Ilse Selle*), 535 (Vormund v. *Ilse Selle*) [*Barbara, s. Fr.* 400]

Furhman:
  – , Erhard, vor dem Galgentor wohnender: 327, 333
  – , Hans: 323 [*Katharina, s. Fr.* 323]

Fütterer, Georg: 363 (s. Tochter)

G

Geylnawher / Geylawaer, Urban: 417 (Vormund v. *Margaretha Ludwig*), 418 (Vormund v. *Margaretha Ludwig*), 442

Geyr / Gair / Geyr etc., Mertin: 326, 327 (*idem*), 333, 343, 352, 355, 401

Georg, Gesinde von einer Scheune: 389

Gercke, Cuntze: 48, 116

Gerhardt, Franz: 163 [*Magdalena, s. Fr.* 163], 377 [*Dorothea, s. Fr.* 377]

Gerintz, Jacob: 234

Gericke, Hans: 337 (Bevollm. v. *Syvert Flemynck* u. *Claws Fincken*)

Geryke, Kontz: 298 [*Lucia, s. Fr.* 298]

Gerling, Heinrich: 67

Geling:
  – , Heinrich: 516
  – , Lorenz (Sohn v. Heinrich): 510 (s. Haus), 516

die Geling, Junge: 391 (Gelyng)

Gertrud:
  – , Frau von Kirsten Becker: 189
  – , – Drewes Bode: 45 (*die drewes boden*)
  – , – Hans Hohental: 207
  – , – Thomas Kost: 349
  – , – Hans Krakaw: 149
  – , – Bastian Kunat: 173
  – , – Nickel Muller: 278
  – , – Jacob Oltze: 158
  – , Schwester von Peter Tytze: 496
  – , Smed: 15, 27
  – , Zimpel: 39, 87
  – , Doring: 12 (*Gertrud Dringis*)

Gernegroß, Matteus: 57 [Ilse, s. Fr. 57, 72]

die Gernegroßynne, Mattias: 72

Gladewyer, Cuntz: 389

Gleßer, Valtin / Valentin: 183 (s. Haus), 403

Glitzschman, Fritzsche: 56, 94, 121

Gotschalke:

– , Ambrosius: 172, 195

– , Brosius: 306 (mit s. Fr.), 318 (mit s. Fr.)

die Gotschalkyn, Brosius: 383

Gotzsche:

– , Gurge: 84

– , Hans: 49 [Anna, s. Fr. 49]

– , Simon: 389

Grawert:

– , Bartholomeus: 218 [Agnes, s. Fr. 218, 219]

– , Thomas: 218

Greffe:

– , Heinrich: 34

– , Mertin: 217, 445

die Greffyn, Mertyn: 217, 445

Greger, Meister: 371

Grenewitz, Adam: 389

die Grieffynne, Katherina: 83

Griefft, Kersten: 68

Großekunen / Großcunen / Grossekunen etc.,
   Busse: 106, 508

Grosse, Jurge: 146, 363 (groser ?, wohl vgl. G)

Groß, Peter: 391

Grote vgl. → Margarethe:

– , Frau von Heyne Dragstet: 302, 522, 523

Gruneheide:

– , Bastian (Vater v. Ulrich): 89, 91, 110

– , Ulrich (Sohn v. Bastian): 91, 108 (in Verfes-
   tung), 110

Grunewalt, Hentze: 97

die Grunwaldyn: 452

Grunzer, Heyner: 58 (mit s. Fr.)

die Gronwaldin Hentze: 328

Gunter:

– , Ciliacus: 358 (Anwalt v. Rat d. Stadt Halle),
   363

– , Hans: 532

– , Matthias: 450

Guntz:

– , Brosius: 423

– , Veit: 483

H

Hacker:

– , Peter: 374

– , Valentin: 374, 438

Hackenborn, Busse: 144

Hammer, Glorius: 322 (*weherman*), 359

Hans, rademecher, meister: 416

Harsteller, Hans: 157, 201

die Harstellerynne, Hans: 157, 201 (*harstallyn*)

die Harstallyn, Else: 214

Hartmann, Hans: 104

Haßeler, Peter: 194

Hawsen, Claus von: 142 (s. Haus)

Hayen, Thomas von: 415

Hederßlewb, Heze: 178

Heffter, Jurgen (Sohn v. d. Mertin Hefftreynne):
   261

die Heffterynne, Mertin: 261

Hewcken / Hoycken:

– , Caspar: 239, 280, 308, 311 (s. Haus), 326, 352,
   355, 401, 478, 479

– , Clemen → die Clemen Hewckynne

– , Mertin: 125, 150

die Hoycken: 384, 476

die Hewckynne, Clemen: 240, 399, 406

Hewßner, Hans: 492, 493, 504

Hewter:

– , Blesius: 463

– , der bei Hans Clemen wohnend: 473

Heiligman, Peter: 100

Heidicken, Benedictus (†): 229, 230 [Ursula, s. Fr.
   229 (Wwe.), 230 (Wwe.)]

Heller, Matthias: 363

Hennigk, Galle: 237

Herden, Thomas: 200 [Osanna, s. Fr. 200]

Hermann:

– , Facius: 267

– , Hans: 424, 425

Hynne, Kilian: 363

Hinze, Claus: 10 [Anna, s. Fr. 10], 11, 46

Hyrßen, Lorenz: 222 (†) [Cordula, s. Fr. 222]

Hocker, Valtin: 132, 152, 237
Höfer, Jobst: 202, 203 [Anna, s. Fr. 203]
Hofmann / Hofemann:
  – , Ciriacus: 32
  – , Drewes: 50 394, 449
  – , Michael: 202
die Hofmannin:
  – , Ciriacus: 32
  – , Drews: 394, 449
Hohental, Hans: 207 [Gertrud, s. Fr. 207]
Holzappel, Jorg: 369 [Margareta, s. Fr. 369]
Hotzwirtz: 458 (s. Haus), 459
die Hoppynne: 170, 245
Hufener, Hans: 26
Hund, Simon: 331
die Hundyn, Simon: 331
die Hutteryn am Ulrichstor, : 288
Hwanff: 469 (s. Haus)
  – , Hans: 347

I vgl. J

Ilse / Else:
  – , Frau von Ciriacus Eldesten: 1 (Wwe.)
  – , – Mattias Gernegroß: 57, 72 (*die Mattias Gernegroßynne*)
  – , – Peter Nörenber: 330
  – , – Hans Selle: 534, 535
  – , – Goerge Synge: 325
  – , Harstall: 214 (*Else*)
  – , Mathuselheym: 118
Isenberger, Nickel: 108 (Ratsherr v. Halle)

J vgl. I

Jacoff, meister: 442 (†)
die Jacoffynn, meister: 442 (Wwe.)
Jagentufel:
  – , Andreus: 79
  – , Curt: 102
die Jagentufelynne, Curt: 102
Jeronimus, Jacob, der Widerbecken: 218
von Jhene:
  – , Claws: 220
  – , Peter: 256
Johanna:

– , Frau von Peter Schoybe: 123 (Wwe.)
Jost, der Ratts außreyter: 363

K

Kanitz, Johann, Probst zu Luterberg: 457
Kannengießer, Sigmund: 105
Kardigk, Hans: 239, 308
Katharina / Katherina:
  – , Frau von Glorius Blome: 88
  – , – Leonhard Meynungen: 412
  – , – Caspar Stenen: 407 (Wwe.)
  – , Grieff: 83
  – , Musschaw: 120
Katzsch, Nickel: 62, 63, 64 [Ilse, s. Fr. 62, 63, 64]
die Katzschynne, Jacoff: 124, 167
Katyschwitz, Claus: 115
die Katzschwitzynne, Claus: 115
Kaufmann, Hans: 61
Kegel, Hans: 69, 86, 136, 138
Keyder / Keider, Jorg / Georg: 314, 225, 354, 356, 420, 423, 451, 487
die Keyderyn, Jorg: 423
Keil, Heinrich: 233 [Magdalena, s. Fr. 233]
Keytze, Jorge: 466 (†) [Walprich, s. Fr. 466 (→ jetzt Fr. v. *Pancratius Teych*]
Kemmerer, Clawes: 427 (Bevollm. v. *Mertin Zeschwitz*), 428, 429 [Agathe, s. Fr. 428, 429]
Kempfe, Hans: 259, 305
Kempen, Hentzen: 332, 444, 521, 524
Kersten, Kersten: 419, 518
Ketzindorf, Jacob: 36
Kilhen, Lucas: 16
Klaß, Michel: 6 [Sophie, s. Fr. 6]
Kleynschreckenberger, Hans: 509
Kleppel, Adam → die Kleppelyn, Adam
die Kleppelyn, Adam, (vgl. die Neteryn): 448, 472, 528 (*die Neteryn die Adam Kleppelyn gnant*), 543
die Klukynne: 112
Klytzschman, Frytzsche: 505 [Prista, s. Fr. 505]
Kloß:
  – , Jacoff (Ratsmeister): 503 (†)
  – , Margareta (T. von Jacoff): 503
  – , Ursula (T. von Jacoff): 503
Klotzsch, Bartholomeus: 191

Knoken, Caspar: 113

Knust, Hans: 232 (Bevollm. v. *Hans Robin*, Bm. v. Magdeburg), 248 (Bevollm. v. *Hans Robin*), 269 (Bevollm. v. *Hans Robin*)

Koch:
- , Bartel: 257, 522 (s. Haus)
- , Jacoff: 30, 101, 114
- , Kuntze → die Kochynne, Kuntze
- , Simon: 426, 462, 493 (Vormund v. *Cord Zwenzigs* Kinder)
- , Valentin: 446 (s. Haus), 520
- , Wentzlaw: 29 (Bevollm. v. s. Fr.)

die Kochynne, Kuntze: 257, 394, 398, 514, 532, 542

Koche, Hentz: 511

Köchler, Simon, Meister, vor dem Galgtor: 393

Koller, Hans: 464

Koller, Margareta, jungfrau: 310

Kolsch, Blesius: 314 (s. Haus)

Komerthal:
- , Ruprecht: 546 (s. Erben), 547 (†)
- , Hans (Sohn v. Ruprecht): 546 (*Mundelein*)
- , Bede (T. von Ruprecht): 547

Konat, Sander: 245

Konitz, Baltazar: 139

Konen / Kunne, Busso: 301, 302, 390, 522 (Vormund v. d. *Heyne Dragstetyn*), 523 (Vormund v. d. *Heyne Dragstetyn*)

Korbytz, Ilße: 440

Koßelitz, Mattias: 61, 83

Koßenberg, Lucas: 350

Kost, Thomas: 349 [Gertrud, s. Fr 349]

Kotzsch, Simon: 389

Krage, Thomas: 119

Krakaw, Hans: 148, 149 [Gertrud, s. Fr. 149]

Krackman: 404, 527, 544

Krebis, Peter: 493 (Vorsteher d. Hospitals vor Halle)

Krolwitz / Krolwytz / Krolbitz etc.:
- , Glorius: 487 (s. ehemal. Haus)
- , Jacoff: 197, 225, 314, 366, 376

Krwße, Benedictus: 435 [Clara, s. Fr. 435]

Cune, Busse: 28

Kuen, Boße: 193 (s. Haus)

Kunat / Kunath:

- , Bastian: 173 [Gertrud, s. Fr. 173]
- , Hans: 59

Kunzman, Claus: 41

Kurbach:
- , Jurge: 244 [Barbara, s. Fr. 244]
- , Wentzelaw: 148, 491 (Ratsmeister; Vormund v. *Anna Zwenzig*), 493 (Ratsmeister; Vormund v. *Anna Zwenzig*)

Curd, Hans: 116

Kuster:
- , Simon: 30, 101, 114
- , Wilkinus: 70 (mit s. Fr.)

Kutzsche, Nickel: 43 (wegen s. Fr.), 44 (wegen s. Fr.)

Kübeler, Matthias: 265

L

Lam:
- , Bartholomeus: 139 (Bevollm. v. *Ulrich Vogt*), 202 (Bevollm. v. *Jobst Hofer*), 219 (Vormund v. *Agnes Grawert*), 229 (Vormund v. *Ursula Heidecke*), 230 (Vormund v. *Ursula Heidecke*), 249 (Vormund v. *Prista Ziegenmart*), 250 (Vormund v. *Prista Ziegenmart*), 289 (Bevollm. v. *Dominicus Aldenburg*), 290 (*idem*), 345 (Bevollm. v. *Georg Sichart*), 351 (Vormund v. *Ferronice Leuder*), 413 (Vormund v. *Ursula Balzer*), 414 (Vormund v. *Ursula Balzer*), 449 (Vormund v. d. *Drewes hoffmannyn*), 456 (Bevollm. v. *Bastian Osterland*, Bürger v. Leipzig), (517 → Law), 519 (Vormund / Anwalt v. *Elisabeth Patzel*), 526 (Vormund v. d. *Hans Franzyn*), 531 (Vormund v. d. *Peteryn von dem Reyne*)
- , Borckard: 395
- , Hans: 219

Lange, Hans: 389

Law:
- , bacc. (vgl. → Lam, Bartolomeus): 517 (Bevollm. v. *Christoffel Schönberg*)
- , Mertin: 282, 375

Lauchstedt / Lawchstedt:
- , Anders: 180
- , Hans: 133, 155

Namensregister

von der Lawenberg, Peter: 307, 324 [Anna, s. Fr. 324]

Lenhard / Leonhard, Jocoff: 43, 44, 62, 63, 64

Lenhard, Mertin, von Merseburg: 216

Letzken, Gurge: 95

Lewder:
- , Feronice: 351 (*jungffrawen*)
- , Ignacius: 434

Lymme, Caspar: 221, 246, 247, 353, 362, 368, 371, 426

Linder, Heine: 109

Lindener, Hans, der Becker am Ulrichstor: 550

Lißaw, Steffen: 100

Loch, Peter: 48

die frawe von der Lochynn: 533

Lorenz:
- , Clemen (Sohn v. Steffan): 310
- , Martin: 35 [Margareta, s. Fr.35]
- , Steffan: 310

Loß, Johan, Probst von Jungfrauenkl. zu St. Georgien zu Leipzig: 373

Lowchaw, Margaretha von der: 161

Lwbigen, Hans: 459

Lucas, Hans: 356, 419, 420

Lucia:
- , Frau von Kontz Geryke: 298

Luckard, Johannes: 481, 512

Luder:
- , Franz → die Luderynne, Franz
- , Heine: 33, 57, 58, 72

die Luderynne, Franz: 118

Ludwick / Lodewigk:
- , Balthazar / Balcer: 213 (Anwalt v. *Abt d. Kl. Zinna* u. *Jurge Werbick*), 222 (Vormund v. *Lorenz Hyrßes* Kinder), 253, 269, 405, 454 (s. Knecht, *Clemen*), 458 (Vormund v. *Franz Parthier*), 459 (Vormund v. *Franz Parthier*)
- , Volkmar: 417 (†) [Margareta, s. Fr. 417, 418]

Lullehaß, Franz → die Lullehaßyn, Franz

die Lullehaßyn, Franz: 118

Lumbitzsch, Barbara: 217

M

Mackwytz, Hans: 437, 482 [Walpurg, s. Fr. 437]

Magnus, Hans: 189 (s. Haus)

Maler, Cilliacus: 348, 350

Margarete / Margareta:
- , Frau von Hans Bawrmeister: 291 (Wwe.), 292 (*idem*), 293 (*idem*)
- , – Gurge Beyer: 4
- , – Valentin Borner: 304
- , – Mertyn Brun: 226
- , – Cleman Didicke: 272
- , – Lorenz Eisenberg: 211, 212
- , – Claus von Ende: 236
- , – Jorg Holzappel: 369
- , – Martin Lorenz: 35
- , – Volkmar Ludwig: 417 (Wwe.), 418 (Wwe.)
- , – Dominicus Preuß: 231
- , – Clawes Reynhard: 411
- , – Ewalt Schulze: 107
- , – Hans Wegaw: 547
- , – Nickel Welff: 156
- , – Hans Winckel: 19 (Wwe.)
- , Tochter von Jacoff Kloß: 503
- , – Claus Ranyes; Schwester von Lucas Ranyes: 416
- , Denstet: 286
- , Koller, jungfrau: 310
- , von der Lowchaw: 161
- , Panczer: 438

Markolffus, Claus → Ende, Claws von

Marschalck, Michael (mgr. vgl. „*Senatus Hallensis*" fol. 71r): 301 (†, s. Fr.)

die Marschalckyn, Michael: 301 (†, Schwester v. *Busse Kunne*)

Mathuselheym, Ilse: 118

Mattis, Schone: 348

Mertin:
- , Claws: 315
- , Qitze: 24
- , Prokurator d. Kl. St. Moritz zu Halle: 120

Mederhacke:
- , Asmus (bei „*Senatus Hallensis*" fol. 104r: *wederhack* → Wederhacke) 378
- , Mattes: 336 (*wedderhacke* → Wederhacke), 370, 379, 397

Meynert / Meynart etc.:

– , Anthonius: 339

– , Pawel (†): 375, 533

– , Valentin: 443

die Meynartyn: 387

– , Pawel: 375 (Wwe.), 533

Meynaw, Peter (Ratsmeister): 177

Meynungen, Leonhard: 412 [Katharina, s. Fr. 412]

Meyse, Bartel: 550 (ehel. Vormund) [Walpurg, s. Fr. 550 (Tochter v. *Mathes Precitius*)]

Meißen, Veit: 276

Meß, Wilke → die Meßynne, Wilke

die Meßynne, Wilke: 31

Menchen:

– , Blasius: 132 (*menniche*), 152

– , Glorius → die Menchen, Glorius die Menchen, Glorius: 85

Mewes, Peter: 108 (Ratsherr v. Halle)

Mewl, Matthes: 197 (s. Fr.) [Anna, s. Fr. 197]

Mewl, Andreas / Drews → die Mewlyn, Andreas

die Mewlyn, Andreas / Drews: 366, 376

Michael, Clemen: 129 (Vormund v. *Querhammer*s Kinder), 143 (Vormund v. *Querhammer*s Kinder), 309 (Vormund v. *Anna Nayl*), 389 (Kämmer), 496, 501 (Vormund v. *Anna Nayls*), 502 (Vormund v. *Anna Nayls*), 516

Michael, Dominicus: 547 [Agnes, s. Fr. 547]

von Muchel, Peter: 208, 296, 510 (s. Haus)

Mittag, Steffen → die Mittagynne, Steffen

die Mittagynne, Steffen: 26, 51

Mul, Drewes → die Mulyn, Drewes

die Mulyn, Drewes: 225

Mollen, Hans: 5, 80

Moller:

– , Caspar: 177

– , Nickel: 322

Muhrer, Mattis: 45

Mulich, Hans: 77

Muller:

– , Nickel: 278 [Gertrud, s. Fr. 278], 297 (*moller*)

– , Valtin: 150

– , Wenzlau: 266, 274 (*moller*)

die Musschawynne, Katherina: 120

Muterloß, Mertin: 255

N

Nagel:

– , Gurge: 5 (Bevollm. v. *Hans von Dißkow*), 80, 81 (Vertreter d. Nonne)

– , Jorg, ein Becker: 363

Naßenbergk, Bartholomeus: 99

Nayl: 504

Nayel / Nayl:

– , Facies: 421

– , Kosman (†): 309, 501, 502 [Anna, s. Fr. 309 (Wwe.), 501 (Wwe.), 502 (Wwe.)]

– , Oswald: 355 (s. Haus)

Nawmann / Nuweman etc.:

– , Hans / Johannes: 227, 263 (Bevollm. v. *Hans von Dißkow*), 294 (Bevollm. v. *Hans von Dißkow*)

– , Peter: 77

– , Valentin: 482, 515

die Nawmannyn, Peter: 363 (ihr Br. *Caspar Tewrkon*)

Nawendorff, Sander: 422

die Neteryn, am alden markt: 484, 513, 528 (*Neteryn die Adam Kleppelyn genant*)

Netzsch / Nytzsche, Hans: 389, 483

Nichel, Abt v. Kl. zu Reinsdorf: 492

Nickel:

– , Peter: 389

– , Meister, der Schneider: 392

Nitzschman:

– , Hans: 422

– , Valenttin: 65

Nytener, Heinrich: 47 [Anna, s. Fr. 47]

Nopel:

– , Erhart: 157, 321, 347

– , Jeronimus: 282 (s. Haus), 284

– , Jeronimus, der Jünger: 546 (Vormund v. *Ruprecht Komerthaler*s Kinder)

Nörenber, Peter: 330 [Ilse, s. Fr. 330]

Notlich, Hans, meister: 415 (Baumeister d. Stadt Halle)

Numburgk, Blasius: 119

O

Ochß:
- – , Drewes → die Ochßynne, Drewes
- – , Heinrich: 365 (Vormund v. *Hans Sandermans Kinder*), 497 (Bornmeister)

die Ochßynne, Drewes: 404

Ockel, Gregor, meister: 493

Olman, Claus: 82

Ölsch: 485

Oltsch, Andreas: 221

Oltze:
- – , Jacoff: 158 [Gertrud, s. Fr. 158]
- – , Nickel: 231 (sein Haus)

Olczschen, Mertin: 24, 25

Osanna:
- – , Frau von Thomas Herden: 200

Osterfeld, Sixtus: 26 (Bevollm. v. *der Steffen Mittagyn*), 27 (Bevollm. v. *Gertrud Smed*), 51 (Bevollm. v. *der Steffen Mittagyn*), 117

Osterheld:
- – , Frau von Claus Frater: 506

Osterland, Bastian, Bürger zu Leipzig: 456

Oßmünden, Peter, Schultheiß: 373, 447, 495

P

Pafke, Peter: 237

Palenten, Mertin: 355 (s. Haus)

Palmen, Andres: 137

Palzer, Peter: 81

Panzer, Margaretha: 438

Pantzsch, Hans: 516

Patzel:
- – , Caspar (†): 458, 460, 461, 519 [Elisabeth, s. Fr. 460 (Wwe.), 461 (Wwe.), 519 (Wwe.)]
- – , Hans (Br. v. Jacoff): 457
- – , Jacoff (Br. v. Hans): 457
- – , Nickel: 458, 459
- – , Ilse: 134, 135 (SchwiegerM. v. *Hans Schermeister*)

Partir / Parthier, Franz: 36, 447 (s. Haus), 457 (Bevollm. v. *Johann von Kanitz, Jacof* u. *Hans Patzel*), 458 (Bevollm. v. *Johann von Kanitz*), 459 (Bevollm. v. *Johann von Kanitz*)

die Parzschyn, Hans → die Barzschyn, Hans

Pauel:
- – , Hans: 7, 8, 23, 71, 195 (†), 196 (†), 490 (†) [Anne, s. Fr. 7, 8, 490 (Wwe.)]
- – , Cordula (Tochter von Hans): 196, 490 (→ *Georg Riecher*)

die Pawellinne, Hans: 240, 242

Perntin / Pernitius, Mathes: 550 (†)

Pergersdorf → Bergersdorf

Petzel, Simon: 176, 179 (Kürschner), 530

Pewcker, Jacoff: 498

Pfeffer, Peter: 18, 105 [Walpurg, s. Fr. 18]

Phasold, Hans: 66

Picht, Gurge / Georg: 115, 241 (*del.*), 354

Pyßker, Jacoff (†): 181, 388, 389 [Elizabeth, s. Fr. 181 (Wwe.), 182 (Wwe.), 389 (Wwe.)]

Pissinck, Grommus: 384

Pistoris, Simon, Dr. med. aus Leipzig: 494, 495

Plessen, Nickel: 21, 42, 84

Pocke, Volkmar: 1, 16, 34 (Bevollm. v. *Heinrich Greffe*)

Pölner, Hans: 346, 358

die Polneryn: 358

Polner, der Bacclaureus (Sohn v. der Polnerin): 358

Polten: 226 (s. Haus)

Poppe, Blasius: 389

Prellewitz, Lorenz: 32, 53, 54, 55, 56, 75, 92, 93, 94, 95, 96, 121, 122

Prewß / Brews / Pruse etc., Dominicus: 186 (Bevollm. v. *Severin Wolfer*), 187 (*notar*), 230, 231, 317 (Bevollm. v. *Ebf. Magdeburg*), 395 (Bevollm. v. *Borckard Lam*), 440 (Vormund v. *Ilse Korbitz*), 517 (Bevollm. v. *Christoffel Schöneberg*) [Margareta, s. Fr. 231]

Prisenitz, Wenzelaw (seit 1487 Bürger): 153 (Siebmacher), 168

die Prymyn: 480

Prista:
- – , Frau von Frytzsche Klytzschman: 505
- – , – Caspar Zigemarth: 249, 250, 251

Puch, Reynhart von: 154

die Pulczkyn: 363

Q

Querhammer (†): 129 (s. nachgel. K.), 143 (Vormund s. nachgel. K.)
Quetz, Hans: 539 (s. Haus)

R

Rabe, Wentzel[au]: 204 (s. Haus), 335, 336 (*idem*), 367, 397, 398 (*idem*), 402
Raben, Ludwig: 548 (s. Haus)
Rademacher → Hans, rademecher, meister: 416 (s. Haus)
Ranys:
  − , Clawes: 416
  − , Lucas (Sohn von Claus): 372, 416
  − , Margareta (T. von Claus): 416
Ratzsch, Lorenz: 520
Rauschenberge / Ruschenberg:
  − , Jan: 153, 168, 260, 264, 443
  − , Simon (Sohn von Jan): 443
Reynicke, Hans: 169, 242
Reynicken: 436
Reynycke, der born knecht: 378
Reynhard, Clawes: 411 [Margareta, s. Fr. 411]
Reicher, Gorg / Jorg: 196 [Cordula, s. Fr. 196 (nachgel. T. v. *Hans Pauel*)]
Remis, Paul: 548, 549
Renne, Simon (Schwager v. *Hans Stoyhe*): 130
Rentzsch:
  − , Jacoff: 69
  − , Matthes: 196 (Vormund v. *Cordula*, Fr. v. *Jorg Reicher*), 493
Resgen, Hans: 280
Retlich:
  − , Hans: 9
  − , Peter: 9
Reyne, Peteryn von dem: 531
Ribitz / Reybitze, Simon: 373
Riche, Kuntze: 17
Richter, Mertin, Bürger v. Leipzig: 430, 431, 517
Robin, Hans (Ratsherr, Bm. v. Magdeburg): 232, 248, 269
Rode, Simon: 125, 176, 179, 265, 317, 319, 518
Ro[y]e, Hans: 471

Romer:
  − , Ciliacus: 392
  − , Thomas: 201, 317
die Romeryn, Thomas: 201, 317
Ronzsch, Jacob: 86
Rose / Roße, Hans: 433, 525, 537
Rost, Brosius: 357
Rosichen, Hans: 315
Rosigen, der Schmiede: 253
Rudeloff, Jacoff: 363
von Ruden, Claus: 17, 37

S

Sander / Sandaw:
  − , Brosius: 396, 432
  − , Jurgen: 127 (sein Haus)
  − , Simon: 276, 277 (*idem*), 285, 334, 389, 445, 529, 530 (*idem*)
Sanderman, Hans (†): 364, 365 [Magdalena, s. Fr. 364 (Wwe.), 365 (Wwe.)]
die Sandermannyn,: 513, 514, 515, 542, 543
Schachten, Viet: 456
Schade, Nikolaus: 187 (der frone), 188
Schabendey, Balzer: 38
Schaff, Hans: 67
Schaffkopf, Marcus: 403
Schafstedt, Ulrich: 65
Schanz / Schantz:
  − , Johann, Dr. iur. utr.: 142 (s. Haus), 182, 189
  − , Mertin: 154, 189 (*Schenitz*)
Scheibe, Maximus: 95
Schemen:
  − , Frau von Hans Cluder: 166
Schencke:
  − , Bertolt: 91, 110, 161 (mit s. Br. *Bertram*), 271, 275, 407, 446, 447 (Bürger zu Halle)
  − , Bertram: 161 (mit s. Br. *Bertolt*)
Schenitz, Mertin: 189, 272 (*erßame*), 451, 487 (*erßamen*)
Schesem, Hans: 131
Schewerlyn, Johann: 390
Scheyder, Severin: 140
Schemel, Borchard: 11, 14, 22, 40, 46, 55
Schermeister:

−, Glorius: 76, 142

−, Hans[1]: 134 (ehel. Vormund), 135 (ehel. Vormund)

−, Hans[2]: 475, 476 (*idem*), 477

Schiltberg:

−, Claus / Nicolaus / Nickel: 74, 89, 159, 160, 178 (Patron), 181 (*Schilbergk*), 182, 190 (*Schiltpergk*), 234, 235 (*idem*), 260, 261 (*idem*), 262 (*idem*), 306, 510, 521

−, Martin: 216, 516

Schlesinger, Peter: 463, 486

Schlüßer / Schlweßer, Heinricus / Heinrich: 364 (Vormund v. *Magdalena Sanderman*), 365 (Vormund v. *Magdalena Sanderman*)

Schoyb / Schoybe:

−, Claus: 13

−, Maximus: 28, 106, 123

−, Peter (†); [Johanna, s. Fr. 123]

Schoman, Johannes, Notar: 209

Schönbergk:

−, Cristoffel: 517

−, Brosius: 383

die Schönbergin: 177 (i. Garten), 497

−, Brosius: 383

Schonhern, Pollicius: 171

Schryber, Peter: 52

Schroter, Gurge: 41

die Schroterynne, Gurge: 41

Schrötter, Hans: 509

Schtzeye, Glorius: 191

Schwbenrick, Hans: 415 (wohl Ratsherr)

Schuler, Leuius : 129 (Vormund v. *Querhammers* nachgel. K.), 143 (Vormund v. *Querhammers* nachgel. K.), 211 (Vormund v. *Margaretha Eyßenberg*), 212 (Vormund v. *Margaretha Eyßenberg*), 493 (*er*, Vorsteher d. Hospitals vor Halle)

Schwler, Glorius: 273

Schuler, Wolf: 549

Schultheyß, Veyt: 213 (†)

Schulze:

−, Ewalt: 107 [Margareta, s. Fr. 107]

−, Hans: 99 (mit s. Fr.)

−, Johannes: 346 (Syndikus v. Kl. St. Mauritius zu Magdeburg)

−, Orben: 292 (s. Haus)

Schuman:

−, Hans / Johannes: 469 (sein Haus), 520

−, Michel: 78 (Vorsteher d. Kirche St. Michel)

−, Valentin: 277, 285

Schuster:

−, Gurge: 39

−, Hans: 396, 432, 522

Schutzmeister, Sixtus: 252, 313

Sebemecher, Wentzelaw: 153

Seidenschwantz / Sidenswantz, Peter: 358 (Anwalt v. Rat d. Stadt Halle), 363

Sellen, Gorge: 180

Selle, Hans: 252, 313, 535 [Ilse, s. Fr. 534, 535]

Serwitz, Jacobus: 255, 474

Seteler, Kuntze: 20

Setzer, Hans: 78 (Vorsteher d. Kirche St. Michel)

Seyler, Marcus: 442

Sichhardt, Jurge / Georg / Jorge: 270, 271 (*idem*), 345, 389, 446, 447 (Bürger zu Halle)

Sispach, Arnth: 328

Syfart / Sivert / Syuert / Sywert etc.:

−, Blasius: 186, 238, 486, 489

−, Flemynck: 337

−, Hans: 131 (Vormund von *Hans Schesem*)

−, Urban: 311, 312

−, Valentin: 98, 111

Synge, Goerge: 325 [Ilse, s. Fr. 325]

Synger, Jorge: 544

Sloß:

−, Thomas: 331

−, Andrews (ein junger Knabe): 331

Smedine, Jacoff: 151

Smed:

−, Drewes: 38

−, Gertrud: 15, 27

−, Glorius: 273, 303, 442, 454

−, Thomas: 123

−, Wolckmar → Wolckmar, Lodewig

−, Johanna (T. von Thomas): 123 (Fr. v. *Peter Schoybe*)

Smeide → Rosigen

Smide, Otte: 312

Smyd, Clawes, Steinbrecher des Rates zu Halle: 415

Smollin, Franz: 60

Snewber, Sander: 124

die Snedyn, Blynde: 536

Snyder, Greger: 362, 371 (meister Greger)

Schnyder, Bartel: 389

Sommer, Caspar: 318

die Sommeryn: 475

Sparenberg, Mertin: 525

Speck, Glorius: 204 (Vormund v. *Thomas Winck-*
  *ler*s nachgel. K.), 205 (Vormund v. *Thomas*
  *Winckler*s nachgel. K.), 363

Stalbaum: 363 (T., → Bretsnyder)

Steinbach:
  – , Balter: 363
  – , Caspar: 363

Stenen, Caspar (†): 407 [Katharina, s. Fr. 407
  (Wwe.)]

Steng, Michel: 300

die Stengyn, Michel: 300

Stock:
  – , Burkard: 303
  – , Kontze: 133, 155

Stoye / Stoyhe:
  – , Bartholomeus: 51, 117
  – , Hans[1]: 130, 141, 142
  – , Hans[2] (Br. v. Mertin): 363, 470 [Ursula, s.
    Fr. 470]
  – , Mathias: 37, 226 (s. Brauhaus)
  – , Mertin (Br. von Hans[2]): 363

Stolberg, Claus: 389

Storz, Matthes: 204 (Vormund v. *Thomas Winck-*
  *ler*s nachgel. K.), 205 (Vormund v. *Thomas*
  *Winckler*s nachgel. K.)

Strune / Strwne, Blasius: 160, 389

Stugk:
  – , Jurge: 175, 481, 512
  – , Vester: 311 (s. Haus)

die Stugkynne, Jurge: 175, 481, 512

Stuerman, Bernhard: 389

Suerbire, Hans: 112 (†)

Sule, Nickel: 124

Sulze, Ludwig: 31, 60, 73, 90, 140

Swarz, Adam: 146

T

Tauenburg, Peter von der: 183 (s. Haus)

Teich / Teych:
  – , Paul: 319, 320 (*idem*), 342, 408 (Vormund v.
    Anna Zschey), 409 (Vormund v. *Anna Zschey*)
  – , Pancratius: 465, 467, 468 [Walprich, s. Fr.
    465, 466, 468 (früh. Fr. v. *Jorg Keytze*)]

die Teichyn, Pawel: 342

Teyer, Gerhard von: 199

Teynicke, Hans: 478

Tile, Hans: 145

Tylich, Claus: 188 [Affra, s. Fr. 188]

Tischer, Mertin: 357

Tytzen, Peter: 496 [Gertrud, s. Fr. 496]

von Thore, Busso: 496

Trebikaw, Donat (seit 1475 R): 165 [Agnes, s. Fr.
  165]

Tryfuß → Dreyfuß

Trinckuß, Johannes: 3, 70, 93 [Appolonia, s. Fr. 3]

Thurkorn / Tewrkon, Casper: 77, 103, 363 (Br. v.
  Peter Neumannyn)

Tufel, Curd: 102

die Tufelyn, Curd: 102

Thunckel, Jacoff: 536

die Thunckelyn, Jacoff: 536

Tunzel, Hans: 126

die Tunzelynne, Hans: 126 (*twncyelinne*)

Tuteleben, Peter: 389 (*twtelewben*)

Tzschel, Nikolaus: 189 (s. Haus)

U

Ulrich, Matthias: 259

die Ulrichynne, Matthias: 259

Untz:
  – , Clemen: 469 [Ursula, s. Fr. 469]
  – , Wilhelm: 365

Urbach, Baltazar : 171, 172

die Urbachynne, Baltazar: 171, 172 (*idem*)

Ursula:
  – , Frau von Peter Balcer: 413 (Wwe.), 414
  – , – Ciriacus Berwalt: 499, 538 (Wwe.), 539
    (Wwe.)
  – , – Hans Forster: 228

Namensregister

− , − Benedictus Heidicke: 229, 230

− , − Hans Stoye: 470

− , − Jacoff Vintz: 183, 184, 185, 198

− , − Clemen Vntz: 469

− , Tochter von Jacoff Kloß: 503

V vgl. F

Vintz, Jacoff: 183, 184, 198, [Ursula, s. Fr. 183, 184, 185, 198]

Vinzsch, Heinrich: 305

Vockmar → Volkmar

Vogel: 373

− , Gurge: 112, 113

− , Jacoff: 286, 344

Vogeler, Simon: 268, 363

Vogt / Voygk / Focht:

− , Hans : 286 (Bevollm., Vormund v. s. SchwiegerM. *Margareta Denstet*), 455, 484, 528

− , Ulrich / Udalricus, Salzgraf, Lic.: 139, 182, 388 (*herr lichenciat der saltzgreffe*; Vormund v. *Elisabeth Pyßcker*), 389 (Vormund v. *Elisabeth Pyßcker*), 540 [Agnes, s. Fr. 540]

Volmar, Valentin: 68

Volkmar, bacc.: 320, 342, 360 [Christina, s. Fr. 320, 360]

W

Wagaw, Steffan: 540 (s. Haus)

Wegaw, Hanse: 547 [Margareta, s. Fr. 547]

Walpurg:

− , Frau von Veit Drötzschel: 545

− , − Hans Mackwytz: 437

− , − Bartel Meyse: 550

− , − Peter Pfeffer: 18

− , Tochter von Mathes Precitius: 550

Walprich:

− , Frau von Pancratius Teych: 465, 466, 468

− , − Keytze, Jorge: 466

Weber, Hans: 136, 138

Wechter, Matthes: 224, 254 [Christina, s. Fr. 254]

Wedderhacke → Mederhake

Welff, Nickel: 156, 227 [Margareta, s. Fr. Margareta 156]

Welckaw, Bastian: 246, 247

Weydeman, Veit, Richter u. Scheppen v. Stadtgericht zu Leipzig: 494

Weyßber, Pawel: 182

Weißensee, Johannes: 208, 235, 296

Weißsack, Blesius: 453

die Weiseckyn: 455

Weytkorn:

− , Michel: 162, 287 (Bevollm. v. s. S.), 339

− , Stefan (Sohn v. Michel): 287

Wentze, Peter: 338

Werbick, Jorg (Domherr zu Magdeburg, vgl. Germ. Sacra I/1, S. 551 f.): 213

Werkorn, Michael: 386

Wespe, Erhard: 424, 425

Wichart, Hans: 389

Widerhacke, Azmus: 169

die Wilkinnßynne: 93

Wilhelm, Fabian: 224, 248, 263, 269, 270, 281, 283, 294, 304, 316, 329, 334, 340, 529 [Dorothea, s. Fr. 283]

die Wilhelmynne, Fabian: 279

Winckel, Hans (†): [Margareta, s. Fr. 19 (Wwe.)]

Winckler, Thomas (†): 204, 205

Wintbler: 177 (s. Haus)

Windiß, Hans: 238

Winter, Peter: 22, 40

Wirt, Hans: 471 (mit s. Fr.)

Wolckmar, Lodewigk: 129, 143

Wolfer, Severin: 186

Wolff:

− , Nickel: 389

− , Oswalt: 258 [mit s. Fr. Anne]

− , Peter: 182

Wolmerstedt:

− , Hans[1] (†): [Anna, s. Fr. 192 (Wwe.), 193 (Wwe.)]

− , Hans[2] (Sohn von Anna): 192, 193, 194

Wulkenstein: 535 (s. Haus)

X

Y

Die Hallischen Schöffenbücher. VII. Buch.

Z

Zacke, Jorge: 498
Zeschwitz, Mertin: 427, 439
  – , Pauel: 14, 20, 71
Zickler, Mertin: 429 (s. Haus)
Zigkeler, Jacoff: 144 (s. Haus), 170, 295
Zigenmark / Ztygenmargk / Czygenmarth:
  – , Caspar: 249, 250, 251 [Prista, s. Fr. 249, 250, 251]
  – , Nikolaus / Niclas: 202 , 250
Zimmermann, Hans: 66, 75
Zimpel:
  – , Andreas: 87
  – , Gertrud: 39, 87
Zindeler / Zingeler, Mertin: 335 (*czyngeler*), 367, 402, 488 (*czyndeler*)
Zoberitz:

– , Hans: 460 (Vormund v. *Elisabeth Patzel*), 461 (Vormund v. *Elisabeth Patzel*), 507 (Sohn v. *Thomas*), 508 (*idem*)
– , Thomas (†): 34 , 507, 508
Zoch, Hans: 370, 379, 405, 497 (*czoche*)
Zochge, Hans: 314 (s. Haus)
Zorne, Merten: 137
Zschey / Zeyche:
  – , Glorius: 399, 436
  – , Hans: 408, 409, 410, 465 (Vormund von *Walprich Teych*), 466 (Vormund v. *Walprich Teych*), 467 (Vormund v. *Walprich Teych*) [Anna, s. Fr. 408, 409, 410]
Zschole, Hans: 541 [Anna, s. Fr. 541]
Zwenzig:
  – , Anna: 491 (*Anna, die Zwenczigen*)
  – , Cord: 493 (†)

Topographisches Register

A

St. Anthonii, Hospital: 493

B

Beckerdyege: 153
Berge zu Halle: 456 (*gerichts auff dem Berge etc. zu Halle*), 516 (*gerichts auff dem berge*)
Berlin: 311, 355, 363
Bracke, weiße: 264

C

Christoffel: 429
St. Cyriacus, Hospital: 178

D

Delitzsch: 550
Deutscher Born: 65, 67, 161, 182

E

Ecke:

– , auf der: 204
– , schwarze: 325
Engel, weißen: 4
Engel Burg: 522 (am Topfmarkt)

F

Fischmarkt: 7, 493
Frankfurt: 431

G

Galgenstraße: 183, 226, 324, 325, 363, 510
Galgentor: 297 (*galchentor*), 327, 333, 338, 389, 393
St. Georgien, Jungfrauenkloster:
  - Halle: 81
  - Leipzig: 373
Germania: 182
Giebichenstein, Burg: 182
Groppzig: 227

Topographisches Register

H

Halberstadt, Bistum: 182
Halle: 91, 108, 182, 287, 338, 389, 447, 456, 516, 523, 540
Henne, schwarze: 6
Hirsch, schwarzer: 418 (am alten Markt)
Hospital zum Heiligen Geist → St. Anthonii
Huße, blaue: 373 (am Kornmarkt)

I

J

Johann Babtista, Kapelle: 365
St. Jorgen → St. Georgien

K

Klausstraße: 189, 218, 251
Klaustor: 178
Kleinschmieden: 4, 6, 264
Knochenhauerstraße: 35, 204, 389
Kornmarkt: 373
Kornsgasse: 127

L

Lauterberg (*sc.* Kl. Petersberg): 457 (*luterberg*)
Leipzig: 373, 430, 456, 494, 517
Lieboldesstraße: 389
Lewborte / Leopard: 130 (*lewborte*), 131 (*levberte*), 142 (*leborte*)
Löwe, grüner: 120

M

Magdeburg: 182 (Ebf.), 209 (St. Sebastian), 213 (Domherr v. Magdeburg), 232, 317
St. Maria Magdalena, Kapelle (vor d. Klaustor): 178
St. Marienkirche zu Halle: 130
St. Martinskirche: 363 (*sanct Mertens Kyrgen*)
Markt: 414 (in Smerstr. gegen den M.)
– , alter: 120, 143 (*marthe*), 418, 484, 513
Merckerstraße: 501
Merseburg: 216, 487 (vicarius v. Dom zu Merseburg), 523 (Herr v. Kapitel zu Merseburg)
Mertinsberg: 498
St. Michel: 78
St. Moritz Pfarrer: 496

St. Mauritii, Kloster (Halle): 120, 346, 359 (wohl Halle), 373
Muskewitz: 338

N

Neuer Bruder: 324
Neues Schloß zu Halle: 182
St. Nikolaus: 251
Kloster Neuwerk bei Halle: 292

O

P

St. Paulus Cappelle: 507 (Prüfelstr.)
Paulern, Gasse hinter den: 182
Petersberg: 415 (*auf dem Petersberge vor der stad gelegen*)
Pflug, schwarzer: 230, 231
Pruffelstraße: 363, 507 (*präfelstraße*)

Q

R

Rathaus, hinter dem: 539, 539, 540
Kloster zu Reinsdorf: 492
Ring, goldener: 414
Rodenberg: 546, 547
Rodewelschestraße am Tor (heute Ranischestr.): 68, 363 (*radewelchßen-*), 442 (*radenwelsch-*), 363 (*radelvelsch-*), 535 (*radenwelsche-*)
Rolande, vor dem: 182
Rolen: 324 (*R. gegen den newen brwdern*)
Roßmühle: 282 (*roßmölen*)
Roter Berg: 541 (*auff dem roden berge*), 546, 547

S

Sack: 363
Sachsen: 182
Sandberg: 177 (*sentberg*), 282
Schild, roter: 493 (bei Fischmarkt)
Schulershof: 278 (*hinder der schulle auf dem hoffe*), 310, 363
Stern, schwarzer: 443 (an der Steinstr.)
St. Sebastian zu Magdeburg, Kollegiatstift: 209
Schlamm: 144 (*vff dem Slamme*), 363, 429
Schmerstraße: 130, 142, 208, 389, 414

Steinstraße: 193, 389, 443, 503
Steintor: 416
Strohhof: 322 (*strohoue*)

T

Tal(-gericht): 182, 501
Tanne, grüne: 250
Topfmarkt: 522

U

Ulrichstraße:
  – , große: 149, 230, 231, 292, 314, 447, 458, 459,
    469 (*hwanff hewser*), 487, 548

  – , kleine: 466
Ulrichstor: 288, 550

V

W

Winckel: 363

X

Y

Z

Kloster Zinna: 213

Sach- und Wortregister

A

Abt:
  - Kl. Reinsdorf: 492
  - Kl. Zinna: 213
Absage: 16
Absolvierung: 487 (Bann)
abstehen: 77
abtreten: 272, 389, 414, 443
Abzicht: vgl. → Verzicht / Vorzicht
  - Gerechtigkeit: 68, 120, 127 (u. Freiheit), 130,
    131, 193
  - Leibzucht: 192, 193, 292, 365, 381, 409, 414, 418,
    461, 501, 535, 539
  - an Eides statt: 193, 272, 409, 418, 461, 535, 539
  - Geld: 250
  - Haus u. Hof: 487
  – u. Absage: 131
  – u. Abtretung: 192, 193, 198
Acker: 363, 416
Administorator: 182 (Bistum Halberstadt)
anersterben: 112, 196
Angesicht, frömmliche: 409

anhange / Anhang: 412, 516
  → Bescheid / Unterschied
Ansprache: 68, 131
Anwalt:
  - Procurator u. Anwalt: 144, 145, 210
  - Anwaltschaft: 209, 210, 213, 317, 493
  - vormunder Anwalt: 519
Anweisung: 269
Anwesenheit: 351
antworten: 91, 139 (*a. und defendiren*)
Apotheker: 287
Artikel: 447
Aufgebot:
  - Fronung: 28, 38, 73, 78, 82, 94, 101, 152, 155, 168,
    294, 304. 308, 329, 340, 352, 367, 402, 524, 537
  - Pfand: 31, 128, 306, 318, 385, 406, 450, 500, 521,
    536
  - Haus u. Hof: 143
  - bei Schultheißenhof: 157, 159
  – , viermaliges: 521 (*pfand*), 524 (*fronung*)
Auflassung: 222, 282, 508
Ausläufte / *außlewffte* (Ertrag der Salzsole): 161, 182
Ausreiter: 363 (*Joste des ratts außreyter*)

Sach- und Wortregister

Ausstattung: 416
Ausweisung: 208, 529

B

Baccalaureus / Bacc.:
- Fuhr, Jacobus: 185, 192, 291, 292, 301, 302, 400, 430, 471, 497
- Volkmarus: 320, 342, 360
- Law: 517

Bank (Gerichtsbank): 346
Bann: 487 (wohl kirchl.)
Barschaft: 540
Baumeister: 415
Becker: 190, 363
Befehl: 497
Behausung / behausung: 331 (behwßinge), 338 (behawßung vor dem Galgthor)
beiwesen: 351, 495
belacken: 464 (belacken)
Beredung: 290, 334
Berichtigung: 199
besäen: 416 (ein huffe landes besahet ... halden)
Bescheid: 1, 2, 10, 47, 88, 158, 163, 183, 287, 293, 301, 302, 331, 338, 400, 410, 416, 443, 468
    vgl. → Anhang / Underscheid
bescheiden: 412 (in gotes ere ... bescheyde), 442, 468, 541, 545
besetzen: 11, 70, 95, 96, 99, 105, 182, 248
Besitz: 26, 125, 129, 137, 220, 225, 248, 303, 357, 498, 520, 532
Besserung: 93, 150
Bevollmächtigung → Vollmacht
beweisen: 79, 85
- Selbdritt: 29
- mit Zeugen: 117

Bier: 57 (sechs amen hellisch bier), 58 (vier amen helsch bier)
Bitte / Bethe: 185, 218 (bethe), 229, 230, 291, 302, 309, 361, 364, 380, 388, 408, 413, 417, 428, 440, 442, 446 (beyderseyte bethe), 449, 460, 465, 490, 491, 519 (bettlich), 526, 531, 534, 538, 546 (bytte), 548, 549 (bitlich anßuchen)
Bietung / Vorbietung (vorboyth): 13, 15, 23, 33, 44, 63, 84

Born (Salzwerk): 363
- Knecht: 378
- Meister: 497
- Schreiber: 341, 382
- Deutscher Born: 65, 67

Bot (alle bot geschehen) : 157, 159, 238, 265, 267, 268, 275, 281
Brauhaus: 149, 226, 363, 437, 437
Brief: 497
  − , versiegelter: 272, 292, 293, 446 (copey)
  − , offener: 447
- Hauptbrief: 256
- Kaufbrief: 523

Bruder: 218
Buch: 540 (bucher)
- Communbuch: 550
- Gerichtsbuch: 31, 495
- Schöffenbuch: 210, 400, 451, 516
- Ratsbuch: 230
- Rezessbuch: 272
- Pfarrerbuch: 496
- Schultheißenbuch: 334, 337, 431

Bude: 7
Bürger:
- Magdeburg: 232
- Leipzig: 430, 517
- Halle: 447, 516

Bürgschaft: 91 (vorburgit), 110 (burgeschafft)

C vgl. K

Kapitel / capitel: 209 (st. Sebastian zu Magdeburg), 523 (bey den wirdigen hern dem capittel zu Merseburg)
clausel: 174, 290, 495
conficere: 187
constituere: 139
contract: 210, 290 (contract vnd beredung), 337 (verwilligung vnd contract), 431 (contract vnd vorwilligung), 495
compensare: 182
Copie: 446 (copey eines vorsigilten briues)

D

de jure: 359 (in quantum de jure)

defendere: 139

Dienstag: 322 (*hewt distag*)

Dienstfrau: 344 (*denstetyn*)

Doktor / doctor:
- Johann Schantz, Dr. iur. utr.: 142, 182, 189
- Simon Pistoris, Dr. med.: 494, 495

Dom: 487 (Merseburg)
- Domherr: 213 (Magdeburg)

E

Ehestiftung: 222

Eid:
- in Seele schwören u. leisten: 456

sich des –s ledigen: 343, 344, 407

sich des –s erbieten: 422

- auf den Heiligen: 104

- mit aufgereckten Finger: 193, 272, 292, 409, 418, 535, 539

an –es statt: 193, 219, 272, 292, 409, 414, 418, 461, 535, 539

- durch gottes willen: 422

- mit hand gelobter traw: 373 (→ Gelobnis)

- bei Abzicht: 193, 219, 272, 409, 418, 461, 535, 539

eigen: 112, 113, 196, 204, 205, 458, 466, 503, 507, 522, 546, 547, 549, 550
- → vereigen (*vereygent vnd gewaldiget sein*): 282, 363, 389

Eigen, freies: 226, 311, 312, 314

Eigentum: 523 (*verlaßung vnnd eygenthum*), 540 (*ingethüm*), 541 (*ingethume*)

einsetzen u. hypothezieren: 272, 415

Einsetzung: 97 (*insaße*)

Eintragung:
bei der beiden Gerichte (sc. Tal- u. BergG.):182

verzeichnen: 446, 451, 495

ins Schöffenbucher: 451, 516

ins Schultheißenbuch: 495

emprochin → entbrechen

eincherlei: 219 (*eyncherley*)

Einrede (*inrede*): 183 (*ydermannes eynrede*), 358, 447 (*hulffliche inrede*)

Einspruch: 219

Einung: 213

ein- u. ausweisen: 90, 106, 114, 121, 264, 296, 355, 510

entbrechen:
emprochin: 64, 104, 117

entbrochen: 343, 344, 407

Entfremdung: 338

entscheiden: 182

Erbe: 163, 183, 272, 363, 416, 523
– , leiblicher: 2, 10, 47, 88

– , nächster: 183

Erbe, väterliches: 68

Erbfall: 183, 212
– , rechter: 429, 508

Erbteil: 183

Erbzins: 363

Erneuerung der Verfügung von Todes wegen (→ Verfügungung von Todes wegen): 149

Erstattung: 493 (*erstatung*)

erstehen: 89, 93, 124, 125, 136, 137, 144, 145, 153, 214, 215, 217, 220, 263, 264, 270, 271, 276, 280, 284, 296, 303, 305, 316, 317, 321, 335, 347, 372, 415, 510, 520, 529, 533

erstickt: 487

Erzbischof: 182

Essen u. Trinken: 135, 293, 331, 416

exceptio: 248

Expensen: 182 (*alle gerichts kost, expenß vnd scheden*)

F

Fahrnis / *fahrende habe*: 14, 21, 22, 40, 41, 42, 46, 50, 53, 54, 55, 57, 58, 59, 66, 71, 72, 74, 75, 98, 103, 115, 118, 119, 134, 140, 157, 159, 167, 170, 176, 201, 213, 214, 215, 217, 224, 238, 240, 242, 245 (*pfarende habe*), 246, 252, 257, 259, 266, 277, 279, 288, 300, 320, 327, 328, 336, 339, 348, 350, 353, 362, 366, 370, 391, 393, 394, 396, 398, 401, 423, 425, 426, 444, 448, 452, 454, 455, 462, 473, 475, 476, 477, 478, 479, 480, 481, 483, 484, 513, 514, 530

Fest- u. Feiertage:
- Allerheiligen: 346, 522
- Anthoniustag: 260
- Barbarentag: 537
- Bartholomeustag: 61, 457
- Bonifatiustag : 183

Sach- und Wortregister

- Cecilientag: 129, 373
- Conceptionis Mariae: 364
- Dorothee Virginis: 252
- Dreikönigstag: 137
- Dyonisiustag: 218
- Egidentag: 76, 199, 309
- Elisabethentag: 531
- Epiphania domini: 369
- Exaudi: 291, 427
- Fabiani et Sebastiani: 146, 245
- Franziskentag: 108, 498
- Galli: 339
- Invocavit: 263, 390
- Jacobustag: 255
- Johannistag (Johannes Baptista): 296
- Jubilate: 173, 406
- Judica: 405
- Juliane Virginis: 257
- Katharinentag: 358
- Kilianstag: 304
- Lambertustag: 214, 322
- Laurentintag: 33, 261
- Leonharditag: 233
- Letare: 546
- Lucientag: 545
- Martinstag: 354, 516
- Matthiastag: 93
- Mauritii: 490
- Michaelistag: 328, 337
- Misericordia Domini: 182, 282
- Nativitas Mariae: 218, 262, 483
- Oculi: 158, 274, 290
- Ostern: 89, 447, 516
- Quasimodogeniti: 399
- Paulustag der Bekehrung: vor 1
- Petrus und Paulus: 213
- Praesentatio Mariae: 236
- Trinitatis: 180, 442, 447
- Trium Regum: 239, 246, 373
- Ulrichstag: 196
- Undecim Milium Virginum: 518
- Valentinstag: 155, 383
- Vinzentiustag: 374
- Viti / Veitstag: 191, 448, 456, 516, 547

- Weihnachten: vor 1, 182

fest u. stet: 182, 409 (*vnwiderrüfflichen stete feste*), 456, 461 (*vnwiderrufflich stete vnd veste*), 535

Festung / vestung: 76, 78, 91, 108, 110, 146, 199, 216, 287, 485, 509

Fiktion, juristische (*als ob das vor gehegtem Ding geschehen wäre*): 5, 27, 69, 81, 89, 97, 174, 175, 180, 181, 186, 209, 210, 227, 235, 237, 255, 256 , 260, 261, 262, 289, 290, 334, 337, 341, 345, 351, 395, 405, 424, 427, 439, 517

Fleischscherne: 112, 113

Forderung: 120

frei:
- , ledig u. unbeschulden: 216
- u. ledig: 287, 485
- u. los: 322
- u. unbeschwert: 178

Freiheit: 272, 414, 418
- u. Gerechtigkeit: 127, 310, 311, 312, 314, 508
- u. Zubehörung: 548
- , Zubehörung u. Gerechtigkeit: 363, 389

Freund(-schaft): 142

Frevel: 509 (*freuelich kampfbar gewundet*)

Frist für *exceptio*: 248 (14 Tage)

Fronbote: 180, 516

Frone (Gerichtsbote): 187, 373, 517 (*deß gerichts notarien vnd fronen*)

fronen:
- Were: 17, 24, 25, 30, 36, 37, 39, 45, 48, 52, 56, 61, 80, 81, 83, 86, 92, 100, 102, 109, 116, 124, 151, 153, 160, 161, 162, 169, 171, 172, 191, 195, 208, 234, 253, 259, 263, 265, 267, 268, 270, 271, 275, 276, 280, 281, 284, 295, 297, 305, 307, 315, 316, 319, 321, 326, 332, 335, 342, 347, 354, 356, 372, 374, 375, 378, 382, 383, 384, 386, 387, 390, 392, 399, 403, 404, 419, 420, 421, 433, 434, 436, 438, 441, 445, 453, 464, 474, 479, 480, 482, 488, 504, 511, 515, 518, 525, 527, 533, 544
- Haus: 28, 38, 73, 82, 94, 101, 132, 133, 152, 155, 168, 294, 304, 308, 329, 352, 524, 537
- Haus u. Hof: 239

Fürsorge: 134, 293, 331 (*versorgen*), 349, 416

fulbort → *vulbort*

G

Gabe: 3, 113, 123, 134, 135, 142, 177, 178, 194, 310, 311, 312, 314, 416, 429, 496
- mit Sorgepflicht: 135, 416

Gänse: 85

Garten: 177

Gebreche: 516

Gefährde:
ohne −: 409, 418, 535, 447, 461
ungefährlich: 180, 190, 283, 285, 297, 363, 397, 510, 456, 510

Gegenwärdigkeit: 154, 180, 193, 198, 290, 363, 373, 414, 517 (*deß gerichts notarien vnd fronen*), 535 (*yres elicen mannes*), 539 (*ihres vaters*)

Geld: 125, 128, 136, 137, 151, 152, 153, 214, 215, 246

geloben:
- gereden u. − : 79, 127, 219, 456, 493, 516
- zusagen u. − : 182
- mit Hand gelobter Treu: 373

Gerberknecht: 128, 131

Gerechtigkeit: 68, 127, 130, 141, 142, 144, 145, 177, 193, 194, 204, 212, 219, 226, 282, 296, 302, 310, 359, 363, 373, 389, 429, 458, 459, 466, 503, 507, 508, 517, 522, 523, 546, 547, 549, 550

Gericht: 187, 197, 199, 216, 230, 268, 495 496, 497
− , beide (*sc.* Tal- u. Berg-): 182
- Gerichtsbezirk: 150, 220, 516
- von gerichts wegen: 249, 286, 290, 291, 302, 309, 337, 341, 345, 361, 364, 380, 388, 408, 417, 428, 442, 449, 492, 517, 526, 531
- Gericht auf dem Berge zu Halle: 456, 516
- unseres gnedigsten Herrn Gericht: 440
- Stadtgericht zu Leipzig: 494

Gerichtsbuch: 31
- Talgericht: 182
- Schultheißengericht: 495

Gerichtskosten: 117, 182

Gerichtsnotar: 517

Gerichtsschreiber: 373

Gesellschaft: 337

Gesinde: 388 389

Gesundheitszustand: 416 (*im frischem gesundem leibe, als er wol had stehen vnd gehen moge*)

Gewähr / *gewehr*: 145 (*volstendiger gewehr*), 493 (*gewehr zu sein*)

gewaldigen: 141, 181, 182, 209, 210, 211, 218, 230, 232, 255, 260, 261, 262, 272, 341, 345, 363, 389, 430, 431, 456, 492, 494, 495, 497, 519, 550

gewaldigen u. bestätigen: 186, 187, 192, 197, 202, 229, 290, 291, 302, 309, 334, 337, 346, 351, 361, 364, 373, 380, 388, 408, 413, 417, 428, 440, 446, 449, 457, 490, 491, 516, 517, 526, 531, 534, 538

Gewandkammer: 220

Gewohnheit: 202

Glidmaß: 108

Gottes Ehre: 373, 410, 412

Gottes Will: 343, 344, 407, 422

Gut: 68, 70, 93, 95, 96, 105, 145, 164, 529
−er , nachgelassene: 34, 203, 207, 400

H

Habe, fahrende → Fahrnis

Hafer: 44

Hand: 373
- Hand u. Mund: 139, 338

Handel: 211 (*nach geschriben handel*)

Haube: 318 (*sommer hawben*)

Haupt: 146 (*houbt*)

Hauptbrief: 256 (*heubtbriff*)

Hauptman: 182

Hauptsumme: 378, 447, 487

Haus: 106, 114, 121, 132, 133, 144, 146, 151, 168, 183, 218, 219, 296, 355, 473 (*hewsgen*)
- Hausverkauf: 219
- Haus u. Hof: 99, 142, 143, 152, 155, 178, 182, 194, 211, 222, 239, 251, 294, 304, 308, 314 (*frey eygen*), 324, 325, 328, 340, 352, 367, 381, 402, 409, 416, 437, 451, 461, 466, 467, 469, 487, 503, 506, 507, 508, 524, 539, 540, 541, 546, 547, 548, 549, 550
- Haus u. Erbe: 310

Hauswirte, eheliche: 429

Heilige: 104

heischen: 346

Herzog: 182

Herrengericht: 440 (*in vnsers gnedigsten herrn gericht*)

Sach- und Wortregister

Hinderniss: 182

Hofregister: 433

Holz: 13

Hospital:
- St. Cyriacus: 178
- St. Anthonii / zum Heil. Geist: 493 (*hospital vor hall*)

Hufe: 269

hwter: 473

Hypotheke:
- eingesatzt u. hypoteziert: 272, 415
- verpfändet u. hypoteziert: 447

I

Inhalt: 175, 182, 218, 272, 290, 494

Inrede: 358

insaße: 69, 97

Instrument → Notariatsinstrument

J

Jungfrau: 351

K

kalande (relig. Genossenschaft, gesellige Vereinigung): 523

Kämmerer: 389

Kampfwunde: 146, 509

Kappelle:
- St. Maria Magdalena: 178

Kauf: 77, 523

Käufer: 443

Kaufbrief: 523

Kessel: 536

Kinderteil: 2, 10, 47, 88, 163, 166, 377, 400, 468, 541, 545

Kirche: 143 (*kyrchen*)
- Kirchenmeister: 365 (Johann Babtista)
- Kirchenvorsteher: 78

Klage:
- um Schuld: 14, 15, 17, 21, 22, 24, 25, 30, 33, 36, 37, 39, 41, 43, 45, 48, 50, 51, 52, 53, 54, 55, 56, 57, 58, 59, 61, 62, 63, 64, 73, 74, 75, 78, 79, 80, 81, 82, 83, 84, 86, 87, 92, 94, 95, 96, 98, 99, 100, 102, 103, 105, 109, 115, 116, 118, 119,

124, 132, 136, 137, 140, 150, 151, 157, 159, 160, 161, 162, 164, 167, 169, 170, 171, 172, 176, 179, 190, 191, 195, 201, 202, 208, 214, 215, 217, 221, 223, 234, 238, 239, 240, 242, 245, 246, 252, 253, 257, 259, 263, 264, 265, 266, 267, 268, 269, 270, 273, 274, 275, 276, 277, 279, 280, 281, 283, 284, 285, 288, 295, 296, 297, 300, 305, 306, 307, 313, 315, 316, 319, 320, 321, 326, 328, 332, 333, 335, 336, 339, 340, 342, 347, 350, 353, 354, 355, 356, 357, 362, 366, 367, 368, 370, 371, 372, 374, 375, 376, 379, 382, 383, 384, 385, 386, 387, 390, 391, 391, 393, 394, 396, 397, 398, 399, 401, 403, 404, 406, 407, 419, 420, 421, 423, 425, 426, 432, 433, 434, 436, 438, 441, 444, 445, 448, 452, 453, 454, 462, 463, 464, 472, 473, 474, 475, 476, 477, 478, 479, 480, 481, 482, 483, 484, 486, 488, 489, 500, 504, 510, 511, 512, 513, 514, 515, 518, 520, 525, 527, 528, 532, 533
- , vierte: 225

Kläger: 182

Klausel: 174, 495

Kleidung: 416, 540
- Schuh u. –: 135, 293
- Rock: 306, 318, 385, 450, 521
- Mantel: 406, 500

Knecht: 454

Kompensation: 182 (*abe vnd compensirt sein*)

Konvent: 130 (St. Marikenkirch)

Körperverletzung: 146, 509

Kost: 43 (*jar kostgelt*), 416 (*die helffte der koste*)

Kraft u. Macht: 27, 69, 77, 81, 89, 97, 175, 180, 181, 186, 209, 210, 227, 235, 237, 255, 256, 260, 261, 262, 289, 290, 334, 337, 341, 345, 351, 395, 405, 424, 427, 439, 517

Kramwerk: 365

kriegischer Vormund → Vormund

Kundschaft: 359 (*schrifftlich versigilte kuntschafft*)

Kürschner: 179 (*korßner*)

L

Laut → Wortlaut

Lebensunterhalt → Kost(-geld)

ledig u. los: 13, 15, 23, 33, 43, 44, 51, 62, 63, 84, 87,

378 Die Hallischen Schöffenbücher. VII. Buch.

365
Leibzucht / Leibgedinge: 134, 182, 183, 192, 193, 278, 292, 293, 365, 381, 409, 414, 416 (*die weil er leybt vnd lebet*), 418, 437 (*zur leipczucht wie leipgedings recht*), 461, 501, 535, 539
Lehen: 65 (*lehn*), 153 (*lehn vnd czynnße*), 343 (ggf. Leihe), 363 (*lehen vnnd erbczynße*)
Liber recessuum: 210
Lizentiat / *licentiatus*:
- Ulrich Vogt, Salzgraf: 182, 388, 540
Lohn, verdienter: 124

M

Magister:
- Busso Blume: 182, 214, 282, 290, 361, 347, 363, 387
Magschaft: 29
Mantel, leydescher 406, 500
Margine: 184
Marienknechte: 130 (*conuentus der marien knechte czu halle*)
Meister: 371, 392, 393, 415, 416, 442, 493
Messe: 183 (*meß*), 184
Miethaus: 278 (*mithe hawß*), 547
Mitbann:
  metheban: 12, 19, 20, 40, 42, 46, 60, 72
  meteban: 32, 71, 111
  metban: 368
  mitteban: 138, 247, 274, 283, 285, 313, 333
  mitpan: 179, 221
  mitban: 190, 223, 371, 376, 379, 397, 432, 463, 472, 486, 489, 512, 528, 542, 543
Miterben: 546
Möglichkeit: 135 (*mochlicheyt*)
mündlich: 516
Mundelein: 546
Münze: 25 (*mittel muntcze*), 184, 447 (*ganghafftiger müntze*)

N

Nießbrauch: 183 (*genyßen vnd ztw gebrawchen*)
Nonne: 81 (*closter junckfrawe zcu sant Gurgen*)
Not: 301, 493
Notar:

- Dominicus Preuß: 187
- Johannes Schoman: 209
- Gerichtsnotar: 517
Notariatsinstrument: 187, 209
Notdruft: 135 (*notdurfft yres leybes*), 139 (*nach notdurfft*), 293, 331 (*notdorfftiglich*), 416 (*notdurffticklich*)

O

Ochse: 456
Ohm / *ame* (Maßeinheit für Flüssigkeiten): 57, 58
Ort (Währungseinheit): 475, 486

P

Partei: 182, 351
  vgl. → Widerpart
patronus: 178 (*capelle st. Maria Magdalena*)
Person: 400 (*die lebende person*)
Pfand:
  − , williges: 31
    - Fahrnis: 247
    - Hase: 128
    - silbern Heften: 521
    - Kessel: 536
    - Mantel: 406, 500
    - Rock: 306, 318, 385, 450, 521
    - Vorspan: 306
  − helfen: 317
  − geweigern → Mitbann
Pfanne (Salinenanteil): 65, 67, 161, 182
Pfarr: 496
  - Pfarrbuch: 496
Pfennig: 358, 520, 529
Pferd: 338, 343, 416
Pflicht u. Gerechtigkeit: 373
Primat: 182
priores: 346
Prokurator / *procurator*: 187
  - Martin: 120 (Kl. St. Moritz zu Halle)
  − u. Anwalt: 144, 145
  - Anwaltschaft: 210 (*in solicher anwaltschafft gnante procuratores*)
Propst:
  - Kl. St. Georg: 81

Sach- und Wortregister

- Kl. St. Georg zu Leipzig: 373
- Kl. St. Moritz zu Halle: 120, 346, 359, 373
- Kl. Neuwerk: 292
- Kl. Lauterberg (sc. Petersberg): 457

protestieren: 548

Q

quitt (quitt, ledig u. loß): 365, 523
quittieren: 493
Quittung: 550 (die quitung)

R

Rademacher: 416
Rat:
  Halle: 91, 108, 182, 199, 358, 363, 389, 415, 493
    - Ausreiter: 363 (Jost)
    - Buch: 230 (vnser reteß buch)
    - Ratsherr: 108 (glidmaß des erßame raths)
    - Ratsmeister:
      - Peter Meinau: 177
      - Mathias Benne: 363 (†)
      - Wenzlau Kurbach: 491, 493
ratifiziren: 184, 218
Rechnung: 214, 515
Recht:
  von –s wegen: 346, 348, 407
  i. S. v. Gericht: 395
referrieren: 456 (r. und deferrieren)
Register (schultheißen register, schultheißen hofregis-
  ter, hofregister): 81, 208, 218, 433
Rente: 182
renunziren: 414 (verczygen vd renunciret)
Rezess: 256, 373
  –buch: 272 (von worte czu worte inn vnser receß
    buch geschriben)
Richter:
  Halle:134, 185, 192, 211, 213, 516
  Leipzig: 494 (Stadtgericht)
Ring: 347
Rock: 385, 521
  - mit einem Gesticke: 306
  - Frauenrock: 318
  - Mannesrock: 450

S

Sache: 16, 25, 202, 309, 343, 344, 407, 422, 471
Salzgraf:
  - Ulrich Vogt, Licentiatus: 139, 182, 388, 540
Sammlung (kirchl. Gemeinde): 120, 346, 373
setzen / satzen:
  - Pfand: 31 → Pfand
  - Vormund: 286
  - Anwalt: 471
säumig: 516 (sewmig)
Schadegeld: 51, 378
Scherne → Fleischscherne
Scheune: 23, 178, 363, 389
schirst (nächst): 182 (vff weynachten schirsten)
Schlüssel: 487
Schmiede:
  - Schmiedehaus: 129
  - Werkzeug: 442 (smyde gewergkczewck)
Schneider : 392
Schöffe: 134, 180, 185, 192, 198, 211, 213, 456, 457,
  494, 516, 550
  - außerhalb des gehegten Dinges: 180
  - Stadtgericht Leipzig: 494
Schöffenbuch: 210, 400, 451, 516
schreiben → vorzeichnen
Schriftstück: 26, 130, 341, 359, 424, 447, 424, 497
Schuhe: 135 (schw vnd kleidunge)
Schuldiger: 415, 418
Schule: 278 (hinder der schulle auf dem hoffe)
Schultheiß: 5, 9, 16, 27, 29, 69, 81, 89, 97, 141, 198,
  229, 249, 334, 351, 431, 447, 456, 457, 495, 517,
  550
  - Peter Oßmünde: 447, 495
  - Vormundbestellung: 198, 229, 249, 351
  - Schultheiß u. Schöffen: 198, 456, 457
  - Schultheißenhof: 5, 9, 16, 27, 29, 69, 81, 89,
    97, 141, 157, 159, 174, 175, 186, 218, 227, 235,
    237, 238, 255, 256, 260, 261, 262, 265, 275,
    281, 289, 290, 337, 341, 345, 351, 395, 405, 424,
    427, 430, 439, 517
  - Schultheißenbuch: 334, 337, 431, 495
  - Schultheißenregister: 208
  - Schultheißenhofregister: 81, 218

Schwager: 130, 142

Schwert: 57

Seeligkeit: 158

Selbdritt: 9 , 29

Seniores: 346

September: 182

Sicherheit: 182

Syndikus / syndicus: 346

Siegel:

- Eigensiegel: 447

- Ratssiegel von Delitzsch: 550

Sondersichen: 493 (*sunder segen im hospitall vor hall*)

Sorgepflicht: 135, 293, 331, 349, 416

Stadtgericht:

- Leipzig: 494

Stadtherrn:

- Magdeburg: 317

Steinbrecher: 415

Steinmetz: 363

Stift:

- Halberstadt: 182

substituiren: 139, 301, 302, 338, 456

Summe: 182, 189, 378, 414, 418, 447, 487

- Hauptsumme: 189, 378, 487

T

Tagezeit: 443, 516

Tal:

- Gericht: 182, 501

- Gut: 182

Testament: 183, 400

Torweg: 144

Tuch: 318

Tür / Haustür: 429

U

ungefährlich → Gefährde

ungehorsam: 346, 358

ungezwungen u. unbenötigt: 365, 381, 409

unmündig: 204, 493

unschädlich: 189, 251, 269, 358, 359, 546, 548

Unterscheid / *underscheid*: 166

vgl. → Anhang / Bescheid

unverzüglich: 447

unwiederruflich: 381, 409, 456, 461, 516, 535

Urkunde: 447, 516

V

verbürgen: 91

Verfestung / vestung: 91, 108, 110, 146, 199

Verfügung von Todes wegen, einseitige:

- unter Ehegatten: 3, 4, 6, 7, 8, 18, 35, 49, 107, 147, 149, 156, 158, 163, 165, 166, 173, 184, 188, 189, 198, 200, 206, 226, 228, 231, 233, 236, 243, 244, 251, 254, 258, 278, 293, 324, 325, 330, 331, 360, 369, 400, 411, 435, 437, 469, 470, 499, 506, 540, 541

- Erneuerung: 149

- mit Kinder: 163, 166, 400, 541

- unschädlich: 251

- mit Leipzucht: 278

- mit Sorgepflicht: 293, 331

- mit Bedingungen: 400

Verfügung von Todes wegen, gegenseitige:

- unter Ehegatten: 2, 10, 47, 88, 203, 207, 298, 299, 323, 349, 377, 400, 410, 412, 468, 505, 545

- mit Kinder: 2, 10, 47, 88, 377, 468, 545

- mit Sorgepflicht: 349

- mit Sonderbedingungen: 377

- Seelgeräte: 412

Verfügung zu frommen Zwecken: 410, 412

Vergessenheit: 496

Verhinderung: 143, 400

Verhörung: 182

Verkauf mit Wiederkaufsrecht: 363

Verkäufer: 145

verlassen (veräußern): 522, 523

verlassen u. abgetreten: 389 (von Zinsen)

verlustig u. machtlos: 26

Vermächtnis: 90 (*gemechtiget*), 218 (*vormacht*)

verschreiben (eintragen):

- Schultheißenbuch: 334, 337

- Schöffebuch: 400

versöhnen: 182 (*vorsoneth*)

vertragen → vortragen

Verwandtschaft, Feststellung d. rechtl.: 9

verwillen: 89

verwillgen: 153 (*vorwillget*)

Verzicht / *vorzicht*: 141, 142, 144, 212, 493
  vgl. → Abzicht
  - an Eides statt: 219, 414
  - Gerechtigkeit: 219
  - Leibzucht: 414
Vikar / *vicarius*:
  - Merseburger Dom: 487
Vierzehntage: 248 (*drey xiiij tagen*), 338 (*ym sontags nehist vor xiiii tagen*)
Vollmacht (vgl. auch → Vormund):
  - Bevollmächtigung:
    - vor gehegtem Ding: 29 (Fr.), 34, 139, 202, 232, 286, 301, 338, 456, 492, 494
    - außerhalb des gehegtem Dinges:
      - in Anwesenheit von Schöffen: 180
      - schriftlich: 209, 497
    - vor Schultheißenhof: 5, 27, 186, 227, 237, 289, 517
      - nachträgliche Bestätigung: 5, 27, 186, 232, 237, 289, 345, 395, 427, 430, 439, 457, 517
    - für Nicht-Bürger:
      - St. Moritz Kl. zu Halle: 227
      - Lauterberg (Kl. Petersberg): 457
      - Magdeburger: 232
      - Gropzig: 227
      - Mußkewitz: 338
      - Domkapitel Magdeburg: 209
      - Leipziger: 456, 494
      - Kl. Reinsdorf: 492
  - Prozessvertretung: 26, 51, 144, 188, 225, 240, 248, 263, 269, 287 (Vater), 294, 346 (kirchl.), 431, 458, 459, 509, 548 (Br.), 549 (Br.)
  - Bevollmächtigter
    - Bodendorf, Michael: 439
    - Bolze, Veit: 225, 240, 338, 509,
    - Einbeck, Heinrich: 209
    - Fetter, Hans: 494
    - Fuhr, Jacobus: 144, 209, 301, 430, 431, 497
    - Hewßner, Hans: 492
    - Hocker, Valtin: 237
    - Kämmerer, Klaus: 427
    - Knust, Hans: 232, 248, 269
    - Koch, Wenzlau: 29 (ehel.)

- Lam, Bartholomeus: 139, 202, 289, 345, 456, 517
- Lauchstedt, Andreas: 180
- Nagel, Gurge: 5
- Neumann, Hans: 227, 263, 294
- Ostirfelt, Sixtus: 26, 27, 51,
- Parthier, Franz: 457, 458, 459
- Pocke, Volkmar: 34
- Preuß, Dominicus: 186, 395, 517
- Remiss, Paul: 548, 549
- Schade, Nikolaus: 188
- Schultze, Johann: 346 (vollmächtiger Syndikus)
- Vogt, Hans: 286 (für Schwiegermutter)
- Weytkorn, Michael: 287 (für Sohn)
vorbestimmen: 205
vorbuwet: 63
vorbieten: 13, 15, 23, 33, 44, 63, 64, 84
vorkündigen: 363 (*ein viertel jars zuuor vorkundigen vngeuerlich*)
Vormacht: 218
Vormundschaft:
  - neben ehel. −: 211
  - vormunden Anwalt: 519
  - kriegischer −: 286, 309, 380, 449, 493, 526, 531
  - Vormund:
    - Baws, Brosius: 458
    - von Bertge, Hans: 131 (unmünd. K.)
    - Beyer, Lucas: 222 (unmünd. K.), 388 (Wwe.), 389 (Wwe.)
    - Bolze, Veit: 126, 127, 197, 225, 380 (Wwe.), 381 (Wwe.), 428, 429, 538 (Wwe.), 539 (Wwe.),
    - Fuhr, Jacobus: 134, 135, 185, 192, 193, 194, 196, 197, 291, 292, 293, 302, 361, 363, 442, 490 (Wwe. u. nachgel. T.), 493 (Wwe.), 522, 523, 534, 535,
    - Geylnawher, Urban: 417 (Wwe.), 418 (Wwe.)
    - Grawert, Bartholomeus: 218 (Br.)
    - Koch, Simon: 493 (unmünd. K.)
    - Kone, Busso: 522, 523
    - Kurbach, Wenzlau: 491 (Wwe.), 493 (Wwe.)
    - Lam, Bartholomeus: 219, 229, 249, 250, 351, 413 (Wwe.), 414 (Wwe), 449 (krieg.), 519

(Wwe., vorm.-Anwalt), 526 (krieg.), 531
(krieg.)
- Ludwig, Balthazar: 222 (unmünd. K.), 458,
459
- Michael, Clemen: 129 (unmünd. K.), 143
(unmünd. K.), 309 (krieg.), 501 (Wwe.)
- Preuß, Dominicus: 440
- Rentzsch, Matthias: 196, 493 (unmünd. K.)
- Schenitz, Martin: 189 (ehel.)
- Schuler, Heinrich: 364 (Wwe.), 365 (Wwe.)
- Schuler, Levius: 129 (unmünd. K.), 143 (un-
münd. K.), 211, 212
- Speck, Glorius: 204 (unmünd. K.), 205 (un-
münd. K.)
- Stortz, Matthias: 204 (unmünd. K.), 205
(unmünd. K.)
- Syfert, Hans: 131 (unmünd. K.)
- Teich, Pawel: 408, 409
- Vogt, Hans: 286 (krieg.)
- Vogt, Ulrich, Salzgraf: 388 (Wwe.), 389
(Wwe.)
- Zoberitz, Hans: 460 (Wwe.), 461 (Wwe.)
- Zschye, Hans: 465, 467
vorschreiben: 243
vorsetzen: 28, 31, 38, 73, 78, 93, 101, 122, 128, 129,
152, 155, 168, 294, 304, 306, 308, 318, 328, 340,
352, 367, 385, 402, 406, 450, 500, 521, 524, 536,
537
Vorspan: 306
Vorsteher:
- St. Anthonii: 493
- St. Michael: 78
vortragen / vertragen: 76, 182, 199, 216, 287, 443,
501
Vortracht: 501
- außerhalb des gehegten Dinges: 181, 230
- vor Schultheißenhof: 256, 351
Vorwillung / Vorwilligung: 81, 174, 175, 181, 224,
235, 255, 260, 261, 262, 334, 337, 341, 382, 405,
424, 431, 451, 495, 516, 529
– u. Beredung: 334
– u. Kontrakt: 337, 431
Vorzeichung: 341
- Schultheißenbuch: 424

vorzeichen / verzeichen:
- Schöffenbuch: 446, 451, 516
- Schultheißenbuch: 495
- Pfarbuch: 496
Vulbort (vgl. → Willen): 123, 182, 447

W

Wagen / wayen: 273, 416 (*pferde vnd wayen*)
Währmann: 322 (*weherman*)
Weide: 338
weisen:
- Gut: 11, 70, 93, 95, 97, 105, 145, 164
- Haus: 90, 106, 114, 121, 122, 125, 129, 150, 264,
269, 296, 355, 510
- Haus u. Hof: 99, 143, 451
- Besaß: 137, 220, 225, 248, 303, 357, 358, 498,
520, 532
- Wagen: 273
- Fahrnis: 14, 21, 22, 41, 50, 53, 54, 55, 57, 58, 59,
66, 74, 75, 98 , 103, 115, 118, 119, 136, 140, 157,
159, 167, 170, 176, 182, 201, 213, 214, 215, 217,
224, 238, 240, 242, 245, 246, 252, 257, 264,
266, 277, 279, 288 , 296, 300, 320, 327, 328,
336, 339, 348, 350, 353, 362, 366, 370, 391, 393,
394, 396, 398, 401, 423, 425, 426, 444, 448,
452, 454, 455, 462, 473, 475, 476, 477, 478,
481, 483, 484, 513, 514, 529, 530,
Were (Währung): 193 (*hundert alde schogk alder we-
re*)
Were (*were, gewehr* etc.): 24, 25, 30, 36, 37, 39, 48,
52, 56, 61, 65, 86, 92, 100, 102, 109, 116, 124, 145,
151, 153, 160, 161, 162, 169, 171, 172, 191, 195, 208,
234, 253, 259, 263, 265, 267, 268, 270, 275, 276,
280, 281, 284, 295, 297, 305, 307, 315, 316, 319,
321, 326, 332, 335, 342, 347, 354, 356, 372, 374,
375, 378, 382, 383, 384, 386, 387, 390, 391, 399,
403, 404, 419, 420, 421, 433, 434, 436, 438, 441,
445, 453, 464, 474, 480, 482, 488, 493, 504, 511,
515, 525, 527, 533, 544
Wette: 317
Widerpart: 197, 199, 346
vgl. → Partei
Widerruf: 198, 447, 456
Widerteil: 343, 346, 407

Sach- und Wortregister

Wiederkauf: 363 (*widderkauffs recht*), 446

Widerrede: 516

Wiederstattung: 501, 535

Wilkür: 287 (*wilkor disser stat Halle*)

Willen:
- – u. Vulbort: 123
- – u. Wissen: 182 (*willigung*), 194, 363, 409, 412

Wohnhaus: 446 (*wonhawße*)

Wortlaut:
- - Gerichtsbuch: 31
- - Schultheißenregister: 81, 218, 431
- - Hofregister: 218, 433
- - Brief: 272, 293, 497
- - Kaufbrief: 523
- - Testament: 183
- - Rezess: 256, 373
- - Vortracht: 501
- - Vorwilligung: 529
- - Vorzeichung: 341, 424

von Wort zu Wort lautend: 181, 272, 446

Wunde:
- - Kampfwunde: 146
- - kampfbare Wunde: 509

X

Y

ytages (an demselben Tage): 220

Z

Zang: 51

Zeit: 26 (*zcu rechtir zcyt*)

Zeuge / Zeugnis: 9, 117

Zins: 23 , 25, 154 (*lehn vnd czynnße*), 161 (*außleufftie ader czynnse*), 189, 363, 389, 447, 451, 487, 523

Zubehörung: 282, 363, 389, 429, 437, 458, 459, 503, 507, 522, 523, 547, 548, 549, 550

zugehörig: 137

Zuwendung unter Lebenden: 226, 310

【校訂者】

佐藤 団

京都大学大学院 法学研究科 准教授 (西洋法制史)

京都大学博士 (法学)

DAN SATO

2008-10　DAAD Stipendiat

2009　Eike-von-Repgow-Stipendiat

2011　Doctor of Laws (Kyoto University, Graduate School of Law)

seit 2012　Associate Professor für Europäische Rechtsgeschichte

　　　　　Kyoto University, Graduate School of Law

プリミエ・コレクション94

ハレ参審人文書 校訂

2018 年 3 月 31 日 初版第一刷発行

校訂者　　佐 藤　　団

発行者　　末 原 達 郎

発行所　　京都大学学術出版会

　　　　　京都市左京区吉田近衛町 69

　　　　　京都大学吉田南構内　(606-8315)

　　　　　電話　075(761)6182

　　　　　FAX　075(761)6190

　　　　　http://www.kyoto-up.or.jp

印刷・製本　亜細亜印刷株式会社

ⓒ Dan SATO 2018　　　　　　　　　　　　　Printed in Japan

ISBN978-4-8140-0162-0

本書のコピー，スキャン，デジタル化等の無断複製は著作権法上での例外を除き禁じられています．
本書を代行業者等の第三者に依頼してスキャンやデジタル化することは，たとえ個人や家庭内での利
用でも著作権法違反です．